U0006634

李宗侗（一八九五—一九七四）

字文伯，河北省高陽縣人。自幼聰明過人。十七歲時到法國留學，畢業於法國巴黎大學。一九二四年返國，受聘於國立北京大學，兼法文系主任，曾出任故宮博物院秘書長等職。一九四八年，受聘為國立臺灣大學歷史系教授。後歷兼國史館史料審查委員、編譯館編審委員、臺灣省文獻委員會顧問、中華文化復興運動推行委員會委員等職。對中國古代史頗有研究，在學術上時有獨特見解。

夏德儀（一九〇一—一九九八）

號卓如，為臺灣大學歷史系文史淵博精深知名教授。一九〇一年出生於江蘇，北大歷史系畢業，一九四六年來臺任教，先後開授中國通史、中國近代史、中國外交史等課程。教學之餘並擔任中學歷史教科書編委，以及參與臺灣文獻叢刊的史料編纂工作。一九九四年完成《百吉老人自訂年譜》一書。退休後定居美國，一九九八年去世於美國。

國立編譯館中華叢書編審委員會 主編

資治通鑑今註

第五冊

晉紀

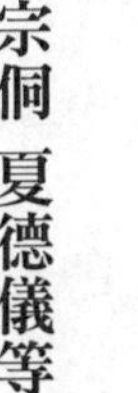

李宗侗 夏德儀等 校註

臺灣商務印書館

目次

【第五冊】

卷七十九　晉紀一

司馬光編集
陳文石註

起旃蒙作噩，盡玄黓執徐，凡八年。（自乙酉至壬辰，西元二六五年至二七二年）

世祖武皇帝之上

泰始元年（西元二六五年）

㈠春三月，吳主使光祿大夫紀陟、五官中郎將㊀洪璆與徐紹、孫彧偕來報聘。紹行至濡須㊁，有言紹譽中國之美者，吳主怒，追還殺之。

㈡夏四月，吳改元甘露。

㈢五月，魏帝加文王殊禮㊂。進王妃曰后，世子曰太子。

㈣癸未（三十日），大赦。

㈤秋七月，吳主逼殺景皇后㊃，遷景帝四子於吳，尋又殺其長者二人。

㈥八月，辛卯（初九日），文王卒，太子嗣為相國晉王。

㈦九月，乙未（是月壬子朔，無乙未）。大赦。

㈧戊子（是月壬子朔，無戊子）。以魏司徒何曾為晉丞相。癸亥（十二日），以驃騎將軍司馬望為司徒。

㈨乙亥（二十四日），葬文王於崇陽陵。【考異】晉書文紀作癸酉，今從魏志陳留王紀。

㈩冬。吳西陵㊄督步闡，表請吳主徙都武昌，吳主從之。使御史大夫丁固，右將軍諸葛靚守建業。闡，隲之子也。

⑪十二月，壬戌（十三日），魏帝禪位於晉。甲子（十五日），出舍金墉城㊅。太傅司馬孚拜辭，執帝手，流涕歔欷不自勝。曰：「臣死之日，固大魏之純臣㊆也。」丙寅（十七日），王即皇帝位，大赦改元。丁卯（十八日），奉魏帝為陳留王，即宮於鄴㊇。優崇之禮，皆倣魏初故事㊈。魏氏諸王皆降為侯。追尊宣王為宣皇帝，景王為景皇帝，文王為文皇帝。尊王太后曰皇太后。封皇叔祖孚為安平王，叔父幹為平原王，亮為扶風王，伷為東莞王，駿為汝陰王，肜為梁王，倫為琅邪王。弟攸為齊王，鑒為樂安王，機㊉為燕王。又封羣從㊀司徒望等十七人皆為王。

以石苞為大司馬，鄭沖為太傅，王祥為太保，何曾為太尉，賈充為車騎將軍，王沈為驃騎將軍。其餘文武增位進爵有差。乙亥（二十六日），以安平王孚為太宰㉒，都督中外諸軍事。未幾，又以車騎將軍陳騫為大將軍，與司徒義陽王望、司空荀顗凡八公，同時並置。帝懲魏氏孤立之敝，故大封宗室，授以職任。又詔諸王皆得自選國中長吏，衛將軍齊王攸獨不敢，皆令上請。

(十二)詔除魏宗室禁錮㉓，罷部曲將及長吏納質任㉔。

(十三)帝承魏氏刻薄奢侈之後，矯以仁儉，太常丞許奇，允之子也。帝將有事於太廟，朝議以奇父受誅，不宜接近左右，請出為外官。帝乃追述允之宿望，稱奇之才，擢為祠部郎㉕。有司言御牛青絲紖㉖斷，詔以青麻代之。

(十四)初置諫官㉗，以散騎常侍傅玄、皇甫陶為之。玄，幹之子也。玄以魏末士風頹敝，上疏曰：「臣聞先王之御天下，教化隆於上，清議行於下。近者魏武好灋術，而天下貴刑名。魏文慕通達，而天下賤守節。其後綱維不攝㉘，放誕㉙盈朝，遂使天下無復清議。

陛下龍興受禪，弘堯舜之化，惟未舉清遠有禮之臣，以敦風節。未退虛鄙之士，以懲不恪㊂，臣是以猶敢有言。」上嘉納其言，使玄草詔進之。然亦不能革也。

㊄初，漢征西將軍司馬鈞，生豫章太守量，量生潁川太守雋，雋生京兆尹防，防生宣帝。

【今註】㊀五宮中郎將：官名，秦置，漢仍之。中郎本屬郎中令，掌宿衞侍直，守門戶，出充車騎。分五官署、左署、右署，署各置中郎將領之。㊁濡須：地名，今安徽省含山縣西南，接巢縣界地。亦塢名，三國吳黃龍初，孫權都建業所築，旋後命諸葛恪更作大堤，左右連濡須、七寶兩山，築兩城。在濡須者曰東關，在七寶山者曰西關。㊂加文王殊禮：文王，謂司馬昭，《晉書・文帝紀》：「五月，天子命帝冕十有二旒，建天子旌旗，出警入蹕，乘金根車，駕六馬，備五時副車，置旄頭雲罕；樂舞八佾，設鐘虡宮懸，位在燕王上，進王妃為王后，世子為太子，王女王孫爵命之號，皆如帝者之儀。」㊃景皇后：吳景帝皇后朱氏。㊄西陵：古郡名，三國時吳黃武元年置，今湖北省宜昌縣西南。㊅金墉城：胡三省曰：「在洛陽城西北角。」㊆純臣：忠心事主，純一不貳，謂之純臣。㊇即：就。鄴：地名，今河南省臨漳縣西。㊈倣魏初故事：《後漢書・獻帝紀》：「冬十月乙卯，皇帝遜位，魏王丕稱天子。奉帝為山陽公，邑一萬戶，位在諸侯王上。奏事不稱臣，受詔不拜，天子車服郊祀天地宗廟祖臘，皆如漢制。都山陽之濁鹿城，四皇子封王者皆降為列侯。」《晉書・武帝紀》：「己巳，詔陳留王載天子旌旗，備五時副車，行魏正朔，郊祀天地禮樂制度，皆如魏舊，上書不稱臣。」⑩機：晉書武帝紀作幾。⑪羣從……十七人皆為王：謂從伯叔兄弟等。《晉書・武帝紀》：「皇從伯父望為義陽王，皇從叔父輔為渤海王，晃為下邳王，瓌為太原王，珪為高陽王，衡為常山王，子文為沛王，泰為隴西王，權為彭城王，綏為范陽王，遂為濟南王，遜為譙王，睦為中山王，凌為北海王，斌為陳王。皇從兄洪為河間王，皇從父弟楙為東平王。」⑫太宰：《晉書・職官志》：「太宰、太傅、太保周之三公官也。……初以景帝諱，故又採周官，置太宰以代太師之任。秩增三司，與太傅、太保皆為上公。」⑬除魏宗室禁錮：魏防禁宗室甚峻，又禁不得仕進，今除此禁。⑭罷部曲將及長吏納質任：魏諸將征戍及長吏仕州郡者，皆留質任於京師。今除之，部曲：本為軍隊編制之名稱，《漢書・李廣傳》：「廣無部曲行陳。」注：《續漢書・百官志》云：「將軍領軍，皆有部曲。大將軍營五部，部校尉一人，部下有曲，曲有軍侯一人。今廣尚於簡易，故行道之中，而不立部曲。」其後演變而為私人所有軍隊之稱。《三國志・魏志・鄧艾傳》：「吳名宗大族，皆有部曲。阻兵仗勢。」⑮祠部郎：官名，屬尚書曹。⑯紖：索，牛系。《禮・少儀》：「牛則執紖。」又〈祭統〉：「及迎牲，君執紖。注：紖，所以牽牲也。」疏：「紖，牛鼻繩，君自執之，入繫於碑。」⑰諫官：秦漢以來有諫大夫，東漢有諫議大夫，魏不復置。晉以散騎常侍拾遺補闕，即諫官職。⑱攝：整。不攝：紊亂廢弛。⑲放誕：放縱誕妄。《晉書・何曾傳》：「阮籍負才放誕，居喪無禮。」㊂恪：敬。不恪：放肆不敬。

二年（西元二六六年）

㈠春正月，丁亥（初八日），即用魏廟祭征西府君以下，並景帝，凡七室㊀。

㈡尊景帝夫人羊氏曰景皇后，居弘訓宮。

㈢丙午（二十七日），立皇后弘農楊氏。后，魏通事郎文宗之女也。

㈣羣臣奏五帝即天帝也。王氣時異，故名號有五。自今明堂南郊，宜除五帝座。從之。帝，王肅外孫也，故郊祀之禮，有司多從肅議。

㈤二月，除漢宗室禁錮㊁。

㈥三月，吳遣大鴻臚㊂張儼、五官中郎將丁忠來弔祭。

㈦吳散騎常侍㊃王蕃，體氣高亮，不能承顏順指，吳主不悅。散騎常侍萬彧、中書丞陳聲從而譖之。丁忠使還，吳主大會羣臣，蓄沈醉頓伏㈤，吳主疑其詐，輿蓄出外，頃之召還。蓄好治威儀，行止自若。吳主大怒，呵左右於殿下斬之。出登來山㈥，使親近擲蓄首，作虎跳狼爭咋齧之，首皆碎壞。丁忠說吳主曰：「北方無守戰之備，弋陽㈦可襲而取。」吳主以問羣臣，鎮西大將軍陸凱曰：「北方新幷巴蜀，遣使求和，非求援於我也，欲蓄力以俟時耳。敵勢方彊，而欲徼幸求勝，未見其利也。」吳主雖不出兵，然遂與晉絕。凱，遜之族子也。

(八)夏五月，壬子（是月戊寅朔，無壬子。），博陵元公王沈卒。

(九)六月，丙午晦，日有食之。

(十)文帝之喪，臣民皆從權制㈧，三日除服㈨，既葬，帝亦除之。然猶素冠疏食，哀毀如居喪者。秋八月，帝將謁崇陽陵，羣臣奏言秋暑未平，恐帝悲感摧傷。帝曰：「朕得奉瞻山陵⑩，體氣自佳耳。」又詔曰：「漢文不使天下盡哀⑪，亦帝王至謙之志。當見山陵，何心無服？其議以衰絰從行，羣臣自依舊制。」尚書令裴秀奏曰：「陛下既除而復服，義無所依。若君服而臣不服，亦未之敢安也。」詔曰：「患情不能跂及耳⑫！衣服何在？諸君勤勤⑬之至，豈苟相違。」遂止。中軍將軍⑭羊祜謂傅玄曰：「三年之喪，雖貴遂服，禮也。今主上至孝，雖奪其服，實行喪禮。若因此復先王之灋，不亦善乎！」玄曰：「以日易月，已數百年。一旦復古，難行也。」祜曰：「不能使天下如禮，且使主上遂服，不猶愈乎？」玄曰：「主上不除，而天下除之，此為但有父子，無復君臣也。」乃止。戊辰（二十一日），羣臣奏請易服復膳⑮。詔曰：「每感念幽冥，而不得終苴絰⑯之禮，以為沈痛。況當食稻衣錦乎？適足激切⑰其心，非所以相解也。朕本諸生⑱家，傳禮來久，何至一旦便易此情於所天⑲。相從已多，可試省孔子答宰我之言⑳，無事紛紜也。」遂以疏素終三年。

臣光曰：「三年之喪，自天子達于庶人，此先王禮經，百世不易者也。漢文師心㉑不學，變古壞禮。絕父子之恩，虧君臣之義。後世帝王不能篤於哀戚之情，而羣臣諂諛，莫肯釐正。至於晉武，獨以天性矯而行之，可謂不世之賢君。而裴、傅之徒，固陋庸臣，習常玩故(二二)，而不能將順其美(二三)。惜哉！」

(十一)吳改元寶鼎。

(十二)吳主以陸凱為左丞相，萬彧為右丞相。吳主惡人視己，羣臣侍見，莫敢舉目。陸凱曰：「君臣無不相識之道，若猝有不虞(二四)，不知所赴。」吳主乃聽凱自視，而它人如故。吳主居武昌，揚州之民泝流供給，甚苦之。又奢侈無度，公私窮匱。凱上疏曰：「今四邊無事，當務養民豐財。而更窮奢極欲，無災而民命盡，無為(二五)而國財空，臣竊憂之。昔漢室既衰，三家鼎立。今曹劉失道，皆為晉有，此目前之明驗也。臣愚但為陛下惜國家耳！武昌土地，危險塉确(二六)，非王者之都。且童謠云：『寧飲建業水，不食武昌魚；寧還建業死，不止武昌居。』以此觀之，足明人心與天意矣。今國無一年之蓄，民有離散之怨。國有露根之漸(二七)，而官吏務為苛急，莫之或恤。大帝(二八)時，後宮列女及諸織絡(二九)，數不滿百。景帝以來，乃有千數，此耗財之甚也。又左右之臣，率非其人。羣黨相扶，害忠隱賢，此皆蠹政病民者也。臣願陛下省息百役，罷去苛擾，料出㊂宮女，清選百官。則天悅民附，國家永安矣！」吳主雖不悅，以其宿望，特優容之。【考異】陳壽曰：予連從荊、揚來者，得凱所諫皓二十事，博問吳人，多云不聞凱有此表。又按其文殊甚切直，恐非皓之所能容忍也。或以為凱藏之篋笥未敢宣，行病困，皓遣董朝省問欲言，因以付之。虛實難明，故不著於篇。然愛其指擿皓事，足為後戒。故鈔列於凱傳左。今不取。

㊀九月，詔自今雖詔有所欲，及已奏得可，而於事不便者，皆不可隱情㊁。

㊂戊戌（二十三日），有司奏，大晉受禪於魏，宜一用前代正朔服色，如虞遵唐故事。從之。

㊃冬十月，丙午朔，日有食之。【考異】宋書志無此食，今從晉書。

㊄永安山賊施但，因民勞怨，聚眾數千人，劫吳主庶弟永安侯謙作亂。比至建業，眾萬餘人。未至三十里住，擇吉日入城。遣使以謙命召丁固、諸葛靚。固、靚斬其使，發兵逆戰㊂於牛屯。但兵皆無甲冑，即時敗散。謙獨坐車中，生獲之。固不敢殺，以狀白吳主。吳主并其母及弟俊皆殺之。初望氣㊂者云：「荊州有王氣，當破揚州。」故吳主徙都武昌。及但反，自以為得計，遣數

百人鼓譟入建業，殺但妻子。云天子使荊州兵來破揚州賊。

㈦十一月，初幷圓丘方丘之祀於南北郊。

㈧罷山陽國督軍，除其禁制㉔。

㈨十二月，吳主還都建業。【考異】吳志陸凱傳或曰寶鼎元年十二月，凱與丁奉、丁固謀，因皓謁廟，欲廢皓立孫休子。時左將軍留平領兵先驅，故密語平。平拒而不許，誓以不泄，是以不果。按凱盡忠執義，必不為此事，況皓殘酷猜忌，留平庸人，若聞凱謀，必不能不泄，殆虛語耳。今不取。使后父衛將軍錄尚書事㉕滕牧，留鎮武昌。朝士以牧尊戚，頗推令諫爭。滕后之寵，由是漸衰。更遣牧居蒼梧，雖爵位不奪，其實遷也。在道以憂死。何太后常保佑滕后，太史又言中宮㉖不可易，吳主信巫覡㉗，故得不廢。常供養升平宮㉘，不復進見。諸姬佩皇后璽紱者甚眾，滕后受朝賀表疏而已。吳主使黃門徧行州郡，料取將吏家女，其二千石大臣子女，歲歲言名，年十五六，一簡閱。簡閱不中，乃得出嫁。後宮以千數，而採擇無已。

【今註】㈠征西府君……凡七室：胡三省曰：「沈約志曰：晉初祭征西將軍、豫章府君、潁川府君、京兆府君、與宣皇帝、景皇帝、文皇帝為三昭三穆。是時宣帝未升，太祖虛位，所以祠六世與景帝為七廟。其禮則據王肅說也。」㈡除漢宗室禁錮：胡三省曰：「魏既代漢，禁錮諸劉，今除之。」㈢大鴻臚：官名，秦稱典客，漢初改為鴻臚，掌朝賀慶弔時贊導相禮。漢武帝太初時，更名大鴻臚。㈣散騎常侍：官名。秦置散騎與中常侍，漢因之。東漢時惟有中常侍，以宦者為之。魏文帝黃初時置散騎，合於中常侍，謂之散騎常侍，復用士人。掌規諫，不典事。㈤頓伏：醉而突倒。㈥來山：在湖北省鄂城縣西五里。亦名樊山、西山、壽昌山、樊岡。㈦弋陽：地名，今河南省潢川縣西南地。㈧權制：變通常法常規，使適合時宜，又不違背事理的辦法。㈨除服：除喪，釋去喪服。㈩山陵：帝王墳墓。《廣雅・釋丘》疏證：「秦名天子冢曰山，漢名曰陵。」⑪漢文不使天下盡哀：《漢書・文帝紀》：「夏六月乙亥，帝崩於未央宮，遺詔曰：……朕既不敏，常畏過行，以羞先帝之遺德。惟年之久長，懼於不終。今乃幸以天年，得復供養于高廟，朕之不明與嘉之，其奚哀念之有。其令天下吏民，令到出臨之日，皆釋服，無禁取婦嫁女，祠祀飲酒食肉，自當給喪事服臨者，皆無踐。」宋真德秀曰：「文帝此詔，乃短喪之始也。」⑫患情之不服跂及耳：所患者在哀慕之情不至，不在於除服不除服。⑬勤勤：殷殷。一作懃懃，《漢書・司馬遷傳》：「意氣勤勤懇懇。」⑭中軍將軍：官名。亦稱中領軍將軍，《晉書・職官志》：「中領軍，魏官也。漢建安四年，魏武丞相自置……文帝踐祚，始置領軍將軍……武帝初省，使中軍將軍羊祜統二衛前後左右驍衛等營……懷帝永嘉中，改軍曰中領軍。」⑮易服復膳：《晉書・武帝紀》：「初，帝雖從漢帝之制，既葬，除服，而深衣素冠，降席撤膳，哀敬如喪者。」⑯苴經：苴，麻之一種，亦稱子麻。絰，喪服，在首為首絰，在腰為腰絰，用葛麻做成。苴絰：用苴麻取其粗惡為斬衰之絰。⑰激切：本急疾之意，此處為親死服喪，而食稻衣錦，非惟不能心神怡樂，且更為傷痛。⑱諸生：儒生。⑲所天：本稱婦人之夫，《文選・潘岳寡婦賦》：「適人而所天又殞。」古時又有稱君上為所天者，《後漢書・梁竦傳》：「乃敢昧死，自陳所天。」此處用以稱父。⑳孔子答宰我之言：《論語・陽貨》：「宰我問三年之喪，期已久矣，君子三年不為禮，禮必壞。三年不為樂，樂必崩。舊穀既沒，新穀既升，鑽燧改火，期可已矣。子曰：食夫稻，衣夫錦，於女安乎？安，女安則為之。夫君子之居喪，食不甘旨，聞樂不樂，居處不安，故不為之。今女安，則安之。宰我出，子曰：予之不仁也。子生三年，然後免於父母之懷。夫三年之喪，天下之通喪也。予也有三年之愛於其父母乎？」㉑師心：本為善用法者，當以心靈妙用，神明而變化之，不可拘泥成法，守舊不改。後亦謂獨行己意，剛愎任情者，曰師心自用。本文即此意。㉒習常玩故：習：因循。玩：熟習。言裴、傅等人，陋庸不學，未明三年之喪大義，只知因循常俗故事。㉓將順其美：將順：扶助，順行。《孝經》：「將順其美。」注：君有美善，則順而行之。㉔不虞：虞：料度。不虞：事出非常，意料之外。㉕無為：此非道家所云無為之意。言國家對外無戰事，對內無重大耗財舉措。㉖墝确：墝，薄土。确，堅石。言土壤墝薄，生產量少。㉗國有露根之漸：露：敗露。國家已漸見根基敗壞之危機。㉘大帝：孫權。魏明帝太和三年稱帝。㉙織絡：在宮中為皇家紡織縫製衣物的女子。㉚料出：料：量計。料出：簡選放出。㉛不可隱情：不可希旨迎合，又不可見事有不當，而聽之不諫。㉜逆戰：迎戰。㉝望氣：古時覘天候之術。望雲氣而知徵兆。㉞罷山陽國督軍，除其禁制：魏篡漢，奉漢獻帝為山陽公，國於河內山陽縣之濁鹿城。置督軍以防禁之。至晉時，獻帝孫康嗣位，經時已久，人心去漢，故罷其衛兵，除其禁制。㊄錄尚書事：《晉書・職官志》：「錄尚書，案漢武時左右曹諸吏分平尚書奏事。知樞要者始領尚書事……後章帝以太傅趙熹、太尉牟融並錄尚書事，尚書有錄名，蓋自熹、融始。……自魏、晉以後亦公卿權重者為之。」㊅中宮：皇后。漢舊儀：稱皇后為中宮。㊆巫覡：女曰巫，男曰覡。㊇升平宮：胡三省曰：「皓尊其母何太后宮曰升平宮。」

三年（西元二六七年）

㈠春正月，丁卯（十八日），立子衷為皇太子。詔以近世每立太子，必有赦。今世運將平，當示之以好惡，使百姓絕多幸之望㊀。曲惠㊁小人，朕無取焉。遂不赦。

㈡司隸校尉上黨李憙，劾故立進㊂令劉友、前尚書山濤、中山王睦、尚書僕射㊃武陔各占官稻田。請免濤、睦等官。陔已亡，請貶其謚。詔曰：「友侵剝百姓，以繆惑朝士，其考竟㊄以懲邪佞。濤等不貳其過㊅，皆勿有所問。憙亢志在公，當官而行，可謂邦之司直㊆矣。光武有云㊇：『貴戚且斂手以避二鮑。』其申敕羣僚，各慎所司。寬宥之恩，不可數遇也。」睦，宣帝之弟子也。

臣光曰：「政之大本，在於刑賞。刑賞不明，政何以成。晉武帝赦山濤而褒李憙，其於刑賞兩失之。使熹所言為是，則濤不可赦。所言為非，則憙不足褒。褒之使言，言而不用。怨結於下，威玩於上，將安用之。且四臣同罪，劉友伏誅。而濤等不問。避貴施賤，可謂政乎！創業之初，而政本不立。將以垂統後世，不亦難乎！」

㈢帝以李熹為太子太傅⑨，徵犍為⑩李密為太子洗馬⑪。密以祖母老固辭，許之。密與人交，每公議其得失而切責之。常言吾獨立於世，顧影無儔。然而不懼者，以無彼此於人故也。

㈣吳大赦。以右丞相萬彧鎮巴丘⑫。

㈤夏六月，吳主作昭明宮。二千石以下，皆自入山督伐木。大開苑囿，起土山樓觀，窮極伎⑬巧。功役之費，以億萬計。陸凱諫不聽。中書丞華覈上疏曰：「漢文之世，九州晏然，賈誼獨以為如抱火厝於積薪之下，而寢其上。今大敵據九州之地，有太半之眾，欲與國家為相吞之計，非徒漢之淮南、濟北㊃而已也。比於賈誼之世，孰為緩急。今倉庫空匱，編戶㊄失業，而北方積穀養民，專心東向。又交趾淪沒㊅，嶺表㊆動搖。胷背有嫌，首尾多難，乃國朝之厄會也。若舍此急務，盡力功作，卒有風塵不虞之變，當委版築而應烽燧㊇，驅怨民而赴白刃，此乃大敵所因以為資者也。」時吳俗奢侈，覈又上疏曰：「今事多而役繁，民貧而俗奢。百工作無用之器，婦人為綺靡之飾。轉相倣效，恥獨無有。兵民之家，猶復逐俗。內無甔㊈石之儲，而出有綾綺之服。上無尊卑等級之差，下有耗財費力之損。求其富給，庸⑳可得乎！」吳主皆不聽。

㈥秋七月，王祥以睢陵公罷。

㈦九月，甲申（十四日），詔增吏俸。

㈧以何曾為太保，義陽王望為太尉，荀顗為司徒。

㈨禁星氣讖緯㉑之學。

㈩吳主以孟仁守㉒丞相。奉灋駕東迎其父文帝神於明陵㉓，中使相繼奉問起居。巫覡言見文帝被服顏色如平生，吳主悲喜，迎拜於東門之外。既入廟，比七日三祭，設諸倡伎，晝夜娛樂。

⑾是歲，遣鮮卑拓跋沙漠汗歸其國⑭。

【今註】㊀使百姓絕多幸之望：使百姓斷絕違法犯紀，希圖徼幸得赦的心理。㊁曲惠：不當施惠而施惠。㊂立進：當為地名，方位待考。㊃尚書僕射：《晉書・職官志》：「僕射服秩印綬與令（尚書令）同。案漢本置一人，至漢獻帝建安四年以執金吾榮郃為尚書左僕射，僕射分置左右，蓋自此始。」㊄考竟：考問其狀。又《釋名・釋喪制》：「獄死曰考竟。考得其情，竟其命於獄也。」㊅不貳其過：有不善未嘗復行。㊆司直：官名。漢武帝置，秩比二千石，掌佐丞相舉不法，位在司隸校尉上。後漢改為司徒司直。諸州郡所舉司直考察能否以徵虛實。㊇光武有云……二鮑：《後漢書・鮑永傳》：「建武十一年，徵為司隸校尉，帝叔父趙王良，尊戚貴重，永以事劾良大不敬。由是朝廷肅然，莫不戒慎。迺辟扶風鮑恢為都官從事。恢亦抗直不避彊禦。帝常曰：『貴戚且宜斂手，以避二鮑。』其見憚如此。」㊈太子太傅：官名。《晉書・職官志》：「太子太傅、少傅，皆古官也。泰始三年武帝始建官，各置一人。……太傅中二千石，少傅二千石。其訓導者，太傅在前，少傅在後。」㊉犍為：今四川省宜賓縣西南。⑪太子洗馬：官名。《晉書・職官志》：「洗馬八人，職如謁者秘書，掌圖籍，釋奠講經則掌其事，出則直者前驅導威儀。」⑫巴丘：地名。今江西省峽江縣地。⑬伎：通技。⑭淮南、濟北：《漢書・賈誼傳》：「是時……天下初定，制度疏闊，諸侯王僭儗，地過古制，淮南濟北王，皆為逆謀。」⑮編戶：平民。民戶編於冊籍，謂之編戶。⑯交趾淪沒：《三國志・吳志》：「（永安）六年，交趾郡吏呂興等反，殺太守孫諝。」⑰嶺表：五嶺以外，廣西、廣東、安南一帶地方。⑱烽燧：《後漢書・光武帝紀》：「大將軍杜茂屯北邊，築亭候，修烽燧。注：近方有警，作高土臺，臺上作桔皐，桔皐頭上有籠，中置薪草，有寇即舉火燃之以相告，曰烽。又多積薪，寇至即燔之望其煙，曰燧。晝則燔燧，夜乃舉烽。」⑲甑：古容器名，或訓甑為罌，亦作儋。古無定訓。⑳庸：豈，如何。㉑讖緯：讖錄圖緯，占驗數術之書。《四庫提要》：「讖者，詭為隱語，預決吉凶。緯者，經之支流，衍及旁義，非一類也。」㉒守：非本職而兼理其事。㉓明陵：胡三省曰：「明陵在吳興烏程縣西。」沈約曰：「孫皓改文於烏程西山，曰明陵。」㉔沙漠汗歸其國：魏元帝景元二年，鮮卑索頭部大人拓跋力微遣其子沙漠汗入貢，因留為質。

四年（西元二六八年）

(一)春正月，丙戌（十八日），賈充等上所刊修律令。帝親自臨講，使尚書郎㊀裴楷執讀。【考異】刑法志云：泰始三年事畢表上。今從武紀。裴楷傳云文帝時詔楷於御前執讀，今從刑法志。楷，秀之從弟也。侍中㊁盧珽、中書侍郎㊂范陽張華，請抄新律死罪條目，懸之亭傳㊃以示民。從之。又詔河南尹杜預為黜陟之課㊄。

預奏古者黜陟擬議於心，不泥於瀍。末世不能紀遠，而專求密微。疑心而信耳目，疑耳目而信簡書。簡書愈繁，官方㈥愈偽。魏氏考課㈦，即京房㈧之遺意。其文可謂至密，然失於苛細以違本體，故歷代不能通也。豈若申唐堯之舊制，取大捨小，去密就簡，俾之易從也。夫曲盡物理，神而明之，存乎其人。去人而任瀍，則以文傷理。莫若委任達官，各考所統。歲第㈨其人，言其優劣。如此六載，主者揔㈩集採案其言，六優者超擢，六劣者廢免。優多劣少者平敍，劣多優少者左遷。其間所對不鈞，品有難易，主者固當準量輕重，微加降殺㈡，不足曲以瀍盡也。其有優劣徇情，不叶㈢公論者，當委監司隨而彈之。若令上下公相容過，此為清議大頹，雖有考課之瀍，亦無益也。事竟不行。

㈡丁亥（十九日），帝耕籍田於洛水之北。

㈢戊子（二十日），大赦。

㈣二月，吳主以左御史大夫丁固為司徒，右御史大夫孟仁為司空。

㈤三月，戊子（二十五日），皇太后王氏殂。帝居喪之制，一遵古禮。

㈥夏四月，戊戌（二日），睢陵元公王祥卒，門無雜弔之賓。其族孫戎歎曰：「太保當正始之世，不在能言之流㊂，及間與之言，理致清遠，豈非以德掩其言乎！」

㈦己亥（初三日），葬文明皇后。有司又奏既虞㊃，除衰服。詔曰：「受終身之愛，而無數年之報，情所不忍也。」有司固請。詔曰：「患在不能篤孝，勿以毀傷為憂。前代禮典，質文㊄不同，何必限以近制，使達喪㊅闕然乎！」羣臣請不已，乃許之。然猶素冠疏食以終三年，如文帝之喪。

㈧秋七月，眾星西流，如雨而隕。

㈨己卯（十四日），帝謁崇陽陵。

㈩九月，青、徐、兗、豫四州大水。大司馬石苞久在淮南，威惠甚著。淮北監軍王琛惡之，密表苞與吳人交通。會吳人將入寇，苞築壘遏水以自固。帝疑之。羊祜深為帝言苞必不然。帝不信，乃下詔以苞不料賊埶，築壘遏水，勞擾百姓，策免其官，【考異】

晉書武紀及苞傳皆無苞免官年月。蕭方等三十國春秋，杜延業晉春秋置在此，今從之。苞傳又云敕琅邪王伷自下邳會壽春。按武紀伷明年二月乃鎮下邳，恐傳誤。遣義陽王望帥大軍以徵之。苞辟河內孫鑠為掾。鑠先與汝陰王駿善。駿時鎮許昌，鑠過見之。駿知臺⑰已遣軍襲苞，私告之曰：「無與於禍。」鑠既出，馳詣壽春，勸苞放兵步出都亭⑱待罪。苞從之。帝聞之意解。苞詣闕，以樂陵公還第。

(十一)吳主出東關⑲。冬十月，使其將施績入江夏，萬彧寇襄陽。詔義陽王望統中軍步騎二萬屯龍陂⑳，為二方聲援。會荊州刺史胡烈拒績破之，望引還。

(十二)吳交州刺史劉俊、大都督脩則、將軍顧容前後三攻交阯，交阯太守楊稷皆拒破之，鬱林、九真皆附於稷。稷遣將軍毛炅、董元攻合浦㉑，戰於古城㉒，大破吳兵，殺劉俊、脩則，餘兵散還合浦，稷表炅為鬱林太守，元為九真太守。

(十三)十一月，吳丁奉、諸葛靚出芍陂㉓，攻合肥。安東將軍汝陰王駿拒卻之。

(十四)以義陽王望為大司馬，荀顗為太尉，石苞為司徒。

【今註】㈠尚書郎：官名。漢以來尚書分曹，任曹務者謂之尚書郎。㈡侍中：官名。秦置五人，往來殿內東廂奏事，故曰侍中。漢以加官多至數十人。舊用儒者，後多用貴胄子弟，侍帝左右，掌乘輿服物。東漢皆博學高德之士，切問近對，喻旨公卿，上殿稱制，秉笏陪見，為人主親信之官。㈢中書侍郎：官名。屬中書監。㈣亭傳：驛亭傳舍。㈤黜陟之課：進退官吏之程式法條。㈥官方：居官者應守之禮法。㈦魏氏考課：見卷七十三魏明帝景初元年。㈧京房：漢文帝時人，作考功課吏之法。㈨第：次第。謂每歲依在官者治績功過，分別等差。㈩揔：總或字，亦作捴。⑪降殺：抑減。⑫叶：古協字。⑬能言之流：指正始時何晏、王弼、夏侯玄等。王、何祖述老莊，崇尚無為之說，排棄世務，專談玄理，造成後世清談風氣。⑭虞：既葬而祭曰虞。⑮質文：繁簡。⑯達喪：通喪。⑰臺：臺省。漢稱尚書曰中臺，在禁省中，故稱臺省。⑱都亭：郭下之亭。⑲東關：見前注濡須條。⑳龍陂：即摩陂。見《三國志．魏志》明帝青龍元年。㉑合浦：地名。今廣東省合浦縣。㉒古城：胡三省曰：「古城蓋合浦郡古城也。」㉓芍陂：水名。在安徽省壽縣南。

五年（西元二六九年）

㈠春正月，吳主立子瑾為皇太子。

㈡二月，分雍、涼、梁州置秦州，以胡烈為刺史。先是鄧艾納鮮卑降者數萬，置於雍、涼之間，與民雜居。朝廷恐其久而為患，以烈素著名於西方，故使鎮撫之。

㈢青、徐、兗三州大水。

㈣帝有滅吳之志。壬寅（是月壬戌朔，無壬寅。），以尚書左僕射羊祜都督荊州諸軍事，鎮襄陽。征東大將軍衞瓘都督青州諸軍事，鎮臨菑，鎮東大將軍東莞王伷都督徐州諸軍事，鎮下邳。祜綏懷遠近，甚得江漢之心。與吳人開布大信，降者欲去，皆聽之。減戍邏之卒，以墾田八百餘頃。其始至也，軍無百日之糧。及其季年，乃有十年之積。祜在軍常輕裘緩帶，身不被甲，鈴閤㈠之下，侍衞不過十數人。

㈤濟陰太守巴西文立，上言故蜀之名臣子孫，流徙中國者，宜量才敘用，以慰巴蜀之心，以傾吳人之望。帝從之。【考異】立傳載此表在遷太子中庶子後。按泰始七年立舉郤詵時猶為濟陰太守，於今未為庶子也。若諸葛京署吏不因立表，則京先已署吏，立不當更云宜量材敘用也。己未（是月壬戌朔，無己未。），詔曰：「諸葛亮在蜀，盡其心力，其子瞻臨難而死義，其孫京宜隨才署吏。」又詔曰：「蜀將傅僉父子死於其主㊁，天下之善一也。豈由彼此以為異哉！僉息著、募㊂沒入奚官㊃，宜免為庶人㊄。」

㈥帝以文立為散騎常侍。漢故尚書犍為程瓊，雅有德業，與立深交。帝聞其名，以問立。對曰：「臣至知其人，但年垂八十，稟性謙退，無復當時之望㊅，故不以上聞耳。」瓊聞之曰：「廣休㊆可謂不黨㊇矣。此吾所善夫㊈人也。」

㈦秋九月，有星孛於紫宮。

㈧冬十月，吳大赦，改元建衡。

㈨封皇子景度為城陽王。

㈩初，汝南何定嘗為吳大帝給使，及吳主即位，自表先帝舊人，求還內侍。吳主以為樓下都尉，典⑩知酤糴事，遂專為威福。吳主信任之，委以眾事。左丞相陸凱面責定曰：「卿見前後事主不忠，傾亂國政，寧有得以壽終者邪！何以專為姦邪，塵穢天聽，宜自改厲。不然，方見卿有不測之禍。」定大恨之。凱竭心公家，忠懇㈡內發，表疏皆指事不飾㊂。及疾病㊃，吳主遣中書令董朝問所欲言，凱陳何定不可信用，宜授以外任。奚熙小吏建起浦里塘⑭，亦不可聽。姚信、樓玄、賀邵、張悌、郭逴、薛瑩、滕脩及族弟喜、抗，或清白忠勤，或資才卓茂，皆社稷之良輔。願陛下重留神思，訪以時務，使各盡其忠，拾遺⑮萬一。邵，齊之孫，瑩，綜之子，玄沛人，脩南陽人也。凱尋卒。吳主素銜⑯其切直，且日聞何定之譖。久之，竟徙凱家於建安。

㈩吳主遣監軍虞汜、威南將軍薛珝、蒼梧太守丹陽陶璜，從荊州道；監軍李勗、督軍徐存從建安⑰海道，皆會於合浦，以擊交趾。

(十一)十二月，有司奏東宮施敬二傅⑱，其儀不同。帝曰：「夫崇敬師傅，所以尊道重教也。何言臣不臣乎？其令太子申拜禮。」

【今註】㊀鈴閣：胡三省曰：「鈴下卒及閣下威儀也。鈴下者，有使令則掣鈴以呼之，因以為名。閣下威儀掌出入贊及納謁受事。」㊁蜀將傅僉……其主：傅肜死見卷六十九魏文帝黃初三年。僉死與諸葛瞻同年。㊂僉息著、募：息，子。著、募二子名。㊃奚官：少府有奚官令，凡男女沒入者屬之。㊄免為庶人：沒入少府為奴，今釋放為平民。㊅無復當時之望：已無再求聞達於當時之志望。㊆廣休：文立字。㊇不黨：《論語．衛靈公》：「羣而不黨。」又〈述而〉：「吾聞君子不黨。」

㈨夫：此，或彼。⑽典：主置其事曰典。⑾惈：愬或寫。⑿指事不飾：直指其實，不加文飾。⒀病：疾甚曰病，疾病：病重，病危。⒁奚熙小吏建起浦里塘：奚熙人名，吳永安三年三月，都尉嚴密曾建議作浦里塘，熙蓋祖其說。⒂拾遺：謂補弊偏，以正主上言行過失。⒃銜：有所憤怒蓄而不發者為銜。⒄建安：舊縣名。今福建省建甌縣。⒅二傅：《晉書・職官志》：「太傅中二千石，少傅二千石，其訓導者，太傅在前，少傅在後，皇太子先拜，諸傅然後答之。」

六年（西元二七〇年）

㈠春正月，吳丁奉入渦口。【考異】吳志丁奉傳，建衡元年攻晉穀陽。晉帝紀不載，奉傳不言入渦口，疑是一事。揚州刺史牽弘擊走之。

㈡吳萬彧自巴丘還建業。

㈢夏四月，吳左大司馬施績卒。以鎮軍大將軍陸抗都督信陵、西陵、夷道、樂鄉、公安諸軍事，治樂鄉。抗以吳主政事多闕。上疏曰：「臣聞德均則眾者勝寡，力侔㈠則安者制危。此六國所以幷於秦，西楚所以屈於漢也。今敵之所據，非特關右之地，鴻溝以西。而國家外無連衡之援，內非西楚之彊，庶政陵遲㈡，黎民未乂㊂。議者所恃，徒以長江峻山，限帶封域㊃。此乃守國之末事，非智者之所先也。臣每念及此，中夜撫枕，臨餐忘食。夫事君之義，犯而勿欺㊄。謹陳時宜十七條以聞。」吳主不納。李勗以建安道不利，殺導將馮斐，引軍還。初，何定嘗為子求婚於勗，勗不許。乃白勗枉殺馮斐，擅徹㊅軍還。誅勗及徐存幷其家屬。仍焚勗尸。定又使諸將各上御犬，一犬至直縑數十匹，纓紲㊆直錢一萬，以捕兔供廚。吳人皆歸罪於定，而吳主以為忠勤，賜爵列侯。陸抗上疏曰：「小人不明道理，所見既淺，雖使竭情盡節，猶不足任。況其姦心素篤，而憎愛移易哉！」吳主不從。

㊃六月，戊午（初四日），胡烈討鮮卑禿髮樹機能於萬斛堆㊇，兵敗被殺。都督雍、涼州諸軍事扶風王亮，遣將軍劉旂救之。旂觀望不進，亮坐貶為平西將軍，旂當斬。亮上言節度之咎，由亮而出，乞丐其死。詔曰：「若罪不在旂，當有所在。」乃免亮官。遣尚書樂陵石鑒行安西將軍，都督秦州諸軍事，討樹機能。樹機能兵盛，鑒使秦州刺史杜預出兵擊之。預以虜乘勝馬肥，而官軍

縣乏㊈，宜并力大運芻糧，須春進討。鑒奏預稽乏軍興⑩，檻車⑪徵詣廷尉，以贖論⑫。既而鑒討樹機能，卒不能克。

㈤秋七月，乙巳（二十二日），城陽王景度卒。

㈥丁未（二十四日），以汝陰王駿為鎮西大將軍，都督雍、涼等州諸軍事，鎮關中。

㈦冬十一月，立皇子東為汝南王。

㈧吳主從弟前將軍秀為夏口督，吳主惡之。民間皆言秀當見圖。會吳主遣何定將兵五千人獵夏口，秀驚，夜將妻子親兵數百人來犇。十二月，拜秀票騎將軍，開府儀同三司⑬，封會稽公。

㈨是歲，吳大赦。

㈩初，魏人居南匈奴五部⑭於并州諸郡，與中國民雜居。自謂其先漢氏外孫，因改姓劉氏⑮。

【今註】㈠侔：齊、等。㈡陵遲：頹替衰落。㈢乂：安。乂安：治平無事。㈣限帶封域：山限帶水以為界域。㈤犯而勿欺：可犯顏強諫，不可欺騙蒙蔽。㈥徹：同撤。㈦縲紲：繫犬用的繩索。㈧萬斛堆：胡三省曰：「萬斛堆在溫圍水東北安定郡高平縣界。」高平縣今甘肅省涇川縣北。㈨縣乏：縣通懸，遠。縣乏：懸軍遠征，軍實困乏。⑩軍興：漢世縣官徵聚財物供軍用，謂之軍興。⑪檻車：亦作轞車。囚禁罪人之車。⑫以贖論：《晉書・杜預傳》：「以預尚主在八議，以侯贖論。」⑬開府儀同三司：開府：開建府署。漢制：惟三公得開府，置官屬。三司：東漢改太尉為大司馬，與司空、司徒並稱三司。《晉書・職官志》：「……漢官也，殤帝延平元年，鄧騭為車騎將軍儀同三司。儀同之名始自此也。及魏黃權以車騎將軍開府儀同三司，開府之名起於此也。」⑭南匈奴五部，見卷六十七漢獻帝建安二十一年五月。⑮自謂……因改姓劉氏：漢高帝以女妻單于，故自謂漢氏外孫，冒姓劉氏。

七年（西元二七一年）

㈠春正月，匈奴右賢王劉猛叛出塞。

㈡豫州刺史石鑒坐㈠擊吳軍虛張首級。詔曰：「鑒備大臣，吾所取信，而乃下同為詐，義得爾乎？今遣歸田里，終身不得復用。」

㈢吳人刁玄詐增讖文㈡曰：「黃旗紫蓋見於東南，終有天下者，荊揚之君。」吳主信之。是月晦，大舉兵出華里㈢，載太后、皇后及後宮數千人，從牛渚㈣西上。東觀令㈤華覈等諫不聽。行遇大雪，道路陷壞，兵士被甲持仗，百人共引一車，寒凍殆死。皆曰：「若遇敵，便當倒戈。」吳主聞之乃還。帝遣義陽王望統中軍二萬，騎三千，屯壽春以備之，聞吳師退乃罷。

㈣三月，丙戌（初七日），鉅鹿元公裴秀卒。

㈤夏四月，吳交州刺史陶璜襲九真太守董元，殺之。楊稷以其將王素代之。【考異】璜傳云出其不意，徑至交趾。按元乃九真太守，非交趾也。華陽國志云元病亡，楊稷更以王素代之。按武帝紀四月九真太守董元為吳將虞汜所攻，軍敗死之。則元非病亡。蓋稷雖以素代元，未至郡而元死也。

㈥北地㊅胡寇金城㊆，涼州刺史牽弘討之，眾胡皆內叛，與樹機能共圍弘於青山㊇。弘軍敗而死。【考異】崔鴻十六國春秋禿髮烏孤傳云：其先，樹機能本河西鮮卑，泰始中，殺秦州刺史胡烈，斬涼州刺史牽弘。晉帝紀：叛虜殺胡烈，北地胡殺牽弘。皆不言鮮卑。蓋言羣虜內叛，則鮮卑亦在其中矣。或北地胡即樹機能也。初，大司馬陳騫言於帝曰：「胡烈、牽弘皆勇而無謀，彊於自用，非綏邊之材也，將為國恥。」時弘為揚州刺史，多不承順騫命，帝以為騫與弘不協而毀之，於是徵弘。既至，尋復以為涼州刺史，騫竊歎息以為必敗。二人果失羌戎之和，兵敗身沒。征討連年，僅而能定，帝乃悔之。

㈦五月，立皇子憲為城陽王。

㈧辛丑（二十三日），義陽成王望卒。

㈨侍中尚書令車騎將軍賈充，自文帝時寵任用事，帝之為太子，充頗有力，故益有寵於帝。充為人巧諂，與太尉行⑨太子太傅荀顗、侍中中書監⑩荀勗、越騎校尉安平馮紞，相為黨友，朝野惡之。帝問侍中裴楷以方今得失。對曰：「陛下受命，四海承風。所以未比德於堯舜者，但以賈充之徒尚在朝耳。宜引天下賢人與弘政道，不宜示人以私。」侍中樂安任愷、河南尹潁川庾純，皆與充不協。充欲解其近職⑪，乃薦愷忠貞，宜在東宮。帝以愷為太子少傅，而侍中如故。會樹機能寇亂秦雍，帝以為憂。愷曰：「宜得威望重臣有智略者以鎮撫之。」帝曰：「誰可者？」愷因薦充，純亦稱之。秋七月癸酉（二十六日），以充為都督秦、涼二州諸軍事，侍中車騎將軍如故。【考異】三十國春秋、晉春秋，充出並在八年二月。按武帝紀，充出在此月。蓋二春秋以太子納妃在八年二月，致此誤也。充患之。

㈩吳大都督薛珝，與陶璜等兵十萬，共攻交趾，城中糧盡援絕，為吳所陷，虜楊稷、毛炅等。璜愛炅勇健，欲活之。炅謀殺璜，璜乃殺之。脩則之子允，生剖其腹，割其肝，曰：「復能作賊不？」炅猶罵曰：「恨不殺汝孫皓，汝父何，死狗也。」【考異】漢晉春秋曰：初霍弋遣楊稷、毛炅等戍交趾，與之誓曰：若賊圍城未百日而降者，家屬誅。若過百日救兵不至而城沒者，吾受其罪。稷等守未百日，糧盡乞降於璜，不許，而給糧使守，諸將並諫，璜曰：霍弋已死，不能救稷等必矣，可須其日滿，然後受降。使彼得無罪，而我取有義，內訓吾民，外懷隣國，不亦可乎？稷等期訖糧盡，救兵不至，乃納之。華陽國志則云，稷等城破被囚，稷嘔血死，炅罵賊死，二者相戾，不可得合，而晉陶璜傳兼載之。按孫皓猜暴，恐璜不敢以糧資敵，今從華陽國志。王素欲逃歸南中，吳人獲之。九真、日南皆降於吳。吳大赦，以陶璜為交州牧。璜討降夷獠，州境皆平。

(十一)八月，丙申（十九日），城陽王憲卒。

(十二)分益州南中四郡，置寧州㊁。

(十三)九月，吳司空孟仁卒。

(十四)冬十月，丁丑朔，日有食之。【考異】宋書五行志有五月庚寅食，無十月丁丑食。晉書紀及天文志有十月丁丑食，無五月庚寅食，今從晉書。

(十五)十一月，劉猛寇并州，并州刺史劉欽擊破之。

(十六)賈充將之鎮，公卿餞於夕陽亭㊂。充私問計於荀勗。勗曰：「公為宰相，乃為一夫所制，不亦鄙乎？然是行也，辭之實難。

獨有結婚太子，可不辭而自留矣。」充曰：「然則孰可寄懷？」勗曰：「勗請言之。」固謂馮紞曰：「賈公遠出，吾等失埶，太子婚尚未定，何不勸帝納賈公之女乎！」紞亦然之。初，帝將納衛瓘女為太子妃，充妻郭槐賂楊后左右，使后說帝，求納其女。帝曰：「衛公女有五可，賈公女有五不可。衛氏種賢而多子，美而長白。賈氏種妬而少子，醜而短黑。」后固以為請。荀顗、荀勗、馮紞皆稱充女絕美，且有才德，帝遂從之。留充復居舊任。

㈦十二月，以光祿大夫鄭袤為司空，袤固辭不受。

㈧是歲，安樂思公劉禪卒。【考異】晉春秋云：禪謚惠公，今從王隱蜀記。

㈨吳以武昌都督廣陵㊃范慎為太尉。右將軍司馬丁奉卒㊄。

㈩吳改明年元曰鳳凰。

【今註】㊀坐：入於罪曰坐。㊁詐增讖文：江表傳曰：玄使蜀得司馬徽論運命歷數事，因詐增其文，以誑吳人。㊂華里：胡三省曰：「華里在建業西。」㊃牛渚：今安徽省當塗縣西北采石磯。㊄東觀令：東觀：宮中著述及藏書之所。東觀令：官名。掌典校圖書及記述。㊅北地：古郡名，秦置，約有今寧夏省及甘肅省之東北部，治義渠，在今寧縣西北。漢仍之，治馬嶺，在今環縣東南。東漢徙治富平，在今靈武縣西南，三國魏僑置，治泥陽，在今陝西省耀縣東南。㈦金城：郡名，漢置，有今甘肅省南部西境榆中、皋蘭諸縣以西，至青海省東部西寧以東之地，治允吾，在今皋蘭縣西北黃河北岸；晉治榆中，在今榆中縣西北。亦縣名，漢置，故治在今皋蘭縣西南。晉時遷治今榆中縣西北，為金城郡治。㈧青山：甘肅省環縣西。㈨行：官位兼攝曰行。㈩中書監：《晉書．職官志》：「魏武帝為魏王置秘書令典尚書奏事。文帝黃初初，改為中書，置監令。……晉因之，並置一人。」

㈡近職：謂侍中職。侍中常在天子左右，故曰近職。㈢分益州……置寧州：《晉書．地理志》：「泰始七年，武帝以益州地廣，分益州之建寧、興古、雲南，交州之永昌，合四郡為寧州。」寧州，今雲南省。㈢夕陽亭：李賢曰：「夕陽亭在河南城西。」㈣廣陵：今江蘇省江都縣東北。東晉移今江都縣治。㈤右將軍司馬丁奉卒：胡三省曰：「據丁奉傳，以救壽春之功，拜將軍。誅孫綝拜大將軍，加左右都護。共迎吳主皓，遷右大司馬左軍師。當書右大司馬左軍師。」

八年（西元二七二年）

㈠春正月，監軍何楨討劉猛，屢破之。潛以利誘其左部帥李恪，恪殺猛以降。

㈡二月，辛卯（十七日），皇太子納賈妃。妃年十五，長於太子二歲，妬忌多權詐，太子嬖而畏之。

㈢壬辰（十八日），安平獻王孚卒，年九十三。孚性忠慎，宣帝執政，孚常自退損，後逢廢立之際，未嘗預謀。景文二帝以孚屬尊，亦不敢逼。及帝即位，恩禮尤重。元會詔孚乘輿上殿，帝於阼階㊀迎拜。既坐，親奉觴上壽，如家人禮。帝每拜，孚跪而止之。孚雖見尊寵，不以為榮，常有憂色。臨終遺令曰：「有魏貞士河內司馬孚，字叔達，不伊不周㊁，不夷不惠㊂，立身行道，終始若一。當衣以時服，歛以素棺。」詔賜東園溫明秘器㊃，諸所施行，皆依漢東平獻王故事㊄。其家尊孚遺旨，所給器物，一不施用。

㈣帝與右將軍皇甫陶論事。陶與帝爭言，散騎常侍鄭徽表請罪之。帝曰：「忠讜㊅之言，唯患不聞。徽越職妄奏，豈朕之意。」遂免徽官。

㈤夏，汶山白馬胡㊆侵掠諸種，益州刺史皇甫晏欲討之。典學從事㊇蜀郡何旅等諫曰：「胡夷相殘，固其常性，未為大患。今盛夏出軍，水潦將降，必有疾疫。宜須秋冬圖之。」晏不聽。胡康木子燒香㊈言軍出必敗，晏以為沮眾，斬之。軍至觀阪㊉，牙門㊀張弘等以汶山道險，且畏胡眾，因夜作亂殺晏，軍中驚擾。兵曹從事㊂犍為楊倉，勒兵力戰而死。弘遂誣晏云，率己共反，故殺之，傳首京師。晏主簿㊂蜀郡何攀，方居母喪，聞之，詣洛證晏不反。弘等縱兵抄掠，廣漢主簿李毅言於太守弘農王濬曰：「皇甫侯起自諸生，何求而反！且廣漢與成都密邇，而統於梁州者，朝廷欲以制益州之衿㊃領，正防今日之變也。今益州有亂，乃此郡之憂也。張弘小豎，眾所不與。宜即時赴討，不可失也。」濬欲先上請。毅曰：「殺主之賊，為惡尤大，當不拘常制，何請之有？」濬乃發兵討弘。詔以濬為益州刺史，濬擊弘斬之。夷三族。【考異】華陽國志，弘殺晏在十年五月。武帝紀在今年六月。按王濬請伐吳表云：臣作船七年，日有朽敗。濬再為益州刺史，方受詔作船，咸寧五年下詔伐吳。借使濬以其年上表，則再為益州，亦在泰始九年之前矣。今從晉紀為定。封濬為關內侯。初，濬為羊祜參軍㊄，祜深知之。祜兄子暨白濬為人志大奢侈，不可專任，宜有以裁之。祜曰：「濬有大才，將以濟其所欲，必可用也。」更轉為車騎從事中郎㊅。濬在益州，明立威信，蠻夷多歸附之。俄遷大司農。時帝與羊祜陰謀伐吳，祜以為伐吳宜籍上流之勢，密表留濬，復為益州刺史，使治水軍。尋加龍驤將軍，監益、梁諸軍事(一七)。【考異】羊祜傳曰：表留濬監益州諸軍事加龍驤將軍。按濬傳：祜密表留濬重拜益州刺史。又曰尋以謠言，拜龍驤將軍，監梁益諸軍事。然則作刺史與監軍，自是二事也。華陽國志又云：咸寧四年，濬遷大司農，五年拜龍驤，監梁益二州。按是時羊祜已卒，尤不可據。詔濬罷屯田軍，大作舟艦。別駕何攀，以為屯田兵不過五六百人，作船不能猝辦。後者未成，前者已腐。宜召諸郡兵合萬餘人造之，歲終可成。濬欲先上須報(一八)。攀曰：「朝廷猝聞召萬兵，必不聽。不如輒(一九)召，設當見却，功夫已成，勢不得止。」濬從之。令攀典造舟艦器仗。於是作大艦，長百二十步，受二千餘人，以木為城，起樓櫓(二〇)，開四出門，其上皆得馳馬往來。【考異】華陽國志云：咸寧二年三月，濬受詔作船。按濬表云作船七年，則國志不可據也。時，作船木柹(二一)蔽江而下，吳建平(二二)太守吳郡吾彥，取流柹以白吳主曰：「晉必有攻吳之計，宜增建平兵以塞其衝要。」吳主不從。彥乃為鐵鎖橫斷江路。王濬雖受中制募兵，而無虎符(二三)，廣漢太守敦煌張斆，收濬從事列上。帝召斆還責曰：「何不密啓而便收從事？」斆曰：「蜀漢絕遠，劉備嘗用之矣。輒收，臣猶以為輕。」帝善之。

㈥壬辰（二十日），大赦。

㈦秋七月，以賈充為司空侍中尚書令，領兵如故。充與侍中任愷，皆為帝所寵任。充欲專名埶而忌愷，於是朝士各有所附，朋黨紛然。帝知之，召充、愷宴於式乾殿，而謂之曰：「朝廷宜壹，大臣當和。」充、愷等各拜謝。既而充、愷以帝已知而不責，愈無所憚，外相崇重，內怨益深。充乃薦愷為吏部尚書，愷侍覲轉希，充因與荀勗、馮紞承間共譖之，愷由是得罪，廢於家。

㈧八月，吳主徵昭武將軍西陵督步闡。闡世在西陵，猝被徵，自以失職，且懼有讒。九月，據城來降，遣兄子璣、璿詣洛陽為任㊃。詔以闡為都督西陵諸軍事、衞將軍、開府儀同三司、侍中，領交州牧，封宜都公。

㈨冬十月，辛卯朔，日有食之。

㈩敦煌太守尹璩卒。涼州刺史楊欣表敦煌令梁澄領太守，功曹宋質輒廢澄，表議郎令狐豐為太守。【考異】晉春秋璩作據，今從武紀。武紀云令狐豐廢澄，自領郡事。今從晉春秋。楊欣遣兵擊之，為質所敗。

㈩吳陸抗聞步闡叛，亟遣將軍左奕、吾彥等討之。帝遣荊州刺史楊肇迎闡於西陵，車騎將軍羊祜帥步軍出江陵，巴東監軍徐胤帥水軍擊建平以救闡。陸抗敕西陵諸軍築嚴圍，自赤谿至於故市㉕。內以圍闡，外以禦晉兵。晝夜催切，如敵已至，眾甚苦之。諸將諫曰：「今宜及三軍之銳急攻闡，比晉救至，必可拔也。何事於圍，以敝士民之力。」抗曰：「此城處勢既固，糧穀又足，且凡備禦之具，皆抗所宿規㉖，今反攻之，不可猝拔。北兵至而無備，表裏受難，何以禦之？」諸將皆欲攻闡，抗欲服眾心，聽令一攻，果無利，圍備始合。而羊祜兵五萬至江陵，諸將咸以抗不宜上㉗。抗曰：「江陵城固兵足，無可憂者。假令敵得江陵，必不能守，所損者小。若晉據西陵，則南山㉘羣夷，皆當擾動，其患不可量也。」乃自帥眾赴西陵。初，抗以江陵之北，道路平易，敕江陵督張咸作大堰，遏水漸漬平土，以絕寇叛。羊祜欲因所遏水以船運糧，揚聲將破堰以通步軍。抗聞之，使咸亟破之，諸將皆惑，屢諫不聽。祜至當陽，聞堰敗，乃改船以車運糧，大費功力。

十一月，楊肇至西陵，陸抗令公安督孫遵循南岸拒羊祜，水軍督留慮拒徐胤，抗自將大軍憑圍對肇，將軍朱喬營都督俞贊亡詣肇。抗曰：「贊軍中舊吏，知吾虛實，吾常慮夷兵素不簡練，若敵攻圍，必先此處。」即夜易夷兵，皆以精兵守之。明日，肇果攻夷兵處，抗命擊之，矢石雨下，肇眾死者相屬。十二月，肇計屈夜遁，抗欲追之，而慮步闡畜力伺間，兵不足分。於是但鳴鼓戒眾，若將追者，肇眾兇懼，解甲挺㊁走。抗使輕兵躡㊂之，肇兵大敗，祜等皆引軍還。遂拔西陵，誅闡，及同謀將吏數十人，皆夷三族，自餘所請赦者數萬口。東還樂鄉，貌無矜色，謙沖如常，吳主加抗都護。羊祜坐貶平南將軍，楊肇免為庶人。吳主既克西陵，自謂得天助，志益張大，使術士尚廣筮取天下。對曰：「吉，庚子歲，青蓋當入洛陽。」吳主喜，不脩德政，專為兼并之計。

㊀賈充與朝士宴飲。【考異】三十國春秋在十一月，晉春秋在十月己巳，恐皆非實，故附於冬末。河南尹庾純醉與充爭言，充曰：「父老不歸供養，卿為無天地。」純曰：「高貴鄉公何在？」充慙怒，上表解職，純亦上表自劾。詔免純官，仍下

五府㉑正其臧否。石苞以為純榮官忘親，當除名。齊王攸等以為純於禮律未有違。詔從攸議，復以純為國子祭酒㉒。

(十三)吳主之游華里也，右丞相萬彧與右大司馬丁奉、左將軍留平密謀曰：「若至華里不歸，社稷事重，不得不自還。」吳主頗聞之，以彧等舊臣，隱忍不發。是歲，吳主因會，以酒飲彧，傳酒人私減之。又飲留平，平覺之，服他藥以解，得不死。彧自殺。【考異】吳志孫皓傳云彧被譴憂死，今從江表傳。平憂懣，月餘亦死，徙彧子弟於廬陵。初，彧請選忠清之士以補近職。吳主以大司農樓玄為宮下鎮，主殿中事。玄正身帥眾，奉灋而行，應對切直，吳主浸不悅。中書令領太子太傅賀邵上疏諫曰：「自頃年以來，朝列紛錯，真偽相貿㉓，忠良排墜，信臣被害。是以正士摧方㉔，而庸臣苟媚，先意承指，各希時趣。人執反理之評，士吐詭㉕道之論。遂使清流變濁，忠臣結舌㉖。陛下處九天㉗之上，隱百里之室㉘，言出風靡，令行景從㉙。親洽寵媚之臣，日聞順意之辭。將謂此輩實賢，而天下已平也。臣聞興國之君，樂聞其過；荒亂之主，樂聞其譽。聞其過者，過日消而福臻：聞其譽者，譽日損而禍至。陛下嚴刑瀍以禁真辭，黜善士以逆諫口。杯酒造次，死生不保。仕者以退為幸，居者以出為福，誠非所以保光洪緒，熙隆道化也。何定本僕隸小人，身無行能，而陛下愛其佞媚，假以威福。夫小人求入，必進姦利。定間者妄興事役，發江邊戍兵以驅麋鹿，老弱飢凍，大小怨歎。傳曰：『國之興也，視民如赤子；其亡也，以民為草芥。』今瀍禁轉苛，賦調益繁。中官近臣，所在興事。而長吏畏罪，苦民求辨。是以人力不堪，家戶離散，呼嗟之聲，感傷和氣。今國無一年之儲，家無經月之蓄。而後宮之中，坐食者萬有餘人。又北敵注目，伺國盛衰，長江之限，不可久恃。苟我不能守，一葦可杭㊃也。願陛下豐基彊本，割情從道，則成康之治興，聖祖之祚隆矣。」吳主深恨之。於是左右共誣樓玄、賀邵相逢駐㊁，共耳語大笑，謗訕政事。俱被詰責，送玄付廣州，邵原復職。既而復徙玄於交趾，竟殺之。久之，何定姦穢發聞，亦伏誅。

㈣羊祜歸自江陵，務德信以懷吳人。每交兵，刻日㊂方戰，不為掩襲之計。將帥有欲進譎計者，輒飲以醇酒，使不得言。祜出軍行吳境，刈穀為糧，皆計所侵送絹償之。每會眾江沔遊獵，常止晉地。若禽獸先為吳人所傷，而為晉兵所得者，皆送還之。於是吳邊人皆悅服。祜與陸抗對境，使命常通。抗遺祜酒，祜飲之不疑。抗疾，求藥於祜，祜以成藥與之，抗即服之。人多諫抗，抗曰：「豈有酖人羊叔子哉！」抗告其邊戍曰：「彼專為德，我專為暴，是不戰而自服也。各保分界而已，無求細利。」吳主聞二境交和，以詰抗。抗曰：「一邑一鄉，不可以無信義，況大國乎！臣不如此，正是彰其德，於祜無傷也。」吳主用諸將之謀，數侵盜晉邊。陸抗上疏曰：「昔有夏多罪，而殷湯用師；紂作淫虐，而周武授鉞㊸。苟無其時，雖復大聖，亦宜養威自保，不可輕動也。今不務力農富國，審官任能，明黜陟，任刑賞，訓諸司以德，撫百姓以仁。而聽諸將徇名，窮兵黷武，動費萬計，士卒彫瘁㊹。寇不為衰，而我已大病矣。今爭帝王之資，而昧十百之利，此人臣之姦便，非國家之良策也。昔齊魯三戰，魯人再克，而亡不旋踵㊺。何則，大小之埶異也。況今師所克獲，不補所喪乎！」吳主不從。羊祜不附結中朝權貴，荀勗、馮紞之徒皆惡之。從甥王衍嘗詣祜陳事，辭甚清辯，祜不然之，衍拂衣去。祜顧謂賓客曰：「王夷甫方當以盛名處大位，然敗俗傷化，必此人也。」及攻江陵，祜以軍灋斬王戎。衍，戎之從弟也。故二人皆憾之，言論多毀祜。時人為之語曰：「二王當國，羊公無德。」

【今註】㈠阼階：東階。鄭玄士冠禮注云：「阼猶酢也，東階所以答酬賓客。」㈡不伊不周：伊：伊尹。商之賢相，湯三以幣聘之，始往就湯。湯伐桀滅夏，遂王天下，伊尹之功為多，湯尊之為阿衡。孟子稱為聖之任者。周：周公。㈢不夷不惠：夷：伯夷。惠：柳下惠。伯夷非其君不仕，柳下惠三黜而不去。孟子嘗謂伯夷隘，柳下惠不恭。後世因謂人之德性介乎夷、惠之間者，曰不夷不惠。㈣東園溫明秘器：服虔曰：「東園溫明形如方漆桶，開一面，漆畫之，以鏡置其中，以懸尸上，大斂並蓋之。」師古曰：「東園署名也。屬少府，其署主作此器。」秘器，梓宮以凶器，故秘之。㈤漢東平獻王故事：《後漢書．東平憲王蒼傳》：「……正月，薨，……遣大鴻臚持節五官中郎將副監喪，及將作者凡六人，令四姓小侯諸國王主，悉會詣東平奔喪，賜錢前後一億，布九萬匹。及喪，策曰……。」㈥忠讜：讜：亦作黨。直言：善言。《宋史．蘇軾傳》：「忠規讜論，挺挺大節。」㈦白馬胡：胡三省曰：「漢武帝誅冉駹，開汶山郡，宣帝地節三年合於蜀郡，蜀漢劉氏，又立汶山郡。白馬胡，即白馬夷也。」⑧典學從事：官名。胡三省曰：「典學從事，典學校及部諸郡文學掾，漢諸州刺史有孝經師主監試經，月令師主時節祭祀。魏晉合其職，為典學從事。」⑨康木子燒香：胡人名。⑩觀阪：《水經注》：「觀阪在都安縣，屬汶山郡。」沈約曰：「都安縣，蜀立。」宋白曰：「永康軍導江縣，蜀都安縣地。」⑪牙門：古行軍有牙旗，置營則立旗以為軍門，謂之牙門。《三國志・魏志・典韋傳》：「牙門旗長大，人莫能勝，韋一手建之。」⑫兵曹從事：《晉書・職官志》：「州置刺史、別駕、治中、從事、諸曹從事等員。」時各州郡縣設置功、戶、兵等之曹，猶今之處、科等。⑬主簿：《通考・職官考》：「古者，官府皆有主簿一官，上自三公及御史府，下至九寺五監，以至郡縣多置之。所職者簿書，蓋曹掾之流耳。」⑭衿：衣交領。《顏氏家訓・書證》：「古者斜領下連於衿，故謂領衿。」亦作衣系解，即結衣之帶。⑮參軍：《晉書・職官志》：「諸公及開府位從公為持節都督，增參軍六人。」晉以後軍府王國乃置為官員。有單稱參軍者，有冠以職名者。⑯車騎從事中郎：《晉書・職官志》：「諸公及開府位從三公為持節都督者，下有參軍長史、司馬、從事中郎等官。」時祜以車騎將軍開府，故為車騎從事中郎。⑰監益，梁諸軍事：晉制，方面之任，資重者為都督諸軍事，資望較輕者為監諸軍。《職官志》：「都督諸軍為上，監諸軍次之，督諸軍為下。」⑱須：待。須報：等待朝命報覆。⑲輒：專擅。便宜召之。⑳樓櫓：古時戰守望敵之樓。㉑柹：說文曰：「削木札樸也。」㉒建平：地名。三國時吳置，今四川省巫縣地。㉓虎符：

符，兵符，行軍符信。虎符：虎形兵符。㉔任：質信。㉕故市：胡三省曰：「水經注：江水出西陵峽東南流逕故城洲，洲北附岸洲頭曰郭洲，長二里，廣一里，上有步闡故城，方圓稱洲，周迴略滿故城，洲上城周里，闡父騭所築也。又東逕陸抗故城，今峽州遠安縣在江北有孤山，有陸抗故城，有丹山，時有赤氣，意赤溪當出於丹山。」故市，即步騭故城，所居成市，而闡別築城，故曰故市。㉖皆抗所宿規：陸抗先嘗督西陵，備禦之具，皆抗昔日所規劃。㉗諸將咸以抗不宜上：時陸抗以鎮軍大將軍都督信陵、西陵、夷道、樂鄉、公安諸軍事，治樂鄉，由樂鄉西赴西陵。㉘南山：謂江南諸山。㉙挺：拔，引拔。挺走：挺身而走。㉚躡：追踵，尾隨追趕。㉛五府：胡三省曰：「當時除賈充外，居公位者有五，故下五府。」㉜國子祭酒：《晉書・職官志》：「武帝初，立國子學，定置國子祭酒博士各一人，助教十五人，以教生徒。」㉝貿：瞀亂。㉞摧方：方：陵角。摧方：謂骨鯁方直之士，被摧刓成圓熟猾軟之人。㉟詭：違。㊱結舌：不敢出言。㊲九天：言高不可測。㊳百里之室：管子曰：「堂上遠於百里。」㊴景從：喻歸趨之盛，如影隨形。㊵一葦可杭：本作航，亦作航，渡也。《詩・衛風・河廣》：「誰謂河廣，一葦可杭。」㊶相逢駐：相逢駐車。㊷刻日：限定時日。㊸授鉞：鉞，兵器，大斧。古時兵器藏於國，有事則出所藏，以授軍士。㊹彫瘁：彫同凋。彫瘁：傷病。㊺齊魯三戰……旋踵：《戰國策》：「張儀為秦連横，說齊王曰：『臣聞之，齊與魯三戰，而魯三勝，國以危亡隨其後；雖有勝名，而有亡之實。是何故也？齊大而魯小。』」

卷八十　晉紀二

起昭陽大荒落，盡屠維大淵獻，凡七年。（自癸巳至己亥，西元二七三年至二七九年）

司馬光編集
陳文石註

世祖武皇帝上之下

泰始九年（西元二七三年）

㈠春正月，辛酉（二十二日），密陵元侯鄭袤卒。【考異】按本傳袤為司空，固辭久之見許，以侯就第，拜儀同三司。而帝紀云司空鄭袤薨，誤也。

㈡二月，癸巳（二十五日），樂陵武公石苞卒。

㈢三月，立皇子祗為東海王。

㈣吳以陸抗為大司馬，荊州牧。

㈤夏四月，戊辰朔，日有食之。

㈥初，鄧艾之死㈠，人皆冤之，而朝廷無為之辨者。及帝即位，議郎敦煌段灼上疏曰：「鄧艾心懷至忠，而荷㈡反逆之名；平定巴蜀，而受三族之誅。艾性剛急，矜功伐善㈢，不能協同朋類，故莫肯理之㈣。臣竊以為艾本屯田掌犢人㈤，寵位已極，功名已成，七十老公，復何所求。正以劉禪初降，遠郡未附，矯令㈥承制，權㈦安社稷。鍾會有悖逆之心，畏艾威名，因其疑似㈧，構成其事。艾被詔書，即遣彊兵，束身就縛，不敢顧望。誠知奉見先帝，必無當死之理也。會受誅之後，艾官屬將吏愚戇相聚，自共追艾，破壞檻車，解其囚執。艾在困地，狼狽失據。未嘗與腹心之人有平素之謀，獨受腹背之誅㈨，豈不哀哉！陛下龍興，闡弘大度，謂可聽艾歸葬舊墓，還其田宅，以平蜀之功，繼封其後。使艾闔棺定謚，死無所恨。則天下徇名之士，思立功之臣，必投湯火樂為陛下死矣。」帝善其言，而未能從。會帝問給事中樊建以諸葛亮之治蜀。曰：「吾獨不得如亮者而臣之乎！」建稽首曰：「陛下知鄧艾之冤而不能直，雖得亮，得無如馮唐之言㈩乎！」帝笑曰：「卿言起我意。」乃以艾孫朗為郎中。

(七)吳人多言祥瑞者，吳主以問侍中韋昭。昭曰：「此家人筐篋中物耳。」昭領左國史㈡，吳主欲為其文作紀。昭曰：「文皇㈢不登極位，當為傳，不當為紀。」吳主不悅，漸見責怒。昭憂懼，自陳衰老，求去侍史二官㈢。不聽。時有疾病，醫藥監護，持之益急。吳主飲羣臣酒，不問能否，率以七升為限。至昭獨以茶代之。後更見偪㈣強，又酒後常使侍臣嘲弄公卿，發摘私短以為歡。時有愆失，輒見收縛，至於誅戮。昭以為外相毀傷，內長尤㈤恨，使羣臣不睦，不為佳事，故但難問經義而已。吳主以為不奉詔命意不忠。盡積前後嫌忿，遂收昭付獄。昭因獄上辭，獻所著書，冀以此求免。而吳主怪其書垢故㈥，更被詰責，遂誅昭，徙其家於零陵。

(八)五月，以何曾領司徒。

(九)六月，乙未（二十九日），東海王祇卒。

(十)秋七月，丁酉朔，日有食之。【考異】宋志無此食，今從晉書。

(十一)詔選公卿以下女，備六宮。有蔽匿者，以不敬論㈦。采擇未畢，權禁天下嫁娶。帝使楊后擇之，后惟取潔白長大，而捨其美者。帝愛卞氏女，欲留之。后曰：「卞氏三世后族㈧，不可屈以卑位。」帝怒，乃自擇之。中選者，以絳紗繫臂。公卿之女，為三夫人、九嬪。二千石將校女，補良人㊆以下。

㊉九月，吳主悉封其子弟為十一王，給三千兵。大赦。是歲，鄭沖以壽光公罷。

㊈吳主愛姬遣人至市奪民物。司市中郎將陳聲，素有寵於吳主，繩之以瀍。姬愬㊅於吳主，吳主怒，假他事燒鋸斷聲頭。投其身於四望㊆之下。

【今註】㊀見卷七十八魏元帝咸熙元年。《三國志・魏志》卷二十八〈鄧艾傳〉。㊁荷：擔受，蒙受。㊂矜功伐善：恃功而驕，伐人之善。㊃故莫肯理之：鄧艾矜功伐善，故雖蒙冤，而無人代為洗雪辯理。㊄屯田掌犢人：《三國志・魏志》卷二十八〈鄧艾傳〉：「鄧艾字士載，義陽棘陽人也。少孤，太祖破荊州，徙汝南，為農民養犢。」㊅矯令：矯：偽託。矯令，偽託詔令。㊆權：權宜。變通處事，不依常制。㊇因其疑似：謂鍾會等誣艾所作悖逆事。疑似：事無實據，曖昧不明。㊈腹背之誅：胡三省曰：「腹在前，背在後，謂前後皆不免於誅。」㊉馮唐之言：馮唐，漢文帝時為郎中署長，時匈奴正為邊患，帝欲得如廉頗、李牧者為將。問於唐，唐言漢制賞輕罰重，雖得頗、牧，亦不能用。㊀左國史：官名。胡三省曰：「吳有左右國史，皆掌記述。」㊁文皇：吳主謚其父和曰文皇帝。㊂侍史二官：侍中及左國史。㊃偪：侵迫。㊄尤：怨咎。㊅垢故：塵垢故舊。㊆以不敬論：

依律法不敬條論罪。㈦卞氏三世后族：魏武帝卞后謚曰宣后，弟秉生蘭及琳，蘭孫女為高貴公后，琳女又為陳留王后，凡三世。㈨良人：漢制，後宮之號，分十四等，良人視八百石，爵比在庶長。㊀愬：同訴。㊁四望：山名。江蘇省江寧縣城西北，西臨大江，南接石頭，北連獅子山。

十年（西元二七四年）

㈠春正月，乙未（初二日），日有食之。

㈡閏月癸酉（十一日），壽光成公鄭沖卒。

㈢丁亥（二十五日），詔曰：「近世以來，多由內寵以登后妃㊀，亂尊卑之序。自今不得以妾媵為正嫡。」

㈣分幽州置平州㊁。

㈤三月，癸亥（二十九日），日有食之。

㈥詔又取良家及小將吏女五千人入宮選之。母子號哭於宮中，聲聞於外。

㈦夏四月，乙未（二十五日），臨淮康公荀凱卒。

㈧吳左夫人王氏卒。吳主哀念，數月不出，葬送甚盛。時，何氏以太后故，宗族驕橫，吳主舅子何都，貌類吳主，民間訛言吳主已死，立者何都也。會稽又訛言章安侯奮當為天子，奮母仲姬墓在豫章，豫章太守張俊，為之掃除。臨海㊂太守奚熙，與會稽太守郭誕書，非議國政。誕但白熙書，不白妖言。吳主怒，收誕繫獄。誕懼，功曹邵疇曰：「疇在明府㊃何憂？」遂詣吏自列㊄白：「疇厠身本郡，位極朝右㊅，以噂沓㊆之語，本非事實。疾其醜聲，不忍聞見。欲含垢藏疾㊇，不彰之翰墨。鎮躁歸靜，使人自息。故誕屈其所是，默以見從。此之為愆，實由於疇。不敢逃死，歸罪有司。」因自殺。吳主乃免誕死，送付建安作船㊈。遣其舅三郡督㊉何植收奚熙，熙發兵相守，其部曲殺熙，送首建業。又車裂張俊，皆夷三族。並誅章安侯奮及其五子。【考異】江表傳曰：張布女有寵於皓而死，皓厚葬之，國人見葬太奢麗，皆謂皓已死，所葬者是也。皓舅子何都，顏狀似皓，故民間訛言都代立。臨海太守奚熙信訛言，舉兵欲還秣稜誅都。都叔父植時為備海督，擊殺熙，夷三族，訛言乃息。又云：奮本在章安，徙還矣城禁錮，使男女不得通婚，或年三十、四十，不得嫁娶，奮上表乞自比禽獸，使男女自相配偶。皓大怒，遣察戰齎藥賜奮父子，皆飲藥死。裴松之按建衡二年至奮之死，孫皓即位尚未久，若奮未被疑之前，兒女年二十左右，至奮死時，不得年三十、四十也。若先已長大，自失時未婚娶，不由皓之禁錮矣。此雖欲增皓之惡，然非實理。又吳志孫皓傳，鳳凰三年，會稽妖言奮為天子，遂誅奚熙，不言誅奮。孫奮傳，建衡二年，左夫人王氏卒，民間訛言，遂誅奮及五子。三十國晉春秋，自皓納張布女至殺奮，皆在天冊元年。按奮若以建衡二年死，不容至鳳凰三年會稽方有訛言。不知奮死果在何年，今因奚熙之死終言之。

㈨秋七月，丙寅（初六日），皇后楊氏殂。初，帝以太子不慧，恐其不堪為嗣，常⑪密以訪后。后曰：「立子以長，不以賢，豈可動也。」鎮軍大將軍胡奮女為貴嬪⑫，有寵於帝。后疾篤，恐帝立貴嬪為后，致太子不安，枕帝膝泣曰：「叔父駿女芷有德色⑬，願陛下以備六宮。」帝流涕許之。

㈩以前太常山濤為吏部尚書。濤典選十餘年，每一官缺，輒擇才資可為者，啓擬數人，得詔旨有所向，然後顯奏之。帝之所用，或非舉首，眾情不察，以濤輕重任意，言之於帝。帝益親愛之。濤甄拔人物，各為題目而奏之，時稱山公啓事。濤薦嵇紹於帝，請以為秘書郎⑭。帝發詔徵之。紹以父康得罪⑮，屏居私門，欲辭不就。濤謂之曰：「為君思之久矣，天地四時，猶有消息⑯，況於人乎！」紹乃應命，帝以為秘書丞。初，東關之敗⑰，文帝問僚屬曰：「近日之事，誰任其咎？」安東司馬王儀，修之子也，對曰：「責在元帥⑱。」文帝怒曰：「司馬欲委罪孤耶！」引出斬之。儀子裒痛父非命⑲，隱居教授，三徵七辟⑳，皆不就。未嘗西向而坐㉑，廬於墓側，旦夕攀柏悲號，涕淚著樹，樹為之枯。讀詩至哀哀父母㉒，生我劬勞。未嘗不三復流涕，門人為之廢蓼莪。家貧，計口而田，度身而蠶。人或饋之，不受。助之，不聽。諸生密為刈麥，裒輒棄之，遂不仕而終。

臣光曰：「昔舜誅鯀，而禹事舜，不敢廢至公也。嵇康、王儀死皆不以其罪，二子不仕晉室可也。嵇紹苟無蕩陰之忠㉓，殆不免於君子之譏乎！」

(十一)吳大司馬陸抗疾病㉔，上疏曰：「西陵、建平，國之蕃表，既處上流，受敵二境㉕。若敵汎舟順流，星犇電邁，非可恃援他部以救倒縣㉖也。此乃社稷安危之機，非徒封疆侵陵小害也。臣父遜昔在西垂上言：西陵國之西門，雖之易守，亦復易失。若有不守，非但失一郡，荊川非吳有也。如其有虞，當傾國爭之。臣前乞屯精兵三萬，而主者㉗循常，未肯差赴。自步闡以後，益更損耗。今臣所統千里，外禦強對㉘，內懷百蠻，而上下見兵㉙，財㉚有數萬。羸敝日久，難以待變。臣愚以為諸王幼沖，無用兵馬，以妨要務㉛。

又黃門宦官，開立占募㉒，兵民避役，逋逃入占。乞特詔簡閱，一切料出，以補疆埸受敵常處。使臣所部足滿八萬。省息眾務，並力備禦，庶幾無虞。若其不然，深可憂也。臣死之日，乞以西方為屬㉓。」及卒，吳主使其子晏、景、玄、機、雲分將其兵。機、雲皆善屬文，名重於世。初，周魴之子處，膂力絕人，不修細行，鄉里患之。處嘗問父老曰：「今時和歲豐，而人不樂，何邪？」父老歎曰：「三害不除，何樂之有？」處曰：「何謂也？」父老曰：「南山白額虎，長橋㉔蛟，並子為三矣。」處曰：「若所患止此，吾能除之。」乃入山求虎，射殺之，因投水搏殺蛟。遂從機、雲受學，篤志讀書，砥節礪行，比及朞年，州府交辟。

㈦八月，戊申（十二日），葬元皇后于峻陽陵。帝及羣臣除喪即吉。博士陳逵議：「以為今時所行漢帝權制，太子無有國事，自宜終服。」尚書杜預以為古者天子諸侯三年之喪，始同齊斬㉕。既葬除服，諒闇㉖以居，心喪㉗終制。故周公不言高宗服喪三年，而云諒闇㉘。此服心喪之文也。叔向不譏景王除喪，而譏其宴樂已早㊴。明既葬應除，而違諒闇之節也。君子之於禮，存諸內而已。禮非玉帛之謂㊵，喪豈衰麻之謂乎？太子出則撫軍，守則監國㊶，不為無事。宜卒哭除衰麻，而以諒闇終三年。帝從之。

臣光曰：「規矩主於方圓，然庸工無規矩，則方圓不可得而制也。衰麻主於哀戚，然庸人無衰麻，則哀戚不可得而勉也。素冠㊷之詩，正為是矣。杜預巧飾經傳，以附人情。辯則辯矣，臣謂不若陳逵之言，質略而敦實也。」

㈢九月，癸亥（初四日），以大將軍陳騫為太尉㊸。

㈣杜預以孟津渡險，請建河橋於富平津㊹。議者以為殷周所都，歷聖賢而不作者，必不可立故也。預因請為之。及橋成，帝從百寮臨會，舉觴屬預曰：「非君，此橋不立。」對曰：「非陛下之明，臣亦無所施其巧。」

㈤是歲，邵陵厲公曹芳卒。初，芳之廢遷金墉㊺也，太宰中郎㊻陳留范粲，素服拜送，哀動左右。遂稱疾不出，陽狂不言，寢所乘車，足不履地。子孫有婚宦大事，輒密諮焉。合者，則色無變；

不合，則眠寢不安。妻子以此知其旨。子喬等三人，並棄學業，絕人事，侍疾家庭，足不出邑里。及帝即位，詔以二千石祿養病，加錫帛百匹。喬以父疾篤辭不敢受，粲不言凡三十六年⑰，年八十四，終於所寢之車。

⒃吳比三年大疫。

【今註】㊀多由內寵以登后妃：如魏武帝卞皇后、文帝郭皇后、明帝毛皇后，皆妾媵登后位。㊁平州：幽州本統范陽、燕、北平、上谷、代、遼西等地。漢末公孫度自號平州牧，晉分昌黎、遼東、樂浪、玄菟、帶方五郡置平州。今之遼寧、熱河、韓國一部皆其轄地。㊂臨海：三國吳永安三年分會稽東部置，治臨海。故城在今浙江省臨海縣東南一百五十里。㊃明府：漢人稱太守曰府君，或稱明府君，簡稱明府。㊄自列：自陳。㊅朝右：郡功曹位居郡朝之右，故曰朝右。㊆噂喈：亦作噂沓，聚語雜沓。㊇含垢藏疾：《左傳》宣公十五年，川澤納污，山藪藏疾，瑾瑜匿瑕，國君含垢。㊈送付建安作船：宋白曰：「吳分侯官之地立建安縣，又玄曲郙都府，主謫徙之人作舟船。」㊉三郡督：胡三省曰：「江表傳作備海督，蓋督臨海、建安、會稽三郡也。」⑪常：通嘗。⑫貴嬪：晉制，貴人、夫人、貴嬪為三夫人，皆金章紫綬。⑬德色：謂有德有色。⑭秘書郎：《晉書・職官志》：秘書監，其屬官有丞有郎，並統著作省。⑮紹以父康得罪：見卷七十八魏元帝景元三年。⑯消息：易豐：「天地盈虛，與時消息。」⑰東關之敗：見卷七十五魏齊王芳嘉平四年。⑱責在元帥：文帝時為安東將軍監諸軍。⑲非命：橫死者曰非命。⑳三徵七辟：徵：朝廷徵召。辟：公府及州縣辟召。合言之凡起微賤而授以官職曰徵辟。㉑未嘗西向而坐：王裒家居城陽，城陽，今山東濮縣東南，洛陽在其西。不西向而坐：表示不願面對晉室朝廷。㉒哀哀父母：《詩．小雅．蓼莪》之辭。箋：哀哀者，恨不得終養父母，報其生長己之苦。㉓蕩蔭之忠：見後卷八十五惠帝永興元年。㉔病：疾甚日疾。㉕蕃表……二境：蕃通藩。屏藩於外。西陵、建平二郡，西距巴夔，此接魏興上庸，二面受敵。㉖縣：通懸。㉗主者：謂於朝廷主管軍事者。㉘強對：猶言強敵。㉙見兵：實有兵額。㉚財：與纔通，僅。㉛諸王幼沖……要務：三國志吳志：孫皓鳳凰二年九月封十一王，各給兵三千。㉜占募：謂自隱度籍役，而轉去應募。㉝屬：猶云屬目，警戒。㉞南山……長橋：胡三省曰：「南山，今湖秀山以南諸山也。長橋，在今常州宜興縣。」㉟齊斬：齊衰斬衰之服。㊱諒闇：天子居喪之廬。亦作諒陰、涼陰、亮陰、梁闇，孔安國曰：「諒，信也，闇，默也。」㊲心喪：《禮．檀弓》：「事師無犯無隱，左右就養無方，服勤至死，心喪三年。」朱子曰：「事師者心喪三年，其哀如父母而無服，情之至而義有不得盡者也。」㊳周公……諒闇：《史記．魯世家》：「其在高宗，作其即位，乃有諒闇，陰三年不言。」㊴叔向不譏……已早：《左傳》昭十五年十二月：「晉荀躒如周葬穆后，籍談為介，既葬除喪，以文伯宴樽魯壺，……叔向曰：『王其不終乎！吾聞之，所樂必卒焉，今王樂憂，若卒以憂不可謂終，王一歲而有三年之喪二焉。於是乎以喪賓宴，又求葬器，樂憂甚矣，且非禮也。葬器之來，嘉功之由，非由喪也。三年之喪，雖貴遂服，三雖弗遂，宴樂以早，亦非禮也。』」㊸禮非玉帛之謂：《論語・陽貨》：「禮云：禮云！玉帛云乎哉！」㊹監國：《左傳》閔公二年：「冢子，君行則守，有守則從，從曰撫軍，守曰監國。」按監即領意，謂君行，太子留守而領國事。㊺素冠：《詩・檜風》篇名：序謂刺不能行三年之喪者。㊻太尉：官名。秦置，漢因之，專掌武事，位與丞相等。武帝改為大司馬，東漢光武時，復名太尉。《晉書・職官志》：大司馬、大將軍、太尉、驃騎、車騎、衛將軍、諸大將軍開府位從公者為武官公。㊼富平津：《水經注》：「孟津又曰富平津。」㊽芳之廢遷金墉：胡三省曰：「芳之廢也，築宮於河內重門，今言遷金墉，蓋始廢之時，自禁中遷於金墉，後乃居於河內也。」㊾太宰中郎：《晉書・職官志》：「諸公及開府位從公加兵者，增置司馬一人，秩從千石，從事中郎二人，秩比千石。」胡三省曰：「據粲傳，自太宰從事中郎遷太宰中郎，時未置太宰，宰當作傅。」㊿凡三十六年：胡三省曰：「自邵陵厲公之廢，至是方二十一年，史因而公卒而究言之。」

咸寧元年（西元二七五年）

㈠春正月，戊午朔，大赦改元。

㈡吳掘地得銀尺㊀，上有刻文，吳主大赦，改元天冊。

㈢吳中書令賀邵，中風不能言，去職數月，吳主疑其詐，收付酒藏㈡，掠考千數，卒無一言，乃燒鋸方其頭，徙其家屬於臨海，又誅樓玄子孫。

㈣夏六月，鮮卑拓拔力微復遣其子沙漠汗入貢。將還，幽州刺史衛瓘表請留之。又密以金賂其諸部大人，離間之。

㈤秋七月，甲申晦，日有食之。

㈥冬十二月，丁亥（初五日），追尊宣帝廟曰高祖，景帝曰世宗，文帝曰太祖。

㈦大疫，洛陽死者以萬數。

【今註】㈠銀尺：《三國志・吳志》卷三〈孫皓傳〉：「掘地得銀尺，長一尺，廣三分，刻有年月字。」㈡酒藏：《晉書・戴洋傳》：「年十二遇病死，五日而蘇。說，死時天使其為酒藏吏，既而遣歸。」

二年（西元二七六年）

㈠春，令狐豐卒。弟宏繼立，楊欣討斬之。

㈡帝得疾甚劇，及愈，羣臣上壽。詔曰：「每念疫氣死亡者，為之愴然。豈以一身之休息，忘百姓之艱難邪？諸上禮者皆絕之。」初，齊王攸有寵於文帝，每見攸，輒撫牀呼其小字曰：「此桃符座也。」幾為太子者數矣。臨終，為帝敍漢淮南王、魏陳思王事而泣。執攸手以授帝。太后臨終，亦流涕謂帝曰：「桃符性急，而汝為兄不慈，我若不起，必恐汝不能相容，以是屬汝，勿忘我言。」及帝疾甚，朝野皆屬意於攸。攸妃，賈充之長女也。河南尹夏侯和謂充曰：「卿二婿親疏等耳㈠。立人當立德。」充不答。攸素惡荀勗，及左衞將軍馮紞傾諂。勗乃使紞說帝曰：「陛下前日疾若不愈，齊王為公卿百姓所歸，太子雖欲高讓，其得免乎！宜遣還藩，以安社稷。」帝陰納之。乃徙和為光祿勳，奪充兵權。而位遇無替。

㈢吳施但之亂㈡，或譖京下督㈢孫楷於吳主曰：「楷不時赴討，懷兩端。」吳主數詰讓之。徵為宮下鎮驃騎將軍。楷自疑懼，夏六月，將妻子來犇。拜車騎將軍，封丹陽侯。

㈣秋七月，吳人或言於吳主曰：「臨平湖㊃自漢末薉塞㊄，長老言此湖塞，天下亂；此湖開，天下平。近無故忽更開通，此天下當太平。青蓋入洛之祥也。」吳主以問奉禁都尉歷陽陳訓，對曰：「臣止能望氣，不能達湖之開塞。」退而告其友曰：「青蓋入洛者，將有御璧㊅之事，非吉祥也。」或獻小石，刻皇帝字，云得於湖邊。吳主大赦，改元天璽。湘東㊆太守張詠不出筭緡，吳主就在所㊇斬之，徇首諸郡。會稽太守車浚，公清有政績，值郡旱饑，表求振貸。吳主以為收私恩，遣使梟首。尚書熊睦微有所諫，吳主以刀鐶撞殺之，身無完肌。

㈤八月，己亥（二十一日），以何曾為太傅，陳騫為大司馬，賈充為太尉，齊王攸為司空。

㈥吳歷陽山有七穿駢羅，穿中黃赤，俗謂之石印。云石印封發，天下當太平。歷陽長上言石印發㊈，吳主遣使者乙太牢祠之。使者作高梯登其上，以朱書石曰：「楚九州渚，吳九州都，揚州士，作天子。四世治，太平始。」還以聞。吳主大喜，封其山神為王，大赦，改明年元曰天紀。

㈦冬十月，以汝陰王駿為征西大將軍，羊祜為征南大將軍。皆開府辟召，儀同三司。祜上疏請伐吳，曰：「先帝西平巴蜀，南和吳會，庶幾海內得以休息。而吳復背信⑩，使邊事更興。夫期運雖天所授，而功業必因人而成。不一大舉掃滅，則兵役無時得息也。蜀平之時，天下皆謂吳當並亡。自是以來，十有三年矣。夫謀之雖多，決之欲獨。凡以險阻得全者，謂其埶均力敵耳。若輕重不齊，強弱異埶，雖有險阻，不可保也。蜀之為國，非不險也。皆云一夫荷戟，千人莫當。及進兵之日，曾無藩籬之限。乘勝席捲，徑至成都。漢中諸城，皆鳥栖而不敢出。非無戰心，誠力不足以相抗也。及劉禪請降，諸營堡索然⑪俱散。今江淮之險，不如劍閣。孫皓之暴，過於劉禪。吳人之困，甚於巴蜀。而大晉兵力，盛於往時。不於此際平壹四海，而更阻兵相守，使天下困於征戍，經歷盛衰⑫，不可長久也。今若引梁、益之兵，水陸俱下。荊、楚之眾，進臨江陵。平南、豫州直指夏口。徐、揚、青、兗並會秣陵。以一隅之吳，當天下之衆，勢分形散，所備皆急。巴漢奇兵，出其空虛。一處傾壞，則上下震蕩。雖有智者，不能為吳謀矣。吳緣江為國，東西數千里，所敵者大，無有寧息。孫皓恣情任意，與下多忌。將疑於朝，士困於野。無有保世之計，一定之心。平常之日，猶懷去就。兵臨之際，必有應者。終不能齊力致死，已可知也。其俗急速，不能持久。弓弩戟楯，不如中國。唯有水戰，是其所便。一入其境，則長江非復所保。還趣城池，去長入短，非吾敵也。官軍縣進㊂，人有致死之志。吳人內顧，各有離散之心。如此，軍不踰時，克可必矣。」帝深納之。而朝議方以秦、涼為憂㊃。祜復表曰：「吳平，則胡自定。但當速濟大功耳。」議者多有不同。賈充、荀勗、馮紞尤以伐吳為不可。祜歎曰：「天下不如意事，十常居七八。天與不取，豈非更事㊄者恨於後時哉！」唯度支尚書㊅杜預、中書令張華與帝意合，贊成其計。

㈧丁卯（二十一日），立皇后楊氏，大赦。后，元皇后之從妹也。美而有婦德。帝初聘后，后叔父珧上表曰：「自古一門二后，未有能全其宗者。乞藏此表於宗廟，異日如臣之言，得以免禍。」帝許之。

㈨十二月，以后父鎮軍將軍駿為車騎將軍，封臨晉侯。尚書褚䂮、郭奕皆表駿小器，不可任社稷之重。帝不從。駿驕傲自得，胡奮謂駿曰：「卿恃女更益豪耶？歷觀前世與天家㈦婚，未有不滅門者，但早晚事耳！」駿曰：「卿女不在天家乎？」奮曰：「我女與卿女作婢耳！何能為損益乎？」

【今註】㈠卿二婿親疏等耳：二婿謂齊王攸及太子。㈡施但之亂：見上卷泰始二年。㈢京下督：胡三省曰：「京下督鎮京口，宮下鎮在建業。」㈣臨平湖：胡三省曰：「臨平湖今在臨安府仁和縣界有臨平鎮，在臨安府城西北四十八里。」㈤薉：荒蕪。㈥禦璧：即銜璧。兵敗降敵，自縛其手以口銜璧為質。㈦湘東：郡名。《三國志．吳志》卷三〈孫亮傳〉：「太平二年二月以長沙東部為湘東郡。」㈧在所：治所。㈨吳歷陽山……歷陽長上言石印發：《三國志．吳志》卷三〈孫皓傳〉其下注曰：「江表傳曰：歷陽縣有石山，臨水高百丈。其三十丈所有七穿駢羅，穿中色黃赤，不與本體相似，俗相傳謂之石印。又云石印封發，天下當太平。下有祠屋，巫祝言石印神有三郎。」胡三省曰：「今考晉志，鄱陽郡無歷陽縣，有歷陵縣。陽當作陵。今饒州圖經亦載鄱陽歷陵縣有石印山。」

㈠吳復背信：見上卷泰始元年三月。㈡索然：悉，盡。《文選．陸機歎逝賦》：「十年之內，索然已盡。」注：「索然，盡貌也。」㈢經歷盛衰：謂兵將以盛壯之年出戍，經歷營陳，至於衰老。㈢縣進：縣通懸。深入遠進。㈣方以秦、涼為憂：樹機能未平，擾亂秦涼。㈤更事：謂閱歷世事。此處謂曾經見其事者。㈥度支尚書：官名。掌國家貢賦租稅等出納事務。㈦天家：謂皇帝家。獨斷：「天子無外，以天下為家，故稱天家。」

三年（西元二七七年）

㈠春正月，丙子朔。日有食之。

㈡立皇子裕為始平王。庚寅（十六日），裕卒。

㈢三月，平虜護軍文鴦督涼、秦、雍州諸軍討樹機能，破之。諸胡二十萬口來降。

㈣夏五月，吳將邵顗、夏祥帥眾七千餘人來降。【考異】武紀作邵凱，今從羊祜傳。

㈤秋七月，中山王睦，坐招誘逋亡，貶為丹水縣侯。

㈥有星孛於紫宮。

㈦衞將軍楊珧等建議，以為古者封建諸侯，所以藩衞王室。今諸帝乃詔王公皆在京師，非扞城之義。又異姓諸將居邊，參以親戚。【考異】職官志以為珧與荀勗，以齊王攸有時望，懼太子有後難，故建此議，使諸王之國。帝初未之察，於是下詔議其制。按勗傳有異議。又時齊王不之國。疑此說非實，今不取。諸王各以戶邑多少為三等。大國置三軍，五千人。次國二軍，三千人。小國一軍，一千一百人㈠。諸王為都督者，各徙其國使相近。㈧八月癸亥（二十二日），徙扶風王亮為汝南王，出為鎮南大將軍，都督豫州諸軍事。琅邪王倫為趙王，督鄴城守事。勃海王輔為太原王，監幷州諸軍事。以東莞王伷在徐州，徙封琅邪王。汝陰王駿在關中，徙封扶風王。又徙太原王顒為河閒王，汝南王柬為南陽王。輔，孚之子。顒，孚之孫也。其無官者，皆遣就國。諸王公戀京師，皆涕泣而去。又封皇子瑋為始平王，允為濮陽王，該為新都王，遐為清河王。其異姓之臣有大功者，皆封郡公郡侯。封賈充為魯郡公，追封沈為博陵郡公。徙封鉅平侯羊祜為南城郡侯㈡。祜固辭不受。祜每拜官爵，常多避讓，至心㈢素著，故特見申於分列之外㈣。祜歷事二世，職典樞要。凡謀議損益，皆焚其草，世莫得聞。所進達之人，皆不知所由。常曰：「拜官公朝，謝恩私門，吾所不敢也。」

(九)兗、豫、徐、青、荊、益、梁七州大水。

(十)冬十二月。吳夏口督孫慎入江夏、汝南，略千餘家而去。詔遣侍臣詰羊祜不追討之意，并欲移荊州。祜曰：「江夏去襄陽八百里，比知賊問㈤，賊已去經日，步軍安能追之？勞師以免責，非臣志也。昔魏武帝置都督，類皆與州相近，以兵埶好合惡離故也。疆場之間，一彼一此，慎守而已。若輒徙州，賊出無常，亦未知州之所宜據也。」

(土)是歲，大司馬陳騫自揚州入朝，以高平公罷。

(士)吳主以會稽張俶多所譖白，甚見寵任，累遷司直中郎將，封侯。其父為山陰㈥縣卒，知俶不良。上表曰：「若用俶為司直，有罪乞不從坐。」吳主許之。俶表置彈曲二十人，專糾司不瀌。於是吏民各以愛憎互相告訐，獄犴㈦盈溢，上下囂然。俶大為姦利，驕奢暴橫。事發，父子皆車裂。

(𠦃)衛瓘遣拓拔沙漠汗歸國。自沙漠汗入質，力微可汗諸子在側者多有寵。及沙漠汗歸，諸部大人共譖而殺之。既而力微疾篤，烏桓王庫賢親近用事。受衞瓘賂，欲擾動諸部。乃礪斧於庭，謂諸大人曰：「可汗恨汝曹讒殺太子，欲盡收汝曹長子殺之。」諸大人懼，皆散走，力微以憂卒，時年一百四。子悉祿㊇立，其國遂衰。初，幽、幷二州，皆與鮮卑接，東有務桓，西有力微，【考異】魏收後魏書鐵弗劉虎，匈奴去卑之孫。昭成四年死，子務桓立。按昭成四年，晉成帝咸康七年也。務桓不應與瓘同時，蓋二人皆名務桓耳。多為邊患。衞瓘密以計間之，務桓降而力微死。朝廷嘉瓘功，封其弟為亭侯。

【今註】㊀大國置三軍……二千一百人：《晉書》卷二十四〈職官志〉：「平原、汝南、琅邪、扶風、齊為大國，梁、趙、樂安、燕、安平、義陽為次國。其餘為小國，皆制所近縣益滿萬戶。」㊁徙封……為南城郡侯：《晉書》卷三十四〈羊祜傳〉：「詔以泰山之南武陽、牟、南城、梁父、平陽、五縣為南城郡封祜為南城郡侯。」㊂至心：謂誠懇極至之心。㊃見申於分列之外：胡三省曰：「見申謂許之辭爵，其志獲申也。分列謂分封列爵也。」㊄問：通聞。㊅山陰：地名。屬會稽郡，今紹興縣地。㊆犴：豻或字，獄。㊇悉祿：魏收魏書作悉鹿。

四年（西元二七八年）

㈠春正月，庚午朔。日有食之。

㈡司馬督㊀東平馬隆上言，涼州刺史楊欣，失羌戎之和，必敗。

㈢夏六月。欣與樹機能之黨若羅拔能等戰於武威，敗死。

㈣弘訓皇后羊氏殂。

㈤羊祜以病求入朝。既至，帝命乘輦入殿，不拜而坐。祜面陳伐吳之計，帝善之。以祜病不宜數入，更遣張華就問籌策。祜曰：「孫皓暴虐已甚，於今可不戰而克。若皓不幸而沒，吳人更立令主，雖有百萬之眾，長江未可窺也。將為後患矣。」華深然之。祜曰：「成吾志者子也。」帝欲使祜臥護㊁諸將。祜曰：「取吳不必臣行，但既平之後，當勞聖慮耳。功名之際，臣不敢居。若事了當有所付授，願審擇其人也。」

㈥秋七月，己丑（十三日）。葬景獻皇后㊂於峻平陵。

㈦司㊃、冀、兗、豫、荊、揚州大水。螟傷稼。詔問主者㊄何以佐百姓。度支尚書杜預上疏，以為：「今者水災，東南尤劇。宜敕兗豫等諸州，留漢代舊陂，繕以蓄水，餘皆決瀝㊅。令饑者盡得魚菜螺蜯之饒，此目下日給之益也。水去之後溳⑦淤之田，畝收種鍾，此又明年之益也。典牧⑧種牛，有四萬五千餘頭，不供耕駕，至有老不穿鼻者。可分以給民，使及春耕種。穀登之後，責其租稅，此又數年以後之益也。」帝從之。民賴其利。【考異】食貨志咸寧三年，杜預傳云四年。按五行志三年大水，無蟲災，四年螟。今從預傳。預在尚書七年，損益庶政，不可勝數。時人謂之杜武庫，言其無所不有也。

㈧九月，以何曾為太宰。辛巳（十五日），以侍中尚書令李胤為司徒。

㈨吳主忌勝己者，侍中中書令張尚，紘之孫也。為人辯捷，談論每出其表⑨，吳主積以致恨。後問孤飲酒可以方⑩誰，尚曰：「陛下有百觚之量⑪。」吳主曰：「尚知孔丘不王，而以孤方之。」因發怒收尚。公卿已下百餘人詣宮叩頭請，尚得罪減死，送建安作船，尋就殺之。【考異】三十國春秋云：岑昏等泥首請代尚死，尚得免死，徙廣州。今取尚傳，參取環氏吳紀。

㈩冬十月，徵征北大將軍衛瓘為尚書令。是時，朝野咸知太子昏愚，不堪為嗣。瓘每欲陳啓而未敢發。會侍宴陵雲臺⑫，瓘陽醉跪帝牀前，曰：「臣欲有所啓。」帝曰：「公所言何邪？」瓘欲言而止者三。因以手撫牀曰：「此座可惜。」帝意悟。因謬曰：「公真大醉邪？」瓘於此不復有言。帝悉召東宮官屬，為設宴會，而密封尚書疑事，令太子決之。賈妃大懼，倩外人代對，多引古義。給事張泓曰：「太子不學，陛下所知，而詔多引古義，必責作草主，更益譴負，不如直以意對。」妃大喜，謂泓曰：「便為我好答，富貴與汝共之。」泓即具草，令太子自寫，帝省之甚悅。先以示瓘，瓘大踧踖(一三)，眾人乃知瓘嘗有言也。賈充密遣人語妃云：「衞瓘老奴，幾破汝家。」

(十一)吳人大佃(一四)皖城，欲謀入寇，都督揚州諸軍事王渾，遣揚州刺史應綽攻破之。斬首五千級，焚其積穀百八十餘萬斛，踐稻田四千餘頃，毀船六百餘艘。

(十二)十一月，辛巳（十七日），太醫司馬程據獻雉頭裘(一五)，帝焚之於殿前。甲申（二十日），勑內外敢有獻奇技異服者，罪之。

(十三)羊祜疾篤，舉杜預自代。辛卯（二十七日），以預為鎮南大將軍，都督荊州諸軍事。祜卒，帝哭之甚哀。是日大寒，涕淚霑須⑯鬢皆為冰。祜遺令不得以南城侯印入柩。帝曰：「祜固讓歷年，身歿讓存⑰，今聽復本封⑱，以彰高美。」南州⑲民聞祜卒，為之罷市，巷哭聲相接。吳守邊將士亦為之泣。祜好遊峴山⑳，襄陽人建碑立廟於其地，歲時祭祀。望其碑者，無不流涕，因謂之墮淚碑。杜預至鎮，簡精銳襲吳西陵督張政，大破之。政，吳之名將也。恥以無備取敗，不以實告吳主。預欲間之，乃表還其所獲，吳主果召政還，遣武昌監㉑留憲代之。

⒁十二月，丁未（十四日），朗陵公何曾卒。曾厚自奉養，過於人主。司隸校尉東萊劉毅數劾奏曾侈汰無度，帝以其重臣不問。及卒，博士新興秦秀議曰：「曾驕奢過度，名被九域。宰相大臣，人之表儀。若生極其情，死又無貶，王公貴人復何畏哉。謹按謚法，『名與實爽』曰『繆』，『怙亂肆行』曰『醜』，宜謚醜繆公。」帝策謚㉒曰孝。前司隸校尉傅玄卒。【考異】玄傳曰：五年遷太僕，轉司隸。景獻皇后崩，坐爭位罵尚書免，尋卒。按景獻后崩在四年，玄傳誤也。玄性峻急，每有奏劾，或值日暮，捧白簡㉓整簪

帶㉔，竦踊㉕不寐，坐而待旦。由是貴游㉖震慴，臺閣生風。玄與尚書左丞博陵崔洪善，洪亦清厲骨鯁，好面折人過，而退無後言，人以是重之。

㈤鮮卑樹機能久為邊患，僕射李憙請發兵討之。朝議皆以為出兵重事，虜不足憂。

【今註】㈠司馬督：《晉書》卷二十四〈職官志〉：「二衞始制，前驅由基彊弩為三部司馬，各置督史。」沈約曰：「殿中司馬督，晉武帝時殿內宿衞號曰三部司馬，與殿中將軍分隸左右二衞。」㈡臥護：臥休監領。言祜雖病，可於軍中臥息調理，監統諸將。㈢景獻皇后：即弘訓皇后。㈣司州：《晉書》卷十四〈地理志〉：「漢武帝初置司隸校尉，所部三輔三河諸郡。……魏氏受禪，即都漢宮，司隸所部河南、河東、河內、弘農、幷冀州之平陽合五郡置司州。晉仍居魏都，乃以三輔還屬雍州，分河南立滎陽，分雍州之京兆立上洛，廢東郡立頓丘，遂定名司州，以司隸校尉統之。」㈤詔問主者：主者謂左民度支二曹。左民掌戶籍營繕之事，度支掌貢賦租稅出入。故問以處理方策。㈥瀝：流也，決潰流瀉。㈦滇：《晉書》卷二十六〈食貨志〉作填。㈧典牧：官名。屬太僕。㈨表：上。㈩方：比。⑾百觚之量：孔叢子曰：「趙平原君與子高飲，強子高酒曰：『諺云：堯飲千鍾，孔丘百觚，子路嗑嗑，尚飲十榼。古之聖賢，無不能飲，子何辭焉。』」⑿陵雲臺：胡三省曰：「陵雲臺魏文帝所築。」㉓蹴踖：亦作踧踖。態度恭敬，神情不安之貌。㉔佃：治田。墾種。㉕雉頭裘：雉頭毛鮮艷華麗，集製成裘。㉖須：面毛，今作鬚。㉗身歿讓存：謂身歿而遺令辭讓南城侯印。㉘聽復本封：祜本封為鉅平侯。㉙南州：謂荊州。㉚峴山：在湖北省襄陽縣南。㉛武昌監：胡三省曰：「吳之邊鎮有督有監。督者，督諸軍事之職。監者，監諸軍事之職。」㉜策謚：不用臣下議上謚號，而由皇帝以詔策賜謚。㉝白簡：彈劾之章奏。《文選・任昉彈曹景宗》曰：「謹奉白簡以聞。」呂向注云：「簡略狀也。」又沈約〈奏彈王源文〉：「源官品應黃紙，臣輒奉白簡以聞。」是又有官品高低之分別。㉞簪帶：《晉書》卷二十五〈輿服志〉：「笏，古者貴賤皆執笏，其有事則搢之於腰帶……笏者有事則書之，故常簪筆。今之白筆是其遺象。三臺五省二品文官簪之……。」㉟竦踊：敬肅。㊱貴游：周禮地官師氏：「凡國之貴遊子弟學焉。」注：「貴遊子弟，王公之子弟；遊，無官司者。」

五年（西元二七九年）

㈠春正月，樹機能攻陷涼州，帝甚悔之。臨朝而歎曰：「誰能為我討此虜者？」司馬督馬隆進曰：「陛下能任臣，臣能平之。」帝曰：「必能平賊，何為不任，顧方略何如耳！」隆曰：「臣願募勇士三千人，無問所從來㈠，帥之以西，虜不足平也。」帝許之。乙丑（初二日），以隆為討虜護軍武威太守。公卿皆曰：「見兵已多，不宜橫設賞募。隆小將妄言，不足信也。」帝不聽。隆募能引弓四鈞，挽弩九石者取之。立標㈡簡試，自旦至日中，得三千五百人。隆曰：「足矣。」又請自至武庫㈢選仗。武庫令與隆忿爭，御史中丞㈣劾奏隆。隆曰：「臣當畢命戰場，武庫令乃給以魏時朽仗，非陛下所以使臣之意也。」帝命唯隆所取，仍給三軍資而遣之。

㈡初，南單于呼廚泉以兄於扶羅子豹為左賢王，及魏武帝分匈奴為五部，以豹為左部帥。豹子淵幼而雋異，師事上黨崔游，博習經史。嘗謂同門生上黨朱紀、雁門范隆曰：「吾常恥隨陸無武，絳灌無文㈤，隨陸遇高帝而不能建封侯之業，絳灌遇文帝而不能興庠序之教，豈不惜哉。」於是兼學武事。及長，猨臂善射，膂力過人，姿貌魁偉。為任子在洛陽，王渾及子濟皆重之。屢薦於帝，帝召與語，悅之。濟曰：「淵有文武長才，陛下任以東南之事，吳不足平也。」孔恂、楊珧曰：「非我族類，其心必異。淵才器誠少比㈥，然不可重任也。」及涼州覆沒，帝問將於李憙。對曰：「陛下誠能發匈奴五部之眾，假劉淵一將軍之號，使將之而西，樹機能之首，可指日而梟也。」孔恂曰：「淵果梟樹機能，則涼州之患，方更深耳。」帝乃止。東萊王彌家世二千石。彌有學術勇略，善騎射，青州人謂之飛豹。處士陳留董養見而謂之曰：「君好亂樂禍，若天下有事，不作士大夫矣！」淵與彌友善，謂彌曰：「王、李以鄉曲見知㈦，每相稱薦，適足為吾患耳！」因歔欷流涕。齊王攸聞之，言於帝曰：「陛下不除劉淵，臣恐幷州不得久安。」王渾曰：「大晉方以信懷殊俗，奈何以無形之疑，殺人侍子乎？何德度之不弘也！」帝曰：「渾言是也。」會豹卒，以淵代為左部帥。

㈢夏四月，大赦。

㈣除部曲督以下質任。

㈤吳桂林㈧太守脩允卒，其部曲應分給諸將，督將郭馬、何典、王族等累世舊軍，不樂離別。會吳主料實㈨廣州戶口，馬等因民心不安，聚眾攻殺廣州督虞授。馬自號都督交、廣二州諸軍事。使典攻蒼梧，族攻始興㈩。

㈥秋八月。吳以軍師張悌為丞相，牛渚都督何植為司徒，執金吾滕脩為司空，未拜，更以脩為廣州牧，帥萬人從東道討郭馬。馬殺南海太守劉略，逐廣州刺史徐旗。吳主又遣徐陵㈡督陶濬將七千人，從西道與交州牧陶璜共擊馬。

㈦吳有鬼目菜㈢生工人黃耇家，有買菜生工人吳平家。東觀案圖書，名鬼目曰芝草，買菜曰平慮草。吳主以耇為侍芝郎，平為平慮郎，皆銀印青綬㈢。吳主每宴羣臣，咸令沈醉。又置黃門十人為司過。宴罷之後，各奏其闕失。迕視謬言，罔有不舉。大者即加刑戮，小者記錄為罪。或剝人面，或鑿人眼。由是上下離心，莫為盡力。益州刺史王濬上疏曰：「孫皓荒淫凶逆，宜速征伐。若一旦皓死，更立賢主，則彊敵也。臣作船七年，日有朽敗。臣年七十，死亡無日。三者一乖，則難圖也。誠願陛下無失事機。」

帝於是決意伐吳。會安東將軍王渾表孫皓欲北上，邊戍皆戒嚴。朝廷乃更議明年出師。王濬參軍何攀奉使在洛，上疏稱皓必不敢出，宜因戒嚴掩取甚易。杜預上表曰：「自閏月㈣以來，賊但敕嚴，下無上兵㈤。以理勢推之，賊之窮計，力不兩完。必保夏口以東，以延視息。無緣多兵西上，空其國都。而陛下過聽，便用委棄大計，縱敵患生，誠可惜也。嚮使舉而有敗，勿舉可也。今事為之制㈥，務從完牢。若或有成，則開太平之基。不成，不過費損日月之間。何惜而不一試之？若當須後年，天時人事，不得如常，臣恐其更難也。今有萬安之舉，無傾敗之慮，臣心實了㈦，不敢以曖昧之見，自取後累。惟陛下察之。」旬月未報，預復上表曰：「羊祜不先博謀於朝臣，而密與陛下共施此計，故益令朝臣多異同之議。凡事當以利害相校，今此舉之利，十有八九，而其害一二，止於無功耳。必使朝臣言破敗之形，亦不可得直。是計不出己，功不在身，各恥其前言之失而固守之也。自頃朝廷事無大小，異意蜂起。雖人心不同，亦由恃恩不慮後患，故輕相同異也。自秋已來，討賊之形頗露，今若中止，孫皓或怖而生計，徙都武昌，更完脩江南諸城，遠其居民。城不可攻，野無所掠，則明年之計，或無所及矣。」帝方與張華圍碁，預表適至，華推枰㊀八斂手曰：「陛下聖武，國富兵彊。吳主淫虐，誅殺賢能。當今討之，可不勞而定，願勿以為疑。」帝乃許之。以華為度支尚書，量計運漕。賈充、荀勗、馮紞固爭之。帝大怒，充免冠謝罪。僕射山濤退而告人曰：「自非聖人，外寧必有內憂。今釋吳為外懼，豈非筭乎！」

(八)冬十一月，大舉伐吳。遣鎮軍將軍琅邪王伷出涂中㊀九，安東將軍王渾出江西，建威將軍王戎出武昌，平南將軍胡奮出夏口，鎮南大將軍杜預出江陵，龍驤將軍王濬、巴東監軍魯國唐彬下巴蜀，東西凡二十餘萬。命賈充為使，持節假黃鉞大都督，以冠軍將軍楊濟副之。充固陳伐吳不利，且自言衰老不堪元帥之任。詔曰：「君若不行，吾便自出。」充不得已，乃受節鉞。將中軍南屯襄陽，為諸軍節度。

(九)馬隆西度溫水㊁〇，樹機能等以眾數萬據險拒之。隆以山路陿隘，乃作扁箱車，為木屋施於車上，轉戰而前。行千餘里，【考異】隆傳曰：或夾道累磁石，賊被鐵鎧，行不得前。隆卒悉被犀甲，無所留礙，賊以為神。按此說太誕，恐不可信。殺傷甚眾。自隆之西，音問斷絕，朝廷憂之，或謂已歿。後隆使夜到，帝撫掌歡笑。詰朝㈡，召羣臣謂曰：「若從諸卿言，無涼州矣。」乃詔假隆節，拜宣威將軍。隆至武威，鮮卑大人猝跋韓且萬能帥萬餘落來降。

㈩十二月，隆與樹機能大戰，斬之，涼州遂平。

㈩詔問朝臣以政之損益。司徒左長史㈢傅咸上書，以為公私不足，由設官太多。舊都督有四，今并監軍乃盈於十㈢。禹分九州，今之刺史幾向一倍㈣。戶口比漢十分之一，而置郡縣更多。虛立軍府㈤，動有百數，而無益宿衞。五等諸侯，坐置官屬。諸所廩給，皆出百姓，此其所以困乏者也。當今之急，在於并官省役，上下務農而已。咸，玄之子也。時又議省州郡縣半吏，以赴農功。中書監荀勗以為省吏不如省官，省官不如省事，省事不如清心。昔蕭曹相漢，載其清靜，民以寧壹，所謂清心也。抑浮說，簡文案，略細苛，宥小失，有好變常以徼利者，必行其誅，所謂省事也。

以九寺㉖幷尚書，蘭臺㉗付三府㉘，所謂省官也。若直作大例，凡天下之吏，皆減其半，恐文武眾官郡國職業，劇易不同，不可以一槩施之。若有曠闕，皆須更復，或激而滋繁，亦不可不重也。

【今註】㊀無問所從來：應募者或農或軍或逋逃或奴隸……，不問其身分如何。㊁標：作標或幖解。㊂武庫：儲物庫，武庫令屬衞尉。㊃御史中丞：《晉書》卷二十四〈職官志〉：「御史中丞，本秦官也。秦時御史大夫有二丞，其一御史丞，其一為中丞。中丞外督部刺史，內領侍御史。受公卿奏事舉劾，漢因之。……晉因其制，以中丞為臺主。」㊄隨陸無武，絳灌無文：隨陸：隨何、陸賈。絳灌：周勃、灌嬰。㊅少比：比、類、比擬。言少能與之相類倫比者。㊆王、李以鄉曲見知：王渾太原人，李憙上黨人，與淵同州里。㊇桂林：吳孫皓鳳凰三年，分鬱林為桂林郡，今廣西省象縣地。㊈料實：料計覈察。㊉始興：吳孫皓甘露元年，分桂陽南郡都尉立始興郡，今廣東省曲江縣。⑪徐陵：胡三省曰：「徐陵與洞浦對岸。吳主權時，呂範洞浦之敗，魏臧霸度江攻徐陵。全琮、徐盛擊却之。又華覈封徐陵亭侯，則徐陵蓋亭名。吳以其臨江津置督守之。徐州記曰：『京口先為徐陵，其地蓋丹徒縣之西鄉京口里也。』」⑫鬼目菜、買菜：《三國志・吳志》卷三〈孫皓傳〉：「有鬼目菜……依緣棗樹，長丈餘，莖廣四寸，厚三分。又有買菜……，高四尺，厚三分，如枇杷形，上廣尺八寸，下莖廣五寸，兩邊生菜，綠色。」⑬銀印青綬：以漢時官制言之，中二千石銀印青綬。⑭閏月：是年閏七月。㉕下無上兵：吳自建業攻淮襄，皆自下溯江而上。㉖事為之制：事物措施規制。㉗了：決也。㉘枰：碁局。㉙涂中：胡三省曰：「吳主權作堂邑，涂塘即其地。」按堂邑涂塘，今江蘇省六合縣。㉚溫水：胡三省曰：「武威之東有溫圍水。」㉛詰朝：明朝。㉜司徒左長史：官名。《晉書》卷二十四〈職官志〉：「司徒加置左右長史各一人，秩千石。」㉝今幷監軍乃盈於十：胡三省曰：「魏初置都督諸軍，東南以備吳，西以備蜀，北以備胡。隨其資望輕重而加以征鎮安平之號，有四而已。其後增置，有都督鄴城守諸軍，都督秦、雍、涼諸軍，都督梁、益諸軍，都督荊州諸軍，都督揚州諸軍，都督徐州諸軍，都督淮北諸軍，都督豫州諸軍，都督幽州諸軍，都督幷州諸軍，凡十。其資輕者為監軍。」㉞今之刺史幾向一倍：晉制，州置刺史。按《晉書》卷十四〈地理志〉：「晉武帝太康元年，既平孫氏，凡增置郡國二十有三。省司隸置司州，別立梁、秦、寧、平四州，仍吳之廣州凡十九州。注：司、冀、兖、豫、荊、徐、揚、青、幽、平、幷、雍、涼、秦、梁、益、寧、交、廣州。」按平吳下一年事，平吳復新置者五，仍吳者一，共六州，則此時僅十三州。㉟軍府：謂驃騎、車騎、衞將軍、伏波、撫軍、都護、鎮軍、中軍、龍驤、典軍、上軍、輔國、領軍、護軍、左右衞、驍騎、游擊、左右前後軍及雜號將軍等。㊱九寺：九卿。㊲蘭臺：御史臺。御史中丞在西漢為御史大夫之屬，居殿中蘭基，兼司糾察。及東漢成立御史臺，中丞出為臺率，故御史臺亦稱蘭臺。《晉書·職官志》：「殿中侍御史，案魏蘭臺遣二御史居殿中，伺察非法，即其始也。」㊳三府：三公府。漢丞相有長史、司直，御史大夫有中丞、侍御史，掌察舉非法。故欲以蘭臺付之。

卷八十一 晉紀三

司馬光編集
陳文石註

起上章困敦，盡著雍涒灘，凡九年。（自庚子至戊申，西元二八〇年至二八八年）

世祖武皇帝中

太康元年（西元二八〇年）

㈠春正月。吳大赦。

㈡杜預向江陵，王渾出橫江㊀，攻吳鎮戍，所向皆克。

㈢二月，戊午（初二日），王濬、唐彬擊破丹陽㊁監盛紀。吳人於江磧要害之處，並以鐵鎖橫截之。又作鐵錐，長丈餘，暗置江中，以逆拒舟艦。濬作大筏數十，方百餘步。縛草為人，被甲持仗。令善水者以筏先行，遇鐵錐，錐輒著筏而去。又作大炬，長十餘丈，大數十圍，灌以麻油，在船前，遇鎖，然炬燒之。須臾融液斷絕，於是船無所礙。庚申（初四日），濬克西陵，殺吳都督留憲等。壬戌（初六日），克荊門㊂、夷道㊃二城，殺夷道監陸晏。杜預遣牙門周旨等師奇兵八百，汎舟夜渡江，襲樂鄉㊄。多張旗幟，起火巴山。吳都督孫歆懼，與江陵督伍延書曰：「北來諸軍，乃飛渡江也。」旨等伏兵樂鄉城外，歆遣軍出拒王濬，大敗而還。旨等發伏兵隨歆軍而入。歆不覺，直至帳下虜歆而還。乙丑（初九日），王濬擊殺吳水軍都督陸景㊅。杜預進攻江陵。甲戌（十八日），克之，斬伍延。於是沅、湘㊆以南，接於交、廣州郡，皆望風送印綬。預杖節稱詔而綏撫之。凡所斬獲吳都督監軍十四，牙門郡守百二十餘人。胡奮克江安㊇。乙亥（十九日），詔王濬、唐彬既定巴丘，與胡奮、王戎共平夏口、武昌，順流長騖，直造秣陵。杜預當鎮靜零、桂㊈，懷輯衡陽㊉。大兵既過，荊州南境，因當傳檄而定⑪。預等各分兵以益濬、彬。太尉充移屯項⑫，王戎遣參軍襄陽羅尚、南陽劉喬將兵與王濬合攻武昌。吳江夏太守劉朗、督武昌諸軍虞昺皆降。昺，翻之子也。杜預與眾軍會議，或曰百年之寇，未可盡克。方春水生⑬，難於久駐，宜俟來冬，更為大舉。預曰：「昔樂毅藉濟西一戰，以幷彊齊。今兵威已振，譬如破竹，數節之後，皆迎刃而解，無復著手處也。」遂指授羣帥方略，徑造建業。吳主聞王濬南下，使丞相張悌、督丹陽太守沈瑩、護軍孫震、副軍師諸葛靚帥眾三萬，渡江逆戰。至牛渚，沈瑩曰：「晉治水軍於蜀久矣，上流諸軍，素無戒備，名將皆死，幼少當任，恐不能禦也。晉之水軍，必至於此，宜畜眾力以待其來，與之一戰。若幸而勝之，江西自清。今渡江與晉大軍戰，不幸而敗，則大事去矣。」悌曰：「吳之將亡，賢愚所知，非今日也。吾恐蜀兵至此，眾心駭懼，不可復整。及今渡江，猶可決戰。若其敗喪，同死社稷，無所後恨。若其克捷，北敵犇走，兵埶萬倍，便當乘南上，逆之中道，不憂不破也。若如子計，恐士眾散盡，坐待敵到，君臣俱降，無一人死難者，不亦辱乎！」

㈣三月，悌等濟江，圍渾部將城陽都尉張喬於楊荷㈣。喬眾纔七千，閉柵請降。諸葛靚欲屠之。悌曰：「彊敵在前，不宜先事其小。且殺降不祥。」靚曰：「此屬以救兵未至，力少不敵，故且偽降以緩我，非真伏也。若捨之而前，必為後患。」悌不從，撫之而進。悌與揚州刺史汝南周浚結陳相對。沈瑩師丹陽銳卒，刀楯五千，三衝晉兵不動。瑩引退，其眾亂。將軍薛勝、蔣班因其亂而乘之，吳兵以次犇潰，將帥不能止。張喬自後擊之，大敗吳兵於版橋。諸葛靚帥數百人遁去，使過迎張悌，悌不肯去，靚自往牽之，曰：「存亡自有大數，非卿一人所支，奈何故自取死？」悌垂涕曰：「仲思㊁㊄，今日是我死日也。且我為兒童時，便為卿家丞相所識拔㊁㊅，常恐不得其死，負名賢知顧。今以身徇社稷，復何道邪！」靚再三牽之不動，乃流淚放去，行百餘步顧之，已為晉兵所殺，並斬孫震、沈瑩等七千八百級，吳人大震。初，詔書使王濬下建平㊁㊆，受杜預節度。至建業，受王渾節度。預至江陵，謂諸將曰：「若濬得建平，則順流長驅，威名已著，不宜令受制於我。若不能克，則無緣得施節度。」濬至西陵，預與之書曰：「足下既摧其西藩，便當徑取建業，討累世之逋寇，釋吳人於塗炭，振旅還都，亦曠世㊁㊇一事也。」濬大悅，表陳預書。及張悌敗死，揚州別駕何惲謂周浚曰：「張悌舉全吳精兵，殄滅於此，吳之朝野，莫不震懾。今王龍驤㊈既破武昌，乘勝東下，所向輒克，土崩之勢見矣。謂宜速引兵渡江，直指建業，大軍猝至，奪其膽氣，可不戰禽也。」浚善其謀，使白王渾，惲曰：「渾闇於事機，而欲慎己免咎，必不我從。」浚固使白之。渾果曰：「受詔但令屯江北以抗吳軍，不使輕進。貴州雖武，豈能獨平江東乎！今者違命，勝不足多。若其不勝，為罪已重。且詔令龍驤受我節度，但當具君舟檝，一時俱濟耳！」惲曰：「龍驤克萬里之寇，以既成之功來受節度，未之聞也。且明公為上將，見可而進，豈得一一須詔令乎！今乘此渡江，十全必克。何疑何慮而淹留不進，此鄙州上下所以恨恨也。」渾不聽。王濬自武昌順流徑趣建業。吳主遣游擊將軍張象帥舟師萬人禦之。象眾望旗而降。濬兵甲滿江，旌旗燭天，威埶甚盛，吳人大懼。吳主之嬖臣岑昏，以傾險諛佞，致位九列㊉。好興功役，為眾患苦。及晉兵將至，殿中親近數百人叩頭請於吳主曰：「北軍日近，而兵不舉刃，陛下將如之何？」吳主曰：「何故？」對曰：「正坐岑昏耳！」吳主獨言㊁：「若爾，當以奴謝百姓。」衆因曰：「唯。」遂並起收昏。吳主駱驛㉒追止，已屠之矣。陶濬將討郭馬，至武昌，聞晉兵大入，引兵東還，至建業，吳主引見，問水軍消息。對曰：「蜀船皆小，今得二萬兵，乘大船以戰，自足破之。」於是合衆授濬節鉞，明日當發，其夜，衆悉逃潰。

時王渾、王濬及琅邪王伷皆臨近境，吳司徒何植、建威將軍孫晏，悉送印節詣渾降。吳主用光祿勳薛瑩、中書令胡沖等計，分遣使者奉書於渾、濬、伷以請降。又遺其羣臣書，深自咎責。且曰：「今大晉平治四海，是英俊展節之秋，勿以移朝改朔，用損厥志。」使者先送璽綬於琅邪王伷。壬寅（十六日），王濬舟師過三山㉓，王渾遣信要濬暫過論事㉔，濬舉帆直指建業。報曰：「風利不得泊也。」是日，濬戎卒八萬，方舟㉕百里，鼓譟入於石頭。吳主皓面縛輿櫬，詣軍門降。濬鮮縛焚櫬，延請相見。收其圖籍，克州四，郡四十三，戶五十二萬三千，兵二十三萬。

朝廷聞吳已平，羣臣皆賀上壽。帝執爵流涕曰：「此羊太傅之功也。」驃騎將軍㉖孫秀不賀，南向流涕曰：「昔討逆弱冠㉗，以一校尉創業㉘，今後主舉江南而棄之，宗廟山陵，於此為墟。悠悠蒼天，此何人哉！」吳之未下也，大臣皆以為未可輕進。獨張華堅執以為必克。賈充上表，稱吳地未可悉定。方夏，江淮下濕，疾疫必起，宜召諸軍還，以為後圖。雖腰斬張華，不足以謝天下。帝曰：「此是吾意，華但與吾同耳。」荀勗復奏宜如充表，帝不從。杜預聞充奏乞罷兵，馳表固爭，使至轘轅㉙，而吳已降。充慙懼，詣闕請罪，帝撫而不問。

㈤夏四月，甲申（二十八日），詔賜孫皓爵歸命侯。乙酉（一十九日），大赦，改元㉚。大酺㉛五日。遣使者分詣荊、揚撫慰。吳牧守已下，皆不更易。除其苛政，悉從簡易。

滕脩討郭馬未克，聞晉伐吳，帥眾赴難。至巴丘，聞吳亡，縞素㉜流涕，還與廣州刺史閭豐、蒼梧太守王毅各送印綬請降。孫皓遣陶璜之子融持手書諭璜。璜流涕數日，亦送印綬降，帝皆復其本職。王濬之東下也，吳城戍皆望風款附。獨建平太守吾彥嬰城㉝不下，聞吳亡乃降。帝以彥為金城太守。初，朝廷尊寵孫秀、孫楷，欲以招來吳人。及吳亡，降秀為伏波將軍，楷為渡遼將軍。琅邪王仲㉔遣使送孫皓及其宗族詣洛陽。

㈥五月，丁亥朔，皓至㉕，與其太子瑾等泥頭面縛，詣東陽門㉖。詔遣謁者解其縛。賜衣服車乘，田三十頃，歲給錢穀綿絹甚厚。拜瑾為中郎，諸子為王者皆為郎中。吳之舊望，隨才擢敘。孫氏將吏渡江者，復十年，百姓復二十年。

庚寅（初四日），帝臨軒大會文武有位，及四方使者、國子學生皆預焉。引見歸命侯皓及吳降人。皓登殿稽顙。帝謂皓曰：「朕設此座以待卿久矣。」皓曰：「臣於南方，亦設此座以待陛下。」賈充謂皓曰：「聞君在南方，鑿人目，剝人面皮，此何等刑也。」皓曰：「人臣有弒其君及姦回不忠者，則加此刑耳！」充默然甚愧㉗，而皓顏色無怍㉘。帝從容問散騎常侍薛瑩孫皓所以亡。對曰：「皓昵近小人，刑罰放濫。大臣諸將，人不自保，此其所以亡也。」它日又問吾彥。對曰：「吳主英俊，宰輔賢明。」帝笑曰：「若是何故亡？」彥曰：「天祿永終，歷數有屬，故為陛下禽耳。」帝善之。

王濬之入建業也，其明日，王渾乃濟江。以濬不待己至，先受孫皓降，意甚愧忿，將攻濬。何攀勸濬送皓與渾，由是事得解。何惲以渾與濬爭功，與周浚牋曰：「書貴克讓，易大謙光㊴。前破張悌，吳人失氣。龍驤因之陷其區宇。論其前後，我實緩師。既失機會，不及於事。而今方競其功，彼既不吞聲，將虧雍穆㊵之弘，興矜爭㊶之鄙，斯實愚情之所不取也。」浚得牋，即諫止渾。渾不納，表濬違詔不受節度，誣以罪狀。渾子濟尚常山公主，宗黨彊盛。有司奏請檻車徵濬，帝弗許。但以詔書責讓濬以不從渾命，違制昧利。濬上書自理曰：「前被詔書，令臣直造秣陵。又令受太尉充節度。臣以十五日至三山，見渾軍在北岸，遣書邀臣。臣水軍風發，徑造賊城，無緣迴船過渾。臣以日中至秣陵，暮乃被渾所下當受節度之符，欲令臣明十六日悉將所領還圍石頭。又索蜀兵及鎮南諸軍人名定見㊷。臣以為皓已來降，無緣空圍石頭。

又兵人定見，不可倉猝得就。皆非當今之急，不可承用，非敢忽棄明制也。皓眾叛親離，匹夫獨坐，雀鼠貪生，苟乞一活耳！而江北諸軍不知虛實，不早縛取，自為小誤。臣至便得，更見怨恚。並云守賊百日，而令他人得之。臣愚以為事君之道，苟利社稷，死生以之。若其顧嫌疑以避咎責，此是人臣不忠之利，實非明主社稷之福也。」渾又騰周浚書云：濬軍得吳寶物。又云濬牙門將李高放火燒皓偽宮。濬復表曰：「臣孤根獨立，結恨彊宗。夫犯上干主，其罪可救。乖忤貴臣，禍在不測。偽中郎將孔攄說去二月㊸武昌失守，水軍行㊹至。皓案行石頭還，左右人皆跳刀大呼，云要當為陛下一死戰決之。皓意大喜，意必能然，便盡出金寶以賜與之。小人無狀，得便馳走。皓懼，乃圖降首。降使適去，左右劫奪財物，略取妻妾，放火燒宮。皓逃身竄首，恐不脫死。臣至遣參軍主者救斷其火耳。周浚先入皓宮，渾又先登皓舟，臣之入觀，皆在其後。皓宮之中，乃無席可坐。若有遺寶，則浚與渾先得之矣。浚等云臣屯聚蜀人，不時送皓，欲有反狀。又恐動㊺吳人，言臣皆當誅殺，取其妻子，冀其作亂，得騁私忿。謀反大逆，尚以見加，其餘謗唶㊻，故其宜耳！今年平吳，誠為大慶，於臣之身，更受咎累。」

濬至京師，有司奏濬違詔，大不敬，請付廷尉科罪。詔不許。又奏濬赦後燒賊船百三十五艘，輒敕付廷尉禁推㊼。詔勿推。渾、濬爭功不已，帝命守廷尉廣陵劉頌校其事。以渾為上功，濬為中功。帝以頌折㊽濬失理，左遷京兆太守。庚辰（二十五日），增賈充邑八千戶，以王濬為輔國大將軍，封襄陽縣侯。杜預為當陽縣侯，王戎為安豐縣侯。封琅邪王伷二子為亭侯。增京陵侯王渾邑八千戶，進爵為公。尚書關內侯張華進封廣武縣侯，增邑萬戶。荀勗以專典詔命功，封一子為亭侯。其餘諸將及公卿以下，賞賜各有差。帝以平吳功策告羊祜廟，乃封其夫人夏侯氏為萬歲鄉君，食邑五千戶。

王濬自以功大，而為渾父子及黨與所挫抑。每進見，陳其攻伐之勞，及見枉之狀，或不勝忿憤，徑出不辭，帝每容恕之。益州護軍范通謂濬曰：「卿功則美矣，然恨所以居美者未盡善也。卿旋旆之日，角巾私第[49]，口不言平吳之事。若有問者，則曰：『聖人之德，群帥之力，老夫何力之有！』此藺生所以屈廉頗也，王渾能無愧乎！」濬曰：「吾始懲鄧艾之事，懼禍及身，不得無言。其終不能遣諸諸胷中是吾褊[50]也。」時人咸以濬功重報輕，為之憤邑[51]。博士秦秀等並上表訟濬之屈，帝乃遷濬鎮軍大將軍[52]。王渾嘗詣濬，濬嚴設備衛，然後見之。

杜預還襄陽，以為天下雖安，忘戰必危。乃勤於講武，申嚴戍守。又引滍淯水[53]以浸田萬餘頃，開揚口通零桂之漕[54]，公私賴之。預身不跨馬，射不穿札[55]，而用兵制勝，諸將莫及。預在鎮數餉遺洛中貴要，或問其故。預曰：「吾但恐為害，不求益也。」

王渾遷征東大將軍，復鎮壽陽。諸葛靚逃竄不出，帝與靚有舊，靚姊為琅邪王妃，帝知靚在姊間，因就見焉。靚逃於廁，帝又逼見之。謂曰：「不謂今日復得相見。」靚流涕曰：「臣不能漆身皮面[56]，復覩聖顏，誠為慚恨。」詔以為侍中，固辭不拜。歸於鄉里，終身不向朝廷而坐。

(七)六月，復封丹水侯睦為高陽王。

(八)秋八月，己未（初五日），封皇弟廷祚為樂平王，尋薨。

(九)九月，庚寅（初七日），賈充等以天下一統，屢請封禪，帝不許。

(十)冬十月，前將軍青州刺史淮南胡威卒。威為尚書，嘗諫時政之寬。帝曰：「尚書郎以下，吾無所假借㊆。」威曰：「臣之所陳，豈在丞郎令史，正謂如臣等輩，始可以肅化明灋耳。」

(十一)是歲，以司隸所統郡置司州。凡州十九㊇，郡國一百七十三，戶二百四十五萬九千八百四十。

(十二)詔曰：「昔自漢末，四海分崩。刺史內親民事，外領兵馬。今天下為一，當韜戢干戈。刺史分職，皆如漢民故事，悉去州郡兵。大郡置武吏百人，小郡五十人。」交州牧陶璜上言：「交廣東西數千里㊈，不賓屬者六萬餘戶。至於服從官役，纔五千餘家。二州脣齒，唯兵是鎮。又寧州諸夷接據上流㊉，水陸並通。州兵未宜約損，以示單虛。僕射山濤亦言不宜去州郡武備。」帝不聽。及永寧㊅以後，盜賊羣起，州郡無備，不能禽制，天下遂大亂，如濤所言。然其後刺史復兼兵民之政，州鎮愈重矣。

㊂漢魏以來，羌胡鮮卑降者，多處之塞內諸郡。其後數因忿恨，殺害長吏，漸為民患。侍御史西河郭欽上疏曰：「戎狄彊獷，歷古為患。魏初民少，西北諸郡，皆為戎居。內及京兆、魏郡、弘農往往有之。今雖服從，若百年之後有風塵之警，胡騎自平陽、上黨不三日而至孟津。北地、西河、太原、馮翊、安定、上郡盡為狄庭矣。宜及平吳之威，謀臣猛將之略，漸徙內郡雜胡於邊地。峻四夷出入之防，明先王荒服之制，此萬世之長策也。」帝不聽。

【今註】㊀橫江：今安徽省知縣東南。㊁丹陽：古地名。今湖北省秭歸縣東。㊂荊門：胡三省曰：「荊門在西陵之東，夷道之西。」㊃夷道：地名。在今湖北省宜都縣西北。㊄樂鄉：今湖北省松滋縣東。㊅王濬擊殺吳水軍都督陸景：〈武帝紀〉，壬戌濬克夷道樂鄉城殺陸景。〈陸抗傳〉，壬戌，殺晏。癸亥，殺景。〈王濬傳〉，壬戌克夷道，獲晏。乙丑，克樂鄉獲景。今從濬傳。㊆沅、湘：沅水湘水。在湖南省，流入洞庭湖。㊇江安：胡三省曰：「江安即公安，吳南郡治焉。杜預既定江南，改曰江安縣，為南平郡治所。」⑨零、桂：零陵、桂陽二郡。⑩衡陽：吳孫亮太平二年二月，以長沙西部為衡陽郡。⑪傳檄而定：檄，古用以徵召之文書。《說文》：「以木簡為書，長尺二寸謂之檄，以徵召之。」謂不必用軍征討，發布通告，當受命來降。⑫項：今河南省項城縣東北。⑬方春水生：考異曰：「杜預傳曰：『今向暑水潦方降，疾疫將起。』」按時未暑，今依《三十國春秋》。⑭楊荷：干寶《晉紀》：「楊荷，橋名。」⑮仲思：諸葛靚字。⑯為卿家丞相所識拔：胡三省曰：「丞相謂諸葛亮也，或曰謂諸葛瑾。余謂張悌襄陽人，蓋亮在荊州識之於童幼也。」⑰建平：故治在今四川省巫山縣。⑱曠世：曠，空。曠世，空絕一世。⑲王龍驤：王濬為龍驤將軍。⑳九列：九卿。㉑獨言：胡三省曰：「獨言，謂其言止此耳。」㉒駱驛：來往不絕。謂相繼遣使追之。㉓三山：山名。此處指南京市西南長江南岸之三山。㉔王濬遣信要……：論事：信，信使。要，約或邀，蹔，與暫同。㉕方舟：《說文》：「方，併船。」又《詩．邶風．谷風》：「方之舟之。」注：方，泭也。《說文》：「泭，編木以渡也。」又《爾雅．釋水》：「大夫方舟。」注：併兩船。㉖票騎：通作驃騎。㉗昔討逆弱冠：討逆，謂孫策。《三國志．吳志》卷一〈孫策傳〉：「曹公表策為討逆將軍，封為吳侯。」㉘以一校尉創業：漢獻帝興平元年，袁術表策為懷義校尉。㉙轘轅：山名，在河南省偃師縣東南，接鞏縣登封二縣界。㉚改元：以此年為太康元年。㉛大酺：《史記．秦始皇紀》：「天下大酺。」正義：「天下歡樂大飲酒也。」秦既平韓、趙、魏、燕、楚五國，故天下大酺也。㉜縞素：謂白色。按喪服尚白，縞素衣喪服。㉝嬰城：漢書蒯通傳：「必將嬰城固守。」注：

「嬰，以城自繞也。」王先謙補注：「嬰城固守，謂繞城守禦耳。」㉞琅邪王仲：仲當為伷。㉟丁亥，皓至：考異曰：「皓傳：『天紀四年三月丙寅，殺岑昏。戊辰，陶濬從武昌還。壬申，王濬到，受皓降。五月丁亥，集於京邑。四月甲申，封歸命侯。』晉武紀：『太康元年二月，王濬等破武昌，王渾斬張悌。三月壬申，濬下石頭，皓降。乙酉，大赦，改元。四月，遣朱震等慰撫。五月辛亥，封歸命侯。丙寅，引皓升殿，庚午，詔士卒六十歸家。庚辰，以濬為輔國將軍。』王濬傳：『二月庚申，克西陵。』又云，『壬寅濬入石頭』。而無月。又上書曰：『臣十四日至牛渚，十五日至秣陵。』亦無月。又曰：『去二月武昌失守，皓左右皆得寶散走。』三十國春秋：『四月甲子，王渾斬張悌。丙寅殺岑昏與何楨書。庚午，送降書。壬申，濬入石頭。甲申，封歸命侯。五月丁亥，至洛陽。』晉春秋略與之同。按長曆去年閏七月，今年二月戊午朔，三月戊子朔，四月丁巳朔，五月丁亥朔，六月丙辰朔。然則三月無戊辰、丙寅、壬申，五月無庚午、庚辰，與吳志、晉書不合。若依三十國春秋，月日雖合，然二月武昌失守，皓左右離散，不容四月十六日王濬乃至秣陵而皓降。又皓以四月十六日降，舉家西上，至五月一日未能至洛。今事之先後，並依吳志、晉書，但削去其日之不與曆合者。」㊱東陽門：《晉書》卷十四〈地理志〉：「洛陽東有建春、東陽、清明三門。」㊲充默然甚愧：以孫皓斥其世受魏恩，而姦回附晉，弒高貴鄉公事。㊳怍：顏色變也。㊴書貴克讓，易大謙光：《書・堯典》：「允恭克讓。」易：「謙尊而光。」疏：「尊者有謙而更光明也。」㊵雍穆：和睦。㊶矜爭：矜伐爭功。㊷定見：謂軍兵在行實數。㊸去二月：二月已過，故云去二月。㊹行：將。㊺恐動：使其恐怖而動亂不安。㊻謗喈：喈：相聚語也。謗喈：謗議紛紜。㊼推：推問，推勘。㊽折：判斷。如折斷，折獄。㊾角巾：巾之有角者。角巾私第：謂野服里居。按角巾為古隱居者所用。《晉書》卷二十五〈輿服志〉：「巾，以葛為之，形如幅，而橫著之。」古尊卑共服也。㊿褊：狹隘。(51)邑：通悒。憤悒，鬱怒不平。(52)遷濬鎮軍大將軍：考異曰：「濬傳雲：『領步兵校尉，舊校唯五，置此營自濬始也。』按職官志：『屯騎、步兵、長水、越騎、射聲校尉，是為五校，並漢官也。』然則步兵之兵，非自濬始。武帝紀：『是年六月丁丑，初置翊軍校尉官。』疑濬所領者翊軍也。」今檢《晉書・王濬傳》：帝乃遷濬鎮軍大將軍、加散騎常侍、領後軍將軍。……後又轉濬撫軍大將軍，開府儀同三司，加特進散騎常侍，後軍將軍如故，太康六年卒。考異一段，不知何據而起。(53)湍淯水：湍水：古亦名泜水，今名沙河。出河南省魯山縣西吳大嶺，東南流，至襄城縣會汝水入潁。淯水：亦名白河，出河南省嵩縣西南攻離山，東南流，於湖北省襄陽縣會唐河入漢水。(54)開揚口通零桂之漕：《晉書》卷三十四〈杜預傳〉：「舊水道唯沔漢達江陵，千數百里，北無通路。又巴丘湖沅湘之會，表裏山川，實為險固，荊蠻之所恃也。預乃開揚口，起夏水，達巴陵千餘里，內瀉長江之險，外通零桂之漕。」杜佑曰：「夏水揚口，在江陵郡江陵縣界。即今湖北省江陵縣。」(55)札：甲葉。(56)漆身皮面：見豫讓、聶政故事。(57)假借：六謂假貸。寬容。(58)以司隸校尉所統郡置司州。凡州十九：考異曰：「宋書州郡志：『太康元年，天下一統，凡十六州。後又分雍、梁為秦，分荊、揚為江，分益為寧，分幽為平，而為二十矣。』按杜佑通典，平吳分十九州，司、兗、豫、冀、幷、青、徐、荊、揚、涼、雍、秦、益、梁、寧、幽、平、交廣，今從之。」㊄交廣東西數千里：《晉書》卷十五〈地理志〉：「交州統合浦、交阯、新昌、武平、九真、日南、九德七郡。廣州統南海、臨賀、始安、始興、蒼梧、鬱林、桂林、高涼、寧浦、高興十郡。」㊅寧州諸夷接據上流：胡三省曰：「僕水、葉榆水、勞水、橋水皆出寧州界入交、廣界。又霍弋自寧州遣楊稷等經略交、廣，是水陸並通也。」㊅永寧：晉惠帝年號。

二年（西元二八一年）

㈠春三月，詔選孫皓宮人五千人入宮。帝既平吳，頗事遊宴，怠於政事，掖庭殆將萬人。常乘羊車，恣其所之，至便宴寢。宮人競以竹葉插戶，鹽汁灑地，以引帝車。而后父楊駿及弟珧、濟始用事，交通請謁，埶傾內外，時人謂之三楊。舊臣多被疏退。山濤數有規諷，帝雖知而不能改。

㈡初，鮮卑莫護跋始自塞外入居遼西棘城㊀之北，號曰慕容部。莫護跋生木延，木延生涉歸，遷於遼東之北，世附中國，數從征討有功，拜大單于。

㈢冬十月，涉歸始寇昌黎㈡。

㈣十一月，壬寅（二十五日），高平武公陳騫薨。【考異】帝紀云大司馬。按騫以咸寧三年辭位，以高平公還第。

㈤是歲，揚州刺史周浚移鎮秣陵。吳民之未服者，屢為寇亂，浚皆討平之。賓禮故老，搜求俊乂㈢，威惠並行，吳人悅服。

【今註】㈠棘城：胡三省曰：「棘城在昌黎縣界。」㈡昌黎：地名。今熱河省凌源縣治。胡三省曰：「昌黎，漢之交黎，屬遼西郡，東漢屬遼東屬國都尉。魏正始五年，鮮卑內附，復置遼東屬國，立昌黎縣以居之。後立昌黎郡，慕容氏始此。考異曰：『帝紀云慕容廆』，按范亨燕書武宣紀，『廆泰始五年生，年十五父單于涉歸卒，』太康四年也。此年入寇當是涉歸。」㈢俊乂：賢才。

三年（西元二八二年）

㈠春正月，丁丑朔。帝親祀南郊，禮畢，喟然問司隸校尉劉毅曰：「朕可方漢之何帝？」對曰：「桓、靈。」帝曰：「何至於此？」對曰：「桓、靈賣官錢入官庫，陛下賣官錢入私門。以此言之，殆不如也。」帝大笑曰：「桓、靈之世，不聞此言，今朕有直臣，固為勝之。」【考異】地理志：太康元年省司隸置司州。毅傳：毅為司隸校尉，帝嘗南郊，禮畢問毅，而無年月。晉春秋問毅在此月而不言毅官。按毅傳：六年自司隸遷左僕射，或者此年尚未改為司州也。今從毅傳。毅為司隸，糾繩豪貴，無所顧忌。皇太子鼓吹入東掖門㈠，毅劾奏之。中護軍散騎常侍羊琇與帝有舊恩，典禁兵，豫機密十餘年。恃寵驕侈，數犯灋，毅劾奏琇罪當死。帝遣齊王攸私請琇於毅㈡，毅許之。都官從事廣平程衛徑馳入護軍營，收琇屬吏，考問陰私。先奏琇所犯狼籍㈢，然後言於毅。帝不得已免琇官。未幾，復使以白衣領職。琇，景獻皇后之從父弟也。後將軍王愷，文明皇后之弟也。散騎常侍石崇，苞之子也。三人皆富於財，競以奢侈相高。愷以飴澳釜㈣，崇以蠟代薪。愷作紫綠步障㈤四十里，崇作錦步障五十里。崇塗屋以椒㈥，愷用赤石脂㈦。帝每助愷，嘗以珊瑚樹賜之，高二尺許，愷以示石崇，崇便以鐵如意碎之。愷怒，以為疾己之寶。崇曰：「不足多恨，今還卿。」乃命左右悉取其家珊瑚樹高三四尺者六七株，如愷比者甚眾。愷悗然自失。車騎司馬傅咸上書曰：「先王之治天下也，食肉衣帛，皆有其制。竊謂奢侈之費，甚於天災。古者人稠地狹，而有儲蓄，由於節也。今者土廣人稀，而患不足，由於奢也。欲人崇儉，當詰㊇其奢。奢不見詰，轉相高尚，無有窮極矣！」

㈡尚書張華以文學才識，名重一時。論者皆謂華宜為三公。中書監荀勗、侍中馮紞以伐吳之謀深疾之。會帝問華誰可託後事者。華對以明德至親，莫如齊王。由是忤旨，勗因而譖之。甲午（十八日），以華都督幽州諸軍事。華至鎮，撫循夷夏，譽望益振，帝復欲徵之。馮紞侍帝，從容語及鍾會。紞曰：「會之反頗由太祖。」帝變色曰：「卿是何言邪！」紞免冠謝曰：「臣聞善御者，必知六轡緩急之宜。故孔子以仲由兼人而退之，冉求退弱而進之㊈。漢高祖尊寵五王㊉而夷滅，光武抑損諸將而克終⑪。非上有仁暴之殊，下有愚智之異也。蓋抑揚與奪使之然耳。鍾會才智有限，而太祖誇獎無極。居以重勢，委以大兵。使會自謂算無遺策，功在不賞，遂構凶逆耳。向令太祖錄其小能，節以大禮。抑之以威權，納之以軌則，則亂心無由生矣。」帝曰：「然。」紞稽首曰：「陛下既然臣之言，宜思堅氷之漸⑫，勿使如會之徒復致傾覆。」帝曰：「當今豈復有如會者邪？」紞因屏左右而言曰：「陛下謀畫之臣，著大功於天下，據方鎮，總戎馬者，皆在陛下聖慮矣。」帝默然，由是止不徵華。

㈢三月，安北將軍嚴詢敗慕容涉歸於昌黎，斬獲萬計。

㈣魯公賈充老病，上遣皇太子省視起居。充自憂謚傳㈢，從子模曰：「是非久自見，不可掩也。」

㈤夏四月，庚午（二十五日），充薨，世子黎民早卒無嗣，妻郭槐欲以充外孫韓謐為世孫。郎中令㈣韓咸、中尉曹軫諫曰：「禮無異姓為後之文，今而行之，是使先公受譏於後世，而懷愧於地下也。」槐不聽。咸等上書求改立嗣，事寢不報。槐遂表陳之云充遺意，帝許之。仍詔自非功如太宰始封無後者，皆不得以為比。及太常議謚，博士秦秀曰：「充悖禮溺情，以亂大倫。昔鄫養外孫莒公子為後，春秋書莒人滅鄫㈤。絕父祖之血食㈥，開朝廷之亂原。案謚灋昏亂紀度曰『荒』，請謚荒公。」帝不從，更謚曰「武」。

㈥閏月丙子（初一日），廣陸成侯李胤薨。

為然。

㈦齊王攸德望日隆，荀勗、馮紞、楊珧皆惡之。紞言於帝曰：「陛下詔諸侯之國，宜從親者始。親者莫如齊王，今獨留京師可乎！」勗曰：「百僚內外皆歸心齊王，陛下萬歲後，太子不得立矣。陛下試詔齊王之國，必舉朝以為不可，則臣言驗矣。」帝以為然。

㈧冬十二月，甲申（十三日），詔曰：「古者九命作伯㈠七，或入毗㈠八朝政，或出御方嶽，其揆㈠九一也。侍中司空齊王攸，佐命立勳，劬勞王室。其以為大司馬，都督青州諸軍事，侍中如故，仍加崇典禮，主者詳案舊制施行。」以汝南王亮為太尉，錄尚書事，領太子太傅光祿大夫山濤為司徒。尚書令衞瓘為司空。征東大將軍王渾上書，以為「攸至親盛德，侔於周公，宜贊皇朝，與聞政事。今出攸之國，假以都督虛號，而無典戎㈡〇幹方㈡一之實，虧友于㈡二款篤之義，懼非陛下追述先帝文明太后待攸之宿意也。若以同姓寵之太厚，則有吳、楚逆亂之謀，漢之呂、霍、王氏㈡三皆何人也？歷觀古今，苟事之輕重所在，無不為害，唯當任正道而求忠良耳。若以智計猜物，雖親見疑。至於疏者，庸可保乎？愚以為太子太保缺，宜留攸居之。與汝南王亮、楊珧共幹朝事。三人齊位，足相持正。既無偏重相傾之勢，又不失親親仁覆之恩。計之盡善者也。」於是，扶風王駿、光祿大夫李憙、中護軍羊琇、侍中王濟、甄德皆切諫，帝並不從。濟使其妻常山公主及德妻長廣公主，俱入稽顙涕泣，請帝留攸。帝怒，謂侍中王戎曰：「兄弟至親，今出親王，自是朕家事。而甄德、王濟連遣婦來，生哭人邪？」乃出濟為國子祭酒，德為大鴻臚。羊琇與北軍中侯㉔成粲謀見楊珧手刃殺之。珧知之，辭疾不出。諷有司奏琇，左遷太僕。琇憤怨，發病卒。李憙亦以年老遜位，卒於家。憙在朝，姻親故人與之分衣共食，而未嘗私以王官，人以此稱之。

㈨是歲，散騎常侍薛瑩卒。或謂吳郡陸喜曰：「瑩於吳士當為第一乎？」喜曰：「瑩在四、五之間，安得為第一。夫以孫皓無道，吳國之士沈默其體，潛而勿用者，第一也。避尊居卑，祿以代耕者，第二也。侃㉕然體國，執正不懼者，第三也。斟酌時宜，時獻微益者，第四也。溫恭脩慎，不為諂首者，第五也。過此以往，不足復數。故彼上士多淪沒而遠悔咎，中士有聲位而近禍殃。觀瑩之處身本末，又安得為第一乎！」

【今註】㊀皇太子鼓吹入東掖門：掖門，宮城正門左右小門。臣子至宮掖門，屏儀導下車而入。太子鼓吹入掖門為不敬。㊁私請琇於毅：言請毅寬貸琇罪。㊂狼籍：惡聲散布。㊃以粭澳釜：《說文》：「未蘗煎也。」澳：胡三省曰：「今臺明謂以水沃釜澳為鑊。」㊄步障：古時貴顯者出行時所設屏蔽風寒塵土之行幕。㊅塗屋以椒：古時皇宮有椒房，皇后所居，用椒和泥塗壁，以椒性溫而芳馥。椒產量不多，明代時尚常見皇帝賜椒以示恩寵的記載。㊆赤石脂：《本草圖經》曰：「赤石脂出濟南射陽及太山之陰。」蘇恭云濟南太山不聞出者，惟虢州盧氏縣、澤州陵川縣、慈州呂鄉縣並有，及宜州諸山亦出，今潞州以色理鮮膩者為勝。㊇詰：禁，責問。㊈兼人……退弱而進之：見論語先進。兼人：勝人也。謂二人所為，一人能兼任之。退弱：退讓消極。㊉五王：見〈漢高祖本紀〉。五王：兩韓信、彭越、英布、盧綰。⑪光武……而克終：光武帝不使功臣預政事，故皆得保其福祿以終，而無誅譴。⑫堅氷之漸：易坤初六：「履霜堅氷至。」謂因履霜而以堅氷將至為戒，所以防漸慮微。⑬自憂謚傳：賈充為人繇媚取容，自知姦回弒逆，後當加惡謚，且難逃史傳筆誅。⑭郎中令：官名。晉制，諸王及諸郡公國有郎中令、中尉、大農為三卿。⑮莒人滅鄫：春秋襄六年：

「莒人滅鄫。」《公羊傳》曰：「言滅者以異性為後，莒人當坐滅也。」㈥血食：謂鬼神受牲牢之享祭。㈦九命作伯：九命，周代官秩之等級。《周禮・春官・大宗伯》：「以九儀之命，正邦國之位。壹命受職，再命受服，三命受位，四命受器，五命賜則，六命賜官，七命賜國，八命作牧，九命作伯。」伯：方伯，諸侯之長。㈧毗：輔、助。㈨揆：道。《孟子・離婁》：「先聖後聖，其揆一也。」㈩典戎：典兵。㈪幹方：《詩・大雅・韓奕》：「榦不庭方。」幹，治也。不庭方，不朝之國。㈫友于：《尚書・君陳》：「惟孝友于兄弟。」疏引《爾雅・釋訓》云：「善父母為孝，善兄弟為友。」後人每以友于二字連稱，用為兄弟之意。㈬漢之呂、霍、王氏：胡三省曰：「渾之意，蓋謂齊王不當疑，三楊不當信也。」㈭北軍中侯：官名。泰始四年，罷中軍將軍，置北軍中侯。㈮侃：剛直。

四年（西元二八三年）

㈠春正月，甲申（十四日），以尚書右僕射魏舒為左僕射，下邳王晃為右僕射。晃，孚之子也。

㈡戊午（十八日），新沓㈠康伯山濤薨。

㈢帝命太常議崇錫齊王之物。博士庾旉、太叔㈡廣、劉暾、繆蔚、郭頤、秦秀、傅珍上表曰：「昔周選建明德，以左右王室，周公、康叔、聃季皆入為三公㊂。明股肱之任重，守地之位輕也。漢諸侯王，位在丞相三公上。其入讚朝政者，乃有兼官。其出之國，亦不復假台司虛名為隆寵也。今使齊王賢耶，則不宜以母弟之親尊，居魯衞之常職。不賢耶，不宜大啓土宇，表建東海也。古禮三公無職，坐而論道，不聞以方任嬰㊃之。惟宣王救急朝夕，然後命召穆公征淮夷。故其詩曰：『徐方不回，王曰旋歸㊄。』宰相不得久在外也。今天下已定，六合為家，將數延三事㊅，與論太平之基。而更出之，去王城二千里，違舊章矣。」旉，純之子，嗷，毅之子也。旉既具草，先以呈純。純不禁㊆，事過太常鄭默、博士祭酒㊇曹志。志愴然歎曰：「安有如此之才，如此之親，不得樹本助化，而遠出海隅，晉室之隆其殆矣乎！」乃奏議曰：「古之夾輔王室，同姓則周公，異姓則太公，皆身居朝廷，五世反葬㊈。及其衰也，雖有五霸代興，豈與周召之治同日而論哉！自羲皇以來，豈一姓所能獨有。當推至公之心，與天下共其利害，乃能享國久長。是以秦、魏欲獨擅其權，而纔得沒身。周、漢能分其利，而親疏為用，此前事之明驗也！志以為當如博士等議。」帝覽之大怒曰：「曹志尚不明吾心㈩，況四海乎？」且謂博士不答所問，而答所不問，橫造異論，下有司策免鄭默。於是尚書朱整、褚䂮奏志等侵官離局，迷罔朝廷。崇飾惡言，假託無諱，請收志等付廷尉科罪。詔免志官，以公還第，其餘皆付廷尉科罪。庾、純詣廷尉，自首旉以議草見示，愚淺聽之。詔免純罪。廷尉劉頌奏旉等大不敬，當棄市。尚書奏請報聽廷尉行刑。尚書夏侯駿曰：「官位八座㈡，正為此時。」乃獨為駮議。左僕射下邳王晃亦從駿議。奏留中七日，乃詔曰：「旉是議主，應為戮首。但旉家人自首，宜並廣等七人皆丐㈢其死命，並除名。」

㈣二月，詔以濟南郡益齊國。己丑（九日），立齊王攸子長樂亭侯實為北海王。命攸備物典策，設軒縣㈢之樂，六佾之舞，黃鉞朝車，乘輿之副從焉。

㈤三月，辛丑朔，日有食之。

㈥齊獻王攸憤怨發病，乞守先后陵㈣。帝不許。遣御醫診視。諸醫希旨，皆言無疾。何南尹向雄諫曰：「陛下子弟雖多，然有德望者少。齊王臥居京邑，所益實深，不可不思也。」帝不納。雄憤恚而卒。攸疾轉篤，帝猶催上道，攸自強入辭，素持容儀，疾雖困，尚有整厲，舉止如常，帝益疑其無疾。辭出數日，歐血而薨。帝往臨喪，攸子冏號踊，訴父病為醫所誣，詔即誅醫，以冏為嗣。初，帝愛攸甚篤，為荀勗、馮紞等所構，欲為身後之慮，故出之。及薨，帝哀慟不已。馮紞侍側曰：「齊王名過其實，天下歸之。今自薨殞，社稷之福也。陛下何哀之過？」帝收淚而止。詔攸喪禮依安平獻王故事。攸舉動以禮，鮮有過事，雖帝亦敬憚之。每引之同處，必擇言而後發。

㈦夏五月，己亥（初一日），琅邪武王伷薨。

㈧冬十一月，以尚書左僕射魏舒為司徒。

㈨河南及荊揚等六州大水。

㈩歸命侯孫皓卒。

(十一)是歲，鮮卑慕容涉歸卒，弟刪篡立。【考異】載記刪作耐，今從燕書。將殺涉歸子廆⑮，廆亡匿於遼東徐郁家。

【今註】㈠新沓：縣名。《三國志・魏志》卷四〈齊王芳傳〉：「（景初，三年）夏六月，以遼東東沓縣吏民渡海居齊郡界，以故縱城為新沓縣，以居徙民。」㈡太叔：複姓。㈢周公……為三公：《左傳》定四年傳：「子魚曰：武王之母弟八人，周公為太宰，康叔為司寇，聃季為司空。」㈣嬰：加、縈。㈤徐方不回，王曰旋歸：《詩・大雅・常武》：「徐方不回，王曰：『還歸』。」不回：不違。已受命順化。㈥三事：謂事天與地及治理人民，正德，利用，厚生三事。㈦禁：謹。㈧博士祭酒：《文獻通考》：「漢置博士，至東京凡十四人，而聰明威重者一人為祭酒，謂之博士祭酒。」㈨五世反葬：《禮記・檀公》上：「太公封於營丘，比及五世，皆反葬於周。」㈩曹志尚不明吾心：曹志本魏陳思王植之子，植於魏文帝為兄弟。文帝所以禁制植者為何？今尚不能明吾所以出齊王於外之心乎！⑪八座：《通志・職官》三〈尚書總序〉：「漢晉以六曹尚書並令、僕射二人為八座。」⑫丐：貸，寬免寬假之意。⑬軒縣：縣同懸。古諸侯樂縣之制。《周禮・春官・小胥》：「正樂縣之位，王宮縣，諸侯軒縣。」注：「鄭司農云：宮縣，四面縣；軒縣，去其一面。玄謂軒縣去南面辟王也，樂軒，謂鐘磬之屬縣於筍簴者。」《樂府雜錄》：「宮懸四面，天子樂也。」軒懸三面，諸侯樂也。⑭先后：謂文明皇后。⑮廆：胡三省曰：「載記曰廆字弈洛瓌。杜佑曰：本名若洛廆。」

五年（西元二八四年）

㈠春正月，乙亥（初四日），有青龍二見武庫井中。【考異】五行志作癸卯，今從帝紀。帝觀之有喜色。百官將賀，尚書左僕射劉毅表曰：「昔龍降夏庭，卒為周禍㊀。易稱潛龍勿用，陽在下也。尋案舊典，無賀之禮。」帝從之。

㈡初，陳羣以吏部不能審覈天下之士，故令郡國各置中正。州置大中正，皆取本土之人任朝廷官，德充才盛者為之。使銓次等級，以為九品。有言行脩著，則升之。道義虧缺，則降之。吏部憑之以補授百官。行之浸久，中正或非其人，姦敝日滋。劉毅上疏曰：「今立中正，定九品，高下任意，榮辱在手。操人主之威福，奪天朝之權勢。公無考校之負㊁，私無告訐之忌。用心百態，營求萬端，廉讓之風滅，爭訟之俗成，臣竊為聖朝恥之。蓋中正之設，於損政之道有八：高下逐彊弱，是非隨興衰。一人之身，旬日異狀。上品無寒門，下品無埶族，一也。置州都㊂者，本取州里清議咸所歸服，將以鎮異同，一言議也。今重其任而輕其人，使駁違之論，橫於州里。嫌讎之隙，結於大臣，二也。本立格之體為九品者，謂才德有優劣，倫輩有首尾也。今乃使優劣易地，首尾倒錯，三也。陛下賞善罰惡，無不裁之以灋，獨置中正，委以一國之重，曾無賞罰之防，又禁人不得訴訟，使之縱橫任意，無所顧憚，諸受枉者抱怨積直，不獲上聞，四也。一國之士，多者千數，或流徙異邦，或取給殊方㊃，面猶不識，況盡其才？而中正知與不知，皆當品狀，采譽於臺府，納毀於流言。任己則有不識之蔽，聽受則有彼此之偏，五也。凡求人才，欲以治民也。今當官著効者，或附卑品；在官無績者，更獲高敘。是為抑功實而隆空名，長浮華而廢考績，六也。凡官不同人，事不同能。今不狀取人，則為本品之所限。徒結白論㊄，而品狀相妨，七也。九品以狀其才之所宜，而但第為九品。以品取人，或非才能之所長；以所下，不彰其罪，所上不列其善。各任愛憎以植其私，天下之人，焉得不懈德行而銳人事㊅，八也。由此論之，職名中正，實為姦府。事名九品，而有八損。古今之失，莫大於此。愚臣以為宜罷中正，除九品，棄魏氏之敝灋，更立一代之美制。」太尉汝南王亮、司空衞瓘亦上疏曰：「魏氏承喪亂之後，人士流移，考詳無地，故立九品之制，粗且為一時選用之本耳。今九域同規，大化方始。臣等以為宜皆蕩除末灋，咸用土斷㊆。自公卿以下，以所居為正。無復縣㊇客遠屬異土，盡除中正九品之制。使舉善進才，各由鄉論。則華競自息，各求於己矣。」始平王文學㊈江夏李重上疏：以為「九品既除，宜先開移徙，聽相幷就，則土斷之實行矣。」帝雖善其言，而終不能改也。

㈢冬十二月，庚午（十日），大赦。

㈣閏月，當陽成侯杜預卒。

㈤是歲，塞外匈奴胡太阿厚，帥部落二萬九千三百人來降，帝處之塞內西河。

㈥罷寧州入益州，置南夷校尉以護之。【考異】地理志太康三年，廢寧州，置南夷校尉，今從華陽國志。

【今註】㊀昔龍降夏庭，卒為周禍：《國語·鄭語》曰：「夏之衰也，褒人之神化為二龍，以同於王庭。而言曰：余褒之二君也。夏后卜殺之，與去之，與止之，莫吉。卜請其漦而藏之，吉。乃布幣焉而策告之。龍亡而漦在，櫝而藏之，傳郊之。及殷周莫之發也。及厲王之末，發而觀之，漦流於庭不可除也。王使婦人不幃而譟之，化為玄黿，以入于王府。府之童妾，未既齓而遭之，既笄而孕，當宣王時而生，不夫而育，故懼而棄之，為弧服者方戮在路，夫婦哀其夜號也，而取之以逸，逃於褒。褒人褒姁有獄而以為入于王，王遂置之，而嬖是女也，使至於為后，而生伯服，天之生此久矣，其為毒也太矣，將使侯淫德而加之焉。毒之酋腊者，其殺也滋速。申繒西戎方彊，王室方騷，將以縱欲，不亦難乎！王欲殺太子以成伯服，必求之申。申人弗畀，必伐之，若伐申而繒與西戎會以伐周，周不守矣。」㈡考校之負：謂負考校失實之罪責。㈢州都：謂中正。㈣取給殊方：謂衣食有不給者，客遊他方以資取給。㈤白論：空言無實。㈥而銳人事：言銳意鑽營奔競，干求人事關係。㈦土斷：以土著為斷。㈧縣：同懸。㈨文學：官名。晉制，王國置師友文學各一人。

六年（西元二八五年）

㈠春正月，尚書左僕射劉毅致仕，尋卒。【考異】晉春秋在七年十月，今從本傳。

㈡戊辰（九日），以王渾為尚書左僕射，渾子濟為侍中。渾主者㈠處事不當，濟明瀍繩之。濟從兄佑素與濟不協，因毀濟不能容其父，帝由是疎濟，後坐事免官。濟性豪侈，帝謂侍中和嶠曰：「我將罵濟而後官之如何？」嶠曰：「濟俊爽，恐不可屈。」帝召濟切讓之。既而曰：「頗知愧不？」濟曰：「尺布斗粟之謠㊁，常為陛下愧之。他人能令親者疎，臣不能令親者親，以此愧陛下耳！」帝默然。嶠，洽之孫也。

㊂秋八月，丙戌朔，日有食之。

青、梁、幽、冀州旱。

㊃冬十二月，庚子（十七日），襄陽武侯王濬卒。

㊄是歲，慕容刪為其下所殺，部眾復迎涉歸子廆而立之。涉歸與宇文部素有隙，廆請討之，朝廷弗許。廆怒，入寇遼西，殺略甚眾。帝遣幽州軍討廆，戰於肥如㊂，廆眾大敗。自是每歲犯邊，又東擊扶餘，扶餘王依慮自殺，子弟走保沃沮㊃。廆夷其國城，驅萬餘人而歸。

【今註】㊀主者：尚書所主管裁處事務。㊁尺布斗粟之謠：漢文帝時，其弟淮南王長，謀反事敗，詔廢勿王，徙居蜀郡嚴道邛郵，長不食死。文帝十二年民有作歌，歌淮南厲王曰：「一尺布，尚可縫，一斗粟，尚可舂；兄弟二人不相容。」見《史記》卷一一八〈淮南厲王傳〉。後世每引此以言兄弟不和。㊂肥如：屬遼西郡。應劭曰：「肥子奔燕，燕封於此。」賢曰：「肥如今平州。」依賢說，在今河北省盧龍縣地。㊃沃沮：沃沮有二，南沃沮約當今韓國咸鏡道。北沃沮約當今吉林琿春一帶。

七年（西元二八六年）

㈠春正月，甲寅朔，日有食之。魏舒稱疾固請遜位，以劇陽子罷。舒所為，必先行而後言，遜位之際，莫有知者。**【考異】**舒遜位紀傳皆無年月。本傳曰：以災異遜位，帝不聽。後因正旦朝罷還第，表送章綬。按本傳又曰：遜位之際，人莫知者。若今年正旦日食遜位，至它年正旦乃送章綬，不得云人無知者。蓋止因今者正旦朝罷，遂以災異遜位不復起耳。衞瓘與舒書曰：「每與足下共論此事，日日未果㊀，可謂瞻之在前，忽焉在後矣！」

㈡夏，慕容廆寇遼東。故扶餘王依慮子依羅，求帥見人㊁還復舊國，請援於東夷校尉㊂何龕，龕遣督護㊃賈沈將兵送之。廆遣其將孫丁帥騎邀之於路，沈力戰斬丁，遂復扶餘。

㈢秋，匈奴胡都大博，及萎莎胡㊄各帥種落十萬餘口詣雍州降。

㈣九月，戊寅（二十九），扶風王駿薨。

㈤冬十一月，壬子（五日），以隴西王泰都督關中諸軍事。泰，宣帝弟馗之子也。

㈥是歲，鮮卑拓跋悉鹿卒，弟綽立。

【今註】㈠日日未果：衞瓘亦屢乞遜位。事見《晉書》卷三十六〈衞瓘本傳〉。㈡見人：見存人數。㈢東夷校尉：《晉書》卷二十四〈職官志〉：「武帝置南蠻校尉於襄陽、西戎校尉於長安、南夷校尉於寧州……。」未見東夷校尉名。蓋設以治遼東。魏時有東夷校尉治襄平。㈣督護：官名。魏、晉之間，方鎮各置督護，為領兵之官。㈤萎莎胡：見《晉書》卷九十七四夷傳〈北狄傳〉。

八年（西元二八七年）

㈠春正月，戊申朔，日有食之。

㈡太廟殿陷。九月，改營太廟，作者六萬人。

㈢是歲，匈奴都督大豆得一育鞠等，復帥種落萬一千五百口來降。

九年（西元二八八年）

㈠春正月，壬申朔，日有食之。

㈡夏六月，庚子朔，日有食之。

㈢郡國三十三大旱。

㈣秋八月，壬子（十四日），星隕如雨。

㈤地震。

卷八十二 晉紀四

司馬光編集
陳文石註

起屠維作噩，盡著雍敦祥，凡十年。（自己酉至戊午，西元二八九年至二九八年）

世祖武皇帝下

太康十年（西元二八九年）

㈠夏四月，太廟成。乙巳（十一日），祫祭㈠，大赦。

㈡慕容廆遣使請降。

㈢五月，詔拜廆鮮卑都督。廆謁見何龕，以士大夫禮巾衣到門㈡，龕嚴兵以見之，廆乃改服戎衣而入。人問其故，廆曰：「主人不以禮待客，客何為哉！」龕聞之甚慙，深敬異之。時，鮮卑宇文氏段氏方彊，數便掠廆，廆卑辭厚幣以事之。段國單于階以女妻廆，生皝、仁、昭。廆以遼東僻遠，徙居徒河㈢之青山。

㈣冬十月，復明堂及南郊五帝位。

㈤十一月，丙辰（二十五日），尚書令濟北成侯荀勗卒。勗有才思，善伺人主意，以是能固其寵。久在中書，專管機事，及遷尚書，甚悶悵。人有賀之者，勗曰：「奪我鳳皇池㊃，諸君何賀邪！」甲申（二十三日），以亮為侍中、大司馬、假黃鉞、大都督督豫州諸軍事，㈥帝極意聲色，遂至成疾。楊駿忌汝南王亮，排出之。甲申（二十三日），以亮為侍中、大司馬、假黃鉞、大都督督豫州諸軍事，治許昌。徙南陽王柬為秦王，都督關中諸軍事。始平王瑋為楚王，都督荊州諸軍事。濮陽王允為淮南王，都督揚、江二州諸軍事㊄。並假節㈥之國。立皇子乂為長沙王，穎為成都王，晏為吳王，熾為豫章王，演為代王，皇孫遹為廣陵王。又封淮南王子廸為漢王，楚王子儀為毗陵王。徙扶風王暢為順陽王，暢弟歆為新野公。暢，駿之子也。琅邪王覲弟澹為東武公，繇為東安公。覲，伷之子也。

初，帝以才人㊆謝玖賜太子，生皇孫遹，宮中嘗夜失火，帝登樓望之，遹年五歲，牽帝裾入闇中曰：「暮夜倉猝，宜備非常，不可令照見人主。」帝由是奇之。嘗對羣臣稱遹似宣帝，故天下咸歸仰之。帝知太子不才，然恃遹明慧，故無廢立之心。復用王佑之謀，以太子母弟柬、瑋、允分鎮要害。又恐楊氏之偪，復以佑為北軍中侯，典禁兵。帝為皇孫遹高選僚佐，以散騎常侍劉寔志行清素，命為廣陵王傅㈧。寔以時俗喜進趣，少廉讓。欲令初除官通謝章者，必推賢讓能，乃得通之。一官缺，則擇為人所讓最多者用之。以為人情爭則欲毀己所不如，讓則競推於勝己。故世爭則優劣難分，時讓則賢智顯出。當此時也，能退身脩己，則讓之者多矣。雖欲守貧賤，不可得也。馳騖進趨而欲入見讓，猶却行而求前也。

淮南相劉頌上疏曰：「陛下以濶禁寬縱，積之有素，未可一旦以直繩御下，此誠時宜也。然至於矯世救弊，自宜漸就清肅。譬猶行舟，雖不橫截迅流，然當漸靡而往，稍向所趨，然後得濟也。自泰始以來，將三十年。凡諸事業，不茂既往㈨。以陛下明聖，猶未反叔世㈩之敝，以成始初之隆。傳之後世，不無慮乎？使夫異時大業或有不安，其憂責猶在陛下也。臣聞為社稷計，莫若封建親賢。然宜審量事埶，使諸侯率義而動者，其力足以維帶京邑。若包藏禍心，其埶不足獨以有為，其齊此甚難。陛下宜與達古今之士深共籌之。周之諸侯，有罪誅放其身，而國祚不泯。漢之諸侯，有罪或無子者，國隨以亡。今宜反漢之敝，循周之舊，則下固而上安矣。天下至大，萬事至眾。人君至少，同於天日。是以聖王之化，執要於己，委務於下，非惡而好逸，誠以政體宜然也。夫居事始以別能否，甚難察也。因成敗以分功罪，甚易識也。今陛下每精於造始，而略於考終，此政功所以未善也。人主誠能居易執要，考功罪於成敗之後，則羣下無所逃其誅賞矣。古者六卿分職㈡，冢宰為師。秦漢已來，九列執事，丞相都總。今尚書制斷，諸卿奉成。於古制為太重，可出眾事付外寺，使得專之。尚書統領大綱，若丞相之為歲終課功校簿賞罰而已，斯亦可矣。今動皆受成於上，上之所失，不得復以罪下。歲終事功不建，不知所責也。夫細過謬妄，人情之所必有。而悉糾以瀆，則朝野無立人矣。近世以來為監司者，類大綱不振，而微過必舉。蓋由畏避豪強，而又懼職事之曠，則謹密網以羅微罪，使奏劾相接，狀似盡公，而撓瀆在其中矣。是以聖王不善碎密之案，必責凶猾之奏。則害政之姦自然禽矣。夫創業之勳，在於立教定制，使遺風繫人心，餘烈匡幼弱。後世憑之，雖昏猶明，雖愚若智，乃足尚也。至夫脩飾官署，凡諸作役，恆傷太過，不患不舉，此將來所不須於陛下而自能者也。今勤所不須，以傷所憑，竊以為過矣。」帝皆不能用。

㈦詔以劉淵為匈奴北部都尉。淵輕財好施，傾心接物，五部豪桀，幽冀名儒，多往歸之。奚軻男女十萬口來降。

【今註】㈠祫祭：大合祭先祖親疏遠近曰祫祭。㈡巾衣到門：胡三省曰：「魏晉間士大夫謁見尊貴，以巾褠為禮。」褠：單衣。㈢徒河：今遼寧省錦縣西北。㈣鳳皇池：亦省稱鳳池。《通典・職官典》：「中書省地在樞近，多承寵任，是以人固其位，謂之鳳凰池也。」㈤都督揚、江二州諸軍事：按《晉書・惠帝本紀》及〈地理志〉，置江州皆在惠帝元康元年。〈地理志〉：「元康元年，有司奏荊、揚二州，疆土廣遠，統理尤難。於是割揚州之豫章、鄱陽、廬陵、臨川、南康、建安、晉安，荊州之武昌、桂陽、安成合十郡，因江水之名，而置江州。」㈥假節：《晉書・職官志》：「使持節為上，持節次之，假節為下，使持節得殺二千石以下。持節殺無官位人，若軍事得與使持節同。假節唯軍事得殺犯軍令者。」㈦才人：位次美人。李延壽曰：「晉武帝采漢、魏之制，三夫人、九嬪之下，有美人、才人、中才人，爵視千石。」㈧廣陵王傅：晉制，王國置師友，避景帝司馬師諱，改師為傅。㈨不茂既往：言立事造功，盛美不加於往時。㈩叔世：政衰為叔世。㈡六卿分職，家宰為師：《周禮》：「天官冢宰，地官司徒，春官宗伯，夏官司馬，秋官司寇，冬官司空，是為六卿，而冢宰總之。」

孝惠皇帝上之上

永熙元年（西元二九〇年）

㈠春正月，辛酉朔。改元太熙㈠。

㈡己巳（初九日），以王渾為司徒。

㈢司空侍中尚書令衞瓘子宣尚繁昌公主。宣嗜酒多過失，楊駿惡瓘欲逐之。乃與黃門謀共毀宣，勸武帝奪公主。瓘慚懼告老遜位，詔進瓘位太保，以公就第。

㈣劇陽康子魏舒薨。

㈤三月，甲子（初五日），以右光祿大夫㈡石鑒為司空。

㈥帝疾篤，未有顧命㈢，勳舊之臣，多已物故。侍中車騎將軍楊駿獨侍疾禁中，大臣皆不得在左右。駿因輒以私意改易要近，樹其心腹。會帝小間㈣，見其新所用者，正色謂駿曰：「何得便爾！」時汝南王亮尚未發㈤，乃令中書作詔，以亮與駿同輔政，又欲擇朝士有聞望者數人佐之。駿從中書借詔觀之，得便藏去。中書監華廙恐懼，自往索之，終不與。會帝復迷亂，皇后奏以駿輔政，帝頷之。

㈦夏四月，辛丑（十二日），皇后召華廙及中書令何劭口宣帝旨作詔，以駿為太尉、太子太傅、都督中外諸軍事、侍中錄尚書事。詔成，后對廙、劭以呈帝，帝視而無言。廙，歆之孫，劭，曾之子也。遂趣汝南王亮赴鎮。帝尋小間，問汝南王來未？左右言未至。帝遂困篤，己酉（二十日），崩于含章殿。帝宇量弘厚，明達好謀，容納直言，未嘗失色於人。太子即皇位，大赦改元。尊皇后曰皇太后，立妃賈氏為皇后。

楊駿入居太極殿，梓宮將殯，六宮出辭，而駿不下殿，以虎賁百人自衛。詔石鑒與中護軍張劭監作山陵。汝南王亮畏駿不敢臨喪，哭於大司馬門外。出營城外，表求過葬而行。或告亮欲舉兵討駿者，駿大懼，白太后令帝為手詔與石鑒、張劭，使帥陵兵討亮。劭，駿甥也。即帥所領趣鑒速發。鑒以為不然，保持之。亮問計於廷尉何勗，勗曰：「今朝野皆歸心於公，公不討人而畏人討邪！」亮不敢發，夜馳赴許昌，乃得免。駿弟濟及甥河南尹李斌皆勸駿留亮，駿不從。濟謂尚書左丞傅咸曰：「家兄若徵大司馬，退身避之，門戶庶幾可全。」咸曰：「宗室外戚，相恃為安。但召大司馬還，共崇至公以輔政，無為避也。」濟又使侍中石崇見駿言之，駿不從。

(八)五月，辛未（十三日），葬武帝於峻陽陵。楊駿自知素無美望，欲依魏明帝即位故事，普進爵以求媚於眾。左軍將軍傅祗與駿書曰：「未有帝王始崩，臣下論功者也。」駿不從。祗，嘏之子也。丙子（十八日），詔中外羣臣皆增位一等，預喪事者增二等。二千石已上，皆封關中侯。復租調一年。散騎常侍石崇、散騎侍郎㈥何攀共上奏，以為：「帝正位東宮二十餘年，今承大業，而班賞行爵，優於泰始革命之初及諸將平興之功，輕重不稱。且大晉卜世無窮，今之開制當垂於後。若有爵必進，則數世之後，莫非公侯矣。」不從。詔以太尉駿為太傅、大都督、假黃鉞、錄朝政，百官總己以聽。傅咸謂駿曰：「諒闇不行久矣。今聖上謙沖委政於公，而天下不以為善，懼明公未易當也。周公大聖，猶致流言，況聖上春秋非成王之年乎！竊謂山陵既畢，明公當審思進退之宜。苟有以察其忠款，言豈在多。」駿不從。咸數諫，駿漸不平，欲出咸為郡守。李斌曰：「斥逐正人，將失人望。」乃止。楊濟遺咸書曰：「諺云：生子癡，了官事。官事未易了也。想慮破頭，故具有白。」咸復書曰：「衛公有言，酒色殺人，甚於作直。坐酒色死，人不為悔。而逆畏以直致禍。此由心不能正，欲以苟且為明哲㈦耳。自古以直致禍者，當由矯枉過正。或不忠篤，欲以亢厲㈧為聲，故致忿耳。安有悾悾㈨忠益，而返見怨疾乎！」楊駿以賈后險悍多權略，忌之。故以其甥段廣為散騎常侍，管機密。張劭為中護軍，典禁兵。凡有詔命，帝省訖，入呈太后，然後行之。駿為政嚴碎專愎，中外多惡之。馮翊太守孫楚謂駿曰：「公以外戚居伊霍⑩之任，當以至公誠信謙順處之。今宗室彊盛，而公不與共參萬機，內懷猜忌，外樹私昵，禍至無日矣！」駿不從。楚，資之孫也。弘訓少府蒯欽，駿之姑子也，數以直言犯駿，他人皆為之懼。欽曰：「楊文長雖闇，猶知人之無罪，不可妄殺。不過疏我，我得疏乃可以免。不然與之俱族矣。」駿辟匈奴東部人王彰為司馬，彰逃避不受。其友新興⑪張宣子怪而問之。彰曰：「自古一姓二后，未有不敗。況楊太傅昵近小人，疏遠君子，專權自恣，敗無日矣！吾踰海出塞以避之，猶懼及禍，奈何應其辟乎！且武帝不惟⑫社稷大計，嗣子既不克負荷，受遺者復非其人。天下之亂，可立待也。」

(九)秋八月，壬午（二十六日），立廣陵王遹為皇太子，以中書監何劭為太子太師，衛尉裴楷為少師，吏部尚書王戎為太傅，前太常張華為少傅，衛將軍楊濟為太保，尚書和嶠為少保，拜太子母謝氏為淑媛⑬。賈后常置謝氏於別室，不聽與太子相見。初，和嶠嘗從容言於武帝曰：「皇太子有淳古之風，而末世多偽，恐不了陛下家事。」武帝默然。復與荀勗等同侍武帝。武帝曰：「太子近入朝，差長進，卿可俱詣之，粗及世事。」既還，勗等並稱太子明識雅度，誠如明詔。嶠曰：「聖質如初。」武帝不悅而起。及帝即位，嶠從太子遹入朝。賈后使帝問曰：「卿昔謂我不了家事，今日定如何？」嶠曰：「臣昔事先帝，曾有斯言。言之不效，國之福也。」

㈩冬十月，辛酉（初六日），以石鑒為太尉，隴西王泰為司空。

㈡以劉淵為建威將軍，匈奴五部大都督。

【今註】㊀改元太熙：太熙武帝所改。四月己酉太子即位，改元永熙。㊁右光祿大夫：《晉書・職官志》：「左右光祿大夫假金章紫綬，光祿大夫加金章紫綬者，品秩第二。」㊂顧命：《尚書》序：「成王將崩，命召公、畢公率諸侯相康王，作顧命。」傳：「臨終之命曰顧命。」㊃間：病間。病小差，稍愈。㊄發：行也。去年遣亮出督豫州。㊅散騎侍郎：《晉書・職官志》：「散騎侍郎四人，魏初與散騎常侍同置，自魏至晉，散騎常侍、侍郎與侍中、黃門侍郎共平尚書奏事。」㊆明哲：《詩・大雅・烝民》：「既明且哲，以保其身。」謂明智之士，能自擇所處，不蒙禍害。今亦以稱擇安去危，善全其身者。㈧亢厲：倔強自負。㈨悾悾：誠懇。㈩伊霍：伊尹與霍光。㈡新興：今山西省忻縣。㈢惟：恩也。㈢淑媛：《晉書．輿服志》：「淑妃、淑媛、淑儀、脩華、脩容、脩儀、婕妤、容華、充華是為九嬪，銀印青綬。」

元康元年（西元二九一年）

㈠春正月，乙酉朔。改元永平㈠。

㈡初，賈后之為太子妃也，嘗以妬手殺數人。又以戟擲孕妾，子隨刃墮。武帝大怒，脩金墉城將廢之。荀勗、馮紞、楊珧及充華趙粲共營救之。曰：「賈妃年少，妬者婦人常情，長自當差。」楊后曰：「賈公閭㈡有大勳於社稷，妃其親女，正復妬忌，豈可遽忘其先德㈢邪。」妃由是得不廢。后數誡厲妃，妃不知后之助己，返以后為搆己於武帝，更恨之。及帝即位，賈后不肯以婦道事太后，又欲干預政事，而為太傅駿所抑。殿中中郎㈣渤海孟觀、李肇皆駿所不禮也。陰構駿云將危社稷。黃門董猛素給事東宮，為寺人監㈤，賈后密使猛與觀、肇謀誅駿，廢太后。又便肇報汝南王亮，使舉兵討駿，亮不可。肇報都督荊州諸軍事楚王瑋，瑋欣然許之。乃求入朝。駿素憚瑋勇銳，欲召之而未敢，因其求朝，遂聽之。

㈢二月，癸酉（二十日），瑋及都督揚州諸軍事淮南王允來朝。

㈣三月，辛卯（初八日），孟觀、李肇啓帝夜作詔，誣駿謀反，中外戒嚴，遣使奉詔廢駿，以侯就第。命東安公繇帥殿中四百人討駿。楚王瑋屯司馬門，以淮南相劉頌為三公尚書㈥。屯衞殿中段廣跪言於帝曰：「楊駿孤公無子，豈有反理，願陛下審之！」帝不答。時駿居曹爽故府，在武庫南。聞內有變，召眾官議之。太傅主簿朱振說駿曰：「今內有變，其趣可知。必是閹豎為賈后設謀，不利於公。宜燒雲龍門以脅之，索造事者首，開萬春門㈦引東宮及外營兵，擁皇太子入宮取姦人。殿內震懼，必斬送之。不然，無以免難。」駿素怯懦不決。乃曰：「雲龍門魏明帝所造，功費甚大，奈何燒之。」侍中傅祇白駿，請與尚書武茂入宮觀察事埶，因謂羣僚曰：「宮中不宜空。」遂揖而下階，眾皆走。茂猶坐，祇顧曰：「君非天子臣邪！今內外隔絕，不知國家㈧所在，何得安坐！」茂乃驚起，駿黨左軍將軍㈨劉豫陳兵在門。遇右軍將軍裴頠，問太傅所在，頠紿之曰：「向於西掖門遇公乘素車從二人西出矣。」豫曰：「吾何之？」頠曰：「宜至廷尉。」豫從頠言，遂委而去㈩。尋詔頠代豫領左軍將軍，屯萬春門。頠，秀之子也。皇太后題帛為書射之城外曰：「救太傅者有賞。」賈后因宣言太后同反，尋而殿中兵出燒駿府，又令弩手於閣上臨駿府而射之，駿兵皆不得出。駿逃於馬廄，就殺之。孟觀等遂收駿弟珧、濟、張劭、李斌、段廣、劉豫、武茂及散騎常侍楊邈、中書令蔣俊、東夷校尉文鴦，皆夷三族，死者數千人。珧臨刑，告東安公繇曰：「表在石函㈡，可問張華。」眾謂宜依鍾毓例㈢為之申理，繇不聽。而賈氏族黨趣使行刑。珧號叫不已，刑者以刀破其頭。繇，諸葛誕之外孫也，故忌文鴦，以為駿黨而誅之。是夜誅賞皆自繇出，威振內外。王戎謂繇曰：「大事之後，宜深遠權埶。」繇不從。

壬辰（初九日），赦天下，改元。賈后矯詔使後軍將軍荀悝送太后於永寧宮。特全太后母高都君龐氏之命，聽就太后居。尋復諷羣公有司奏曰：「皇太后陰漸姦謀，圖危社稷，飛箭繫書，要募將士。同惡相濟，自絕於天。魯侯絕文姜㈢，春秋所許。蓋奉祖宗任至公於天下，陛下雖懷無已之情，臣下不敢奉詔。」詔曰：「此大事更詳之。」有司又奏宜廢太后曰峻陽庶人。中書監張華議：「太后非得罪於先帝，今黨其所親，為不母於聖世。宜依漢廢趙太后為孝成后故事㈣，貶皇太后之號，還稱武皇后，居異宮，以全始終之恩。」左僕射荀愷與太子少師下邳王晃等議曰：「皇太后謀危社稷，不可復配先帝，宜貶尊號，廢詣金墉城。」於是，有司奏從晃等議，廢太后為庶人。詔可。又奏楊駿造亂，家屬應誅。詔原其妻龐命，以慰太后之心。今太后廢為庶人，請以龐付廷尉行刑。詔不許。有司復固請，乃從之。龐臨刑，太后抱持號叫，截髮稽顙，上表詣賈后，稱妾請全母命，不見省。董養遊太學，升堂歎曰：「朝廷建斯堂，得以何為乎！每覽國家赦書，謀反大逆皆赦。至於殺祖父母父母不赦者，以為王灋所不容故也。

奈何公卿處議，文飾禮典乃至此乎！天人之理既滅，大亂將作矣！」有司收駿官屬，欲誅之。侍中傅祗啓曰：「昔魯芝為曹爽司馬㊄，斬關赴爽，宣帝用為青州刺史。駿之僚佐，不可悉加罪。」詔赦之。

壬寅（十九日），徵汝南王亮為太宰，與太保衞瓘皆錄尚書事輔政。以秦王柬為大將軍，東平王楙為撫軍大將軍，楚王瑋為衞將軍，領北軍中侯。下邳王晃為尚書令，東安公繇為尚書左僕射，進爵為王。楙，望之子也。封董猛為武安侯，三兄皆為亭侯。亮欲取悅眾心，論誅楊駿之功，督將侯者千八十一人。御史中丞傅咸遺亮書曰：「今封賞重赫，震動天地，自古以來，未之有也。無功而獲賞，則人莫不樂國之有禍，是禍原無窮也。凡作此者由東安公，人謂殿下既至，當有以正之。正之以道，眾亦何怒。眾之所怒者，在於不平耳。而今皆更倍論，莫不失望。」亮頗專權勢。咸復諫曰：「楊駿有震主之威，委任親戚，此天下所以諠譁。今之處重，宜反此失，靜默頤神。有大得失，乃維持之。自非大事，一皆抑遣。比過尊門，冠蓋車馬，填塞街衢。此之翕習㈥，既宜弭息。又夏侯長容，無功而暴擢為少府，論者謂長容公之姻家，故至於此。流聞四方，非所以為益也。」亮皆不從。賈后族兄車騎司馬模，從舅右衛將軍郭彰，女弟之子賈謐，與楚王瑋、東安王繇並預國政。賈后暴戾日甚，繇密謀廢后，賈氏憚之。繇兄東武公澹素惡繇，屢譖之於太宰亮曰：「繇專行誅賞，欲擅朝政。」庚戌（二十七日），詔免繇官，又坐悖言，廢徙帶方㈦。於是賈謐、郭彰權埶愈盛，賓客盈門。謐雖驕奢，而好學，喜延士大夫。郭彰、石崇、陸機、機弟雲、和郁及滎陽潘岳、清河崔基、勃海歐陽建、蘭陵繆徵、京兆杜斌、摯虞、琅邪諸葛詮、弘農王粹、襄城杜育、南陽鄒捷、齊國左思、沛國劉瓌、周恢、安平牽秀、潁川陳眕、高陽許猛、彭城劉訥、中山劉輿、輿弟琨，皆附於謐，號曰二十四友。郁，嶠之弟也。崇與岳尤諂事謐。每候謐及廣城君郭槐出，皆降車路左，望塵而拜。

㈤太宰亮、太保瓘以楚王瑋剛愎好殺，惡之。欲奪其兵權，以臨海侯裴楷代瑋為北軍中侯。瑋怒，楷聞之不敢拜㈧。亮復與瓘謀，以瑋性很戾，不可大任，遣瑋與諸王之國，瑋益忿怨。瑋長史公孫宏、舍人岐盛，皆有寵於瑋，勸瑋自昵於賈后。后留瑋領太子少傅。盛素善於楊駿，衛瓘惡其反覆，將收之。盛乃於宏謀，因積弩將軍㈨李肇，矯稱瑋命，譖亮、瓘於賈后，云將謀廢立。后素怨瓘，且患二公執政，己不得專恣。夏六月，后使帝作手詔賜瑋曰：「太宰、太保欲為伊霍之事，王宜宣詔，令淮南、長沙、成都王，屯諸宮門，免亮及瓘官。」夜使黃門齎以授瑋。瑋欲覆奏，黃門曰：「事恐漏泄，非密詔本意也。」瑋亦欲因此復私怨，遂勒本軍，復矯詔召三十六軍，告以二公潛圖不軌，吾今綬詔都督中外諸軍。諸在直衛者，皆嚴加警備。其在外營，便相帥徑詣行府，助順討逆。又矯詔，亮、瓘官屬，一無所問，皆罷遣之。若不奉詔，便軍灋從事。遣公孫宏、李肇以兵圍亮府，侍中清河王遐收瓘。亮帳下督㈩李龍白外有變，請拒之。亮不聽。俄而兵登牆大呼，亮驚曰：「吾無貳心，何故至此。詔書其可見乎？」宏等不許，趣兵攻之。長史劉準謂亮曰：「觀此必是姦謀，府中俊乂如林，猶可力戰。」又不聽。遂為肇所執。歎曰：「我之赤心，可破示天下也。」與世子矩俱死。衞瓘左右亦疑遐矯詔，請拒之。須自表得報，就戮未晚。瓘不聽。初，瓘為司空，帳下督榮晦有罪，斥遣之。至是晦從遐收瓘，輒殺瓘及子孫共九人，遐不能禁。

岐盛說瑋，宜因兵埶遂誅賈、郭，以正王室，安天下。瑋猶豫未決。會天明，太子少傅張華使董猛說賈后曰：「楚王既誅二公，則天下威權盡歸之矣。人主何以自安！宜以瑋專殺之罪誅之。」賈后亦欲因此除瑋，深然之。是時內外擾亂，朝廷恟懼，不知所出。張華白帝遣殿中將軍王宮，齎騶虞幡㊂出麾眾曰：「楚王矯詔，勿聽也。」眾皆釋仗而走，瑋左右無復一人，窘迫不知所為，遂執之下廷尉。乙丑（十三日），斬之。瑋出懷中青紙詔，流涕以示監刑尚書劉頌曰：「幸託體先帝，而受枉乃如此乎！」公孫宏、岐盛並夷三族。瑋之起兵也，隴西王泰嚴兵將助瑋，祭酒丁綏諫曰：「公為宰相，不可輕動。且夜中倉猝，宜遣人參審定問。」泰乃止。衞瓘女與國臣書曰：「先公名謚未顯，每怪一國蔑然無言。春秋之失，其咎安在？」於是太保主簿劉繇等，執黃幡，撾登聞鼓㊂，上言曰：「初矯詔者至，公即奉送章綬，單車從命。如矯詔之文，唯免公官。而故給使榮晦，輒收公父子及孫，一時斬戮，乞驗盡情僞，加以明刑。」乃詔族誅榮晦，追復亮爵位，謚曰文成。封瓘為蘭陵郡公，謚曰成。於是賈后專朝，委任親黨。以賈模為散騎常侍，加侍中。賈謐與后謀，以張華庶姓㊂，無逼上之嫌，而儒雅有籌略，為衆望所依，欲委以朝政。疑未決，以問裴頠，頠贊成之。乃以華為侍中、中書監，頠為侍中。又以安南將軍裴楷為中書令，加侍中，與右僕射王戎並管機要。華盡忠帝室，彌縫遺闕。賈后雖凶險，猶知敬重華。賈模與華、頠同心輔政，故數年之間，雖闇主在上，而朝野安靜，華等之功也。

㈥秋七月，分荊、揚十郡為江州。

㈦八月，辛未（二十日），立隴西王泰世子越為東海王。

㈧九月，甲午（十四日），秦獻王東薨。

(九)辛丑(二十一日),徵征西大將軍梁王肜為衞將軍,錄尚書事。

【今註】㊀改元永平:楊駿執政所改,後駿誅,改元元康。㊁賈公閭:賈充字公閭。㊂先德:其解有二,一謂有德之先達者。稱人之先世,亦曰先德。一謂治民之道,以德為先也。㊃殿中中郎:《晉書·職官志》:「二衞置殿中將軍、中郎、校尉、司馬。」㊄寺人監:胡三省曰:「寺人監主東宮諸閹。」㊅三公尚書:《漢書》卷十〈成帝本紀〉,建始四年:「初置尚書員五人。」補註:錢大昭曰:「漢官儀云:尚書四員,武帝置,成帝加一為五,有侍曹尚書,戶曹尚書,主客尚書,二千石尚書,成帝加三公尚書,主斷獄事。」㊆雲龍門、萬春門:胡三省曰:「雲龍門洛陽宮城正南門,萬春門東門也。」㊇國家:謂天子。㊈左軍將軍:《晉書·職官志》:「左軍魏官也,至晉不改。武帝初,又置前軍、右軍,泰始八年又置後軍,是為四軍。」㊉遂委而去:委棄兵士而去。⑪表在右函:事見卷八十咸寧二年十月丁卯。⑫依鍾毓例:事見卷七十八咸熙元年正月。⑬魯侯絕文姜:文姜魯桓公夫人,齊襄公殺桓公,實由夫人,魯莊公既立,夫人歸齊。《公羊傳》莊公元年:「三月夫人孫於齊……不言氏姓,貶之也。人之於天也,以道受命,於人也,以言受命。不若於道者,天絕之;不若於言者,人絕之也。」⑭孝成后故事:事見卷三十五漢哀帝元壽元年。⑮昔魯芝為曹爽司馬……:事見卷七十五魏邵陵厲公嘉平元年。⑯翕習:威盛貌。⑰帶方:今韓國京畿道及忠清北道之地,故治在今平壤西南。⑱不敢拜:不敢拜受北軍中候官職。⑲積弩將軍:武帝泰始四年四月，罷振威揚威護軍官，置左右積弩將軍。見《晉書・武帝本紀》。㈢帳下督：晉制，諸公及諸大將軍皆置帳下都督。㈢騶虞幡：古傳騶虞為仁獸。幡以此名，取仁愛不殺之意。見《晉書・安帝紀》及〈淮南忠壯王允傳〉。胡三省曰：「晉制有白虎幡、騶虞幡。白虎威猛，主殺。故以督戰。騶虞仁獸，故以解兵。」㈢登聞鼓：懸鼓於朝堂之外，人民如有建議之言，或冤抑之情，許擊鼓上達，謂之登聞鼓。㈢庶姓：《詩・小雅・伐木》：「兄弟無遠。」疏：「禮有同姓、異姓、庶姓，同姓是父之黨，異姓之王舅之親，庶姓與王無親者。」

二年（西元二九二年）

㈠春二月，己酉（初一日），故楊太后卒于金墉城。是時，太后尚有侍御十餘人，賈后悉奪之，絕膳八日而卒。賈后恐太后有靈，或訴冤於先帝，乃覆而殯之。仍施諸厭劾符書藥物等。

㈡秋八月，壬子（初七日），赦天下。

三年（西元二九三年）

㈠夏六月，弘農雨雹深三尺。

㈡鮮卑宇文莫槐為其下所殺，弟普撥立。

㈢拓拔綽卒，子弗立。

四年（西元二九四年）

㈠春正月，丁酉（初一日），安昌元公石鑒薨。【考異】本傳鑒封昌安縣侯，今從帝紀。

㈡夏五月，匈奴郝散反，攻上黨，殺長吏。

㈢秋八月，郝散帥眾降，馮翊都尉殺之。

㈣是歲大饑。

㈤司隸校尉傅咸卒。【考異】三十國晉春秋，元康四年六月傅咸為司隸，五年五月始親職，十月卒。二書附年月多差舛，故以本傳為定。

咸性剛簡，風格峻整。初為司隸校尉，上言貨賂流行，所宜深絕。時朝政寬弛，權豪放恣。咸奏免河南尹澹等官，京師肅然。

㈥慕容廆徙居大棘城㈠。

㈦拓拔弗卒，叔父祿官立。

【今註】㈠大棘城：今遼寧省義縣西北。

五年（西元二九五年）

㈠夏六月，東海雨雹，深五寸。

㈡荊、揚、兗、豫、青、徐六州大水。

㈢冬十月，武庫火，【考異】三十國春秋云閏月，宋志五行志閏月庚寅，今從晉書帝紀。焚累代之寶㈠，及二百萬人器械。

㈣十二月，丙戌（初一日），新作武庫，大調兵器。

㈤拓拔祿官分其國為三部：一部居上谷之北，濡源㈡之西，自統之；一居代郡參合陂㈢之北，使兄沙漠汗之子猗㐌統之；一居定襄之盛樂㈣故城，使猗㐌弟猗盧統之。猗盧善用兵，西擊匈奴、烏桓諸部，皆破之。代人衞操與從子雄及同郡箕澹，往依拓跋氏。說猗㐌、猗盧招納晉人。猗㐌悅之，任以國事，晉人附者稍眾。

【今註】㈠焚累代之寶：晉書張華傳、趙王倫、孫秀興華有隙，疾華如讎。武庫火，華懼因此變作，列兵固守，然後救之。故累代之寶及漢高斬蛇劍、王莽頭、孔子履等盡焚焉。胡三省曰：「據通鑑則倫，秀之隙開於明年。蓋數誅大臣，禍皆從中起，故華懼有變，而列兵固守也。」㈡濡源：《水經注》：「濡水出禦夷鎮。」禦夷鎮今察哈爾獨石、多倫二縣地。濡源當在此左近。㊂參合陂：胡三省曰：「參合陂在代郡參合縣。」參合縣在今山西省高陽縣東北。㊃盛樂：今綏遠省和林格爾縣地。

六年（西元二九六年）

㈠春正月，赦天下。

㈡下邳獻王晃薨。以中書監張華為司空，太尉隴西王泰行尚書令，徙封高密王。

㈢夏，郝散弟度元，與馮翊北地馬蘭羌、盧水胡㊀俱反，殺北地太守張損，敗馮翊太守歐陽建。征西大將軍趙王倫信用嬖人琅邪孫秀，與雍州刺州濟南解系爭軍事，更相表奏。歐陽建亦表倫罪惡，朝廷以倫撓亂關右，徵倫為車騎將軍，以梁王肜為征西大將軍，都督雍、涼二州諸軍事。系與其弟御史中丞結，皆表請誅秀以謝氐羌。張華以告梁王肜，使誅之，肜許諾。秀友人辛冉為之說肜曰：「氐羌自反，非秀之罪。」秀由是得免。倫至洛陽，用秀計，深交賈、郭，賈后大愛信之。倫因求錄尚書事，又求尚書令。張華、裴頠固執以為不可，倫、秀由是怨之。

㈣秋八月，解系為郝度元所敗。秦、雍氐羌悉反，立氐帥齊萬年為帝，圍涇陽㊁。御史中丞周處，彈劾不避權威。梁王肜嘗違灋，處按劾之。

㈤冬十月，詔以處為建威將軍，與振威將軍盧播，俱隸安西將軍夏侯駿，以討齊萬年。中書令陳準言於朝曰：「駿及梁王皆貴威，非將帥之才。進不求名，退不畏罪。周處吳人，忠直勇果，有仇無援。宜詔積弩將軍孟觀，以精兵萬人為處前鋒，必能殄寇。不然，梁王當使處先驅，以不救而陷之，其敗必也。」朝廷不從。齊萬年聞處來，曰：「周府君嘗為新平㊂太守，有文武才，若專斷而來，不可當也。或受制於人，此成禽耳。」

㈥關中饑疫。

㈦初，略陽㊃清水氐楊駒，始居仇池㊄。仇池方百頃，其旁平地二十餘里，四面斗絕而高，為羊腸蟠道，三十六回而上。至其孫千萬附魏，封為百頃王。千萬孫飛龍浸彊盛，徙居略陽。飛龍以其甥令狐茂搜為子，茂搜避齊萬年之亂，十二月，自略陽帥部落四千家還保仇池，自號輔國將軍、右賢王。關中人士避亂者多依之，茂搜迎接撫納。欲去者，衞護資送之。㈧是歲，以楊烈將軍巴西趙廞為益州刺史。發梁、益兵糧，助雍州討氐羌。

【今註】㈠馬蘭羌、盧水胡：胡三省曰：「北地有馬蘭山，羌居其中，因為種落之名。又按馬蘭山唐時屬同州界，時蓋屬馮翊、北地二郡界也。盧水胡居安定界。」㈡涇陽：今甘肅省平涼縣西四十里。㈢新平：今陝西省邠縣地。㈣略陽：今甘肅省秦安縣東南。㈤仇池：今甘肅省成縣西。

七年（西元二九七年）

㈠春正月，齊萬年屯梁山㈠，有眾七萬。梁王肜、夏侯駿使周處以五千兵擊之。處曰：「軍無後繼，必敗。不徒亡身，為國取恥。」肜、駿不聽，逼遣之。癸丑（初四日），處與盧播、解系攻萬年於六陌㈡。處軍士未食，肜促令速進。自旦戰至暮，斬獲甚眾。弦絕矢盡，救兵不至。左右勸處退，處按劍曰：「是吾効節致命之日也。」遂力戰而死。朝廷雖以尤彤，而亦不能罪也。

㈡秋七月，雍、秦二州大旱，疾疫，米斛萬錢。

㈢丁丑（二十一日），京陵元公王渾薨。

㈣九月，以尚書右僕射王戎為司徒，太子太師何劭為尚書，左僕射戎為三公。與時浮沉，無所匡救，委事僚寀㊂，輕出遊放，性復貪吝，園田徧天下。每自執牙籌㊃，晝夜會計，常若不足。家有好李，賣之恐人得種，常鑽其核。凡所賞拔，專事虛名。阮咸之子瞻嘗見戎，戎問曰：「聖人貴名教，老莊明自然，其旨同異？」瞻曰：「將無同㊄。」戎咨嗟良久，遂辟之。時人謂之三語掾。是時，王衍為尚書令，南陽樂廣為河南尹，皆善清談。宅心㊅事外，名重當世，朝野之人爭慕效之。衍與弟澄，好題品人物，舉世以為儀準。衍神情明秀，少時，山濤見之，嗟歎良久曰：「何物老嫗，生寧馨㊆兒。然誤天下蒼生者，未必非此人也。」樂廣性沖約與物無競。每談論，以約言析理，厭㊇人之心。而其所不知，默如也。凡論人，必先稱其所長，則所短不言自見。王澄及阮咸、咸從子脩、泰山胡母輔之、陳國謝鯤、城陽王尼㊈、新蔡畢卓，皆以任放為達。至於醉狂裸體，不以為非。胡母輔之嘗酣飲，其子謙之闚而厲聲呼其父字曰：「彥國年老，不得為爾！」輔之歡笑呼入共飲。畢卓嘗為吏部郎，比舍郎釀熟，卓因醉，夜至甕間盜飲之，為掌酒者所縛。明旦視之，乃畢吏部也。樂廣聞而笑之曰：「名教內自有樂地，何必乃爾！」初，何晏等祖述老莊立論，以為天地萬物，皆以無為本。無也者，開物成務㊉，無往而不存者也。陰陽恃以化生，賢者恃以成德。故無之為用，無爵而貴矣。王衍之徒皆愛重之。由是朝廷士大夫皆以浮誕為美，弛廢職業。裴頠著崇有論以釋其蔽曰：「夫利欲可損，而未可絕有也。事務可節，而未可全無也。蓋有飾為高談之具者，深列有形之累，盛陳空無之美。形器之累有徵，空無之義難檢。辯巧之文可悅，似象之言足惑。眾聽眩焉，溺其成說，雖頗有異此心者，辭不獲濟，屈於所習。因謂虛無之理，誠不可蓋。一唱百和，往而不反。遂薄綜世之務，賤功利之用。高浮游之業，卑經實㊁之賢。人情所徇名利從之，於是文者衍其辭，訥者贊其旨，立言藉於虛無，謂之玄妙；處官不親所職，謂之雅遠。奉身散其廉操，謂之曠達。故砥礪之風彌以陵遲，放者因斯或悖吉凶之禮，忽容止之表，瀆長幼之序，混貴賤之級。甚者至於裸裎褻慢，無所不至，士行又虧矣。夫萬物之有形者，雖生於無，然生以有為已分，則無是有之所遺者也。故養既化之有，非無用之所能全也。治既有之眾，非無為之所能循也。心非事也，而制事必由於心，然不可謂心為無也。匠非器也，而制器必須於匠，然不可謂匠非有也。是以欲收重淵之鱗，非偃息之所能獲也。隕高墉之禽，非靜拱之所能捷也。由此而觀，濟有者皆有也，虛無奚益於已有之羣生哉！」然習俗已成，頠論亦不能救也。

㈤拓跋猗㐌度漠北巡，因西略諸國，積五歲，降附者三十餘國。

【今註】㊀梁山：胡三省曰：「前漢志，扶風好畤縣有梁山。」今陝西省乾縣西北。㊁六陌：胡三省曰：「六陌在馬嵬山西。」㊂僚宷：《說文》：「同官為僚，同地為宷。」《爾雅．釋詁》：「宷：寮，官也。」㊃牙籌：以牙所製之計算具。㊄將無同：胡三省曰：「程大昌曰：不直云同，而云將無同者，晉人語度自爾也。庾亮辟孟嘉為從事，正旦大會，褚裒問嘉何在？亮曰：但自覓之。裒歷觀指嘉曰：將無是乎？將無者，猶言殆是此人也。意以為是而未敢自主也。阮瞻指孔老為同亦此意。」㈥宅心：居心。㈦寧馨：桑榆雜錄：「寧，猶言如此。馨，語助也。亦作如馨、爾馨。」㈧厭：厭服。㈨王戹：本傳作王尼，見《晉書》卷四十九。㈩開物成務：《易・繫辭》：「夫易，開物成務，冒天下之道，如斯而已者也。」疏：「言易能開通萬物之志，成就天下之務，有覆冒天下之道。」㈡經實：經世實用。

八年（西元二九八年）

㈠春三月，壬戌（十九日），赦天下。

㈡秋九月，荊、豫、徐、揚、冀五州大水。

㈢初，張魯在漢中，賨人李氏自巴西宕渠㈠往依之。魏武克漢中，李氏將五百餘家歸之，拜為將軍，遷於略陽北土，號曰巴氐。其孫特、庠、流皆有材武，善騎射，性任俠，州黨多附之。及齊萬年反，關中薦饑㈡，略陽、天水六郡民，流移就穀入漢川者數萬家。道路有疾病窮乏者，特兄弟常營護振救之，由是得眾心。流民至漢中，上書求寄食巴蜀，朝議不許。遣侍御史李苾持節慰勞，且監察之，不令入劍閣。苾至漢中，受流民賂，表言流民十餘萬口，非漢中一郡所能振贍。蜀有倉儲，人復豐稔，宜令就食。朝廷從之。由是散在梁、益，不可禁止。李特至劍閣太息曰：「劉禪有如此地，面縛於人，豈非庸才邪！」聞者異之。【考異】帝紀元康七年關中饑，八年雍州有年。而華陽國志、三十國晉春秋，皆云八年特就穀入蜀，今從之。㈣張華、陳準以趙王、梁王相繼在關中，皆雍容驕貴，師老無功。乃薦孟觀、沈毅有文武才用，使討齊萬年。觀身當矢石，大戰十數，皆破之。

【今註】㈠宕渠：地名，今四川省渠縣東北。胡三省曰：「宕渠縣漢屬巴郡，蜀先主分置宕渠郡，晉屬巴西郡，唐屬渠州。今渠州流江縣東北七十里有古賨國城，李氏先廩君之苗裔也，世居巴中。秦幷天下，以為黔中郡，薄賦斂之，口歲出錢四十。巴人呼賦為賨，因謂之賨人焉。又按《晉志》，劉璋分巴郡墊江置巴西郡，劉備割巴郡之宕渠、宜漢、漢昌三縣置宕渠郡，尋省，以縣並屬巴西郡。則宕渠之屬巴西，蓋晉時也。」㈡薦饑：歲屢不熟，連年饑荒。

卷八十三 晉紀五

起屠維協洽，盡上章涒灘，凡二年。（己未至庚申，西元二九九年至三〇〇年）

司馬光編集
林瑞翰註

孝惠皇帝上之下

元康九年（西元二九九年）

㈠春正月，孟觀大破氐眾於中亭㈠，獲齊萬年。太子洗馬㈡陳留江統㈢以為戎狄亂華，宜早絕其原，乃作徙戎論以警朝廷曰：「夫夷蠻戎狄，地在要荒㈣。禹平九土㈤而西戎即敍㈥，其性氣貪婪㈦，凶悍不仁，四夷之中，戎狄為甚。弱則畏服，彊則侵叛。當其彊也，以漢高祖困於白登，孝文軍於霸上，及其弱也，以元、成之微而單于入朝，此其已然之効也㈧。是以有道之君牧夷狄也㈨，惟以待之有備，禦之有常，雖稽顙㈩執贄⑪，而邊城不弛固守⑫；彊暴為寇，而兵甲不加遠征⑬，期令境內獲安，疆埸不侵而已。及至周室失統，諸侯專征，封疆不固，利害異心⑭，戎狄乘間得入中國㊄，或招誘安撫以為己用㊅，自是四夷亦侵，與中國錯居㊆。及秦始皇並天下，兵威旁達，攘胡走越㊇，當是時，中國無復四夷也。漢建武中，馬援領隴西太守，討叛羌，徙其餘種於關中，居馮翊河東空地㊈，數歲之後㊉，族類蕃息，既恃其肥彊，且苦漢人侵之，永初之元，羣羌叛亂，覆沒將守，屠破城邑，鄧騭敗北，侵及河內，十年之中，夷夏俱敝，任尚、馬賢，僅乃克之㉑。自此之後，餘燼㉒不盡，小有際會㉓，輒復侵叛。中世㉔之寇，惟此為大。魏興之初，與蜀分隔，彊埸之戎，一彼一此㉕，武帝徙武都氐於秦川㉖，欲以弱寇彊國㉗，扞禦蜀虜，此蓋權宜之計，非萬世之利也。今者當之已受其敝矣㉘。夫關中土沃物豐，帝王所居㉙，未聞戎狄宜在此土也。非我族類，其心必異，而因其衰敝，遷之畿服㉚，士庶翫習㉛，侮其輕弱，使其怨恨之氣，毒於骨髓㉜，至於蕃育眾盛，則坐生其心㉝，以貪悍之性，挾憤怒之情，候隙乘便，輒為橫逆，而居封域之內㉞，無障塞之隔，掩㉟不備之人，收散野之積㊱，故能為禍滋蔓，暴害㊲不測，此必然之埶，已驗之事也。

當今之宜，宜及兵威方盛㊳，眾事㊴未罷，徙馮翊、北地、新平、安定、界內諸羌，著㊵先零、罕、幵、析支之地㊶，徙扶風、始平、京兆之氐，出還隴右，著陰平、武都之界㊷，廩㊸其道路之糧，令足自致，各附本種，反其舊土，使屬國、撫夷㊹，就安集之。戎、晉不雜，並得其所，縱有猾夏㊺之心，風塵㊻之警，則絕遠中國，隔閡㊼山河。雖有寇暴，所害不廣矣。難者曰：『氐寇新平，關中饑疫，百姓愁苦，咸望寧息，而欲使疲悴之眾，徙自猜之寇㊽，恐勢盡力屈，緒業不卒㊾，前害未及弭，而後變復橫出矣。』答曰：『子以今者羣氐為尚挾餘資，餘惡反善㊿，懷我德惠，而來柔附乎？將勢窮道盡，智力俱困，懼我兵誅，以至於此乎？』曰：『無有餘力，勢窮道盡故也。』然則，我能制其短長之命，而令其進退由己矣。夫樂其業者不易事(51)，安其居者無遷志。方其自疑危懼，畏怖促遽(52)，故可制以兵威，使之左右無違也；迨其死亡流散，離逷(53)未鳩(54)，與關中之人，戶皆為讎(55)，故可遐遷遠處(56)，令其心不懷土也。夫聖賢之謀事也，為之於未有，治之於未亂，道不著而平，德不顯而成；其次則能轉禍為福，因敗為功，值困必濟，遇否能通。今子遭敝事(五七)之終，而不圖更制(五八)之始。愛易轍之勤，而遵覆車之軌(五九)，何哉？且關中之人百餘萬口，率(六〇)其少多，戎狄居半，處之與遷，必須口實(六一)，若有窮乏糝粒(六二)不繼者，故(六三)當傾關中之穀，以全其生生之計，必無擠於溝壑，而不為侵掠之害也(六四)。今我遷之，傳食而至(六五)，附其種族，自使相贍，而秦地之人得其半穀(六六)，此為濟行者以廩糧，遺居者以積倉，寬關中之逼，去盜賊之原，除日夕之損(六七)，建終年(六八)之益。若憚暫(六九)舉之小勞，而忘永逸之弘策，惜日月之煩苦，而遺累世之寇敵，非所謂能創業垂統，謀及子孫者也。

「并州之胡，本實匈奴，桀惡(七〇)之寇也。建安中，使右賢王去卑誘質呼廚泉(七一)，聽其部落散居六郡(七二)，咸熙之際，以一部太彊，分為三率(七三)，泰始之初，又增為四，於是劉猛內叛，連結外虜(七四)，近者郝散之變，發於穀遠(七五)。今五部之眾，戶至數萬，人口之盛，過於西戎，其天性驍勇，弓馬便利，倍於氐羌，若有不虞(七六)風塵之慮，則幷州之域，可為寒心。正始中，毌丘儉討句驪㊆，徙其餘種㊇於滎陽。始徙之時，戶落百數，子孫孳息㊈，今以千計；數世之後，必至殷熾㊉。今百姓失職㊀，猶或亡叛，犬馬肥充，則有噬齧；況於夷狄，能不為變？但顧其微弱㊁，勢力不逮耳，夫為邦者，憂不在寡而在不安㊂，以四海之廣，士民之富，豈須夷虜在內，然後取足哉？此等皆可申諭發遣，還其本域，慰彼羈旅懷土之思，釋我華夏纖介之憂，惠此中國，以綏四方，德施永世，於計為長也。」朝廷不能用。

(二)散騎常侍賈謐，侍講東宮，對太子倨傲，成都王穎見而叱之，謐怒，言於賈后，出穎為平北將軍，鎮鄴㊄。【考異】帝紀云：「以穎為鎮北大將軍。」今從本傳。徵梁王肜為大將軍，錄尚書事。以河閒王顒為鎮西將軍㊅，鎮關中。初，武帝作石函之制，非至親不得鎮關中。顒輕財愛士，朝廷以為賢，故用之㊆。

(三)夏六月，高密文獻王泰薨。【考異】帝紀云：隴西王本傳云：「泰為尚書令，改封高密」，紀誤。

(四)賈后淫虐日甚，私於太醫令㊇程據等。又以簏箱㊈載道上年少入宮，復恐其漏泄，往往殺之，賈模恐禍及己，甚憂之，裴頠(八九)與模及張華議廢后，更立謝淑妃(九〇)，【考異】賈后傳曰：「模與裴頠、王衍謀廢之，衍後悔而止。」今從頠傳。華皆曰：「主上自無廢黜之意，而吾等專行之，儻上心不以為然，將若之何？且諸王方彊，朋黨各異，恐一旦禍起，身死國危，無益社稷。」頠曰：「誠如公言。然宮中逞其昏虐，亂可立待也！」華曰：「卿二人於中宮(九一)皆親戚，言或見信，宜數為陳禍福之戒，庶無大悖，則天下尚未至於亂，吾曹得以優游卒歲而已！」頠旦夕說其從母廣城君，令戒諭賈后以親厚太子。賈模亦數為后言禍福，后不能用，反以模為毀己而疎之。模不得志，憂憤而卒。

秋八月，以裴頠為尚書僕射(九二)。頠雖賈后親屬，然雅望素隆，四海惟恐其不居權位，尋詔頠專任門下事(九三)。頠上表固辭，以：「賈模適亡，復以臣代之，崇外戚之望，彰偏私之舉，為聖朝累。」不聽。或謂頠曰：「君可以言，當盡言於中宮，言而不從，當遠引而去，儻二者不立，雖有十表，難以免矣！」頠慨然久之，竟不能從。

帝為人戇騃(九四)，嘗在華林園聞蝦蟆，謂左右曰：「此鳴者為官乎？為私乎(九五)？」時天下荒饉，百姓餓死，帝聞之，曰：「何不食肉糜(九六)？」由是權在羣下，政出多門，埶位之家，更相薦託，有如互市，賈、郭(九七)恣橫，貨賂公行。南陽魯褒作錢神論(九八)以譏之曰：「錢之為體，有乾坤之象(九九)，親之如兄，字曰孔方(一〇〇)。無德而尊(一〇一)，無埶而熱，排金門(一〇二)，入紫闥，危可使安，死可使活，貴可使賤，生可使殺。是故忿爭非錢不勝，幽滯非錢不拔，怨讎非錢不解，令聞非錢不發(一〇三)。洛中朱衣(一〇四)，當塗之士(一〇五)，愛我家兄，皆無已已，執我之手，抱我終始。凡今之人，惟錢而已。」

又朝臣務以苛察相高，每有疑議，羣下各立私意，刑法不壹，獄訟繁滋。裴頠上表曰：「先王刑賞相稱，輕重無二，故下聽有常，羣吏安業。去(一〇六)元康四年大風，廟闕屋瓦有數枚傾落，免太常荀寓(一〇七)，事輕責重，有違常典。五年二月有大風，蘭臺主者(一〇八)懲懼前事，求索阿棟(一〇九)之間，得瓦小邪十五處，遂禁止太常，復興刑獄。今年八月，陵上荊(一一〇)一枝圍七寸二分者被斫，司徒、太常，奔走道路㉑，雖知事小，而按劾難測，搔擾驅馳，各競免負㉒。於今太常禁止未解，夫刑書之文有限，而舛違之故無方㉓，故有臨時議處之制，誠不能皆得循常也。至於此等，皆為過當㉔，恐姦吏因緣得為淺深也。」既而曲議㉕猶不止。三公尚書劉頌㉖復上疏曰：「自近世以來，法漸多門㉗，令甚不一。吏不知所守，下不知所避，姦偽者因以售其情，居上者難以檢㉘其下。事同議異，獄犴㉙不平。夫君臣之分，各有所司，法欲必奉，故令主者守文；理有窮塞，故使大臣釋滯；事有時宜，故人主權斷。主者守文，若釋之執犯蹕之平㉚也；大臣釋滯，若公孫弘斷郭解之獄㉛也；人主權斷，若漢祖戮丁公㉜之為也。天下萬事，自非此類，不得出意妄議，皆以律令從事，然後法信於下，人聽不惑，吏不容姦，可以言政矣。」【考異】刑法志敘頌奏續頠表之下，而云侍中太宰汝南王亮。按頠表引元康八年事，時亮死已久，蓋志誤也。乃下詔郎、令、史㉝，復出灋駁案㉞者，隨事以聞，然亦不能革也。

頌遷吏部尚書，建九班之制，欲令百官居職希遷，考課能否，明其賞罰，賈郭用權，仕者欲速，事竟不行。

裴頠薦平陽㉕韋忠於張華，華辟之，忠辭疾不起。人問其故，忠曰：「張茂先㉖華而不實，裴逸民㉗慾而無厭，棄典禮而附賊后㉘，此豈大丈夫之所為哉。逸民每有心託我，我常恐其溺於深淵，而餘波及我，況可褰裳而就之哉？」關內侯敦煌索靖，知天下將亂，指洛陽宮門銅駝㉙歎曰：「會見汝在荊棘中耳！」

㈤冬，十一月甲子朔，日有食之。

㈥初，廣城君郭槐以賈后無子，常勸后使慈愛太子。賈謐驕縱，數無禮於太子，廣城君恆切責之。廣城君欲以韓壽女為太子妃，太子亦欲婚韓氏以自固㉚，壽妻賈午及后皆不聽，而為太子聘王衍少女。太子聞衍長女美，而后為賈謐聘之，心不能平，頗以為言。及廣城君病，臨終，執后手，令盡心於太子，言甚切至。又曰：「趙粲、賈午，必亂汝家事。我死後勿復聽入㉛，深記吾言。」后不從，更與粲、午謀害太子。

太子幼有令名㉜，及長，不好學，惟與左右嬉戲，賈后復使黃門輩誘之為奢靡威虐㉝，由是名譽浸減，驕慢益彰，或廢朝侍而縱遊逸，於宮中為市，使人屠酤〔三四〕，手揣斤兩，輕重不差。其母本屠家女也〔三五〕，故太子好之。東宮月俸錢五十萬，太子常探取二月，用之猶不足〔三六〕；又令西園賣葵〔三七〕菜、藍子〔三八〕、雞麵等物而收其利；又好陰陽小數，多所拘忌〔三九〕。洗馬江統上書陳五事：「一曰：雖有微苦，宜力疾朝侍。二曰：宜勤見保傅，咨詢善道。三曰：畫室〔四〇〕之功，可宜減省；後園刻鏤雜作，一皆罷遣。四曰：西園賣葵、藍之屬，虧敗國體，貶損令聞。五曰：繕牆正瓦，不必拘攣〔四一〕小忌。」太子皆不從。中舍人〔四二〕恐太子不得安其位，每盡忠諫勸太子修德業，保令名。言辭懇功，太子患之。置針著錫常所坐氈中，刺之流血〔四三〕。錫，預之子也。

太子性剛，知賈謐恃中宮驕貴，不能假借之。謐時為侍中，至東宮，或捨之於後庭遊戲。詹事〔四四〕裴權諫曰：「謐，后所親昵，一旦交構，則事危矣。」不從。

謐譖太子於后曰：「太子多畜私財以結小人者，為賈氏故也。若宮車晏駕，彼居大位，依楊氏故事〔四五〕誅臣等，廢后於金墉，如反手耳！不如早圖之，更立慈順者，可以自安。」后納其言，乃宣揚太子之短，布於遠近，又詐為有娠，內藁物產具，取妹夫韓壽子慰祖養之，欲以代太子，於時朝野咸知賈后有害太子之意㊻。中護軍趙俊請太子廢后，太子不聽。

左衛率㊼東平劉卞以賈后之謀問張華，華曰：「不聞。」卞曰：「卞自須昌小吏，受公成拔，以至今日㊽。士感知己，是以盡言，而公更有疑於卞邪？」華曰：「假令有此，君欲如何？」卞曰：「東宮俊乂如林㊾，四率㊿精兵萬人，公居阿衡之任，若得公命，皇太子因朝，入錄尚書事，廢賈后於金墉城，兩黃門力耳！」華曰：「今天子當陽(五一)，太子，人子也；吾又不受阿衡之命(五二)，忽相與行此，是無君父，而以不孝示天下也。況權戚滿朝，威柄不一，成可必乎？」賈后常使親黨微服聽察於外，頗聞卞言，乃遷卞為雍州刺史。卞知言泄，飲藥而死(五三)。

十二月，太子長子虨病，太子為虨求王爵，不許。虨疾篤，太子為之禱祀求福，賈后聞之，乃詐稱帝不豫，召太子入朝。既至，后不見，置於別室，遣婢陳舞，以帝命賜太子酒三升，使盡飲之。太子辭以不能飲三升，舞逼之曰：「不孝邪，天賜㊃汝酒而不飲，酒中有惡物邪？」太子不得已，彊飲至盡，遂大醉。后使黃門侍郎潘岳作書草㊄，令小婢承福，以紙筆及草，因太子醉，稱詔使書之。文曰：「陛下宜自了，不自了，吾當入了之；中宮又宜速自了，不自了，吾當手了之；並與謝妃共要，刻期兩發㊅，勿疑猶豫，以致後患。茹毛飲血㊆於三辰㊇之下，皇天許當掃除患害，立道文㊈為王，蔣氏㊉為內主㊀，願成，當以三牲㊁祠北君㊂。」太子醉迷不覺，遂依而寫之。其字半不成，后補成之以呈帝。壬戌（二十日），帝幸式乾殿，召公卿入，使黃門令董猛以太子書及青紙詔示之曰：「遹書如此，今賜死。」偏示諸公王㊃，莫有言者。張華曰：「此國之大禍，自古以來，常因廢黜正嫡，以致喪亂。且國家有天下日淺㊄，願陛下詳之。」裴頠以為宜先檢校傳書者，又請比校太子手書，不然恐有詐妄。賈后乃出太子啟事十餘紙，眾人比視，亦無敢言非者。賈后使董猛矯以長廣公主㊅辭白帝曰：

「事宜速決而羣臣各不同，其不從詔者，宜以軍灋從事。」議至日西不決。后見華等意堅，懼事變，乃表免太子為庶人(六七)，詔許之。於是使尚書和郁等，持節詣東宮，廢太子為庶人(六八)。太子改服出拜受詔，步出承華門(六九)，乘麤犢車，東武公澹以兵仗送太子及妃王氏、三子虨、臧、尚，同幽於金墉城。王衍(七〇)自表離婚，許之。妃慟哭而歸。殺太子母謝淑媛及虨母保林(七一)蔣俊。

【今註】㊀中亭：《水經・河水注》：「扶風美陽縣有中亭水，亦謂之中亭川，在美陽縣西。」美陽故城在今陝西省武功縣西南。㊁太子洗馬：《晉書・職官志》：「洗馬八人，職如謁者秘書，掌圖籍，釋奠講經則掌其事。出則直者前驅，導威儀。」《梁書・庾於陵傳》：「舊事東宮官屬，通為清選，洗馬掌文翰，尤其清者。」《太平御覽》二四六：「徐邈問王珉曰：『漢法制洗馬冠高山冠，職為謁者，中朝新制，洗馬進賢冠，出則在馬前清道，故曰洗馬。』」《晉書・輿服志》：「進賢冠，古緇布遺象也，斯蓋文儒者之服。前高七寸，後高三寸，長八寸，有五梁、三梁、二梁、一梁。中書郎、秘書丞、郎、著作郎、尚書丞、郎、太子洗馬、舍人、六百石以下至於令史、門郎小吏並冠一梁。」㊂江統：《晉書・江統傳》：「江統字應元。」吳士鑑等曰：「北堂書鈔六十七引王隱晉書作『江統字元世』，疑唐人避世字，改為應元。輿地紀勝十則又作『字德元』。」㊃要荒：謂要服、荒服，言遠方之國也。《尚書．益稷》：「弼成五服。」傳：「五服：侯、甸、綏、要、荒服也。服，五百里，四方相距為五千里。」鄭玄曰：「要服於周為蠻服，其弼當夷服，在四千里之內。」又曰：「荒服於周為鎮服，其弼當藩服，在五千里之內。」韋昭曰：「要者，要結好信而服從之；荒者，言荒忽無常也。」㊄九土：即九州。潘岳〈籍田賦〉：「夫九土之宜弗任，四人之務不壹。」㊅即敍：鄭玄曰：「敍，次序也。」班固曰：「即敍者，言就而敍。」㊆貪婪：婪音嵐。王逸曰：「愛財曰貪，愛食曰婪。」婪又通惏，賈逵曰：「惏，耆食也。」耆與嗜同。㊇已然之効：往事之驗。㊈是以有道之君牧夷狄也：《御覽》七九四引〈西戎論〉曰：「是以有道之君不攻夷狄也。」按〈西戎論〉當作〈徙戎論〉。㊉稽顙：顙即額，稽有留止之義，拜時以額觸地多時，故曰稽顙，拜禮之最重者。㊁執贄：《周禮》：「蕃國世一見，各以其所貴寶為贄。」《白虎通》云：「臣見君有贄者何？贄者，質已之誠也。」㊂而邊城不弛固守：胡三省曰：「漢元帝時，匈奴單于請罷邊塞守備，侯應以為不可，所謂不弛固守也。」㊂彊暴為寇，而兵甲不加遠征：胡三省曰：「周宣王薄伐獫狁，至於太原，盡境而返，比於蟲蝱，驅之而已，所謂不加遠征也。」㊃利害異心：言諸侯各以本國之利害，而有離叛周室之心。㊄戎狄乘閒得入中國：胡三省曰：「如戎伐魯濟西，山戎病燕，狄伐衞、邢，長狄入三國之類。」㊅或招誘安撫以為己用：胡三省曰：「如申繒以西戎攻殺周幽王，晉遷陸渾之戎於伊川，與之犄角以敗秦師於殽，楚以蠻軍與晉戰于鄢陵。」《左傳》云：「秦晉遷陸渾之戎於伊川。」陸渾即古伊川地，陸渾戎原為允姓戎之別部，居於秦、晉二國西北，二國誘而徙之伊川，故稱陸渾之戎。周景王時，陸渾之戎叛晉，晉令荀吳滅之。漢於其故地置陸渾縣，在今河南省嵩縣北。⑰ 自是四夷交侵，與中國錯居：言四夷入侵，與諸夏錯落而居也。胡三省曰：「如徐夷在齊、晉、魯、宋之間，鮮虞介燕晉之境，赤狄居上黨之地，陸渾戎居伊洛之間，義渠、大荔居秦、晉之域，戎蠻子居梁、霍之地。」又《後漢書・西羌傳》：「平王之末，自隴山以東，及乎伊洛，往往有戎。於是渭有狄獂、邽冀之戎，涇北有義渠之戎，洛川有大荔之戎，渭南有驪戎，伊洛間有楊拒、泉皋之戎，潁川以西有蠻氏之戎。」⑱ 秦始皇並天下，兵威旁達，攘胡走越：事見秦紀。兵威旁達，言兵威廣被也。⑲ 居馮翊河東空地：《後漢書・西羌傳》：「徙置天水、隴西、扶風三郡。」與此異。⑳ 數歲之後：胡三省曰：「按漢光武建武十一年馬援討羌，降之，安帝永初元年，羌反。自建武十一年至永初元年，凡七十三年。『數歲之後』當作『數十歲之後』。」㉑ 永初之元，羣羌叛亂至任尚、馬賢，僅乃克之：羌亂事並見漢紀。㉒ 餘燼：火後餘木。以喻敗後殘餘之眾。㉓ 際會：適當其時之謂。此言當漢室衰微，諸羌強盛之際。㉔ 中世：猶今曰中古。東漢於晉為中世。㉕ 一彼一此：謂羌或向魏，或向蜀，叛服無常。㉖ 武帝徙武都氐於秦川：魏武令夏侯淵討叛氐，其後魏棄漢中，乃徙武都氐於秦川，事見卷六十八漢獻帝建安二十三年。㉗ 弱寇彊國：寇謂蜀漢，國指魏朝。魏武徙武都氐於秦川，收其兵以自強，蜀則不得氐人之用而國力削弱。㉘ 今者當之已受其敝矣：言晉遭氐亂而受其害也。《左傳》：「以敝楚人。」杜注：「敝，罷也。」㉙ 關中土沃物豐，帝王所居：胡三省曰：「周都豐、鎬，秦都咸陽，漢都長安，皆關中之地。」㉚畿服：畿服猶畿輔，謂邦畿之內。㉛翫習：《說文》：「翫，習猒也。」有輕忽之意。《左傳》：「寇不可翫。」習有因循之意。謂輕忽之以為常。㉜怨恨之氣，毒於骨髓：韋昭曰：「毒，害也。」言怨恨之深。㉝坐生其心：坐生其離叛之心。㉞封域之內：封域即疆界，封域之內，皆諸夏之所居。㉟掩：《淮南子．主術》：「畋不掩羣。」注云：「掩，盡也。」言盡取之也。㊱散野之積：積蓄散之於野。喻不為備。㊲暴害：《詩傳》曰：「暴，疾也。」言禍害起於倉猝。㊳宜及兵威方盛：時初破氐眾，故曰兵威方盛。㊴眾事：指軍興之事。㊵著：著本放置之義，故凡使人定居某地亦曰著。㊶先零、罕、幵、析支之地：先零、罕、幵、析支皆羌種名稱。漢時先零羌據有今甘肅湟水流域以西至青海一帶之地。罕、幵羌故地在漢天水郡，趙充國破其眾，因置罕幵縣，故治在今甘肅省天水縣南。析支一名賜支，原居今甘肅省貴德縣至青海省大積石山一帶，地當黃河屈曲處，故亦曰河曲羌。㊷著陰平、武都之界：陰平、武都，舊白馬氐所居。㊸稟：李賢曰：「稟，給也。」㊹屬國、撫夷：胡三省曰：「屬國都尉及撫夷護軍也。」㊺猾夏：《尚書．舜典》：「蠻夷猾夏。」孔安國曰：「猾，亂也。」㊻風塵：謂戰爭。戎馬所至，風起塵揚，故曰風塵。《後漢書．班固傳》：「設後北虜稍彊，能為風塵。」㊼隔閡：胡三省曰：「閡與礙同。」阻斷之意。㊽自猜之寇：《廣雅》曰：「猜，疑也。」又曰：「猜，懼也。」氐寇新叛，故有自疑懼之心。㊾緒業不卒：緒亦訓業。《禮．中庸》：「武王纘太王、王季、文王之緒。」又《國語．周語》：「纂修其緒。」緒業即事業。不卒，謂不終。㊿反善：

回復向善之心。(五一)易事：變易其事業。(五二)促遽：迫促窘急。(五三)離遏：遏音惕。《左傳》：「豈敢離遏。」《爾雅》曰：「遏，遠也。」(五四)鳩：《左傳》：「君釋三國之圖，以鳩其民。」杜注：「鳩，集也。」(五五)與關中之人，戶皆為讎：胡三省曰：「謂氐羌之反，暴掠平民，關中之人怨毒之，戶皆為讎敵。」(五六)遐遷遠處：遐遷與遠處同義，言遷之於遠域，處之於遠地。(五七)敝事：謂氐亂。(五八)更制：謂徙戎。(五九)愛易轍之勤，而遵覆車之軌：《韓詩外傳》：「前車覆，後車戒。」轍，車行軌跡。胡三省曰：「車覆於前，不可遵其轍，當易路而行，若遵覆車之跡，則後車又將覆矣！」愛有吝嗇之義，謂吝於易轍之勞也。(六〇)率：胡三省曰：「率，約數也。」(六一)口實：糧食。易頤：「自求口實。」疏云：「觀其自養，求其口中之實也。」口中之實，即口中食物。(六二)糝粒：以米和羹曰糝。《禮・內則》：「和糝不蓼。」疏：「和糝不蓼者，此等之羹，宜以五味調和米屑為糝，不須加蓼也。」又《尚書》傳曰：「米食曰粒。」(六三)故：此故字與必同義。《國策・秦策》：「吳不亡越，越故亡吳。」亦訓必。(六四)必無擠於溝壑，而不為侵掠之害也：胡三省曰：「氐羌窮乏，勢必聚而侵掠，晉朝欲弭其害，故當傾穀以給之。」擠於溝壑，謂困死於溪谷之間。語出《左傳》昭公十三年。(六五)傳食而至：謂氐羌所遷，郡縣遞給其食而至其舊土。(六六)秦地之人得其半穀：胡三省曰：「言關中居人，戎狄居半，今遷使歸其舊地，則秦中百姓，將食其所積之穀，以約率之，正得常居之半穀也。」(六七)旦夕之損：喻禍起於不測，其為害或在旦夕之間。(六八)終年：意謂無窮之年，以喻久遠。(六九)蹔：同暫，《晉書・江統傳》作暫。(七〇)桀惡：凶暴無道。(七一)建安中，使右賢王去卑誘質呼廚泉：事見卷六十七建安二十一年。〔七二〕聽其部落散居六郡：《晉書·北狄匈奴傳》：「匈奴與晉人雜居，平陽、西河、太原、新興、上黨、樂平諸郡，靡不有焉！」〔七三〕率：讀曰帥。〔七四〕劉猛內叛，連結外虜：劉猛，匈奴右賢王。事見卷七十九武帝泰始七年、八年。〔七五〕郝散之變，發於穀遠：郝散事見上卷四年。胡三省曰：「穀遠縣，漢屬上黨郡，晉省，蓋其地猶存舊縣名也。」劉昫曰：「穀遠，今沁源縣。」按沁源縣，後魏置，在漢穀遠故縣之北，即今山西省沁源縣。《晉地記》云：「穀遠，今名孤遠，後代語訛耳！」〔七六〕不虞：不能測度。〔七七〕正始中，毋丘儉討句驪：事見卷七十五魏邵陵厲公正始七年。〔七八〕餘種：指句驪敗後餘眾。〔七九〕孳息：蕃滋生長。〔八〇〕殷熾：眾盛貌。《詩·溱洧》：「殷其盈矣。」殷謂盈也；《詩經·小雅·六月》：「玁狁孔熾。」熾謂盛也。〔八一〕失職：猶失業。胡三省曰：「民不得安於耕鑿，是失職也。」〔八二〕但顧其微弱：胡三省曰：「顧，內顧也。」按此顧字，有反覆思慮之意。〔八三〕夫為邦者，憂不在寡而在不安：《論語》孔子曰：「丘聞有國有家者，不患寡而患不均，不患貧而患不安。」〔八四〕散騎常侍賈謐，侍講東宮，對太子倨傲，成都王穎見而叱之，謐怒，言於賈后，出穎為平北將軍，鎮鄴：按《晉書·賈謐傳》：「歷位散騎常侍後將軍，廣城君薨，去職，喪未終，起為秘書監，掌國史，尋轉侍中，領秘書監如故。謐既親貴，數入二宮共懷愍太子遊處，無屈降心，常與太子弈棋爭道，成都王穎在坐，正色曰：『皇太子國之儲君，賈謐何得無禮！』謐懼，言之於后，遂出穎為平北將軍，鎮鄴。及為常侍，侍講東宮，太子意有不悅。」又〈成都王穎傳〉亦云：「賈謐嘗與皇太子博爭道，穎在坐，厲聲呵謐曰：『皇太子國之儲君，賈謐何得無禮，』謐懼，由此出穎為平北將軍，鎮鄴。」按此，成都王叱謐及穎出鎮鄴，其事皆起於謐與太子爭博，在謐侍講東宮之前，《通鑑》以此二事起於謐侍講東宮之時，誤也。又按二傳，謐以懷懼而譏穎，通鑑謂怒而譏穎，亦非也。（八五）以河間王顒為鎮西將軍：《晉書・河間王顒傳》：「元康九年，代梁王肜為平西將軍，鎮關中。」《通鑑》從帝紀作鎮西將軍。顒音喁。（八六）顒輕財愛士，朝廷以為賢，故用之：《晉書・河間王顒傳》：「顒字文載，安平獻王孚之孫，太原烈王瓌之子也。初襲父爵，咸寧三年，改封河間。少有清名，輕財愛士，武帝歎顒可以為諸國儀表。」（八七）太醫令：按《晉書・職官志》，太醫令，屬宗正。《北堂書鈔》五十五〈晉百官表〉注曰：「太醫令一人，銅印墨綬，冠進賢一梁冠。」又《晉志》，太醫令下有史。又《晉書・武帝紀》咸寧四年：「太醫司馬程據獻雉頭裘。」亦見《書鈔》一二九、《類聚》六十七引王隱《晉書》，是太醫令下有司馬，《晉志》不載。（八八）簏箱：簏音鹿。《說文》：「簏，竹高篋也。」（八九）裴頠：頠音危。（九〇）謝淑妃：懷愍太子遹之母。（九一）中宮：謂賈后。（九二）以裴頠為尚書僕射：《晉書・裴頠傳》：「遷尚書左僕射，侍中如故。」又《魏志・裴潛傳》注引荀綽〈冀州記〉亦云：「元康末，為尚書左僕射。」《通鑑》據《晉書》帝紀作尚書僕射。（九三）尋詔頠專任門下事：胡三省曰：「晉制：侍中與給事黃門侍郎同管門下事。頠為侍中，專任門下事，賈后之意也。」按《晉書・職官志》：「給事黃門侍郎與侍中俱管門下眾事。」又《書鈔》五十八〈晉官品令〉曰：「給事黃門四人，與侍中掌文案、讚相、威儀、典署其事。」讚相即儐贊。（九四）戇騃：謂愚而癡。（九五）嘗在華林園聞蝦蟆，謂左右曰：「此鳴者為官乎？為私乎？」：《水經・穀水法》引《晉中州記》曰：「惠帝為太子，出聞蝦蟆聲，問人為是官蝦蟆，私蝦蟆？侍臣賈胤對曰：『在官地為官蝦蟆，在私地為私蝦蟆。』令曰：『若官蝦蟆，可給廩。』」《御覽》四九九引王隱《晉書》曰：「讖書有『蝦蟆當貴』，惠帝在官時，出問左右：『此鳴是官蝦蟆，為私乎？』於是世間遂傳此語。」

〔九六〕肉糜：以肉和米為粥。〔九七〕賈、郭：謂賈謐及賈后從舅郭彰也。《晉書・郭彰傳》：「郭彰字叔武，賈后從舅也。賈后專朝，彰豫參權勢，物情歸附，賓客盈門，世人稱為賈郭，謂謐及彰也。」〔九八〕錢神論：《全晉文》注曰：「案錢神論藝文類聚與晉書各有刪節，尚非全篇。」《通鑑》蓋節錄自《晉書・魯褒傳》。〔九九〕錢之為體，有乾坤之象：胡三省曰：「錢圜函方，天圜而地方，故曰有乾坤之象。」天圜地方，蓋古人據目力觀察天地之象。〔一〇〇〕字曰孔方：胡三省曰：「孔方，亦以錢體言。」

〔一〇一〕無德而尊：《類聚》六十六引作「無位而尊」。〔一〇二〕金門：《類聚》六十六引作「朱門」。〔一〇三〕是故忿爭非錢不勝，幽滯非錢不拔，怨讎非錢不解，令聞非錢不發：《類聚》六十六引作「是故忿詩辯訟非錢不勝，孤弱幽滯非錢不拔，怨仇嫌恨非錢不解，令問笑談非錢不發。」〔一〇四〕洛中朱衣：胡三省曰：「晉制諸王朱衣，絳紗襮。」〔一〇五〕當塗之士：謂當路柄用之士。《韓非子・孤憤》：「當塗之人，擅事要則內外為之用矣！」塗與途通，《晉書》作途。〔一〇六〕去：已過之辭，猶曰去年。〔一〇七〕荀寓：《魏志・荀彧傳》云：「彧子惲，惲弟俁，御史中丞。」裴注引〈荀氏家傳〉：「俁子寓，字景伯。」《世語》曰：「寓少與裴楷、王戎、杜默俱有名京邑，仕晉位至尚書。」吳士鑑曰：「寓當為寓之譌。寓免太常，後蓋又起用，官至尚書也。」〔一〇八〕蘭臺主者：胡三省曰：「蘭臺主者，御史臺主者也，即令史之類。」⑰《漢官儀》曰：「御史中丞二人，本御史大夫之丞，其一別在殿中，兼典蘭臺秘書。」⑱按東漢有御史臺，又改御史大夫為司空而以御史中丞出為臺率，故御史亦稱蘭臺。⑲阿棟：屋之隈曲處曰阿，屋之中梁曰棟。⑳荊：《說文》：「荊，楚木也。」㉑司徒、太常，犇走道路：胡三省曰：「司徒，漢丞相之職。漢制，丞相與太常掌園陵。」㉒免負：免於負罪。㉓夫刑書之文有限，而舛違之故無方：胡三省曰：「言法有一定之文而罪有故誤，情有輕重也。」余按故當作原故解；舛違之故，意即負罪之原故。風損廟瓦，為荀寓負罪之故。無方之方作常解，無方即無常，蓋罪衍起於不測，刑文之所未載，故云舛違之故無方也。㉔至於此等，皆為過當：此等，指荀寓免太常等事。事輕責重，是謂過當。㉕曲議：胡三省曰：「謂曲法而議，自為深淺也。」曲解刑文，謂之曲法。㉖三公尚書劉頌：《晉書・職官志》：「漢成帝置三公尚書，主對獄，光武以三公曹主歲盡考課州郡事。晉置吏部、三公、客曹、駕部、屯田、度支六曹。太康中，有吏部、殿中及五兵、田曹、度支、左民，為六曹尚書，又無駕部、三公、客曹。惠帝世，又有右民尚書，止於六曹，不知此時省何曹也。」按此則惠帝時已無三公尚書，而《晉書・刑法志》載頌刑獄疏與裴頠表俱在惠帝之世，〈刑法志〉云：「時頌為三公尚書。」又頌傳亦曰：「元康初，從淮南王允入朝，會誅楊駿，頌屯衛殿中，其夜，詔以頌為三公尚書，又上疏論刑律事，為時論所美。」是惠帝世，三公曹未省，或既廢省而復置，疑〈職官志〉有脫誤也。㉗自近世以來，法漸多門：《晉書・刑法志》劉頌疏云：「諸下牽文就意以赴主之所許，執平者因文可引則生二端，是法多門。」㉘檢：考察。㉙獄犴：犴，豻或字。

顏師古《漢書》注：「鄉亭之繫曰犴，朝廷曰獄。」㉚釋之執犯蹕之平：事見卷十四漢文帝三年。㉛公孫弘斷郭解之獄：事見卷十八漢武帝元朔二年。㉜漢祖戮丁公：事見卷十一漢高祖五年。㉝郎令、史：胡三省曰：「郎令史，尚書郎及尚書蘭臺令史也。」㉞出瀍駁案：胡三省曰：「出瀍駁案者，謂出於法之外而為駁議也。」㉟平陽：故屬河東郡，魏邵陵厲公正始八年，分河東之汾北十縣為平陽郡。㊱張茂先：張華字茂先。㊲裴逸民：裴頠字逸民。㊳賊后：謂賈后。后淫暴昏虐，擅朝亂政，故忠以賊后稱之。㊴洛陽宮門銅駝：銅駝，魏明帝自長安徙之洛陽。見卷七十三魏明帝景初元年。㊵廣城君欲以韓壽女為太子妃，太子亦欲婚韓氏以自固：韓壽，賈謐父，壽女韓氏，謐之妹也，壽女為太子妃，則太子與謐義為郎舅，故太子欲婚韓氏以自固。㊶趙粲、賈午，必亂汝家事。我死後勿復聽入：《世說・惑溺篇》注引《晉諸公贊》：「趙充華及賈謐母，並勿令出入宮中。」又《文選・晉紀總論》注引干寶《晉紀》曰：「韓壽妻賈午，實始助亂。」胡三省曰：「郭槐妬狠而垂沒之時，所以告誡其女者如此，蓋多權數，故其智慮能及此耳！」又《晉書・賈后傳》，武帝欲廢賈后，充華趙粲從容為言，則趙充華蓋武帝後宮也。㊷太子幼有令名：晉武帝嘗對羣臣稱太子似宣帝，令譽流於天下，見上卷武帝太康十年。㊸賈后復使黃門輩誘之為奢靡威虐：《晉書・懷愍太子傳》：「賈后素忌太子，密敕黃門閹宦媚諛於太子曰：『殿下誠可及壯時極意所欲，何為恆自拘束？』每見喜怒之際，輒歎曰：『殿下不知用威刑，天下豈得畏服？』太子所幸蔣美人生男，又言宜隆重賞賜，多為皇孫造玩弄之器。太子從之。」㊹使人屠酤：《御覽》一四八引王隱《晉書》：「令人屠肉，已自分齊。」㉟其母本屠家女也：《晉書．謝夫人傳》：「家本貧賤，父以屠羊為業。」㊱太子常探取二月，用之猶不足：胡三省曰：「探取，預取也。」《晉書．懷愍太子傳》：「太子恆探取二月以供嬖寵。」㊲葵：胡三省曰：「葵亦菜也。魯相公儀休拔園葵，漆室氏女曰：『晉客馬踐吾葵，使我終歲不食葵』是也。」㊳藍子：藍，草名，實小，色赭褐，有光澤，葉製染料，俗名靛青。《本草綱目》云：「藍凡五種：一、蓼藍，葉如蓼，開花成穗，細小，淺紅色；二、菘藍，葉如白菘；三、馬藍，郭璞所謂大葉冬藍；四、吳藍，長莖如蒿而花白；五、木藍，葉如槐葉，七月開淡紅花，結角長寸許。」按俗所謂藍，多指蓼藍。㊴又好陰陽小數，多所拘忌：班固曰：「陰陽家者流，蓋出於羲和之官，敬順昊天，歷象日月星辰，敬授民時，此其所長也；及拘者為之，則牽於禁忌，泥於小數，捨人事而任鬼神。」㊵畫室：胡三省曰：「以五采繪畫室屋也。」《晉書．江統傳》〈諫懷愍太子書〉：「竊聞後園鏤飾金銀，刻磨犀象，畫室之巧，課試日精。」㊶拘攣：拘束。㊷中舍人：《晉書．職官志》：「中舍人，四人，咸寧四年置，以舍人才學美者為之，與中庶子共掌文翰，職如黃門侍郎，在中庶子下，洗馬上。」《書鈔》六十六引王隱《晉書》作中書舍人。㊸置針著錫常所坐氈中，刺之流血：《書鈔》一三四引王隱《晉書》曰：「愍懷太子嘗取針著杜錫坐處氈內，錫上牀刺足，出血流湧。」㊹詹事：《漢官儀》曰：「詹事，秦官也。詹，省也，給也。」《書鈔》六十五引晉令曰：「詹事，品第三，舊視中領護。」中領護，謂中領軍，中護軍。又曰：「詹事，介幘，兩梁冠，絳朝服，銀章青綬。」《晉書．職官志》云：「太子太傅、少傅，泰始之年，武帝始建官，各置一人，尚未置詹事官，事無大小，皆由二傳。咸寧元年，以給事黃門侍郎楊珧為詹事，掌宮事，二傳不復領官屬。」㊺依楊氏故事：指賈后殺楊駿廢太后事。㊻於時朝野咸知賈后有害太子之意：《御覽》一四八引王隱《晉書》曰：「賈后無子，妬害滋甚。」又《晉書・愍懷太子傳》云：「先是有童謠曰：『南風起兮吹白沙，遙望魯國鬱嵯峨，千歲髑髏生齒牙。』南風，后名；沙門，太子小字也。」㊼左衛率：《晉書・職官志》：「惠帝建東宮，置衛率，初曰中衛率。泰始五年，分為左右，各領一軍。惠帝時，愍懷太子在東宮，又加前後二率。」《通典》三十四：「成都王穎為太弟，又置中衛率。」合左右前後中是為五率。㊽卞自須昌小吏，受公成拔，以至今日：《晉書・劉卞傳》：「卞字叔龍，東平須昌人，少為縣小吏，後從令至洛，得入太學，後為吏部令史，累遷散騎侍郎，除幷州刺史，入為左衛率。」須昌縣屬東平國，故城在今山東省東平縣西北。㊾東宮俊乂如林：胡三省曰：「時江統、潘滔、王敦等皆為東宮官屬。」馬融曰：「才過千人曰俊，百人曰乂。」㊿四率：時東宮有左衛、右衛、前衛、後衛四率。(51)當陽：謂天子在位。《左傳》：「天子當陽，諸侯用命矣！」疏：「陽謂日也，言天子當日，諸侯當露也。」(52)吾又不受阿衡之命：胡三省曰：「華自言事任不可以伊尹自居。」(53)卞知言泄，飲藥而死：胡三省曰：「賈后剛悍，使聞卞言而張華不以告，則華必死於賈后之手，意卞言實華泄之也。」(54)天賜：胡三省曰：「臣子以君父為天，故以君父之賜為天賜。」(55)后使黃門侍郎潘岳作書草：《晉書・潘岳傳》：「岳性輕躁，趨世利，與石崇等諂事賈謐，每候其出，與崇輒望塵而拜，構愍懷之文，岳之辭也。」(56)並與謝妃共要，刻期兩發：胡三省曰：「要，約也；言幷以書與謝妃約，刻期內外俱發也。」(五七)茹毛飲血：胡三省曰：「茹毛飲血，謂盟誓也。」(五八)三辰：日、月、星。(五九)道文：愍懷太子彪字。(六〇)蔣氏：謂太子所幸保林蔣俊。俊，蔣迪之女。(六一)內主：胡三省曰：「內主，言將立為后也。」按春秋時稱諸侯夫人為內主，蓋取夫人主閫內之義。(六二)三牲：謂牛、羊、豕。(六三)北君：胡三省曰：「北君，北帝也。」(六四)諸公王：胡三省曰：「謂宗室諸王之為公者。」《宋書・蔡廓傳》：「式乾殿集諸皇子，悉在三司上。」按《晉書・張華傳》：「帝會羣臣於式乾殿，出太子手書，徧示羣臣，莫敢有言者。」是諸公王，應為諸公及宗室諸王也。(六五)國家有天下日淺：自晉武帝受禪，至是僅三十五年。(六六)長廣公主：長廣公主，武帝女，下嫁甄德。(六七)后見華等意堅，懼事變，乃表免太子為庶人：胡三省曰：「張華之諫，實亦不敢發賈氏之姦，姑引古義依違而言之耳！裴頠請檢校傳書者，賈氏之姦無所逃矣！而亦不敢竟其說，上下相蒙，宜其大亂也。」(六八)於是使尚書和郁等，持節詣東宮，廢太子為庶人：《晉書・愍懷太子傳》：「使尚書和郁持節，解結為副，及大將軍梁王肜、鎮東將軍淮南王允、前將軍東武公澹、趙王倫、太保何劭詣東宮廢太子為庶人。」劭字敬祖，何曾之子。按晉書何劭傳，惠帝即位，初建東宮，以劭為太子太師，後轉特進，累遷尚書左僕射，永康初，遷司徒，趙王倫篡位，以劭為太宰。劭為太保，劭傳及帝紀俱失載。《水經・穀水注》：「天淵池水又東流，入洛陽縣之南池。」注云：「後遂為東宮池，昔晉朝收愍懷太子於後池，即是池也。」(六九)承華門：胡三省曰：「承華門，東宮門也，陸機詩所謂『振纓承華』是也。」(七〇)王衍：胡三省曰：「清談之禍，起於何晏，何晏猶與曹爽同禍福，若王衍者，又不逮何晏矣！」〈庾翼與殷浩書〉曰：「王夷甫，先朝風流士也。」夷甫，王衍字。《晉書・王衍傳》：「衍儁秀有令望，希心玄遠，未嘗語利。王敦過江，常稱之曰：『夷甫處眾中，如珠玉在瓦石間。』顧愷之作畫贊，亦稱衍『巖有清峙，壁立千仞』，其為人所尚如此。」㈢保林：顏師古曰：「保林，言其可安眾如林也。」胡三省曰：「保林，良娣，漢六宮十四等之數，魏晉以下，為東宮女官品秩。」

永康元年（西元三〇〇年）

㈠春，正月，癸亥朔。【考異】帝紀、天文志皆有己卯日食，宋志無之。按長曆，卯十七日，安得日食？赦天下，改元。

西戎校尉司馬㈠閻纘輿棺詣闕上書，以為：「漢戾太子稱兵拒命，言者猶曰罪當笞耳㈡。今遹受罪之日，不敢失道，猶為輕於戾太子。宜重選師傅，先加嚴誨；若不悛改，棄之未晚也。」書奏，不省。纘，圃之孫也㈢。

賈后使黃門自首，欲與太子為逆。詔以黃門首辭班㈣示公卿，遣東武公澹以千兵防衛太子，幽于許昌宮，令持書御史㈤劉振持節守之，詔宮臣不得辭送。洗馬江統、潘滔、舍人㊅王敦、杜蕤、魯瑤等，冒禁至伊水㊆拜辭涕泣，司隸校尉滿奮㊇收縛統等送獄，其繫河南獄者，樂廣㊈悉解遣之，繫洛陽縣獄者，猶未釋㊉。都官從事孫琰說賈謐曰：「所以廢徙太子，以其為惡故耳！今宮臣⑪冒罪拜辭，而加以重辟，流聞四方，乃更彰太子之德也，不如釋之。」謐乃語洛湯令曹攄使釋之，廣亦不坐⑫。敦，覽之孫⑬；攄，肇之孫也⑭。

太子至許，遺王妃書，自陳誣枉。妃父衍，不敢以聞。

㈡丙子（十四日），皇孫虨卒。【考異】帝紀虨作霖。按虨字道文，不當作霖，今從傳。

㈢三月，尉氏⑮雨血，妖星⑯見南方，太白晝見⑰，中臺星拆⑱，張華少子韙⑲，勸華遜位。華不從，曰：「天道幽遠，不如靜以待之。」

㈣太子既廢，眾情憤怒。右衛督司馬雅、常從督許超，皆嘗給事東宮，與殿中中郎士猗⑳等謀廢賈后，復太子，以張華、裴頠安常保位，難與行權㉑，右軍將軍趙王倫執兵柄，性貪冒，可假以濟事。乃說孫秀㉒曰：「中宮凶妬無道，與賈謐等共誣廢太子，會國無嫡嗣，杜稷將危，大臣將起大事，而公名奉事中宮，與賈郭親善㉓，太子之廢，皆云豫知㉔，一朝事起，禍必相及，何不先謀之乎？」秀許諾，言於倫，倫納焉。遂告通事令史張林㉕，及省事㉖張衡等，使為內應。事將起，孫秀言於倫曰：「太子聰明剛猛，若還東宮，必不受制於人。明公素黨於賈后，道路皆知之，今雖建大功於太子，太子謂公特逼於百姓之望，翻覆以免罪耳㉗！雖含忍宿忿，必不能深德明公，若有瑕釁，猶不免誅。不若遷延緩期㉘，賈后必害太子，然後廢賈后，為太子報讎，非徒免禍而已，乃更可以得志。」倫然之。

秀因使人行反間，言殿中人㉙欲廢皇后，立太子。賈后數遣宮婢微服於民間聽察，聞之甚懼。倫、秀因勸謐等早除太子，以絕眾望。癸未（二十二日），賈后使太醫令程據和毒藥㉚，矯詔使黃門孫慮至許昌毒太子。太子自廢黜，恐被毒，常自煮食於前。慮以告劉振，振乃徙太子於小坊中，絕其食，宮人猶竊於牆上過食與之。慮逼太子以藥，太子不肯服，慮以藥杵椎殺之㉒。有司請以庶人禮葬，賈后表請以廣陵王禮葬之。

㈤夏，四月，辛卯朔，日有食之。

㈥趙王倫、孫秀、將討賈后，告右衞佽飛督㉓閭和，和從之，期以癸巳丙夜一籌㉔，以鼓聲為應。癸巳（三日），秀使司馬雅告張華曰：「趙王欲與公共匡社稷，為天下除害，使雅以告。」華拒之。雅怒曰：「刃將在頸，猶為是言邪㉕？」不顧而出。及期，倫矯詔勅三部司馬㉖曰：「中宮與賈謐等殺吾太子，今使車騎㉗入廢中宮，汝等皆當從命，事畢賜爵關中侯，不從者誅三族。」衆皆從之。又矯詔開門夜入，陳兵道南㉘，遣翊軍校尉齊王冏將百人排閤而入㉙，華林令㉚駱休為內應，迎帝幸東堂，以詔召賈謐於殿前，將誅之，謐走入西鍾下，呼曰：「阿后救我。」就斬之。賈后見齊王冏，驚曰：「卿何為來？」冏曰：「有詔收后。」后曰：「詔當從我出，何詔也？」后至上閤㉛，遙呼帝曰：「陛下有婦，使人廢之，亦行自廢矣！」是時，梁王肜亦預其謀，后問冏曰：

「起事者誰？」冏曰：「梁、趙。」后曰：「繫狗當繫頸，反繫其尾，何得不然[42]？」遂廢后為庶人，幽之於建始殿，收趙粲、賈午等，付暴室[43]考竟，詔尚書收捕賈氏親黨。召中書監、侍中、黃門侍郎、八座[43]皆夜入殿。尚書始疑詔有詐，郎師景[44]露版奏請手詔，倫等斬之以徇。倫陰與秀謀篡位，欲先除朝望，且報宿怨，乃執張華、裴頠、解系、解結等於殿前[45]。華謂張林曰：「卿欲害忠臣邪？」林稱詔詰之曰：「卿為宰相，太子之廢，不能死節，何也？」華曰：「式乾之議，臣諫事具存，可覆按也。」林曰：「諫而不從，何不去位？」華無以對，遂皆斬之，仍夷三族。解結女適裴氏，明日當嫁而禍起，裴氏欲認活之。女曰：「家既如此，我何以活為？」亦坐死。朝廷由是議革舊制，女不從死[46]。

甲午（四日），倫坐端門[47]，遣尚書和郁持節送賈庶人於金墉，誅劉振、董猛、孫慮、程據等。司徒王戎及內外官坐張、裴親黨黜免者甚眾。閻纘撫張華尸慟哭曰：「早語君遜位而不肯，今果不免，命也。」

於是趙王倫稱詔赦天下，自為使持節都督中外諸軍事、相國㊽、侍中，一依宣、文輔魏故事。置府兵萬人，以其世子散騎常侍荂㊾領冗從僕射㊿，子馥為前將軍，封濟陽王；虔為黃門郎(51)，封汝陰王；詡為散騎侍郎(52)，封霸城侯；孫秀等皆封大郡，並據兵權，文武官封侯者數千人，百官總己以聽於倫。倫素庸愚，復受制於孫秀。秀為中書令，威權振朝廷，天下皆事秀而無求於倫。

詔追復故太子遹位號，使尚書和郁帥東宮官屬迎太子喪於許昌。追封遹子虨為南陽王，封虨弟臧為臨淮王，尚為襄陽王。有司奏尚書令王衍備位大臣，太子被誣，志在苟免(53)，請禁錮終身。從之。

相國倫欲收人望，選用海內名德之士，以前平陽太守李重、滎陽太守荀組為左右長史(54)，東平王楙、沛國劉謨為左右司馬，尚書郎陽平(55)束晳(56)為記室(57)，淮南王文學荀崧、殿中郎(58)陸機為參軍。組，勗之子(59)，崧，彧之玄孫也(60)。李重知倫有異志，辭疾不就，倫逼之不已，憂憤成疾，扶曳受拜，數日而卒。

(七)丁酉（初七日），以梁王肜為太宰，左光祿大夫(61)何劭為司徒，右光祿大夫劉寔為司空。

(八)太子遹之廢也，將立淮南王允為太弟，議者不合(62)。會趙王倫廢賈后，乃以允為驃騎將軍開府儀同三司，領中護軍。

(九)己亥（初九日），相國倫矯詔遣尚書劉弘齎金屑酒、賜賈后死於金墉城。

(十)五月己巳(63)（初九日），詔立臨海王臧為皇太孫，還妃王氏以母之(64)。太子官屬，即轉為太孫官屬，相國倫行太孫太傅。

(十一)己卯（十九日），謚故太子曰愍懷。六月壬寅（十三日），葬於顯平陵(65)。

(十二)清河康王遐薨。

(十三)中護軍淮南王允，性沉毅，宿衛將士皆畏服之。允知相國倫及孫秀有異志，陰養死士謀討之，倫、秀深憚之。秋八月，轉允為太尉，外示優崇，實奪其兵權(66)。允稱疾不拜，秀遣御史劉機逼允，收其官屬以下，劾以拒詔大逆不敬。允視詔，乃秀手書也，大怒，收御史將斬之，御史走免，斬其令史(67)二人，厲色謂左右曰：「趙王欲破我家。」遂帥國兵及帳下㊅七百人直出，大呼曰：「趙王反，我將討之，從我者左袒。」於是歸之者甚眾。允將赴宮，尚書左丞王輿閉掖門㊈，允不得入，遂圍相府。允所將兵皆精銳，倫與戰屢敗，死者千餘人㊉。太子左率㊀陳徽勒東宮兵鼓譟於內以應允，允結陳於承華門前，弓弩齊發射倫，飛矢雨下。主書司馬眭秘㊁以身蔽倫，箭中其背而死。倫官屬皆隱樹㊂而立，每樹輒中數箭，自辰至未。中書令陳淮㊃，徽之兄也，欲應允，言於帝曰：「宜遣白虎幡以解鬬㊄。」乃使司馬督護㊅伏胤將騎四百，持幡從宮中出。侍中汝陰王虔在門下省，陰與胤誓曰：「富貴當與卿共之。」胤乃懷空板㊆出，詐言有詔助淮南王。允不之覺，開陣內之，下車受詔，胤因殺之，並殺允子秦王郁、漢王迪㊇，坐允夷滅者數千人，曲赦㊈洛陽。

初，孫秀嘗為小吏，事黃門郎潘岳，岳屢撻之㊉；衞尉石崇之甥歐陽建，素與相國倫有隙㊀；崇有愛妾曰綠珠㊁，孫秀使求之，崇不與㊂。及淮南王允敗，秀因稱石崇、潘岳、歐陽建奉允為亂，收之。【考異】崇傳曰：「崇、建潛知其計，陰勸淮南王允、齊王冏圖趙王倫。」若崇果與允同謀，允敗，崇應惶懼，不應被收時方宴於樓上，蓋倫、秀以舊怨誣殺之耳(八四)。崇歎曰：「奴輩利吾財爾！」收者曰：「知財為禍，何不早散之？」崇不能答。初，潘岳母常誚責岳曰：「汝當知足，而乾沒不已乎(八五)！」及敗，岳謝母曰：「負阿母。」遂與崇、建皆族誅，籍沒崇家。相國倫收淮南王母弟吳王晏，欲殺之，光祿大夫傅祗爭之於朝堂，眾皆諫止倫，乃貶晏為賓徒縣(八六)王。

齊王冏以功遷游擊將軍(八七)。冏意不滿，有恨色，孫秀覺之，且憚其在內，乃出為平東將軍，鎮許昌。

(十四)以光祿大夫陳準為太尉，錄尚書事。未幾，薨。

(十五)孫秀議加相國倫九錫，百官莫敢異議。吏部尚書劉頌曰：「昔漢之錫魏，魏之錫晉，皆一時之用，非可通行(八八)。周勃、霍光，其功至大(八九)，皆不聞有九錫之命也。」張林積忿不已，以頌為張華之黨，將殺之。孫秀曰：「殺張、裴，已傷時望，不可復殺頌。」林乃止。以頌為光祿大夫(九〇)，【考異】三十國春秋云：「倫黨大怒，謀害頌，頌懼自(九一)殺。」頌傳云：「頌為光祿，尋病卒。」今從傳。遂下詔加倫九錫，復加其子荂撫軍將軍(九二)，虔中軍將軍(九三)，詡為侍中，又加孫秀侍中、輔國將軍，相國司馬、右率(九四)如故。張林等並居顯要。增相府兵為二萬人，與宿衛同，幷所隱匿之兵，數踰三萬。九月，改司徒為丞相，以梁王肜為之，肜固辭不受(九五)。倫及諸子皆頑鄙無識，秀狡黠貪淫，所與共事者，皆邪佞之士，惟競榮利，無遠謀深略，志趣乖異，互相憎嫉。秀子會為射聲校尉，形貌短陋，如奴僕之下者，秀使尚帝女河東公主(九六)。

(十六)冬，十一月，甲子，立皇后羊氏，赦天下。后，尚書郎泰山羊玄之女也，外祖平南將軍樂安孫旂與孫秀善，故秀立之，拜玄之光祿大夫、特進(九七)、散騎常侍，封興晉(九八)侯。

(十七)詔徵益州刺史趙廞(九九)，為大長秋(一〇〇)，以成都內史(一〇一)中山耿滕為益州刺史。【考異】帝紀作耿勝，載記、華陽國志作滕，今從之(一〇二)。廞，賈后之姻親也，聞徵甚懼，且以晉室衰亂，陰有據蜀之志，乃傾倉廩賑流民，以收眾心，以李特兄弟材武，其黨類皆巴西人，與廞同郡(一〇三)，厚遇之以為爪牙。特等憑恃廞埶，專聚眾為盜，蜀人患之。滕數密表流民剛剽，蜀人懦弱，主不能制客，必為亂階，宜使還本居；若留之險地(一〇四)，恐秦雍之禍，更移於梁益矣㉕。廞聞而惡之。州被詔書，遣文武千餘人迎滕。是時，成都治少城，益州治太城㉖，廞猶在太城未去，滕欲入州，功曹陳恂諫曰：「今州郡構怨日深㉗。入城必有大禍，不如留少城以觀其變，檄諸縣合村保以備秦氏㉘，陳西夷行至㉙，且當侍之。不然，退保犍為，西渡江源㉚，以防非常。」滕不從。是日帥眾入州，廞遣兵逆之，戰於西門，滕敗死。【考異】華陽國志曰：「戰於廣漢宣化亭，殺傳詔。」按州郡俱治成都，不容戰於廣漢，又趙廞若已與滕戰，不應欲直入州，今從載記。郡吏皆竄走，惟陳恂面縛詣廞，請滕死㉛，廞義而許之。廞又遣兵逆西夷校尉陳摠，摠至江陽㉜，聞廞有異志，主簿蜀郡趙模曰：「今州郡不協，必生大變，當速行赴之。府是兵要，助順討逆㉝，誰敢動者？」摠更緣道停留，比至南安魚涪津㉞，已遇廞軍。模白摠散財募士以拒戰，若克州軍，則州可得㉟；不克，順流而退，必無害也㊱。摠曰：「趙益州忿耿侯，故殺之，與吾無嫌，何為如此？」模曰：「今州起事，必當殺君以立威，雖不戰，無益也。」言至垂涕，摠不聽，眾遂自潰。摠逃草中，模著摠服格戰，廞兵殺模，見其非是，更搜求得摠，殺之。【考異】帝紀：「廞又殺犍為太守李密、汶山太守霍固。」按華陽國志，犍為太守李苾，汶山太守楊邠，非密、固也，載記亦作李苾，蓋紀誤。廞自稱大都督、大將軍、益州牧。【考異】晉春秋云：「建號太平元年。」他書無之，今不取。署置僚屬，改易守、令，王官㉗被召，無敢不往。李庠帥妹壻李含、天水任回、上官晶、扶風李攀、始平㉘費他，氐苻成、隗伯等四千騎歸廞，廞以庠為威寇將軍㉙，封陽泉亭侯，委以心膂，使招合六郡壯勇㉚至萬餘人，以斷北道㉛。

【今註】㊀西戎校尉司馬：《晉書・職官志》曰：「武帝置南蠻校尉於襄陽，西戎校尉於長安，南夷校尉於寧州，元康中，西戎校尉為雍州刺史，南蠻校尉為荊州刺史。」《晉書・解系傳》：「出為雍州刺史、揚烈將軍、西戎校尉。」㊁漢戾太子稱兵拒命，言者猶曰罪當笞耳：事見卷二十二漢武帝征和二年、三年。㊂纘，圃之孫也：閻圃見卷六十七漢獻帝建安二十年。㊃班：同頒。㊄持書御史：胡三省曰：「持書御史即治書侍御史。」《續漢志》三注引荀綽《晉百官表》注云：「惠帝以後，無所平治，備位而已。」㊅舍人：《晉書・職官志》：「舍人十六人，職比散騎、中書等侍郎。」《通典》三十：「太子舍人，秦官也，漢因之。晉有十六人，從駕則正直從，次直守；妃出則次直從。」《御覽》二四六引虞摯《決疑》：「太常弟子通二經補文學，三經補太子舍人。晉置十六人，掌表啓。」㊆伊水：一名伊川，又稱伊河，源出河南省盧氏縣熊耳山，東北流至洛陽縣南，北入於洛。㈧司隸校尉滿奮：《魏志・滿寵傳》注引《世語》云：「偉弟子奮，晉元康中，至尚書令司隸校尉。」又《世說・言語篇》注引《冀州記》：「滿奮字武秋，高平人，魏太尉寵之孫，性清平有識。」《御覽》三七八引《異苑》：「滿奮豐肥，膚肉潰裂，每至炎夏，輒膏汗流溢。永嘉之亂，為胡賊所燒，皓若燭光。」㈨樂廣：按《晉書・樂廣傳》，廣時為侍中河南尹。㈩繫洛陽縣獄者，猶未釋：胡三省曰：「付郡者河南尹得解遣之，繫洛陽獄者尹不得預，故未釋。」㈡宮臣：洗馬、舍人，俱東宮屬官，故曰宮臣。㈢不坐：不坐擅釋之罪。㈢敦，覽之孫：王覽見卷七十七魏高貴鄉公甘露元年。〈聖賢羣輔錄〉下曰：「王敦，覽孫，基第二子。」㈣攄，肇之孫也：攄音樗。曹肇見卷七十四魏明帝景初二年。吳士鑑曰：「曹休傳曰：『休子肇為屯騎校尉，薨，追賜衛將軍。子興嗣，為殄吳將軍，薨，追賜前將軍。』按晉書本傳不言攄父之名，當即興也。」㈤尉氏：胡三省曰：「尉氏縣，自漢以來屬陳留郡。」晉改陳留郡為陳留國。應劭曰：「古獄官曰尉氏，鄭之別獄也。」臣瓚曰：「鄭大夫尉氏之邑，故以為邑名。」即今河南省開封縣。㈥妖星：胡三省曰：「星見妖而不知其名，故但曰妖星。」按妖亦作祆，實即彗星之別名。《晉書・天文志》：「妖星一曰彗星，所謂掃星，本類星，末類彗，小者數寸，長或竟天，見則兵起。」《漢書・天文志》：「祆星不出三年，其下有軍及失地若國君喪。」錢大昭曰：「祆俗作妖。」王先謙曰：「槍、欃、棓、彗總名為祆星，晉志以下皆列妖星。黃帝占云：『凡妖星所出，形狀不同，為殃如一。』」㈦太白晝見：太白，金星之別名，一名明星。《爾雅》曰：「明星謂之启明。」孫炎曰：「明星，太白也，出東方，高三舍，今曰明星；昏出西方，高三舍，今曰太白。」《晉書·天文志》：「太白晝見，與日爭明，彊國弱，小國彊，女主昌。」⑱中臺星拆：中臺，星名，三臺之一。《史記·天官書》：「魁下六星，兩兩而比者曰三臺。三臺色齊，君臣和；不齊，君臣乖戾。」又《晉書·天文志》：「三臺六星，一曰天柱。西近文昌二星曰上臺，為司命，主壽；次二星曰中臺，為司中，主宗室；東二星曰下臺，為司祿，主兵。」胡三省曰：「拆者，兩星不相比也。」⑲韙：音偉。⑳右衛督司馬雅、常從督許超、殿中中郎士猗：右衛督《晉書·趙王倫傳》作左衛司馬督，作司馬督是也。按《晉書·職官志》，左右衛下有前驅、由基、彊弩三部司馬，各置督、史。姚鼐《惜抱軒筆記》曰：「司馬非官，乃是以勇士為衛，猶近世執仗者名校尉而非官也，其司馬督乃是官。」司馬督、常從督、殿中中郎皆屬二衛。《晉志》曰：「武帝甚重兵官，殿中軍校多選朝廷清望之士居之。」胡三省曰：「司馬雅，宗室之疎屬也。」㉑權：謂權宜之事。㉒孫秀：按《晉書·趙王倫傳》，秀為倫所嬖。《世說·賢媛篇》注引《晉諸公贊》：「初，趙王倫封琅玡，秀給為近職小吏。倫數使秀作書疏，文才稱倫意。倫封趙，秀徙戶為趙人，用為侍郎，信任之。」㉓公名奉事中宮，與賈郭親善：《晉書·趙王倫傳》：「深交賈、郭，論事中宮，大為賈后所親信。」㉔太子之廢，皆云豫知：謂眾皆言倫預知廢太子之謀。㉕通事令史張林：《魏志·張燕傳》注引陸機《惠帝起居注》作門下通事令張林。胡三省曰：「通事令史，中書令史也。中書侍郎本通事郎，官名雖改，令史猶以通事冠之。」按魏黃初初，始置通事郎，晉改為中書侍郎，見《晉書·職官志》。裴松之引《惠帝起居注》曰：「張林，燕之曾孫，與趙王倫為亂，未及周年，位尚書令衞將軍，封郡公，尋為倫所殺。」㉖省事：《晉書・職官志》：「賈充為尚書令，以目疾，表置省事吏四人，省事蓋自此始。」則省事亦吏職也。《御覽》二一〇引晉故事：「賈充置省事吏四人，品職章服，與諸曹令史同。」㉗特逼於百姓之望，翻覆以免罪耳：胡三省曰：「言百姓望太子復，倫等畏逼，故背賈氏，復太子，以求自免罪。」㉘遷延緩期：謂遷延廢賈后之事，延緩發難之期。㉙殿中人：胡三省曰：「司馬雅、許超、士猗，皆殿中人也。」㉚賈后使太醫令程據和毒藥：《晉書・愍懷太子傳》：「使太醫令程據合巴豆杏子丸。」《御覽》七六二引王隱《晉書》作「杏子黑丸」。㉛慮逼太子以藥，太子不肯服，慮以藥杵椎殺之：《御覽》七六二引王隱《晉書》：「賈后使小黃門孫慮徙愍懷太子於坊中，不與食，乃劫服杏子黑丸，其夜，薨。或傳太子不肯服藥，伺至廁，以藥杵撞害之，喚聲聞於外。」是毒害與椎殺二說並傳。㉜右衞佽飛督：按《晉書・職官志》，左衞有熊渠、武賁二督，右衞有佽飛、武賁二督，合前驅、由基、彊弩，各五部督。胡三省曰：「佽飛，荊人，赴江斬蛟，古勇士也。自漢以來，以為衞士之號。」佽飛事見《呂氏春秋・知分》。顏師古曰：「取古勇力人以名官，亦因取其便利輕疾若飛，故號佽飛。」㉝丙夜一籌：胡三省曰：「丙夜，夜三鼓；丙夜一籌，三更一點也。」《晉書・趙王倫傳》作「景夜一籌」。㉞雅怒曰：「刃將在頸，猶為是言邪？」：胡三省曰：「華素有籌略，雅辭氣之悖如此而無以處之，蓋亦知眾怒不可遏，而已為賈后用心，不敢背之，束手無策，待死而已。」㉟三部司馬：謂前驅、由基、彊弩三部司馬，參閱註㉜。㊱車騎：謂趙王倫。《晉書・趙王倫傳》，倫時以車騎將軍領右軍將軍。㊲道南：胡三省曰：「御道之南也。」㊳遣翊軍校尉齊王冏將百人排閤而入：武帝太康元年六月，置翊軍校尉，見《晉書・武帝紀》。又《御覽》二四二引王隱《晉書》：「太康中，伐吳還，欲以王濬為五官校尉而無缺，始置翊軍校尉，班同長水、步兵，以梁益所省兵為營。」冏音憬。《晉書・賈后傳》：「趙王倫使翊軍校尉齊王冏入殿廢后。后與冏母有隙，故倫使之。」《御覽》七六三引王隱《晉書》曰：「趙王倫欲廢賈后而門鑰在侍中處。所部司馬多木作，有利鋸。至期，倫乃命三部司馬以鋸截關開門。」㊴華林令：《晉書・職官志》，華林園令屬大鴻臚。胡三省曰：「華林令，華林園令也。魏起芳林園，後避齊王芳諱，改曰華林園，有天淵池，池中有魏文帝九花叢殿。」㊵閤：顏師古曰：「閤，小門也。」㊶繫狗當繫頸，反繫其尾，何得不然：胡三省曰：「恨不先誅梁、趙也。」㊷暴室：《晉書・職官志》，暴室令屬光祿勳。顏師古曰：「暴室者，掖庭主獄作染練之署，故謂之暴室，取暴曬為名耳」，應劭曰：「暴室，宮人獄也。」㊸八座：《文選・齊竟陵文宣王行狀》注引晉百官名曰：「尚書令、尚書僕射、六尚書，古為八尚書。」《御覽》二一〇引謝靈運《晉書》：「古者重武事，貴射御，取其捷御如僕，各置一人，尚書六人，謂之八座。」六尚書參元康九年註㉖。㊹郎師景：胡三省曰：「郎，尚書郎也。師姓，景名。」㊺倫陰與秀謀篡位，欲先除朝望，且報宿怨，乃執張華、裴頠、解系、解結等於殿前：《魏志・裴潛傳》注引《冀州記》曰：「趙王倫以頠望重，畏而惡之，知其不與賈氏同心，猶被枉害。」倫、秀與頠、華、系、結結怨事見上卷元康六年。㊻女不從死：胡三省曰：「不從父母家坐死也。」㊼端門：顏師古曰：「端門，殿之正門。」㊽相國：《晉書・職官志》：「丞相、相國，並秦官也。晉受魏禪，並不置。自惠帝之後，省置無恆，為之者趙王倫、梁王肜、成都王穎、南陽王保、王敦、王導之徒，皆非復尋常人臣之職。」胡三省曰：「宣王懿以丞相輔魏，文王昭以相國輔魏，皆非人臣之職。」㊾荂：音誇。㊿冗從僕射：冗從僕射屬光祿勳，見《晉書・職官志》。(51)黃門郎：胡三省曰：「黃門郎，即黃門侍郎。」參元康九年註(93)。(52)散騎侍郎：《晉書・職官志》：「散騎侍郎四人，魏初與散騎常侍同置，自魏至晉，散騎常侍、侍郎與侍中、黃門侍郎共平尚書奏事。」《初學記》十二引《齊職儀》曰：「晉置散騎侍郎四人，隸門下。晉初此官選望甚重，與侍中不異。」按黃門侍郎，散騎常侍、侍郎皆魏晉要職，時人謂之「黃散」。(53)太子被誣，志在苟免：《晉書・王衍傳》云：「太子被誣得罪，衍不能守死善道，即求離婚，得太子手書，隱蔽不出，志在苟免。」(54)左右長史：晉制諸公府皆置長史。《書鈔》六十八引《晉百官表》注：「太宰長史，銅印墨綬，朝服，進賢兩梁冠。」《御覽》二〇九引干寶〈司徒儀〉：「左長史職掌檢其法憲，明其分職。」杜佑《通典》：「司徒加置左長史，掌差次九品，銓衡人倫冠綬，與丞相長史同。」(55)陽平：陽平，本縣名，漢屬東平郡，魏文帝黃初二年，分東郡及魏郡為陽平郡。(56)束晳：《晉書・束晳傳》：「束晳字廣微，漢太子太傅疎廣之後也。王莽末，廣曾孫孟達避難，自東海徙居沙鹿山南，因去疎之足，遂改姓焉！」錢大昕《廿二史考異》曰：「說文疏從㐬從疋，以疋得聲，隸變疏為疎，與束縛之束本不相涉。疋古胥字，古人胥、疏同聲，故從疋聲也。疏之改束，自取聲相轉，唐人不通六書，乃有去足之說。」沈濤《交翠軒筆記》云：「漢桂陽太守周憬功勳銘，疏字已作疎，是疎乃漢時俗字，蓋隸變之俗禮，不合六書者甚多，正未可概以說文繩之耳！」(七七)記室：晉諸公及開府皆置記室，主文翰。《續漢志》曰：「記室令史主上表章，報書記。」(七八)殿中郎：殿中曹尚書郎(七九)組，勗之子：荀勗歷事晉文、晉武二朝，為晉初佐命功臣。(八〇)崧，彧之玄孫也：荀彧為魏武佐命功臣。(八一)左光祿大夫：《晉書・職官志》：「左、右光祿大夫，假金章紫綬。光祿大夫加金章紫綬者，品秩第二，祿賜班位，冠幘車服，佩玉，置吏卒羽林。」又曰：「光祿大夫，假銀章青綬者，品秩第三，位在金紫、將軍下，諸卿上。」杜佑《通典》：「魏晉以來，左右光祿三大夫皆銀印青綬，其重者詔加金章紫綬者則謂之金紫光祿大夫，重者既有金紫之號，故謂本光祿為銀青光祿大夫。」胡三省曰：「後之金紫光祿大夫蓋魏晉之左、右光祿大夫也。但魏晉之大夫皆為專官，後世則為寄祿官耳！」《書鈔》五十六引〈晉百官表〉注云：「光祿大夫，吉官也。詩云『三事大夫，莫肯夙夜，職掌言議，獻可替否，讚揚德化』者也。」(八二)議者不合：胡三省曰：「言有持異議也。」(八三)五月己巳：《宋書・五行志》作四月丁巳，此據《晉書・惠帝紀》。(八四)還妃王氏以母之：太子之廢，詔歸王妃於父母家，今復令還宮以母養皇太孫臧。(八五)葬於顯平陵：《水經・穀水注》：「漢明帝發使天竺，寫致經像，始以榆欓盛經，白馬負圖，表之中夏，故以白馬為寺名。此榆欓後移在城內愍懷太子浮圖中。」吳士鑑曰：「按愍懷太子傳復太子冊文云：『返葬京畿』，其地當在城內，顯平陵之名，殆其後追崇之耳。」(八六)轉允為太尉，外示優崇，實奪其兵權：胡三省曰：「中護軍掌兵權，轉太尉則兵權去矣！」(八七)令史：胡三省曰：「此蘭臺令史也。」〔六八〕國兵及帳下：國兵，謂淮南國兵；帳下，中護軍帳下士。〔六九〕掖門：顏師古曰：「非正門而在兩旁，若人之臂掖也。」胡三省曰：「宮門端門之左曰左掖門，右曰右掖門。」〔七〇〕允所將兵皆精銳，倫與戰屢敗，死者千餘人：《晉書・武十三王傳》云：「允所將兵皆淮南奇才劍客也。」《文選・晉紀總論》注引王隱《晉書》：「允兵四勝，陷破無前。」〔七一〕左率，胡三省曰：「左率即左衞率。」〔七二〕主書司馬眭秘：胡三省曰：「續漢志尚書三十六曹郎曹有三主書。此主書司馬蓋相國府官屬，倫所自署置。」眭音雖，眭姓秘名。〔七三〕隱樹：以樹自隱蔽。〔七四〕中書令陳淮：胡三省曰：「前有中書令陳準，淮蓋準之誤。」《晉書》校文三曰：「淮是準之譌。羊祜傳『故太尉準黨翼賊倫，禍加淮南』即指此事。蓋隸俗變準為淮，又譌為淮也。」〔七五〕言於帝曰：「宜遣白虎幡以解鬭」：胡三省曰：「白虎幡以麾軍進戰，非以解鬭也。陳準蓋以帝庸愚，故請以白虎幡麾軍，欲倫兵見之以為允之攻倫出於帝命，將自潰也。否則，何以應允？」按《晉書・武十三王傳》云：「淮時為中書令，遣麾騶虞幡以解鬭。」《說文》曰：「白虎黑文，尾長於身，食自死之肉，名曰騶虞，有志信之德，不食人。」《詩・召南・騶虞》璣引陸機曰：「白虎黑文，尾長於軀，不食生物，不履生草，應信而至者也。」騶虞，仁獸，以之名幡，正取仁愛不殺之意。《晉書・齊王冏傳》：「冏令黃門令王湖悉盜騶虞幡，唱云：『長沙王矯詔。』」《御覽》三四一引王隱《晉書》作白虎幡，白虎幡蓋即騶虞幡也。〔七六〕司馬督護：胡三省曰：「司馬督護亦殿中將校，屬二衞。」按晉志二衞所屬有五部司馬督，見註〔二〇〕。〔七七〕空板：胡三省曰：「空板，不書詔之板。本無詔書，而別取空板懷之以出也。」〔七八〕並殺允子秦王郁、漢王迪：按《晉書・武十三王傳》云：「允三子皆被害。」又〈齊王冏表〉亦曰：「逆黨遘惡，幷害三子；冤魂酷毒，莫不悲酸。」是郁、廸之外，尚有一子，史佚其名。㊄曲赦：胡三省曰：「不普赦天下而獨赦洛陽，故曰曲赦。」㊅初，孫秀嘗為小吏，事黃門郎潘岳，岳屢撻之：《晉書・潘岳傳》：「岳為琅邪內史，孫秀為小吏，給岳，而狡黠自喜，岳惡其為人，數撻辱之，秀常銜忿。及趙王倫輔政，秀為中書令，岳於省內謂秀曰：『孫令猶憶疇昔周旋不？』答曰：『中心藏之，何日忘之？』嶽於是自知不免。」《世說・仇隙篇》注引王隱《晉書》：「岳數蹴蹋秀而不以人遇之也。」㊁衞尉石崇之甥歐陽建，素與相國倫有隙：建表倫罪惡見上卷元康六年。㊂崇有愛妾曰綠珠：《御覽》三八〇引干寶《晉紀》曰：「石崇有妓曰綠珠，美如玉，善舞。」《晉書・石崇傳》云：「美而艷，善吹笛。」㊂孫秀使求之，崇不與：《晉書・石崇傳》：「崇時在金谷別館，方登涼臺，臨清流，婦人侍側，使者以告，崇盡出其婢妾數千人以示之，皆蘊蘭麝，被羅縠，曰：『在所擇。』使者曰：『君侯服御麗則麗矣，然本受命指索綠珠，不識孰是？』崇勃然曰：『綠珠，吾所愛，不可得也！』使者曰：『君侯博古通今，察遠照邇，願加三思。』崇曰：『不然。』使者出而又反，崇竟不許。」㊃《晉書・石崇傳》：「秀乃勸倫誅崇、建，崇、建亦潛知其計，乃與黃門郎潘岳陰勸淮南王允、齊王冏以圖倫、秀。秀覺之，遂矯詔收崇及潘岳、歐陽建等。」〈趙王倫傳〉亦曰：「前衞尉石崇、黃門郎潘岳皆與秀有嫌，並見誅，於是京邑君子不樂其生矣！淮南王允、齊王冏以倫、秀驕僭，內懷不平，秀等亦深忌焉。乃出冏鎮許，奪允護軍。允發憤，起兵討倫。」又《文選・晉紀與論》注引王隱《晉書》：「孫秀既害石崇等，以懼允。」則石崇等被殺，實在淮南王允討趙王倫之前。細推其事，先是崇等與倫、秀有隙，秀勸倫誅崇等，崇等乃與允、冏陰謀圖倫、秀，秀雖覺允、冏之謀未露，秀素憚允、冏，乃以宿怨誅崇等，並以脅允而奪其兵權，出冏鎮許昌。《通鑑》不取崇、允同謀之說，蓋誤以石崇等被殺在淮南王允討趙王倫敗之後也。(八五)汝當知足，而乾沒不已乎：胡三省曰：「蓋戒岳乘時射利不知止也。」沈欽韓曰：「乾沒，言無所將而沒取利。或云：掩取貨利，沒為已有，如水盡涸也。」(八六)賓徒縣：《漢書・地理志》徒作從。賓徒縣前漢屬遼西郡，後漢屬遼東屬國，晉屬昌黎郡。(八七)齊王冏以功遷游擊將軍：《晉書・職官志》：「驍騎將軍、游擊將軍並漢雜號將軍也，魏置為中軍。及晉，以領、護、左、右衛、驍騎、游擊為六軍。」《唐六典》引《晉官品令》曰：「游擊將軍，四品。」《晉書・齊王冏傳》云：「廢賈后，以功遷游擊將軍。」則齊王冏遷游擊將軍當在四月，與梁王肜遷太宰，淮南王允遷驃騎將軍同時。(八八)昔漢之錫魏，魏之錫晉，皆一時之用，非可通行：胡三省曰：「謂禪代然後有九錫，非常典也。」(八九)周勃、霍光，其功至大：周勃誅諸呂以安漢室，霍光廢昌邑而立宣帝，皆有大功於漢。(九〇)光祿大夫：《晉書・職官志》：「光祿大夫，與卿同秩，中二千石，著進賢兩梁冠，黑介幘，五時朝服，佩水蒼玉。」(九一)吳士鑑曰：「通鑑晉紀考異曰：『三十國春秋云，倫黨大怒，謀害頌，頌懼自殺。』案以頌謚曰貞證之，頌之死必是自殺，當時諱言之，故云病卒。三十國春秋乃是實錄。」(九二)撫軍將軍：魏文帝黃初四年，以司馬宣王為撫軍大將軍，見《魏志・文帝紀》。胡三省曰：「撫軍將軍，文帝以授武帝，遂以代魏，倫以加其世子。」㊈中軍將軍：《御覽》引王隱《晉書》曰：「太始元年，以羊祜為中軍將軍，總宿衛。」按魏文帝七年，以曹真為中軍大將軍，受顧命，見《魏志・文帝紀》、〈曹真傳〉。㊉右率：胡三省曰：「右率，右衛率也。不解此官者，欲握東宮兵。」㊈改司徒為丞相，以梁王肜為之，肜固辭不受：《晉書・梁王肜傳》：「趙王倫輔政，有星變，占曰：『不利上相。』孫秀懼倫受災，乃省司徒為丞相以授肜，猥加崇進，欲以應之，肜固讓不受。」按〈趙王倫傳〉：「會有星變，乃徙肜為丞相，居司徒府。」又〈惠帝紀〉：「九月，改司徒為丞相，以梁王肜為之。」皆未言辭讓不受，則肜實曾為丞相之職，傳諱言之。㊈秀使尚帝女河東公主：《晉書・趙王倫傳》：「會年十二，為射聲校尉，尚帝女河東公主。初，會與富室兒於城西販馬，忽聞其尚主，莫不駭愕。」㊈特進：《晉書・職官志》：「特進，漢官也。品秩第二，位次諸公，在開府、驃騎上，冠進賢兩梁，黑介幘，五時朝服，佩水蒼玉。」《類聚》四十七引《漢雜事》曰：「諸侯功德優盛，朝廷所敬異者，賜位特進，在三公下。」又《齊職儀》曰：「特進，以功德特見進也。」㊈興晉：按《宋書・州郡志》魏興郡有興晉縣，魏立曰平陽，晉武帝太康元年，更名興晉縣。故城在今湖北省鄖西縣西北。㊈廞：音欽。㊉大長秋：秦為將行，漢景帝中六年更名大長秋，見《漢書・百官公卿表》。魏、晉皆因之。《晉書・職官志》曰：「大長秋，皇后卿也。有后則置，無后則省。」㊉內史：胡三省曰：「晉諸王國置內史，猶漢王國相也。」《晉書・職官志》：「改太守為內史，省相及僕。」又曰：「諸王國以內史掌太守之任。」《書鈔》七十引王隱《晉書》：「太始十年，令諸侯王國置相，改太守為內史。」案王書言置相於改太守為內史時，與《晉志》言省相異。㉒考異：按《御覽》一二三引《十六國春秋・蜀錄》亦作耿勝。蓋勝、滕形似易誤，未知孰是。㉓以李特兄弟材武，其黨類皆巴西人，與廞同郡：胡三省曰：「李特黨類本巴氐，趙廞亦巴西人也。」李氏兄弟入蜀見上卷元康八年。㉔險地：指巴蜀。胡三省曰：「蜀地阻險。」㉕恐秦雍之禍，更移於梁益矣：謂梁益二州將更有氐羌之變。秦雍之禍，指元康中氐齊萬年之亂。㉖是時，成都治少城，益州治太城：胡三省曰：「二城皆秦張儀所築。儀既築太城，後十年，又築少城。太城，今成都府子城也；少城，唯西南、北二壁，東即太城之西墉也。」㉗今州郡構怨日深：胡三省曰：「州謂益州，郡謂成都。此言廞，滕構怨也。」㉘秦氐：謂李特等。《華陽國志》曰：「李特，略陽臨渭人也，祖世本巴西宕渠賨民後。」《晉書・李特載記》亦曰：「李特字玄休，巴西宕渠人。」蓋特等本巴氐，以其徙居秦川，因謂之秦氐。㉙陳西夷行至：陳西夷，謂西夷校尉陳總。沈約《宋書・百官志》曰：「晉太康三年，武帝置護西夷校尉於寧州。」胡三省曰：「行至，言行且至成都也。」㉚江源：《晉志》源作原。江原縣，漢屬蜀郡，李雄據蜀，改曰漢原郡，東晉為晉原郡。故治在今四川省崇慶縣東。㉛請滕死：請滕尸而葬之。死讀曰尸。㉜江陽：江陽縣，漢屬犍為郡，劉璋據蜀，分立江陽郡，治江陽縣，即今四川省瀘縣治。㉝府是兵要，助順討逆：胡三省曰：「言西夷府總蜀兵之要。順謂耿滕，逆謂趙廞，使助滕討廞也。」㉞南安魚涪津：南安縣屬犍為郡，故治在今四川省夾江縣北。青衣江流經其東南，有魚涪津。㉟若克州軍，則州可得：州軍謂益州刺史所統屬之軍。㊱順流而退，必無害也：胡三省曰：「言順流而退，廞軍勢不能追，必無所害。」㉗王官：謂晉朝所署官吏。㉘始平：《晉書・地理志》曰：「始平郡，泰始三年置。」《宋書・州郡志》：「泰始二年，分京兆、扶風立始平郡。」按《元和郡縣志》，始平，漢之平陵縣，魏文帝改為始平縣，晉武改置始平國；又《寰宇記》，謂魏黃初元年改為始平國，與沈約志、《晉志》作郡者異。其岐城在今陝西省咸陽縣西北。㉙威寇將軍：《宋書・百官志》：威寇將軍，四十號之第七。㉚六郡壯勇：胡三省曰：「六郡即天水、略陽等六郡；壯勇，流民之壯勇者。」㉛北道：胡三省曰：「自關中入蜀之道也。」

卷八十四　晉紀六

司馬光編集
林瑞翰註

起重光作噩，盡玄黓閹茂，凡二年。（辛酉至壬戌，西元三〇一至三〇二年）

孝惠皇帝中之上

永寧元年㈠（西元三〇一年）

㈠春，正月，以散騎常侍安定張軌為涼州刺史。軌以時方多難，陰有保據河西之志，故求為涼州。時州境盜賊縱橫，鮮卑為寇。軌至，以宋配、氾瑗㈡為謀主，悉討破之，威著西土。

㈡相國倫與孫秀使牙門趙奉詐傳宣帝神語，云倫宜早入西宮㈢。散騎常侍義陽王威，望之孫也，素諂事倫，倫以威兼侍中，使威逼奪帝璽綬，作禪詔；又使尚書令滿奮持節奉璽綬，禪位於倫。左衛將軍王輿、前軍將軍司馬雅等帥甲士入殿，曉諭三部司馬，示以威賞，無敢違者。張林等屯守諸門㈣。乙丑（初九日），倫備灋駕入宮，即帝位。【考異】三十國春秋云：「倫將篡位，義陽王威執詔示嵇紹曰：『聖上法堯舜之舉，卿其然乎？』紹厲聲曰：『有死而已，終不有二。』威怒，拔劍而出。及惠帝遷於金墉城，唯紹固志不從，直於金墉，絕不通倫，時人皆為之懼。」晉書忠義傳云：「倫篡位，紹為侍中，惠帝復祚，遂居其職。」二說不同，今皆不取。

赦天下，改元建始。帝自華林西門㊄出居金墉城，倫使張衡將兵守之㊅。丙寅（初十日），尊帝為太上皇，改金墉曰永昌宮，廢皇太孫為濮陽王，立世子荂為皇太子，封子馥為京兆王，虔為廣平王，詡為霸城王，皆侍中將兵㊆，以梁王肜為宰衡，何劭為太宰，孫秀為侍中、中書監、驃騎將軍、儀同三司，義陽王威為中書令，張林為衞將軍，其餘黨與皆為卿將㊇，超階越次，不可勝紀，下至奴卒，亦加爵位，每朝會，貂蟬盈座㊈，時人為之諺曰：「貂不足，狗尾續㊉。」是歲，天下所舉賢良、秀才、孝廉，皆不試⑪；郡國計吏及太學生年十六以上，皆署吏，守、令赦日在職者，皆封侯；郡綱紀⑫並為孝廉，縣綱紀並為廉吏⑬。府庫之儲，不足以供賜與，應侯者多，鑄印不給，或以白板封之。

初，平南將軍孫旂之子弼、弟子髦、輔、琰⑭皆附會孫秀，與之合族，旬月間致位通顯。及倫稱帝，四子皆為將軍，封郡侯，以旂為車騎將軍、開府。旂以弼等受倫官爵過差，必為家禍，遣幼子回責之，弼等不從。旂不能制，慟哭而已。

㈢癸酉（十七日），殺濮陽哀王臧。

孫秀專執朝政，倫所出詔令，秀輒改更與奪，自書青紙為詔，或朝行夕改，百官轉易如流。張林素與秀不相能，且怨不得開府，潛與太子荂牋，言秀專權，不合眾心，而功臣皆小人，撓亂朝廷，可悉誅之。荂以書白倫，倫以示秀，秀勸倫收林殺之，夷其三族。秀以齊王冏、成都王穎、河間王顒各擁彊兵，據方面⑮，惡之，乃盡用其親黨為三王參佐，加冏鎮東大將軍，穎征北大將軍，皆開府儀同三司⑯，以寵安之。

㈣李庠驍勇得眾心⑰，趙廞浸忌之而未言。長史蜀郡杜淑、張粲⑱說廞曰：「將軍起兵始爾，而遽遣李庠握彊兵於外⑲，非我族類，其心必異，此倒戈授人⑳也，宜早圖之。」會庠勸廞稱尊號，淑、粲、因白廞，以庠大逆不道，引斬之，並其子姪十餘人。【考異】載記曰：「及其子姪宗族三十餘人。」今從華陽國志。又國志庠死在去年冬，晉春秋在今年春，今從之。時李特、李流皆將兵在外，廞遣人慰撫之曰：「庠非所宜言，罪應死，兄弟罪不相及。」復以特、流為督將。特、流怨廞，引兵歸緜竹。廞牙門將涪陵㉑許弇求為巴東監軍，杜淑、張粲、固執不許，弇怒，手殺淑、粲於廞閤下，淑、粲左右復殺弇，三人皆廞之腹心也，廞由是遂衰㉒。廞遣長史犍為費遠、蜀郡太守李苾、督護常俊，督萬餘人斷北道，屯緜竹之石亭㉓，李特密收兵得七千餘人㉔，夜襲遠等軍，燒之，死者十八九㉕，遂進攻成都。費遠、李苾及軍祭酒張微夜斬關走，文武盡散，廞獨與妻乘小船走至廣都，為從者所殺。特入成都，縱兵大掠，遣使詣洛陽陳廞罪狀。

初，梁州刺史羅尚聞趙廞反，表廞非雄才，蜀人不附，敗亡可計日而待。詔拜尚平西將軍、益州刺史，督牙門將王敦㉖、蜀郡太守徐儉、廣漢太守辛冉等七千餘人入蜀，特等聞尚來，甚懼，使其弟驤於道奉迎，並獻珍玩。尚悅，以驤為騎督㉗，特、流復以牛酒勞尚於緜竹。王敦、辛冉說尚曰：「特等專為盜賊，宜因會斬之，不然，必為後患。」尚不從。冉與特有舊，謂特曰：「故人相逢，不吉當凶矣。」特深自猜懼。

三月，尚至成都，汶山羌反，尚遣王敦討之，為羌所殺。【考異】帝紀在八月，疑是洛陽始知，今從華陽國志。

⑸齊王冏謀討趙王倫，未發，會離狐㉘王盛、潁川處穆㉙聚眾於濁澤㉚，百姓從之，日以萬數。倫以其將管襲為齊王軍司，討盛、穆斬之。冏因收襲殺之。【考異】齊王冏傳曰：「冏潛與盛、穆謀起兵誅倫，未發，恐事泄，乃與襲殺穆，送首於倫以安其意。」今從三十國春秋。與豫州刺史何勗、龍驤將軍董艾㉛等起兵，遣使告成都王穎、河閒王顒、常山王乂及南中郎將㉜新野公歆㉝，移檄征鎮州郡縣國㉞，稱逆臣孫秀迷誤趙王，同共誅討，有不從命者，誅及三族。使者至鄴，成都王穎召鄴令盧志謀之。志曰：「趙王篡逆，人神共憤，殿下收英俊以從人望，杖大順以討之，百姓必不召自至，攘臂爭進，蔑㉟不克矣。」穎從之，以志為諮議參軍㊱，仍補左長史。志，毓之孫也㊲。

穎以兗州刺史王彥、冀州刺史李毅㊳、督護趙驤、石超等為前鋒，遠近響應，至朝歌㊴，眾二十餘萬。超，苞之孫也㊵。

常山王乂在其國，與太原內史劉暾，各帥眾為穎後繼。新野公歆，得冏檄，未知所從。嬖人王綏曰：「趙親而彊，齊疏而弱㊷，公宜從趙。」參軍孫詢大言㊸於眾曰：「趙王凶逆，天下當共誅之，何親疏強弱之有？」歆乃從冏。

前安西參軍夏侯奭，在始平合眾數千人以應冏，遣使邀河間王顒。顒用長史李含謀，遣振武將軍㊹河閒張方討擒奭及其黨，腰斬之，冏檄至，顒執冏使送於倫，遣張方將兵助倫，方至華陰，顒聞二王㊺兵盛，復召方還，更附二王。

冏檄至揚州，州人皆欲應冏，刺史郗隆，慮之玄孫也㊻，以兄子鑒及諸子悉在洛陽，疑未決，悉召僚吏謀之。主簿淮南趙誘、前秀才虞潭皆曰：「趙王篡逆，海內所疾，今義兵四起，其敗必矣！為明使君計，莫若自將精兵，徑赴許昌㊼，上策也；遣將將兵會之，中策也；量遣小軍，隨形助勝，下策也。」隆退，密與別駕顧彥謀之。彥曰：「誘等下策，乃上計也。」治中留寶、主簿張褒、西曹留承聞之，請見曰：「不審明使君今當何施？」隆曰：「我俱受二帝㊽恩，無所偏助，欲守州而已。」承曰：「天下，世祖之天下也[四八]。太上[四九]承代已久，今上[五〇]取之不平[五一]，齊王順時舉事，成敗可見[五二]。使君不早發兵應之，狐疑遷延，變難將生，此州豈可保也。」隆不應。潭，翻之孫也[五三]。

隆停檄六日不下[五四]，將士憤怨。參軍王邃鎮石頭，將士爭往歸之，隆遣從事於牛渚禁之[五五]，不能止。將士遂奉邃攻隆，隆父子及顧彥皆死，傳首於冏。

安南將軍監沔北諸軍事孟觀，以為紫宮帝座[五六]無他變，倫必不敗，乃為之固守。

倫、秀聞三王[五七]兵起，大懼，詐為冏表曰：「不知何賊猝見攻圍，臣懦弱不能自固，乞中軍[五八]見救，庶得歸死。」以其表宣示內外。遣上軍將軍[五九]孫輔、折衝將軍[六〇]李嚴帥兵七千自延壽關[六一]出，征虜將軍張泓、左軍將軍蔡璜、前軍將軍閭和帥兵九千自崿阪關[六二]出，鎮軍將軍司馬雅、揚威將軍莫原[六三]帥兵八千自成皐關[六四]出以拒冏；遣孫秀子會、督將軍士猗、許超帥宿衛兵三萬以拒穎；召東平王楙為衛將軍，都督諸軍；又遣京兆王馥、廣平王虔帥兵八千，為三軍繼援㊅㊄。倫、秀日夜禱祈厭勝以求福，使巫覡選戰日，又使人於嵩山㊅㊅著羽衣，詐稱仙人王喬㊅㊆，作書述倫祚長久，欲以惑眾。

㈥閏月丙戌朔，日有食之。自正月至於是月，五星互經天，縱橫無常㊅㊇。張泓等進據陽翟㊅㊈，與齊王冏戰，屢破之，冏軍潁陰㊆〇。夏，四月，泓乘勝逼之，冏遣兵逆戰，諸軍不動，而孫輔、徐建軍夜亂，徑歸洛自首，曰：「齊王兵盛不可當。泓等已沒矣。」趙王倫大恐，祕之，而召其子虔及許超還㊆㊀，會泓破冏露布至，倫乃復遣之。泓等悉帥諸軍濟潁㊆㊁攻冏營，冏兵擊其別將孫髦、司馬譚等，破之，泓等乃退。孫秀詐稱已破冏營，擒得冏，令百官皆賀。

成都王穎前鋒至黃橋㊆㊂，為孫會、士猗、許超所敗，殺傷萬餘人，士眾震駭。穎欲退保朝歌，盧志、王彥曰：「今我軍失利，敵新得志，有輕我之心，我若退縮，士氣沮衄，不可復用；且戰何能無勝負？不若更選精兵，星行倍道㊆㊃，出敵不意，此用兵之奇也。」穎從之。

倫賞黃橋之功，士猗、許超與孫會皆持節，由是各不相從，軍政不一，且恃勝輕穎而不設備。穎帥諸軍擊之，大戰於湨水[七五]。

【考異】趙王倫傳作激水，今從帝紀。

會等大敗，棄軍南走，穎乘勝長驅濟河。

自冏等起兵，百官將士皆欲誅倫、秀，秀懼，不敢出中書省。及聞河北軍敗，憂懣不知所為。孫會、許超、士猗等至，與秀謀，或欲收餘卒出戰；或欲焚宮室誅不附己者，挾倫南就孫旂、孟觀[七六]；或欲棄船東走入海；計未決。辛酉（初七日），左衛將軍王輿與尚書廣陵公漼帥營兵七百餘人自南掖門入宮，三部司馬為應於內，攻孫秀、許超、士猗於中書省，皆斬之。遂殺孫奇[七七]、孫弼及前將軍謝惔等。漼，伷之子也。王輿屯雲龍門，召八坐皆入殿中，使倫為詔曰：「吾為孫秀所誤，以怒三王。今已誅秀，其迎太上皇復位，吾歸老於農畝。」傳詔[七八]以騶虞幡[七九]敕將士解兵。黃門將倫自華林東門出，及太子荂皆還汶陽里第[八〇]，遣甲士數千迎帝於金墉城，百姓咸稱萬歲。帝自端門入升殿，羣臣頓首謝罪，詔送倫、荂等赴金墉城[八一]，廣平王虔自河北還，至九曲[八二]，聞變，棄軍將數十人歸里第。

癸亥（初九日），赦天下，改元㈢，大酺㈣五日，分遣使者慰勞三王。

梁王肜等表趙王倫父子凶逆，宜伏誅。丁卯（十三日），遣尚書袁敞持節賜倫死，收其子荂、馥、虔、詡，皆誅之。凡百官為倫所用者，皆斥免，臺、省、府、衞㈤僅有存者。

是日，成都王穎至，己巳（十五日），河間王顒至。穎使趙驤、石超助齊王冏討張泓等於陽翟，泓等皆降。自兵興六十餘日，戰鬬死者近十萬人。斬張衡、閭和、孫髦於東市，蔡璜自殺。五月，誅義陽王威㈥，襄陽太守㈦宗岱承冏檄斬孫旂，永饒冶令空桐機㈧斬孟觀。皆傳首洛陽，夷三族。

㈦立襄陽王尚為皇太孫。

㈧六月，乙卯（初二日），齊王冏帥眾入洛陽，頓軍通章署，甲士數十萬，威震京都㈨。

㈨戊辰（十五日），赦天下。

㈩復封賓徒王晏為吳王㈩。【考異】晏傳：「自賓徒徙封代王，倫誅，復本封。」今從帝紀。

(十一)甲戌（二十一日），詔以齊王冏為大司馬[九一]，加九錫，備物典策，如宣、景、文、武輔魏故事；成都王穎為大將軍，都督中外諸軍事，假黃鉞，錄尚書事，加九錫，入朝不趨，劍履上殿；【考異】穎傳曰：「至鄴，詔王粹加九錫，進位大將軍，都督中外。穎拜受徽號，讓殊禮。」按穎在洛，盧志已謂穎曰：「今當與齊王共輔朝政，」明已有錄尚書之命，但穎不受歸鄴，故朝廷使粹追命之耳，且穎功大於冏，不應獨賞冏而穎未賞也。今從帝紀。河間王顒為侍中、太尉，加三賜[九二]之禮；常山王乂為撫軍大將軍，領左軍[九三]；進廣陵公漼爵為王，領尚書，加侍中；進新野公歆爵為王，都督荊州諸軍事，加鎮南大將軍[九四]。齊、成都、河間三府，各置掾屬四十人，武號森列[九五]，文官備員而已，識者知兵之未戢也。

己卯（二十六日），以梁王肜為太宰，領司徒[九六]。

光祿大夫劉蕃[九七]女為趙世子荂妻，故蕃及二子散騎侍郎輿、冠軍將軍琨皆為趙王倫所委任。大司馬冏以琨父子有才望[九八]，特宥之，以輿為中書郎[九九]，琨為尚書左丞[一〇〇]，又以前司徒王戎為尚書令，劉暾為御史中丞，王衍為河南尹。

新野王歆將之鎮[一〇一]，與冏同乘謁陵，因說冏曰：「成都王至親[一〇二]，同建大勳，今宜留之與輔政，若不能爾，當奪其兵權。」常山王乂與成都王穎俱拜陵，乂謂穎曰：「天下者，先帝之業，王宜維正之。」聞其言者莫不憂懼㉓。盧志謂穎曰：「齊王眾號百萬，與張泓等相持不能決，大王逕前濟河，功無與貳。今齊王欲與大王共輔朝政，志聞兩雄不俱立，宜因太妃微疾，求還定省㉔，委重齊王，以收四海之心㉕，此計之上也。」穎從之。

帝見穎於東堂慰勞之，穎拜謝曰：「此大司馬冏之勳，臣無豫焉！」因表稱冏功德，宜委以萬機，自陳母疾，請歸藩。即辭出，不復還營，便謁太廟，出自東陽城門㉖，遂歸鄴，遣信與冏別。冏大驚，馳出送穎，至七里澗㉗及之。穎住車言別，流涕滂沱㉘，惟以太妃疾苦為憂，不及時事，由是士民之譽皆歸穎。

冏辟新興劉殷為軍諮祭酒㉙，洛陽令曹攄為記室督㉚，尚書郎江統、陽平太守河內荀晞參軍事㉛，吳國張翰為東曹掾，孫惠為戶曹掾㉜，前廷尉正顧榮及順陽王豹為主簿㉝。惠，賁之曾孫㉞；榮，雍之孫也㉟。

殷幼孤貧，養曾祖母以孝聞，人以穀帛遺之，殷受而不謝，直云：「待後貴當相謇耳！」及長，博通經史，性倜儻㉖有大志，儉而不陋，清而不介，望之頹然㉗而不可侵也。

冏以何勗為中領軍，董艾典樞機，又封其將佐有功者葛旟㉘、路秀、衞毅、劉真、韓泰皆為縣公，委以心膂，號曰五公㉙。【考異】路秀，帝紀作路季，今從齊王冏傳。

成都王穎至鄴，詔遣使者就申前命，穎受大將軍，讓九錫殊禮；表論興義功臣，皆封公侯㉚，又表稱大司馬前在陽翟，與賊相持既久，百姓困敝，乞運河北邸閣米十五萬斛以賑陽翟饑民；造棺八千餘枚，以成都國秩為衣服，歛祭黃橋戰士，旌顯其家，加常戰亡二等；又命溫縣瘞趙王倫戰士萬四千餘人㉛，皆盧志之謀也。穎貌美而神昏不知書，然氣性敦厚，委事於志，故得成其美焉！詔復遣使諭穎入輔，並使受九錫，穎嬖人孟玖不欲還洛，又程太妃愛戀鄴都，故穎終辭不拜。

初，大司馬冏疑中書郎陸機為趙王倫撰禪詔，收欲殺之，大將軍穎為之辯理，得免死，因表為平原內史㉒，以其弟雲為清河內史㉓。機友人顧榮及廣陵戴淵以中國多難，勸機還吳。機以受穎全濟之恩，且謂穎有時望，可與立功，遂留不去。

（十二）秋，七月，復封常山王乂為長沙王㉔，遷開府驃騎將軍。

（十三）東萊王蕤凶暴使酒，數陵侮大司馬冏，又從冏求開府不得而怨之，密表冏專權，與左衛將軍王輿謀廢冏。事覺，八月，詔廢蕤為庶人，誅輿三族，徙蕤於上庸，上庸內史陳鍾承冏旨，潛殺之。【考異】帝紀：「六月庚午，蕤與王輿謀廢冏，事覺得罪。甲戌，冏為大司馬。」按誅輿詔已稱冏為大司馬，則輿事覺不應在冏為大司馬前，今從三十國春秋在八月。

（十四）赦天下。

（十五）東武公澹坐不孝，徙遼東㉕。九月，徵其弟東安王繇復舊爵㉖，拜尚書左僕射。繇舉東平王楙為都督徐州諸軍事，鎮下邳。【考異】帝紀：「八月，楙為平東，督徐州。九月，繇復爵。」按楙傳，繇為僕射，舉楙為平東，故移在繇還後。

（十六）初，朝廷符下秦、雍州，使召還流民入蜀者㉗，又遣御史馮該、張昌督之。李特兄輔自略陽至蜀，言中國方亂，不足復還。特然之，累遣天水閻式詣羅尚，求權停至秋，又納賂於尚及馮該，尚、該許之。朝廷論討趙廞功，拜特宣威將軍[28]，弟流奮武將軍[29]，皆封侯[30]。璽書下益州，條例六郡流民與特同討廞者，將加封賞。廣漢太守辛冉欲以滅廞為己功，寢朝命[31]，不以實上[32]。眾[33]咸怨之。羅尚遣從事督遣流民，限七月上道。時流民布在梁、益，為人傭力，聞州郡逼遣，人人愁怨，不知所為，且水潦方盛，年穀未登，無以為行資。特復遣閻式詣尚，求停至冬，辛冉及犍為太守李苾以為不可，尚舉別駕杜弢[34]秀才，式為弢說逼移利害，弢亦欲寬流民一年，尚用冉、苾之謀，不從。弢乃致秀才板[35]，出還家。冉性貪暴，欲殺流民首領，取其資貨，乃與苾白尚，言流民前因趙廞之亂，多所剽掠，宜因移設關以奪取之[36]。尚移書梓潼[37]太守張演，於諸要施關[38]，搜索寶貨。特數為流民請留，流民皆感而恃之，多相帥歸特。特乃結大營於緜竹，以處流民。移[39]辛冉求自寬，冉大怒，遣人分牓通衢，購募特兄弟，許以重賞。特見之，悉取以歸，與弟驤改其購云：「能送六郡酋豪李、任、閻、趙、上官及氐、叟侯王一首，賞百匹[40]。」於是流民大懼，歸特者愈眾，旬月間過二萬人，流亦聚眾數千人。特又遣閻式詣羅尚求申期㊃，式見營柵衝要，謀捍㊂流民，歎曰：「民心方危，今而速之，亂將作矣！」又知辛冉、李苾意不可回，乃辭尚還緜竹。尚謂式曰：「子且以吾意告諸流民，今聽寬矣！」式曰：「明公惑於姦說，恐無寬理。弱而不可輕者民也，今趣之不以理，眾怒難犯㊂，恐為禍不淺。」尚曰：「然，吾不欺子，子其行矣！」式至緜竹，言於特曰：「尚雖云爾，然未可信也！何者？尚威刑不立，冉等各擁彊兵，一旦為變，亦非尚所能制，深宜為備！」特從之。冬，十月，特分為二營，特居北營，流居東營，繕甲厲兵，戒嚴以待之。冉、苾相與謀曰：「羅侯貪而無斷，日復一日，令流民得展姦計。李特兄弟並有雄才，吾屬將為所虜矣，宜為決計㊃，羅侯不足復問也。」乃遣廣漢都尉曾元、牙門張顯、劉並等，潛帥步騎三萬襲特營，羅尚聞之，亦遣督護田佐助元。元等至，特安臥不動，待其眾半入，發伏擊之，死者甚眾，殺田佐、曾元、張顯，傳首以示尚、冉。尚謂將佐曰：「此虜成去矣㊄，而廣漢不用吾言，以張賊勢[四六]，今若之何？」於是六郡流民共推特行鎮北大將軍，承制封拜，以其弟流行鎮東大將軍，號東督護，以相鎮統；又以兄輔為驃騎將軍，弟驤為驍騎將軍，進兵攻冉於廣漢[四七]。尚遣李苾、費遠帥眾救冉，畏特不敢進。冉出戰，屢敗，潰圍奔德陽[四八]。特入據廣漢，以李超為太守，進兵攻尚於成都。尚以書諭閻式，式復書曰：「辛冉傾巧，曾元小豎，李叔平[四九]非將帥之才。式前為節下[五〇]，及杜景文[五一]論留徙之宜，人懷桑梓[五二]，孰不願之？但往日初至，隨穀庸賃[五三]，一室五分，復值秋潦[五四]，乞須冬熟，而終不見聽。繩之太過，窮鹿抵虎，流民不肯延頸受刀，以致為變。即聽式言，寬使治嚴[五五]，不過去九月[五六]盡集，十月進道，令達鄉里，何有如此也！」

特以兄輔、弟驤、子始、蕩、雄及李含、含子國、離、任、回、李攀、攀弟恭、上官晶、任臧、楊褒、上官惇等為將帥，閻式、李遠等為僚佐[五七]。羅尚素貪殘，為百姓患，特與蜀民約法三章[五八]，施捨[五九]賑貸。禮賢拔滯，軍政肅然，蜀民大悅。

尚頻為特所敗，乃阻長圍，緣郫水，作營連延七百里㈤。與特相拒，求救於梁州及南夷校尉㈥。

㈦十二月，穎昌康公何劭薨。

㈧封大司馬冏子冰為樂安王，英為濟陽王，超為淮南王。

【今註】㈠永寧元年：時仍為永康二年，是年正月乙丑，趙王倫改元建始，四月，惠帝復辟，始改元永寧。㈡汜瑷：汜姓，瑷名。汜音凡，瑷音爰。㈢西宮：胡三省曰：「時倫以東宮為相國府，謂禁中為西宮。」王鳴盛《十七史商榷》：「案東宮者，相府也，早入西宮者，為天子也。上文言司馬雅給事東宮，又言孫秀知太子若還東宮，將與賢人圖政，彼東宮皆太子所居，與此東宮為相府不同。大約自魏及晉，洛京宮室，天子居西而相府在東，故段灼傳，武帝即位，灼陳時宜云：『陛下受禪，從東府入西宮，兵刃耀天，旌旗翳日』，而齊王冏傳亦云：『冏起兵討趙王倫，惠帝反正，拜大司馬，加九錫備物典策如宣景文武輔魏故事。冏輔政，大築第館，北取五穀市，南開諸署，毀壞廬舍以百數，使大匠營制，與西宮等是也。』」㈣諸門：謂宮城諸門。㈤華林西門：胡三省曰：「華林西門，華林園西門也。」㈥倫使張衡將兵守之：《晉書．趙王倫傳》：「倫使張衡衞帝，實幽之也。」㈦封子馥為京兆王，虔為廣平王，詡為霸城王，皆侍中將兵：《晉書．趙王倫傳》：「以馥為侍中、大司農、領護軍、京兆王，虔為侍中、大將軍、領軍、廣平王，詡為侍中、撫軍將軍、霸城王。」侍中執政要，護軍、領軍、撫軍俱掌兵權。⑧卿將：胡三省曰：「卿將，列卿及諸中郎將也。」⑨貂蟬盈座：《續漢志》曰：「侍中、中常侍冠武弁大冠，加黃金璫，附蟬為文，貂尾為飾，謂之趙惠文冠。」《晉書・百官志》曰：「武冠，一名武弁大冠，一名繁冠，一名建冠，一名籠冠，即古之惠文冠，或曰趙惠文王所造，因以為名；亦云惠者蟪也，其冠文輕細如蟬翼，故名惠文；或云齊人見千歲涸澤之神，名曰慶忌，冠大冠，乘小車，好疾馳，因象其冠而服焉！」胡廣曰：「趙武靈王效胡服，以金璫飾首，前插貂尾為貴職，秦滅趙，以其冠賜近臣。」應劭《漢官儀》曰：「說者以金取堅剛，百鍊不耗，蟬居高飲潔，口在掖下，貂內勁悍而外溫潤，此因物生義也。」徐廣曰：「趙武靈王胡服有此，秦漢即而用之，說者蟬取其清高飲露而不食，貂紫蔚采潤而毛采不彰，故於義亦取。」沈約曰：「貂蟬之說，因物生義，非其實也。其實趙武靈王變胡服，而秦滅趙，以其君冠賜侍臣，故秦漢以來，侍臣有貂蟬也。侍中左貂，常侍右貂。」《文選・為范尚書讓吏部封侯第一表》注引虞預《晉書》曰：「趙王倫簒位時，侍中、常侍九十七人，每朝，小人滿朝，貂蟬半座。」⑩貂不足，狗尾續：胡三省曰：「史記曰：『狐裘雖敝，不可補以黃狗之皮。』亦此意。」言非其人，不可以居其位。⑪是歲，天下所舉賢良、秀才、孝廉，皆不試：舊制，賢良、秀才、孝廉皆須策試而後補官，今不試而補官，蓋欲以取悅人情。⑫綱紀：《文選・為宋公修張良廟教》注云：「綱紀，謂主簿也；教，主簿宣之，故曰綱紀。」虞預《晉書》，東平主簿王豹白事齊王曰：「況豹雖陋，固大州之綱紀也。」胡三省曰：「綱紀，綜理府事者也。郡綱紀，功曹之屬；縣綱紀，主簿、錄事史之屬。」⑬廉吏：亦選舉之一科，兩漢有銓第郎吏，歲舉秀才、廉吏之制，魏、晉因之。㊃平南將軍孫旂之子弼、弟子髦、輔、琰：《晉書・孫旂傳》：「旂子弼及弟子髦、輔、琰四人，並有吏材，稱於當世。」㊄齊王冏、成都王穎、河間王顒各擁彊兵，據方面：時冏鎮許昌，穎鎮鄴，顒鎮關中。㊅加冏鎮東大將軍，穎征北大將軍，皆開府儀同三司：按《晉書・惠帝紀》，冏起兵討倫，征西大將軍河間王顒舉兵應之；惠帝反正癸亥詔文亦云征西大將軍河間王顒，又〈李含傳〉亦曰：「趙王倫簒位，以為東武陽令，河間王顒表請含為征西司馬。」則顒進位征西當在倫簒位之後，與冏、穎等進位同時，蓋比三王俱擁重兵，因為倫、秀所忌，故崇其位以寵安之也。然據顒傳，則未言顒為征西大將軍，殆顒傳失書也。㊆李庠驍勇得眾心：《晉書・李特載記》云：「庠素東羌良將，曉軍法，不用麾幟，舉矛為行伍。」又曰：「庠字玄序，特第三弟也，善騎射，才兼文武，趙廞深器之，與論兵法，無不稱善，每謂所親曰：『李玄序蓋亦一時之關張也。』」及將有異志，委以心膂之任。㊇長史蜀郡杜淑、張粲：《晉書・李特載記》作長史杜淑、司馬張粲。《華陽國志》作武陽令蜀郡杜淑、別駕張粲。㊈將軍起兵始爾，而遽遣李庠握彊兵於外：謂廞以庠為威寇將軍，使招合壯勇以斷北道。㊉倒戈授人：言授人以柄，終必自戕。⑪涪陵：涪陵縣，漢屬巴郡，蜀分置涪陵郡，故治即今四川省重慶市。⑫廞由是遂衰：胡三省曰：「腹心既死，廞無所倚，故其勢衰。」⑬屯緜竹之石亭：緜竹縣，漢屬廣漢郡，晉屬新都郡，縣有紫巖山，緜水所出。故城在今四川省德陽縣北。顧祖禹《讀史方輿紀要》：「石亭水在緜竹縣東。」按石亭水即雒江，有石亭渡，在今四川省什邡縣東，為什邡縣與緜竹、德陽二縣往來通津。㉔李特密收兵得七千餘人：《華陽國志》曰：「特等初合得七百餘人。」《晉書・載記》作七千餘人。㉕十八九：十居八九。㉖牙門將王敦：胡三省曰：「此別一王敦。」胡言非江左之王敦。江左之王敦，乃愍懷太子遷許昌時冒禁拜望於路側者。㉗騎督：督騎兵。㉘離狐：離狐縣，前漢屬東郡，後漢、晉屬濟陰郡，故城在今河北省東明縣東南。㉙處穆：按《晉書・齊王冏傳》當作王處穆。㉚濁澤：潁川長社縣有濁澤。澤在今河南省臨潁縣西北。《史記・魏世家》：「魏惠王元年，韓、趙合軍以伐魏，戰於濁澤。」即此。㉛董艾：《世說・方正篇》注引八王故事曰：「艾字叔智，弘農人，祖遇，魏侍中，父綏，秘書監。艾少好功名，不修士檢，齊王起義，艾為新汲令，赴軍，用艾領右將軍，王敗，見誅。」㉜南中郎將：《晉書・職官志》：「四中郎將，並後漢置，歷魏及晉，並有其職。武帝以來，四中郎將或領刺史，或持節為之。」㉝新野公歆：歆字弘舒，扶風武王駿之少子。㉞征鎮州郡縣國：征謂四征，鎮謂四鎮，國謂諸侯王封國。㉟蔑：無也。《詩・大雅・板》：「喪亂蔑資。」傳：「無也。」㊱諮議參軍：胡三省曰：「諮議參軍，晉公府皆置之，蓋取諮詢謀議軍事也。」按《宋書・百官志》，晉公府皆置參軍，主諸曹事；晉元帝以鎮東大將軍為丞相，置諮議參事二人。又《晉書・盧志傳》：「潁以志為諮議參事，仍補左長史，專掌文翰。」㊲志，毓之孫也：盧毓見卷七十三魏明帝景初元年。㊳冀州刺史李毅：《晉書》帝紀作豫州刺史李毅，〈成都王穎傳〉作冀州刺史李毅。㊴朝歌：朝歌縣，漢屬河內郡，晉屬汲郡，故城在今河南省淇縣北。商時為紂所都。㊵超，苞之孫也：石苞歷事晉文帝、武帝二朝，為晉初佐命功臣。㊶趙親而彊，齊疏而弱：歆父扶風武王駿與趙王倫皆宣帝子，歆於倫為叔侄，其屬親；冏父齊獻王攸為文帝子，於歆為從子，其屬視倫為疏也。㊷大言：大聲而言。㊸振武將軍：《宋書・百官志》曰：「振武將軍，西漢末，王況為之。」蓋始置於王莽之朝。㊹二王：謂齊王冏、成都王穎。㊺刺史郗隆，慮之玄孫也：郗慮，事漢獻帝為御史大夫。㊻許昌：齊王冏鎮所。㊼二帝：胡三省曰：「二帝，謂宣帝、武帝。或曰：二帝謂惠帝及趙王倫，非也。」㊽天下，世祖之天下也：世祖，文帝廟號。胡三省曰：「文帝平諸葛誕，滅蜀，始弘晉業。」㊾太上：謂惠帝，時惠帝號太上皇。㊿今上：謂趙王倫。(51)取之不平：言倫篡位無道，不為羣臣所服。(52)成敗可見：言齊王冏舉事必成，趙王倫必敗，其事灼然可見。(53)潭，翻之孫也：虞翻事吳主權，以直諫聞。(54)隆停檄六日不下：胡三省曰：「停冏檄不下曹。」(55)參軍王邃鎮石頭，將士爭往歸之，隆遣從事於牛渚禁之：胡三省曰：「平吳之後，揚州移鎮秣陵，今於牛渚禁將士往石頭，疑此時揚州又還治淮南也。」牛渚，山名。《寰宇記》曰：「牛渚山突出江中，謂之牛渚圻，山北謂之采石，對采石渡口，商旅於此取石，至都輸造石渚，故名。」其地在今安徽省當塗縣西北。(56)紫宮帝座：紫宮即紫微垣，三垣之中垣，一名紫宮垣，或簡稱紫垣，又名紫微宮，簡稱紫宮。《晉書・天文志》曰：「北極五星，鉤陳六星，皆在紫宮中。紫宮垣十五星，其西蕃七，東蕃八，在北斗北，一曰紫微，大帝之座也，天子之常居也。」古人蓋以紫宮為天子之象。(57)三王：謂齊王冏、成都王穎、河間王顒。(58)中軍：胡三省曰：「魏晉以禁兵為中軍。」(59)上軍將軍：胡三省曰：「上軍將軍，蓋當時所置。」(60)折衝將軍：《宋書・百官志》：

「折衝將軍，漢建安中，魏武以樂進居之。」(六一)延壽關：《晉書・地理志》，河南郡新城縣有延壽關。新城故址在今河南省洛陽縣南。按延壽關即古之伊闕。(六二)崿阪關：崿亦作堮，又作鄂。《晉書・地理志》，河南郡陽城縣有鄂阪關。《元和郡縣志》曰：「鄂阪嶺在緱氏縣東南三十七里。」《讀史方輿紀要》曰：「陽城廢縣在登封縣東南四十里，崿嶺在縣東南三十里，本箕山也。」緱氏縣故城在今河南省偃師縣南，縣東南有緱氏山。《戰國策・秦策》張儀曰：「塞軒轅緱氏之口。」蓋自古為兵危險阨之地。(六三)揚威將軍莫原：《宋書・百官志》：「揚威將軍，魏置。」《姓譜》曰：「莫姓，楚莫敖之後。」(六四)成皋關：《晉書・地理志》，河南郡成皋縣有關，鄭之武牢。故址在今河南省成皋縣西北。(六五)為三軍繼援：胡三省曰：「孫會、士猗、許超三人所將之軍為三軍。」按《晉書・趙王倫傳》，三軍蓋指出延壽關、崿阪關及成皋關之軍。(六六)嵩山：嵩山，古稱中嶽，一名嵩高。山有三峯，中曰峻極，東曰太室，西曰少室。《白虎通》：「中嶽居四方之中而高，故曰嵩高。」戴延之曰：「東曰太室，西曰少室，嵩高，其總名也。」《漢書・地理志》，山在潁川郡陽城縣境，漢武置嵩高縣以奉太室山，屬潁川郡，後漢省，併入陽城縣。晉陽城縣，屬河南郡。山在今河南省登封縣北。(六七)仙人王喬：《劉向・列仙傳》：「王子喬，周靈王太子晉也，好吹笙，作鳳鳴，遊伊洛間。道士浮丘公接上嵩山三十餘年，後來於山上告桓良曰：『告我家七月七日待我於緱氏山頭。』果乘白鶴駐山巔，望之不得到，舉手謝時人而去。」(六八)自正月至於是月，五星互經天，縱橫無常：五星者，謂金、木、水、火、土五行星。《穀梁傳》序疏：「五星者，即東方歲星，南方熒惑，西方太白，北方辰星，中央填星也。」《漢書‧律曆志》：「水合於辰星，火合於熒惑，金合於太白，木合於歲星，土合於填星。」《晉書‧天文志》曰：「星傳曰：『日陽，君道也；星陰，臣道也。日出則星亡，臣不得專也。晝而星見於上者為經天，其占為不臣，為更王。』今五星悉經天，天變所未有也。」㊈陽翟：陽翟縣，漢屬潁川郡，晉屬河南郡，故治即今河南省禹縣。㊉潁陰：潁陰縣，屬潁川郡，故治在今河南省禹縣東南，去陽翟四十里。㊆召其子虔及許超還：欲召虔、超之軍還以自衛。㊇潁：潁水源出河南省登封縣西境之潁谷，東南流經禹縣北，至淮陽縣會賈魯河，復東南流入安徽省至西正陽關入淮水。禹縣，即古之陽翟。㊂黃橋：胡三省曰：「朝歌西有黃澤，澤水右入蕩水，謂之黃雀溝，橋當在溝上。」顧祖禹曰：「黃橋在淇縣西南。」朝歌在今河南省淇縣北。㊃星行倍道：胡三省曰：「星行者，夜行，戴星而行也。」倍道猶曰兼程，謂倍於平常之行程。㊄淇水：淇音具。淇水源出河南省濟源縣西，東流經孟縣北，又東南入河。㊅挾倫南就孫旂、孟觀：時旂鎮荊州，孟觀鎮宛。㊆孫奇：《晉書》校文曰：「奇是會之譌，即孫秀之子也。」㊇傳詔：胡三省曰：「傳詔者，使之宣傳詔命，因以為官名。」㊈騶虞幡：見上卷永康元年註㊄。㊉汶陽里第：胡三省曰：「洛陽城中有汶陽里，倫私第在焉！」洪亮吉《東晉疆域志》：「考晉宮閣名無汶陽里，疑屬攸陽之誤。案通鑑晉紀註云：『洛陽城中有汶陽里，倫私第在焉！』不言所據之書。」㊀詔送倫、荂等赴金墉城：《初學記》二十引《晉雜事》曰：「齊王冏舉義兵，囚趙王倫父子五人於金墉城。」㊁九曲：顧祖禹曰：「九曲瀆在鞏縣西，即洛陽之千金堨。」鞏縣，屬河南郡，故城在今河南省鞏縣西南。〔八三〕改元：改元承寧。〔八四〕大酺：《史記》正義曰：「大酺，天下歡樂大飲酒也。」〔八五〕臺、省、府、衞：胡三省曰：「尚書、御史臺、謁者臺、門下、中書、秘書省、諸公府也。衞，二衞及六軍也。」〔八六〕誅義陽王威：《書鈔》一三一引干寶《晉紀》曰：「義陽王威附趙王倫，倫篡位，使義陽王威奪玉璽，上執威強爭，毀上指。及乘輿反正，詔誅威，曰：『奪吾璽者，正此人也。』」〔八七〕襄陽太守：《晉書・地理志》曰：「襄陽郡，魏置。」沈約《宋志》曰：「魏武帝平荊州，分南郡編以北及南陽之山都立襄陽郡。」魚豢曰：「魏文帝立。」〔八八〕永饒冶令空桐機：胡三省曰：「永饒冶當在南陽宛縣。」顧祖禹曰：「永饒冶在南陽府南，晉時置冶於此，有令掌之。永寧初，永饒冶令空桐機斬孟觀於此。時觀黨於趙王倫，引軍屯宛也。」空桐，覆姓；機名。《史記・殷本紀》贊商後有空桐氏。《世本》曰：「空同，子姓，因空同山而得氏也。」〔八九〕京都：胡三省曰：「晉避景帝諱，謂京師曰京都。」〔九〇〕復封賓徒王晏為吳王：晏貶見上卷永康元年。〔九一〕詔以齊王冏為大司馬：《晉書・惠帝紀》云：「以齊王冏為大司馬，都督中外諸軍事。」《齊王冏傳》無都督中外諸軍事。又帝紀：「以成都王穎為大將軍，錄尚書事。」而穎傳云：「進位大將軍，都督中外。」兩相參錯。《通鑑》考異曰：「今從帝紀。」而以都督中外諸軍事繫成都王穎下，似未安也。〔九二〕三賜：胡三省曰：「禮記王制：『諸侯賜弓矢然後征，賜鈇鉞然後殺，賜圭瓚然後為鬯。』是為三賜。」〔九三〕領左軍：《晉書・長沙王乂傳》云：「領左軍將軍。」〔九四〕加鎮南大將軍：歆自南中郎將加鎮南大將軍。〔九五〕齊、成都、河間三府，各置掾屬四十人，武號森列：胡三省曰：「自東漢以來，公府皆有掾、有屬，但不帶武號耳！」㊅以梁王肜為太宰，領司徒：《晉書・職官志》曰：「太宰、太傅、太保，周之三公官也，晉初以景帝諱，採周官官名置太宰以代太師之任。」杜佑曰：「蓋為太師之互名，非周冢宰之任也。」又〈惠帝紀〉，趙王倫既誅，乃罷丞相，復置司徒。肜蓋以太師領丞相之職。㊆劉蕃：《世說・言語篇》注引王隱《晉書》作璠。《晉書・劉琨傳》作蕃。㊇大司馬冏以琨父子有才望：《晉書・劉琨傳》：「劉琨字越石，中山魏昌人，漢中山靖王勝之後也。父蕃，清高沖儉。琨少得儁朗之目，與范陽祖納俱以雄豪著名。」又〈劉輿傳〉：「輿字慶孫，儁朗有才局，與琨並尚書郭奕之甥，名著當時，京都為之語曰：『洛中奕奕，慶孫越石。』」輿，《世說・仇隟篇》作璵，注引鄧粲《晉紀》亦作璵。丁國鈞《晉書校文》曰：「以弟名琨例之，本作璵。」㊈中書郎：胡三省曰：「中書郎，即中書侍郎。」㊉琨為尚書左丞：《世說・言語篇》注引王隱《晉書》作右丞，《晉書・劉琨傳》作左丞。㊀新野王歆將之鎮：歆時為都督荊州諸軍事，將出鎮荊州也。㊁成都王至親：成都王穎，武帝之子，惠帝之弟，故曰至親。㊂聞其言者莫不憂懼：胡三省曰：「憂懼者，以冏與乂、穎必阻兵相圖，將罹其禍也。」㊃宜因太妃微疾，求還定省：穎母程才人，冊為成都太妃。《禮・曲禮》：「凡為人子之禮，冬溫而夏凊，昏定而晨省。」註：「冬則溫之以禦其寒，夏則凊之以辟其暑；定，安其牀衽也；省，問其安否何如。」㊄委重齊王，以收四海之心：胡三省曰：「委朝政之重於齊王，則四海之人謂穎功大不居，將歸心於穎。」㊅東陽城門：洛陽城東面有三門，北頭第一門曰達春門，次南曰東陽門，次南曰青明門。㊆七里澗：《水經・穀水注》：「鴻臺陂在洛陽東北二十里，其水東流，左合七里澗，澗有石梁，即旅人橋也。」澗在今河南省洛陽縣東。⑱流涕滂沱：淚下如雨。滂沱，多雨貌。⑲軍諮祭酒：沈約《宋志》曰：「晉江左初置軍諮祭酒。」然《晉書・劉殷傳》：「齊王冏輔政，辟殷為大司馬軍諮祭酒。」則洛京時代已有軍諮之號。胡三省曰：「晉制文武官公及諸方面征、鎮府皆置軍諮祭酒。」⑳記室督：後漢太尉屬官有記室令史。《續漢志》曰：「記室令史，主上表章，報書記。」魏武輔漢，以陳琳、阮瑀為司空軍謀祭酒，管記室，見《魏志・王粲傳》；晉文輔魏，鍾會以中郎在大將軍府管記室事，為心腹之任，時人謂之子房，見《魏志・鍾會傳》，《晉書・職官志》曰：「晉諸公及開府位從公者皆有記室督。」蓋亦漢魏記室令史之任。㉑尚書郎江統、陽平太守河內荀晞參軍事：《晉書・職官志》：「諸公及開府位從公為持節都督，增參軍為六人。」㉒吳國張翰為東曹掾，孫惠為戶曹掾：《宋書・百官志》曰：「東、西曹掾秩四百石，他掾三百石。」晉制，公府各置東西曹及其他諸曹，因時增減無定制；曹有掾有屬。東曹在倉曹之上，戶曹在倉曹之上，見《晉書・職官志》。《御覽》二〇九引干寶《司徒儀》曰：「掾屬之職，敦明教義，肅厲清風，非禮不言，非法不行，以訓羣吏，以貴朝望，各掌其所治之曹。」㉓主簿：晉公府各置主簿一人，見《晉書・職官志》。晉文帝為相國，置主簿四人，趙王倫為相國，亦置主簿四人，見沈約《宋書・百官志》。㉔惠，賁之曾孫：孫賁，吳主權之從兄。㉕榮，雍之孫也：顧雍，吳相。㉖倜儻：卓異不羈。倜音惕，儻音倘。㉗頹然：頹通穨，暴風貌。《詩・小雅・谷風》：「維風及頹。」頹然，喻儀容威重不可侵犯。㉘葛旟：旟音輿。㉙五公：《晉書・齊王冏傳》：「封葛旟為牟平公，路秀小黃公，衛毅陰平公，劉真安鄉公，韓泰封丘公，號曰五公。」〈惠帝紀〉陰平作平陰。張熷曰：「地理志無牟平、安鄉二縣。案五公所封如小黃、封丘皆近洛陽，不應毅封獨遠，本紀作平陰為是。」(三〇)表論興義功臣，皆封公侯：《晉書・成都王穎傳》：「表論興義功臣盧志、和演、董洪、王彥、趙驤等五人，皆封開國公侯。」(三一)又命溫縣瘞趙王倫戰士萬四千餘人：胡三省曰：「此湨水之戰也。」溫縣，屬河內郡，故城在今河南省溫縣西南。(三二)大將軍穎為之辯理，得免死，因表為平原內史：《晉書・陸機傳》：「得減死徙邊，遇赦而止。時成都王穎推功不居，勞謙下士，機既感全濟之恩，又見朝廷屢有憂難，謂穎必能康隆晉室，遂委身焉！穎以機參大將軍之事，表為平原內史。」《吳志・陸抗傳》注引〈機雲別傳〉云：「時朝廷多故，機雲並自結於成都王穎，穎用機為平原相。」(三三)以其弟雲為清河內史：陸雲〈歲暮賦〉云：「永寧二年春，忝寵北郡，其夏，又轉大將軍司馬。」吳士鑑曰：「案北郡，指為清河內史而言。」永寧二年即太安元年，則雲為清河內史，當在太安元年春，《通鑑》繫在是年六月誤。錢大昕曰：「晉時郡置太守，王國則置內史，行太守事，然名稱率相亂。如陸雲稱清河內史（本傳），亦稱太守（陸氏異林）；桓彝稱宣城內史（成帝紀及本傳），亦稱太守（桓溫、蘇峻諸傳）；蘇峻稱歷陽內史（本傳），亦稱太守（成帝紀）；孫默稱琅邪太守（元帝紀），亦稱內史（石勒載記）；邵存稱武邑內史，亦稱太守（邵續傳）；周廣稱豫章內史（元帝紀），亦稱太守（華軼傳）；王曠稱丹陽太守（陳敢傳），亦稱內史（顧榮傳）；王承稱東海太守（王湛傳），亦稱內史（名士傳）。」(三四)復封常山王乂為長沙王：武帝太康十年，封乂為長沙王，賈后誅楚王瑋，乂以同母弟貶為常山王，今復舊封。㉕東武公澹坐不孝，徙遼東：《晉書・武陵莊王澹傳》：「澹性忌害，無孝友之行。澹妻郭氏，賈后內妹也，恃勢無禮於澹母。齊王冏輔政，澹母諸葛太妃表澹不孝，由是澹與妻子徙遼東。」㉖九月，徵其弟東安王繇復舊爵：東安王繇廢徙見卷八十二元康元年。㉗召還流民入蜀者：《華陽國志》曰：「御史馮該、張昌攝秦雍州從事，督移還流民，徙者萬餘家。」㉘宣威將軍：沈約《宋志》曰：「宣威將軍，四十號之第二。」㉙奮武將軍：《晉書》李特、李流載記俱作奮威將軍，作奮武誤。《宋書・百官志》曰：「奮威將軍，前漢世任千秋為之。」㉚皆封侯：《晉書・李特載記》，特封長樂鄉侯，流封武陽侯。㉛寢朝命：寢晉朝封拜特、流及六郡流民之同討廞者之命。㉜不以實上：謂上書朝廷所條列者不以實也。㉝眾：謂六郡之眾。㉞杜弢：弢音滔。㉟致秀才板：胡三省曰：「送至為致。」按羅尚舉杜弢為秀才，弢不受，故送還其板。㊱宜因移設關以奪取之：胡三省曰：「移即移書也。」余按移者移徙。言宜因流民徙移之際，設關於津要以奪取流民酋豪之資貨也。㊲梓潼：蜀漢分廣漢郡立梓潼郡。㊳於諸要施關：胡三省曰：「諸要者，凡路所通，其地當往來之津要者；施關者，先未嘗立關，今特設之。」㊴移：此移，謂移書。㊵能送六郡酋豪李、任、閻、趙、上官及氐、叟侯王一首，賞百匹：《華陽國志》作「能送六郡大姓閻、趙、任、楊、李、上官及氐、叟梁、竇、苻、隗、董、費等首，百匹。」李賢曰：「叟即蜀也。漢代謂蜀為叟。」㊶申期：申，伸也，見《玉篇》。《六書故》：「申，古伸字，象脅背之伸。」《文選・班彪北征賦》：「行止屈申。」申期即伸期，謂伸展其期限。㊷搒：搒取，謂覆而盡取之。㊸弱而不可輕者民也，今趣之不以理，眾怒難犯：此引《左傳》鄭子產之言。民弱而不可輕，猶水柔而能覆舟，無理而迫促之，則勢將為變。趣與促同。㊹決計：胡三省曰：「欲一戰以決之也。」㊺此虜成去矣：胡三省曰：「謂特雖求申行期，而去計已成也。」㊻而廣漢不用吾言，以張賊勢：羅尚言辛冉等不用吾撫綏之計，輕於用兵，為李特所敗，使特等之勢愈張也。廣漢，謂辛冉，時冉為廣漢太守，故稱之。㊼廣漢：廣漢郡，漢治梓潼縣，即今四川省梓潼縣；東漢徙治雒，即今四川省廣漢縣；晉徙治廣漢，在今四川省遂寧縣東北，尋復還東漢舊治。㊽德陽：德陽縣，後漢置，屬廣漢郡，故城在今四川省梓潼縣北。㊾李叔平：李苾字叔平。㊿節下：胡三省曰：「晉人稱方面專征之將，率曰節下。」《南史・沈慶之傳》：「節下有一范增而不能用，空議何施？」蓋取持節之義。(五一)杜景文：杜弢字景文。(五二)人懷桑梓：胡三省曰：「桑梓，祖父之所樹以遺子孫者，故謂懷故鄉者為懷桑梓。」《詩經・小雅・小弁》之詩：「維桑與梓，必恭敬止。」朱傳：「桑、梓，二木，古者五畝之宅，樹之牆下，以遺子孫，給蠶食，具器用者也。」(五三)但往日初至，隨穀庸賃：胡三省曰：「謂往日流民初至蜀之時，無以自給，隨所往逐糧出力，為人傭作。」(五四)潦：雨水大貌。潦音老。(五五)即聽式言，寬使治嚴：即，若也。治嚴即治裝，漢明帝諱莊，莊、裝同聲，故改裝為嚴，蓋沿用漢人語。寬使治嚴，謂寬展其行期，使得治裝就道。(五六)去九月：去，已過之義。式復書時已過十月，故謂九月曰去九月。(五七)特以兄輔、弟驤、子始、蕩、雄及李含、含子國、離、任、回、李攀、攀弟恭、上官晶、任臧、楊褒、上官惇為將帥，閻式、李遠等為僚佐：

《晉書・李特載記》：「兄輔為驃騎將軍，弟驤為驍騎將軍，長子始為武威將軍，次子蕩為鎮軍將軍，少子雄為前將軍，李含為西夷校尉，含子國、離、任、回、李恭、上官晶、李攀、費陀等為將帥，任臧、上官惇、楊褒、楊珪、王達、麴歆等為爪牙，李遠、李博、夕斌、嚴檉、上官琦、李濤、王懷為僚屬，閻式為謀主，何巨、趙肅為腹心。」《華陽國志》曰：「特長兄輔字元政，弟驤字元龍，子蕩字仲平。」《魏書・李雄傳》云：「慕有五子：輔、特、庠、流、驤。」《御覽》二〇六引《十六國春秋》：「始字伯散。」《晉書・李雄載記》云：「雄字仲儁。」〔五八〕特與蜀民約法三章：蓋襲漢高帝與父老約法三章語。見卷九漢高帝元年註〔二七〕。〔五九〕施捨：杜預曰：「施恩惠，捨勞役。」〔六〇〕緣郫水，作營連延七百里：《晉書・李特載記》：「尚緣水作營，自都安至犍為七百里。」《水經・江水注》：「洛水逕犍為牛鞞縣為牛鞞水。」注云：「昔羅尚乘牛鞞水東征李雄是也。」胡三省曰：「水經注：『緜水西出緜竹縣，又與湔水合，亦謂之郫江。』」趙一清《水經法釋》云：「一清案方輿紀要云：『郫水在成都城南十里，大江之支流也，亦曰汶江，自灌縣分流經郫縣，歷府西折而南。又東合於流江，亦謂之內江。任豫益州記，郫江為內江，流江為外江是也。』晉永寧元年，李特據廣漢，進攻益州刺史羅尚於成都，尚屢敗，乃阻長圍，緣郫水作營，連延七百里。或據水經注以緜水為尚所阻之郫江，誤矣！」〔六一〕求救於梁州及南夷校尉：梁州治漢中。南夷校尉治寧州，統南中諸郡。時南夷校尉李毅，見《晉書・李特載記》。

太安元年㈠（西元三〇二年）

㈠春，三月，沖太孫尚㈡薨。

㈡夏，五月，己酉（五月己卯朔，無己酉）梁孝王肜薨。

㈢以右光祿大夫劉寔為太傅，尋以老病罷。

㈣河間王顒遣督護衙博討李特。軍於梓潼；朝廷復以張微為廣漢太守，軍於德陽㈢。羅尚遣督護張龜，軍於繁城㈣。特使其子鎮軍將軍蕩等襲博，而自將擊龜，破之。蕩敗博兵於陽沔，梓潼太守張演委城走，巴西㈤丞毛植以郡降；蕩進攻博於葭萌㈥，博走，其眾盡降。河間王顒更以許雄為梁州刺史。特自稱大將軍，益州牧，都督梁益二州諸軍事。

㈣大司馬冏欲久專大政，以帝子孫俱盡㈦，大將軍穎有次立之勢㈧，清河王覃，遐之子也，方八歲。乃上表請立之。癸卯（二十五日），立覃為皇太子，以冏為太子太師，東海王越為司空，領中書監。

㈤秋，八月，李特攻張微，微擊破之，遂進攻特營。李蕩引兵救之，山道險陘，蕩力戰而前，遂破微兵。特欲還涪，蕩及司馬王幸諫曰：「微軍已敗，智勇俱竭，宜乘銳氣遂禽之。」特復進攻微，殺之，生禽微子存，以微喪還之。特以其將蹇碩㊈守德陽，李驤軍毗橋㊉，羅尚遣軍擊之，屢為驤所敗，驤遂進攻成都，燒其門。李流軍成都之北。尚遣精勇萬人攻驤，驤與流合擊，大破之，還者什一二。許雄數遣軍攻特不勝，特勢益盛。建寧㊁大姓李叡、毛詵逐太守許俊，朱提㊂大姓李猛逐太守雍約以應特，眾各數萬，南夷校尉李毅討破之，斬詵。李猛奉牋降，而辭意不遜，毅誘而殺之。

冬，十一月，丙戌（十一日），復置寧州㊂，以毅為刺史。

㈥齊武閔王冏既得志，頗驕奢擅權，大起府第，壞公私廬舍以百數，制與西宮㊃等，中外失望。侍中嵇紹上疏曰：「存不忘亡，易之善戒也㊄。臣願陛下無忘金墉，大司馬無忘潁上，大將軍無忘黃橋，則禍亂之萌無由而兆矣㊅。」又與冏書，以為：「唐虞茅茨，夏禹卑宮(一七)，今大興第舍，及為三王立宅，豈今日之急邪？」冏遜辭謝之，然不能從。

冏耽於宴樂，不入朝見(一八)，坐拜百官(一九)，符敕三臺(二〇)，選用不均(二一)，嬖寵用事。殿中御史(二二)桓豹奏事不先經冏府，即加考竟。南陽處士鄭方，上書諫冏曰：「今大王安不慮危，宴樂過度，一失也；宗室骨肉，當無纖介，今則不然，二失也；蠻夷不靜(二三)，大王謂功業已隆，不以為念，三失也；兵革之後，百姓窮困，不聞賑救，四失也(二四)；大王與義兵盟約，事定之後，賞不踰時(二五)，而今猶有功未論者(二六)，五失也。」冏謝曰：「非子，孤不聞過。」

孫惠上書曰：「天下有五難，四不可，而明公皆居之。冒犯鋒刃，一難也；聚致英豪，二難也；與將士均勞苦，三難也；以弱勝彊，四難也；興復皇業，五難也。大名不可久荷，大功不可久任，大權不可久執，大威不可久居。大王行其難而不以為難，處其不可而謂之可，惠切所不安(二七)也，明公宜思功成身退(二八)之道，崇親推近，委重長沙、成都、二王，長揖歸藩，則太伯、子臧不專美於前矣㉙！今乃忘高亢㉚之可危，貪權埶以受疑，雖遨遊高臺之上，逍遙重墉㉛之內，愚竊謂危亡之憂，過於在潁、翟之時也㉜。」冏不能用，惠辭疾去。

冏謂曹攄曰：「或勸吾委權還國，何如？」攄曰：「物禁太盛㉝，大王誠能居高慮危，褰裳㉞去之，斯善之善者也！」冏不聽。張翰、顧榮皆慮及禍，翰因秋風起，思菰菜㉟蓴羹㊱鱸魚鱠㊲，歎曰：「人生貴適志耳，富貴何為？」即引去。榮故酣飲，不省府事，長史葛旟以其廢職，白冏，徙榮為中書侍郎㊳。潁川處士庾袞㊴，聞冏朞年不朝，歎曰：「晉室卑矣！禍亂將興。」帥妻子逃於林慮山中㊵。王豹致牋於冏曰：「伏思元康以來，宰相在位，未有一人獲終者㊶，乃事埶使然，非皆為不善也。今公克平禍亂，安國定家，乃復尋覆車之軌，欲冀長存，不亦難乎？今河閒樹根於關右，成都盤桓於舊魏，新野大封於江漢㊷。三王方以方剛強盛之年，並典戎馬，處要害之地，而明公以難賞之功，挾震主之威㊸，獨據京都，專執大權，進則亢龍有悔㊹，退則據於蒺藜㊺，冀此求安，未見其福也。」因請悉遣王侯之國，依周召之瀍㊻，以成都王為北州伯，治鄴；冏自為南州伯，治宛，分河為界，各統王侯，以夾輔天子，冏優令答之。長沙王乂見豹牋，謂冏曰：「小子離間骨肉，何不銅駞下打殺？」冏乃奏豹讒內間外，坐生猜嫌，不忠不義，鞭殺之。豹將死，曰：「縣吾頭大司馬門，見兵之攻齊也㊼！」

冏以河間王顒本附趙王倫㊽，心常恨之。梁州刺史安定皇甫商與顒長史李含不平，含被徵為翊軍校尉，時商參冏軍事，夏侯奭兄亦在冏府，含心不自安㊾，又與冏右司馬趙驤有隙，遂單馬犇顒，詐稱受密詔使顒誅冏。因說顒曰：「成都王至親，有大功，推讓還藩，甚得眾心；齊王越親而專政，朝廷側目。今檄長沙王使討齊，齊王必誅長沙，吾因以為齊罪而討之，必可禽也。去齊立成都，除逼建親，以安社稷，大勳也。」顒從之。是時，武帝族弟范陽王虓㊿都督豫州諸軍事，顒上表陳冏罪狀，且言勒兵十萬，欲與成都王穎、新野王歆、范陽王虓共會洛陽，請長沙王乂廢冏還第，以穎代冏輔政。顒遂舉兵，以李含為都督，帥張方等趨洛陽；復遣使邀穎，穎將應之，盧志諫不聽。

十二月，丁卯（二十二日），顒表至，冏大懼，會百官議之，曰：「孤首唱義兵，臣子之節，信著神明，今二王[51]信讒作難，將若之何？」尚書令王戎曰：「公勳業誠大，然賞不及勞，故人懷貳心。今二王兵盛，不可當也。若以王就第，委權崇讓，庶可求安。」冏從事中郎葛旟怒曰：「三臺納言，不恤王事，賞報稽緩[52]，責不在府[53]；讒言逆亂，當共誅討，奈何虛承偽書，遽令公就第乎？漢魏以來，王侯就第，寧有得保妻子者邪？議者可斬。」百官震悚失色，戎偽藥發墮廁，得免。

李含屯陰盤[54]，張方帥兵二萬軍新安[55]，檄長沙王乂使討冏，冏遣董艾襲乂，乂將左右百餘人馳入宮，閉諸門，奉天子攻大司馬府。董艾陳兵宮西，縱火燒千秋神武門[56]。冏使人執騶虞幡唱云：「長沙王乂矯詔。」乂又稱大司馬謀反。是夕，城內大戰，飛矢雨集，火光屬天。帝幸上東門[57]，矢集御前，羣臣死者相枕。連戰三日，冏眾大敗(五八)。大司馬長史趙淵殺何勗(五九)，因執冏以降。冏至殿前，帝惻然欲活之，乂叱左右趣牽出，斬於閶闔門(六〇)外，徇首六軍，同黨皆夷三族，死者二千餘人。囚冏子超、冰、英於金墉城，廢冏弟北海王寔。

赦天下，改元(六一)。

李含等聞冏死，引兵還長安。長沙王乂雖在朝廷，事無巨細，皆就鄴諮大將軍穎。穎以孫惠為參軍，陸雲為右司馬(六二)。

(七)是歲，陳留王(六三)薨，謚曰魏元皇帝。

(八)鮮卑宇文單于莫圭(六四)部眾彊盛，遣其弟屈雲攻慕容廆，廆擊其別帥素怒延，破之。素怒延恥之，復發兵十萬圍廆於棘城(六五)，廆眾皆懼。廆曰：「素怒延兵雖多而無灋制，已在吾筭中矣！諸君但為力戰，無所憂也。」遂出擊，大破之，追犇百里，俘斬萬計。【考異】載記作素延，下云：「素延怒，率眾圍棘城。」按燕書紀、傳皆謂之素怒延，然則怒延是其名也。遼東孟暉，先沒於宇文部，帥其眾數千家降於廆，廆以為建威將軍。廆以其臣慕輿句勤恪廉靖，使掌府庫；句心計默識(六六)，不按簿書，始終無漏；以慕輿河(六七)明敏精審，使典獄訟，覆訊清允(六八)。

【今註】㈠太安元年：是年十二月，齊王冏死，方改元太安，此猶是永寧二年。㈡沖太孫尚：皇太孫尚謚曰沖。幼小曰沖。㈢河閒王顒遣督護衙博討李特。軍於梓潼；朝廷復以張微為廣漢太守，軍於德陽：《華陽國志》博等討特在太安元年春，《晉書》帝紀在夏五月，又〈李特載記〉：「太安元年，特自稱益州牧。」已在博軍敗降之後，則博等討特又在太安元年之前，所載先後各異。張微，《華陽國志》、《晉書》帝紀俱作微，〈李特載記〉作徵，《御覽》三四〇引《十六國春秋》作黴，蓋形似致譌。《華陽國志》曰：「微字建興，張翼之子。」《姓譜》曰：「秦穆公食采於衙，因氏焉！」衙縣，漢屬左馮翊。梓潼縣，漢屬廣漢郡，蜀漢分廣漢置梓潼郡。㈣繁城：繁縣，屬蜀郡。故城在今四川省新繁縣東北。㈤巴西：巴西郡，漢末劉璋置，治閬中，閬中漢屬巴郡，故城在今四川省閬中縣西。㈥葭萌：葭萌，漢縣，屬廣漢郡，蜀漢分屬梓潼郡，更名漢壽，晉改稱晉壽，此蓋因漢代舊名，故城在今四川省昭化縣南。㈦以帝子孫俱盡：胡三省曰：「太子遹死，帝無子矣；彪、臧、尚死，帝無孫矣！」㈧大將軍穎有次立之勢：穎於惠帝為親弟，於次當立。㈨蹇碩：《晉書・李特載記》作騫碩，此從《華陽國志》。㈩毗橋：顧祖禹曰：「毗橋在新都縣南十里，毗橋河以此名。」新都縣漢屬廣漢郡，晉屬新都郡，故城在今四川省新都縣東。㈡建寧：建寧，古滇王國之地，漢為益州郡，蜀漢建興三年，改為建寧郡，治味縣。故治在今雲南省曲靖縣西。㊂朱提：朱提縣，前漢屬犍為郡，後漢屬犍為屬國都尉，蜀漢分犍為為朱提郡，治朱提縣，故城在今四川省宜賓縣西南。㊃復置寧州：罷寧州見卷八十一武帝太康五年。㊃西宮：即禁中，見永寧元年註㊂。㊄存不忘亡，易之善戒也：《易．大傳》曰：「危者，有其安者也；亡者，保其亡者也；亂者，有其治者也。君子安而不忘危，存而不忘亡，治而不忘亂，然後身安而國家可保也。」《易．否》曰：「其亡其亡，繫於苞桑。」疏：「苞，本也，凡物繫之桑之苞本，則牢固也。」㊅臣願陛下無忘金墉，大司馬無忘潁上，大將軍無忘黃橋，則禍亂之萌無由而兆矣：機事之先見曰兆。惠帝見囚於金墉，齊王冏軍敗於潁上，成都王穎挫衄於黃橋，紹此言蓋亦安不忘危，存不忘亡之戒。胡三省曰：「齊桓公與鮑叔牙、管夷吾、甯戚飲，酒酣，叔牙為壽曰：『願君無忘在莒時，願管子無忘束縛於魯時，甯子無忘飯牛車下時。』稽紹之言祖雲意。」㊆唐虞茅茨，夏禹卑宮：堯舜采椽不斲，茅茨不翦；禹卑宮室。紹引此蓋謂聖賢當示天下以儉樸。㊇冏耽於宴樂，不入朝見：《晉書．齊王冏傳》：「後庭施鐘懸，前庭舞八佾，沈於酒色，不入朝見。」《書鈔》七十引王隱《晉書》：「冏耽酒色，侈其府第，不朝覲而蓄精兵。」㊈坐拜百官：胡三省曰：「坐受百官之拜也。一說：天子用三公、九卿、諸將，猶引而拜之，今冏安坐府第，拜授百官也。」㊉符勑三臺：三臺謂尚書臺、御史臺、謁者臺，大政所在。符勑三臺，則政令皆自冏出。㊁選用不均：選官署吏不以賢能而以嬖寵，是為不均。㊂殿中御史：即殿中侍御史。《晉書．職官志》曰：「魏蘭臺遣二御史居殿中，伺察非法，及晉，置四人。」蘭臺即御史臺。㉓蠻夷不靜：胡三省曰：「蠻夷不靜，謂李特等寇亂梁益也。」㉔兵革之後，百姓窮困，不聞賑救，四失也：胡三省曰：「此一失蓋指成都王穎運米以收河南人心，而不敢察察言之耳！」㉕賞不踰時：《兵法》曰：「賞不踰時，欲民速得為善之利也。」《軍讖》曰：「軍無財則士不來，軍無賞則士不往。故香餌之下必有懸魚，重賞之下必有勇夫，故曰：禮者，士之所歸也；賞者，士之必死也。昭其所歸，示有所死，故曰：禮有後悔則士不止，賞而後悔則士不使，禮賞不倦，則士進矣！」㉖而今猶有功未論者：胡三省曰：「此言穎上之功，猶有未敍者。」㉗切所不安：所以切念於心而不安。㉘功成身退：老子曰：「功成名遂身退，天之道。」㉙則太伯、子臧不專美於前矣：吳太伯、曹子臧俱以讓國，令聞流於後世。《晉書・齊王冏傳》孫惠上書曰：「姬文不得專聖於前，太伯不得獨賢於後。」㉚高亢：王肅曰：「窮高曰亢。」窮，窮極之意。㉛重墉：《晉書・齊王冏傳》孫惠上書：「逍遙重仞之墉。」《說文》曰：「仞，伸臂一尋八尺。」重仞，喻其高峻。《通鑑》作重墉，則有複疊之義，喻其深密。㉜愚竊謂危亡之憂，過於在潁、翟之時也：潁謂潁川，翟謂陽翟。按齊王冏起義之初，趙王倫將張泓數敗冏軍於陽翟、潁川間。㉝物禁太盛：《晉書・曹攄傳》攄謂齊王冏曰：「蕩平國賊，匡復帝祚，古今人臣之功，未有如大王之盛也。然道罔隆而不殺，物無盛而不衰，非唯人事，抑亦天理。」㉞褰裳：《詩經・鄭風》有褰裳之篇。李富孫曰：「詩褰裳當作攐，亦有作騫者，較作褰為長。毛傳：『騫，虧也。』說文于部：『虧，气損也。』」詩褰裳字本用此，謂摳衣不使盈滿也。」㉟菰菜：菰本作苽，一名蔣，又名茭。《本草》曰：「菰又謂之茭，歲久中心生白臺，謂之菰米，其臺中有黑者謂之茭，至秋結實，乃雕胡黑米也。」㊱蓴羹：蓴生水中似鳧茨。李時珍曰：「蓴生南方湖澤中，惟吳越人善食之，春夏嫩莖未葉者名雅蓴，葉稍舒長者名絲蓴。」《晉書・陸機傳》：「機嘗詣侍中王濟，濟指羊酪謂機曰：『卿吳中何以敵此？』答云：『千里蓴羹，末下鹽豉。』時人稱為名對。」《御覽》一七〇引《輿地志》曰：「吳大帝以陸遜為華亭侯，以其所居為封也。華亭谷出佳魚、蓴菜，故陸機云『千里蓴羹，末下鹽豉』。」王楙《野客叢書》曰：「或者謂千里、末下皆地名，蓴、豉所出之地，而世說載此語則曰：『千里蓴羹，但未下鹽豉耳！』觀此語則非地名。東坡詩曰：『安憐蓴葉下鹽豉』。又曰：『未肯將鹽下蓴菜』，坡意正協世說。然杜子美詩曰：『詩思末下芋，君思千詩蓴。』張鉅山詩曰：『一出修門道，重嘗末下蓴。』觀二公所云，是又以千里末下為地名矣！前輩諸公之見不同如此。」黃朝英《靖康緗素雜記》曰：「詳陸答語，千里蓴羹，末下鹽豉，蓋舉二地所出之物，以敵羊酪。今以地有千里之遠，但末下鹽豉，何支離也！」㊲鱸魚鱠：胡三省曰：「鱸魚出吳松江者佳，吳人以為鱠，甚美。」鱠與膾同，《說文》曰：「鱠，細切肉也。」㊳徙榮為中書侍郎：《初學記》十二引王隱《晉書》作黃門侍郎，與《晉書・顧榮傳》作中書侍郎異。《晉書・顧榮傳》：「為中書侍郎，在職不復飲酒，人或問之曰：『何前醉而後醒邪？』榮懼罪，乃復更飲。與州里楊彥明書曰：『吾為齊王主簿，恆慮禍及，見刀與繩，每欲自殺，但人不知耳！』」㊴庾袞：《晉書・孝友傳》：「庾袞字叔褒，明穆皇后伯父也。」㊵帥妻子逃於林慮山中：林慮山本名隆慮山，後漢避殤帝諱改曰林慮，山在今河南省林縣西。

《御覽》七四二引王隱《晉書》曰：「庾袞入林慮山，中塗而眩發，倚巖而坐，拄杖將起，跌墜崖而死。」㊶元康以來，宰相在位，未有一人獲終者：胡三省曰：「元康元年，楊駿誅，繼而汝南王亮死，永康元年，張華、裴頠死。」㊷今河間樹根於關右，成都盤桓於舊魏，新野大封於江漢：時河間王顒鎮關中，成都王穎鎮鄴，新野王歆鎮荊州，俱擁重兵，專方面。鄴都為魏興王之地，故謂之舊魏。㊸以難賞之功，挾震主之威：漢蒯生曰：「勇略震主者身危，功蓋天下者不賞。」㊹亢龍有悔：《易．乾》上九爻辭。〈象〉曰：「亢龍有悔，盈不可久也。」㊺據於蒺藜：此易困六三爻辭，言重處凶傷之地。陶弘景曰：「蒺藜，多生道上而葉布地，子有刺，狀若菱而小，有三角，長安最饒，故多著木屐。今軍家乃鑄作之以布敵路，亦呼為蒺藜。」㊻依周召之灋：周之時，周、召二公，分陝而治以夾輔王室，時號二伯，故王豹欲依以為法，令冏、穎分界而治以弭兵禍。㊼縣吾頭大司馬門，見兵之攻齊也：胡三省曰：「昔伍子胥為吳王夫差所殺，將死，曰：『縣吾目於吳東門，見越之入吳也。』豹倣此語。」縣與懸同。㊽冏以河間王顒本附趙王倫：冏初起義，顒附趙王倫，事見永寧元年。㊾夏侯奭兄亦在冏府，含心不自安：冏初起義，奭起兵應冏，河間王顒用李含謀遣張方擒殺之，故含心不自安。顒殺奭事見永寧元年。㊿武帝族弟范陽王虓：虓，宣帝弟東武城侯馗之少子。(五一)二王：胡三省曰：「二王，謂河間王顒，成都王穎。」(五二)賞報稽緩：胡三省曰：「賞以報功，故曰賞報。」稽緩，謂稽留遲緩。(五三)責不在府：謂其過不在齊府。(五四)陰盤：《漢志》作陰槃，《續漢志》作陰盤，屬安定郡，故城在今陝西省長武縣西北。宋白曰：「京兆昭應縣東十三里有漢新豐縣故城，亦謂之陰盤城。後漢靈帝末移安定陰盤縣寄理於此。」《晉書・地理志》作陰般，即漢靈帝末寄治新豐之陰盤，屬京兆郡，故城在今陝西省臨潼縣東。《晉書・河間王顒傳》、〈李含傳〉俱作陰盤，蓋沿漢之舊稱。(五五)新安：新安縣，漢屬弘農郡，晉屬河南郡，故城在今河南省澠池縣東。(五六)縱火燒千秋神武門：《御覽》八六四引王隱《晉書》曰：「孫秀多斂葦炬，益儲麻油於殿省為縱火具。」胡三省曰：「千秋神武門，宮西門也。東漢曰神虎，晉及南北諸史皆唐羣臣所定，唐太祖諱虎，避之，改為武。」(五七)上東門：胡三省曰：「此上東門，非洛城之上東門，宮城之上東門也。」(五八)連戰三日，冏眾大敗：《晉書・長沙王乂傳》云：「連戰三日，冏敗。」又〈齊王冏傳〉：「是夕，城內大戰，明日，冏敗。」是相攻僅一日夜，乂傳云三日，未知孰是。(五九)何勗：勗與冏同起兵時為中領軍。(六〇)閶闔門：史炤曰：「閶闔，門名，在河南洛陽之西。」胡三省曰：「水經注曰：『按禮：王有五門，謂臯門、庫門、雉門、應門、路門。魏明帝上法太極，於洛陽南宮起太極殿於漢崇德殿之故處，改雉門曰閶闔門。』余按天門曰閶闔，法以名門；又晉志洛陽城西有廣陽、西明、閶闔三門，未知孰是。此時挈挈，奚暇牽冏出都城西門乎？此必宮城之閶闔門也。」(六一)改元：改元太安。(六二)穎以陸雲為右司馬：陸雲為大將軍府右司馬當在是年夏，參見永寧元年註㉜。《通鑑》繫於是年十二月誤。(六三)陳留王：晉受魏禪，以魏帝為陳留王，居於鄴宮以奉魏祀。《魏志・少帝紀》注引孫盛《魏世譜》曰：「崩年五十八。」(六四)莫圭：《北史・宇文莫槐傳》作莫廆，《晉書・慕容廆載記》作莫圭。(六五)棘城：《晉書・慕容廆載記》：「廆以大棘城即帝顓頊之墟也，元康四年，乃移居之。」《御覽》一二一引《十六國春秋》曰：「大棘城，所謂紫蒙之邑也。」故城在今遼寧省義縣西北。㊅心計默識：識音志，記也。《論語・述而》：「默而識之。」默識亦心計之義。㊆慕輿河：胡三省曰：「慕輿，蓋亦鮮卑之一種，別為一姓。」㊇清允：清允無私。

卷八十五　晉紀七

起昭陽大淵獻，盡閼逢困敦，凡二年。（癸亥至甲子，西元三〇三至三〇四年）

司馬光編集
林瑞翰註

孝惠皇帝中之下

太安二年（西元三〇三年）

㈠春，正月，李特潛渡江擊羅尚，水上軍皆散走㈠，蜀郡太守徐儉以少城降。特入據之，惟取馬以供軍，餘無侵掠。赦其境內，改元建初。【考異】帝紀：「太安元年五月，特自號大將軍。」載記：「太安元年，特稱大將軍，改元。」後魏書李雄傳云：「昭帝七年，特稱大將軍，號年建初。」昭帝七年，太安元年也。祖孝徵修文殿御覽云：「太安二年，特大赦，改年建初元年，特見殺。」三十國晉春秋云：「太安二年正月，特僭位改年。」今從御覽等書。羅尚保太城，遣使求和於特。蜀民相聚為塢者，皆送款於特，特遣使就撫之。以軍中糧少，乃分六郡流民於諸塢就食。李流言於特曰：「諸塢新附，人心未固，宜質其大姓子弟，聚兵自守，以備不虞。」又與特司馬上官惇書曰：「納降如受敵㈡，不可易也。」前將軍雄亦以為言。特怒曰：「大事已定，但當安民，何為更逆加疑忌，使之離叛乎？」

朝廷遣荊州刺史宗岱、建平太守孫阜帥水軍三萬以救羅尚，岱以阜為前鋒，進逼德陽，特遣李蕩及蜀郡太守李璜就德陽太守㊂任臧共拒之。岱、阜軍勢甚盛，諸塢皆有貳志。益州兵曹從事蜀郡任叡㊃言於尚曰：「李特散眾就食，驕怠無備，此天亡之時也。宜密約諸塢，刻期同發，內外擊之，破之必矣。」尚使叡夜縋出城，宣旨於諸塢，期以二月十日同擊特。叡因詣特詐降，特問城中虛實，叡曰：「糧儲將盡，但餘貨帛耳！」叡求出省家，特許之，遂還報尚。【考異】載記作任明，羅尚傳作任銳，今從華陽國志。

二月，尚遣兵掩襲特營，諸塢皆應之，特兵大敗，斬特及李輔、李遠㊄，皆焚尸，傳首洛陽，流民大懼。李蕩、李雄收餘眾還保赤祖㊅，流自稱大將軍、大都督、益州牧，保東營，蕩、雄保北營。孫阜破德陽，獲蹇碩㊆，任臧退屯涪陵㊇。

三月，羅尚遣督護何沖、常深攻李流，涪陵民藥紳亦起兵攻流，流與李驤拒紳，何沖乘虛攻北營，氐苻成、隗伯在營中叛應之。

蕩母羅氏擐甲拒戰，伯手刃傷其目，羅氏氣益壯。會流等破深、紳，引兵還與沖戰，大破之，成、伯率其黨突出詣尚，流等乘勝進抵成都，尚復閉城自守。蕩馳馬逐北，中矛而死。

朝廷遣侍中劉沈假節統羅尚、許雄等軍㈨，討李流，行至長安，河閒王顒留沈為軍師，遣席薳㈩代之。李流以李特、李蕩繼死，宗岱、孫阜將至，甚懼。李含勸流降，流從之，李驤、李雄迭諫不納。夏五月，流遣其子世及含子胡為質於阜軍。胡兄離為梓潼太守，聞之，自郡馳還，欲諫不及，退與雄謀襲阜軍。雄曰：「為今計當如是，而二翁㈡不從，奈何？」離曰：「當劫之耳！」雄大喜。乃共說流民曰：「吾屬前已殘暴蜀民，今一旦束手，便為魚肉，惟有同心襲阜，以取富貴耳！」眾皆從之。雄遂與離襲擊阜軍，大破之。會宗岱卒於墊江㈢，荊州軍遂退。流甚慙，由是奇雄才，軍事悉以任之。

㈡新野莊王歆為政嚴急，失蠻夷心。義陽㈢蠻張昌聚黨數千人欲為亂。

荊州以壬午詔書發武勇赴益州討李流，號壬午兵。民憚遠征，皆不欲行。詔書督遣嚴急，所經之界，停留五日者，二千石免官，由是郡縣官長皆親出驅逐，展轉不遠，輒復屯聚為羣盜。時江夏大稔，民就食者數千口，張昌因之誑惑百姓，更姓名曰李辰，募眾於安陸石巖山㊃，諸流民及避戍役者多從之。太守弓欽㊄遣兵討之，不勝。昌遂攻郡，欽兵敗，與部將朱伺犇武昌。歆遣騎督靳滿討之，滿復敗走。昌遂據江夏㊅，造妖言云：「當有聖人出為民主。」得山都縣㊆吏丘沈，更其姓名曰劉尼，詐云漢後，奉以為天子，曰：「此聖人也。」昌自為相國，詐作鳳皇玉璽之瑞㊇，建元神鳳，郊祀服色，悉依漢故事，有不應募者，族誅之，士民莫敢不從。又流言江淮已南皆反，官軍大起，當悉誅之。互相扇動，人情惶懼。江沔間所在起兵以應昌，旬月間，眾至三萬，皆著絳帽，以馬尾作髯。詔遣監軍華宏討之，敗於障山㊈。歆上言妖賊犬羊㊉萬計，絳頭毛面，挑刀走戟㊁，其鋒不可當，請臺勅諸軍三道救助。朝廷以屯騎校尉劉喬為豫州刺史，寧朔將軍㊂沛國劉弘為荊州刺史，又詔河間王顒遣雍州刺史劉沈將州兵萬人，并征西府五千人，出藍田關㉓以討昌。顒不奉詔，沈自領州兵至藍田，顒又逼奪其眾。於是劉喬屯汝南，劉弘及前將軍趙驤、平南將軍羊伊屯宛。昌遣其將黃林帥二萬人向豫州，劉喬擊却之。

初，歆與齊王冏善㉔，冏敗，歆懼，自結於大將軍穎。及張昌作亂，歆表請討之。時長沙王乂已與穎有隙，疑歆與穎連謀，不聽歆出兵。昌眾日盛，從事中郎孫洵謂歆曰：「公為岳牧㉕，受閫外之託，拜表輒行，有何不可？而使姦凶滋蔓，禍釁不測，豈藩翰王室㉖，鎮靜方夏㉗之義乎？」歆將出兵。王綏曰：「昌等小賊，偏裨自足制之，何必違詔命，親矢石也？」昌至樊城，歆乃出拒之，眾潰，為昌所殺。

詔以劉弘代歆為鎮南將軍，都督荊州諸軍事㉘。

六月，弘以南蠻長史㉙陶侃為大都護，參軍蒯恆為義軍督護㉚，牙門將皮初為都戰帥，進據襄陽。

張昌并軍圍宛，敗趙驤軍，殺羊伊，劉弘退屯梁㉛。昌進攻襄陽，不克。

㊂李雄攻殺汶山太守陳圖，【考異】華陽國志作陳眚，今從載記。遂取郫城㊂。秋，七月，李流徙屯郫，蜀民皆保險結塢，或南入寧州，或東下荊州，城邑皆空，野無煙火，流虜掠無所得，士眾饑乏，唯涪陵千餘家依青城山處士范長生㊂。【考異】華陽國志作范賢，今從載記。平西參軍㊃涪陵徐轝說羅尚求為汶山太守，邀結長生，與共討流，【考異】華陽國志作徐輿，今從載記。尚不許。轝怒，出降於流，流以轝為安西將軍。轝說長生使資給流軍糧，長生從之，流軍由是復振。

㊃初，李含以長沙王乂微弱，必為齊王冏所殺，因欲以為冏罪而討之，遂廢帝立大將軍穎，以河間王顒為宰相，己得用事。既而冏為乂所殺㊄，穎、顒猶守藩，不如所謀。穎恃功驕奢，百度弛廢，甚於冏時，猶嫌乂在內，不得逞其欲，欲去之。時皇甫商復為乂參軍，商兄重為秦州刺史，含說顒曰：「商為乂所任，重終不為人用，宜早除之㊅。可表遷重為內職，因其過長安執之。」重知之，露檄上尚書，發隴上兵以討含㊆。乂以兵方少息，遣使詔重

罷兵，徵含為河南尹。【考異】含傳云：「河間王顒表含為河南尹。」今從皇甫重傳。含就徵，而重不奉詔，顒遣金城太守游楷、隴西太守韓稚等合四郡兵攻之㊳。顒密使含與侍中馮蓀、中書令卞粹謀殺乂，皇甫商以告乂，收含、蓀、粹殺之。驃騎從事㊴琅邪諸葛玫、前司徒長史武邑牽秀㊵皆出奔鄴。

㈤張昌黨石氷寇揚州，敗刺史陳徽，諸郡盡沒，又攻破江州㊶，別將陳貞攻武陵、零陵、豫章、武昌、長沙，皆陷之。臨淮㊷人封雲起兵寇徐州以應氷，於是荊、江、徐、揚、豫五州之境，多為昌所據。昌更置牧守，皆桀盜小人，專以劫掠為務。劉弘遣陶侃等攻昌於竟陵㊸，劉喬遣其將李楊等向江夏。侃等屢與昌戰，大破之，前後斬首數萬級，昌逃於下儁山㊹，其眾悉降。【考異】帝紀：「八月庚申，劉弘及張昌戰于清水，斬之。」昌傳云：「昌敗，竄於下儁山，明年秋，禽斬之。」按弘斬張奕表云：「張昌姦黨初平，昌未梟首。」故從昌本傳。

初，陶侃少孤貧，為郡督郵㊺。長沙太守萬嗣過廬江，見而異之㊻，命其子結友而去。後察孝廉，至洛陽，豫章國郎中令楊晫薦之於顧榮㊼，侃由是知名。既克張昌，劉弘謂侃曰：「吾昔為羊公㊽參軍，謂吾後當居身處㊾，今觀卿必繼老夫矣！」

弘之退屯於梁也，征南將軍范陽王虓(五〇)遣前長水校尉張奕領荊州，弘至，奕不受代，舉兵拒弘，弘討奕，斬之。時荊部守宰多缺，弘請補選，詔許之。弘敍功銓(五一)德，隨才授任，人皆服其公當。弘表皮初補襄陽太守，朝廷以初雖有功而望淺，更以弘壻前東平太守夏侯陟為襄陽太守。弘下教曰：「夫治一國者，宜以一國為心(五二)，必若親姻然後可用，則荊州十郡(五三)，安得十女壻然後為政哉？」乃表陟姻親，舊制不得相監，皮初之勳，宜見酬報。詔聽之。弘於是勸課農桑，寬刑省賦，公私給足，百姓愛悅。

㈥河間王顒聞李含等死，即起兵討長沙王乂。大將軍穎上表請討張昌，許之，聞昌已平，因欲與顒共攻乂。盧志諫曰：「公前有大功，而委權辭寵，時望美矣(五四)！今若頓軍關外(五五)，文服入朝，此霸主之事也。」參軍魏郡邵續曰：「人之有兄弟，如左右手。明公欲當天下之敵，而先去其一手，可乎？」穎皆不從。

八月，顒、穎共表乂論功不平。與右僕射羊玄之、左將軍皇甫商專擅朝政，殺害忠良(五六)，請誅玄之、商，遣乂還國。詔曰：「顒敢舉大兵內向京輦，吾當親率六軍以誅姦逆。其以乂為太尉，都督中外諸軍事以禦之。」【考異】帝紀：「太安元年十二月，乂誅齊王冏，即以乂為太尉，都督中外。」晉春秋：「二年七月，顒、穎起兵，乃以乂為太尉都督以討之。」按齊王死後，穎懸執朝政，乂未應都督中外。又顒見為太尉，乂不應更為太尉，今從晉春秋。顒以張方為都督，將精兵七萬，自函谷東趨洛陽。穎引兵屯朝歌，以平原內史陸機為前將軍，前鋒都督（五七），督北中郎將王粹、冠軍將軍（五八）牽秀、中護軍石超等軍二十餘萬（五九），南向洛陽。機以羈旅事穎，一旦頓居諸將之右，王粹等心皆不服。白沙（六〇）督孫惠與機親厚，勸機讓都督於粹。機曰：「彼將謂吾首鼠兩端（六一），適所以速禍也！」遂行。穎列軍自朝歌至河橋（六二），鼓聲聞數百里。乙丑（二十四日），帝如十三里橋（六三）。太尉乂使皇甫商將萬餘人拒張方於宜陽。己巳（二十八日），帝還軍宣武場（六四）。庚午（二十九日），舍於石樓（六五）。九月丁丑（初六日），屯於河橋。壬子（按晉書帝紀，是日蓋壬午作壬子誤）張方襲皇甫商，敗之。甲申（十三日），帝軍於芒山。丁亥（十六日），帝幸偃師（六六）。辛卯（二十日），舍于豆田（六七）。大將軍穎進屯河南（六八），阻清水（六九）為壘。癸巳（二十二日），羊玄之憂懼而卒。帝旋軍城東。丙申（二十五日），幸緱氏，擊牽秀走之。

大赦。

張方入京城，大掠，死者萬計。

(七)李流疾篤，謂諸將曰：「驍騎(七〇)仁明，固足以濟大事，然前軍(七一)英武，殆天所相，可共受事於前軍。」流卒(七二)，眾推李雄為大都督、大將軍、益州牧，治郫城。

雄使武都朴泰(七三)紿羅尚，使襲郫城，云已為內應。尚使隗伯將兵攻郫，泰約舉火為應，李驤伏兵於道，泰出長梯於外。隗伯兵見火起，爭緣梯上，驤縱兵擊，大破之，追奔夜至城下，詐稱萬歲，曰：「已得郫城矣！」入少城，尚乃覺之，退保太城。隗伯創甚，雄生獲之，赦不殺。

李驤攻犍為，斷尚運道，獲太守龔恢，殺之。

(八)石超進逼緱氏。冬十月壬寅（初二日），帝還宮。丁未（初七日），敗牽秀於東陽門(七四)外，大將軍穎遣將軍馬咸助陸機。戊申（初八日），太尉乂奉帝與機戰於建春門(七五)，【考異】陸機傳云：「戰於鹿苑。」今從帝紀。

乂司馬王瑚使數千騎繫戟於馬以突咸陳，咸軍亂，執而斬之。機軍大敗，赴七里澗，死者如積，水為之不流[七六]，斬其大將賈崇[七七]等十六人，石超遁去。初，宦人孟玖有寵於大將軍穎，玖欲用其父為邯鄲令[七八]，左長史盧志等皆不敢違，右司馬陸雲固執不許，曰：「此縣公府掾資[七九]，豈有黃門父居之邪？」玖深怨之。玖弟超領萬人為小督，未戰，縱兵大掠，陸機錄其主者，超將鐵騎百餘人直入機麾下奪之，顧謂機曰：「貉奴[八〇]能作督不？」機司馬吳郡孫拯勸機殺之，機不能用。超宣言於眾曰：「陸機將反。」又還書與玖，言機持兩端，故軍不速決。及戰，超不受機節度，輕兵獨進，敗沒，玖疑機殺之，譖之於穎曰：「機有二心於長沙。」牽秀素諂事玖，將軍王闡、郝昌、帳下督[八一]陽平[八二]公師藩[八三]皆玖所引用，相與共證之。穎大怒，使秀將兵收機。參軍事王彰諫曰：「今日之舉，彊弱異勢，庸人猶知必克，況機之明達乎？但機吳人，殿下用之太過，北土舊將皆疾之耳！」穎不從。機聞秀至，釋戎服，著白恰[八四]，與秀相見，為牋辭穎[八五]，既而歎曰：「華亭鶴唳可復聞乎(八六)？」秀遂殺之。穎又收機弟清河內史雲(八七)、平東祭酒耽及孫拯，皆下獄。【考異】孫拯晉春秋作孫承，今從晉書傳。(九)記室江統、陳留蔡克、穎川棗嵩等上疏，以為陸機淺謀致敗，殺之可也，至於反逆，則眾共知其不然；宜先檢校機反狀，若有徵驗，誅雲等未晚也。統等懇請不已，穎遲迴者三日。蔡克入，至穎前叩頭流血，曰：「雲為孟玖所怨，遠近莫不聞。今果見殺，竊為明公惜之。」僚屬隨克入者數十人，流涕固請，穎惻然有宥雲色。孟玖扶穎入，催令殺雲、耽，夷機三族。獄吏考掠孫拯數百(八八)，兩踝骨見，終言機冤。吏知拯義烈，謂拯曰：「二陸之枉，誰不知之？君可不愛身乎？」拯仰天歎曰：「陸君兄弟，世之奇士，吾蒙知愛，今既不能救其死，忍復從而誣之乎？」玖等知拯不可屈，乃令獄吏詐為拯辭。穎既殺機，意常悔之，及見拯辭，大喜，謂玖等曰：「非卿之忠，不能窮此姦。」遂夷拯三族。拯門人費慈、宰意(八九)二人詣獄明拯冤。拯譬(九〇)遣之，曰：「吾義不負二陸，死自吾分，卿何為爾邪？」曰：「君既不負二陸，僕又安可負君？」固言拯冤，玖又殺之。

太尉乂奉帝攻張方，方兵望見乘輿，皆先走，方遂大敗，死者五千餘人，方退屯十三里橋。【考異】河間王顒傳云駃水橋，今從帝紀。眾懼，欲夜遁，方曰：「勝負兵家之常，善用兵者能因敗為成。今我更前作壘，出其不意，此奇策也。」乃夜潛逼洛城七里，築壘數重，外引廩穀以足軍食。乂既戰勝，以為方不足憂，聞方壘成，十一月，引兵攻之，不利。朝議以為乂、穎兄弟，可辭說而釋，乃使中書令王衍等往說穎，令與乂分陝而居(九一)，穎不從。乂因致書於穎，為陳利害，欲與之和解。穎復書請斬皇甫商等首，則引兵還鄴，乂不可。穎進兵逼京師，張方決千金堨，水碓皆涸(九二)，乃發王公奴婢手舂，給兵，一品已下不從征者，男子十三以上，皆從役。又發奴助兵，公私窮踧(九三)，米石萬錢，詔命所行，一城而已。

驃騎主簿范陽祖逖(九四)言於乂曰：「劉沈忠義果毅，雍州兵力，足制河間(九五)，宜啓上為詔與沈，使發兵襲顒，顒窘急，必召張方以自救，此良策也！」乂從之。沈奉詔馳檄四境，諸郡多起兵應之。

沈合七郡之眾（九六），凡萬餘人趣長安，乂又使皇甫商間行齎帝手詔，命游楷等罷兵，敕皇甫重進軍討顒。商間行至新平，遇其從甥，從甥素憎商，以告顒，顒捕商殺之。

(十)十二月，議郎周玘、前南平內史（九七）長沙王矩起兵江東以討石冰，推前吳興太守吳郡顧秘都督揚州九郡諸軍事（九八）。傳檄州郡，殺冰所署將吏。於是前侍御史賀循起兵於會稽，廬江內史（九九）廣陵華譚及丹陽葛洪、甘卓皆起兵以應秘。玘，處之子；循，邵之子；卓，寧之曾孫也（一〇〇）。冰遣其將羌毒（一〇一）帥兵數萬拒玘，玘擊斬之。冰自臨淮趨壽春，征東將軍劉準聞冰至，惶懼不知所為，廣陵度支廬江陳敏（一〇二）統眾在壽春，謂準曰：「此等本不樂遠戍，逼迫成賊。烏合之眾，其勢易離，敏請督運兵為公破之。」準乃益敏兵，使擊之。

(十一)閏月，李雄急攻羅尚，尚軍無食，留牙門張羅（一〇三）守城。【考異】載記作羅特，今從華陽國志（一〇四）。夜由牛鞞水（一〇五）東走。羅（一〇六）開門降，雄入成都，軍士飢甚，乃帥眾就穀於郪（一〇七），掘野芋（一〇八）而食之。許雄坐討賊不進，徵即罪（一〇九）。

(十二)安北將軍都督幽州諸軍事王浚以天下方亂，欲結援夷狄，乃以一女妻鮮卑段務勿塵，一女妻素怒延⑩，又表以遼西郡封務勿塵為遼西公。浚，沈之子也⑪。

(十三)毛詵之死⑫也，李叡犇五苓夷⑬帥于陵丞，于陵丞詣李毅為叡請命，毅許之。叡至，毅殺之，于陵丞怒，帥諸夷反攻毅。

(十四)尚書令樂廣女為成都王妃，或譖諸太尉乂，乂以問廣，廣神色不動，徐曰：「廣豈以五男易一女哉⑭？」乂猶疑之。

【今註】㊀水上軍皆散走：水上軍，謂郫水上軍。《華陽國志》曰：「太安二年春正月朔，特攻尚水上軍。特從盎底渡，黨徒從赤水渡，入郫，及水西南，緣江守軍皆散走。」㊁納降如受敵：胡三省曰：「恐其詐降，當嚴為之備，如待敵然。」㊂德陽太守：《晉書．地理志》，德陽縣屬廣漢郡，此言德陽太守，蓋特又分廣漢立德陽郡。㊃任叡：《晉書．李特載記》作任明，〈羅尚傳〉作任銳，《華陽國志》、《十六國春秋》皆作任叡。錢大昕曰：「當以叡為本名，晉人避元帝諱易之。銳取同音，明取同義也。」㊄斬特及李輔、李遠：《華陽國志》曰：「追及於繁之官桑，斬特及兄輔、遠等。」繁縣故城在今四川省新繁縣東北。㊅赤祖：胡三省曰：「赤祖，地名，當在緜竹東。」顧祖禹曰：「赤祖鎮在緜竹縣東北。」㊆寋碩：胡三省曰：「寋與蹇同。」參閱上卷太安元年註㊈。㊇涪陵：胡三省曰：「此涪陵乃漢廣漢郡之涪縣，晉梓潼郡之涪城縣，非涪陵郡之涪陵。廣漢梓潼之涪，今緜州，今人猶謂緜州為涪陵，涪陵郡之涪陵，則今涪州涪陵縣也。」按晉梓潼郡之涪城縣即今四川省緜陽縣。㊈朝廷遣侍中劉沈假節統羅尚、許雄等軍：時尚為平西將軍益州刺史帥益州兵，雄為梁州刺史帥梁州兵，故晉朝命沈持節總統益、梁之軍以一事權。㊉席薳：薳音蔿。⑪二翁：謂李流、李含。⑫墊江：墊音疊。墊江縣，屬巴郡，今四川省合川縣。⑬義陽：《晉書．地理志》：「義陽郡，太康中置。」錢大昕曰：「按武帝泰始元年，即封從伯父望為義陽王，是義陽置郡，不始於太康，當是因魏之舊耳！」沈約《州郡志》曰：「義陽太守，魏文帝立，後省，晉武帝又立。」劉昫曰：「義陽，本漢平氏縣之義陽鄉，魏文帝黃初中，分立義陽縣，治石城，後分南陽郡立義陽郡，治安昌城。」按《魏志．鄧艾傳》：「艾義陽棘陽人。」蓋魏已立義陽郡，晉泰始初以為王國，太康九年，貶望孫奇為三縱亭侯，始復立為郡也。按《寰宇記》，晉義陽郡，治新野，故治在今河南省新野縣南。⑭募眾於安陸石巖山：安陸縣屬江夏郡。《晉書．張昌傳》云：「石巖去郡八十里。」晉江夏郡治安陸縣。《水經注》曰：「溳水過江夏安陸縣西，又南逕石巖山北。」《寰宇記》一三二引《荊州記》云：「安陸縣南十五里有石巖山，北臨鄖水。」鄖水即溳水。顧祖禹曰：「石巖山在德安府西八十里，山有石巖聳立。」德安府即今湖北省安陸縣。⑮弓欽：弓姓欽名。⑯江夏：江夏郡，魏晉俱治安陸縣，故城在今湖北省安陸縣北。⑰山都縣：漢屬南陽郡，晉屬襄陽郡，故城在今湖北省襄陽縣西北。⑱詐作鳳皇玉璽之瑞：《晉書．張昌傳》：「昌於石巖上織竹為鳥形，衣以五綵，聚肉於其傍，眾鳥羣集，詐云鳳皇降；又言珠袍、玉璽、鐵券、金鼓自然而至。」⑲障山：胡三省曰：「安陸縣東四十里有章山。」洪亮吉《東晉疆域志》曰：「沌陽縣有障山。」沌陽縣，東晉所立，故城在今湖北省漢陽縣西。⑳犬羊：謂賊眾。㉑挑刀走戟：胡三省曰：「挑刀，舞刀也。今鄉落悍民兩手運雙刀，坐作進退為刺擊之勢，擲刀空中，高一二丈，以手接之；又善舞戟，左犇右赴為刺敵之勢，又環身盤戟，回轉如縈，又以戟矜柱地，跳過矜上，特為儇捷，此所謂走戟也。㉒寧朔將軍：胡三省曰：「寧朔將軍始見於此。」㉓藍田關：藍田關，即秦之嶢關，在今陝西省藍田縣東南。㉔初，歆與齊王冏善：事見上卷永寧元年。㉕公為岳牧：胡三省曰：「古有四岳、十二牧，各統其方諸侯之國。故後人謂專方面者為岳牧。」㉖藩翰王室：毛萇曰：「藩，樊也，籬也；翰，榦也。」藩翰王室，言為王室之樊籬支柱。㉗方夏：《尚書・武成》：「誕膺天命，以撫方夏。」方夏，謂方域之內華夏所居之地。㉘都督荊州諸軍事：《魏志・劉馥傳》注引《晉陽秋》作都督荊交廣州諸軍事，《晉書・劉弘傳》作都督荊州諸軍事。㉙南蠻長史：《晉書・職官志》，領軍、護軍屬官有長史、司馬。南蠻長史蓋領南蠻校尉府長史。㉚義軍督護：胡三省曰：「義軍皆民兵也。督護之官蓋創置於此時。」㉛梁：梁縣屬汝南郡，故城在今河南省臨汝縣東。㉜郫城：郫縣屬蜀郡，故城在今四川省郫縣北。㉝唯涪陵千餘家依青城山處士范長生：胡三省曰：「青城山在汶山郡都安縣。杜光庭作青城山記曰：『岷山連峯接岫，千里不絕，青城乃第一峯也。』」按都安縣，蜀漢置，故城在今四川省灌縣東。《華陽國志》曰：「范賢名長生，一名延，又名九重，一曰支，字元，涪陵丹輿人。」《溫公考異》云：「華陽國志作范賢，今從載記。」按《晉書・李雄載記》，雄尊長生曰范賢，華陽志曰范賢，蓋尊稱之辭。㉞平西參軍：平西將軍府參軍。時尚為平西將軍。㉟冏為乂所殺：事見上卷太安元年。㊱含說顒曰：「商為乂所任，重終不為人用，宜早除之。」：商、含不平事見上卷太安元年。㊲發隴上兵以討含：胡三省曰：「自隴以西六郡統於秦州。」《晉書・地理志》，秦州統隴西、南安、天水、略陽、武都、陰平等六郡。㊳合四郡兵攻之：合四郡兵攻冀城也。《晉書・地理志》云：「秦州鎮冀城。」冀城即冀縣，屬天水郡，故治在今甘肅省甘谷縣南。㊴驃騎從事：晉制，大將軍、驃騎將軍府俱置從事中郎。㊵前司徒長史武邑牽秀：《晉書・牽秀傳》：「牽秀字城叔，武邑觀津人。」武邑本前漢信都郡屬縣，後漢屬安平國，晉武分立武邑郡。錢大昕曰：「按武邑、觀津二縣皆屬安平國，志不載分置武邑郡事，然邵續傳先稱兄子武邑內史存，後稱帝假存武邑太守，則當時固有武邑郡矣！賈謐傳稱安平牽秀，則舉其故郡而言。案魏志牽招傳本作安平觀津人，蓋武邑置郡後，觀津始改隸。」㊶江州：《沈約・州郡志》曰：「晉惠帝太康元年，分揚州之豫章、鄱陽、廬陵、臨川、南康、建安、晉安、荊州之武昌、桂陽、安城十郡為江州。」惠帝時，郡治豫章。㊷臨淮：臨淮郡，漢置，後漢光武以併東海，明帝復分其地為下邳郡，晉武帝太康元年，復分下邳之淮南為臨淮郡，治盱眙。㊸竟陵：竟陵縣屬江夏郡，故城在今湖北省天門縣西北。孫宗鑑曰：「自蔡州南至信陽軍，始有山路迤邐至安陸，又兩驛至復州，皆平地，南至大江，並無丘陵之阻，渡江至石首，始有淺山。謂之竟陵者，陵至此而竟，謂之石首，石至此而首也。」㊹下雋山：胡三省曰：「長沙下雋縣之山也。」《東晉疆域志》曰：「下雋縣有下雋山。」下雋，前漢縣，屬長沙國，後漢屬長沙郡，晉因之。漢志雋作雋。故城在今湖南省阮陵縣東北。㊺初，陶侃少孤貧，為郡督郵：《晉書・陶侃傳》：「陶侃字士行，本鄱陽人也。吳平，徙家廬江之尋陽。侃早孤貧，為縣吏，鄱陽孝廉范逵過廬江太守張夔，稱美之，夔召為督郵，領樅陽令，有能名，遷主簿。」《世說・言語篇》注引陶氏敍、《類聚》七十九、《御覽》二六五、三九八引王隱《晉書》、《輿地紀勝》均作字士衡。㊻長沙太守萬嗣過廬江，見而異之：《晉書・陶侃傳》云：「廬江太守張夔妻有疾，將迎醫於數百里。時正寒雪，諸綱紀皆難之，侃獨曰：『資於事父以事君，小君猶母也，安有父母之疾而不盡心乎？』乃請行，眾咸服其義。」《御覽》二四五引《陶氏家傳》云：「君少而好學，善談玄理，尤明詩、易，以孝行聞於時。」㊼豫章國郎中令楊晫薦之於顧榮：豫章國，惠帝弟熾所封。晉制，諸王國有郎中令、中尉、大農，號為王國三卿。《晉書・陶侃傳》曰：「豫章國郎中令楊晫，侃州里人也。」《世說・賢媛篇》曰：「范逵及洛，遂稱之於羊晫、顧榮諸人，大獲美譽。」又王隱《晉書》亦作羊晫，疑楊為羊之譌。㊽羊公：謂羊祜。㊾謂吾後當居身處：胡三省曰：「晉人多自謂為身。」㊿征南將軍范陽王虓：虓，范陽康王綏子。虓時都督豫州諸軍事，持節鎮許昌，見《晉書》本傳。(五一)銓：胡三省曰：「銓，量也，選也。」(五二)夫治一國者，宜以一國為心：《晉書・劉弘傳》弘下教曰：「夫統天下者宜與天下一心，化一國者宜與一國為任。」《書鈔》三十七引徐廣《晉紀》作「總天下當與天下同心，理一國當與一國推實。」《魏志・劉馥傳》注引《晉陽秋》亦作「一國推實」。(53)荊州十郡：胡三省曰：「按晉志荊州統二十二郡，時已分桂陽、武昌、安城三郡屬江州，尚統十九郡，又分新城、魏興、上庸三郡屬梁州，尚統十六郡，至懷帝分長沙、衡陽、湘東、零陵、邵陵、桂陽六郡屬湘州，此時荊州猶統十一郡。此蓋言當時缺守者十郡也。」(54)公前有大功，而委權辭寵，時望美矣：言穎有誅趙復辟之功，事平而歸功於齊，辭九錫之賞，為時所稱。事見上卷永寧元年。(55)關外：胡三省曰：「關外，謂郊關之外。」(56)殺害忠良：穎殺李含、馮蓀、卞粹等。(57)以平原內史陸機為前將軍，前鋒都督：《晉書・成都王穎傳》作前鋒都督前將軍，假節。〈陸機傳〉云：「假機後將軍，河北大都督。」《通鑑》從穎傳。(58)冠軍將軍：沈約《宋志》曰：「楚懷王以宋義為卿子冠軍，冠軍之名自此始也。魏正始中，以文欽為冠軍將軍揚州刺史。」(59)軍二十餘萬：《御覽》七六七引《晉起居注》曰：「成都王使陸機都督三十七萬眾。」《晉書・陸機傳》作二十餘萬。(60)白沙：胡三省曰：「白沙在鄴城東南。」(61)首鼠兩端：《史記・灌夫傳》田蚡語：「何為首鼠兩端？」服虔曰：「首鼠，一前一却也。」陸佃《埤雅》云：「鼠性疑，出穴多不果，故持兩端，謂之首鼠。」或謂首鼠蓋躊躇一辭之音轉，《埤雅》之說，蓋望文生義云。(62)河橋：在今河南省孟縣南。晉杜預造河橋於富平津，即此，自兩晉以迄五代，常為兵爭之地。(63)十三里橋：胡三省曰：「橋在洛城西，去城十三里，因以為名。」按橋在今河南省洛陽縣東。(64)宣武場：《洛陽伽藍記》曰：「中朝時宣武場大夏門東北，今為光風園，苜蓿生。水經注：『大夏門東宣武觀，憑城結構，南望天淵池，北矚宣武場』是也。」《晉書・武帝紀》：「泰始元年，臨宣武觀大閱諸軍。」宣武觀蓋在今河南省洛陽縣故洛陽城北，其下即宣武場。（六五）石樓：《東晉疆域志》曰：「石樓驛在故洛城北。」（六六）偃師：偃師縣，漢屬河南郡，晉省，即今河南省偃師縣，在故洛陽城東北。此曰偃師，蓋襲漢之舊稱。（六七）豆田：《晉書・五行志》，洛城東有豆田壁。（六八）河南：胡三省曰：「此河南謂黃河之南，非河南縣也。」（六九）清水：胡三省曰：「清水蓋清濟之水。」顧祖禹曰：「清水在河陰縣東北，即濟水舊流也。」（七〇）驍騎：謂李驤。李特以弟驤為驍騎將軍。（七一）前軍：謂李雄。李特以少子雄為前將軍。（七二）流卒：《晉書・李流載記》云：「時年五十六。」（七三）朴泰：朴姓。孫盛曰：「朴音浮。」（七四）東陽門：洛陽城之中東門。（七五）建春門：洛陽城之上東門。《水經注》曰：「建春門，漢雒城之上東門也，穀水逕其前，水上有石橋。」（七六）機軍大敗，赴七里澗，死者如積，水為之不流：《水經注》曰：「穀水又自樂里道屈而東，出陽渠，昔陸機為成都王入洛，敗北而返。」又引《晉後略》曰：「成都王穎使吳人陸機為前鋒都督伐京師，輕進，為洛軍所乘，大敗於鹿苑，人相登躡，死於塹中及七里澗，澗為之滿。」七里澗在今河南省洛陽縣東。參閱卷八十四永寧元年註（七〇）。（七七）賈崇：《晉書・惠帝紀》作賈崇，〈陸機傳〉作賈稜。（七八）玖欲用其父為邯鄲令：邯鄲縣，漢屬趙國，魏、晉俱屬廣平郡，即今河北省邯鄲縣。《世說・尤悔篇》注引〈機雲別傳〉云：「黃門孟玖求為邯鄲令於穎，穎交付雲。雲時為左司馬，曰：『刑餘之人不可以君民。』玖聞此，怨雲。」按別傳作玖自求邯鄲令，與《晉書・陸雲傳》作欲用其父為邯鄲令異。（七九）此縣公府掾資：言歷此縣者，其資秩與公府掾等。（八〇）貉奴：孟超詈陸機為貉奴。楊正衡曰：「貉音鶴，獸名，善睡，似狐。」（八一）帳下督：《晉書・職官志》，諸王公領兵及專方面之寄者俱置帳下督，統帳下兵。㉒陽平：《沈約・宋志》曰：「陽平本縣名，屬東郡，魏分東郡及魏郡為陽平郡。」《元和郡縣志》，陽平郡，魏黃初三年置。按《魏志・文帝紀》，當在黃初二年。㉓公師藩：公師複姓，藩名。㉔機聞秀至，釋戎服，著白帢：《晉書・陸機傳》：「是夕，機夢黑幰繞車，手決不開。天明而秀至。」帢，帢帽，魏武所製，狀如弁，缺四角。《晉書・輿服志》曰：「魏武以天下凶荒，資財乏匱，擬古皮弁，裁縑中以為帢，合乎簡易隨時之義，以色別其貴賤，本施軍飾，非為國容也。」㉕與秀相見，為牋辭穎：《晉書・陸機傳》：「機與秀相見，神色自若，謂秀曰：『自吳朝傾覆，吾兄弟宗族蒙國重恩，入侍帷幄，出剖符竹。成都命吾以重任，辭不獲已，今日受誅，豈非命也！』因與穎牋，詞甚悽惻。」㉖華亭鶴唳可復聞乎：吳士鑑曰：「敦煌石室殘本修文殿御覽引晉八王故事曰：『陸機為成都所誅，顧左右而歎曰：今日欲聞華亭鶴唳，不可復得。華亭，吳由拳縣郊外野也，有清泉茂林。吳平後，機兄弟素遊於此。』」《世說・尤悔篇》注引《語林》曰：「機為河北都督，聞警角之聲，謂孫丞曰：『聞此不如華亭鶴唳。』故臨刑而有此歎！」《元和郡縣志》曰：「華亭谷在華亭縣西三十五里，陸遜、陸抗宅在其側。遜封華亭侯，陸機云華亭鶴唳，此地是也。」胡三省曰：「華亭時屬吳郡嘉興縣，界有華亭谷、華亭水，至唐始分嘉興縣為華亭縣。今縣東七十里，其地出鶴，土人謂之鶴窠。」華亭縣即今江蘇省松江縣，故華亭在今松江縣西。盛如梓庶齋老學叢談曰：「機乃亡國人，至中原在賈謐二十四友之列，及誅謐，機亦有功，人得以議之；倫將篡位，機在中書，九錫文禪詔亦預焉，減死徙邊，遇赦而止，晉室多故，機不識時，昧亂邦不居之戒，欲取功名圖富貴，愚矣！顧榮、戴若思等勸其還吳，孫惠勸其讓都督於王粹，皆不從，機之禍，其在此矣，故志等得以害之。其豪士賦有云：『身危由於勢過，而不知去勢以求安；禍積起於寵盛，而不知辭寵以招福。』適足以自道也。」《晉書・陸機傳》云：「遇害於軍中，時年四十三。」(八七)清河內史雲：胡三省曰：「按晉書陸雲傳，自清河內史轉大將軍右司馬，此當書右司馬雲。」(八八)獄吏考掠孫拯數百：《御覽》四三八引〈張隲文士傳〉作掠千餘，此據之，《十國春秋》作數百。(八九)宰意：胡三省曰：「常以官為氏，春秋周有宰咺，孔子弟子有宰予。」(九〇)譬：有所比擬而諭之。(九一)乃使中書令王衍等往說穎，令與乂分陝而居：胡三省曰：「周公、召公分陝為二伯，陝在弘農，此言分陝，引周召事，欲令穎、乂為二伯耳！非分陝地而居也。」(九二)張方決千金堨，水碓皆涸：《御覽》七十三引《晉後略》曰：「張方圍京邑，決千金堰水，溝渠枯涸，井多無泉。」《水經注》曰：「河南縣城東十五里有千金堨，舊堰穀水，魏更修此堰，謂之千金堨，積石為堨而開溝渠五所，謂之五龍渠。水歷堨東注，謂之千金渠，亦名千金堰。」《洛陽伽藍記》曰：「長分橋西有千金堰，計其水利，日益千金，因以為名。」其故址在今河南省洛陽縣北。(九三)踧：同蹙。(九四)驃騎主簿范陽祖逖：乂為驃騎將軍，以逖為將軍府主簿。(九五)劉沈忠義果毅，雍州兵力，足制河閒：時沈為雍州刺史，帥雍州兵。河閒謂河閒王顒。(九六)七郡之眾：《晉書・地理志》，晉初於長安置雍州，統京兆、馮翊、扶風、安定、北地、始平、新平七郡，惠帝即位，改扶風為秦國。(九七)南平內史：《晉書・地理志》曰：「南平郡，吳置，以為南郡，太康元年，改曰南平。」蓋以別江北之南郡。按南平非國，當作南平太守，此作南平內史誤。（九八）都督揚州九郡諸軍事：胡三省曰：「揚州統郡十八，帝割豫章、鄱陽、廬陵、臨川、建安、南康、晉安屬江州，揚州統十一郡。今止推祕督丹陽、宣城、毗陵、吳、吳興、會稽、東陽、新安、臨海九郡，淮南、廬江在江北，不與也。」（九九）廬江內史：按廬江郡非國，當作廬江太守，此作內史誤。（一〇〇）玘，處之子；循，邵之子；卓，寧之曾孫也：周處仕晉為建威將軍，歿於齊萬年之亂，見卷八十二元康七年；賀邵事吳主皓為中書令，為皓所殺；甘寧事吳主權為將，以勇聞。三家皆吳之強宗。（一〇一）羌毒：羌姓，毒名。（一〇二）廣陵度支廬江陳敏：敏以尚書倉部令史出為合肥度支，遷廣陵度支，漕運南方米穀以濟中州。見《晉書・陳敏傳》。（一〇三）張羅：《華陽國志》作張羅特，《晉書・李雄載記》作羅特，蓋脫張字，《通鑑》作張羅，又脫去特字。（一〇四）《華陽國志》曰：「閏十二月，尚糧運不繼而被攻急，夜退，由牛鞞水東下，留牙門張羅特城終夜，比雄覺，去已遠。倉卒失節鉞，羅特從後得之。」溫公誤脫特字也。（一〇五）牛鞞水：參閱卷八十四永寧元年註（六〇）。（一〇六）羅：當作羅特，此脫特字。（一〇七）郪：郪縣，漢屬廣漢郡，晉省。宋白曰：「漢舊郪縣城在今縣南九十里，臨江，郪王城基址見在，以郪江為縣名。」漢郪縣故城在今四川省三台縣南，宋白所謂今縣蓋即今三台縣治。（一〇八）野芋：胡三省曰：「所謂崏山之下有蹲鴟也。」以蹲鴟喻芋，見《史記・貨殖列傳》：「吾聞汶山之下沃野，下有蹲鴟。」正義曰：「蹲鴟，芋也；華陽國志云：『汶山郡安上縣有大芋如蹲鴟也。』」汶山與崏山同，亦作岷。（一〇九）許雄坐討賊不進，徵即罪：胡三省曰：「即，就也。」即罪：謂認罪以受懲。雄為梁州刺史，尚軍敗而不救，故徵赴京師以懲其罪。⑽安北將軍都督幽州諸軍事王浚以天下方亂，欲結援夷狄，乃以一女妻鮮卑段務勿塵，一女妻素怒延：按《晉書・王浚傳》：「徙寧朔將軍，持節都督幽州諸軍事。於時朝廷昏亂，盜賊蠭起，浚為自安之計，結好夷狄，以一女妻鮮卑段務勿塵，又以一女妻素怒延。及趙王倫篡位，三王起義，浚擁眾挾兩端，成都王穎欲討之而未暇也。倫誅，進號安北將軍。」是浚與鮮卑聯婚蓋在趙王倫篡位之前。⑾浚，沈之子也：沈佐晉文帝弒魏高貴鄉公。⑿毛詵之死：事見上卷太安元年。⒀五苓夷：胡三省曰：「五苓夷，寧州附塞部落之名。」⒁廣豈以五男易一女哉：謂附穎則五男被誅。廣蓋以此語自明無叛乂之心。

永興元年㊀（西元三〇四年）

㈠春，正月，丙午（初八日），樂廣以憂卒。

㈡長沙厲王乂屢與大將軍穎戰，破之，前後斬獲六七萬人，而乂未嘗虧奉上之禮；城中糧食日窘，而士卒無離心。張方以為洛陽未可克，欲還長安，而東海王越慮事不濟，癸亥（二十五日），潛與殿中諸將夜收乂送別省。【考異】越傳云：「殿中諸將及三部司馬疲於戰守，密與左衛將軍朱默夜收乂別省，逼越為主。」今從乂傳。甲子（二十六日），越啓帝下詔免乂官，置金墉城。大赦，改元㊁。

【考異】帝紀：「太安二年十二月甲子，大赦，永興元年正月，大赦，改元。」疑是一事。城既開，殿中將士見外兵不盛，悔之，更謀劫出乂以拒穎。越懼，欲殺乂以絕眾心。黃門侍郎潘滔曰：「不可，將自有靜之者㊂。」乃遣人密告張方。丙寅（二十八日），方取乂於金墉城，至營，炙而殺之，方軍士亦為之流涕。【考異】帝紀、三十國晉春秋云：「太安二年十三月，殺乂。」乂傳曰：「初，乂執權之始，洛下謠曰：『草木萌芽殺長沙。』乂以正月二十五日廢，二十七日死，如謠言焉！」樂廣傳云：「成都王穎，廣之壻也，及與長沙王乂遘難，而廣既處朝望，羣小讒謗之，廣以憂卒。」惠帝紀：「永興元年正月丙午，樂廣卒。」若廣卒時乂未死，即乂傳正月二十五日廢為是，合移在永興元年正月，而晉春秋：「太安二年八月，樂廣自裁。」按帝紀，今年正月以穎為丞相，遣兵屯城門，代宿衛者。疑此皆乂初死時事。又今年正月末亦有甲子、丙寅，今從乂傳。公卿皆詣鄴謝罪，大將軍穎入京師，復還鎮於鄴。詔以穎為丞相，加東海王越守尚書令。穎遣奮武將軍石超等率兵五萬屯十二城門㊃，殿中宿所忌者，穎皆殺之，悉代去宿衛兵；表盧志為中書監，留鄴，參署丞相府事。

㈢河間王顒頓軍於鄭㊄，為東軍聲援。聞劉沈兵起，還鎮渭城㊅，遣督護虞夔逆戰於好時㊆。夔兵敗，顒懼，退入長安，急召張方。方掠洛中官私奴婢萬餘人而西，軍中乏食，殺人雜牛馬肉食之。劉沈渡渭而軍，與顒戰，顒屢敗，沈使安定太守衙博、功曹皇甫澹以精甲五千襲長安，入其門，力戰至顒帳下。沈兵來遲，馮翊太守張輔見其無繼，引兵橫擊之，殺博及澹(八)，兵遂敗，收餘卒而退。張方遣其將敦偉(九)夜擊之，沈軍驚潰。沈與麾下南走，追獲之。沈謂顒曰：「知己之惠輕(一〇)，君臣之義重，沈不可以違天子之詔，量彊弱以苟全。投袂(一一)之日，期之必死；葅醢之戮，其甘如薺(一二)。」顒怒，鞭之而後腰斬。新平太守江夏張光，數為沈畫計。顒執而詰之，光曰：「劉雍州不用鄙計，故令大王得有今日。」顒壯之，引與歡宴，表為右衛司馬。

(四)羅尚逃至江陽(一三)，遣使表狀。詔尚權統巴東、巴郡、涪陵以供軍賦(一四)，尚遣別駕李興詣鎮南將軍劉弘求糧，弘綱紀(一五)以運道阻遠，且荊州自空乏(一六)。欲以零陵米五千斛與尚。弘曰：「天下一家，彼此無異，吾今給之，則無西顧之憂矣(一七)！」遂以三萬斛給之，尚賴以自存。李興願留為弘參軍，弘奪其手版而遣之(一八)。又遣治中何松，領兵屯巴東為尚後繼。於時流民在荊州者十餘萬戶，羈旅貧乏，多為盜賊，弘大給其田及種糧，擢其賢才，隨資敘用，流民遂安。

㈤二月乙酉（十七日），丞相穎表廢皇后羊氏⑲，幽於金墉城。廢皇太子覃為清河王⑳。

㈥陳敏與石冰戰數十合，冰眾十倍於敏，敏擊之，所向皆捷，遂與周玘合攻冰於建康。三月，冰北走投封雲㉑，雲司馬張統斬冰及雲以降，揚、徐二州平。周玘、賀循皆散眾還家，不言功賞，朝廷以陳敏為廣陵相。

㈦河間王顒表請立丞相穎為太弟，戊申（十一日），詔以穎為皇太弟，都督中外諸軍事，丞相如故㉒。大赦。乘輿服御皆遷於鄴㉓，制度一如魏武帝故事。以顒為太宰、大都督、雍州牧；前太傅劉寔為太尉，寔以老固讓不拜。

㈧太弟穎僭侈日甚，嬖倖用事，大失眾望㉔，司空東海王越與右衛將軍陳眕㉕及長沙故將上官巳等謀討之。秋，七月丙申朔，陳眕勒兵入雲龍門，以詔召三公百僚及殿中㉖，戒嚴討穎。石超犇鄴，戊戌（初三日），大赦。復皇后羊氏及太子覃。己亥（初四日），越奉帝北征，以越為大都督，徵前侍中嵇紹詣行在㉗。侍中秦準謂紹曰：「今往，安危難測，卿有佳馬乎？」紹正色曰：「臣子扈衞乘輿，死生以之。佳馬何為？」

越檄召四方兵，赴者雲集，比至安陽㉘，眾十餘萬，鄴中震恐。穎會羣僚問計，東安王繇曰：「天子親征，宜釋甲縞素，出迎請罪。」穎不從，遣石超帥眾五萬拒戰。折衝將軍喬智明勸穎奉迎乘輿，穎怒曰：「卿名曉事，投身事孤，今主上為羣小所逼，卿奈何欲使孤束手就刑邪？」陳昣二弟匡、規自鄴赴行在，云鄴中皆已離散，由是不甚設備。

己未（二十四日），石超軍奄至，乘輿敗績於蕩陰㉙。帝傷頰，中三矢，百官侍禦皆散，嵇紹朝服下馬登輦，以身衞帝。兵人引紹於轅㉚中斫之，帝曰：「忠臣也，勿殺。」對曰：「奉太弟令，惟不犯陛下一人耳！」遂殺紹，血濺帝衣。帝墮於草中，亡六璽。石超奉帝幸其營，帝餒甚，超進水，左右奉秋桃㉛。穎遣盧志迎帝，庚申（二十五日），入鄴，大赦，改元曰建武。左右欲浣帝衣，帝曰：「嵇侍中血，勿浣也㉜。」

陳眕、上官巳等奉太子覃守洛陽，司空越奔下邳，徐州都督東平王楙不納，越徑還東海。太弟穎以越兄弟宗室之望㉝，下令招之，越不應命。前奮威將軍孫惠上書勸越要結藩方，同奬王室㉞，越以惠為記室參軍，與參謀議。北軍中候苟晞奔范陽王虓㉟，虓承制以晞行兖州刺史。

㈨初，三王之起兵討趙王倫也㊱，王浚擁眾挾兩端，禁所部士民不得赴三王召募，太弟穎欲討之而未能㊲，浚心亦欲圖穎。穎以右司馬和演為幽州刺史㊳，密使殺浚。演與烏桓單于審登謀與浚游薊城南清泉，因而圖之，會天暴雨，兵器霑濕，不果而還。審登以為浚得天助，乃以演謀告浚。浚與審登密嚴兵，約并州刺史東嬴公騰共圍演，殺之㊴，自領幽州營兵㊵。騰，越之弟也。太弟穎稱詔徵浚，浚與鮮卑段務勿塵、烏桓羯朱及東嬴公騰同起兵討穎，穎遣北中郎將王斌及石超擊之。

㈨太弟穎怨東安王繇前議㊶，八月戊辰（初三日），收繇殺之。初，繇兄琅邪恭王覲薨，子睿嗣。睿沈敏有度量，為左將軍，與東海參軍王導(四二)善。導，敦之從父弟也，識量清遠，以朝廷多故，每勸睿之國。及繇死，睿從帝在鄴，恐及禍，將逃歸。穎先勑關津(四三)無得出貴人(四四)，睿至河陽，為津吏所止。從者宋典自後來，以鞭拂睿而笑曰：「舍長，官禁貴人，汝亦被拘邪？」吏乃聽過。至洛陽，迎太妃夏侯氏俱歸國。

㈩丞相從事中郎王澄發孟玖姦利事，勸太弟穎誅之，穎從之。

(十一)上官巳在洛陽，殘暴縱橫，守河南尹周馥，浚之從父弟也(四五)，與司隸滿奮等謀誅之。事洩，奮等死，馥走得免。

司空越之討太弟穎也，太宰顒遣右將軍馮翊、太守張方將兵二萬救之，聞帝已入鄴，因命方鎮洛陽。巳與別將苗願拒之，大敗而還。太子覃夜襲巳、願，巳、願出走。方入洛陽，覃於廣陽門(四六)迎方而拜，方下車扶止之。復廢覃及羊后(四七)。

(十二)初，太弟穎表匈奴左賢王劉淵為冠軍將軍，監五部軍事(四八)，使將兵在鄴。淵子聰驍勇絕人，博涉經史，善屬文，彎弓三百斤(四九)，弱冠(五〇)游京師，名士莫不與交。穎以聰為積弩將軍。淵從祖右賢王宣謂其族人曰：「自漢亡以來，我單于徒有虛號，無復尺土(五一)，自餘王侯，降同編戶(五二)。今吾眾雖衰，猶不減二萬，奈何斂首就役，奄(五三)過百年？左賢王英武超世，天苟不欲興匈奴，必不虛生此人(五四)也！今司馬氏骨肉相殘，四海鼎沸(五五)，復呼韓邪之業(五六)，此其時矣！」久相與謀推淵為大單于，使其黨呼延攸(五七)詣鄴告之。淵白穎請歸會葬，穎弗許。淵令攸先歸告宣等，使招集五部及雜胡，聲言助穎，實欲叛之。及王浚、東嬴公騰起兵，淵說穎曰：「今二鎮(五八)跋扈，眾十餘萬，恐非宿衛及近郡士眾所能禦也，請為殿下還說五部以赴國難。」穎曰：「五部之眾，果可發否？就能發之，鮮卑、烏桓，未易當也(五九)。吾欲奉乘輿還洛陽以避其鋒，徐傳檄天下，以逆順制之(六〇)，君意何如？」淵曰：「殿下武皇帝之子，有大勳於王室，威恩遠著，四海之內，孰不願為殿下盡死力者？何難發之有？王浚豎子，東嬴疏屬(六一)，豈能與殿下爭衡邪？殿下一發鄴宮，示弱於人，洛陽不可得而至；雖至洛陽，威權不復在殿下也！願殿下撫勉士眾，靖以鎮之，淵請為殿下以二部摧東嬴，三部梟王浚，二豎之首，可指日而懸也！」穎悅，拜淵為北單于，參丞相軍事。

淵至左國城㉒，劉宣等上大單于之號，二旬之間，有眾五萬，都於離石㉓。以聰為鹿蠡王㉔，遣左於陸王宏帥精騎五千會穎將王粹拒東嬴公騰，粹已為騰所敗，宏無及而歸。

王浚、東嬴公騰合兵擊王斌，大破之。浚以主簿祁引為前鋒，敗石超于平棘㉕，乘勝進軍，候騎至鄴，鄴中大震，百僚犇走，士卒分散。盧志勸穎奉帝還洛陽，時甲士尚有萬五千人，志夜部分，至曉將發，而程太妃戀鄴不欲去，穎狐疑未決，俄而眾潰。穎遂將帳下數十騎與志奉帝御犢車㉖，南犇洛陽，倉猝上下無齎，中黃門被囊中齎私錢三千，詔貸之。於道中買飯，夜則御中黃門布被，食以瓦盆。至溫，將謁陵㉗，帝喪履，納從者之履，下拜流涕。及濟河，張方自洛陽遣其子羆帥騎三千，以所乘車奉迎帝至芒山下㉘，方自帥萬餘騎迎帝㉙。方將拜謁，帝下車自止之。帝還宮，犇散者稍還，百官粗備。辛巳（十六日），大赦。

王浚入鄴，士眾暴掠，死者甚眾。使烏桓羯朱追太弟穎，至朝歌，不及。浚還薊，以鮮卑多掠人婦女，命敢有挾藏者斬，於是沈於易水者八千人。

㈢東嬴公騰乞師於拓拔猗㐌㈦以擊劉淵，猗㐌與弟猗盧合兵擊淵於西河，破之，與騰盟於汾東而還。

劉淵聞太弟穎去鄴，歎曰：「不用吾言，逆自奔潰，真奴才也。然吾與之有言矣，不可以不救。」將發兵擊鮮卑、烏桓，劉宣等諫曰：「晉人奴隸御我，今其骨肉相殘，是天棄彼而使我復呼韓邪之業也！鮮卑、烏桓，我之氣類㈦，可以為援，奈何擊之？」淵曰：「善。大丈夫當為漢高、魏武，呼韓邪何足効哉！」宣等稽首曰：「非所及也。」

㈣荊州兵擒斬張昌㈦，同黨皆夷三族。

㈤李雄以范長生有名德㈦，為蜀人所重，欲迎以為君而臣之，長生不可。諸將固請雄即尊位，冬，十月，雄即成都王位，大赦，改元建興。除晉濃，約濃七章。以其叔父驤為太傅，兄始為太保，李離為太尉，李雲為司徒，李璜為司空，李國為太宰，閻武為尚書令，楊褒為僕射。尊母羅氏為王太后，追尊父特為成都景王。雄以李國、李離有智謀，凡事必咨而後行，然國、離事雄彌謹。

(十六)劉淵遷都左國城，【考異】下云：「離石大飢，遷於黎亭。」則是淵猶在離石也。按杜佑通典離石有南單于庭左國城，然則淵雖遷左國，猶在離石縣境內也。胡晉歸之者愈眾。淵謂羣臣曰：「昔漢有天下久長，恩結於民。吾漢氏之甥，約為兄弟，兄亡弟紹，不亦可乎？」乃建國號曰漢。劉宣等請上尊號，淵曰：「今四方未定，且可依高祖稱漢王。」於是即漢王位。【考異】帝紀：李雄、劉淵稱王皆在十一月，惠帝入長安後。華陽國志：李雄十月稱王，一本作十二月。三十國晉春秋十六國鈔皆在十月，今從之。大赦，改元曰元熙。追尊安樂公禪為孝懷皇帝，作漢三祖五宗(七四)神主而祭之。立其妻呼延氏(七五)為王后，以右賢王宣為丞相，崔游(七六)為御史大夫，左於陸王宏為太尉，范隆為大鴻臚，朱紀為太常(七七)，上黨崔懿之、後部(七八)人陳元達皆為黃門郎，族子曜為建武將軍(七九)。游固辭不就。

元達少有志操，淵嘗招之，元達不答。及淵為漢王，或謂元達曰：「君其懼乎？」元達笑曰：「吾知其人久矣，彼亦亮吾之心，但恐不過三二日，驛書必至。」其暮，淵果徵元達。元達事淵，屢進忠言，退而削草(八〇)，雖子弟莫得知也。

曜生而眉白，目有赤光，幼聰慧有膽量，早孤，養於淵。及長，儀觀魁偉，性拓落(八一)高亮，與眾不羣。好讀書，善屬文，鐵厚一寸，射而洞之(八二)。常自比樂毅及蕭、曹，時人莫之許也，惟劉聰重之，曰：「永明(八三)漢世祖、魏武之流，數公(八四)何足道哉？」

(七)帝既還洛陽，張方擁兵專制朝政，太弟穎不得復豫事。豫州都督范陽王虓、徐州都督東平王楙等上言：「穎弗克負荷，宜降封一邑，特全其命。【考異】虓傳云：「與鎮東將軍周馥同上言。」按馥傳：「帝自長安還，馥出為平東將軍，都督揚州，代劉準為鎮東。」據此表，張方猶存，蓋自鄴還洛陽時也(八五)。太宰(八六)宜委以關右之任，自州郡以下，選舉授任，一皆仰成，朝之大事，廢興損益，每輒疇咨(八七)。張方為國效節，而不達變通，未即西還，宜遣還郡(八八)，所加方官，請悉如舊。司徒戎、司空越並忠國小心，宜幹機事，委以朝政，王浚有定社稷之勳(八九)，宜特崇重，遂撫幽朔，長為北藩。臣等竭力扞城，藩屏皇家，則陛下垂拱，四海自正矣！」

張方在洛既久，兵士剽掠殆竭，眾情(九〇)喧喧，無復留意(九一)。議欲奉帝遷都長安，恐帝及公卿不從，欲須帝出而劫之。乃請帝謁廟，帝不許。十一月乙未（朔），方引兵入殿，以所乘車迎帝，帝馳避後園竹中。軍人引帝出，逼使上車，帝垂泣從之。方於馬上稽首曰：「今寇賊縱橫，宿衛單少，願陛下幸臣壘，臣盡死力以備不虞。」時羣臣皆逃匿，唯中書監盧志侍側，曰：「陛下今日之事，當一從右將軍(九二)。」帝遂幸方壘，令方具車載宮人寶物，軍人因妻略後宮，分爭府藏，割流蘇武帳(九三)為馬帴(九四)，魏晉以來蓄積，掃地無遺。方將焚宗廟宮室，以絕人返顧之心，盧志曰：「董卓無道，焚燒洛陽(九五)，怨毒之聲，百年猶存，何為襲之？」乃止。帝停方壘三日，方擁帝及太弟穎、豫章王熾等趨長安。

王戎出奔郟(九六)。

太宰顒帥官屬步騎三萬迎於霸上，顒前拜謁，帝下車止之。帝入長安，以征西府(九七)為宮，唯尚書僕射荀藩、司隸劉暾、河南尹周馥在洛陽為留臺，承制行事，號東西臺(九八)。藩，勗之子也(九九)。

丙午（十二日），留臺大赦，改元復為永安。辛丑（十一月乙未朔，辛丑初七日，當在丙午前），復皇后羊氏。

(九八)羅尚移屯巴郡，遣兵掠蜀中，獲李驤妻昝氏[一〇〇]及子壽。

(九九)十二月，丁亥（二十四日），詔太弟穎以成都王還第，更立豫章王熾為皇太弟。帝兄弟二十五人，時存者惟穎、熾及吳王晏。晏材資庸下，熾沖素好學，故太宰顒立之。詔以司空越為太傅，與顒夾輔帝室，王戎參錄朝政，又以光祿大夫王衍為尚書左僕射，高密王略為鎮南將軍，領司隸校尉，權鎮洛陽。【考異】惠紀作高密王簡。按宗室傳，高密孝王略，字元簡，時都督青州，後遷都督荊州，未嘗鎮洛陽，蓋簡即略也。時雖有朝命，而略不至，或嘗鎮洛陽，而本傳遺脫耳。東中郎將模為寧北將軍，都督冀州諸軍事，鎮鄴[一〇一]，百官各還本職，令州郡蠲除苛政，愛民務本，清通之後，當還東京[一〇二]。大赦，改元[一〇三]，略、模，皆越之弟也。王浚既去鄴，越使模鎮之，顒以四方乖離，禍難不已，故下此詔和解之，冀獲少安。越辭太傅不受，又詔以太宰顒都督中外諸軍事，以張方為中領軍，錄尚書事，領京兆太守[一〇四]。

(廿)東嬴公騰遣將軍聶玄擊漢王淵，戰於大陵㉕，玄兵大敗。淵遣劉曜寇太原，取泫氏㉖、屯留㉗、長子㉘、中都㉙，又遣冠軍將軍喬晞寇西河，取介休㉚。介休令賈渾不降，晞殺之，將納其妻宗氏，宗氏罵晞而哭，晞又殺之。淵聞之，大怒曰：「使天道有知，喬晞望有種乎？」追還，降秩四等，收渾尸葬之。

【今註】㈠永興元年：是年正月，長沙王乂死，改元永安，秋七月，帝入鄴，改元建武，十一月，帝西遷長安，復改元永安，十二月，始改元永興。㈡改元：改元永安。㈢自有靜之者：言自有殺乂鎮靜人心之人。㈣十二城門：洛陽城東有建春、東陽、清明之門，南有開陽、平昌、宣陽、建陽四門，西有廣陽、西明、閶闔三門，北有大夏、廣莫二門，凡十二門。陸機《洛陽記》曰：「洛城十二門，南北九里，城內宮殿臺觀有閣闥，左右出入，城內皆三道，公卿尚書從中道，凡人左右出入，不得相逢，夾道中榆柳以蔭行人。」㈤鄭：鄭縣屬京兆郡，周宣王以封鄭桓公。故城在今陝西省華縣北。㈥渭城：渭城即秦孝公所都故咸陽之地，漢置渭城縣，屬右扶風，後漢省，而地名猶存。故城在今陝西省咸陽縣東。㈦好時：好時縣，前漢屬右扶風，後漢省，故城在今陝西省乾縣東。此曰好時，蓋沿漢之舊名。㈧馮翊太守張輔見其無繼，引兵橫擊之，殺博及澹：《晉書‧劉沈傳》：「顒軍見澹等無繼，氣益倍。馮翊太守張輔率眾救顒，橫擊之，大戰於府門，博父子皆死，澹又被擒，顒奇澹壯勇，將活之，澹不為之屈，於是見殺。」⑨敦偉：敦姓，偉名。⑩知己之惠輕：李流亂蜀，沈以侍中假節統西兵討流，行次長安，顒留沈為軍司，遂為雍州刺史。⑪投袂：振袂為奮發之狀。《左傳》：「宋殺楚使，楚子聞之，投袂而起。」⑫葅醢之戮，其甘如薺：殺人後以為肉醬，謂之葅醢，古之極刑。《漢書・吳王濞傳》：「敢請葅醢之罪。」《詩》曰：「雖謂荼苦，其甘如薺。」沈言蓋襲其義。⑬江陽：江陽縣，漢屬犍為郡，晉屬江陽郡，為江陽郡治，即今四川省瀘縣。⑭詔尚權統巴東、巴郡、涪陵以供軍賦：羅尚為益州刺史，而巴東、巴郡、涪陵三郡皆屬梁州，今詔尚權統之。⑮綱紀：謂綜理府事者如主簿、功曹之屬。見卷八十四永寧元年註⑬。⑯且荊州自空乏：劉弘時以鎮南將軍都督荊州諸軍事，荊州刺史鎮荊州。⑰吾今給之，則無西顧之憂矣：言尚在巴、涪，今以糧給之，使能自固，則將為荊州屏蔽而無西顧之憂。⑱李興願留為弘參軍，弘奪其手版而遣之：胡三省曰：「手版，即古笏也。參佐施敬府公，故持手版。今奪興手版遣之，不許其去尚而事己也。」⑲廢皇后羊氏：羊后立見卷八十三永康元年。⑳廢皇太子覃為清河王：覃以清河王立為皇太子，見上卷太安元年，今復廢為清河王。㉑封雲：封雲，張昌別帥，略徐州以應冰者。㉒詔以穎為皇太弟，都督中外諸軍事，丞相如故：《御覽》一四九引《十六國春秋》曰：「晉成都王穎為皇太弟，領丞相，自鄴懸秉朝政，事無大小，皆先關諮。」㉓乘輿服御皆遷於鄴：時穎鎮鄴，故遷乘輿服御於鄴以就之。㉔太弟穎僭侈日甚，嬖倖用事，大失眾望：嬖倖，謂孟玖等。胡三省曰：「時人望穎以匡輔帝室，今乃若此，故大失眾望。」㉕右衛將軍陳眕：眕音真。《御覽》二三六引臧榮緒《晉書》

曰：「陳眕字國鎮。」按《晉書・成都王穎傳》作左衞將軍，《通鑑》從帝紀作右衞將軍。㉖以詔召三公百僚及殿中：胡三省曰：「殿中者，三部諸將也。」三部，謂左右衞所屬三部司馬。然按《晉書・惠帝紀》作「以詔召百僚入殿中」，及恐為入之誤。㉗徵前侍中嵇紹詣行在：長沙王乂秉政，以紹為侍中，乂死，黜紹為庶人，今討穎，故復徵詣行在。㉘安陽：《括地志》曰：「相州安陽，本盤庚所都，即北蒙殷墟，南去朝歌城百四十里。」漢時，其地屬湯陰縣，晉置安陽縣，屬魏郡，故城在今河南省湯陰縣北，漳河之南。㉙蕩陰：《水經》曰：「蕩水出河內蕩陰縣西山東。」注曰：「縣因水以取名。晉伐成都王穎，敗帝於是水之南。」蕩陰縣，漢屬河內郡，晉屬魏郡，故城在今河南省湯陰縣西南。㉚輚：說文曰：「輚，輣也。」蓋駕車之木，左右各一，下與軸連，外出向前。㉛帝餒甚，超進水，左右奉秋桃：《御覽》七一二引《四王起事》曰：「惠帝征成都，軍敗。帝渴，帳下齎五升銅灌就民家取水，就灌飲之。」又九六七引《四王起事》曰：「惠帝征成都王於安陽城北，軍敗，日已向中而太官未暇進食，左右有賫秋桃十枚，便以獻帝，帝食三枚，石超使人擘手奪三枚。」㉜左右欲浣帝衣，帝曰：「嵇侍中血，勿浣也。」：《寰宇記》曰：「蕩陰縣浣衣里，晉侍中嵇紹葬所。」㉝太弟穎以越兄弟宗室之望：越、騰、略、模俱有聲稱於諸宗室中。㉞前奮威將軍孫惠上書勸越要結藩方，同奬王室：《晉書・孫惠傳》云：「惠擅殺穎牙門將梁儁，懼罪，因改姓名以遁。」《書鈔》三十六引王隱《晉書》曰：「孫惠以策干東海王越，詭其姓名，自稱南岳遺民。勉以勤王匡主三十三略，辭義甚美。」㉟北軍中侯苟晞奔范陽王虓：虓時進位征南將軍，鎮許昌。㊱初，三王之起兵討趙王倫也：事見上卷永寧元年。㊲太弟穎欲討之而未能：時穎兄弟正內自相圖，故無餘力以聲討浚罪。㊳穎以右司馬和演為幽州刺史：演初為陽平太守，穎起兵討趙王倫，以演為右司馬，蓋穎之黨羽。㊴浚與審登密嚴兵，約并州刺史東嬴公騰共圍演，殺之：《晉書・王浚傳》云：「浚密嚴兵與單于圍演，演持白幡詣浚降，遂斬之。」㊵幽州營兵：幽州刺史所屬營兵。㊶太弟穎怨東安王繇前議：穎怨其使己釋甲縞素，出迎天子以請罪。㊷東海參軍王導：導參東海王越軍事。㊸關津：水陸要道。胡三省曰：「關立於經塗要會處以譏出入；津者，濟渡江河所必由之處。」譏，察也。㊹貴人：謂宗室親貴。㊺守河南尹周馥，浚之從父弟也：周浚從王渾伐吳，有戰功。㊻廣陽門：洛陽西面南頭第一門曰廣陽門。㊼復廢覃及羊后：東海王越奉帝討成都王穎，復皇后羊氏及太子覃，今復廢之。㊽初，太弟穎表匈奴左賢王劉淵為冠軍將軍，監五部軍事：劉淵字元海，楊駿輔政，以淵為建威將軍五部大都督，封漢光鄉侯。元康末，坐部人叛出塞，免官。成都王穎鎮鄴，表淵行寧朔將軍，監五部軍事。惠帝伐穎，次於蕩陰，穎假淵輔國將軍；惠帝敗績，穎以淵為冠軍將軍，封盧奴伯。見《晉書・劉元海載記》。㊾淵子聰驍勇絕人，博涉經史，善屬文，彎弓三百斤：《晉書・劉聰載記》云：「劉聰字玄明，一名載，元海第四子也。年十四，究通經史，綜百家之言，孫吳兵法，靡不誦之。工草隸，善屬文，著述懷詩百餘篇，賦頌五十餘篇。十五，習擊刺，猿臂善射，彎弓三百斤，膂力驍捷，冠絕一時。太原王渾見而悅之，謂元海曰：『此兒吾所不能測也。』」㊿弱冠：胡三省曰：「記曲禮曰：『人生十年曰幼學，二十曰弱冠。』」趙彥衞曰：「問人之年，若二十則曰弱冠，蓋不習句讀，將兩句作一句讀。禮曰：『人生十年曰幼，學。』亦兩句讀，論年則幼，在禮則當學矣！『二十曰弱，冠。』言年雖弱，在禮當冠矣！皆當作兩句點，今人並作一句點，誤矣！」(五一)自漢亡以來，我單于徒有虛號，無復尺土：魏武徙匈奴於塞內，分其眾為五部，故云無復尺土，事見卷六十七漢獻帝建安二十一年。(五二)編戶：民戶編列於冊籍，謂之編戶。胡三省曰：「編，相聯次也。民謂之編民，亦謂之編戶者，言比屋聯次而居，編於民籍，無高下之差。」(五三)奄：奄忽之意。《方言》曰：「奄，遽也。」(五四)天苟不欲興匈奴，必不虛生此人：謂劉淵必興匈奴。(五五)鼎沸：喻形勢洶湧，如鼎水之沸騰。(五六)復呼韓邪之業：呼韓邪時，五單于並立，呼韓邪平之，為匈奴中興令主。(五七)呼延攸：顏師古曰：「漢書，匈奴中貴種有呼衍氏，即今之呼延氏。」(五八)二鎮：謂幽州、并州。(五九)鮮卑、烏桓，未易當也：王浚擁有鮮卑、烏桓之眾。(六〇)徐傳檄天下，以逆順制之：胡三省曰：「言見力不足以制二鎮，欲檄徵天下兵，杖順制逆。」(六一)東嬴疏屬：東嬴公騰，宣帝弟東武侯馗之孫，高密文獻王泰之子，於晉室為疏屬。(六二)左國城：胡三省曰：「左國城，蓋匈奴左部所居城也。」《晉書・劉元海載記》云：「漢建武初，烏珠留若鞮單于子右奧鞬日逐王比自立為南單于，入於西河美稷，今離石左國城，即單于所徙庭也。」左國城在今山西省離石縣東北。(六三)離石：離石縣，屬西河郡。《水經注》曰：「離水出離石縣北山，南流逕離石縣故城西。」宋白曰：「縣東北有離石水，因以為名。」即今山西省離石縣。(六四)鹿蠡王：漢時匈奴有谷蠡王。服虔曰：「谷音鹿，蠡音離。」谷、鹿音同，蓋仍漢時舊號。(六五)平棘：平棘縣，漢屬常山郡，晉屬趙國，故城在今河南省趙縣南。(六六)犢車：晉制，王公、勳臣皆乘犢車。飾以雲母者曰雲母車，以皁漆輪轂上者曰皁輪車，以幰通覆車上者曰通幰車。見《晉書・輿服志》。〔六七〕至溫，將謁陵：帝之先乃河內溫縣孝敬里人。自宣帝父防以上皆葬於溫，陵寢在焉。溫故城在今河南省溫縣西南。〔六八〕張方自洛陽遣其子羆帥騎三千，以所乘車奉迎帝至芒山下：《書鈔》一二三引《晉八王故事》曰：「帝自鄴還洛，張方遣子領精騎三千奉迎，自河橋至芒頭十里，前後相屬，戈矛若林。」〔六九〕方自帥萬餘騎迎帝：《晉書・張方傳》：「方自帥萬餘騎，奉雲母輿及旌旗之飾，衞帝而進。」〔七〇〕拓拔猗㐌：拓拔氏，鮮卑之一種，名猗㐌。㐌音拖。〔七一〕鮮卑、烏桓，我之氣類：胡三省曰：「鮮卑、烏桓，東胡之種，與匈奴同稟北方剛強之氣，又同類也。」〔七二〕荊州兵擒斬張昌：去年昌為劉弘所敗，逃於下雋山，至是方擒滅之。〔七三〕李雄以范長生有名德：《魏書・李雄傳》：「范長生頗有術數，雄篤信之。」〔七四〕漢三祖五宗：胡三省曰：「淵以漢高祖、世祖、昭烈為三祖，太宗、世宗、中宗、顯宗、肅宗為五宗。」五宗者，文帝太宗、武帝世宗、宣帝中宗、明帝顯宗、章帝肅宗。按蜀漢昭烈帝未嘗稱祖，而《晉書・王彌傳》淵謂彌曰：「烈祖有云：『吾之有將軍，如魚之有水。』」烈祖謂昭烈，蓋淵所追謚。〔七五〕呼延氏：前趙大司空雁門公呼延翼女，見元和姓纂。〔七六〕崔游：劉淵之師。〔七七〕范隆為大鴻臚，朱紀為太常：范隆、朱紀與淵俱師事崔游，於淵為同門生。〔七八〕後部：胡三省曰：「後部即匈奴北部也。」〔七九〕建武將軍：《宋書・百官志》曰：「建武將軍，魏置。」〔八〇〕草：奏稿。〔八一〕拓落：胡三省曰：「拓，恢拓也；落，磊落也。」《文選・左思魏都賦》：「或黋朗而拓落。」注：「拓落，寬廣貌。」〔八二〕鐵厚一寸，射而洞之：洞，貫穿。《御覽》一七七引《述征記》曰：「洛陽廣陽門西南有劉曜壘，壘西有曜試弩棚。」(八三)永明：劉曜字。(八四)數公：謂樂毅、蕭、曹。(八五)晉書范陽王虓傳云：「太弟穎為王浚所破，挾天子還洛陽，虓與東平王楙、鎮東將軍周馥等上言。」《通鑑》以虓等上言在前，馥為鎮東將軍在後，故不取周馥上言之說，然按勞格《晉書校勘記》：「案馥傳，惠帝幸鄴，以馥守河南尹，上官巳敗，復攝河南尹，帝還宮，出為平東將軍，代劉準為鎮東將軍。馥是時尚是河南尹，傳作鎮東誤也。」則虓等上言，馥實預之。(八六)太宰：謂河閒王顒，顒時為太宰。(八七)自州郡以下，選舉授任，一皆仰成，朝之大事，廢興損益，每輒疇咨：胡三省曰：「言關右州郡，聽顒選舉，朝政亦咨而後行。疇，類也；咨，問也；言朝之大事，類以問顒。」(八八)宜遣還郡：言宜遣張方回返舊任。方本為馮翊太守，故曰還郡。(八九)王浚有定社稷之勳：謂舉兵討成都王穎。(九〇)眾情：胡三省曰：「眾情，謂方之軍情也。」(九一)無復留意：無復留屯洛陽之意。(九二)右將軍：謂張方。河閒王顒以方為右將軍，馮翊太守。(九三)流蘇武帳：武帳之飾以流蘇者。武帳蓋天子所御。孟康曰：「今御武帳，置兵闌五兵於帳中也。」沈欽韓曰：「帳置五兵，蓋以蘭錡圍四垂，天子御殿之制如此。有災變避正殿寢兵，則不坐武帳也。」毛晃曰：「流蘇，盤線繪繡之毬，五采錯為之，同心而下垂者是也。蘇猶鬚也；又散貌，以其蘂下垂，故曰蘇。」(九四)馬韀：韀與韉同，墊馬鞍之具。(九五)董卓無道，焚燒洛陽：事見卷五十九漢獻帝初平元年。(九六)郟：郟縣，前漢屬潁川郡，後漢省，晉屬襄城郡，即今河南省郟縣。(九七)征西府：征西將軍府，蓋顒所居。(九八)號東西臺：洛陽留臺號東臺，長安為西臺。(九九)藩，勗之子也：荀勗黨附賈充，貴顯於晉初。(一〇〇)咎氏：昝音纏。㉒東中郎將模為寧北將軍都督冀州諸軍事，鎮鄴：模，《晉書・南陽王傳》云：「東海王越以模為北中郎將，鎮鄴。永興初，遷鎮東大將軍，鎮許昌。」與〈惠帝紀〉異，《通鑑》從帝紀。胡三省曰：「按晉制，方面之任有四征、四鎮、四安、四平，無四寧也。恐當作安。」㉓清通之後，當還東京：胡三省曰：「謂阻兵者解兵，道路清通之後也。帝時在長安，故謂洛陽為東京。」㉔改元：改元永興。㉕以張方為中領軍，錄尚書事，領京兆太守：胡三省曰：「時帝在長安，京兆太守實掌輦轂下。張方握兵，顒所親倚，故使領京兆。」㉖大陵：大陵縣，漢屬太原郡，晉屬太原國，故城在今山西省文水縣東北。㉗泫氏：泫氏縣，屬上黨郡，後漢為侯國，晉復為縣，故城在今山西省高平縣東。㉘屯留：屯留縣，屬上黨郡，故城在今山西省屯留縣南。顏師古曰：「屯音純。」㉙長子：長子縣，屬上黨郡，故城在今山西省長子縣西。㉚中都：中都縣，漢屬太原郡，晉屬太原國，故城在山西省平遙縣西北。㉛介休：介休縣，漢為界休縣，屬太原郡，晉屬西河郡，故城在今山西省介休縣東南。

卷八十六　晉紀八

起旃蒙赤奮若，盡著雍執徐，凡四年。（乙丑至戊辰，西元三〇五年至三〇八年）

司馬光編集
林瑞翰註

孝惠皇帝下

永興二年（西元三〇五年）

㈠夏，四月，張方廢羊后。

㈡游楷等攻皇甫重，累年不能克㊀。重遣其養子昌求救於外，昌詣司空越，越以太宰顒新與山東連和㊁，不肯出兵。昌乃與故殿中人㊂楊篇詐稱越命，迎羊后於金墉城，入宮，以后令發兵討張方㊃，奉迎大駕。事起倉猝，百官皆從之，俄知其詐，相與誅昌。顒請遣御史宣詔喻重令降，重不奉詔。先是城中不知長沙厲王及皇甫商已死㊄，重獲御史騶人㊅，問曰：「我弟將兵來欲至未？」騶人曰：「已為河間王所害。」重失色，立殺騶人。於是城中知無外救，共殺重以降。顒以馮翊太守張輔為秦州刺史㊆。

㈢六月，甲子（初四日），安豐元侯王戎薨於郟[八]。

㈣張輔至秦州，殺天水太守封尚，欲以立威。又召隴西太守韓稚，稚子朴勒兵擊輔，輔軍敗死[九]。涼州司馬楊胤言於張軌曰：「韓稚擅殺刺史，明公杖鉞一方[一〇]，不可不討。」軌從之，遣中督護[一一]汜瑗帥眾二萬討稚，稚詣軌降。未幾，鮮卑若羅拔能寇涼州，軌遣司馬宋配擊之，斬拔能，俘十餘萬口，威名大振。

㈤漢王淵攻東嬴公騰，騰復乞師於拓跋猗㐌，衞操勸猗㐌助之。猗㐌帥輕騎數千救騰，斬漢將綦毋豚[一二]。【考異】後魏書桓帝紀及劉淵傳皆云淵南走蒲子，按晉載記淵無走蒲子事，下云自離石遷黎亭，蓋後魏書誇誕妄言耳。詔假猗㐌大單于，加操右將軍。甲申（二十四日），猗㐌卒，子普根代立。

㈥東海中尉劉洽以張方劫遷車駕[一三]，勸司空越起兵討之。秋，七月，越傳檄山東征、鎮、州、郡，云欲糾帥義旅，奉迎天子，還復舊都[一四]。東平王楙聞之懼，長史王脩說楙曰：「東海，宗室重望，今興義兵，公宜舉徐州以授之[一五]，則免於難，且有克讓之美矣！」楙從之。越乃以司空領徐州都督，楙自為兗州刺史[一六]，詔即遣使者劉虔授之。是時越兄弟並據方任〔一七〕，於是范陽王虓及王浚等共推越為盟主。越輒〔一八〕選置刺史以下，朝士〔一九〕多赴之。

(七)成都王穎既廢〔二〇〕，河北人多憐之〔二一〕。穎故將公師藩等自稱將軍，起兵於趙、魏，眾至數萬。

初，上黨武鄉羯人石勒〔二二〕，有膽力，善騎射，并州大餓，建威將軍閻粹說東嬴公騰執諸胡於山東，賣充軍實，勒亦被掠賣為茌平〔二三〕人師懽奴，懽奇其狀貌而免之〔二四〕。懽家鄰於馬牧，勒乃與牧帥汲桑結壯士為羣盜，及公師藩起，桑與勒帥數百騎赴之。桑始命勒以石為姓，勒為名。

藩攻陷郡縣，殺二千石長吏，轉前攻鄴，平昌公模甚懼。范陽王虓遣其將苟晞救鄴，與廣平太守〔二五〕譙國丁紹共擊藩，走之。

(八)八月辛丑（八月庚申朔，無辛丑，辛丑在九月），大赦。

(九)司空越以琅邪王睿為平東將軍，監徐州諸軍事，留守下邳。睿請王導為司馬，委以軍事。【考異】元帝鎮下邳，請導為安東司馬。按元帝時為平東，及徙揚州，乃為安東耳。或者平字誤為安，或後為安東司馬，故但云司馬。越帥甲士三萬西屯蕭縣〔二六〕，范陽王虓自許〔二七〕屯於滎陽，越承制以豫州刺史劉喬為冀州刺史，以范陽王虓領豫州刺史。喬以虓非天子命，發兵拒之。虓以劉琨為司馬，越以劉蕃為淮北護軍，劉輿㉘為潁川太守。喬上尚書，列輿兄弟罪惡，因引兵攻許，遣長子祐將兵拒越於蕭縣之靈壁，越兵不能進。東平王楙在兗州，徵求不已，郡縣不堪命。范陽王虓遣苟晞還兗州㉙，徙楙都督青州，楙不受命，背山東諸侯，與劉喬合。

㈩太宰顒聞山東兵起，甚懼。以公師藩為成都王穎起兵，壬午（二十三日），表穎為鎮軍大將軍，都督河北諸軍事，給兵千人，以盧志為魏郡太守，隨穎鎮鄴，欲以撫安之。又遣建武將軍㉚呂朗屯洛陽。顒發詔令東海王越等各就國，越等不從，會得劉喬上事㉛，冬，十月，丙子（十八日），下詔稱劉輿迫脅范陽王虓，造構凶逆，其令鎮南大將軍劉弘㉜、平南將軍彭城王釋㉝、征東大將軍劉準㉞各勒所統，與劉喬并力，以張方為大都督，統精卒十萬，與呂朗共會許昌，誅輿兄弟。釋，宣帝弟子穆王權㉟之孫也。【考異】劉喬傳釋作繹，帝紀、宗室傳皆作釋，蓋喬傳誤。帝紀：「八月，車騎大將軍劉弘逐平南將軍彭城王釋於宛。」弘、釋傳及眾書皆無之。弘傳但云：「彭城前東奔，有不善之言。」按弘晉室純臣，劉喬與范陽構難，弘猶以書和解之，以安天下，尊王室，釋受王命鎮宛，而弘肯更自逐之乎？據此詔令，弘、釋共討劉輿，疑無弘逐釋事，帝紀必誤。

丁丑（十九日），顒使成都王穎領將軍劉褒㊱等，前車騎將軍石超、領北中郎將王闡等據河橋為劉喬繼援。進喬鎮東將軍，假節。劉弘遺喬及司空越書，欲使之解怨釋兵，同獎王室，皆不聽。弘又上表曰：「自頃兵戈紛亂，猜禍鋒生，疑隙構於羣王，災難延於宗子，今日為忠，明日為逆，翩其反而㊲，互為戎首㊳，載籍以來，骨肉之禍，未有如今者也，臣竊悲之，今邊陲無備豫之儲，中華有杼軸之困㊴，而股肱之臣，不惟㊵國體，職競尋常㊶，自相楚剝㊷，萬一四夷乘虛為變，此亦猛虎交鬭，自効於卞莊者矣㊸。臣以為宜速發明詔，詔越等令兩釋猜嫌，各保分局㊹。自今以後，其有不被詔書，擅興兵馬者，天下共伐之。」時太宰顒方拒關東，倚喬為助，不納其言。喬乘虛襲許，破之。劉琨將兵救許，不及，遂與兄輿及范陽王虓俱犇河北，琨父母為喬所執。

劉弘以張方殘暴，知顒必敗，乃遣參軍劉盤為都護㊺，帥諸軍受司空越節度。時天下大亂，弘專督江漢，威行南服㊻。謀事有成者，則曰某人之功；如有負敗，則曰老子之罪。每有興發(四七)，手書守、相，丁寧款密(四八)，所以人皆感悅爭赴之，咸曰：「得劉公一紙書，賢於十部從事(四九)。」前廣漢太守辛冉說弘以從橫之事，弘怒斬之(五〇)。

(十一)有星孛於北斗。

(十二)平昌公模遣將軍宋冑趣河橋(五一)。

(十三)十一月，立節將軍周權詐被檄(五二)，自稱平西將軍，復立羊后。洛陽令何喬攻權殺之，復廢羊后。太宰顒矯詔，以羊后屢為姦人所立，遣尚書田淑敕留臺賜后死(五三)。詔書屢至，司隸校尉劉暾等上奏，固執以為羊庶人門戶殘破，廢放空宮，門禁峻密，無緣得與姦人搆亂，眾無愚智，皆謂其冤，今殺一枯窮之人，而令天下傷慘，何益於治？顒怒，遣呂朗收暾。【考異】暾傳云：「顒遣陳顏、呂朗帥騎五千收暾。」按暾匹夫，安用五千騎？蓋朗時在洛，顒敕使收暾耳！說者欲大其事，故云爾。暾犇青州依高密王略，然羊后亦以是得免。

(十四)十二月，呂朗等東屯滎陽，成都王穎進據洛陽。

(十五)劉琨說冀州刺史(五四)太原溫羨，使讓位於范陽王虓。虓領冀州，遣琨詣幽州乞師於王浚，浚以突騎(五五)資之，【考異】琨傳曰：「得突騎八百人。」按劉喬傳云：「琨率騎五千，濟河攻喬。」疑八百太少，或因下文迎東海王之數致有此誤，今闕疑。擊王闡於河上，殺之。琨遂與虓引兵濟河，斬石超於滎陽，劉喬自考城(五六)引退。虓遣琨及督護田徽東擊東平王楙於廩丘(五七)，楙走還國。琨、徽引兵東迎越，擊劉祐於譙，祐敗死，喬眾遂潰，喬奔平氏。【考異】帝紀云：「喬奔南陽。」按地理志，南陽無平氏縣，武帝分南陽置義陽郡，有西平氏縣(五八)，或者南陽有東平氏而非縣與。司空越進屯陽武(五九)，王浚遣其將祁弘帥突騎、鮮卑、烏桓為越先驅。

(六)初，陳敏既克石冰(六〇)，自謂勇略無敵，有割據江東之志。其父怒曰：「滅我門者，必此兒也。」遂以憂卒。敏以喪去職，司空越起敏為右將軍前鋒都督。越為劉祐所敗(六一)，敏請東歸收兵，遂據歷陽(六二)叛。吳王常侍(六三)甘卓棄官東歸，【考異】卓傳云：「州舉茂才，為吳王常侍，討石冰，以功賜爵都亭侯，東海王越引為參軍，出補離狐令，棄官東歸，遇陳敏。」敏傳云：「吳王常侍甘卓自洛至。」按卓為常侍，不應討石冰，為離狐令，不應至洛，今從敏傳。至歷陽，敏為子景娶卓女，使卓假稱皇太弟令拜敏揚州刺史。敏使弟恢及別將錢端等南略江州，弟斌東略諸郡，揚州刺史劉機、丹楊太守王曠皆棄城走(六四)。敏遂據有江東，以顧榮為右將軍，賀循為丹楊內史，周玘為安豐太守㊅㊄。凡江東豪傑名士，咸加收禮，為將軍郡守者四十餘人；或有老疾，就加秩命。循詐為狂疾得免，乃以榮領丹楊內史；玘亦稱疾不之郡。敏疑諸名士終不為己用，欲盡誅之。榮說敏曰：「中國喪亂，胡夷內侮，觀今日之勢，不能復振，百姓將無遺種。江南雖經石冰之亂，人物尚全，榮常憂無孫劉之主㊅㊅有以存之。今將軍神武不世，勳効已著，帶甲數萬，舳艫山積㊅㊆。若能委信君子，使各盡懷，散蔕芥㊅㊇之嫌，塞讒諂之口，則上方數州㊅㊈，可傳檄而定；不然，終不濟也。」敏命僚佐推己為都督江東諸軍事、大司馬、楚公、加九錫，列上尚書，稱被中詔，自江入沔、漢奉迎鑾駕。太宰顒以張光為順陽太守㊆〇，帥步騎五千詣荊州討敏。劉弘遣江夏太守陶侃、武陵太守苗光屯夏口，又遣南平太守汝南應詹督水軍以繼之。侃與敏同郡㊆㊀，又同歲舉吏㊆㊁，隨郡內史扈懷㊆㊂言於弘曰：「侃居大郡，統彊兵，脫有異志，則荊州無東門矣！」弘曰：「侃之忠能，吾得之已久，必無是也！」侃聞之，遣子洪及兄子臻詣弘以自固，弘引為參軍，資而遣之㊆㊃，曰：「賢叔征行，君祖母年高，便可歸也！匹夫之交，尚不負心，況大丈夫乎！」

敏以陳恢為荊州刺史，寇武昌，弘加侃前鋒督護以禦之。侃以運船為戰艦，或以為不可，侃曰：「用官船擊官賊，何為不可？」侃與恢戰，屢破之；又與皮初、張光、苗光共破錢端於長岐(七五)。南陽太守衞展說弘曰：「張光，太宰腹心。公既與東海，宜斬光以明向背。」弘曰：「宰輔得失，豈張光之罪？危人自安，君子弗為也！」乃表光殊勳，乞加遷擢。

(十七)是歲，離石大饑，漢王淵徙屯黎亭(七六)，就邸閣(七七)穀。留太尉宏守離石，使大司農卜豫運糧以給之。

【今註】㊀游楷等攻皇甫重，累年不能克：太安二年，河閒王顒遣金城太守游楷、隴西太守韓稚等合四郡兵攻重，至是前後凡三年。㊁越以太宰顒新與山東連和：事見上卷永興元年。㊂故殿中人：胡三省曰：「言舊屬二衞部曲者。」㊃迎羊后於金墉城，入宮，以后令發兵討張方：胡三省曰：「是年四月，張方廢羊后，其時方已奉帝入關，蓋以威令遙脅留臺百官使廢羊后耳！今皇甫昌迎后入宮，欲發兵討方，特以是起兵，非因方在洛而討之也。」㊄先是城中不知長沙厲王及皇甫商已死：長沙厲王死見上卷永興元年，皇甫商死見上卷太安二年。⑥重獲御史騶人：晉制，諸公給騶八人，下至御史各有差。胡三省曰：「齊王融曰：『車前無八騶，何得稱丈夫！』則騶蓋辟車之卒。」融語見《齊書・王融傳》。騶即騶從，侍擁車之前從以辟行人。時御史至秦州宣詔，重因獲其騶人。⑦顒以馮翊太守張輔為秦州刺史：輔有破劉沈之功，顒德之，故以為秦州刺史。⑧安豐元侯王戎薨于郟：戎奔郟見上卷永興元年。⑨稚子朴勒兵擊輔，輔軍敗死：《晉書・張輔傳》云：「稚子朴有武幹，收兵伐輔。輔與稚戰於遮多谷口，輔軍敗績，為天水故帳下督富整所殺。」又《晉書・張軌傳》云：「永嘉初，東羌校尉韓稚殺秦州刺史張輔。」按〈惠帝紀〉蓋在永興二年，又〈皇甫重傳〉、〈張輔傳〉及〈惠帝紀〉俱作隴西太守，此曰東羌校尉，亦異，且《晉書・職官志》有護羌校尉，無東羌校尉，疑軌傳有誤。⑩明公杖鉞一方：張軌是時為安西將軍，專一方之任。⑪中督護：胡三省曰：「中軍督護也。」⑫綦毌豚：胡三省曰：「毌音無，綦毌，複姓。北狄傳匈奴國人有綦毌氏、勒氏，皆勇健，好反叛。」⑬東海中尉劉洽以張方劫遷車駕：張方劫遷車駕事見上卷永興元年。《晉書・職官志》諸王國有郎中令、中尉、大司農，號為王國三卿，洽蓋為東海王國中尉。⑭舊都：謂洛陽。⑮公宜舉徐州以授之：時楙為車騎將軍都督徐州諸軍事，鎮下邳。楙始督徐州見卷八十四永寧元年。⑯楙自為兗州刺史：胡三省曰：「去年范陽王虓以苟晞行兗州刺史，晞留許昌，未及至州而楙自領之。」⑰是時越兄弟並據方任：越弟略都督青州，模都督冀州，見上卷永興元年。⑱輒：專擅。⑲朝士：胡三省曰：「指不從帝在長安者。」⑳成都王穎既廢：穎廢見上卷永興元年。㉑河北人多憐之：胡三省曰：「潁鎮鄴，初有時譽，後雖以驕侈致禍，河北之人，厭亂而思舊，故多憐之。」㉒上黨武鄉羯人石勒：《晉書・石勒載記》曰：「石勒字世龍，初名匐，上黨武鄉羯人也，其先匈奴別部，羌渠之胄。」《魏書・石傳》曰：「小字匐勒。」又《晉書・北狄匈奴傳》云：「北狄入居塞內者有十九種，羯其一也。」武鄉縣，晉屬上黨郡，石趙時改屬武鄉郡，故城在今山西省榆社縣北。㉓茌平：茌平縣，前漢屬東郡，後漢屬濟北國，晉屬平原國。應劭曰：「茌，山名，縣在山之平陸，故曰茌平。」故城在今山東省茌平縣西。㉔懽奇其狀貌而免之：《晉書・石勒載記》曰：「勒每耕作於野，常聞鼓角之聲。勒以告諸奴，諸奴歸以告懽，懽亦奇其狀貌而免之。」《水經》曰：「河水又東北過茌平縣西。」注云：「經曰大河在其西，鄧里渠歷其東，即斯邑也。昔石勒之隸師懽，屯耕于茌平，聞鼓角鞞鐸之聲於是縣也。」㉕廣平太守：漢武帝置平干國，宣帝改為廣平國，光武省，併屬鉅鹿國。魏文帝黃初二年，以魏郡西部置為廣平郡，治廣平縣，故治在今河北省雞澤縣東。㉖蕭縣：屬沛郡，故城在今江蘇省蕭縣西北。㉗許：胡三省曰：「許即許昌。」㉘劉輿：輿，劉琨之兄，劉蕃之子。㉙范陽王虓遣苟晞還兗州：虓用晞為兗州刺史見上卷永興元年。㉚建武將軍：按《晉書・劉輿傳》引詔文作建威將軍，惠帝紀作建武將軍。㉛上事：謂上書言輿兄弟罪惡及起兵攻許拒越、虓之事。㉜鎮南大將軍劉弘：弘以平張昌功進位鎮南大將軍，都督荊州如故。㉝平南將軍彭城王釋：釋時屯宛。㉞征東大將軍劉準：準時都督揚州。㉟宣帝弟子穆王權：權，宣帝弟武城侯馗之子。㊱劉褒：按《晉書・惠帝紀》作樓裒，〈河間王顒傳〉作樓褒。㊲翩其反而：胡三省曰：

「言是非反覆之易。」翩，輕疾貌，以喻反覆之易。㊳互為戎首：迭為興兵創亂之罪首。㊴杼軸之困：杼軸，紡織之具；持緯者為杼，受經者為軸。《小雅・大東》：「小東大東，杼軸其空。」《法言》云：「田畝荒，杼軸空，謂之斁。」故以杼軸為困敝之喻。㊵惟：思念。㊶職競尋常：八尺曰尋，倍尋曰常。胡三省曰：「職，主也；競，爭也。言所爭者尋丈之間，不足為長短也。」㊷楚剝：胡三省曰：「楚，痛也。」按楚剝，有讎鬪之意。㊸此亦猛虎交鬪，自效於卞莊者矣：蓋以卞莊刺虎為喻。意謂兄弟鬩牆，將令夷狄坐乘其利。胡三省曰：「劉、石之禍，劉弘蓋已知之！」㊹分局：局有部分之意。時越、喬等各專方任，故曰分局。㊺都護：胡三省曰：「盡護行營諸將為都護，督護則止督一軍耳！」㊻時天下大亂，弘專督江漢，威行南服：胡三省曰：「南服，南方也。謂之服者，責以服事天子為職。」《魏志・劉馥傳》注引《晉諸公贊》曰：「於時天下雖亂，荊州安全，弘有劉景升保有江漢之志。」又《晉陽秋》曰：「其在江漢，值王室多難，得專命一方，盡其器能，推誠羣下，厲以公義。故莫不感悅，顛倒奔赴。」㊼興發：胡三省曰：「謂興師動眾，調發財賦。」㊽款密：誠懇親切。㊾從事：別駕、治中，皆謂之從事，蓋州刺史之佐吏。㊿前廣漢太守辛冉說弘以從横之事，弘怒斬之：益州之破，辛冉去羅尚而從劉弘。《魏志・劉馥傳》注引《晉陽秋》曰：「廣漢太守辛冉以天子蒙塵，四方雲擾，進從横計於弘，弘怒斬之，時人莫不稱善。」(51)平昌公模遣將軍宋胄趣河橋：時模都督冀州，鎮鄴，蓋自鄴遣胄進兵。(52)詐被檄：胡三省曰：「詐言被司空越檄也。」(53)遣尚書田淑敕留臺賜后死：時荀藩、劉暾、周馥居留臺。(54)冀州刺史：《魏書・地形志》曰：「後漢治高邑，袁紹、曹操為冀州，治鄴，魏、晉治信都。」㉟突騎：李賢曰：「突騎，言能衝突軍陳。」胡三省曰：「突騎，天下精兵。燕人致梟騎助漢，高祖以破項羽，光武得漁陽、上谷突騎以平河北。」㊱考城：考城縣，即秦之甾縣，前漢屬梁國，後漢更名曰考城，晉初省，尋後置，屬陳留國，後魏改置考陽縣，故城在今河南省考城縣東南。㊲廩丘：廩丘縣，前漢屬東郡，後漢屬濟陰郡，《晉書．地理志》屬濮陽國，故城在今山東省范縣東南。洪頤煊《諸史考異》曰：「按其時當有東郡。杜預左氏隱五年註：『東郡燕縣。』定公八年註：『東郡燕縣東北有瓦亭城。』成公十六年註：『東郡廩丘縣東有鄆縣。』襄公二十六年註：『東郡廩丘縣故城是。』成公緩傳：『東郡白馬人。』魏浚傳：『東郡東阿人。』郗隆傳：『補東郡太守。』宋書州郡志：『永初郡縣，兗州有東郡、濮陽、陳留三郡。』地理志有濮陽國而無東郡，是史之脫。」王隱《晉書．地道記》曰：「廩丘者，春秋之所謂齊邑矣！縣南瓠北有羊角城。春秋傳曰：『烏餘取衞羊角，遂襲我高魚。』京相璠曰：『羊角，衞邑也，今東郡廩丘縣南有羊角城；高魚，魯邑也，今廩丘東北有故高魚城，俗謂之交魚城。』」顧祖禹曰：「今東昌、濮州范縣東南有廩丘故城。案杜氏左傳成十六年、襄二十六年注皆云東郡廩丘縣，則西晉時廩丘已由濮陽改隸東郡，與京相璠之說同。洪筠軒謂史脫東郡，是也。」㊳武帝分南陽置義陽郡，有西平氏縣：胡三省曰：「今按前漢書地理志，平氏縣屬南陽郡，晉書地理志，平氏縣屬義陽郡，平氏之上有厥西縣，沈約宋書州郡志，南義陽太守領厥西、平氏二縣，且曰：『厥西，今二漢無，晉太康地志屬義陽。』以此證之，蓋後人傳寫晉書者誤以厥西之西字聯平氏而書之，其實晉義陽之平氏即漢南陽之平氏也。帝紀所謂喬奔南陽，以漢古郡大界書之也。」平氏故城在今河南省桐柏縣西。(五九)陽武：陽武縣，漢屬河南郡，晉屬滎陽郡，故城在今河南省陽武縣東南。(六〇)初，陳敏既克石冰：事見上卷太安二年。(六一)越為劉祐所敗：《晉書・陳敏傳》云：「越討豫州刺史劉喬，敏引兵會之，與越俱敗於蕭。」又〈東海王越傳〉：「越率甲卒三萬，西次蕭縣，豫州刺史劉喬不受越命，遣子祐距之，越軍敗。」(六二)歷陽：歷陽縣，漢屬九江郡，魏曰淮南郡，晉因之。宋白曰：「縣南有歷水，故曰歷陽。」即今安徽省和縣。(六三)吳王常侍：《晉書・職官志》，晉諸王國大國置左右常侍各一人。(六四)揚州刺史劉機、丹楊太守王曠皆棄城走：時揚州刺史與丹楊太守同治秣陵。秣陵，吳曰建業，武帝平吳，復為秣陵，太康三年，分秣陵北為建鄴，江左避愍帝諱，改名建康。(六五)安豐太守：安豐縣，後漢屬廬江郡，魏分廬江為安豐郡，故治在今河南省固始縣東。(六六)孫劉之主：孫劉，謂孫權、劉備。(六七)舳艫山積：李斐曰：「舳，船後持柂處也；艫，船前頭刺櫂處也。」胡三省曰：「漢律名船方長為舳艫，此言山積，蓋取漢律之義。」(六八)蔕芥：張晏曰：「蔕芥，刺鯁也。」刺鯁在身則感不快，故以為嫌怨之喻。(六九)上方數州：胡三省曰：「上方數州，謂揚州以西，荊、江、豫、梁、益等州也。」(七〇)順陽太守：順陽縣，漢屬南陽郡，漢成帝以封孔光，改曰博山縣，明帝復曰順陽。建安中，割南陽右壤為南鄉郡，晉太康中，更名順陽郡，治酇縣，即漢蕭何封邑。(七一)侃與敏同郡：侃與敏皆廬江郡人。(七二)又同歲舉吏：胡三省曰：「同歲舉赴京師。」(七三)隨郡內史扈懷：《晉書・陶侃傳》懷作瓌，元和姓纂作懷。隨縣，漢屬南陽郡，蓋春秋故隨國。晉武帝太始年間分南陽立義陽國，太康九年，復分義陽之隨、平林二縣為隨郡，封隨穆王整子邁為隨郡王。㈣資而遣之：資以貨物而遣之歸。㈤又與皮初、張光、苗光共破錢端於長岐：皮初時為襄陽太守，苗光為武陵太守，錢端乃陳敏部將。胡三省曰：「據張光傳，長岐之戰，光設伏於步路，苗光為水軍，藏舟船於沔水，則長岐當在江夏郡界。」按長岐蓋近沔水，今湖北黃陂縣西南有長岐戍故址，即陶侃與光等破錢端處。㈥黎亭：《續漢志》上黨郡壺關縣有黎亭，西伯戡黎處。故址在今山西省長治縣西南。㈦邸閣：儲糧之所。《蜀志．後主傳》：「亮使諸軍運米，集於斜谷口，治斜谷邸閣。」閣與閣同。

光熙元年㈠（西元三〇六年）

㈠春，正月，戊子朔，日有食之。

㈡初，太弟中庶子蘭陵繆播，有寵於司空越，播從弟右衛率胤，太宰顒前妃之弟也。越之起兵，遣播、胤詣長安說顒，令奉帝還洛，約與顒分陝為伯。顒素信重播兄弟，即欲從之，張方自以罪重，恐為誅首㈡，謂顒曰：「今據形勝之地，國富兵彊，奉天子以號令，誰敢不從？奈何拱手受制於人？」顒乃止。及劉喬敗，顒懼，欲罷兵與山東和解，恐張方不從，猶豫未決。方素與長安富人郅輔親善，以為帳下督㊂。顒參軍河閒畢垣嘗為方所侮，因說顒曰：「張方久屯霸上，聞山東兵盛，盤桓不進㊃，宜防其未萌，其親信郅輔具知其謀。」繆播、繆胤復說顒宜急斬方以謝山東，可不勞而定。顒使人召輔，垣迎說輔曰：「張方欲反，人謂卿知之。王若問卿，何辭以對？」輔驚曰：「實不聞方反，為之奈何？」垣曰：「王若問卿，但言爾爾㊄。不然，必不免禍。」輔入，顒問之曰：「張方反，卿知之乎？」輔曰：「爾。」顒曰：「遣卿取之可乎？」又曰：「爾。」顒於是使輔送書於方，因殺之㊅。輔既昵於方，持刀而入，守閤者不疑。方火下發函，輔斬其頭還報。顒以輔為安定太守，送方頭於越以請和，越不許。

宋冑襲河橋，樓褒西走。平昌公模遣前鋒督護馮嵩會宋冑逼洛陽，成都王穎西奔長安，至華陰㊆，聞顒已與山東和親，留不敢進。呂朗屯滎陽，劉琨以張方首示之，遂降。司空越遣祁弘、宋冑、司馬纂帥鮮卑西迎車駕，以周馥為司隸校尉，假節都督諸軍，屯澠池。

㈢三月，憴㊇令劉伯根㊈反，眾以萬數，自稱憴公，王彌帥家僮從之。柏根以彌為長史，彌從父弟桑為東中郎將。柏根寇臨淄㊉，青州都督高密王略使劉暾將兵拒之，暾兵敗犇洛陽，走保聊城㊀。王浚遣將討柏根，斬之，王彌亡入長廣㊁山為羣盜。

㈣寧州頻歲饑疫，死者以十萬計。五苓夷彊盛，州兵屢敗㊂。吏民流入交州者甚眾，夷遂圍州城㊃。李毅疾病，救援路絕，乃上疏，言不能式遏寇虐㊄，坐待殄斃，若不垂矜恤，乞降大使，及臣尚存，加臣重辟，若臣已死，陳尸為戮。朝廷不報。積數年，子釗自洛往省之，未至，毅卒。毅女秀明達有父風，眾推秀領寧州事㊅，秀獎厲戰士，嬰城固守。城中糧盡，炙鼠拔草而食之，伺夷稍怠，輒出兵掩擊破之。【考異】懷帝紀：「永嘉元年五月，建寧郡夷攻陷寧州，死者三千餘人。」李雄載記曰：「南夷李毅固守不降，雄誘建寧夷使討之，毅病卒，城陷，殺壯士三千餘人，送婦女千口於成都。」王遜傳云：「李毅卒，城中奉毅女固守經年。」華陽國志有毅卒年月及女秀守城事，今從之。

㈤范長生詣成都㊆，成都王雄門迎執板，拜為丞相，尊之曰范賢。

㈥夏，四月，己巳（十三日），司空越引兵屯溫。初，太宰顒以為張方死，東方兵必可解，既而東方兵聞方死，爭入關，顒悔之，乃斬郅輔，遣弘農太守彭隨、北地太守刁默將兵拒祁弘等於湖。五月，壬辰（初七日），弘等擊隨、默，大破之，遂西入關；又敗顒將馬瞻、郭偉於霸水。顒單馬逃入太白山⑱。弘等入長安，所部鮮卑大掠，殺二萬餘人。百官犇散入山中，拾橡實⑲食之。己亥（十四日），弘等奉帝乘牛車東還⑳。以太弟太保梁柳為鎮西將軍，守關中。

六月，丙辰朔，帝至洛陽，復羊后。【考異】后傳曰：「張方首至洛陽，即日復后位。」按方傳首已久，不至今日，今從帝紀。辛未（十六日），大赦，改元㉑。

（七）馬瞻等入長安，殺梁柳，與始平太守㉒梁邁共迎太宰顒於南山㉓。弘農太守裴廙、秦國㉔內史賈龕、安定太守賈疋等起兵擊顒，斬馬瞻、梁邁。疋，詡之曾孫也㉕。司空越遣督護麋晃將兵擊顒，【考異】牽秀傳云：「顒密遣使詣東海王越求迎，越遣將麋晃等迎顒。」今從顒傳。至鄭，顒使平北將軍牽秀屯馮翊。顒長史楊騰詐稱顒命，使秀罷兵，騰遂殺秀，關中皆服於越，顒保城而已㉖。

（八）成都王雄即皇帝位㉗，大赦，改元曰晏平，國號大成。【考異】

晉帝紀、三十國晉春秋皆云，永興二年六月，雄即帝位。華陽國志，光熙元年，雄即帝位。後魏書序、紀及李雄傳，皆云昭帝十二年，雄稱帝，即光熙元年也，十六國春秋鈔，晏平元年六月，雄即帝位。十六國春秋目錄，雄年號建興二，晏平五，與華陽國志同，今從之。諸書雄改元晏平，無大武年號，惟晉載記改元大武，無晏平年號。按雄國號大成，魏書雄傳云：「雄稱帝，號大成，改元晏平。」故三十國春秋誤云改元大成，載記轉寫誤為大武，今從諸書，去大武之號。追尊父特曰景皇帝，廟號始祖。尊王太后㉘曰皇太后，以范長生為天地太師㉙，【考異】華陽國志：「尊長生曰四時八節天地太師，」今從晉載記。復其部曲，皆不豫征稅。諸將恃恩互爭班位，尚書令閻式上疏請考漢晉故事，立百官制度，從之。

(九)秋，七月，乙酉朔，日有食之。

(十)八月，以司空越為太傅，錄尚書事，范陽王虓為司空，鎮鄴；【考異】虓傳為司徒，今從帝紀。平昌公模為鎮東大將軍，鎮許昌；王浚為驃騎大將軍，都督東夷、河北諸軍事，領幽州刺史㉚。越以吏部郎庾敳為軍諮祭酒㉛，前太弟中庶子胡母輔之為從事中郎，黃門侍郎郭象為主簿，鴻臚丞㉜阮脩為行參軍㉝，謝鯤為掾。輔之薦樂安光逸㉞於越，越亦辟之。敳等皆尚虛玄，不以世務嬰心，縱酒放誕。敳殖貨無厭，象薄行，好招權，越皆以其名重於世，故辟之。

(十一)祁弘之入關也，成都王穎自武關犇新野㉟，會新城元公劉弘卒，司馬郭勸作亂，欲迎穎為主，郭舒奉弘子璠以討勸，斬之。詔南中郎將劉陶(三六)收穎，穎北渡河犇朝歌，收故將士得數百人，欲赴公師藩，頓丘太守(三七)馮嵩執之送鄴，范陽王虓不忍殺而幽之。公師藩自白馬(三八)南渡河，兗州刺史苟晞討斬之。

(十二)進東嬴公騰爵為東燕王(三九)，平昌公模為南陽王。

(十三)冬，十月，范陽王虓薨(四〇)。長史劉輿以穎素為鄴人所附，秘不發喪，偽令人為臺使，稱詔夜賜穎死，並殺其二子(四一)。穎官屬先皆逃散，惟盧志隨從，至死不怠，收而殯之。太傅越召志為軍諮祭酒。越將召劉輿，或曰：「輿猶膩(四二)也，近則污人。」及至，越疏之。輿密視天下兵簿及倉庫牛馬器械水陸之形，皆默識之。時軍國多事，每會議，自長史潘滔以下，莫知所對。輿應機辯畫(四三)，越傾膝(四四)酬接，即以為左長史，軍國之務，悉以委之。輿說越遣其弟琨鎮幷州，以為北面之重，越表琨為幷州刺史。以東燕王騰為車騎將軍，都督鄴城諸軍事，鎮鄴。

(十四)十一月，己巳（十七日），夜，帝食麩中毒(四五)，庚午（十八日），崩於顯陽殿㊻。

羊后自以於太弟熾為嫂，恐不得為太后，將立清河王覃。侍中華混諫曰：「太弟在東宮已久㊼，民望素定，今日寧可易乎？」即露板馳召太傅越召太弟入宮，后已召覃，至尚書閣，疑變，託疾而返。癸酉（二十一日），太弟即皇帝位，大赦，尊皇后曰惠皇后，居弘訓宮。追尊母王才人曰皇太后，立妃梁氏為皇后。

懷帝始遵舊制於東堂㊽聽政，每至宴會，輒與羣官論眾務，考經籍。黃門侍郎傅宣歎曰：「今日復見武帝之世矣！」

（十五）十二月，壬午朔，日有食之。

（十六）太傅越以詔書徵河間王顒為司徒，顒乃就徵，南陽王模遣其將梁臣邀之於新安車上扼殺之，並殺其三子㊾。【考異】三十國晉春秋云：「東海王越殺顒。」今從顒傳。

（十七）辛丑（二十日），以中書監溫羨為左光祿大夫，領司徒，尚書左僕射王衍為司空。

（十八）己酉（二十八日），葬惠帝於太陽陵㊿。

（十九）劉琨至上黨，東燕王騰即自井陘東下。時并州饑饉，數為胡寇㊿一所掠，郡縣莫能自保。州將㊿二田甄、甄弟蘭、任祉、祁濟、李惲、薄盛等及吏民萬餘人悉隨騰就穀冀州，號為乞活。所餘之戶，不滿二萬。寇賊縱橫，道路斷塞。琨募兵上黨，得五百人，轉鬭而前。至晉陽，府寺焚毀，邑野蕭條㊿三。琨撫循勞徠，流民稍集。

【今註】㊀光熙元年：六月，帝還洛陽，始改元光熙，此猶是永興三年。㊁張方自以罪重，恐為誅首：胡三省曰：「以剽掠洛都，劫天子西遷也。」㊂方素與長安富人郅輔親善，以為帳下督：《晉書・張方傳》云：「初，方從山東來，甚微賤，長安富人郅輔厚相供給，及貴，以輔為帳下督，甚昵之。」㊃張方久屯霸上，聞山東兵盛，盤桓不進：馬融曰：「盤桓，旋也。」按即徘徊不前之意。東海王越等起兵於山東，顒遣方將十萬精卒與呂朗會劉喬攻許昌，方屯霸上，未進而喬敗。㊄爾爾：胡三省曰：「猶言如此如此也。」按爾爾，猶曰唯唯諾諾，言但應諾而不持異議。㊅因殺之：欲令因送書之便而殺方。㊆華陰：華陰縣，前漢屬京兆尹，後漢、晉屬弘農郡，故城在今陝西省華陰縣東南。㊇惤：《漢志》、《魏收》、《魏書・地形志》作𢄼，宋志作𢷾，《續漢志》、《晉志》俱作惤。《說文》曰：「𢄼布出東萊，從巾，弦聲。」縣蓋以布得名。漢屬東萊郡，晉改郡為國，屬東萊國，故城在今山東省黃縣西南。㊈劉伯根：按《晉書》帝紀、〈王彌傳〉作劉柏根，彌傳柏一作伯；高密孝王略、苟晞、〈劉暾傳〉俱作劉根。㊉柏根寇臨淄：《晉書・高密孝王略傳》云：「根攻略於臨淄，略不能距，走保聊城。」臨淄，蓋青州都督治所。⑪聊城：聊城縣，漢屬東郡，晉屬平原國，故城在今山東省聊城縣北。⑫長廣：長廣縣，漢屬琅邪郡，後漢屬東萊郡。《晉書・地理志》，武帝咸寧三年置長廣郡，長廣縣屬焉！晉長廣郡，治不其，在今山東省即墨縣西南；長廣縣即今山東省萊陽縣。錢大昕曰：「三國志何夔傳：『太祖時遷長廣太守。』則漢末已有長廣郡。」⑬五苓夷彊盛，州兵屢敗：五苓夷反事見上卷太安二年。⑭夷遂圍州城：《華陽國志》曰：「李毅字允剛，廣漢郪人也。為州主簿，王濬伐吳，與何攀並為參軍。吳平，封關內侯，除隴西護軍，徙繁令，遷雲南太守。濬臨薨，上表。後武帝思濬，問毅所在，徙犍為，使持節南夷校尉。復置寧州，以毅為刺史，加龍驤將軍，封成都縣侯，夷遂大反，破沒郡縣，攻圍州城，中原亂而李雄寇蜀，救援不至，疾病薨於窮城。」張熷曰：「案華陽國志云：『太康五年，罷寧州諸郡還益州，置南夷校尉，持節，如西夷。』地理志云：『太安二年，惠帝復置寧州。』毅於武帝時先為南夷校尉，惠帝時復為寧州刺史也。所謂州城、窮城者，蓋寧州治所雲南郡也。」罷寧州《晉書・武帝紀》在太康三年。⑮不能式遏寇虐：言不能式範蠻夷而遏阻其寇虐。⑯眾推秀領寧州事：《華陽國志》曰：「毅女秀，適漢嘉太守新都王載，有才智。父亡後，州文武推領州三軍。」⑰范長生詣成都：自青城山詣成都。⑱太白山：太白山即太乙山，為秦嶺山脈之秀峯，在陝西省郿縣南，高矗雲表，終年積雪，故又名太白山。《御覽》四十引辛氏《三秦記》：「太白山在武功縣南，去長安三百里。俗云：『武功太白，去天三百尺。』」⑲橡實：橡本作樣。《說文》：「樣，栩實。」崔豹《古今注》：「杼實曰橡。」

《爾雅》：「柞之實謂之橡。」《廣韻》：「橡，櫟實。」吳其濬曰：「橡實即橡栗也。曰柞、曰櫟、曰芧、曰栩，皆異名同物。」⑳弘等奉帝乘牛車東還：《晉書・職官志》曰：「古之貴者不乘牛車，漢武帝推恩之末，諸侯寡弱，貧者至乘牛車，其後稍見貴之。自靈、獻以來，天子至士，遂以為常乘。」錢大昕曰：「按古制，乘車、兵車、田車皆曲轅駕駟馬，惟平地之車駕牛，乃有兩轅，考工記所謂大車之轅摯，其登又難者也。牛車本庶人所乘，史記平準書言漢興，接秦之敝，自天子不能具鈞駟，而將相或乘牛車，則漢初貴者已乘之矣！晉時御衣車、御書車、御軺車、御藥車、畫牛車皆駕牛，則並施於鹵簿，隋書閻毗傳言屬車八十一乘，以牛駕車，不足以益文物，是自晉至隋，屬車皆駕牛也。」㉑改元：改元光熙。㉒始平太守：武帝泰始二年，分京兆、扶風立始平郡，見沈約《宋志》。《晉書・地理志》作泰始三年立。㉓南山：南山即太白山。《漢書・地理志》曰：「扶風武功縣有太壺山，古文以為終南。」終南即南山；太壺，太白之別名。㉔秦國：《晉書・地理志》曰：「惠帝即位，改扶風為秦國。」按〈秦獻王柬傳〉：「太康十年，徙封於秦。」又《寰宇記》、《元和郡縣志》俱云改扶風為秦國在太康八年，是武帝時，已改扶風為秦國。㉕疋，詡之曾孫也：賈詡生於漢末，始從李傕、郭汜，中從張繡，後歸魏武，為魏初佐命功臣。㉖顒保城而已：言顒僅保據長安城。㉗成都王雄即皇帝位：雄字仲儁，特第三子。㉘王太后：雄母羅氏，尊為王太后，見上卷永興元年。㉙以范長生為天地太師：《晉書・李雄載記》曰：「封西山侯。」《十六國疆域志》曰：「按西山即青城山，以在江原縣西，故又名西山也。」《魏書・李雄傳》云：「拜長生為天地太師，領丞相，西山王。」與載記作西山侯異。《御覽》一二三引《十六國春秋》曰：「范長生卒，以其子侍中賁為丞相。長生善天文，有術數，民奉之如神。」㉚王浚為驃騎大將軍，都督東夷、河北諸軍事，領幽州刺史：胡三省曰：「浚恃鮮卑、烏桓以為羽翼，故使並督東夷諸軍。」勞格《晉書校勘記》曰：「懷紀於永嘉二年、三年兩書安北將軍王浚，四年始書驃騎將軍王浚為司空，則浚之進驃騎當在永嘉三年以後矣！」按〈王浚傳〉云：「惠帝旋洛陽，轉浚驃騎大將軍。」《通鑑》從浚傳繫於今年。㉛越以吏部郎庾敳為軍諮祭酒：敳音皚。《魏志・管寧傳》注引《庾氏譜》作顗。敳字子嵩。《世說・文學篇》注引《晉陽秋》曰：「侍中峻第三子。」胡三省曰：「漢魏之間兵興始置軍諮祭酒。」㉜鴻臚丞：大鴻臚屬官。㉝行參軍：《宋書・百官志》曰：「蜀丞相諸葛亮府有行參軍。晉太傅司馬越府又有行參軍、兼行參軍，後漸加長兼字。除拜則為參軍事，府板則為行參軍。」㉞光逸：光姓，逸名。逸字孟祖，見《晉書》本傳，《書鈔》一三四引《晉中興書》作字益祖。㉟新野：新野縣，漢屬南陽郡，晉屬義陽郡，故城在今河南省新野縣南。㊱劉陶：陶字正輿，時為揚州刺史。㊲頓丘太守：頓丘縣，漢屬東郡，魏屬陽平，武帝泰始二年，分淮陽置頓丘郡，治頓丘縣，故城在今河北省清豐縣西南。㊳白馬：白馬縣，漢屬東郡，《晉書・地理志》屬濮陽國。《御覽》一六〇引《西征記》曰：「古有神白馬，因以名縣。」故城在今河南省滑縣東。按〈成公綏傳〉：「東郡白馬人。」則西晉時白馬縣仍屬東郡，《晉志》脫略，詳閱永興元年註㊲。㊴進東嬴公騰爵為東燕王：洪頤煊《諸史考異》曰：「永嘉元年三月，改封東燕王騰為新蔡王。案地理志，石季龍分兗州之陳留、東燕為洛州。騰雖封東燕王，郡旋沒於劉聰、石勤，故騰傳不載東燕封號。毛穆之傳：『使穆之督東燕四郡軍事，領東燕太守。』是桓溫平洛後復立。」顧祖禹曰：「東燕城在胙城縣西，春秋之南燕也。漢置南燕縣，晉省而城猶存，謂之東燕。」按《左傳》隱公五年：「衛人以燕師伐鄭。」杜預曰：「南燕國，今東郡燕縣。」蓋史脫略。故城在今河南省延津縣東。㊵范陽王虓：《晉書・范陽王虓傳》云：「暴疾薨。」㊶稱詔夜賜穎死，並殺其二子：《晉書・成都王穎傳》：「劉輿偽令人為臺使稱詔夜賜穎死。穎謂守者田徽曰：『范陽王亡乎？』徽曰：『不知。』穎曰：『卿年幾？』徽曰：『五十。』穎曰：『知天命不？』徽曰：『不知。』穎曰：『我死之後，天下安乎？不安乎？我自放逐，於今三年，身體手足，不見洗沐，取數斗湯來！』其二子號泣，穎勑人將去。乃散髮東首臥，命徽縊之，時年二十八。二子亦死，鄴中哀之。」㊷膩：胡三省曰：「皮膚之垢，其肥滑者為膩。」㊸輿應機辯畫：胡三省曰：「辯者，辯析事宜，畫者，為之區畫。」《世說・賞譽篇》注引《晉陽秋》曰：「輿便屈指籌計所發兵仗處所，糧廩運轉，事無疑滯。」㊹傾膝：膝與膝相傾欹，親密之狀。㊺帝食䴵中毒：《晉書・惠帝紀》云：「帝因食䴵中毒而崩。或云司馬越之鴆。」胡三省曰：「䴵，麪餐也。釋名：『䴵，并也，溲麪使合并也。』蒸䴵、湯䴵之屬，隨形而名。」按䴵，今通作餅。㊻崩於顯陽殿：時年四十八。㊼太弟在東宮已久：熾立爲皇太弟見上卷永興元年。㊽東堂：胡三省曰：「太極殿東堂也。」㊾南陽王模遣其將梁臣邀之於新安車上扼殺之，並殺其三子：《晉書・河間王顒傳》云：「於新安雍谷車上扼殺之。」新安縣，漢屬弘農郡，晉屬河南郡，蓋項羽坑秦卒處。《晉書・地理志》曰：「新安，函谷關所居。」按秦時函谷故關在今河南省靈寶縣西南里許，漢武帝元鼎三年，徙函谷關於新安，以故關爲弘農縣。又按顒傳，永嘉初，南陽王模遣其將梁臣扼殺河間王顒於雍谷，按〈懷帝紀〉在光熙元年十二月，《通鑑》從帝紀。(五〇)葬惠帝於太陽陵：郭緣生《述征記》云：「北邙之南，則惠帝陵也。」(五一)胡寇：謂劉淵之兵。(五二)州將：謂幷州諸將。(五三)府寺焚毀，邑野蕭條：《書鈔》一五六引王隱《晉書》曰：「劉琨與丞相書云：『不得進軍者，實因無食，編草盛糧，不盈十日。夏則桑榆椹，冬則營豆，視之哀歎，使人氣絕。』」胡三省曰：「府寺，府舍也。聚居城市爲邑，散居在外爲野。」

孝懷皇帝㊀上

永嘉元年（西元三〇七年）

㈠春，正月，癸丑（初二日），大赦，改元㊁。

㈡吏部郎周穆，太傅越之姑子也，與其妹夫御史中丞諸葛玫說越曰：「主上之為太弟，張方意也㊂。清河王本太子㊃，公宜立之。」越不許，重言之，越怒斬之。

㈢二月，王彌寇青、徐二州，自稱征東大將軍，攻殺二千石。

太傅越以公車令㊄東萊鞠羨為本郡太守以討彌，彌擊殺之。

㈣陳敏刑政無章，不為英俊所附。子弟凶暴，所在為患，顧榮、周玘等憂之。廬江內史華譚遺榮等書曰：「陳敏盜據吳會㊅，命危朝露㊆。諸君或剖符名郡，或列為近臣，而更辱身姦人之朝，降節叛逆之黨，不亦羞乎？吳武烈㊇父子，皆以英傑之才，繼承大業。今以陳敏凶狡，七弟㊈頑冗，欲躡桓王㊉之高蹤，蹈大皇⑪之絕軌，遠度諸賢，猶當未許也。皇輿東返⑫，俊彥⑬盈朝，將舉六師以清建業，諸賢何顏復見中州之士邪？」榮等素有圖敏之心，及得書，甚慙，密遣使報征東大將軍劉準，使發兵臨江，己為內應，剪髮為信。準遣揚州刺史劉機等出歷陽討敏，敏使其弟廣武將軍⑭昶將兵數萬屯烏江⑮，歷陽太守宏屯牛渚。敏弟處知顧榮等有貳心，勸敏殺之，敏不從。【考異】敏傳云：「弟昶勸殺榮。」按晉春秋：「敏臨死，謂處曰：『我負卿。』」時昶已死，今從晉春秋。錢廣，周玘同郡人也。玘密使廣殺昶，宣言州下⑯已殺敏，敢動者誅三族。廣勒兵朱雀橋⑰南，敏遣甘卓討廣，堅甲精兵悉委之。顧榮慮敏之疑，故往就敏。敏曰：「卿當四出鎮衛⑱，豈得就我邪？」

榮乃出，與周玘共說甘卓曰：「若江東之事可濟，當共成之。然卿觀茲事勢，當有濟理不？敏既常才，政令反覆，計無所定，其子弟各已驕矜，其敗必矣！而吾等安然坐受其官祿，事敗之日，使江西諸軍(一九)函首送洛，題曰：『逆賊顧榮、甘卓之首』，此萬世之辱也。」卓遂詐稱疾，迎女斷橋，收船南岸(二〇)，與玘、榮及前松滋(二一)侯相丹楊紀瞻共攻敏。敏自帥萬餘人討卓，軍人隔水語敏眾曰：「本所以戮力陳公者，正以顧丹楊、周安豐(二二)耳，今皆異矣(二三)，汝等何為？」敏眾狐疑未決，榮以白羽扇揮之，眾皆潰去(二四)。敏單騎北走，追獲之於江乘，歎曰：「諸人誤我以至今日。」謂弟處曰：「我負卿(二五)，卿不負我！」遂斬敏於建業，夷三族。於是會稽等郡，盡殺敏諸弟(二六)。時平東將軍周馥代劉準鎮壽春，三月己未朔（按三月辛亥朔，己未在初九日），馥傳敏首至京師。詔徵顧榮為侍中，紀瞻為尚書郎，太傅越辟周玘為參軍，陸玩為掾。玩，機之從弟也。榮等至徐州，聞北方愈亂，疑不進。越與徐州刺史裴盾書曰：「若榮等顧望，以軍禮發遣。」榮等懼，逃歸(二七)。盾，楷之兄子，越妃兄也。

㈤西陽夷㉘寇江夏，太守楊珉請督將議之，諸將爭獻方略，騎督朱伺㉙獨不言。珉曰：「朱將軍何以不言？」伺曰：「諸人以舌擊賊，伺惟以力耳！」珉又問將軍前後擊賊何以常勝？伺曰：「兩敵共對，惟當忍之。彼不能忍，我能忍，是以勝耳！」珉善之。

㈥詔追復楊太后尊號㉚，丁卯（十七日），改葬之，謚曰武悼。

㈦庚午（二十日），立清河王覃弟豫章王詮為皇太子㉛。辛未（二十一日），大赦。

㈧帝觀覽大政，留心庶事，太傅越不悅，固求出藩。庚辰（三十日），越出鎮許昌。

㈨以高密王略為征南大將軍，都督荊州諸軍事，鎮襄陽；南陽王模為征西大將軍，都督秦、雍、梁、益諸軍事，鎮長安；東燕王騰為新蔡王，都督司、冀二州諸軍事，仍鎮鄴㉜。

㈩公師藩既死，汲桑逃還苑中㉝，更聚眾劫掠郡縣，自稱大將軍，聲言為成都王報仇，以石勒為前驅，所向輒克，署勒討虜將軍㉔，遂進攻鄴。時鄴中府庫空竭，而新蔡武哀王騰資用甚饒，騰性吝嗇，無所振惠，臨急，乃賜將士米各數升，帛各丈尺，以是人不為用。夏，五月，桑大破魏郡太守馮嵩，長驅入鄴㉕。騰輕騎出犇，為桑將李豐所殺。桑出成都王穎棺㉖，載之車中，每事啓而後行。遂燒鄴宮，火旬日不滅，殺士民萬餘人，大掠而去。濟自延津，南擊兗州。太傅越大懼，使苟晞及將軍王讚討之。

㈩秦州流民鄧定、訇氏㉗等據成固，寇掠漢中，梁州刺史張殷遣巴西太守張燕討之。鄧定等飢窘，詐降於燕，且賂之，燕為之緩師。定密遣訇氏求救於成，成主雄遣太尉離、司徒雲、司空璜將兵二萬救定，與燕戰，大破之，張殷及漢中太守杜孟治棄城走㉘。積十餘日，離等引還，盡徙漢中民於蜀。漢中人句方㉙白落帥吏民還守南鄭。

⑴石勒與苟晞等相持於平原、陽平閒，數月大小三十餘戰，互有勝負。秋，七月，己酉朔，太傅越屯官渡，為晞聲援。

⑵己未（十一日），以琅邪王睿為安東將軍，都督揚州江南諸

軍事㊵，假節，鎮建業。【考異】元帝紀曰：「東海王越之收兵下邳，以帝都督揚州。」越西迎大駕，留帝居守。永嘉初，用王導計，始鎮建業。」按既都督揚州，不當猶鎮下邳，又懷帝紀明言七月己未，睿都督揚州，鎮建業，今從之。

⒁八月，己卯朔，荀晞擊汲桑於東武陽㊶，大破之，桑退保清淵㊷。分荊州、江州八郡為湘州㊸。

⒂九月，戊申（朔），琅邪王睿至建業。睿以安東司馬王導為謀主，推心親信，每事咨焉㊹，睿名論素輕，吳人不附，居久之，士大夫莫有至者，導患之。會睿出觀禊㊺，導使睿乘肩輿㊻，具威儀，導與諸名勝皆騎從。紀瞻、顧榮等見之驚異，相帥拜於道左。導因說睿曰：「顧榮、賀循，此土之望，宜引之以結人心。二子既至，則無不來矣！」睿乃使導躬造循、榮，二人皆應命而至。【考異】導傳曰：「元帝鎮建業，居月餘，士庶莫有至者。會從兄敦來朝，導謂之曰：『琅邪王仁德雖厚，而名論猶輕，兄威風已振，宜有以匡濟者。』會三月上巳，帝觀禊，敦、導皆騎從。」王敦傳，東海王越誅繆播後，乃以敦為揚州刺史，其後徵拜尚書，不就。周玘傳，錢璯聞劉聰逼洛陽，不敢進，乃謀反，時王敦遷尚書，與璯俱西欲殺敦，敦犇告元帝。懷帝紀，永嘉元年七月，琅邪王睿鎮建業；三年三月，殺繆播；四年二月，錢璯反。是時睿在建業已三年矣，安得言月餘？又睿名論雖輕，安有為都督數年而士庶莫有至者？陳敏得江東，猶首用周顧以收人望，導為睿佐，豈得待數年然後薦之乎？然則導傳所云，難以盡信。今刪去導語及敦名而已。以循為吳國內史，榮為軍司㊼，加散騎常侍，凡軍府政事，皆與之謀議；又以紀瞻為軍祭酒，卞壼為從事中郎，周玘為倉曹屬，琅邪

劉超為舍人(四八)，張闓及魯國孔衍為參軍。壼，粹之子(四九)；闓，昭之曾孫也(五〇)。

王導說睿謙以接士，儉以足用，以清靜為政(五一)，撫綏新舊(五二)，故江東歸心焉。

睿初至，頗以酒廢事，導以為言，睿命酌引觴覆之，於此遂絕。

(十六)苟晞追擊汲桑，破其八壘，死者萬餘人。桑與石勒收餘眾將犇漢，冀州刺史譙國丁紹(五三)邀之於赤橋(五四)，又破之，桑犇馬牧(五五)，勒犇樂平(五六)。太傅還許昌，加苟晞撫軍將軍，都督青、兗諸軍事，丁紹寧北將軍，監冀州諸軍事，皆假節。

晞屢破彊寇，威名甚盛(五七)。善治繁劇，用灋嚴峻。其從母依之，晞奉養甚厚。從母子求為將，晞不許，曰：「吾不以王灋貸人，將無後悔邪？」固求之，晞乃以為督護。後犯灋，晞杖節斬之，從母叩頭救之，不聽。既而素服哭之，曰：「殺卿者，兗州刺史；哭弟者，苟道將(五八)也。」

(十七)胡部大(五九)張𠣿督、馮莫突(六〇)等，擁眾數千，壁於上黨，石勒往從之，因說訇督等曰：「劉單于㈥舉兵擊晉，部大拒而不從，自度終能獨立乎？」曰：「不能。」勒曰：「然則安可不早有所屬？今部落皆已受單于賞募，往往聚議，欲叛部大而歸單于矣！」訇督等以為然。

冬，十月，訇督等隨勒單騎歸漢。漢王淵署訇督為親漢王，莫突為都督部大，以勒為輔漢將軍、平晉王以統之。烏桓張伏利度有眾二千，壁於樂平，淵屢招不能致。勒偽獲罪於淵，往犇伏利度。伏利度喜，結為兄弟。使勒帥諸胡寇掠，所向無前，諸胡畏服。勒知眾心之附己，乃因會執伏利度，謂諸胡曰：「今起大事，我與伏利度誰堪為主？」諸胡咸推勒。勒於是釋伏利度，帥其眾歸漢。淵加勒督山東征討諸軍事，以伏利度之眾配之。

㈦十一月，戊申朔，日有食之。甲寅（初七日），以尚書右僕射和郁為征北將軍，鎮鄴。

㈧乙亥（二十八日），以王衍為司徒。

衍說太傅越曰：「朝廷危亂，當賴方伯，宜得文武兼資以任之。」乃以弟澄為荊州都督，族弟敦為青州史㊅。【考異】晉春秋，王衍言於太傅越，以王澄為荊州，敦為揚州，據吳、楚以為形援。越從之，於是澄、敦同發，越餞之。敦傳，自青州入為中書監，東海王越，誅繆播後，始出為揚州。播死在永嘉三年三月，此年越在許昌，不在洛，故以晉書為定。語之曰：「荊州有江、漢之固，青州有負海之險，卿二人在外，而吾居中，足以為三窟矣㊅。」

澄至鎮，以郭舒為別駕，委以府事。澄日夜縱酒，不親庶務，雖寇戎交急，不以為懷。舒常切諫，以為宜愛民養兵，保全州境，澄不從。

㊇十二月戊寅（初二日），乞活田甄、田蘭、薄盛等起兵為新蔡王騰報讎，斬汲桑於樂陵㊅，棄成都王穎棺於故井中，穎故臣收葬之。

㊈甲午（十八日），以前太傅劉寔為太尉。寔以老固辭，不許。庚子（二十四日），以光祿大夫高光為尚書令。

㊉前北軍中侯呂雍、度支校尉㊅陳顏等謀立清河王覃為太子，事覺，太傅越矯詔囚覃於金墉城。

(廿三)初，太傅越與苟晞親善，引升堂結為兄弟。司馬潘滔說越曰：「兗州衝要，魏武以之創業(六六)，苟晞有大志，非純臣也，久令處之，則患生心腹矣！若遷於青州，厚其名號，晞必悅。公自牧兗州，經緯諸夏，藩衛本朝，此所謂為之於未亂者也(六七)。」越以為然。癸卯（二十七日），越自為丞相，領兗州牧，都督兗、豫、司、冀、幽、幷諸軍事(六八)，以晞為征東大將軍，開府儀同三司，加侍中，假節，都督青州諸軍事，領青州刺史，封東平郡公。越、晞由是有隙。

晞至青州，以嚴刻立威，日行斬戮，州人謂之屠伯(六九)。頓丘太守魏植，為流民所逼，眾五六萬，大掠兗州，晞出屯無鹽(七〇)以討之，以弟純領青州，刑殺更甚於晞。晞討植破之。

初，陽平劉靈少貧賤，力制犇牛，走及犇馬，時人雖異之，莫能舉也。靈撫膺歎曰：「天乎，何當亂也！」及公師藩起，靈自稱將軍，寇掠趙、魏，會王彌為苟純所敗，靈亦為王讚所敗，遂俱遣使降漢。【考異】彌傳曰：「彌逼洛陽，敗於七里澗，乃與其黨劉靈謀歸漢。」按十六國春秋，靈為王讚所逐，彌為苟純所敗，乃謀降漢。今年春，靈已在淵所，五月，彌乃如平陽，然則二人先降漢已久矣，彌傳誤也。漢拜彌鎮東大將軍(七一)，青、徐二州牧，都督緣海諸軍事，封東萊公；以靈為平北將軍。

(十四)李釗至寧州(七二)，州人奉釗領州事。治中毛孟詣京師求刺史，屢上奏，不見省。孟曰：「君亡親喪，幽閉窮城(七三)，萬里訴哀，精誠無感，生不如死。」欲自刎。朝廷憐之，以魏興太守王遜為寧州刺史。【考異】華陽國志以廣漢太守王遜為寧州，按時廣漢已為李雄所陷，今從遜傳。仍詔交州出兵救李釗。交州刺史吾彥遣其子咨將兵救之。

(十五)慕容廆自稱鮮卑大單于。

(十六)拓跋祿官卒，弟猗盧摠攝三部(七四)，與廆通好。

【今註】㈠孝懷皇帝：帝諱熾，字豐度，武帝第二十五子。㈡改元：改元永嘉。㈢主上之為太弟，張方意也：成都王穎既廢，河間王顒立懷帝為皇太弟，張方時握重兵，為顒所親信，故以為張方之意。㈣清河王本太子：齊王冏立清河王覃為太子。㈤公車令：《晉書．職官志》，公車令，衞尉屬官。《書鈔》五十五引《晉百官表注》曰：「公車司馬令一人，周官也，銅印墨綬，絳服，冠集賢一梁冠，官品第七。」㈥吳會：謂吳、會稽二郡。此蓋泛指江東之地。㈦命危朝露：朝露遇日即晞，喻敏命短促亦如之。㈧吳武烈：謂孫堅。吳謚堅曰武烈皇帝。㈨七弟：按《晉書．陳敏傳》華譚遺顧榮等書曰：「七第頑冗，六品下才。」當作等第之第，言其品第甚低也。⑩桓王：吳諡孫策為長沙桓王。⑪大皇：謂孫權。權崩，諡大皇帝。⑫皇輿東返：謂乘輿自長安東返洛陽。按此則謂遺榮此書當在惠帝未崩駕時。⑬俊彥：才德過千人為俊，美士曰彥。⑭廣武將軍：《宋書・百官志》曰：「廣武將軍，晉江左置。」蓋始於此時。⑮烏江：烏江縣，晉置，屬淮南郡，蓋烏江亭長艤舟待項羽處，因以名縣。宋白曰：「烏江縣，漢東城縣地。晉太康六年，始於東城界置烏江縣。」故城在今安徽省和縣東北。⑯州下：胡三省曰：「揚州刺史治建業，故謂建業為州下。」⑰朱雀橋：一名朱雀桁，亦曰南津橋，在建業正南朱雀門外，橫跨秦淮河。方輿紀要謂今南京聚寶門之鎮淮橋即其故址。東晉時王導、謝安諸巨宅，多在其附近。胡三省曰：「世傳晉孝武建朱雀門，上有兩銅雀，故橋亦以此得名。余謂朱雀橋自吳以來有之，蓋取前朱雀之義，非晉孝武之時始有此名也。」⑱鎮衞：胡三省曰：「謂鎮安人心，乃所以衞敏也。」⑲江西諸軍：胡三省曰：「謂劉準所遣臨江諸軍。」時敏據有江東，故謂江之彼岸為江西。⑳迎女斷橋，收船南岸：胡三省曰：「橋即朱雀橋也。建業城在秦淮水北，故卓收船傍南岸。」㉑松滋：松滋縣，前漢屬廬江郡，後漢省，晉屬安豐郡，故城在今湖北省松滋縣西。㉒顧丹楊、周安豐：敏以顧榮為丹楊內史、周玘為安豐太守，故以稱之。㉓今皆異矣：言榮、玘今皆反正，不復為敏盡力。㉔榮以白羽扇揮之，眾皆潰去：白羽扇，編白羽以為扇。顧祖禹曰：「麾扇渡在江陵府治南，一名毛翁渡。晉陳敏據建業，出軍臨大航岸，顧榮以白羽扇揮之，其軍遂潰，因名。」㉕我負卿：謂不用處言殺顧榮等。㉖盡殺敏諸弟：《晉書・陳敏傳》，敏有四弟曰昶、恢、斌、閎，通鑑閎作弘。晉春秋敏有弟處。又《元和郡縣志》曰：「晉時陳敏為亂，據有江東，務修耕績，令弟諧遏馬林溪以溉雲陽，謂之練塘，溉田數百頃。」是敏復有弟諧。㉗榮等懼，逃歸：《晉書・紀瞻傳》曰：「紀與榮及陸玩等各解船，棄車牛，一日一夜行三百里，得還揚州。」又《御覽》七七〇引王隱《晉書》曰：「一日一夜行五六百里，遂得免。」㉘西陽夷：胡三省曰：「漢和帝永元末，巫蠻反，討降之徙置江夏西陽諸蠻是也。」西陽縣，漢屬江夏郡，晉屬弋陽郡，惠帝元康初，立為西陽郡，以封汝南王亮子羕為西陽郡王。故城在今湖北省黃岡縣東。㉙騎督朱伺：朱伺字仲文，安陸人。陳敏亂作，陶侃時鎮江夏，以伺習知水戰，曉作舟艦，乃遣作大艦，據江口，摧破敏前鋒，又從侃破敏弟恢於武昌。事平，以功封亭侯，領騎督，見《晉書》本傳。㉚詔追復楊太后尊號：楊后遇禍見卷八十二惠帝元康元年。㉛立清河王覃弟豫章王詮為皇太子：張熷曰：「案清河王覃傳，永嘉初，前北軍中侯任城呂雍、度支校尉陳顏等謀立覃為太子，事覺，幽金墉城，被害，銓，其弟也，二年，立為皇太子。於事為合。使于元年既立銓為太子，則呂、陳等亦何以生其心哉！此必東海王害覃之後，立銓以靖亂耳！」按熷說，詮為皇太子當從覃傳在永嘉二年東海王越囚覃於金墉之後。㉜東燕王騰為新蔡王，都督司、冀二州諸軍事，仍鎮鄴：騰自幷州徙鎮鄴見上年十月。㉝汲桑逃還苑中：胡三省曰：「此茌平牧苑也。桑於此起兵，赴公師藩，藩死，逃還。」㉞討虜將軍：《晉書・石勒載記》作掃虜將軍。㉟桑大破魏郡太守馮嵩，長驅入鄴：《御覽》三八六引《趙書》曰：「汲桑，清河貝丘人，年二十餘，力扛百鈞，呼聞數里，時人服之。」又二十一引《趙書》曰：「汲桑六月盛暑而垂重裘累茵，使十餘人扇之，患不得清涼，斬扇者。軍中為之謠曰：『奴為將軍何可羞，六月重茵被狐裘，不識寒暑斷人頭。』」㊱桑出成都王穎棺：胡三省曰：「穎之死也，盧志收殯之，今桑出而載之。」㊲訇氏：訇音轟。訇姓，氏名。㊳張殷及漢中太守杜孟治棄城走：《晉書‧李雄載記》云：「梁州刺史張殷奔於長安。」晉梁州刺史、漢中太守俱治南鄭，故城在今陝西省南鄭縣東。㊴句方：句姓，方名。㊵以琅邪王睿為安東將軍，都督揚州江南諸軍事：胡三省曰：「時周馥鎮壽春，督揚州之江北，故睿督揚州之江南。」㊶東武陽：東武陽縣，漢屬東郡，晉屬陽平郡。應劭曰：「縣在武水之陽。」錢大昭曰：「泰山有南武陽，故此云東。」故城在今山東省朝城縣西。㊷清淵：清淵縣，漢屬魏郡，晉屬陽平郡。應劭曰：「清河在縣西北。」《晉書‧地理志》避唐高祖諱改曰清泉，故城在今山東省臨清縣西南。㊸分荊州、江州八郡為湘州：《宋書‧州郡志》曰：「湘州刺史，晉懷帝永嘉元年分荊州之長沙、衡陽、湘東、邵陵、零陵、營陽、建昌、江州之桂陽八郡立，治臨湘。」《晉書‧懷帝紀》云：「分荊州、江州八郡為湘州。」與《宋志》合。又《晉書‧地理志》：「懷帝分荊州之長沙、衡陽、湘東、零陵、邵陵、桂陽及廣州之始安、始興、臨賀九郡置湘州。」是為九郡，與帝紀異，此從帝紀。㊹睿以安東司馬王導為謀主，推心親信，每事咨焉：《御覽》二四八引《晉中興書》曰：「軍國之事，無不諮訪。」《晉書‧王導傳》云：「帝請導為安東司馬，軍謀密策，知無不為。」㊺禊：祭禮之一種。應劭曰：「按周禮女巫掌歲以祓除疾病。禊者潔也；於水上盥潔之也。」《史記‧外戚世家》云：「武帝禊霸上。」徐廣曰：「三月上巳，臨水祓除，謂之禊。」蓋漢代舊儀。《晉書・王導傳》亦曰：「三月上巳，帝親觀禊。」《通鑑考異》不取王導語王敦同匡濟元帝之事而因觀禊之說，按《通鑑》繫此事於九月，而出禊應在三月，則又未深考也。㊻肩輿：一曰平肩輿，人坐輿上，使肩夫肩之而行，故曰肩輿，今人謂之轎。㊼軍司：胡三省曰：「軍司，軍司馬也。」按軍司即軍師，《書鈔》六十三引《晉中興書》曰：「拜為軍師。」蓋晉人避晉景帝諱改師為司。㊽琅邪劉超為舍人：《晉書・職官志》，諸王國有舍人十人。㊾壺，粹之子：卞粹見上卷惠帝太安二年。㊿閎，昭之曾孫也：張昭輔孫權，為吳之元臣。(51)以清靜為政：《御覽》二四八引《晉中興書》曰：「導忠於事上，達於從政，以百六之弊，寄寓江左，為治之本，務在清靜。」百六，謂厄會也。(52)新舊：胡三省曰：「新謂自中原來者，舊謂江東人。」(53)丁紹：《晉書・東海王越傳》作丁劭，此從石勒傳作丁紹。(54)赤橋：《十六國疆域志》曰：「清淵縣有赤橋。」(55)馬牧：胡三省曰：「茌平馬牧也。」馬牧即牧苑。(56)勒奔樂平：胡三省曰：「晉志陽平郡有樂平縣，前漢東郡之清縣也，後漢章帝改曰樂平，但石勒欲奔漢則非此樂平也。又幷州有樂平郡，武帝泰始中置，唐之遼州也，勒奔於此。」按陽平郡之樂平，故城在今山東省堂邑縣東南；幷州之樂平郡治則在今山西昔陽縣西南。(57)晞屢破彊寇，威名甚盛：《晉書・苟晞傳》云：「時人擬之韓白。」(58)苟道將：苟晞字道將。(59)部大：胡三省曰：「胡人一部之長呼為部大。」(60)張㔨督、馮莫突：㔨音背。《晉書・石勒傳》云：「時胡部大張㔨督、馮突莫等擁眾數千，壁於上黨。」下又云：「元海署㔨督為親漢王，莫突為都督部大。」蓋原作突莫，下文誤倒作莫突。(61)劉單于：

謂劉淵。(六二)乃以弟澄為荊州都督，族弟敦為青州刺史：按《晉書・王衍傳》，拜尚書令，司空，司徒，因說東海王越，以弟澄為荊州，族弟敦為青州。〈懷帝紀〉，衍以光熙元年十二月辛丑自尚書左僕射為司空，永嘉二年五月甲子，王彌寇洛陽，司徒王衍率眾禦之。則衍遷司徒，說東海王越以澄、敦出鎮荊、青二州事當在永嘉元年至五月之間，惟按〈王澄傳〉：「惠帝末，衍白越以澄為荊州刺史，敦為青州。」又〈王敦傳〉：「惠帝反正，敦遷散騎常侍、左衛將軍、大鴻臚、侍中，出除廣武將軍，青州刺史。永嘉初，徵為中書監。」則是澄、敦出鎮荊、青二州皆在惠帝末，與衍傳乖錯，未知孰是。(六三)卿二人在外，而吾居中，足以為三窟矣：陸佃曰：「俗云兔營窟，必背丘相通，所謂狡兔三窟。」《戰國策・齊策》馮煖說孟嘗君曰：「狡兔有三窟，僅得免其死耳！」王衍語皆師其意。(六四)樂陵：樂陵縣，漢屬平原郡，晉為樂陵國。宋白曰：「棣州信陽縣，魏屬樂陵國，晉斬汲桑於此。」漢縣故城在今山東省樂陵縣西南，晉樂陵國治厭次，即今山東省惠民縣。(六五)度支校尉：胡三省曰：「度支校尉，蓋當時所置，以督漕運者也。」(六六)兗州衝要，魏武以之創業：事見卷六十、六十一。(六七)此所謂為之於未亂者也：《老子》曰：「其安易持，其未兆易謀，其脆易破，其微易散，為之於未有，治之於未亂。」滔蓋引老子之言以為說。(六八)越自為丞相，領兗州牧，都督兗、豫、司、冀、幽、并諸軍事：《晉書・東海王越傳》云：「詔越為丞相，領兗州牧，督兗、豫、司、冀、幽、并六州，越辭丞相不受。」又〈懷帝紀〉：「永嘉元年十二月癸卯，越自為丞相，以撫軍苟晞為征東大將軍。」按越傳，則越未受丞相，與帝紀不合。《通鑑》於越自為丞相取帝紀，領兗州牧，都督六州諸軍事據越傳。杜佑《通典》曰：「晉司徒與丞相通職，更置迭廢，未嘗並立，至永嘉元年，始兩置焉，王衍為司徒，東海王越為丞相。」蓋亦據帝紀立說。(六九)晞至青州，以嚴刑立威，日行斬戮，州人謂之屠伯：《御覽》四九二引王隱《晉書》曰：「苟晞領兗州牧，暴虐，殺人流血，號曰屠伯，人皆怖悚，流入他州。其弟純領青州，刑殺尤甚於晞，百姓號小苟酷於大苟也。」按《晉書・苟晞傳》，但言越從滔計遷晞為青州刺史而不言晞之鎮事，又曰魏植掠兗州，晞出鎮無鹽，以弟純領青州。以晞傳與王隱書相參證，晞雖有改刺青州之命，是時蓋仍居兗州也。鄧展曰：「屠伯，言殺人若屠兒之屠六畜也。」(七〇)無鹽：無鹽縣，屬東平國，故城在今山東省東平縣東。(七一)漢拜彌鎮東大將軍：《晉書・王彌傳》作征東，《通鑑》從十六國春秋作鎮東。(七二)李釗至寧州：釗，李毅之子。釗於光熙元年自洛往省其父，至是乃至寧州。(七三)君亡親喪，幽閉窮城：胡三省曰：「謂李毅已死，寧州受圍不解也。」外援不至，形勢窮困，故謂之窮城。(七四)拓跋祿官卒，弟猗盧摠攝三部：祿官分國為三部，見卷八十二惠帝元康五年。

二年（西元三〇八年）

㈠春，正月，丙午朔，日有食之。【考異】帝紀、天文志云：「丙子朔。」誤。今從長曆。

㈡丁未（初二日），大赦。

㈢漢王淵遣撫軍將軍聰等十將南據太行，輔漢將軍石勒等十將東下趙、魏。【考異】石勒載記曰：「元海使劉聰攻壺關，命勒帥所統七千為前鋒都督。劉琨遣護軍黃秀等救壺關，勒敗秀於白田，殺之，遂陷壺關。」事在明年，今從十六國春秋。

㈣二月，辛卯（十六日），太傅越殺清河王覃。

㈤庚子（二十五日）石勒寇常山，王浚擊破之㈠。

㈥涼州刺史張軌病風，口不能言，使其子茂攝州事㈡。隴西內史晉昌㈢張越，涼州大族，欲逐軌而代之，與其兄酒泉太守鎮及西平太守曹祛，【考異】晉春秋作曹祗，今從張軌傳。謀遣使詣長安，告南陽王模，稱軌廢疾，請以秦州刺史賈龕代之。龕將受之，其兄讓龕曰：「張涼州一時名士，威著西州，汝何德以代之？」龕乃止。鎮、祛上疏更請刺史，未報，遂移檄廢軌，以軍司杜耽攝州事，使耽表越為刺史。軌下教欲避位，歸老宜陽㈣，長史王融、參軍孟暢蹋折鎮檄，排閤入言曰：「晉室多故，明公撫寧西夏㈤，張鎮兄弟敢肆凶逆，當鳴鼓誅之。」遂出戒嚴。會軌長子寔自京師還，乃以寔為中督護，將兵討鎮。遣鎮甥太府主簿㈥令狐亞先往說鎮，為陳利害。鎮流涕曰：「人誤我。」乃詣寔歸罪。寔南擊曹祛，走之。朝廷得鎮、祛疏，以侍中袁瑜為涼州刺史。治中楊澹馳詣長安，【考異】晉春秋作張澹，今從張軌傳。割耳盤上，訴軌之被誣，南陽王模表請停瑜；武威太守張琠亦上表留軌，詔依模所表，且命誅曹祛。軌於是命寔帥步騎三萬討祛，斬之，張越奔鄴，涼州乃定。

㈦三月，太傅越自許昌徙鎮鄄城。

㈧王彌收集亡散，兵復大振，分遣諸將攻掠青、徐、兗、豫四州，所過攻陷郡縣，多殺守令，有眾數萬。苟晞與之連戰，不能克。夏，四月丁亥（十三日），彌入許昌。太傅越遣司馬王斌帥甲士五千人入衞京師，張軌亦遣督護北宮純將兵衞京師。五月，彌入自轘轅，敗官軍於伊北㊆，京師大震，宮城門晝閉。壬戌（十四日），彌至洛陽，屯於津陽門㊇。詔以王衍都督征討諸軍事，北宮純募勇士百餘人突陳，彌兵大敗。乙丑（二十二日），彌燒建春門而東，衍遣左衞將軍王秉追之㊈，戰於七里澗，又敗之。彌走渡河，與王桑自軹關㊉如平陽，漢王淵遣侍中兼御史大夫郊迎，令曰：「孤親行將軍之館，拂席洗爵，敬待將軍。」及至，拜司隸校尉，加侍中、特進；以桑為散騎侍郎。

(九)北宮純等與漢劉聰戰於河東，敗之。

詔封張軌西平郡公，軌辭不受。時州郡之使莫有至者，軌獨遣使貢獻，歲時不絕。

(十)秋，七月甲辰（初二日），漢王淵寇平陽，太守宋抽棄郡走，河東太守路述戰死，淵徙都蒲子⑪。【考異】劉琨答太傅府書曰：「潛遣使驛，離間其部落，淵遂怖懼，南奔蒲子，雜虜歸降萬有餘落。」琨傳亦然。按時淵彊琨弱，豈因畏琨而徙都，蓋琨為自大之辭，史因承以為實耳！上郡鮮卑陸逐延、氐酋單徵並降於漢。【考異】載記作氐酋大單于徵。按當時戎狄酋長皆謂之大，徵即光文單后之父于衍字也。

(十一)八月丁亥（十五日），太傅越自鄄城徙屯濮陽⑫，未幾，又徙屯滎陽。

(十二)九月，漢王彌、石勒寇鄴，和郁棄城走⑬。詔豫州刺史裴憲屯白馬以拒彌，車騎將軍王堪屯東燕⑭以拒勒，平北將軍曹武屯大陽⑮以備蒲子。憲，楷之子也。

(十三)冬，十月甲戌（初三日），漢王淵即皇帝位⑯，大赦，改元永鳳。十一月，以其子和為大將軍，聰為車騎大將軍，族子曜為龍驤大將軍。

㈣壬寅（朔），并州刺史劉琨使上黨太守劉惇㈦帥鮮卑攻壺關㈧，漢鎮東將軍綦母達戰敗亡歸。

㈤丙午（初五日），漢都督中外諸軍事、領丞相、右賢王宣卒。

㈥石勒、劉靈帥眾三萬寇魏郡、汲郡、頓丘㈨，百姓望風降附者五十餘壘，皆假壘主、將軍、都尉印綬，簡其彊壯五萬為軍士，老弱安堵如故。己酉（初八日），勒執魏郡太守王粹於三臺㈩，殺之。

㈦十二月，辛未朔，大赦。

㈧乙亥（初五日），漢王淵以大將軍和為大司馬，封梁王，尚書令歡樂為大司徒，封陳留王；后父御史大夫呼延翼為大司空，封鴈門郡公；宗室以親疏悉封郡、縣王，異姓以功伐悉封郡、縣公、侯。

㈨成尚書令楊褒卒。【考異】載記云：「丞相楊褒。」今從晉春秋。

褒好直言，成主雄初得蜀，用度不足，諸將有以獻金銀得官者，褒諫曰：「陛下設官爵，當網羅天下英豪，何有以官買金邪？」雄謝之。雄嘗醉推中書令，杖太官令，褒進曰：「天子穆穆，諸侯皇皇㈡。安有天子而為酗㈢也？」雄慙而止。

㈩成平寇將軍李鳳屯晉壽㈢，屢寇漢中，漢中民東走荊沔㈣。詔以張光為梁州刺史。荊州寇盜不禁，詔起劉璠為順陽內史㈤，江漢間翕然歸之㈥。

【今註】㈠正月……漢王淵遣撫軍將軍聰等十將南據太行，輔漢將軍石勒等十將東下趙、魏。二月……庚子……石勒寇常山，王浚擊破之：張熷曰：「案晉書王彌傳，攻壺關在攻鄴之前，而勒載記，陷壺關後寇魏郡、頓丘，鄴潰，進攻趙郡，又進攻鉅鹿、常山。自東而南而北，途徑畫然分明可據。又按通鑑，永嘉二年正月，劉淵遣聰等十將南據太行，石勒等十將東下趙、魏，二語不知出何書？竊謂此文（按指石勒載記之文）為綱極為分明，蓋聰與勒攻壺關，既陷，自是兵分二路，勒率劉靈、閻羆等七將（見勒載記）與王彌寇鄴（王彌助勒，勒記不載，見彌傳），以次下冀州郡縣，悉如載記，而彌復偕聰與王曠等戰高都、長平閒，寇河內（見彌傳），逼洛陽。彌與勒分，不知其地，或者攻鄴之後耶！第二年之中，其攻掠月日無確據，本紀先後錯亂不足信；即如勒寇常山，王浚破之，本在三年九月，先書於二年二月，此由傳異辭，史家全不檢察，一事疊見，且闇於地理，南北乖錯，涑水仍其誤，亦以勒寇常山入二年春，次及寇鄴，而三年夏又云勒寇鉅鹿、常山，下復云王彌、劉聰共攻壺關，以勒為前鋒都督。然則勒之南北迴還，不且疲於奔命？而踰越險阻，又何其神速乎？至於取屯留、長子，已見永興元年冬，茲又云破屯留、長子，豈得而復失耶？二縣在關之西，未破何由得至壺關耶？夫聰之寇洛陽，壺關、長子等縣非其必經之道，而勒之攻陷冀州，不先下此數邑則無由進軍也。當日涑水旁採諸書，即一攻壺關也，十六國春秋在三年五月，晉書本紀在七月，而劉琨集則在四月以前，雖未知究在何月，要之勒在冀州不廻軍而南也審矣！」按熷說，常山之役當在永嘉三年，此繫於二年二月者誤。㈡涼州刺史張軌病風，口不能言，使其子茂攝州事：《魏書・張寔傳》云：「軌病風積年，三子代行州事，閉絕音問，莫能知者。」三子謂寔、茂、素。㈢晉昌：惠帝元康五年，分敦煌、酒泉二郡置晉昌郡。杜佑曰：「晉昌，漢冥安縣地。」故治在今甘肅省安西縣東。㈣軌下教欲避位，歸老宜陽：《晉書・張軌傳》曰：「軌少明敏好學，有器望姿儀典則，與同郡皇甫謐善，隱於宜陽女几山。」故下教欲歸老於宜陽。顧祖禹曰：「山在宜陽縣西九十里。」㈤西夏：河西處華夏之西鄙，故謂之西夏。㈥太府主簿：胡三省曰：「按張軌傳，有太府司馬、主簿，又有少府主簿。蓋以都督府為太府，涼州府為少府也。」㈦伊北：伊水之北。㈧津陽門：津陽門，洛陽城南面東頭第二門。㈨衍遣左衛將軍王秉追之：按《晉書・王衍傳》作左衛將軍王景。參閱卷八十七永嘉三年註㈥。㈩軹關：軹關在河內郡軹縣，在今河南省濟源縣西北。關當軹道之險，為太行八陘之一。

《述征記》曰：「太行八陘，第一曰軹關陘。」⑪蒲子：蒲子縣，漢屬河東郡，晉屬平陽郡，故城在今山西省隰縣東北。⑫太傅越自鄄城徙屯濮陽：《水經注》引盧綝《晉八王故事》曰：「東海王越治鄄城，無故自壞七十餘丈。越惡之，移治濮陽。」濮陽縣，漢屬東郡，晉分東郡為濮陽國，濮陽、鄄城二縣俱屬焉。鄄城故城在今山東省濮縣東，濮陽故城在今河北省濮陽縣南。⑬漢王彌、石勒寇鄴，和郁棄城走：郁以征北將軍鎮鄴見永嘉元年十一月。⑭東燕：即東郡燕縣，《晉書・地理志》脫略未載，詳見光熙元年註㉙。故城在今河南省延津縣東。⑮大陽：大陽縣，屬河東郡，縣西有吳山。《晉太康地記》曰：「大陽縣有虞原，所謂北虞也。」《元和郡縣志》曰：「平陸縣，本漢大陽縣地。吳山即吳坂也，其坂自上及下，七山相重。」吳坂即虞原，古虞、吳同，蓋周封虞仲處。故城在今山西省平陸縣東北。⑯冬，十月甲戌，漢王淵即皇帝位：《御覽》一一九引《十六國春秋・前趙錄》曰：「永鳳元年秋七月，鳳皇集於蒲子，丞相劉宣等六十四人上尊號。」是淵即帝位在七月，《通鑑》據《晉書・懷帝紀》在十月。⑰上黨太守劉惇：按《通鑑》卷八十七永嘉三年四月壺關之役作上黨太守龐淳。按劉惇、龐淳實為一人，蓋《晉書》帝紀、《劉琨集》作龐淳，《十六國春秋》作劉惇，《晉書・劉琨傳》或作龔醇，通鑑於此，或從《十六國春秋》，或從帝紀，或從琨集，遂致前後乖錯。參閱卷八十七永嘉三年註㉗。⑱壺關：壺關縣，屬上黨郡。酈道元曰：「縣有壺口關，故曰壺關。」關在今山西省長治縣東南，據壺山之上，壺山一名壺關山，又名壺口山，跨壺關縣界，兩峯夾峙而中虛，狀如壺口，故名。⑲石勒、劉靈帥眾三萬寇魏郡、汲郡、頓丘：按張熷之說，勒等寇魏郡等地當在陷壺關之後。汲縣，漢屬河內郡，武帝泰始二年分置汲郡，治汲縣，故治在今河南省汲縣西南。㊀三臺：《水經注》曰：「鄴城西北有三臺，皆因城為之基，巍然崇舉，其高若山，建安十五年魏武所起。中曰銅雀臺，高十丈，有屋百一間。臺成，命諸子登之，並使為賦。」李善《文選・魏都賦》注云：「銅雀園西有三臺。中央銅雀臺，高十丈，有屋一百一間，亦曰中臺；南有金虎臺，高八丈，有屋一百九間，亦曰南臺；北則冰井臺，亦高八丈，亦曰北臺，有屋一百四十五間，上有冰室，室有數井，藏冰及石墨。」㊁天子穆穆，諸侯皇皇：此《禮記・曲禮》之言，穆穆皇皇，俱美大貌。㊂酗：酗音煦。《經典釋文》曰：「以酒為凶曰酗。」㊃晉壽：晉壽縣，屬梓潼郡，蓋漢廣漢郡之葭萌縣，蜀漢改曰漢壽縣，屬梓潼郡，晉武帝太康元年，改曰晉壽縣。故城在今四川省廣元縣東。㊄荊沔：胡三省曰：「沔水自梁州入界為荊沔。」㊅詔起劉璠為順陽內史：劉璠，弘之子。弘薨，璠居父喪，未終制而起之。順陽非國，當作順陽太守，此蓋因《晉書・劉弘傳》之誤。㊆江漢開翕然歸之：胡三省曰：「民懷其父，故翕然歸其子。」

卷八十七　晉紀九

起屠維大荒落，盡至光協洽，凡三年。（己巳至辛未，西元三〇九至三一一年）

司馬光編集
林瑞翰註

孝懷皇帝中

永嘉三年（西元三〇九年）

㈠春，正月，辛丑朔，熒惑犯紫微㊀。漢太史令宣于脩之㊁【考異】晉春秋作鮮于脩之，今從載記十六國春秋。言於漢主淵曰：「不出三年，必克洛陽。蒲子崎嶇，難以久安。平陽氣象方昌，請徙都之。」淵從之。大赦，改元河瑞㊂。

㈡三月，戊申（初九日），高密孝王略薨。以尚書左僕射山簡為征南將軍㊃，都督荊、湘、交、廣四州諸軍事，鎮襄陽。簡，濤之子也，嗜酒不恤政事，表順陽內史劉璠得眾心，恐百姓劫璠為主。詔徵璠為越騎校尉，南州由是遂亂，父老莫不追思劉弘。

㈢丁巳（十八日），太傅越自滎陽入京師㊄，中書監王敦謂所親曰：「太傅專執威權，而選用表請，尚書猶以舊制裁之，今日之來，必有所誅。」帝之為太弟也，與中庶子繆播親善。及即位，以播為中書監㈥，繆胤為太僕卿㈦，委以心膂，帝舅散騎常侍王延、尚書何綏、太史令高堂沖並參機密。越疑朝臣貳於己，劉輿、潘滔勸越悉誅播等，越乃誣播等欲為亂，乙丑（二十六日），遣平東將軍王秉㈧帥甲士三千入宮，執播等十餘人於帝側，付廷尉殺之，帝歎息流涕而已。

綏，曾之孫也㈨。初，何曾侍武帝宴，退謂諸子曰：「主上開創大業，吾每宴見，未嘗聞經國遠圖，惟說平生常事，非貽厥孫謀之道也，及身而已，後嗣其殆乎！汝輩猶可以免。」指諸孫曰：「此屬必及於難！」及綏死，兄嵩哭之㈩，曰：「我祖其殆聖乎！」曾日食萬錢，猶云無下箸處㊁。子劭日食二萬㊂，綏及弟機、羨，汰侈尤甚，與人書疏，詞禮簡傲。河內王尼見綏書，謂人曰：「伯蔚居亂世，而矜豪乃爾，其能免乎？」人曰：「伯蔚聞卿言，必相危害。」尼曰：「伯蔚比聞我言，自已死矣！」及永嘉之末，何氏無遺種。

臣光曰：「何曾議武帝偷惰，取過目前，不為遠慮，知天下將亂，子孫必與其憂，何其明也！然身為僭侈，使子孫承流㊂，卒以驕奢亡族，其明安在哉？且身為宰相，知其君之過，不以告而私語於家，非忠臣也！」

㈣太傅越以王敦為揚州刺史。

劉寔連年請老㊃，朝廷不許。尚書左丞劉坦上言：「古之養老，以不事㊄為優，不以吏之為重，謂宜聽寔所守。」丁卯（二十八日），詔寔以侯就第㊅，以王衍為太尉。

太傅越解兗州牧，領司徒。越以頃來興事多由殿省㊆，乃奏宿衛有侯爵者皆罷之。時殿中武官並封侯，由是出者略盡。皆泣涕而去。更使右衛將軍何倫、左衛將軍王秉㊇領東海國兵數百人宿衛。

㈤左積弩將軍朱誕奔漢㊈，具陳洛陽孤弱，勸漢主淵攻之。淵以誕為前鋒都督，以滅晉大將軍劉景為大都督，將兵攻黎陽，克之；又敗王堪於延津，沈男女三萬餘人於河。淵聞之，怒曰：「景何面復見朕？且天道豈能容之？吾所欲除者，司馬氏耳，細民何罪？」黜景為平虜將軍。

㈥夏，大旱，江、漢、河、洛皆竭可涉⑳。

㈦漢安東大將軍石勒寇鉅鹿、常山，眾至十餘萬，集衣冠人物，別為君子營。以趙郡張賓為謀主，刁膺為股肱，夔安㉑、孔萇、支雄㉒、桃豹、逯明㉓為爪牙，幷州諸胡羯多從之。

初，張賓好讀書，闊達有大志，常自比張子房。及石勒徇山東，賓謂所親曰：「吾歷觀諸將，無如此胡將軍㉔者，可與共成大業。」乃提劍詣軍門，大呼請見，勒亦未之奇也。賓數以策干勒，已而皆如所言，勒由是奇之，署為軍功曹，動靜咨之㉕。

㈧漢主淵以王彌為侍中，都督青、徐、兗、豫、荊、揚六州諸軍事，征東大將軍，青州牧，與楚王聰共攻壺關，以石勒為前鋒都督。劉琨遣護軍黃肅、韓述救之，聰敗述於西澗，勒敗肅於封田㉖，皆殺之。【考異】石勒載記肅作秀，封作白，今從十六國春秋及劉琨集。太傅越遣淮南內史王曠、【考異】十六國春秋作王廣，今從帝紀。將軍施融、曹超將兵拒聰等。曠濟河欲長驅而前，融曰：「彼乘險間出，我雖有數萬之眾，猶是一軍獨受敵也。且當阻水為固，以量形勢，然後圖之。」曠怒曰：「君欲沮眾邪？」融退曰：「彼善用兵，曠闇於事勢，吾屬今必死矣！」曠等於太行與聰遇，戰於長平之間，曠兵大敗，融、超皆死。聰遂破屯留、長子，凡斬獲萬九千級，上黨太守龐淳以壺關降漢㉗。【考異】十六國春秋作劉惇，劉琨傳作龐醇，今從帝紀。劉琨以都尉張倚領上黨太守，據襄垣㉘。初，匈奴劉猛死㉙，右賢王去卑之子誥升爰代領其眾，誥升爰卒，子虎立，居新興，號鐵弗氏㉚，與白部鮮卑皆附於漢。【考異】劉琨集作百部，今從後魏書、晉書。劉琨自將擊虎，【考異】帝紀：「七月，劉聰及王彌圍壺關，琨使兵救之，為聰所敗；王廣等及聰戰，又敗，龐淳以郡降賊。」十六國春秋，淵五月遣聰攻壺關，敗韓述、黃肅，六月，晉遣王廣等來討，七月，戰於長平，晉師敗，劉惇以壺關降。按劉琨集載，六月癸巳琨答太傅府書曰：「聰、彌入上黨，龐惇不能禦。」又曰：「安居失利，韓述授首；封田之敗，黃肅不還。浹辰之間，名將仍殄。」又曰：「即重遣江陶都尉張倚領上黨太守疾據襄垣，續遣鷹揚將軍趙擬梁余都尉李茂與倚併力輕行夜襲，賊捐棄輜車，宵遁而退，追尋討截，獲三分之二。當聰、彌之未走，烏丸劉虎構為變逆，西招白部，遣使致任，稱臣於淵。殘州困弱，內外受敵，輒背聰而討虎，自四月八日攻圍。」然則琨討虎以上事皆在四月以前也。蓋晉、漢二史皆據奏報，事畢而言之，今依琨集為定。劉聰遣兵襲晉陽，不克。

㈨五月，漢主淵封子裕為齊王，隆為魯王。

㈩秋，八月，漢主淵命楚王聰等進攻洛陽。詔平北將軍曹武等拒之，皆為聰所敗。聰長驅至宜陽，自恃驟勝，怠不設備。九月，弘農太守垣延㉑詐降，夜襲聰軍，聰大敗而還。王浚遣祁弘與鮮卑段務勿塵擊石勒於飛龍山㉒，大破之，勒退屯黎陽。

⑾冬，十月，漢主淵復遣楚王聰、王彌、始安王曜、汝陰王景帥精騎五萬寇洛陽，大司空鴈門剛穆公呼延翼㉓帥步卒繼之。丙辰（二十一日），聰等至宜陽。朝廷以漢兵新敗，不意其復至，大懼。辛酉（二十六日），聰屯西明門㉔，北宮純等夜帥勇士千餘人出攻漢壁，斬其征虜將軍呼延顥。壬戌（二十七日），聰南屯洛水㉕，乙丑（三十日），呼延翼為其下所殺，其眾自大陽潰歸。淵敕聰等還師，聰表稱晉兵微弱，不可以翼、顥死故還師，固請留攻洛陽，淵許之。太傅越嬰城自守。戊寅（十月丙申朔，戊寅在十一月），聰親祈嵩山㉖，留平晉將軍安陽哀王厲、冠軍將軍呼延朗督攝留軍。太傅參軍孫詢說越乘虛出擊朗，斬之，厲赴水死㉗。王彌謂聰曰：「今軍既失利，洛陽守備猶固，運車在陜，糧食

不支數日(三八)，殿下不如與龍驤(三九)還平陽，裹糧發卒，更為後舉，下官亦收兵穀，待命於兗、豫，不亦可乎？」聰自以請留，未敢還。宣於脩之言於淵曰：「歲在辛未(四〇)，乃得洛陽。今晉氣猶盛，大軍不歸必敗。」淵乃召聰等還。

(十二)天水人訇琦等殺成太尉李離、尚書令閻式，以梓潼降羅尚。成主雄遣太傅驤、司徒雲、司空璝攻之，不克。雲、璝戰死。初，譙周有子居巴西，成巴西太守馬脫殺之，其子登詣劉弘請兵以復讎，弘表登為梓潼內史，使自募巴蜀流民，得二千人西上，至巴郡，從羅尚求益兵不得。登進攻宕渠(四一)，斬馬脫，食其肝。會梓潼降，登進據涪城。雄自攻之，為登所取。

(十三)十一月甲申（二十日），漢楚王聰、始安王曜歸於平陽。王彌南出轘轅，流民之在潁川、襄城(四二)、汝南、南陽、河南者數萬家，素為居民所苦，皆燒城邑，殺二千石長吏以應彌。

(十四)石勒寇信都(四三)，殺冀州刺史王斌，王浚自領冀州。詔車騎將軍王堪、北中郎將裴憲將兵討勒，勒引兵還拒之。魏郡太守劉矩以郡降勒。勒至黎陽，裴憲棄軍奔淮南，王堪退保倉垣㊹。

(十五)十二月，漢主淵以陳留王歡樂為太傅，楚王聰為大司徒，江都王延年為大司空。遣都護大將軍曲陽王賢與征北大將軍劉靈、安北將軍趙固、平北將軍王桑東屯內黃㊺。王彌表左長史曹嶷行安東將軍，東徇青州，且迎其家㊻，淵許之。

(十六)初，東夷校尉勃海李臻與李浚約共輔晉室，浚內有異志，臻恨之。和演之死也㊼，別駕昌黎王誕亡歸李臻，說臻舉兵討浚，臻遣其子成將兵擊浚。【考異】燕書王誕傳，成作咸，今從李洪傳。遼東太守龐本，素與臻有隙，乘虛襲殺臻，遣人殺成於無慮㊽，誕亡歸慕容廆。詔以勃海封釋代臻為東夷校尉，龐本復謀殺之，釋子悛勸釋伏兵請本，收斬之，悉誅其家。

【今註】㊀熒惑犯紫微：熒惑，火星之別名，出則有兵。紫微即紫宮，見卷八十四永寧元年註(五六)。㊁宣于脩之：胡三省曰：「按姓氏諸書，有鮮于而無宣于。」㊂改元河瑞：《水經注》引《魏土地記》曰：「永嘉三年，劉淵徙平陽，於汾水得白玉印，方四寸，高二寸二分，龍紐，其文曰『有新寶之』，印王莽所造也。」《晉書·劉淵載記》曰：「於汾水中得玉璽，文曰『有新寶之』，蓋王莽時璽也。得者因增『泉海光』三字，元海以為己瑞，大赦境內，改元河瑞。」㊃以尚書左僕射山簡為征南將軍：懷帝以高密孝王略為使持節都督荊州諸軍事征南大將軍鎮襄陽，略既薨，故以山簡為征南將軍以代之。㊄太傅越自滎陽入京師：越自去年徙屯滎陽，至是復歸京師。㊅及即位，以播為中書監：《御覽》二二〇引《晉諸公贊》曰：「懷帝以播為中書令，朝事莫不諮之，人君之所取信於臣下，無以尚也。」《晉書》帝紀、〈繆播傳〉、〈王敦傳〉、〈東海王越傳〉俱作中書令繆播。按時王敦為監，播為令，此言播為監，非也。㊆繆胤為太僕卿：胡三省曰：「太僕，九卿也，但晉未有卿字，卿字衍。」㊇平東將軍王秉：《晉書・東海王越傳》作王景。參閱註㈥。㊈綏，曾之孫也：何綏字伯蔚，何曾之孫，何遵之子。⑩兄嵩哭之：《書鈔》五十七引王隱《晉書》曰：「嵩字泰基。」《晉書・何遵傳》云：「嵩字泰基，寬弘愛士，博觀墳籍，尤善史漢。」⑪曾日食萬錢，猶云無下箸處：《晉書・何曾傳》云：「曾性奢豪，務在華侈，帷帳車服，窮極綺麗，廚膳滋味，過於王者。每燕見，不食太官所設，帝輒命其食。蒸餅上不坼作十字，不食。日食萬錢，猶曰無下箸處。」⑫子劭日食二萬：《晉書・何劭傳》曰：「劭驕奢簡貴，亦有父風。衣裘服翫，新故巨積，食必盡四方珍異。一日之供，以錢二萬為限，時論以為太官御膳，無以加之。」⑬承流：承襲其流風遺習。⑭劉寔連年請老：寔時為太尉。⑮不事：胡三省曰：「不事，謂不使任事也。」⑯詔寔以侯就第：寔封循陽侯。⑰越以頃來興事多由殿省：胡三省曰：「謂誅楊駿，廢賈后，誅趙王倫、齊王冏及討成都王穎及廢羊后，太子覃屢廢屢立，皆殿中人為之。」⑱左衞將軍王秉：《晉書・東海王越傳》

作王景。越傳云：「越自滎陽還洛陽，疑朝臣貳己，乃誣帝舅王延等為亂，遣王景率甲士三千人入宮，收延等赴廷尉，殺之。奏宿衞有侯爵者皆罷之，由是出者略盡，乃以東海國上軍將軍何倫為右衞將軍，王景為左衞將軍，領國兵數百人宿衞。」則景蓋以誅延等功遷左衞將軍。又《晉書・王衍傳》：「王彌寇京師，以衍都督征討諸軍事持節假黃鉞以距之。衍使前將軍曹武、左衞將軍王景等擊賊，退之，獲其輜重，遷太尉，尚書令如故。」〈王彌傳〉云：「彌進逼洛陽，京邑大震，宮城門晝閉。司徒王衍等率百官距守，彌屯七里澗，王師進擊，大破之。」是為七里澗之役。按〈懷帝紀〉，彌寇洛陽，衍禦擊走之在永嘉二年五月，東海王越自滎陽還洛誅播、延等及衍遷太尉俱在永嘉三年三月，則王景為左衞將軍自當在永嘉三年三月之後，衍傳謂左衞將軍王景擊彌，蓋誤也。《通鑑》於永嘉二年五月謂左衞將軍王秉敗彌於七里澗，於永嘉三年三月謂平東將軍王秉領兵誅播等，繼又曰使左衞將軍王秉領兵宿衞，前後乖錯，蓋通鑑旁採羣書，兼因晉書之誤而未詳考耳！⑲左積弩將軍朱誕奔漢：《晉書・武帝紀》泰始四年罷振威、揚威、護軍官，置左、右積弩將軍。又〈懷帝紀〉，誕奔漢在是年四月。⑳夏，大旱，江、漢、河、洛皆竭可涉：《晉書・帝紀》在三月，五行志在五月。㉑夔安：夔姓，安名。㉒支雄：支姓，雄名。㉓逯明：逯姓，明名。逯音祿。㉔胡將軍：石勒本羯人，胡之別種，故謂之胡將軍。㉕勒由是奇之，署為軍功曹，動靜咨之：《元和郡縣志》曰：「張賓，石勒軍師。」㉖聰敗述於西澗，勒敗肅於封田：胡三省曰：「西澗，封田，皆當在壺關東南。」《晉書・石勒載記》曰：「勒敗秀於白田。」顧祖禹曰：「白田原在潞安府西北。」㉗上黨太守龐淳以壺闕降漢：考異曰：「十六國春秋作劉惇，劉琨傳作龔醇，今從帝紀。」是劉惇、龔醇、龐淳本係一人之訛傳，《通鑑》於此從帝紀作龐淳，於上卷永嘉元年又從《十六國春秋》作劉惇，遂致前後矛盾。壺關之陷，案張熷說，當在石勒寇魏郡之前，說見上卷永嘉二年註㉗。㉘襄垣：襄垣縣，屬上黨郡。宋白曰：「襄垣，趙襄子所築，因以為名。」故城在今山西省襄垣縣北。㉙初，匈奴劉猛死：見卷七十九武帝泰始八年。㉚誥升爰卒，子虎立，居新興，號鐵弗氏：鐵弗氏蓋赫連勃勃之先世。《晉書・赫連勃勃載記》曰：「赫連勃勃字屈子，匈奴右賢王去卑之後，劉元海之族也。曾祖武，劉聰世以宗室封樓煩公。」武即虎，唐人避諱改虎為武。《魏書・劉虎傳》曰：「鐵弗劉虎，南單于之苗裔，左賢王去卑之孫，北部帥劉猛之從子，居於新興慮虒之北。北人謂胡父鮮卑母為鐵弗，因以為號。猛死，子副崙來奔虎父誥升爰，代領部落。誥升爰一名訓兜，誥升爰死，虎代焉！」㉛垣延：垣姓，延名。㉜飛龍山：《隋書・地理志》曰：「恆山郡石邑縣有飛龍山。」《括地志》曰：「封龍山一名飛龍山，在恆山鹿泉縣南四十五里。」山在今河北省鹿泉縣西南，元氏縣西北，當兩邑之交，勢如伏龍欲飛。史記趙世家趙武靈王攻中山，取石邑封龍，蓋此。㉝呼延翼：《晉書・北狄傳》云：「匈奴四姓有呼延氏、卜氏、蘭氏、喬氏，而呼延氏最貴。」按《漢書・匈奴傳》：「其大臣皆世官，有呼衍氏、蘭氏、其後須卜氏，此三姓，其貴種也。」呼延氏即呼衍氏，卜氏即須卜氏。㉞西明門：洛陽城西面南頭第二門。㉟聽南屯洛水：洛水流經洛城之南。㊱嵩山：嵩山在河南郡陽城縣，今河南省登封縣境。㊲厲赴水死：《晉書・劉淵載記》曰：「聰聞留軍失利，馳還，厲懼聰之罪己也，赴水而死。」㊳運車在陝，糧食不支數日：運車，運糧之車。胡三省曰：「聰自宜陽而東，又南進屯于洛水，既為晉所敗，運車在陝，糧道隔絕。」㊴龍驤：謂淵族子曜。淵以曜為龍驤大將軍。㊵歲在辛未：時歲在己巳，辛未蓋後二年。㊶宕渠：宕渠縣，漢屬巴郡，自蜀漢以來屬巴西郡。故城在今四川省渠縣東北。㊷襄城：襄城縣，漢屬潁川郡。《宋書・州郡志》曰：「魏分潁川為襄城郡。」治襄城，今河南襄城縣即其舊治。㊸信都：信都縣，漢屬信都國，後漢屬安平國，晉仍之，即今河北省冀縣。㊹倉垣：倉垣故城在今河南省開封縣西北。《水經注》曰：「汳水東逕倉垣城南，即大梁縣之倉垣亭也。」㊺內黃：內黃縣，屬魏郡。應劭曰：「陳留有外黃，故加內。」蓋戰國魏之黃邑。故城在今河南省內黃縣西北。㊻且迎其家：彌東萊郡人，東萊屬青州。㊼和演之死也：演死見卷八十五惠帝永興元年。㊽無慮：無慮縣，前漢屬遼東郡，後漢屬遼東屬國，晉省，故城在今遼寧省北鎮縣。

四年（西元三一〇年）

㈠春，正月乙丑朔，大赦。

㈡漢主淵立單徵㈠女為皇后，梁王和為皇太子。大赦。封子乂為北海王，以長樂王洋為大司馬。

㈢漢鎮東大將軍石勒濟河，拔白馬，王彌以三萬眾會之，共寇徐、豫、兗州。二月，勒襲鄄城，殺兗州刺史袁孚，遂拔倉垣，殺王堪，復北濟河，攻冀州諸郡，民從之者九萬餘口。

㈣成太尉李國鎮巴西，帳下文石殺國，以巴西降羅尚。

㈤太傅越徵建威將軍吳興㊁錢璯及揚州刺史王敦，璯謀殺敦以反，敦奔建業告琅邪王睿，璯遂反，進寇陽羨㊂。睿遣將軍郭逸等討之，周玘糾合鄉里，與逸等共討璯，斬之。玘三定江南㊃，睿以玘為吳興太守，於其鄉里置義興郡㊄以旌之。

㈥曹嶷自大梁引兵而東，所至皆下，遂克東平，進攻琅邪。

㈦夏，四月，王浚將祁弘敗漢冀州刺史劉靈於廣宗，殺之㊅。

㈧成主雄謂其將張寶曰：「汝能得梓潼，吾以李離之官賞汝。」寶乃先殺人而亡奔梓潼，訇琦等信之，委以心腹。會羅尚遣使至梓潼，琦等出送之，寶從後閉門。琦等奔巴西，雄以寶為太尉。

㈨幽、幷、司、冀、秦、雍六州大蝗，食草木牛馬毛皆盡。

㈩秋，七月，漢楚王聰、始安王曜、石勒及安北大將軍趙國圍河內太守裴整於懷，詔征虜將軍宋抽救懷，勒與平北大將軍王桑逆擊抽，殺之，河內人執整以降，漢主淵以整為尚書左丞。河內督將郭默收整餘眾，自為塢主㈦，劉琨以默為河內太守。

(十一)羅尚卒於巴郡，詔以長沙太守下邳皮素代之。

(十二)庚午（初九日），漢主淵寢疾，辛未（初十日），以陳留王歡樂為太宰，長樂王洋為太傅，江都王延年為太保，楚王聰為大司馬、大單于㈧，並錄尚書事。置單于臺於平陽西，以齊王裕為大司徒；魯王隆為尚書令；北海王乂為撫軍大將軍，領司隸校尉；始安王曜為征討大都督，領單于左輔；廷尉喬智明為冠軍大將軍，領單于右輔；光祿大夫劉殷為左僕射；王育為右僕射；任顗為吏部尚書；朱紀為中書監；護軍馬景領左衛將軍；永安王安國領右衛將軍；安昌王盛、安邑王欽、西陽王璿皆領武衛將軍，分典禁兵。初，盛少時不好讀書，唯讀孝經論語，曰：「誦此能行足矣，安用多誦而不行乎？」李熹見之，歎曰：「望之如可易㈨，及至肅如嚴君，可謂君子矣！」淵以其忠篤，故臨終委以要任。

丁丑（十六日），淵召太宰歡樂等入禁中受遺詔輔政，己卯（十八日），淵卒⑩，【考異】十六國春秋，八月丁丑，淵召太宰歡樂等受遺詔，己卯，卒，辛未，葬。按長歷，七月壬戌朔，十六日丁丑，十八日己卯，八月辛卯朔，無丁丑、己卯及辛未，辛未乃九月十一日，蓋淵以七月卒，九月葬，十六國春秋誤也。太子和即位⑪。

和性猜忌無恩。宗正呼延攸，翼之子也，淵以其無才行，終身不遷官；侍中劉乘素惡楚王聰，衛尉西昌王銳恥不預顧命，乃相與謀說和曰：「先帝不惟輕重之勢，使三王總彊兵於內⑫，大司馬擁十萬眾屯於近郊⑬，陛下便為寄坐耳⑭！宜早為之計。」和，攸之甥也，深信之。辛巳夜（二十日），召安昌王盛、安邑王欽等告之，盛曰：「先帝梓宮在殯，四王⑮未有逆節，一旦自相魚肉，天下謂陛下何？且大業甫爾，陛下勿信讒夫之言，以疑兄弟；兄弟尚不可信，他人誰足信哉？」攸、銳怒之曰：「今日之議，理無有二⑯，領軍是何言乎？」命左右刃之。盛既死，欽懼，曰：「惟陛下命。」壬午（二十一日），銳帥馬景攻楚王聰於單于臺，攸帥永安王安國攻齊王裕於司徒府，乘帥安邑王欽攻魯王隆，使尚書田密、武衞將軍劉璿攻北海王乂。密、璿挾乂斬關歸於聰，聰命貫甲以待之。鋭知聰有備，馳還，與攸、乘共攻隆、裕，攸、乘疑安國、欽有異志，殺之。是日，斬裕，癸未（二十二日），斬隆。甲申（二十三日），聰攻西明門㊉七，克之，鋭等走入南宮，前鋒隨之。乙酉（二十四日），殺和於光極西室㊉八。收鋭、攸、乘，梟首通衢。

羣臣請聰即帝位，聰以北海王乂，單后之子也，以位讓之。【考異】載記作又，十六國春秋作乂，今從之。乂涕泣固請，聰久而許之，曰：「乂及羣公正以禍難尚殷，貪孤年長故耳！此家國之事，孤何敢辭？俟乂年長，當以大業歸之。」遂即位。大赦，改元光興。尊單氏曰皇太后，其母張氏曰帝太后，以乂為皇太弟，領大單于、大司徒，立其妻呼延氏為皇后。呼延氏，淵后之從父妹也。封其子粲為河內王，易為河閒王，翼為彭城王，悝為高平王。仍以粲為撫軍大將軍，都督中外諸軍事，以石勒為幷州刺史，封汲郡公。

㊉三略陽臨渭氐酋蒲洪㊉九，驍勇多權略，羣氐畏服之。漢主聰遣使

拜洪平遠將軍，洪不受，自稱護氐校尉、秦州刺史、略陽公。

㈣九月辛未（十一日），葬漢主淵於永光陵〔一〇〕，謚曰光文皇帝，廟號高祖。

㈤雍州流民多在南陽，詔書遣還鄉里。流民以關中荒殘，皆不願歸。征南將軍山簡、南中郎將杜蕤各遣兵送之，促期令發，京兆王如遂潛結壯士夜襲二軍〔一一〕，破之。於是馮翊嚴嶷、京兆侯脫各聚眾攻城鎮，殺令長以應之，未幾，眾至四五萬，自號大將軍，領司、雍二州牧，稱藩於漢。

㈥冬，十月，漢河內王粲、始安王曜及王彌帥眾四萬寇洛陽。石勒帥騎二萬會粲於大陽，敗監軍裴邈於澠池，遂長驅入洛川。粲出轘轅，掠梁、陳、汝、潁間，勒出成皋關〔一二〕，壬寅（十三日），圍陳留太守王讚於倉垣，為讚所敗，退屯文石津〔一三〕。

㈦劉琨自將討劉虎及白部〔一四〕，遣使卑辭厚禮，說鮮卑拓拔猗盧以請兵。猗盧使其弟弗之子鬱律帥騎二萬助之，遂破劉虎、白部，屠其營。琨與猗盧結為兄弟，表猗盧為大單于，以代郡封之為代公。時代郡屬幽州，王浚不許，遣兵擊猗盧，猗盧拒破之，浚由是與琨有隙。猗盧以封邑去國懸遠，民不相接，乃帥部落萬餘家自雲中入鴈門，從琨求陘北㉕之地，琨不能制，且欲倚之為援，乃徙樓煩、馬邑、陰館、繁時、崞㉖五縣民於陘南，以其地與猗盧。【考異】懷帝紀：「永嘉五年十一月，猗盧寇太原，劉琨徙五縣居之。六年，八月辛亥，劉琨乞師於猗盧，表盧為代公。」宋書索虜傳在永嘉三年，晉春秋在永嘉四年，且云「猗盧率萬餘家避難，自雲中入鴈門。」後魏序紀在穆帝三年，即永嘉四年也。琨集永嘉四年六月癸巳上太傅府牋云：「盧感封代之恩。」故知在四年六月之前。又琨與丞相牋曰：「昔車騎感猗㐌救州之勳，表以代郡封㐌為代公，見聽，時大駕在長安，會值戎事，道路不通，竟未施行。盧以封事見託，琨實為表上，追述車騎前意，即蒙聽許，遣兼謁者僕射拜盧賜印及符冊。浚以此見責，戎狄封華郡，誠為失禮，然蓋以救弊耳，亦猶浚先以遼西封務勿塵。此禮之失，浚實啟之。浚遂與盧爭代郡，舉兵擊盧，為所破，紛錯之由，始結於此。鴈門郡有五縣，在陘北，盧新幷塵官，國甚彊盛，從琨求陘北地，並遣三萬餘家散在五縣間，既非所制，又於琨殘弱之計得相聚集，未為失宜。即徙陘北五縣著陘南，盧因移頗侵逼浚西陲，圍塞諸軍營，浚不復見恕危弱而見罪責。」以此觀之，盧非避難而來也。由是猗盧益盛。琨遣使言於太傅越，請出兵共討劉聰、石勒，越忌苟晞及豫州刺史馮嵩㉗，恐為後患，不許。琨乃謝猗盧之兵，遣歸國㉘。【考異】後魏序紀曰：「劉琨乞師救洛，穆帝遣步騎二萬助之。東海王越以洛陽饑荒，不許。」按琨與丞相牋曰：「琨傾身竭辭，北和猗盧，遂引大眾，躬啟戎行，即具白太傅，切陳愚見。取賊之計，聽宜時討，勒不可縱，而宰相意異，所慮不同，更憂苟晞、馮嵩之徒，而稽二寇之誅，遣使折抑，挫臣銳氣，臣即解甲，遣盧眾歸國。」若猗盧果遣眾赴洛，琨牋安得不言也。劉虎收餘眾西度河，居朔方肆盧川㉙，漢主聰以虎宗室，封樓煩公。

㈦壬子（二十三日），以劉琨為平北大將軍，王浚為司空，進鮮卑段務勿塵為大單于。

(十八)京師饑困日甚，太傅越遣使以羽檄徵天下兵，使入援京師。帝謂使者曰：「為我語諸征、鎮，今日尚可救，後則無及矣！」既而卒無至者。

征南將軍山簡遣督護王萬將兵入援，軍於涅陽㉚，為王如所敗。如遂大掠沔、漢，進逼襄陽，簡嬰城自守。荊州刺史王澄自將欲援京師㉛，至沶口㉜，聞簡敗眾散而還。朝議多欲遷都以避難，王衍以為不可，賣車牛以安眾心。

山簡為嚴嶷所逼，自襄陽徙屯夏口。

(十九)石勒引兵濟河將趣南陽，王如、侯脫、嚴嶷等聞之，遣眾一萬屯襄城以拒勒。勒擊之，盡俘其眾，進屯宛北。是時侯脫據宛，王如據穰㉝，如素與脫不協，遣使重賂勒，結為兄弟，說勒使攻脫。勒攻宛，克之。嚴嶷引兵救宛，不及而降。勒斬脫，囚嶷，送於平陽，盡幷其眾，遂南寇襄陽，攻拔江西壘壁三十餘所㉞，還趣襄城。王如遣弟璃襲勒，勒迎擊，滅之，復屯江西。

(廿)太傅越既殺王延等㉟，大失眾望，又以胡寇益盛，內不自安，乃戎服入見，請討石勒，且鎮集兗、豫。帝曰：「今胡虜侵逼，郊畿人無固志，朝廷社稷，倚賴於公，豈可遠出以孤根本？」對曰：「臣出幸而破賊，則國威可振，猶愈於坐待困窮也。」十一月甲戌（十五日），越帥甲士四萬向許昌，留妃裴氏、世子毗及龍驤將軍李惲、右衞將軍何倫守衞京師，防察宮省。以潘滔為河南尹，總留事。越表以行臺自隨，用太尉衍為軍司，朝賢素望，悉為佐吏，名將勁卒，咸入其府。於是宮省無復守衞，荒饉日甚，殿內死人交橫，盜賊公行。府寺營署，並掘壍自守。越東屯項，以馮嵩為左司馬，自領豫州牧。竟陵王楙㊱白帝遣兵襲何倫，不克，帝委罪於楙，楙逃竄得免。

(廿一)揚州都督周馥，以洛陽孤危，上書請遷都壽春。太傅越以馥不先白己而直上書，大怒，召馥及淮南太守裴碩，馥不肯行，令碩帥兵先進，碩詐稱受越密旨襲馥，為馥所敗，退保東城㊲。

(廿二)詔加張軌鎮西將軍都督隴右諸軍事。【考異】帝紀云安西。按惠帝永興二年，已加軌安西將軍，今從本傳。

光祿大夫傅祗、太常摯虞遺軌書，告以京師飢匱，軌遣參軍杜勳獻馬五百匹、毲布㊳三萬匹。

㈤成太傅驤攻譙登於涪城，羅尚子宇及參佐素惡登，不給其粮，益州刺史皮素怒，欲治其罪，十二月，素至巴郡，羅宇使人夜殺素，建平都尉暴重殺宇，巴郡亂。驤知登食盡援絕，攻涪愈急，士民皆熏鼠食之，餓死甚眾，無一人離叛者。驤子壽先在登所，登乃歸之㊴。三府㊵官屬表巴東監軍南陽韓松為益州刺史，治巴東。

㈥初，帝以王彌、石勒侵逼京畿，詔苟晞督帥州郡討之。會曹嶷破琅邪，北收齊地，兵勢甚盛，苟純閉城自守，晞還救青州㊶，與嶷連戰，破之。

㈦是歲，寧州刺史王遜到官，表李釗為朱提㊷太守。時寧州外逼於成，內有夷寇，城邑丘墟，遜惡衣菜食，招集離散，勞來不倦，數年之間，州境復安。誅豪右不奉法者十餘家，以五苓夷昔為亂首㊸，擊滅之，內外震服。

㈧漢主聰自以越次而立，忌其嫡兄恭，因恭寢，穴其壁間刺而殺之。

㊸漢太后單氏卒，漢主聰尊母張氏為皇太后。

單氏年少美色，聰烝㊹焉。太弟乂屢以為言，單氏慙恚而死，乂寵由是漸衰，然以單氏故，尚未之廢也。

呼延后言於聰曰：「父死子繼，古今常道。陛下承高祖㊺之業，太弟何為者哉？陛下百年後，粲兄弟必無種矣㊻！」聰曰：「然。吾當徐思之。」呼延氏曰：「事留變生，太弟見粲兄弟浸長，必有不安之志，萬一有小人交構其間，未必不禍發於今日也㊼。」聰心然之。

乂舅光祿大夫單沖泣謂乂曰：「疏不間親，主上有意於河內王㊽矣。殿下何不避之？」乂曰：「河瑞之末，主上自惟嫡庶之分，以大位讓乂，乂以主上齒長，故相推奉㊾。天下者，高祖之天下，兄終弟及何為不可㊿？粲兄弟既壯，猶今日也。且子弟之間，親疎詎幾？主上寧可有此意乎？」

【今註】㊀單徵：氐酋單徵歸漢見上卷永嘉二年。㊁吳興：吳主皓寶鼎元年，分丹陽、吳郡立吳興郡，治烏程，以吳自烏程興王故也。㊂陽羨：陽羨縣，前漢屬會稽郡，後漢屬吳郡，吳以來至晉屬吳興郡，元帝立義興郡又以陽羨屬焉，故城在今江蘇省宜興縣南。㊃玘三定江南：胡三省曰：「惠帝永興元年討石冰，永嘉元年討陳敏，今又誅璯，是三定江南。」㊄義興郡：《晉書・地理志》曰：「割吳興之陽羨幷長城北鄉置義鄉、國山、臨津，幷陽羨四縣，又分丹楊之永世置平陵、永世，凡六縣，立義興郡。」周玘傳北鄉作西鄉。《宋書・州郡志》曰：「永世尋還丹陽。」則是統五縣。㊅王浚將祁弘敗漢冀州刺史劉靈於廣宗，殺之：《御覽》三八六引《趙書》云：「劉靈，陽平人，年二十餘，常厮役於縣，力制奔牛，走及馳馬。」廣宗縣，漢屬鉅鹿郡，晉屬安平國，故城在今河北省威縣東。㊆河內督將郭默收整餘眾，自為塢主：胡三省曰：「城之小者曰塢。天下兵爭，聚眾築塢以自守，未有朝命，故自為塢主。」㊇楚王聰為大司馬，大單于：《魏書・劉聰傳》曰：「拜大司馬，封楚王。」《晉書・劉淵載記》、《劉聰載記》俱不載聰封楚王。㊈易：胡三省曰：「易，慢易也」輕侮之意。㊉淵卒：王鳴盛曰：「淵生於魏嘉平中，死於晉永嘉四年，約年六十。」《晉書・劉淵載記》曰：「在位六年。」案淵以永興元年僭漢王位，永嘉二年僭皇帝位，永嘉四年卒，自其僭漢王位至是凡六年。㊁太子和即位：和字玄泰，淵之嫡子。㊂先帝不惟輕重之勢，使三王總彊兵於內：胡三省曰：「惟，思也。三王謂安昌王盛、安邑王欽、西陽王璿也。或曰，三王謂齊王裕、魯王隆、北海王義也。」㊃大司馬擁十萬眾屯於近郊：謂大司馬劉聰擁重兵屯於平陽之西郊。㊄陛下便為寄坐耳：胡三省曰：「言大權非己出，託位於臣民之上，勢同寄寓也。」㊄四王：胡三省曰：「聰，淵之第四子，故曰四王。或曰，謂聰、裕、隆、乂也。」⑯理無有二：謂於理無二策，但有殺聰等而已。⑰聰攻西明門：《晉略》曰：「平陽諸門，皆用洛都門名。」⑱殺和於光極西室：《御覽》一一九引《十六國春秋》曰：「淵薨於光極殿。」淵蓋起光極殿於平陽。光極西室，即光極殿西室。⑲略陽臨渭氐酋蒲洪：《晉書・地理志》略陽郡有臨渭縣。略陽蓋魏之廣魏郡，泰始中，更名略陽郡。《晉書・苻洪載記》曰：「苻洪字廣世，略陽臨渭氐人也。其先蓋有扈之苗裔，世為西戎酋長。始，其家池中蒲生，長五丈，五節如竹形，時咸謂之蒲家，因以為氏焉。其後洪以讖文有『艸付應王』，又其孫堅背有『艸付』字，遂改姓苻氏。」⑳葬漢主淵於永光陵：《寰宇記》曰：「劉元海墓在洪洞縣東八里。」㉑二軍：謂山簡及杜蕤所遣之軍。㉒成皋關：《晉書・地理志》河南郡成皋縣有關，鄭之武牢。㉓文石津：胡三省曰：「據帝紀，文石津在河北；又據永嘉六年勒自葛陂北行至東燕，使孔萇自文石津潛度枋頭，取向水船，則文石津在東燕之東北，枋頭之東南。」顧祖禹曰：「文石津在胙城縣東北，舊為大河津濟處，胡氏曰津在東燕之東北，枋頭之東南是也。」按文石津故址在今河南省延津縣東北，今堙。㉔劉琨自將討劉虎及白部：白部即上所謂白部鮮卑，劉虎及白部鮮卑俱附漢，故琨討之。㉕陘北：胡三省曰：「陘北，石陘關之北也。」㉖樓煩、馬邑、陰館、繁時、崞：胡三省曰：「樓煩，匈奴之所居，其地在北河之南，今嵐州樓煩郡，非古樓煩也。漢馬邑縣，唐之大同軍是其地。漢陰館縣在句注西北。繁時縣在武州川。崞縣為北齊北顯州平寇縣。今五縣雖存，皆非古縣地矣！」按漢樓煩縣，蓋在今雁門關北，晉徙治今山西省崞縣東十五里。漢馬邑縣，即今山西朔縣治。陰館縣，漢初為樓煩鄉，後置縣，故城在今山西省代縣西北。漢繁畤縣，後漢末廢，晉復置，故城在今山西省渾源縣西。漢崞縣，後漢末廢，晉復置，故城在今山西省渾源縣西。諸縣晉俱屬雁門郡。㉗越忌苟晞及豫州刺史馮嵩：胡三省曰：「嵩蓋亦不心附越者。」越、晞有隙事見上卷永嘉二年。㉘琨乃謝猗盧之兵，遣歸國：《晉書・劉琨傳》曰：「猗盧以為聰未可滅，遣琨牛羊車馬而去，留其將箕澹、段繁等戍晉陽。」吳士鑑曰：「案遣盧歸國，乃琨之飾辭。蓋猗盧自行引去，僅留其將箕澹等也。」箕澹，《晉書・劉聰載記》、〈石勒載記〉、《魏書・衛操傳》均作姬澹。㉙肆盧川：《魏書・地形志》秀容郡秀容縣有肆盧城，當即肆盧川之地。按拓跋氏於朔方塞內置肆盧郡，真君七年併入秀容郡。肆盧城故址在今山西省忻縣西。㉚涅陽：涅陽縣，屬南陽郡。應劭曰：「在涅水之陽，故名。」故城在今河南省鎮平縣南。㉛荊州刺史王澄自將欲援京師：《御覽》八七六引王隱《晉書》曰：「王澄率眾軍次江陵之東，堂皇北救國難。」按荊州刺史時治江陵。㉜沶口：《水經注》曰：「零水即沶水也。零水上通梁州沔陽縣，東逕新城郡之沶鄉縣，謂之沶水，又東歷宜城西山，謂之沶溪，東流合於夷水，謂之沶口。」沶音怡。《晉書・王澄傳》云：「澄前鋒至宜城，聞襄陽陷，以為信然，散眾而還。」沶口，蓋在宜城縣東。㉝穰：穰縣，漢屬南陽郡，晉屬義陽郡。穰城故址在今河南鄧縣東南隅。㉞遂南寇襄陽，攻拔江西壘壁三十餘所：胡三省曰：「勒既南寇襄陽，循漢而下，攻掠江西。」江西，大江之西也。㉟太傅越既殺王延等：事見永嘉三年。㊱竟陵王楙：楙即東平王楙，懷帝踐阼，改封竟陵王。㊲東城：東城縣，漢屬九江郡，後漢屬下邳國，晉屬淮南郡。故城在今安徽省定遠縣東南。㊳毲布：毲亦作毯，音菼。胡三省曰：「毯布，織毳為布也。」毳音脆。顏師古曰：「毳，鳥獸細毛也。」㊴驤子壽先在登所，登乃歸之：永興元年，羅尚遣兵掠蜀中，獲李驤妻昝氏及子壽，因在登所。㊵三府：胡三省曰：「三府：平西將軍府、益州刺史府、西戎校尉府，皆羅尚兼領者也。」㊶晞還救青州：永嘉元年，晞出屯無鹽討魏植，以弟純領青州。㊷朱提：音銖時。㊸以五苓夷昔為亂首：五苓夷創亂見卷八十五，惠帝太安二年。㊹烝：下淫上曰烝，上淫下曰報。烝報蓋匈奴舊俗。㊺高祖：劉淵廟號。㊻陛下百年後，粲兄弟必無種矣：言一旦聰死，太弟乂繼立，必盡誅粲兄弟。㊼未必不禍發於今日也：言聰不殺乂，乂將殺聰，其禍未必不發於今日。㊽河內王：聰僭立，封子粲為河內王。㊾主上自惟嫡庶之分，以大位讓乂，乂以主上齒長，故相推奉：聰、乂互讓事見永嘉四年。㊿兄終弟及何為不可：兄終弟及，蓋匈奴舊習，故乂以為言。

五年（西元三一九年）

㈠春，正月，壬申（十四日），苟晞為曹嶷所敗，棄城奔高平㈠。

㈡石勒謀保據江漢，參軍都尉張賓㈡以為不可，會軍中饑疫，死者太半，乃渡沔寇江夏，癸酉（十五日），拔之。

㈢乙亥（十七日），成太傅驤拔涪城，獲譙登。太保始拔巴西，殺文石㊂。於是成主雄大赦，改元玉衡。譙登至成都，雄欲宥之，登詞氣不屈，雄殺之。

㈣巴蜀流民布在荊湘間，數為土民所侵苦。蜀人李驤㊃聚眾據樂鄉反，南平太守應詹與醴陵令杜弢㊄共擊破之。王澄使成都內史㊅王機討驤，驤請降，澄偽許而襲殺之，以其妻子為賞，沈八千餘人於江。流民益怨忿，蜀人杜疇等復反。湘州參軍馮素與蜀人汝班㊆有隙，言於刺史荀眺㊇曰：「巴蜀流民皆欲反。」眺信之，欲盡誅流民。流民大懼，四五萬家一時俱反，以杜弢州里重望㊈，共推為主。弢自稱梁、益二州牧，領湘州刺史。

㈤裴碩求救於琅邪王睿，睿使揚威將軍甘卓等攻周馥於壽春。馥眾潰，奔項，【考異】帝紀：「戊寅，睿使卓攻馥於壽春，馥眾潰。」未知其為命卓之日與攻日、潰日，故闕之。豫州都督、新蔡王確執之，馥憂憤而卒。確，騰之子也。

㈥揚州刺史劉陶卒，琅邪王睿復以安東軍諮祭酒王敦為揚州刺史㊉，尋加都督征討諸軍事。

㈦庚辰（二十二日），平原王幹薨。

㈧二月，石勒攻新蔡，殺新蔡莊王確於南頓，進拔許昌，殺平東將軍王康。

㈨氐苻成、隗文復叛㊁，自宜都趣巴東，建平都尉暴重討之。重因殺韓松，自領三府事。

㈩東海孝獻王越既與苟晞有隙㊂，河南尹潘滔、尚書劉望等復從而譖之，晞怒，表求滔等首，揚言司馬元超㊂為宰相不平，使天下淆亂，苟道將豈可以不義使之㊃？乃移檄諸州，自稱功伐，陳越罪狀。帝亦惡越專權，多違詔命，所留將士何倫等，抄掠公卿，逼辱公主，密賜晞手詔使討之。晞數與帝文書往來，越疑之，使遊騎於成皋間伺之，果獲晞使及詔書。乃下檄罪狀晞，以從事中郎楊瑁為兗州刺史，使與徐州刺史裴盾共討晞。晞遣騎收潘滔㊄，滔夜遁得免；執尚書劉曾、侍中程延，斬之。越憂憤成疾，以後事付王衍，三月丙子（十九日），薨於項，**【考異】**帝紀：「五年正月，帝密詔苟晞討越；乙未，越遣楊瑁、裴盾共擊晞；三月戊午，詔下越罪狀，告方鎮討之，以晞為大將軍；丙子，越薨。」晞傳：「晞移告諸州，陳越罪狀。帝惡越專權，乃詔晞施檄六州，協同大舉。晞移諸征、鎮，帝又密詔晞討越。晞復上表，稱李初至，奉被手詔，卷甲長驅，次於倉垣。五年，帝復詔晞陳越罪惡，詔至之日，宣告天下，率齊大舉。晞表稱輒遣王讚將兵詣項，越使騎於成皐間獲晞使，遂大構嫌隙。」晉春秋：「五年正月，上遣李初詔晞討越。」按越若已得晞使，則帝亦不能自安，潘滔、何倫等不容晏然在洛。且滔等未去，帝亦不敢明言使晞討越。年月事迹既前後參差如此，今並置於越薨之時，庶為不失。秘不發喪。眾共推衍為元帥，衍不敢當，以讓襄陽王範，範亦不受。範，瑋之子也。

於是衍等相與奉越喪還葬東海。何倫、李惲等聞越薨，奉裴妃及世子毗自洛陽東走，城中士民爭隨之。帝追貶越為縣王，以苟晞為大將軍、大都督，督青、徐、兗、豫、荊、揚六州諸軍事。

(十一)益州將吏共殺暴重，表巴郡太守張羅行三府事。羅與隗文等戰死，文等驅掠吏民西降於成。三府文武共表平西司馬蜀郡王異行三府事，領巴郡太守⑯。

(十二)初，梁州刺史張光⑰會諸郡守於魏興，共謀進取。張燕唱言漢中荒敗，迫近大賊，克復之事，當俟英雄。光以燕受鄧定賂，致失漢中⑱，今復沮眾，呵出斬之。治兵進戰，累年乃得至漢中，綏撫荒殘，百姓悅服。

(十三)夏，四月，石勒率輕騎追太傅越之喪，及於苦縣寧平城⑲，大敗晉兵，縱騎圍而射之，將士十餘萬人，相踐如山，無一人得免者。執太尉衍、襄陽王範、任城王濟、武陵莊王澹、西河王喜㉚、梁懷王禧、齊王超㉛、吏部尚書劉望、廷尉諸葛銓、豫州刺史劉喬、太傅長史庾敳等，坐之幕下，問以晉故。衍具陳禍敗之由，云計不在己，且自言少無宦情，不豫世事。因勸勒稱尊號，冀以自免。勒曰：「君少壯登朝，名蓋四海，身居重任，何得言無宦情邪？破壞天下，非君而誰？」命左右扶出。眾人畏死，多自陳述，獨襄陽王範神色儼然，顧呵之曰：「今日之事，何復紛紜？」勒謂孔萇㉜曰：「吾行天下多矣，未嘗見此輩人，當可存乎㉝？」萇曰：「彼皆晉之王公，終不為吾用。」勒曰：「雖然，要不可加以鋒刃。」夜使人排牆殺之㉞。濟，宣帝弟子景王陵之子，禧，澹之子也。剖越柩焚其尸，曰：「亂天下者，此人也，吾為天下報之。」故焚其骨以告天地。

何倫等至洧倉㉟，遇勒，戰敗，東海世子及宗室四十八王皆沒於勒。【考異】東海王越傳云三十六王，今從帝紀。何倫犇下邳，李惲犇廣宗。

裴妃為人所掠賣，久之，渡江。初，琅邪王睿之鎮建業，裴妃意也，故睿德之，厚加存撫，以其子沖繼越後。

㈣漢趙固、王桑攻裴盾，殺之㈥。

㈤杜弢攻長沙，五月，荀眺棄城奔廣州，弢追擒之。於是弢南破零、桂，東掠武昌，殺二千石長吏甚眾。

㈥以太子太傅傅祗為司徒，尚書令荀藩為司空；加王浚大司馬、侍中、大都督，督幽、冀諸軍事，南陽王模為太尉，大都督張軌為車騎大將軍，琅邪王睿為鎮東大將軍，兼督揚、江、湘、交、廣五州諸軍事。

初，太傅越以南陽王模不能綏撫關中㈦，表徵為司空。將軍淳于定說模使不就徵，模從之，表遣世子保為平西中郎將，鎮上邽，秦州刺史裴苞拒之。模使帳下都尉陳安攻苞，苞犇安定，太守賈疋納之。

㈦荀晞表請遷都倉垣，使從事中郎劉會將船數十艘，宿衞五百人，穀千斛，迎帝。帝將從之，公卿猶豫，左右戀資財，遂不果行。既而洛陽饑困，人相食，百官流亡者什八九。帝召公卿議將行，而衞從不備，帝撫手歎曰：「如何曾無車輿？」乃使傅祗出詣河陰㉘治舟楫，朝士數十人導從，帝步出西掖門，至銅駝街㉙，為盜所掠，不得進而還。度支校尉東郡魏浚，率流民數百家保河陰之峽石㉚，時劫掠得穀麥獻之，帝以為揚威將軍、平陽太守，度支如故。

㈥漢主聰使前車大將軍呼延晏將兵二萬七千寇洛陽，比及河南㉛，晉兵前後十二敗，死者三萬餘人。始安王曜、王彌、石勒皆引兵會之，未至，晏留輜重於張方故壘㉜，癸未（二十七日），先至洛陽，甲申（二十八日），攻平昌門㉝，丙戌（三十日），克之，遂焚東陽門及諸府寺。六月丁亥朔，晏以外繼不至，俘掠而去。帝具舟於洛水，將東走，晏盡焚之。庚寅（初四日），荀藩及弟光祿大夫組奔轘轅。辛卯（初五日），王彌至宣陽門㉞，壬辰（初六日），始安王曜至西明門。丁酉（十一日），王彌、呼延晏克宣陽門，入南宮，升太極前殿，縱兵大掠，悉收宮人珍寶。

帝出華林園門，欲奔長安，漢兵追執之，幽於端門。曜自西明門入，屯武庫。戊戌（十二日），曜殺太子詮、吳孝王晏、竟陵王楙、右僕射曹馥、尚書閭丘沖、河南尹劉默等，士民死者三萬餘人，遂發掘諸陵，焚宮廟官府皆盡。曜納惠帝羊皇后，遷帝及六璽於平陽。石勒引兵出轘轅，屯許昌。光祿大夫劉蕃、尚書盧志犇幷州㉟。

丁未（二十一日），漢主聰大赦，改元嘉平。以帝為特進、左光祿大夫，封平阿公。【考異】帝紀：「聰以帝為會稽公。」載記、三十國春秋云平阿公，晉春秋云平河公，河字蓋誤。十六國、三十國、晉春秋，明年二月，乃封帝會稽公。蓋先封平阿，後進會稽，帝紀闕略，今從諸書。以侍中庾珉、王儁為光祿大夫。珉，敳之兄也。

初，始安王曜以王彌不待己至，先入洛陽，怨之。彌說曜曰：「洛陽，天下之中，山河四塞，城池宮室，不假修營，宜白主上自平陽徙都之。」曜以天下未定，洛陽四面受敵，不可守，不用彌策而焚之。彌罵曰：「屠各子㊱豈有帝王之意邪？」遂與曜有隙，引兵東屯項關㊲。前司隸校尉劉暾說彌曰：「今九州糜沸㊳，羣雄競逐，將軍於漢建不世之功，又與始安王相失，將何以自容？不如東據本州㊴，徐觀天下之勢，上可以混壹四海，下不失鼎峙之業，策之上者也。」彌心然之。

㈨司徒傅祗建行臺於河陰，司空荀藩在陽城，河南尹華薈在城皐，汝陰太守㊵平陽李矩為之立屋，輸穀以給之。薈，歆之曾孫也。藩與弟組、族子中護軍崧、薈與弟中領軍恆建行臺於密㊶，傳檄四方，推琅邪王睿為盟主。藩承制以崧為襄城太守，矩為滎陽太守，前冠軍將軍河南褚翜為梁國內史。揚威將軍魏浚屯洛北石梁塢㊷，劉琨承制假浚河南尹。浚詣荀藩諮謀軍事，藩邀李矩同會，矩夜赴之。矩官屬皆曰：「浚不可信，不宜夜往。」矩曰：「忠臣同心，何所疑乎？」遂往，相與結歡而去。浚族子該聚眾據一泉塢㊸，藩以為武威將軍㊹。豫章王端，太子詮之弟也，東奔倉垣，苟晞率羣官奉以為皇太子，置行臺。端承制以晞領太子太傅，都督中外諸軍，錄尚書事㊺，自倉垣徙屯蒙城㊻，撫軍將軍秦王業，吳孝王之子，荀藩之甥也。年十二，南犇密。【考異】晉書愍帝諱鄴，又改建鄴為建康。按三十國、晉春秋，愍帝名子業。或作鄴，又吳志孫權改秣陵為建業，取興建基業為名，皆不為鄴字，今從之。藩等奉之，南趣許昌。前豫州刺史天水閻鼎，聚西州流民數千人於密，欲還鄉里，荀藩以鼎有才而擁眾，用鼎為豫州刺史，以中書令李絙、【考異】閻鼎傳作李恆，今從王浚傳。司徒左長史彭城劉疇、鎮軍長史周顗㊼、司馬李述等為之參佐。顗，浚之子也。

時海內大亂，獨江東差安，中國士民避亂者多南渡江。鎮東司馬王導說琅邪王睿收其賢俊，與之共事。睿從之，辟掾屬百餘人，時人謂之百六掾。以前潁川太守勃海刁協為軍諮祭酒，前東海太守王承、廣陵相卞壺為從事中郎，江寧㊽令諸葛恢、歷陽參軍陳國陳懼為行參軍，前太傅掾庾亮為西曹掾。承，渾之弟子；恢，靚之子；亮，兗之弟子也。

(廿)江州刺史華軼㊾，歆之曾孫也，自以受朝廷之命，而為琅邪王睿所督，多不受其教令，郡縣多諫之。軼曰：「吾欲見詔書耳！」及睿承荀藩檄，承制署置官司，改易長吏，軼與豫州刺史裴憲皆不從命。睿遣揚州刺史王敦、歷陽內史甘卓與揚烈將軍廬江周訪合兵擊軼，軼兵敗奔安成(五〇)，訪追斬之，及其五子；裴憲奔幽州。睿以甘卓為湘州刺史，周訪為尋陽太守(五一)，又以揚武將軍陶侃為武昌太守(五二)。

(廿)秋，七月，王浚設壇告類(五三)，立皇太子。【考異】晉書初無其名，劉琨與丞相牋曰：「浚設壇場有所建立，稱皇太子。」不知為誰。布告天下，稱受中詔，承制封拜，備置百官，列署征鎮。以荀藩為太尉，琅邪王睿為大將軍，浚自領尚書令，以裴憲及其壻棗嵩為尚書，以田徽為兗州刺史，李惲為青州刺史。

(廿一)南陽王模使牙門趙染戍蒲坂(五四)，染求馮翊太守，不得而怒，帥眾降漢，漢主聰以染為平西將軍。八月，聰遣染與安西將軍劉雅帥騎二萬攻模於長安，河內王粲、始安王曜帥大眾繼之。染敗模兵於潼關，長驅至下邽(五五)，涼州將北宮純自長安帥其眾降漢，漢兵圍長安。模遣淳于定出戰而敗，模倉庫虛竭，士卒離散，遂降於漢，趙染送模於河內王粲。九月，粲殺模。【考異】帝紀：「八月，模遇害。」按劉琨上丞相牋曰：「平昌以九月遇禍，世子時鎮隴右，故得無恙。」今以為據。關西饑饉，白骨蔽野，士民存者百無一二。

聰以始安王曜為車騎大將軍，雍州牧，更封中山王，鎮長安。以王彌為大將軍，封齊公。

㈤苟晞驕奢苛暴，前遼西太守閻亨，纘之子也，數諫晞，晞殺之。從事中郎明預㈥有疾，自轝入諫，晞怒曰：「我殺閻亨，何關人事而輿病罵我？」預曰：「明公以禮待預，故預以禮自盡；今明公怒預，其如遠近怒明公何？桀為天子，猶以驕暴而亡，況人臣乎？願明公且置是怒，思預之言。」晞不從，由是眾心離怨，加以疾疫饑饉，石勒攻王讚於陽夏㈦，擒之，遂襲蒙城，執晞及豫章王端，鎖晞頸以為左司馬。漢主聰拜勒幽州牧。

王彌與勒外相親而內相忌，劉暾說彌使召曹嶷之兵以圖勒，彌為書使暾召嶷，且邀勒共向青州。暾至東阿㈧，勒游騎獲之，勒潛殺暾而彌不知。會彌將徐邈、高粱輒引所部兵去，彌兵漸衰。彌聞勒擒苟晞，心惡之，以書賀勒曰：「公獲苟晞而用之，何其神也！使晞為公左，彌為公右，天下不足定也。」勒謂張賓曰：「王公位重而言卑，其圖我必矣！」賓因勸勒乘彌小衰，誘而取之。

時勒方與乞活陳午相攻於蓬關㊄，彌亦與劉瑞相持甚急。彌請救於勒，勒未之許，張賓曰：「公常恐不得王公之便，今天以王公授我矣！陳午小豎，不足憂；王公人傑，當早除之。」勒乃引兵擊瑞斬之，彌大喜，謂勒實親己，不復疑也。冬，十月，勒請彌燕于己吾㊅，彌將往，長史張嵩㊅諫不聽。酒酣，勒手斬彌而并其眾，表漢主聰稱彌叛逆。聰大怒，遣使讓勒專害公輔，有無君之心，然猶加勒鎮東大將軍，督并、幽二州諸軍事，領并州刺史，以慰其心。苟晞、王讚潛謀叛勒，勒殺之，并晞弟純。勒引兵掠豫州諸郡，臨江而還，屯于葛陂㊅。

初，勒之為人所掠賣也㊅，與其母王氏相失，劉琨得之，并其從子虎送於勒，因遺勒書曰：「將軍用兵如神，所向無敵，所以周流天下而無容足之地，百戰百勝而無尺寸之功者，蓋得主則為義兵，附逆則為賊眾故也。成敗之數，有似呼吸，吹之則寒，噓之則溫。今相授侍中車騎大將軍，領護匈奴中郎將，襄城郡公，將軍其受之。」勒報書曰：「事功殊途，非腐儒所知。君當逞節本朝，吾自夷難為効。」遣琨名馬珍寶，厚禮其使，謝而絕之。時虎年十七，殘忍無度，為軍中患。勒白母曰：「此兒凶暴無賴〔六四〕，使軍人殺之，聲名可惜，不若自除之。」母曰：「快牛為犢，多能破車，汝小忍之。」及長，便弓馬，勇冠當時，勒以為征虜將軍，每屠城邑，鮮有遺類，然御眾嚴而不煩，莫敢犯者，指授攻討，所向無前，勒遂寵任之。

勒攻滎陽太守李矩，矩擊却之。

(廿四)初，南陽王模以從事中郎索綝為馮翊太守，綝，靖之子也。模死，綝與安夷護軍金城麴允、頻陽令梁肅俱奔安定〔六五〕。時安定太守賈疋〔六六〕與諸氐、羌皆送任子於漢，綝等遇之於陰密〔六七〕，擁還臨涇〔六八〕，與疋謀興復晉室，疋從之，乃共推疋為平西將軍，率眾五萬向長安。雍州刺史麴特、新平太守竺恢皆不降於漢，聞疋起兵，與扶風太守梁綜〔六九〕帥眾十萬會之。綜，肅之兄也。漢河內王粲在新豐，使其將劉雅、趙染攻新平，不克。索綝救新平，大小百戰，雅等敗退。中山王曜與疋等戰於黃丘〔七〇〕，曜眾大敗，疋遂襲漢梁州刺史彭蕩仲㈦，殺之。麴特等擊破粲於新豐，粲還平陽。於是疋等兵勢大振，關西胡晉，翕然響應。閻鼎欲奉秦王業入關據長安，以號令四方，河陰令傅暢，祗之子也，亦以書勸之，鼎遂行。荀藩、劉疇、周顗、李述等皆山東人，不欲西行，中塗逃散，鼎遣兵追之，不及，殺李絙等。鼎與業自宛趣武關，遇盜於上洛㈦，士卒敗散，收其餘眾，進至藍田，使人告賈疋，疋遣兵迎之。十二月，入於雍城，使梁綜將兵衞之。

周顗奔琅邪王睿，睿以顗為軍諮祭酒。前騎都尉譙國桓彝，亦避亂過江，見睿微弱，謂顗曰：「我以中州多故，來此求全，而單弱如此，將何以濟？」既而見王導共論世事，退謂顗曰：「向見管夷吾，無復憂矣㈦。」諸名士相與登新亭遊宴㈦，周顗中坐歎曰：「風景不殊，舉目有江河之異㈦。」因相視流涕。王導愀然變色曰：「當共戮力王室，克復神州㈦，何至作楚囚㈦對泣邪？」眾皆收淚謝之。

陳頵遺王導書曰：「中華所以傾弊者，正以取才失所，先白望(七八)而後實事，浮競驅馳，互相貢薦，言重者先顯，言輕者後敘，遂相波扇(七九)，乃至陵遲；加有莊老之俗，傾惑朝廷，養望者為弘雅，政事者為俗人，王職不卹，法物墜喪。夫欲制遠，先由近始。今宜改張(八〇)，明賞信罰，拔卓茂於密縣(八一)，顯朱邑於桐鄉(八二)，然後大業可擊，中興可冀耳！」導不能從。

(廿四)劉琨長於招懷，而短於撫御，一日之中，雖歸者數千，而去者亦相繼(八三)。琨遣子遵請兵於代公猗盧，又遣族人高陽內史希合眾於中山，幽州所統代郡、上谷、廣寧(八四)之民多歸之，眾至三萬。王浚怒，遣燕相胡矩督諸軍，與遼西公段疾陸眷共攻希，殺之，驅略三郡士女而去。疾六眷，務勿塵之子也。猗盧遣其子六脩將兵助琨戍新興。【考異】晉春秋作利孫，按利孫即六脩也，胡語訛轉耳。琨牙門將邢延以碧石獻琨，琨以與六脩，六脩復就延求之，不得，執延妻子。延怒，以所部兵襲六脩，六脩走，延遂以新興附漢請兵以攻并州。

(廿五)李臻之死也(八五)，遼東附塞鮮卑素喜連、木丸津(八六)託為臻報仇，攻陷諸縣，殺掠士民，屢敗郡兵，連年為寇。東夷校尉封釋不能討，請與連和，連、津不從，民失業歸慕容廆者甚眾。廆稟給遣還，願留者即撫存之。廆少子鷹揚將軍翰㈧㈦言於廆曰：「自古有為之君，莫不尊天子以從民望，成大業。今連、津外以龐本為名，內實幸災為亂，封使君已誅本請和㈧㈧，而寇暴不已。中原離亂，州師㈧㈨不振，遼東荒散，莫之救恤。單于㈨〇不若數其罪而討之，上則興復遼東，下則幷吞二部㈨㈠。忠義彰於本朝，私利歸於我國，此霸王之基也。」廆笑曰：「孺子乃能及此乎！」遂帥眾東擊連、津，以翰為前鋒，破斬之，盡併二部之眾。得所掠民三千餘家及前歸廆者，悉以付郡，遼東賴以復存。

封釋疾病，屬其孫奕於廆。釋卒，廆召奕與語，說之，曰：「奇士也。」補小都督。釋子冀州主簿悛、幽州參軍抽來奔喪，廆見之曰：「此家抎抎千斤犍也㈨㈡！」以道不通，喪不得還，皆留仕廆。廆以抽為長史，悛為參軍。王浚以妻舅崔毖㈨㈢為東夷校尉，毖，琰之曾孫也。

【今註】㊀高平：高平縣，漢初屬梁國，景帝中六年，分梁為山陽國，武帝建元五年，改為山陽郡，晉武帝泰始元年，更名高平國，高平縣屬焉。《水經注》曰：「泗水南逕高平山，山東西十里，南北五里，高四里，與眾山相連，其山最高，頂上方平，故謂之高平山，縣亦取名焉。」故城在今山東省鉅野縣東南。㊁參軍都尉張賓：《魏書・石勒傳》作右長史張賓，《通鑑》從《晉書・石勒載記》作參軍都尉。㊂太保始拔巴西，殺文石：《華陽國志》曰：「永嘉五年春，驤獲登，遣李始督李鳳攻巴西，殺文碩。」《晉書・李雄載記》亦作碩。又《華陽國志》一作文石。㊃蜀人李驤：此另一李驤，非成太傅李驤。㊄醴陵令杜弢：弢音滔。《晉書・杜弢傳》云：「弢字景文，蜀郡成都人。初以才學著稱，州舉秀才，遭李庠之亂，避地南平，太守應詹愛其才而禮之，後為醴陵令。」醴陵縣，屬長沙郡，即今湖南省醴陵縣。㊅成都內史：《晉書・地理志》曰：「惠帝時，蜀亂，割南郡之華容、州陵、監利三縣，別立豐都，合四縣，置成都郡，為成都王穎國。」㊆汝班：胡三省曰：「汝，姓也。商有汝鳩、汝方，晉有汝寬、汝齊。」㊇荀眺：《晉書・懷帝紀》作荀眺，杜弢傳作荀眺。㊈以杜弢州里重望：弢蜀郡，以才學著稱於西州。㊉琅邪王睿復以安東軍諮祭酒王敦為揚州刺史：永嘉四年，建威將軍錢璯謀殺敦，敦奔建業，至是復刺揚州。⑪氐苻成、隗文復叛：苻成等歸羅尚見卷八十五惠帝太安二年。⑫東海孝獻王越既與荀晞有隙：事見上卷永嘉二年。⑬司馬元超：東海王越字元超。⑭苟道將豈可以不義使之：苟晞字道將。晞言東海王越所為多不義，故不為越所驅使。⑮晞遣騎收潘滔：滔時為河南尹。⑯三府文武共表平西司馬蜀郡王異行三府事，領巴郡太守：

永嘉四年七月，羅尚薨，皮素繼之，其後羅宇殺素，韓松繼之，暴重復殺松繼其任，迨益州將吏殺重，張羅繼之，羅戰死，王異繼之，未及朞年而五易帥。㉗梁州刺史張光：光為梁州刺史見上卷永嘉二年。㉘光以燕受鄧定賂，致失漢中：事見上卷永嘉元年。㉙苦縣寧平城：苦縣，屬陳郡。《水經注》曰：「沙水自百尺溝東逕寧平縣之故城南。」則寧平故城蓋在沙水之北。寧平縣，前漢置，屬淮陽國，後漢改淮陽為陳國，晉省寧平縣而故城猶存，在今河南省鹿邑縣西南。《元和郡縣志》曰：「石勒追東海王越喪，及寧平城，焚越尸於此。」㉚西河王喜：宣帝弟西河繆王斌之後。㉛齊王超：齊王冏之子。㉜孔萇：《世說・賞譽篇》注引《八王故事》作長史孔萇。㉝吾行天下多矣，未嘗見此輩人，當可存乎：按《晉書・王衍傳》，此輩人作如此人，勒蓋指衍而言，《通鑑》此文則似指襄陽王範而言，蓋衍勸勒稱尊號，欲求自免，故溫公貶之也。㉞夜使人排牆殺之：《晉書・石勒傳》云：「勒重衍清辨，奇範神氣，不能加之兵刃，夜使人排牆填殺之。」《水經注》引《晉陽秋》曰：「晉太傅東海王越之東奔也，石勒追之，縱騎圍射，尸積如山，王夷甫死焉！」是衍死於射也，與排牆填殺之說異。㉟洧倉：《水經注》曰：「洧水東流過許昌縣，又東入汶倉城內，俗以是水為汶水，非也，蓋洧水之邸閣耳！」顧祖禹曰：「洧倉城在許昌故城東，即洧水之邸閣也。」㊱漢趙固、王桑攻裴盾，殺之：盾時為徐州刺史，鎮彭城。按《晉書・裴憲傳》，王桑、趙固攻盾於彭城，盾奔淮陰，後降趙固，為固所殺。按〈懷帝紀〉作「賊王桑、冷道陷徐州」，無趙固，與〈裴憲傳〉異。㊲初，太傅越以南陽王模不能綏撫關中：《晉書・南陽王模傳》云：「時關中饑荒，百姓相噉，加以疾癘盜賊公行，模力不能制。」㉘河陰：河陰縣，蓋漢之平陰縣，魏文帝改曰河陰，在洛陽東北，晉屬河南郡，故城在今河南省孟津縣東。㉙銅駝街：《水經注》曰：「渠水又枝分夾路南出，逕洛陽城中太尉、司徒兩坊間，謂之銅駝街，魏明帝置銅駝諸獸于閶闔南街，陸機云『駝高九尺，脊出太尉坊』者也。」《類聚》九十四引《洛中記》曰：「有銅駝二枚，在宮之南四會道，頭高九尺，頭似羊頭，身似馬，有肉鞍兩箇相對。」《御覽》一九五引華氏《洛陽記》曰：「兩銅駝在宮之南街，東西相對，高九尺。漢時所謂銅駝街在洛陽宮南金馬門外。」又一五八引陸機《洛陽記》曰：「洛陽有銅駝街，漢鑄銅駝二枚。俗語曰：『金馬門外集眾賢，銅駝陌上集少年。』」㉚河陰之峽石：《水經注》曰：「河南新安縣東有千秋亭，亭東有雍谷溪，回岫縈紆，石路阻峽，故亦有峽石之稱。」㉛河南：河南縣，屬河南郡，周東都王城郟鄏也。《續漢志》注引王隱《地道記》曰：「王城去雒城四十里。」《括地志》曰：「故王城一名河南城，本郟鄏，周公所築，在洛州河南縣北九里苑內東北隅，自平王以下十二王，皆都此城，至敬王乃遷都成周，至周赧王又居王城。」杜預曰：「王城西有郟鄏陌。」故城在今河南省洛陽縣東五里。㉜張方故壘：胡三省曰：「張方故壘在洛陽西七里。」顧祖禹曰：「晉齊王冏將張方所築，後遂為戍守之所。」㉝平昌門：洛陽城南東頭第一門。㉞宣陽門：洛陽城南東來第四門，亦謂之謻門。㉟光祿大夫劉蕃、尚書盧志等奔并州：時蕃子琨鎮并州，故奔并州以依之。㊱屠各子：《晉書・北狄傳》云：「北狄以部落為類，其入居塞者，有屠各種、鮮支種、寇頭種、烏譚種、赤勒種、捍蛭種、黑狼種、赤沙種、鬱鞞種、萎莎種、禿童種、勃蔑種、羌渠種、賀賴種、鍾跂種、大樓種、雍屈種、真樹種、力羯種，凡十九種，皆有部落，不相雜錯。屠各最豪貴，故得為單于，統領諸種。」杜佑曰：「頭曼、冒頓，即屠各種也。」聰，屠各部人，故彌以稱之。㊲項關：《晉書・地理志》陳郡項縣有項關。㊳糜沸：喻亂甚，如糜粥之沸於釜也。㊴本州：謂青州。彌青州東萊郡人。㊵汝陰太守：汝陰縣漢屬汝南郡，魏分置汝陰郡，後廢，晉武帝泰始二年復為郡，治汝陰縣，即今安徽省阜陽縣。㊶密：密縣，漢屬河南郡，晉屬滎陽郡，故城在今河南省密縣東南。㊷石梁塢：顧祖禹曰：「石梁塢在故洛城東洛水北。」㊸一泉塢：《晉書・魏該傳》曰：「一泉塢在宜陽界。」《水經注》曰：「洛水過盧丘縣，又東逕一合塢南。城在川北原上，高二十丈，南、北、東三箱天險峭絕，惟築西面即為固，一合之名，起於是矣！劉曜之攻河南也，晉將軍魏該奔於此。」《水經注》作一合，〈魏該傳〉作一泉，疑該傳誤。㊹武威將軍：胡三省曰：「沈約志，魏置將軍四十號，威武第一，無武威。」㊺端承制以晞領太子太傅，都督中外諸軍，錄尚書事：《晉書・懷帝紀》曰：「豫章王端東奔苟晞，晞立為皇太子，自領尚書令。」與晞傳異。《通鑑》從晞傳。㊻蒙城：即蒙縣，屬梁國。故城在今河南省商丘縣北。㊼鎮軍長史周顗：《晉書・周顗傳》云：「東海王越子毗為鎮軍將軍，以顗為長史。」㊽江寧：江寧縣，武帝太康二年分建業置，故城在今江蘇省江寧縣西南。㊾江州刺史華軼：《晉書・華軼傳》：「永嘉中，歷振威將軍，江州刺史。」㊿安成：吳主孫皓寶鼎二年，分豫章、廬陵、長沙置安成郡，晉因之，以安復縣屬焉。安復縣，漢曰安成縣，屬長沙國，後漢省，晉復置，更名安復，改屬安成郡，故城在今江西省安福縣西。(五一)尋陽太守：尋陽縣，漢屬廬江郡，晉惠帝永興元年，分廬江、武昌二郡地置尋陽郡，治豫章之柴桑。今江西九江縣西南，即其故治。(五二)武昌太守：武昌縣，漢為鄂縣，屬江夏郡，魏文帝黃初三年，吳主孫權改鄂為武昌，晉武帝太康元年，復立鄂縣而武昌如故，改江夏郡為武昌郡。(五三)告類：胡三省曰：「告類，祭也。以事類告天及五帝也。」(五四)南陽王模使牙門趙染戍蒲坂：胡三省曰：「劉聰在平陽，欲窺關中，蒲坂，兵衝也。」(五五)下邽：顏師古曰：「邽音圭。」下邽縣，前漢屬京兆尹，後漢省，桓帝復置，晉屬馮翊郡。應劭曰：「秦武公伐邽戎置，有上邽，故稱下。」宋白曰：「四夷縣道記：『下邽縣東南二十五里有下邽故城，在渭水北。』」吳士鑑曰：「考今渭南縣北五十里有下邽鎮，即縣道記所稱之縣，非漢縣也。水經注：『渭水逕下邽縣故城南，與竹水合。』是縣在渭、竹二水之間矣！按秦武公伐邽戎，不聞遷其人於此，因邽戎而置縣，未免遼遠不關。封禪書櫟陽雨金，秦獻公自以為得金瑞，故作畦畤櫟陽而祀白帝。疑畦字從圭，而邽字亦從圭，此下邽之邽，當為畦畤之畦也。」(五六)明預：明姓，預名。(五七)陽夏：陽夏縣，屬陳郡，即今河南省太康縣。(五八)東阿：東阿縣，漢屬東郡，晉屬濟北國，故城在今山東省陽穀縣東北。(五九)蓬關：《漢書・地理志》曰：「逢澤在河南開封縣東北。」臣瓚曰：「今浚儀有蓬陂是也。」蓬陂即蓬關，在陳留浚儀縣境，即今河南省開封縣南。(六〇)己吾：己吾縣，後漢置，屬陳留郡，晉省，故城在今河南省寧陵縣西南。〈陳留風俗傳〉曰：「縣故宋地，雜以陳、楚之地，故梁國寧陵縣之徙種龍鄉也。成哀之世置縣，名曰己吾，猶有陳楚之俗焉！」(六一)張嵩：《御覽》四五三引《晉書》作孫嵩。《晉書・石勒傳》作張嵩。(六二)葛陂：《後漢書・郡國志》曰：「汝南郡鮦陽縣有葛陂。」《水經注》曰：「澺水左迤為葛陂，陂方數十里。」陂在今河南省新蔡縣北七十里。(六三)初，勒之為人所掠賣也：事見上卷惠帝永興二年。(六四)無賴：應劭曰：「賴者恃也。無賴，才無可恃。」晉灼曰：「許慎曰：『賴，利也；無利入於家也。』或曰：江淮間謂小兒多詐狡猾為無賴。」顏師古曰：「晉說是也。」(六五)綝與安夷護軍金城麴允、頻陽令梁肅俱奔安定：胡三省曰：「安夷護軍蓋亦置司於長安。」頻陽縣，秦厲公置，漢屬左馮翊，晉屬馮翊郡。《元和郡縣志》曰：「以縣西北有頻山，秦厲公於山南立縣，故曰頻陽。」應劭曰：「縣之左右無水，城北有頻山，當在頻水之陽也。」故城在今陝西省富平縣東北，縣境有頻山。(六六)安定太守賈疋：《晉書・賈疋傳》云：「賈疋字彥度，武威人，魏太尉詡之曾孫也。」《魏志・賈詡傳》曰：「詡字文和，為太尉，進爵魏壽鄉侯，小子訪為列侯，長子穆為駙馬都尉。薨諡穆侯，子穆嗣，歷位郡守，穆薨，子模嗣。」裴注引《世語》曰：「模，晉惠帝時為散騎常侍、護軍將軍。模子胤，胤弟龕，從弟疋，皆至大官，並顯於晉。」《世說》云胤、龕從弟疋，則疋當非模子，《世語》不言模有弟，殆訪之孫也。(六七)陰密：陰密縣：屬安定郡，殷時密國。應劭曰：「密，須姞姓之國。」故城在今甘肅省靈臺縣西。(六八)臨涇：臨涇縣，時為安定郡治，故城在今甘肅省鎮原縣南。(六九)扶風太守梁綜：《晉書・懷帝紀》及〈麴允傳〉俱作京兆太守梁綜，〈索綝傳〉及〈劉聰載記〉作扶風，此從綝傳及載記。(七〇)黃丘：胡三省曰：「黃丘在馮翊雲陽縣黃嶔山下。」漢雲陽故城在今陝西省淳化縣西北。(七一)漢梁州刺史彭蕩仲：按《晉書・賈疋傳》：「雍州刺史丁綽譖疋於南陽王模，模以軍司謝班代疋為安定太守，疋奔瀘州，與胡彭蕩仲及氐竇首結為兄弟，聚眾攻班，復入安定，殺班。」則蕩仲安蓋安定瀘水胡也。胡三省曰：「據下蕩仲子天護漢以為涼州刺史，此梁當作涼。」⑫上洛：上洛縣，漢屬弘農郡，武帝元鼎四年置，居洛水之上，因以為名。晉初改為京兆南部，泰始二年，分京兆南部置上洛郡，上洛縣屬焉，即今陝西省商縣治。⑬既而見王導共論世事，退謂顗曰：「向見管夷吾，無復憂矣。」：錢大昕曰：「按溫嶠傳亦云：『江左草創，綱維未舉，嶠殊以為憂。及見王導共談，歡然曰：『江左自有管夷吾，吾復何慮？』此一事而傳聞異辭也。」⑭諸名士相與登新亭遊宴：《世說．言語篇》注引《丹陽記》曰：「新亭，吳舊立，先基崩淪。隆安中，司馬恢之徙創今地。」《寰宇記》曰：「臨滄觀在勞山山上，有亭七間，名曰新亭，吳所築。中間名臨滄亭，周顗與王導等當春日登之，即此也，謂之勞勞亭，古送別所。」顧祖禹曰：「新亭在江寧縣南十五里，近江渚。」⑮風景不殊，舉目有江河之異：胡三省曰：「言洛都遊宴多在河濱，而新亭臨江渚也。」按顗既曰風景不殊，則所興歎不在河濱、江渚之異。顗蓋謂南北之景色不殊，而中原昔為華夏之區，今則淪喪於夷狄，令人興故國之思耳！⑯神州：《史記．孟荀列傳》引鄒衍之言曰：「中國名曰赤縣神州，赤縣神州內自有九州，禹之序九州是也，不得為州數，中國外如赤縣神州者九，乃所謂九州也。」因相沿以神州為中國之別稱。⑰楚囚：《左傳》曰：「晉侯觀於軍府，見鍾儀，問之曰：『南冠而縶者誰？』有司對曰：『鄭人所獻楚囚也。』」後乃借為窘迫無計之喻。⑱白望：胡三省曰：「白望，猶虛名也。」⑲波扇：胡三省曰：「以水為譬也，波者，水之動也；風起則波生，相扇而動。」(八〇)改張：漢董仲舒〈論政〉曰：「譬猶琴瑟，必改弦而更張之，乃可鼓也。」言琴弦已敝弛，當更張之乃可鼓，為政亦猶如是。頵言蓋師其意。(八一)拔卓茂於密縣：以漢政為喻。事見卷四十漢光武建武元年。(八二)顯朱邑於桐鄉：朱邑為舒縣桐鄉嗇夫，為政廉平，愛民不苛，漢宣帝舉而用之，官至大司農，見《漢書》本傳。(八三)劉琨長於招懷，而短於撫御，一日之中，雖歸者數千，而去者亦相繼：《世說・尤悔篇》曰：「劉琨善能招處，而拙於撫御，一日雖有數千人歸投，其逃散而去亦復如此，所以卒無所建。」注引鄧粲《晉紀》曰：「琨為幷州牧，糾合齊盟，驅率戎旅，而內不撫其民，遂至散軍失士，無成功也。」(八四)廣寧：廣寧縣，漢屬上谷郡，晉武帝太康中分置廣寧郡，故治在今河北省涿鹿縣西。(八五)李臻之死也：事見永嘉三年。(八六)遼東附塞鮮卑素喜連、木丸津：按下文，則素喜連，木丸津蓋鮮卑之二部。《晉書・慕容廆載記》作索連、木津。(八七)廆少子鷹揚將軍翰：胡三省曰：「據載記，翰於皝為庶兄，皝，廆第三子，則翰非少子也。」按《晉書・慕容廆載記》作廆子翰，無少字。(八八)封使君已誅本請和：封釋誅龐本事見永嘉三年。(八九)州師：胡三省曰：「州師，謂平州之兵，東夷校尉所統者是也。」(九〇)單于：謂慕容廆。廆自稱鮮卑大單于。(九一)二部：謂素喜連及木丸津二部鮮卑。(九二)此家抎抎千斤犍也：胡三省曰：「抎，說文：『從高而下也。』犍，犗牛也。言千斤之犍，人間不可多得，若從天而下也。」抎音云，犍音建。(九三)崔毖：毖音秘。

卷八十八　晉紀十

司馬光編集
林瑞翰註

起玄默涒灘，盡昭陽作噩，凡二年。（壬申至癸酉，西元三一二年至三一三年）

孝懷皇帝下

永嘉六年（西元三一二年）

㈠春，正月，漢呼延后卒，謚曰武元。

㈡漢鎮北將軍靳沖、平北將軍卜珝㈠寇幷州。辛未（十九日），圍晉陽。

㈢甲戌（二十二日），漢主聰以司空王育、尚書令任顗女為左右昭儀，中軍大將軍王彰、中書監范隆、左僕射馬景女皆為夫人，右僕射朱紀女為貴妃，皆金印紫綬。聰將納太保劉殷女，太弟乂固諫，聰以問太宰延年、太傅景，皆曰：「太保自云劉康公之後，與陛下殊源㈡，納之何害？」聰悅，拜殷二女英、娥為左右貴嬪，位在昭儀上。又納殷女孫四人，皆為貴人，位次貴妃。於是六劉之寵傾後宮，聰希復出外，事皆中黃門奏決。

㈣故新野王歆牙門將胡亢聚眾於竟陵，自號楚公，寇掠荊土，以歆南蠻司馬新野杜曾為竟陵太守。曾勇冠三軍，能被甲游於水中。

㈤二月，壬子朔，日有食之。

㈥石勒築壘於葛陂㊂，課農造舟，將攻建業。琅邪王睿大集江南之眾於壽春，以鎮東長史紀瞻㊃為揚威將軍，都督諸軍以討之。會大雨三月不止，勒軍中飢疫，死者太半，聞晉軍將至，集將佐議之。右長史刁膺請先送款於睿，求掃平河朔以自贖，俟其軍退徐更圖之。勒愀然㊄長嘯。中堅將軍㊅夔安請就高避水，勒曰：「將軍何怯邪？」孔萇等三十餘將請各將兵分道夜攻壽春，斬吳將頭，據其城，食其粟，要以今年破丹楊，定江南。勒笑曰：「是勇將之計也㊆！」各賜鎧馬一疋，顧謂張賓曰：「於君意何如？」賓曰：「將軍攻陷京師，囚執天子，殺害王公，妻略妃主，擢將軍之髮，不足以數將軍之罪㊇，奈何復相臣奉乎？去年既殺王彌，不當來此。今天降霖雨於數百里中，示將軍不應留此也。鄴有三臺㈨之固，西接平陽㈩，山河四塞，宜北徙據之以經營河北，河北既定，天下無處將軍之右者矣。晉之保壽春，畏將軍往攻之耳！彼聞吾去，喜於自全，何暇追襲吾後，為吾不利邪⑪？將軍宜使輜重從北道先發，將軍引大兵向壽春，輜重既遠，大兵徐還，何憂進退無地乎？」勒攘袂鼓髯曰：「張君計是也。」責刁膺曰：「君既相輔佐，當共成大功，奈何遽勸孤降？此策應斬，然素知君怯，特相宥耳！」於是黜膺為將軍，擢賓為右長史，號曰右侯。

勒引兵發葛陂，遣石虎帥騎二千向壽春，遇晉運船，虎將士爭取之，為紀瞻所敗。瞻追奔百里，前及勒軍，勒結陳待之，瞻不敢擊，退還壽春。

㈦漢主聰封帝為會稽郡公，加儀同三司。聰從容謂帝曰：「卿昔為豫章王，朕與王武子⑫造卿，武子稱朕於卿，卿言聞其名久矣，贈朕柘弓銀研⑬，卿頗記否？」帝曰：「臣安敢忘之？但恨爾日不早識龍顏。」聰曰：「卿家骨肉何相殘如此？」帝曰：「大漢將應天受命，故為陛下自相驅除，此殆天意，非人事也！且臣家若能奉武皇帝之業，九族敦睦，陛下何由得之？」聰喜，以小劉貴人妻帝，曰：「此名公之孫也，卿善遇之！」

(八)代公猗盧遣兵救晉陽，三月乙未（十四日），漢兵敗走。卜珝之卒先奔，靳沖擅收珝斬之。聰大怒，遣使持節斬沖。

(九)聰納其舅子輔漢將軍張寔㈣二女徽光、麗光為貴人，太后張氏㈤之意也。

(十)涼州主簿馬魴說張軌，宜命將出師，翼戴帝室，軌從之，馳檄關中，共尊輔秦王；且言今遣前鋒督護宋配帥步騎二萬逕趨長安，西中郎將寔帥中軍三萬、武威太守張琠帥胡騎二萬，絡繹㈥繼發。

(十一)夏，四月，丙寅（十六日），征南將軍山簡卒。

(十二)漢主聰封其子敷為渤海王，驥為濟南王，鸞為燕王，鴻為楚王，勱為齊王，權為秦王，操為魏王，持為趙王。

(十三)聰以魚蟹不供，斬左都水使者襄陵王攄㈦；作溫明、徽光二殿未成，斬將作大匠望都公靳陵；觀漁於汾水，昏夜不歸。中軍大將軍王彰諫曰：「比觀陛下所為，臣實痛心疾首。今愚民歸漢之志未專，思晉之心猶盛，劉琨咫尺[18]，刺客縱橫，帝王輕出，一夫敵耳！願陛下改往修來，則億兆[19]幸甚！」聰大怒，命斬之，王夫人[20]叩頭乞哀，乃囚之。

太后張氏以聰刑罰過差[21]，三日不食；太弟乂、單于粲輿櫬切諫。聰怒曰：「吾豈桀紂？而汝輩生來哭人。」太宰延年、太保殷等、公卿列侯百餘人，皆免冠涕泣曰：「陛下功高德厚，曠世少比，往也唐虞，今則陛下[22]，而頃來以小小不供，亟斬王公[23]，直言忤旨，遽囚大將[24]，此臣等竊所未解，故相與憂之，忘寢與食。」聰慨然曰：「朕昨大醉，非其本心，微公等言之，朕不聞過。」各賜帛百匹，使侍中持節赦彰曰：「先帝賴君如左右手，君著勳再世，朕敢忘之？此段之過，希君蕩然[25]，君能盡懷憂國，朕所望也！今進君驃騎將軍定襄郡公，後有不逮，幸數匡之！」

（四）王彌既死[26]，漢安北將軍趙固、平北將軍王桑恐為石勒所幷，欲引兵歸平陽。軍中乏糧，士卒相食，乃自硤磽津西渡。劉琨以兄子演為魏郡太守鎮鄴，粲恐演邀之，遣長史臨深㊆為質於琨。琨以固為雍州刺史，粲為豫州刺史。

㈤賈疋等圍長安數月，漢中山王曜連戰皆敗，驅掠士女八萬餘口犇于平陽，秦王業自雍入於長安。五月，漢主聰貶曜為龍驤大將軍，行大司馬。聰使河內王粲攻傅祗於三渚㊇，右將軍劉參攻郭默於懷。會祗病薨，城陷，粲遷祗子孫㊈并其士民二萬餘戶於平陽。

㈥六月，漢主聰欲立貴嬪劉英為皇后，張太后欲立貴人張徽光，聰不得已許之，英尋卒。

㈦漢大昌㊉文獻公劉殷卒。殷為相，不犯顏忤旨，然因事進規，補益甚多。漢主聰每與群臣議政事，殷無所是非，羣臣出，殷獲留為聰敷暢條理，商榷㊀事宜，聰未嘗不從之。殷常戒子孫曰：「事君當務幾諫㊁，凡人尚不可面斥其過，況萬乘乎？夫幾諫之功，無異犯顏，但不彰君之過，所以為優耳！」官至侍中太保，錄尚書，賜劍履上殿，入朝不趨，乘輿入殿，然殷在公卿間，常恂恂有卑讓之色，故能處驕暴之國，保其富貴，不失令名，以壽考自終。

㈧漢主聰以河閒王易為車騎將軍，彭城王翼為衛將軍，並典兵宿衛，高平王悝為征南將軍，鎮離石；濟南王驥為征西將軍，築西平城㊂以居之；魏王操為征東將軍，鎮蒲子。

㈨趙固、王桑自懷求迎於漢，漢主聰遣鎮遠將軍梁伏疵將兵迎之，未至，長史臨深、將軍牟穆帥眾一萬叛歸劉演。固隨疵而西，桑引其眾東奔青州，固遣兵追殺之於曲梁㊃。桑將張鳳帥其餘眾歸演。聰以固為荊州刺史，領河南太守，鎮洛陽。

㈩石勒自葛陂北行，所過皆堅壁清野，虜掠無所獲，軍中飢甚，士卒相食。至東燕㊄，聞汲郡向冰聚眾數千壁枋頭㊅，將濟河，恐冰邀之。張賓曰：「聞冰船盡在瀆中未上㊆，宜遣輕兵閒道襲取，以濟大軍。大軍既濟，冰必可擒也。」秋，七月，勒使支雄、孔萇自文石津縛筏潛渡，取其船。勒引兵自棘津㊇濟河，擊冰，大破之，盡得其資儲，軍埶復振，遂長驅至鄴。劉演保三臺以自固，臨深、牟穆等復帥其眾降於勒。

諸將欲攻三臺，張賓曰：「演雖弱，眾猶數千，三臺險固，攻之未易猝拔。捨而去之，彼將自潰。方今王彭祖㊴、劉越石㊵，公之大敵也，宜先取之，演不足顧也。且天下饑亂，明公雖擁大兵，遊行羈旅，人無定志，非所以保萬全，制四方也。不若擇便地而據之，廣聚糧儲，西稟平陽，以圖幽幷㊶，此霸王之業也。邯鄲㊷、襄國㊸，形勝之地，請擇一而都之。」勒曰：「右侯之計是也。」遂進據襄國㊹。賓復言於勒曰：「今吾居此，彭祖、越石所深忌也，恐城塹未固，資儲未廣，二寇交至。宜亟收野穀，且遣使至平陽，具陳鎮此之意。」勒從之，分命諸將攻冀州郡縣，壁壘多降，運其穀以輸襄國；且表於漢主聰，聰以勒為都督冀、幽、幷、營四州諸軍事㊺，冀州牧，進封上黨公。

(廿)劉琨移檄州郡，期以十月會平陽擊漢。琨素奢豪，喜聲色，河南徐潤以音律得幸於琨，琨以為晉陽令。潤驕恣干預政事，護軍令狐盛數以為言，且勸琨殺之，琨不從。潤譖盛於琨，琨收盛殺之。琨母曰：「汝不能駕御豪傑，以恢遠略，而專除勝己，禍必及我。」盛子泥奔漢，且言虛實。漢主聰大喜，遣河內王粲、中山王曜將兵寇幷州，以令狐泥為鄉導。琨聞之，東出收兵於常山及中山，使其將郝詵、張喬將兵拒粲，且遣使求救於代公猗盧。詵、喬俱敗死，粲、曜乘虛襲晉陽，太原太守高喬、幷州別駕郝聿以晉陽降漢。【考異】劉琨傳曰：「屬龐醇降於聰，鴈門烏丸復反，琨親出禦之，粲乘虛襲取晉陽。」按琨上太子牋曰：「聰以七月十六日復決計送死，臣即自東下，率中山、常山之卒並合樂平、上黨諸軍，未旋之間，而晉陽傾潰。」十六國春秋亦云：「琨收兵常山。」本傳誤也。八月庚戌（朔），琨還救晉陽，不及，帥左右數十騎犇常山。辛亥（初二日），粲、曜入晉陽。壬子（初三日），令狐泥殺琨父母㊻。粲、曜送尚書盧志、侍中許遐、太子右衛率崔瑋於平陽，聰復以曜為車騎大將軍，以前將軍劉豐為幷州刺史，鎮晉陽。九月，聰以盧志為太弟太師，崔瑋為太傅，許遐為太保，高喬、令狐泥皆為武衛將軍。

㊼己卯（朔），漢衛尉梁芬奔長安。

㊽辛巳（初三日），賈疋等奉秦王業為皇太子，【考異】懷帝紀云：「賈疋討劉粲於三輔，走之，關中小定，奉秦王為太子。」按賈疋等以永嘉五年攻劉粲於新豐，粲敗，還平陽，奉秦王入雍城；六年三月，劉曜棄長安走，秦王入長安，漢兵皆已退矣。王為太子時，劉粲方在晉陽，懷紀誤。

建行臺於長安，登壇告類㊼，建宗廟社稷。大赦。以閻鼎為太子詹事，總攝百揆㊽；加賈疋征西大將軍，以秦州刺史南陽王保為大司馬；命司空荀藩督攝遠近，光祿大夫荀組領司隸校尉，行豫州刺史，與藩共保開封㊾。

(卅四)秦州刺史裴苞據險以拒涼州兵，張寔、宋配等擊破之，苞奔柔凶塢㊿。

(卅五)冬，十月，漢主聰封其子恆為代王，逞為吳王，朗為潁川王，皐為零陵王，旭為丹楊王，京為蜀王，坦為九江王，晃為臨川王。以王育為太保，王彰為太尉，任顗為司徒，馬景為司空，朱紀為尚書令，范隆為左僕射，呼延晏為右僕射。

(卅六)代公猗盧遣其子六脩及兄子普根、將軍衞雄、范班、箕澹帥眾數萬為前鋒以攻晉陽，【考異】十六國春秋云：「遣其子利孫、宥六須。」載記云：「賓六須。」劉琨集云：「左右賢王」，又云：「賢王撲速根。」今從後魏書。箕澹，十六國春秋、後魏書作姬澹，今從劉琨傳。猗盧自帥眾二十萬繼之，劉琨收散卒數千，為之鄉導。六脩與漢中山王曜戰於汾東(五一)，曜兵敗墜馬，中七創。討虜將軍傅虎以馬授曜，曜不受，曰：「卿當乘以自免，吾創已重，自分死此。」虎泣曰：「虎蒙大王識拔至此，常思效命，今其時矣。且漢室初基，天下可無虎，不可無大王也！」乃扶曜上馬，驅令渡汾，自還戰死。

曜入晉陽，夜與大將軍粲、鎮北大將軍豐掠晉陽之民，踰蒙山（五二）而歸。十一月，猗盧追之，戰於藍谷（五三），漢兵大敗，擒劉豐，斬邢延等三千餘級（五四），伏尸數百里。猗盧因大獵壽陽山（五五），陳閱皮肉，山為之赤。

劉琨自營門步入拜謝，固請進軍。猗盧曰：「吾不早來，致卿父母見害，誠以相愧。今卿已復州境，吾遠來，士馬疲弊，且待後舉，劉聰未可滅也。」遺琨馬牛羊各千餘疋，車百乘而還，留其將箕澹、段繁等戍晉陽。

琨徙居陽曲（五六），招集亡散。盧諶為劉粲參軍，亡歸琨，漢人殺其父志【考異】劉聰載記：「志勸太弟乂作亂，被誅。」按志勸成都王穎起義兵，諫攻長沙王乂，忠義敦篤，始終不虧，非勸人作亂者也，今從盧諶傳。及弟謐、詵，贈傳虎幽州刺史。

㈦十二月，漢主聰立皇后張氏，以其父寔為左光祿大夫。

(廿八)彭蕩仲之子天護，帥羣胡攻賈疋(五七)，天護陽不勝而走，疋追之，夜墜澗中，天護執而殺之。【考異】帝紀曰：「疋討賊張連，遇害。」疋傳：「天護攻之，疋敗走，墜澗死。」今從十六國春秋。漢以天護為涼州刺史。

眾推始平太守麴允領雍州刺史。

閻鼎與京兆太守梁綜爭權，鼎遂殺綜。麴允與撫夷護軍索綝、馮翊太守梁肅合兵攻鼎(五八)，鼎出奔雍，為氐竇首所殺。

(廿九)廣平游綸、張豺擁眾數萬據苑鄉(五九)，受王浚假署(六〇)，石勒遣夔安、支雄等七將攻之，破其外壘。浚遣督護王昌帥諸軍及遼西公段疾陸眷、【考異】石勒載記及後魏書作就陸眷，今從王浚傳。疾陸眷弟匹磾、文鴦、從弟末柸(六一)【考異】後魏書作末破，今從王浚傳。部眾五萬，攻勒於襄國。疾陸眷屯於渚陽(六二)，勒遣諸將出戰，皆為疾陸眷所敗。陸眷大造攻具將攻城，勒眾甚懼。勒召將佐謀之曰：「今城塹未固，糧儲不多，彼眾我寡，外無救援，吾欲悉眾與之決戰，何如？」諸將皆曰：「不如堅守以疲敵，待其退而擊之。」張賓、孔萇曰：「鮮卑之種，段氏最為勇悍，而末柸尤甚，其銳卒皆在末柸所。今聞疾陸眷刻日攻北城，其大眾遠來，戰鬬連日，謂我孤弱不敢出戰，意必懈惰。宜且勿出，示之以怯，鑿北城為突門㊁二十餘道，俟其來至，列守未定，出其不意，直衝末柸帳，彼必震駭不暇為計，破之必矣。末柸敗，則其餘不攻而潰矣。」勒從之，密為突門。既而疾陸眷攻北城，勒登城望之，見其將士或釋仗而寢，乃命孔萇督銳卒自突門出擊之㊃，城上鼓譟以助其勢。萇攻末柸帳，不能克而退，末柸逐之，入其壘門，為勒眾所獲。疾陸眷等軍皆退走，萇乘勝追擊，枕尸三十餘里，獲鎧馬五千匹。疾陸眷收其餘眾，還屯渚陽。勒質末柸，遣使求和於疾陸眷，疾陸眷許之。文鴦諫曰：「今以末柸一人之故，而縱垂亡之虜，得無為王彭祖所怨，招後患乎？」疾陸眷不從，復以鎧馬金銀賂勒，且以末柸三弟為質，而請末柸。諸將皆勸勒殺末柸，勒曰：「遼西，鮮卑健國也，與我素無仇讎，為王浚所使耳！今殺一人而結一國之怨，非計也。歸之必深德我，不復為浚用矣！」乃厚以金帛報之，遣石虎與疾陸眷盟於渚陽，結為兄弟。疾陸眷引歸，王昌不能獨留，亦引兵還薊。勒召末柸與之燕飲，誓為父子，遣還遼西。末柸在塗，日南嚮而拜者三，由是段氏專心附勒，王浚之勢遂衰。游綸、張豺請降於勒，勒攻信都，殺冀州刺史王象。浚復以邵舉行冀州刺史，保信都。

㊽是歲大疫。

㊾王澄少與兄衍名冠海內，劉琨謂澄曰：「卿形雖散朗，而內實動俠㊅㊄，以此處世，難得其死。」及在荊州，悅成都內史王機，謂為己亞，使之內綜心膂㊅㊅，外為爪牙。澄屢為杜弢所敗，望實俱損，猶傲然自得，無憂懼之意，但與機日夜縱酒博弈，由是上下離心。南平太守應詹屢諫，不聽。澄自出軍擊杜弢，軍於作塘㊅㊆。故山簡參軍王沖擁眾迎應詹為刺史，詹以沖無賴，棄之，還南平㊅㊇，沖乃自稱刺史。澄懼，使其將杜蕤守江陵，徙治孱陵㊅㊈，尋又犇沓中㊆〇。別駕郭舒諫曰：「使君臨州，雖無異政，然一州人心所繫。今西收華容㊆㊀之兵，足以擒此小醜，奈何自棄，遽為奔亡

乎？」澄不從，欲將舒東下。舒曰：「舒為萬里紀綱(七二)，不能匡正，令使君奔亡，誠不忍渡江。」乃留屯沌口(七三)。琅邪王睿聞之，召澄為軍諮祭酒，以軍諮祭酒周顗代之(七四)，澄乃赴召。顗始至州，建平流民傅密等叛迎杜弢，弢別將王真襲沔陽(七五)，顗狼狽失據。征討都督王敦(七六)遣武昌太守陶侃、尋陽太守周訪、歷陽內史(七七)甘卓共擊弢，敦進屯豫章，為諸軍繼援。【考異】王澄傳曰：「時王敦為江州，鎮豫章。」按敦時為揚州刺史，都督征討諸軍，非為江州也。

王澄過詣敦，自以名聲素出敦右(七八)，猶以舊意侮敦。敦怒，誣其與杜弢通信，遣壯士搤殺之。

王機聞澄死，懼禍，以其父毅、兄矩皆嘗為廣州刺史，就敦求廣州，敦不許。會廣州將溫邵等叛刺史郭訥，迎機為刺史，機遂將奴客門生千餘人入廣州。【考異】王澄死，周顗敗，王敦鎮豫章，機入廣州，紀、傳皆無年月。按衛玠傳，玠依敦於豫章，以永嘉六年卒，故附於此。訥遣兵拒之，將士皆機父兄時部曲，不戰迎降(七九)，訥乃避位，以州授之。

(卅)王如軍中飢乏，官軍討之，其黨多降。如計窮，遂降於王敦。

【考異】如降亦無年月，明年有如餘黨入漢中，故附此。

(43)鎮東軍司顧榮、前太子洗馬衛玠皆卒。玠，瓘之孫也，美風神，善清談，常以為人有不及，可以情恕，非意相干，可以理遣；故終身不見喜慍之色。

(44)江陽太守張啓殺益州刺史王異而代之(80)。啓，翼之孫也，尋病卒。三府文武共表涪陵太守向沈行西夷校尉，南保涪陵。

(45)南安赤亭(81)羌姚弋仲東徙榆眉(82)，戎夏襁負隨之者數萬，自稱護羌校尉，雍州刺史，扶風公。

【今註】㊀卜珝：珝音羽。㊁太保自云劉康公之後，與陛下殊源：胡三省曰：「劉康公，周之卿士，食采於劉，其後因以為氏。劉聰匈奴之後，以漢之甥冒姓劉氏，故云殊源。」㊂葛陂：見卷八十七永嘉五年註(61)。㊃鎮東長史紀瞻：元帝為鎮東大將軍，以瞻為長史。㊄愀然：變色貌。㊅中堅將軍：胡三省曰：「中堅將軍，蓋石勒所置。」㊆是勇將之計也：言其勇於赴敵，志雖可嘉，然非勝敵之道也。㊇擢將軍之髮，不足以數將軍之罪：言石勒之於晉，罪衍深重，雖擢髮以數，猶不足以言其多。㊈三臺：見卷八十六永嘉三年註(30)。(10)西接平陽：時漢都平陽。謂鄴近漢都，可引以為聲援。(11)彼聞吾去，喜於自全，何暇追襲吾後，為吾不利邪：胡三省曰：「自古國於東南，率多為自保之計，亦自量其力之不足以進也。」㉒王武子：王濟字武子。㉓柘弓銀研：桑柘材勁，宜於作弓。研與硯同。㉔輔漢將軍張寔：此張實蓋聰母張氏之族，非河西張軌之子。㉕太后張氏：張氏，淵之側室，生聰，聰立，尊為太后。㉖絡繹：連續不絕貌。㉗襄陵王攄：襄陵縣，漢屬河東郡，晉屬平陽郡，故城在今山西省襄陵縣東。胡三省曰：「觀後所謂亟斬王公，則攄亦劉氏也。」㉘劉琨咫尺：琨鎮晉陽，聰都平陽，言晉陽、平陽之間，相去甚近。㉙億兆：謂民眾。曰億兆者，喻其多也。㉚王夫人：王彰女。㉛過差：猶言過度，逾越常制之謂。㉜往也唐虞，今則陛下：謂聰功德，與堯舜等比。㉝王公：謂襄陵王攄、望都公靳陵。㉞大將：謂中軍大將軍王彰。㉟蕩然：蕩，滌除之意，言滌除嫌怨，不存蔕芥。㊱王彌既死：彌死見上卷永嘉五年。㊲臨深：臨姓，深名。㊳三渚：胡三省曰：「據祗傳，祗屯盟津小城。盟津河平侯祠有一渚，又有淘渚，故亦曰三渚。」顧祖禹曰：「陶渚在孟津縣北大河中渚也，河流經此，有三渚之名。」又曰：「小平津城在孟津縣西北。舊志云，漢平陰縣城北有河津曰小平津，津上有城。晉傅祗保盟津小城，或曰即小平津。」㊴祗子孫：《晉書‧傅祗傳》，祗二子宣、暢，宣無子，暢二子沖、詠，以沖為宣嗣。暢著《晉諸公敍讚》及《晉公卿禮秩故事》二書，並傳於世。又〈劉聰載記〉，遷祗孫純、粹於平陽，按祗傳，祗孫無名純、粹者，不知所據。㊵大昌：宋白曰：「隰州隰川縣，漢蒲子縣。劉淵僭亂，置大昌郡。」蒲子，劉淵僭號，初都於此，故城今山西省隰縣東北。㊶商榷：胡三省曰：「商，度也；榷者，舉其略也。」㊷幾諫：胡三省曰：「幾諫者，見微而諫也。」侯希聖曰：「事君有顯諫者，有幾諫者，然而溫柔忠厚者其說多行，訐直強勁者其說多忤，夫是以貴幾諫也。」㉝西平城：胡三省曰：「西平城，當築於平陽西。」㉞曲梁：漢屬廣平郡，後漢省廣平郡，屬魏郡，魏分鉅鹿、魏郡復置廣平郡，曲梁復屬焉。故城在今河北省承年縣。㉟東燕：故城在今河南省延津縣東，詳見卷八十六光熙元年註㊴。㊱枋頭：《水經注》曰：「漢建安九年，魏武王在淇水口下大枋木以成堰，遏淇水東入白溝以通漕運，故時人號其處為枋頭。」《寰宇記》曰：「枋頭城在衞縣南，去河八里，南對酸棗棘津。」按枋頭即古淇水口，今曰淇門渡，枋頭故城在今河南省濬縣東南。㊲水船盡在瀆中未上：胡三省曰：「未上者，未上岸。船不用則推之登陸，使遠水而燥，他日輕便於駕用。」㊳棘津：《水經注》曰：「河水又東北逕廣州縣故城西，又東逕棘津亭南。棘津亦謂之濟津，故南津也。春秋僖公二十一年，晉將伐曹，曹在縣東，假道於衞，衞人不許，還自南河濟，即此也。河水由是亦有濟津之名。」津在今河南省延津縣故胙城之北，一名南津，亦名石濟津，今湮。㊴王彭祖：王浚字彭祖。㊵劉越石：劉琨字越石。㊶幽幷：謂王浚、劉琨。浚據幽州，琨鎮幷州。㊷邯鄲：秦為郡，漢為縣，屬趙國，晉屬廣平郡，今河北省邯鄲縣即其舊治。㊸襄國：襄國縣，秦之信都縣，屬鉅鹿郡，項羽改曰襄國，漢屬趙國，晉屬廣平郡，而信都別為縣，前漢屬信都國，後漢屬安平國。襄國縣故城在今河北省邢台縣西南。㊹遂進據襄國：《元和郡縣志》曰：「龍岡縣，古邢國，秦信都，項羽更名曰襄國，漢因不改。石勒僭號，據之。勒未立前，襄國有讖曰：『古在左，月在右，讓亡言，或入口。』識者以為胡有襄國也。」㊺聰以勒為都督冀、幽、幷、營四州諸軍事：胡三省曰：「營州不在晉太康地志十九州之數。晉地理志，咸寧二年分昌黎、遼東、玄菟、帶方、樂浪等郡國五置平州，至慕容熙據和龍，始於宿軍置營州，以刺史鎮之，拓拔魏置營州於和龍，勒時未有營州也。」㊻令狐泥殺琨父母：《文選・答盧諶詩》注引王隱《晉書》曰：「劉聰圍晉陽，令狐泥以千餘人為鄉導。琨求救猗盧，未至，太原守高嶠反應聰，逐琨，琨父母年老，不堪鞍馬步擔，不免，為泥所害。」所載與〈劉琨傳〉及《通鑑》異，王書謂琨為嶠所逐，琨傳謂琨出禦烏丸，而《通鑑》據琨上太子牋謂收兵在外，未知孰是也。㊼登壇告類：胡三省曰：「告類，或攝或即位祭天之禮。舜之攝也，肆類於上帝。」孔安國曰：「類，謂攝位事類，遂以攝告天及五帝。湯黜夏命，昭告於上天神后，皆其事也。」㊽以閻鼎為太子詹事，總攝百揆：胡三省曰：「太子詹事，統攝宮僚。時太子建行臺，故以詹事總百揆，特位號未正，其實丞相之職也。」㊾開封：開封縣，漢屬河南郡，晉屬滎陽郡，故城在今河南省開封縣南。㊿柔凶塢：顧祖禹曰：「柔凶塢在秦州西南。」秦州，今甘肅省天水縣。(51)六脩與漢中山王曜戰於汾東：《水經・洞過水注》曰：「劉琨之為并州也，劉淵引兵邀擊之，合戰於洞過，即是水也。」洞過水正在汾東，六脩與劉曜合戰處。趙一清校釋云淵誤，當作曜，蓋即此役。(52)蒙山：《隋書・地理志》晉陽有蒙山，其山綿亙深遠。《元和郡縣志》曰：「蒙山在晉陽縣西北十里，十六國春秋曰：『前趙劉聰征劉琨，不克，掠晉陽之人踰蒙山而歸。』即謂此也。」胡三省曰：「五代志太原郡石艾縣有蒙山。魏收曰：『石艾縣，即漢、晉之上艾縣也。』晉志上艾縣屬樂平郡。又據五代志，晉陽縣有蒙山，此蓋蒙山跨晉陽、石艾二縣界也。」顧祖禹曰：「蒙山在太原縣西北五里。」(53)藍谷：胡三省曰：「藍谷在蒙山西南。」顧祖禹曰：「在太原縣西南。」㊹斬邢延等三千餘級：邢延叛琨見上卷永嘉五年。㊺壽陽山：胡三省曰：「壽陽山在樂平壽陽縣。」《晉書・地理志》，壽陽縣，屬樂平郡。《魏書・地形志》作受陽。《水經注》曰：「晉太康地記樂平郡有受陽縣，盧諶征艱賦所謂歷受陽而總轡者也。」《元和郡縣志》曰：「壽陽縣，本漢榆次縣地，西晉於此置受陽縣，屬樂平郡，永嘉後省。後魏太武帝徙受陽之戶於太陵城南，置受陽縣，屬太原郡，受陽縣即今文水縣是也。隋開皇十年，改受陽為文水縣，又於受陽故城別置受陽縣，屬幷州，即今縣是也。大業三年，罷州為太原郡，縣仍屬焉！武德三年，置受州，縣改屬焉！貞觀八年，廢受州，縣屬幷州，十一年，更名壽陽。」是唐貞觀十一年始有壽陽之名，前此皆曰受陽，《晉志》作壽陽蓋受陽之譌。今山西省壽陽即其舊治。㊻陽曲：陽曲縣，屬太原郡。故城在今山西省太原縣北。㊼彭蕩仲之子天護，帥羣胡攻賈疋：疋殺彭蕩仲事見上卷永嘉五年。㊽麴允與撫夷護軍索綝、馮翊太守梁肅合兵攻鼎：《晉書・閻鼎傳》云：「始平太守麴允、撫夷護軍索綝並害鼎功，且欲專權，馮翊太守梁緯、北地太守梁肅，並綜母弟，綝之姻也，謀欲除鼎。」〈麴允傳〉亦曰：「允心害鼎功，且規權勢，因鼎殺京兆太守梁綜，乃與綜弟馮翊太守緯等攻鼎，走之。」則是時馮翊太守乃梁緯，非梁肅，肅時蓋為北地太守。㊾苑鄉：《魏書・地形志》曰：「廣平郡任縣有苑鄉城。」宋白曰：「任縣，後漢南䜌縣地，後趙石氏於此置苑鄉縣。唐為任縣，屬邢州。」按苑鄉城故址在今河北省任縣東。㊿假署：胡三省曰：「假署者，承制權宜而補署，假以職名。」按權宜補署，非詔命所真除，故謂之假。(六一)末柸：

《十六國疆域志》曰：「清河有末柸城。元和志在縣東北五十里。十六國春秋，鮮卑段末柸自稱遼西公，於此築城，與石勒相持，因名。」清河故縣在今河北省清河縣東。(六二) 渚陽：《元和郡縣志》曰：「張城一名渚陽城，在任縣西南二十七里，漢張縣也。石勒傳晉將王浚遣石季龍盟就六眷於渚陽，謂此也。」顧祖禹曰：「渚陽城在澤渚之陽，故曰渚陽。」《水經注》曰：「絳瀆北逕信都城東，散入澤渚，西至信都城，東連於廣川縣張甲故瀆，同歸於海，疾陸眷蓋屯是渚之陽也。」王先謙曰：「按全祖望曰：『漢志常山郡中邱縣蓬山長谷，諸水所出。』是渚水之誤。內邱有渚水，亦名礪水，張縣後省入任縣，其地一名曰渚陽城，城在渚水之陽，晉書段疾陸眷攻石勒，屯渚陽，即此。」(六三) 突門：《墨子・備突篇》曰：「城百步一突門。突門用車，兩輪，以木束之，塗其上維，置突門內，度門廣狹之，令人入門四尺置窒，突門旁為橐充竈狀，又置艾。寇入，下輪而塞之，鼓橐薰之也。」杜佑曰：「突門，鑿城內為闇門，令五六寸勿穿，或於中夜於敵初來，營列未定，精騎從突門躍出，擊其無意，襲其無備。」(六四) 勒登城望之，見其將士或釋仗而寢，乃命孔萇督銳卒自突門出擊之：胡三省曰：「見其釋仗而寢，知其懈也，乃命孔萇出戰，所謂見兵勢者也。」(六五) 形雖散朗，而內實動俠：胡三省曰：「動俠，言其心輕易動，又豪俠自喜也。」吳士鑑曰：「世說讒險篇及注引鄧粲晉紀，動俠均作勁俠，案本傳動俠當為勁俠之譌。」散朗，言其性放達豁朗，不為小節所拘；勁俠，言其性剛勁任俠，不能無介於中，其義與散朗適反。《世說・簡傲篇》曰：「王平子出為荊州，王太尉及時賢送者傾路。時庭中有大樹，上有鵲巢，平子脫衣巾徑上樹取巢子，涼衣拘閡樹枝，便復脫去，得鵲子，還下弄，神色自若，傍若無人。」此所謂散朗也。平子，澄字；王太尉，謂王衍。又《晉書・王澄傳》：「澄率眾將赴國難，會王如寇襄陽，澄前鋒至宜城，遣使詣山簡，為如黨嚴嶷所獲。嶷偽使人從襄陽來而問之曰：『襄陽拔未？』答云：『昨旦破城，已獲山簡。』乃陰緩澄使，令得亡去。澄聞襄陽陷，以為信然，散眾而還，既而恥之，託糧運不贍，委罪長史蔣俊而斬之。」此所謂內實勁俠，而不能無介於中也。作勁俠為是。(六六)內綜心膂：胡三省曰：「綜，機縷也，所以持經而施緯，使不失其條理者也。故謂能統理眾事者為綜理。」心膂，喻親信之臣。(六七)作塘：《五代史・郡縣志》曰：「澧陽郡孱陵縣，舊曰作塘。」《續漢郡國志》作作唐縣，後漢置，屬武陵郡，晉屬南平郡，故城在今湖南省安鄉縣北。(六八)還南平：還南平郡治也，時治江安縣，故城在今湖北省公安縣東北。(六九)孱陵：孱陵縣，漢屬武陵郡，晉屬南平郡，故城在今湖北省公安縣南。(七〇)沓中：胡三省曰：「此沓中非姜維種麥之沓中，蓋在孱陵之東。」(七一)華容：華容縣，屬南郡，故治在今湖北省監利縣西北。(七二)舒為萬里紀綱：舒為州別駕，故自謂萬里紀綱。(七三)沌口：《水經注》曰：「沌水逕沌陽縣南注於江，謂之沌口。」沌陽廢城在今湖北省漢陽縣西，沌口蓋在今漢陽縣西南，當沌水入江之口，上接沔陽諸水，下通長江，岸多蘆葦，夏水漲時，瀰漫數百里，形勢險要。(七四)以軍諮祭酒周顗代之：以顗代澄為荊州刺史，領南蠻校尉。(七五)沔陽：胡三省曰：「沔陽，梁武帝時方置郡。據沈約志，陶侃為荊州刺史，初治沔陽，則是時已有沔陽城矣！當屬竟陵郡界。」祝穆《方輿勝覽》云：「魏立荊州，屯沔陽為重鎮，蓋在沔水之陽，亦即沔口，又謂之臨嶂。」沔口即今湖北省漢口鎮，當漢水入江之口。

㊄歷陽內史：《晉書・地理志》惠帝永興元年分淮南郡之烏江、歷陽二縣置歷陽郡，治歷陽，今安徽省和縣即其舊治。㊅征討都督王敦：元帝以敦為揚州刺史，加都督征討諸軍事，見上卷永嘉五年。㊆王澄過詣敦，自以聲名素出敦右：《晉書・王澄傳》云：「王衍有重名於世，時人許以人倫之鑒，尤重澄及王敦、庾敳。嘗為天下人士目曰：『阿平第一，子嵩第二，處仲第三。』澄嘗謂衍曰：『兄形似道而神鋒太儁。』衍曰：『誠不如卿落落穆穆然也。』澄由是顯名。」阿平，謂澄，澄字平子；子嵩，庾敳字；處仲，王敦字。又《世說・賞譽篇》注引《王澄別傳》曰：「澄風韻邁達，志氣不羣，從兄戎、兄夷甫名冠當年，四海人士，一為澄所題目，則二兄不復措意，云：『已經平子。』其見重如此。是以名聞益盛，天下知與不知，莫不傾注。」故澄自以聲名素出敦右。㊇將士皆機父兄時部曲，不戰迎降：《晉書・王機傳》曰：「機父毅，為廣州刺史，甚得南越之情。」㊈江陽太守張啓殺益州刺史王異而代之：江陽縣，漢屬犍為郡，蜀漢分置江陽郡，治江陽縣，即今四川省瀘縣。王異行三府事見上卷永嘉五年。㊉南安赤亭：《水經注》曰：「漢靈帝分獂道為南安郡。赤亭水出郡之東山赤谷，西流逕城北南入渭水，謂之赤亭川。」按赤亭水在今甘肅省隴西縣東北，縣北有赤亭山，山色正赤，赤亭在其西南。㊁棆眉：棆眉即漢之隃麋縣，一作棆眉，屬扶風郡，晉省。《元和郡縣志》曰：「隃麋縣，以隃麋澤為名。」宋白曰：「隴西汧源縣東有隃麋澤，有古城。」故城在今陝西省汧陽縣東。

孝愍皇帝㊀上

建興元年㊁（西元三一三年）

㈠春，正月，丁丑朔，漢主聰宴群臣於光極殿，使懷帝著青衣行酒，庾珉、王雋等不勝悲憤，因號哭，聰惡之。有告珉等謀以平陽應劉琨者，二月丁未（朔），聰殺珉、雋等故晉臣十餘人㊂，懷帝亦遇害㊃。大赦。復以會稽劉夫人㊄為貴人。

荀崧曰：「懷帝天姿清劭㊅，少著英猷，若遇承平，足為守文佳主，而繼惠帝擾亂之後，東海專政，故無幽、厲之釁，而有流亡之禍矣！」

㈡乙亥（二十九日），漢太后張氏卒，諡曰光獻，張后不勝哀㊆，丁丑（二月丁未朔，丁丑三月朔），亦卒，諡曰武孝。

㈢己卯（三月初三日），漢定襄忠穆公王彰卒。

㈣三月，漢主聰立貴嬪劉娥為皇后，為之起䳨儀殿㊇。廷尉陳元達切諫，以為：「天生民而樹之君，使司牧之，非以兆民之命，窮一人之欲也。晉氏失德，大漢受之，蒼生引領，庶幾息肩，是以光文皇帝㊈身衣大布，居無重茵，后妃不衣綿綺，乘輿馬不食粟，愛民故也。陛下踐阼以來，已作殿觀四十餘所，加之軍旅數興，餽運不息，饑饉疾疫，死亡相繼，而益思營繕，豈為民父母之意乎？今有晉遺類，西據關中，南擅江表，李雄奄有巴蜀，王浚、劉琨，窺窬肘腋；石勒、曹嶷，貢稟㊉漸疏。陛下釋此不憂，乃更為中宮作殿，豈目前之所急乎？昔太宗居治安之世，粟帛流衍，猶愛百金之費，息露臺之役㊀，陛下承荒亂之餘，所有之地，不過太宗之二郡㊁，戰守之備，非特匈奴南越而已㊂，而宮室之侈，乃至於此，臣所以不敢不冒死而言也！」聰大怒曰：「朕為天下，營一殿，何問汝鼠子乎？乃敢妄言沮眾，不殺此鼠子，朕殿不成。」命左右曳出斬之，并其妻子同梟首東市，使羣鼠共穴。時聰在逍遙園㊃李中堂，元達先鏁腰而入，即以鏁鏁堂下樹，呼曰：「臣所言者社稷之計，而陛下殺臣。朱雲有言：『臣得與龍逄、比干遊，足矣㊄！』」左右曳之不能動，大司徒任顗、光祿大夫朱紀、范隆、驃騎大將軍河閒王易等，叩頭出血曰：「元達為先帝所知，受命之初，即引置門下⑯。盡忠竭慮，知無不言。臣等竊祿偷安，每見之未嘗不發愧。今所言雖狂直，願陛下容之。因諫諍而斬列卿，其如後世何？」聰默然。劉后聞之，密敕左右停刑，手疏上言：「今宮室已備，無煩更營，四海未壹，宜愛民力，廷尉之言，社稷之福也，陛下宜加封賞而更誅之，四海謂陛下何如哉？夫忠臣進諫者，固不顧其身也，而人主拒諫者，亦不顧其身也。陛下為妾營殿而殺諫臣，使忠良結舌者由妾，遠近怨怒者由妾，公私困弊者由妾，社稷阽危⑰者由妾，天下之罪皆萃於妾，妾何以當之？妾觀自古敗國喪家，未始不由婦人，心常疾之，不意今日身自為之，使後世視妾，由妾之視昔人也⑱！妾誠無面目復奉巾櫛⑲，願賜死此堂，以塞陛下之過。」聰覽之變色，任顗等叩頭流涕不已，聰徐曰：「朕比年已來，微得風疾，喜怒過差，不復自制。元達，忠臣也，朕未之察，諸公乃能破首明之，誠得輔弼之義也，朕愧戢於心⑳，何敢忘之？」命顗等冠履就坐，引元達上，以劉氏表示之曰：「外輔如公，內輔如后，朕復何憂？」賜顗等穀帛各有差，更命逍遙園曰納賢園，李中堂曰愧賢堂。聰謂元達曰：「卿當畏朕，而反使朕畏卿邪！」

(五)西夷校尉向沈[21]卒，眾推汶山太守蘭維[22]為西夷校尉。維率吏民北出，欲向巴東[23]，成將李恭、費黑邀擊，獲之。

(六)夏，四月，丙午（朔），懷帝凶問至長安，皇太子舉哀，因加元服[24]。壬申（二十六日），即皇帝位，大赦，改元[25]。以衞將軍梁芬為司徒；雍州刺史麴允為尚書左僕射，錄尚書事[26]；京兆太守索綝[27]為尚書右僕射，領吏部、京兆尹。是時長安城中戶不盈百，蒿棘成林，公私有車四乘，百官無章服印綬，唯桑版署號而已。尋以索綝為衞將軍，領太尉，軍國之事，悉以委之。

(七)漢中山王曜、司隸校尉趙智明寇長安，平西將軍趙染帥眾赴之；詔麴允屯黃白城[28]以拒之。

(八)石勒使石虎攻鄴，鄴潰，劉演犇稟丘[29]。三臺流民皆降於勒，以桃豹為魏郡太守以撫之。久之，以石虎代豹鎮鄴。

初，劉琨用陳留太守焦求為兗州刺史，荀藩又用李述為兗州刺史，述欲攻求，琨召求還。及鄄城失守，琨復以劉演為兗州刺史，鎮廩丘。前中書侍郎郗鑒，少以清節著名，帥高平千餘家避亂保嶧山⑳，琅邪王睿就用鑒為兗州刺史，鎮鄒山㉑。【考異】劉琨集建興二年十一月壬寅朔與丞相牋曰：「焦求雖出寒鄉，有文武膽幹，荀晞用為陳留太守，獨在河南距當石勒，撫綏有方，琨以求行領兗州刺史，後聞荀公以李述為兗州，以素論門望，不可與求同日而論，至於膽幹，可以處危權一時之用，李述亦不能及求，而主玄年少，便欲共討求，琨以求已與玄構隙，便召還，而州界民物甚不安服述，二千石及文武大姓連遣信使求刺史，是以遣兄子演代求領兗州事，往年春正月，遣詣鄴，至是斬王桑，走趙固云云。今勒據襄國，逼近鄴城，故令演轉南。演今治在廩丘，而李述、郗鑒並欲爭兗州，或云為荀公所用，或云為明公所用，大寇未殄，而自共尋干戈，此以大潰也。輒敕演謹自守而已。」按王桑、趙固之敗及石勒攻業，皆在永嘉六年。琨牋又云：「傳長安消息，主上是秦王。」又建興二年十一月丙申朔，元年十一月壬申朔，十二月壬寅朔，然則琨發牋之日，建興元年十二月壬寅朔也，傳寫誤耳。三人各屯一郡，兗州吏民，莫知所從。

㈨琅邪王睿以前廬江內史華譚為軍諮祭酒。譚嘗在壽春依周馥，睿謂譚曰：「周祖宣㉒何故反？」譚曰：「周馥雖死，天下尚有直言之士。馥見寇賊滋蔓，欲移都以紓國難，執政不悅，興兵討之㉓。馥死未踰時，而洛都淪沒，若謂之反，不亦誣乎？」睿曰：「馥位為征鎮㉔，握彊兵，召之不入，危而不持，亦天下之罪人也！」譚曰：「然危而不持，當與天下共受其責，非但馥也。」

睿參佐多避事自逸，錄事參軍[三五]陳頵言於睿曰：「洛中承平之時，朝士以小心恭恪為凡俗，以偃蹇倨肆為優雅。流風相染，以至敗國。今僚屬皆承西臺[三六]餘弊，養望自高，是前車已覆，而後車又將尋之也。請自今臨使稱疾者，皆免官。」睿不從。三王之誅趙王倫也[三七]，制己亥格以賞功，自是循而用之。頵上言：「昔趙王簒逆，惠皇失位，三王起兵討之，故厚賞以懷嚮義之心。今功無大小，皆以格斷[三八]，乃至金紫佩士卒之身，符策委僕隸之門，非所以重名器，正紀綱也，請一切停之。」頵出於寒微，數為正論，府中多惡之，出頵為譙郡太守。

(十)吳興太守周玘，宗族彊盛，琅邪王睿頗疑憚之[三九]。睿左右用事者，多中州亡官失守之士，駕御吳人，吳人頗怨。玘自以失職[四〇]，又為刁協所輕，恥恚愈甚，乃陰與其黨謀誅執政，以諸南士代之。事泄，玘憂憤而卒。將死，謂其子勰曰：「殺我者，諸傖子[四一]也；能復之，乃吾子也。」

(十一)石勒攻李惲於上白[四二]，斬之，王浚復以薄盛為青州刺史。

㈩王浚使棗嵩督諸軍屯易水，召段疾陸眷，欲與之共擊石勒，疾陸眷不至㊸。浚怒，以重幣賂拓拔猗盧，并檄慕容廆等共討疾陸眷。猗盧遣右賢王六脩將兵會之，為疾陸眷所敗，廆遣慕容翰攻段氏，取徒河、新城，至陽樂㊹，聞六脩敗而還。翰因留鎮徒河，壁青山。

初，中國士民避亂者，多北依王浚，浚不能存撫，又政法不立，士民往往復去之㊺。段氏兄弟專尚武勇，不禮士大夫，唯慕容廆政事脩明，愛重人物，故士民多歸之。廆舉其英俊，隨才授任。以河東裴嶷、北平陽耽、廬江黃泓、代郡魯昌為謀主，廣平游邃、北海逢羨㊻、北平西方虔㊼、西河宋奭及封抽、裴開㊽為股肱，平原宋該、安定皇甫岌、岌弟真、蘭陵繆愷、昌黎劉斌及封奕㊾、封裕典機要。裕，抽之子也。

裴嶷清方有幹略，為昌黎太守，兄武為玄菟太守。武卒，嶷與武子開以其喪歸，過廆㊿，廆敬禮之。及去，厚加資送，行及遼西，道不通。嶷欲還就廆，開曰：「鄉里在南，奈何北行？且等為流寓，段氏彊，慕容氏弱，何必去此而就彼也！」嶷曰：「中國喪亂，今往就之，是相帥而入虎口也。且道遠，何由可達㊄？若俟其清通，又非歲月可冀㊄。今欲求託足之地，豈可不慎擇其人？汝觀諸段，豈有遠略？且能待國士乎？慕容公修行仁義，有霸王之志，加以國豐民安，今往從之，高可以立功名，下可以庇宗族，汝何疑焉！」開乃從之。既至，廆大喜。

陽耽清直沈敏，為遼西太守，慕容翰破段氏於陽樂，獲之，廆禮而用之。游邃、逄羨、宋奭皆嘗為昌黎太守，與黃泓俱避地於薊，後歸廆。王浚屢以手書召邃兄暢，暢欲赴之。邃曰：「彭祖刑政不修，華戎離叛，以邃度之，必不能久，兄且磐桓㊄以俟之。」暢曰：「彭祖忍而多疑，頃者流民北來，命所在追殺之。今手書殷勤，我稽留不往，將累及卿；且亂世宗族宜分，以冀遺種。」邃從之，卒與浚俱沒。

宋該與平原杜羣、劉翔先依王浚，又依段氏，皆以為不足託，帥諸流寓同歸於廆。東夷校尉崔毖請皇甫岌為長史，卑辭說諭，終莫能致，廆招之，岌與弟真即時俱至㉞。

遼東張統據樂浪、帶方二郡，與高句麗王乙弗利相攻，連年不解。樂浪王遵說統帥其民千餘家歸廆，廆為之置樂浪郡，以統為太守，遵參軍事。

(十三)王如餘黨涪陵李運、巴西王建等自襄陽將三千餘家入漢中，梁州刺史張光遣參軍晉邈將兵拒之。邈受運、建賂，勸光納其降。光從之，使居成固。既而邈見運、建及其徒多珍寶，欲盡取之，復說光曰：「運、建之徒，不修農事，專治器仗，其意難測，不如悉掩殺之。不然，必為亂。」光又從之。五月，邈將兵攻運、建，殺之。建壻楊虎收餘眾擊光，屯於厄水，光遣其子孟萇討之，不能克。

(十四)壬辰（十八日），以琅邪王睿為左丞相，大都督，督陝東諸軍事；南陽王保為右丞相，大都督，督陝西諸軍事。詔曰：「今當掃除鯨鯢㉟，奉迎梓宮㊱，令幽、并兩州㊲勒卒三十萬，直造平陽；右丞相宜帥秦、涼、梁、雍之師三十萬，徑詣長安；左丞相所領精兵二十萬，徑造洛陽，同赴大期，克成元勳(五八)。」

(十五)漢中山王曜屯蒲坂。

(十六)石勒使孔萇擊定陵(五九)，殺田徽(六〇)，薄盛(六一)率所部降勒。山東郡縣，相繼為勒所取，漢主聰以勒為侍中、征東大將軍。烏桓亦叛王浚，潛附於勒。

(十七)六月，劉琨與代公猗盧會於陘北，謀擊漢。秋，七月，琨進據藍谷，猗盧遣拓拔普根屯於北屈(六二)。琨遣監軍韓據自西河而南，將攻西平(六三)。漢主聰遣大將軍粲等拒琨，驃騎將軍易等拒普根，蕩晉將軍蘭陽等助守西平。琨等聞之，引兵還。聰使諸軍仍屯所在，為進取之計。

(十八)帝遣殿中都尉(六四)劉蜀詔左丞相睿以時進軍，與乘輿會於中原。八月癸亥（二十日），蜀至建康，睿辭以方平定江東，未暇北伐。以鎮東長史刁協為丞相左長史，從事中郎彭城劉隗為司直，邵陵內史(六五)廣陵戴邈為軍諮祭酒，參事丹陽張闓為從事中郎，尚書郎潁川鍾雅為記室參軍，譙國桓宣為舍人，豫章熊遠為主簿，會稽孔愉為掾。

劉隗雅習文史，善伺候睿意，故睿特親愛之。

熊遠上書，以為：「軍興以來，處事不用律令，競作新意，臨事立制，朝作夕改，至於主者不敢任法，每輒關諮，非為政之體也。愚謂凡為駁議者，皆當引律令經傳，不得直以情言，無所依準，以虧舊典。若開塞隨宜，權道制物，此是人君之所得行，非臣子所宜專用也。」睿以時方多事，不能從。

初，范陽㊅祖逖，少有大志，與劉琨俱為司州主簿㊆。同寢，中夜聞雞鳴，蹴琨覺，曰：「此非惡聲也。」因起舞。及渡江，左丞相睿以為軍諮祭酒㊇。逖居京口㊈，糾合㊉驍健，言於睿曰：「晉室之亂，非上無道而下怨叛也，由宗室爭權，自相魚肉，遂使戎狄乘隙，毒流中土。今遺民既遭殘賊，人思自奮。大王誠能命將出師，使如逖者統之，以復中原，郡國豪傑，必有望風響應者矣！」睿素無北伐之志，以逖為奮威將軍，豫州刺史㊀。給千人廩，布三千疋，不給鎧仗，使自召募。逖將其部曲百餘家渡江，中流，擊楫而誓曰：「祖逖不能清中原而復濟者，有如大江。」遂屯淮陰(七二)，起冶鑄兵，募得二千餘人而後進。

(十九)胡亢性猜忌，殺其驍將數人。杜曾懼，潛引王沖之兵使攻亢(七三)，亢悉精兵出拒之，城中空虛，曾因殺亢而并其眾。

(廿)周顗屯潯水城(七四)，為杜弢所困。陶侃使明威將軍(七五)朱伺救之，弢退保泠口(七六)。侃曰：「弢必步向武昌。」乃自徑道(七七)還郡以待之。弢果來攻，侃使朱伺逆擊，大破之，弢遁歸長沙。周顗出潯水，投王敦於豫章，敦留之。陶侃使參軍王貢告捷於敦，敦曰：「若無陶侯，便失荊州矣！」乃表侃為荊州刺史，屯沔江(七八)。左丞相睿召周顗，復以為軍諮祭酒。

(廿一)初，氐王楊茂搜之子難敵遣養子販易於梁州，私賣良人子一人，張光鞭殺之。難敵怨曰：「使君初來，大荒之後，兵民之命，仰我氐活。氐有小罪，不能貰(七九)也？」及光與楊虎相攻，各求救於茂搜，茂搜遣難敵救光。難敵求貨於光，光不與。楊虎厚賂難敵，且曰：「流民珍貨(八〇)，悉在光所，今伐我不如伐光。」難敵大喜。

光與虎戰，使張孟萇居前，難敵繼後，難敵與虎夾擊孟萇，大破之，孟萇及其弟援皆死，光嬰城自守。九月，光憤激成疾。僚屬勸光退據魏興，光按劍曰：「吾受國重任，不能討賊，今得死如登僊，何謂退也？」聲絕而卒。州人推其少子邁領州事，又與氐戰沒，眾推始平太守胡子序領梁州。

㈦荀藩薨於開封㈧。【考異】帝紀曰：「薨於滎陽。」今從藩傳。

㈨漢中山王曜、趙染攻麴允於黃白城，允累戰皆敗。詔以索綝為征東大將軍，將兵助允。

㈩王貢自王敦所還，至竟陵，矯陶侃之命，以杜曾為前鋒大都督，擊王沖，斬之，悉降其眾。侃召曾，曾不至，貢恐以矯命獲罪，遂與曾反擊侃。冬，十月，侃兵大敗，僅以身免。敦表侃以白衣領職，侃復帥周訪等進擊杜弢，大破之，敦乃奏復侃官。

⑪漢趙染謂中山王曜曰：「麴允率大眾在外，長安空虛，可襲也。」曜使染帥精騎五十襲長安，庚寅夜（十月癸卯朔，庚寅在十一月），入外城，帝犇射鴈樓。染焚龍尾㈡及諸營，殺掠千餘

人。辛卯日（在十一月），退屯逍遙園。壬辰（在十一月），將軍麴鑒自阿城㈧帥眾五千救長安。癸巳（在十一月），染引還，鑒追之，與曜遇於零武㈣，鑒兵大敗。

㈥楊虎、楊難敵急攻梁州，胡子序棄城走，難敵自稱刺史。

㈦漢中山王曜恃勝而不設備，十一月，麴允引兵襲之，漢兵大敗，殺其冠軍將軍喬智明，曜引歸平陽。

㈧王浚以其父字處道，自謂應當塗高之讖，謀稱尊號。前勃海太守劉亮、北海太守王摶、司空掾高柔㈤切諫，浚皆殺之。燕國霍原，志節清高，屢辭徵辟，浚以尊號事問之，原不答，浚誣原與群盜通，殺而梟其首。於是士民駭怨，而浚矜豪日甚，不親政事，所任皆苛刻小人，棗嵩、朱碩，貪橫尤甚，北州謠曰：「府中赫赫朱丘伯㈥，十囊五囊入棗郎㈦。」調發殷煩，下不堪命，多叛入鮮卑。從事韓咸監護柳城㈧，盛稱慕容廆能接納士民，欲以諷浚，浚怒，殺之。

浚始者唯恃鮮卑、烏桓以為彊，既而皆叛之，加以蝗旱連年，兵勢益弱。石勒欲襲之，未知虛實，將遣使覘之，參佐請用羊祜、陸抗故事，致書於浚（八九）。勒以問張賓，賓曰：「浚名為晉臣，實欲廢晉自立，但患四海英雄莫之從耳！其欲得將軍，猶項羽之欲得韓信也。將軍威振天下，今卑辭厚禮，折節事之，猶懼不信，況為羊、陸之亢敵乎？夫謀人而使人覺其情，難以得志矣！」勒曰：「善。」

十二月，勒遣舍人王子春、董肇多齎珍寶奉表於浚，曰：「勒本小胡，遭世饑亂，流離屯厄（九〇），竄命冀州，竊相保聚以救性命。今晉祚淪夷，中原無主，殿下州鄉（九一）貴望，四海所宗。為帝王者，非公復誰？勒所以捐軀起兵誅討暴亂者，正為殿下驅除爾！伏願殿下應天順人，早登皇祚。勒奉戴殿下，如天地父母；殿下察勒微心，亦當視之如子也。」又遺棗嵩書，厚賂之。

浚以段疾陸眷新叛，士民多棄己去，聞勒欲附之，甚喜，謂子春曰：「石公一時豪傑，據有趙、魏，乃欲稱藩於孤，其可信乎？」子春曰：「石將軍才力彊盛，誠如聖旨，但以殿下中州貴望，威行夷夏，自古胡人為輔佐名臣則有矣，未有為帝王者也！石將軍非惡帝王不為而讓於殿下，顧以帝王自有曆數，非智力之所取，雖彊取之，必不為天人之所與故也。項羽雖彊，終為漢有；石將軍之比殿下，猶陰精之與太陽，是以遠鑒前事，歸身殿下，此乃石將軍之明識，所以遠過於人也，殿下又何怪乎？」浚大悅，封子春、肇皆為列侯。遣使報聘，以厚幣酬之。

游綸㊈㊁兄統為浚司馬，鎮范陽，遣使私附於勒，勒斬其使以送浚，浚雖不罪統，益信勒為忠誠，無復疑矣！

㊇是歲，左丞相睿遣世子紹鎮廣陵，以丞相掾蔡謨為參軍。謨，克之子也。

㊈漢中山王曜圍河南尹魏浚於石梁㊈㊂，兗州刺史劉演、河內太守郭默遣兵救之，曜分兵逆戰於河北㊈㊃，敗之。浚夜走，獲而殺之。

㊉代公猗盧城盛樂㊈㊄以為北都，治故平城㊈㊅為南都；又作新平城於㶟水之陽㊈㊆，使右賢王六脩鎮之，統領南部。

【今註】㊀孝愍皇帝：諱子業，字彥旗，武帝孫吳孝王晏之子，出繼伯父秦王柬後，襲封秦王。懷帝遇害，即帝位於長安。㈡建興元年：是年夏四月，方改元建興。㈢聰殺珉、雋等故晉臣十餘人：珉、雋等於永嘉三年與懷帝俱沒於虜中。㈣懷帝亦遇害：時年三十。㈤會稽劉夫人：永嘉六年，聰以小劉貴人妻懷帝，聰封懷帝為會稽公，故曰會稽劉夫人。㈥劭：胡三省曰：「劭，高也。」㈦張后不勝哀：張后，張太后姪女，故太后卒，后不勝哀。㈧鵍儀殿：鵍與凰同。《書》曰：「鳳凰來儀。」蓋取其義以為殿名。㈨光文皇帝：劉淵諡光文。㈩貢禀：胡三省曰：「貢謂貢獻，禀謂禀承詔命。」⑪昔太宗居治安之世，粟帛流行，猶愛百金之費，息露臺之役：太宗謂漢文帝，事見卷十五漢文帝後七年。⑫陛下承荒亂之餘，所有之地，不過太宗之二郡：胡三省曰：「時聰所有之地，漢河東、西河二郡耳！」⑬戰守之備，非特匈奴南越而已：謂漢文帝時，以全國之地，所備僅匈奴、南越而已，今以前漢兩郡之地，強敵環伺，戰守之備，遠過於漢文帝之時。⑭逍遙園：《水經注》曰：「沈水合昆明池，其枝津東北流逕鄧艾祠南，又東分為二，一水東入逍遙園。」顧祖禹曰：「逍遙園在西安府城西，亦漢時舊苑也。」⑮朱雲有言，臣得與龍逢、比干遊，足矣：朱雲事見卷三十二漢成帝元延元年。⑯元達為先帝所知，受命之初，即引置門下：事見卷八十五惠帝永興元年。⑰阽危：如淳曰：「阽，近邊欲墜之意。」阽音坫。⑱由妾之視昔人也：胡三省曰：「由與猶通。洪氏隸釋曰：『古字多以由通為猶字。樊毅脩華嶽碑：由復夕惕。』余謂樊碑之由，其義尚也；此由，如也。」⑲櫛：梳枇之總名。⑳愧戢於心：戢，藏也。愧戢於心，猶曰感愧於心。㉑向沈：向姓，沈名。沈音沉。㉒蘭維：蘭姓，維名。㉓維率吏民北出，欲向巴東：胡三省曰：「欲歸晉也。」

㉔元服：顏師古曰：「元，首也，冠者，首之所著，故曰元服。」㉕改元：改元建興。㉖雍州刺史麴允為尚書左僕射，錄尚書事：《晉書．愍帝紀》云：「以允為使持節，領軍將軍，錄尚書事。」〈麴允傳〉云：「以允為尚書左僕射，領軍，持節，西戎校尉，錄尚書事。」㉗京兆太守索綝：上年十二月，綝與麴允等攻閻鼎，時綝為撫夷護軍，殆由撫夷護軍轉京兆太守。㉘黃白城：《水經注》曰：「渭水又東南入高陵縣，逕黃白城西，本曲梁宮也。」顧祖禹曰：「黃白城在三原縣西南二十里。東漢興平二年，李傕等作亂，欲劫車幸池陽黃白城。」三原縣，今屬陝西省。㉙廩丘：廩丘縣，前漢屬東郡，後漢屬濟陰郡，晉書地理志屬濮陽國，故城在今山東省范縣東南。參見卷八十六惠帝永興二年註㉗。㉚嶧山：《水經注》曰：「嶧山在鄒縣北，繹邑之所依以為名也。山東西二十里，高秀獨出，積石相臨，殆無土壤。石間多孔穴，洞達相通，往往有如數間屋處，其俗謂之嶧孔，遭亂輒將家入嶧，外寇雖眾，無所施害。晉永嘉中，郗鑒保此山，南有大嶧，名曰鄒公嶧。」嶧音亦，與繹同音。《元和郡縣志》曰：「嶧山一名鄒山，在鄒縣南二十二里。晉建武初，兗州寄理山上。洛陽傾覆，郗鑒獲歸，州鄉人士，並宗附之，遂共推鑒為主，與千餘家避難於嶧山。中宗假鑒龍驤將軍兗州刺史，鎮鄒山，後為石勒所侵逼，鑒率文武自嶧山奔下邳。」是嶧山即鄒山，在今山東省鄒縣東南。《通鑑》於此嶧山、鄒山互見，蓋因《晉書．郗鑒傳》之失。㉛鄒山：即嶧山，亦曰鄒嶧山，詳見上註。㉜周祖宣：周馥字祖宣。㉝馥見寇賊滋蔓，欲移都以紓國難，執政不悅，興兵討之：事見上卷永嘉四年、五年。㉞馥位為征鎮：馥為征東將軍，都督揚州諸軍事，鎮壽春。㉟錄事參軍：胡三

省曰：「錄事參軍，掌總錄眾曹，管其文案，自上佐以下違失者彈正以法，掌凡諸司察之事。白氏六帖曰：『州主簿、郡督郵，並今錄事參軍之職。』余據睿以顗為錄事參軍，自別有主簿。」㊱西臺：東晉謂洛都為西臺。㊲三王之誅趙王倫也：三王謂齊王冏、成都王穎、河間王顒。三王誅趙王倫事見卷八十四惠帝永寧元年。㊳今功無大小，皆以格斷：言制己亥格以賞功，本權宜之制，今仍以為功賞之據，則失之太厚也。㊴吳興太守周玘，宗族彊盛，琅邪王睿頗疑憚之：玘三定江南，開復王略，勳績甚著，兼為江左豪族，宗族強盛，人情所歸，故為琅邪王所疑憚。㊵玘自以失職：玘功高而位微，故自以失職。㊶傖子：《新方言・釋言》曰：「傖人，猶言壯夫耳！」又引《晉陽秋》曰：「吳人謂中州人為傖人。」傖子即傖人，皆鄙賤之稱。㊷上白：胡三省曰：「上白城在安平廣宗縣。」廣宗，前漢為王國，後漢為縣，屬鉅鹿郡，晉屬安平國，故城在今河北省威縣東。㊸疾陸眷不至：胡三省曰：「以釋其弟末柸，德石勒，故不肯會浚兵。」㊹陽樂：陽樂縣，屬遼西郡，故城在今河北省撫寧縣西。㊺初，中國士民避亂者，多北依王浚，浚不能存撫，又政法不立，士民往往復去之：《晉書・王浚傳》云：「浚為政苛暴，將吏又貪殘，並廣占山澤，引水灌田，潰陷冢墓，調發殷煩，下不堪命，多叛入鮮卑。」㊻北海逄羨：逄音龐。《元和姓纂》曰：「燕慕容以北海龐美為股肱。」逄、龐音近，美、羨形似，未知孰是。㊼西方虔：西方複姓，虔名。㊽封抽、裴開：《晉書・慕容廆載記》曰：「渤海封抽，河東裴開。」㊾封奕：《晉書・慕容廆載記》，奕亦渤海郡人。㊿武卒，疑與武子開以其喪歸，過廆：胡三省曰：「自玄菟西歸，道過棘城。」(51)且道遠，何由可達：胡三省曰：「言昌黎去河東既遠，又路梗無由得達。」（五二）若俟其清通，又非歲月可冀：胡三省曰：「言天下方亂，道路未有清通之時。」（五三）磐桓：不進貌。磐亦作盤，又作槃。（五四）東夷校尉崔毖請皇甫岌為長史，卑辭說諭，終莫能致，廆招之，岌與弟真即時俱至：胡三省曰：「古語有之，鳥則擇木，木豈能擇鳥？」喻人主終不能強致人，若其賢而有道，則人將自歸之。（五五）鯨鯢：鯢音霓，鯨鯢，大魚名。裴淵《廣州記》曰：「鯨鯢，長百尺，雄曰鯨，雌曰鯢。」胡三省曰：「鯨鯢，大魚，鈎網所不能制，以比敵人之魁桀者。」（五六）奉迎梓宮：懷帝遇害，梓宮在平陽。（五七）幽、幷兩州：謂王浚、劉琨之師。（五八）元勳：殄滅強虜，奉迎梓宮，勳莫盛於此，故謂之元勳。（五九）定陵：定陵縣，漢屬潁川郡，晉屬襄城郡，故城在今河南省舞陽縣北。（六〇）殺田徽：徽，王浚所署兗州刺史。（六一）薄盛：盛，王浚所署青州刺史。（六二）北屈：《晉書·地理志》，北屈縣東南有壺山，有南屈，故稱北屈。漢屬河東郡，晉屬平陽郡，故城在今山西省吉縣東北。（六三）西平：西平城，永嘉六年，漢王劉聰築以居其子濟南王驥。胡三省曰：「西平城，當在平陽西。」（六四）殿中都尉：胡三省曰：「殿中都尉，屬二衛。」（六五）邵陵內史：邵陵郡，吳孫皓寶鼎元年分零陵北部立。治邵陵縣，蓋漢之昭陵縣，晉避諱改曰邵陵，故治在今湖南省寶慶縣。（六六）范陽：漢為涿郡，魏文帝更名范陽郡，晉武帝置國，以封宣帝弟子綏為范陽王。（六七）范陽祖逖，少有大志，與劉琨俱為司州主簿：《晉書·祖逖傳》云：「祖逖字士稚，范陽遒人也。世吏二千石，為北州舊姓。」《世說·德行篇》引王隱《晉書》曰：「范陽遒人。」按《晉書·地理志》，范陽有遒縣，無遵縣，傳遵蓋遒之誤。《世說·賞譽篇》引《晉陽秋》曰：「逖與司空劉琨，俱以雄豪著名，同辟司州主簿。」㊅及渡江，左丞相睿以為軍諮祭酒：《晉書．祖逖傳》云：「洛京大亂，逖率親黨數百家避地淮泗，達泗口，元帝逆用為徐州刺史，尋徵軍諮祭酒。」《水經注》曰：「淮水又東北與大木水合，水西出大木山，山即晉車騎將軍祖逖自陳留將家避難所居也。」㊆京口：今江蘇省鎮江縣。《元和郡縣志》曰：「孫權自吳徙治丹徒，號曰京城，後遷建業，於此置京口鎮。」杜佑曰：「潤州因京硯山在城東，故稱京口。」唐潤州，即漢、晉之丹徒縣。胡三省曰：「其城因山為壘，俯臨江津，故曰京口。」丹徒縣，晉屬毗陵郡，漢屬會稽郡，後漢屬吳郡，吳孫權嘉禾三年，改丹徒曰武進，晉武帝太康三年，復曰丹徒。㊇糾合：聚合之意。胡三省曰：「繩三合為糾，糾言合三為一也。」㊈以逖為奮威將軍，豫州刺史：《寰宇記》曰：「雍邱故城，春秋時杞國，北臨汴河。晉永嘉末，鎮西將軍祖逖為豫州刺史，理于此。」雍邱故城即今河南省杞縣。勞格《晉書校勘記》曰：「元紀建武元年六月，石季龍圍譙城，平西將軍祖逖擊走之，又太興元年，兩書平北將軍祖逖，是逖嘗由奮威進號平西，由平西轉平北，傳皆失載。」案《寰宇記》作鎮西，當據其後官名。㊉淮陰：淮陰縣，漢屬臨淮郡，後漢屬下邳國，晉屬廣陵郡，故城在今江蘇省淮陰縣東南。㊀潛引王沖之兵使攻亢：亢，荊州賊，自號荊州刺史。㊁潯水城：胡三省曰：「廬山記曰：『尋陽縣在大江之北，尋水之陽。』潯水城無乃古之尋陽城乎！」㊂明威將軍：《宋書．百官志》，魏置將軍四十號，明威第三。㊃涢口：胡三省曰：「水經注：『涢水南出九疑山，北流逕涢道縣西南，又北流注於都溪水，又西北入於營水，所謂涢口也。』余考此涢口去武昌甚遠。又水經注：『江水自蘄春故城南，又東得銅零口。』此無乃是乎？」㊆徑道：胡三省曰：「捷出之路。」㊇乃表侃為荊州刺史，屯沔江：《晉書・陶侃傳》曰：「鎮於沌口，又移入沔江。」〈愍帝紀〉建興二年三月：「杜弢別帥王真襲荊州刺史陶侃於林鄣，侃奔灄中。」陸游曰：「江陵之建寧鎮，蓋沌口也。王敦以陶侃為荊州，鎮此，明年，徙林鄣。」沌口在今湖北省漢陽縣西南，當沌水入江之口。《水經注》又曰：「沔水又東逕沌陽縣北，又東逕林鄣故城北，陶侃鎮此。」則林鄣故城當在古沌陽城東，沔、沌二水入江之交，亦即沔水之南，沌水之北。胡三省曰：「沔江，謂林鄣也。」王氏《水經注》校本曰：「沔江即沔口。」按《宋書・州郡志》，陶侃為荊州刺史，初治沔陽。祝穆曰：「魏立荊州，屯沔陽為重鎮，蓋在沔水之陽，亦即沔口，又謂之臨嶂。」臨嶂，山名，在沔水之南，沌水之北，林鄣城蓋築於此。據宋志，沔江當指沔陽，亦即沔口。沔口在沔水之陽，林鄣在沔水之陰，二城夾沔水而峙。按《晉書・陶侃傳》、〈愍帝紀〉，侃蓋先屯沌口，明年徙林鄣，其後復徙沔陽。按〈愍帝紀〉，杜弢別帥王真襲侃於林鄣在建興二年三月，則是時侃尚屯林鄣，未移屯沔江也。沌水上接沔陽諸水，下通長江，盛水時瀰漫數百里，故祝云沔口又謂之臨嶂。㊈貰：寬恕。〇流民珍貨：謂光將晉邈奪自李運、王建所得之珍貨。㊀荀藩薨於開封：藩以永嘉六年建行臺於陝東，與光祿大夫荀組共保開封，至是薨。㊁龍尾：《水經注》曰：「高祖在關東，令蕭何成未央宮，何斬龍首山而營之。山長六十餘里，頭臨渭水，尾達樊川。頭高二十丈，尾漸下，高五六尺，上色赤而堅。因山為基闕，不假築，高出長安城。」龍尾者，謂龍首山之尾也。㊂阿城：胡三省曰：「即秦阿房宮城也。」㊃零武：胡三省曰：「前漢北地郡有靈武縣，後漢、晉省，至後魏置咸陽郡，池陽、靈武二縣並屬焉！黃白城在池陽，則此零武為前漢北地郡、魏咸陽郡之靈武明矣！」黃白城見註㊅。按漢靈武故城在今寧夏省寧朔縣西北，後魏靈武故城在今寧夏省靈武縣東南，黃白城在今陝西省三原縣，路迴道遠，疑勢不相及。《晉書・劉聰載記》云：「染夜入長安外城，帝奔射鴈樓，染焚燒龍尾及諸軍營，殺掠千餘人，且退屯逍遙園。麴允率眾襲曜，連戰，敗之，曜入粟邑，遂歸平陽。」《元和郡縣志》曰：「粟邑故城在白水縣西北二十八里。」粟邑縣，漢置，晉廢，後魏復置，故城在今陝西省白水縣南，載記云粟邑，蓋縣廢而城猶存，襲漢之舊稱也，據此，則零武當在今陝西省白水、三原二縣之間，胡云零武即靈武，無乃太迂乎！㊄司空掾高柔：此另一高柔，非魏之高柔。㊅朱丘伯：朱碩字丘伯。㊆東郎：東嵩，王浚之子壻，故謂之東郎。㊇柳城：漢置柳城縣，屬遼西郡，後漢省，即今熱河省朝陽縣。㊈參佐請用羊祜、陸抗故事，致書於浚：蓋欲效羊、陸敵國交鄰之禮。㊉屯厄：猶曰艱厄。易屯：「屯如邅如。」疏云：「屯是屯難，邅是邅迴。屯亦作迍。」㊀州鄉：勒上黨郡人，浚太原人，同屬幷州，故曰州鄉。㊁游綸：綸據苑鄉，受王浚假署，旋降於勒，見永嘉六年。㊂石梁：顧祖禹曰：「石梁塢在故洛城東洛水北。」㊃河北：胡三省曰：「河北，大河之北，即富平津之北也。」富平津即孟津，在今河南省孟縣南。㊄盛樂：盛樂縣，前漢作成樂，屬定襄郡，後漢作盛樂，屬雲中郡，漢末廢，至是猗盧復城而都之，故城在今綏遠省和林格爾縣。㊅平城：平城縣，漢屬雁門郡，漢末大亂，城廢，魏武鳩集荒散，屬新興郡，晉又改屬雁門郡，故城在今山西省大同縣東。㊇又作新平城於灅水之陽：胡三省曰：「魏書帝紀，猗盧脩故平城以為南都，更南百里於灅水之陽黃瓜堆築新平城以為南都，晉人謂之小平城。班固地理志右北平俊靡縣：『灅水南至無終，東入庚。』酈道元水經注：『庚水與鮑丘水合，俊靡在東。』與平城相去甚遠，新平城不在此灅水之陽也。據魏書，道武帝西如馬邑觀灅源，則灅水蓋出於馬邑，而東北流逕平城之南也。酈道元，魏人也，其注水經，敍代都之事宜詳，初不言平城有灅水，但言㶟水逕平城南耳！注曰：『㶟水出雁門陰館縣㶟頭山，一曰治水，東北流出山，逕陰館縣故城西，故樓煩鄉也。又有馬邑川水會桑乾水而注于㶟水。㶟水東流過平城南，又東流逕廣陵下洛縣南，東至漁陽，入笥溝。』又考班固地理志：『雁門陰館縣樓煩鄉累頭山，治水所出，東至泉州入海。』竊謂水出累頭山，疑當時亦有累水之名，師古累、治音相近，意道元所謂㶟水即灅水也。又考丁度集韻，㶟、灅、漯三字同，注云：『水出雁門。』則亦有見於此矣！」俊靡縣，漢屬右北平郡，晉屬北平郡，故城在今河北省遵化縣西北，去平城遠，故梅磵云新平城不在俊靡縣灅水之陽也。

卷八十九 晉紀十一

司馬光 編集
林瑞翰 註

起閼逢閹茂，盡柔兆困敦，凡三年。（甲戌至丙子，西元三一四至三一六年）

孝愍皇帝下

建興二年（西元三一四年）

㈠春，正月，辛未（朔），有如日隕於地，又有三日相承，出西方而東行。

㈡丁丑（初七日），大赦。

㈢有流星出牽牛㊀，入紫微。光燭地，墜於平陽北，化為肉，長三十步，廣二十七步。漢主聰惡之，以問公卿，陳元達以為女寵太盛，亡國之徵。【考異】載記，元達等曰：「臣恐後庭有三后之事。」按立三后在明年，於時未也。聰曰：「此陰陽之理，何關人事？」聰后劉氏賢明，聰所為不道，劉氏每規正之。己丑（十九日），劉氏卒，謚曰武宣。自是嬖寵競進，後宮無序矣。

㈣聰置丞相等七公㊁，又置輔漢等十六大將軍㊂，各配兵二千，以諸子為之。又置左、右司隸，各領戶二十餘萬，萬戶置一內史；單于左、右輔各主六夷㈣十萬落，萬落置一都尉；左、右選曹尚書，並典選舉；自司隸以下六官，皆位亞僕射。以其子粲為丞相，領大將軍，錄尚書事，進封晉王；江都王延年錄尚書六條事㈤，汝陰王景為太師，王育為太傅，任顗為太保，馬景為大司徒，朱紀為大司空，中山王曜為大司馬。

㈤壬辰（二十二日），王子春等及王浚使者至襄國，石勒匿其勁卒精甲，羸師虛府以示之，北面拜使者而受書。浚遺勒麈尾㈥，勒陽不敢執，懸之於壁，朝夕拜之，曰：「我不得見王公，見其所賜，如見公也。」復遣董肇奉表於浚，期以三月中旬親詣幽州，奉上尊號；亦脩牋於棗嵩，求幷州牧、廣平公。

勒問浚之政事於王子春，子春曰：「幽州去歲大水，人不粒食㈦，浚積粟百萬，不能賑贍，刑政苛酷，賦役殷煩，忠賢內離，夷狄外叛，人皆知其將亡，而浚意氣自若，曾無懼心，方更置立臺閣，布列百官，自謂漢高、魏武不足比也！」勒撫几笑曰：「王彭祖真可擒也。」浚使者還薊，具言石勒形埶寡弱，欵誠無二。浚大悅，益驕怠，不復設備。

㈥楊虎掠漢中吏民以奔成，梁州人張咸等起兵逐楊難敵㈧。難敵去，咸以其地歸成。於是漢嘉㈨、涪陵、漢中之地，皆為成有。成主雄以李鳳為梁州刺史，任回為寧州刺史，李恭為荊州刺史。雄虛己好賢，隨才授任，命太傅驤養民於內，李鳳等招懷於外。刑政寬簡，獄無滯囚，與學校，置史官。其賦民：男丁歲穀三斛，女丁半之，疾病又半之；戶調絹不過數丈，綿數兩，事少役希，民多富實，新附者皆給復除。是時天下大亂，而蜀獨無事，年穀屢熟，乃至閭門不閉，路不拾遺。漢嘉夷王沖歸、朱提、審炤、建寧爨畺㈩皆歸之。巴郡嘗告急，云有晉兵。雄曰：「吾常憂琅邪微弱，遂為石勒所滅，以為耿耿㈡，不圖乃能舉兵，使人欣然。」然雄朝無儀品，爵位濫溢，吏無祿秩，取給於民；軍無部伍，號令不肅，此其所短也。

(七)二月壬寅（初二日），以張軌為太尉，涼州牧，封西平郡公㊂；王浚為大司馬，都督幽、冀諸軍事；荀組為司空，領尚書左僕射，兼司隸校尉，行留臺事；劉琨為大將軍，都督幷州諸軍事。朝廷以張軌老病，拜其子實為副刺史㊂。

(八)石勒纂嚴㊃，將襲王浚，而猶豫未發。張賓曰：「夫襲人者當出其不意，今軍嚴經日而不行，豈非畏劉琨及鮮卑、烏桓為吾後患乎？」勒曰：「然，為之奈何？」賓曰：「彼三方㊄智勇無及將軍者，將軍雖遠出，彼心不敢動，且彼未謂將軍便能懸軍千里取幽州也，輕軍往返，不出二旬，藉使彼雖有心，比其謀議出師，吾已還矣！且劉琨、王浚雖同名晉臣，實為仇敵，若脩牋於琨，送質請和，琨必喜我之服，而快浚之亡，終不救浚而襲我也。用兵貴神速，勿後時也！」勒曰：「吾所未了㊅，右侯已了之，吾復何疑！」遂以火宵行，至柏人㊆，殺主簿游綸，以其兄統在范陽，恐泄軍謀故也。遣使奉牋送質於劉琨，自陳罪惡，請討浚以自効。琨大喜，移檄州郡，稱己與猗盧方議討勒，勒走伏無地，求拔幽都以贖罪，今便當遣六脩南襲平陽，除僭偽之逆類㉘，降知死之逋羯㉙，順天副民，翼奉皇家，斯乃曩年積誠靈祐之所致也。【考異】琨集檄首云：「三月庚午朔，五日甲戌。」按石勒以壬申克幽州，蓋時晉陽尚未知也，欲敘琨，事畢然後敘勒事，故置此。

三月，勒軍達易水，王浚督護孫緯馳遣白浚，將勒兵拒之，游統禁之。浚將佐皆曰：「胡貪而無信，必有詭計，請擊之。」浚怒曰：「石公來，正欲奉戴我耳，敢言擊者斬！」眾不敢復言。浚設饗以待之，壬申（初三日），勒晨至薊，【考異】三十國春秋先言癸酉，勒取幽州，後言壬午，勒晨至薊。按劉琨表曰：「勒以三月三日徑掩薊城」，然則當言壬申是也。㉚叱門者開門，猶疑有伏兵，先驅牛羊數千頭，聲言上禮㉛，實欲塞諸街巷，浚始懼，或坐或起。勒既入城，縱兵大掠，浚左右請禦之，浚猶不許。勒升其聽事㉜，浚乃走出堂皇㉝，勒眾執之。勒召浚妻與之坐，執浚立於前。浚罵曰：「胡奴調㉞乃公，何凶逆如此？」勒曰：「公位冠元台，手握彊兵，坐觀本朝傾覆，曾不救援，乃欲自尊為天子，非凶逆乎？又委任姦貪，殘虐百姓，賊害忠良，毒徧燕土，此誰之罪也？」使其將王洛生以五百騎送浚於襄國。浚自投於水，束而出之，斬於襄國市。勒殺浚麾下精兵萬人，浚將佐爭詣軍門謝罪，饋賂交錯。前尚書裴憲、從事中郎荀綽獨不至，勒召而讓之曰：「王浚暴虐，孤討而誅之，諸人皆來慶謝，二君獨與之同惡，將何以逃其戮乎？」對曰：「憲等世仕晉朝，荷其榮祿，浚雖凶麤，猶是晉之藩臣，故憲等從之㉕，不敢有貳。明公苟不脩德義，專事威刑，則憲等死自其分，又何逃乎？請就死。」不拜而出，勒召而謝之，待以客禮。綽，勗之孫也。

勒數朱碩、棗嵩等，以納賄亂政，為幽州患㉖，責游統以不忠所事㉗，皆斬之。籍浚將佐親戚家貲，皆至巨萬，惟裴憲、荀綽止有書百餘袠，鹽米各十餘斛而已。勒曰：「吾不喜得幽州，喜得二子。」以憲為從事中郎，綽為參軍，分遣流民各還鄉里。

勒停薊二日，焚浚宮殿，以故尚書燕國劉翰行幽州刺史，戍薊，置守宰而還。孫緯遮擊之，勒僅而得免。

勒至襄國，遣使奉王浚首獻捷於漢，漢以勒為大都督，督陜東諸軍事㉘，驃騎大將軍，東單于，增封十二郡。勒固辭，受二郡而已。

劉琨請兵於拓跋猗盧以擊漢，會猗盧所部雜胡萬餘家謀應石勒，猗盧悉誅之，不果赴琨約。琨知石勒無降意，乃大懼。上表曰：「東北八州，勒滅其七(二九)，先朝所授，存者惟臣。勒據襄國，與臣隔山(三〇)，朝發夕至，城塢駭懼，雖懷忠憤，力不從願耳！」

劉翰不欲從石勒，乃歸段匹磾，匹磾遂據薊城。

王浚從事中郎陽裕，耽之兄子也，逃奔令支(三一)，依段疾陸眷。會稽朱左車、魯國孔纂、泰山胡母翼自薊逃奔昌黎，依慕容廆。是時中國流民歸廆者數萬家，廆以冀州人為冀陽郡(三二)，豫州人為成周郡(三三)，青州人為營丘郡(三四)，并州人為唐國郡(三五)。

(九)初，王浚以邵續為樂陵太守，屯厭次(三六)，浚敗，續附於石勒，勒以續子乂為督護。浚所署勃海太守東萊劉胤，棄郡依續，謂續曰：「凡立大功，必杖大義。君，晉之忠臣，奈何從賊以自汙乎？」會段匹磾以書邀續同歸左丞相睿，續從之。其人皆曰：「今棄勒歸匹磾，其如乂何？」續泣曰：「我豈得顧子而為叛臣哉？」

殺異議者數人。勒聞之，殺乂。續遣劉胤使江東，睿以胤為參軍，以續為平原太守。石勒遣兵圍續，匹磾使其弟文鴦救之，勒引去。

㈩襄國大饑，穀二升直銀一斤，肉一斤直銀一兩。

(十一)杜弢將王真襲陶侃於林障㊲，侃奔灄中㊳，周訪救侃，擊弢兵破之。

(十二)夏，五月，西平武穆公張軌寢疾，遺令文武將佐務安百姓，上思報國，下以寧家。己丑（二十日），軌薨。【考異】帝紀作壬辰，今從前涼錄鈔。前涼錄鈔又曰：「葬建陵。」蓋張祚僭號後，追尊其墓耳。長史張璽等表世子實攝父位。

(十三)漢中山王曜、趙染寇長安。六月，曜屯渭汭㊴，染屯新豐。索綝將兵出拒之，染有輕綝之色。長史魯徽曰：「晉之君臣，自知強弱不敵，將致死於我㊵，不可輕也！」染曰：「以司馬模之彊，吾取之如拉朽㊶，索綝小豎，豈能汙吾馬蹄刀刃邪？」晨帥輕騎數百逆之，曰：「要當獲綝而後食。」綝與戰於城西㊷，染兵敗而歸，悔曰：「吾不用魯徽之言，以至此，何面目見之？」先命斬徽。徽曰：「將軍愚愎以取敗，乃復忌前害勝㊸，誅忠良以逞忿，猶有天地，將軍其得死於枕席乎(四四)？」

詔加索綝驃騎大將軍，尚書左僕射，錄尚書，承制行事。麴允逆

曜、染復與將軍殷凱帥眾數萬向長安。【考異】晉春秋作段凱，今從麴允傳。麴允逆戰於馮翊，允敗，收兵夜襲凱營，凱敗死。曜乃還攻河內太守郭默於懷，列三屯圍之。默食盡，送妻子為質，請糴於曜，糴畢，復嬰城固守。曜怒，沈默妻子於河而攻之。默欲投李矩於新鄭(四五)，矩使其甥郭誦迎之，兵少不敢進。會劉琨遣參軍張肇帥鮮卑五百餘騎詣長安，道阻不通，還過矩營，矩說肇使擊漢兵，漢兵望見鮮卑，不戰而走，默遂率眾歸矩。

漢主聰召曜還屯蒲坂。

(十四)秋，趙染攻北地，麴允拒之，染中弩而死(四六)。

(十五)石勒始命州郡閱實戶口，戶出帛二匹，穀二斛。

(十六)冬，十月，以張寔為都督涼州諸軍事，涼州刺史，西平公。

(十七)十一月，漢主聰以晉王粲為相國，大單于，總百揆。粲少有俊才，自為宰相，驕奢專恣，遠賢親佞，嚴刻愎諫(四七)，國人始惡之。

㈥周勰以其父遺言㈣，因吳人之怨，謀作亂，使吳興功曹徐馥矯稱叔父丞相從事中郎札之命，收合刁眾以討王導、刁協，豪傑翕然附之；孫皓族人弼，亦起兵於廣德㈤以應之。

【今註】㈠牽牛：《晉書・天文志》曰：「牽牛六星，在河鼓南。」㈡聰置丞相等七公：七公見下自丞相晉王粲至大司馬中山王曜。《晉書・劉聰載記》曰：「置太師、丞相，自大司馬以上七公，位皆上公，綠綟綬，遠遊冠。」吳士鑑曰：「然其時又有太宰河閒王易，太尉范隆，是公不止七也。」㈢又置輔漢等十六大將軍：《晉書・劉聰載記》曰：「置輔漢、都護、中軍、上軍、撫軍、鎮、衞京、前、後、左、右、上、下軍輔國、冠軍、龍驤、武牙大將軍。」㈣六夷：胡三省曰：「六夷，蓋胡、羯、鮮卑、氐、羌、巴蠻。或曰烏丸，非巴蠻也。」按李巡法《爾雅》本有九夷、八狄、七戎六蠻之語，《周禮》有四夷、八蠻、七閩、九貉、五戎、六狄之說，六夷者，蓋襲用其語，但泛指諸夷耳，不必足其種數也。㈤錄尚書六條事：胡三省曰：「錄尚書六條事始見於此。沈約志曰：『晉康帝世，何充讓錄表云：咸康中，分置三錄，王導錄其一，荀崧、陸曄各錄六條事。然則似有二十四條，若止有十二條，則荀、陸各錄六條，導又何所司乎？若導總錄，荀、陸分掌，則不得復云導錄其一也。其後每置二錄，輒云各錄六條事，又似止有十二條，十二條者，不知悉何條也！江右張華、江左庾亮，並經關尚書七條，則亦不知皆何事也。』余按宋元嘉以後，江夏王義恭、始興王濬、南譙王義宣皆錄尚書六條事。沈氏世仕江左，歷位通顯，且不知為何事，後之人何所取徵？杜佑曰：『何充讓錄表曰：咸康中分置三錄，王導錄其一，荀崧、陸曄各錄二條事。晉氏度江，有吏部、左民、五兵、度支五尚書，是五條也；晉初有吏部、三公、客曹、駕部、屯田、度支六曹，太康有吏部、殿中、五兵、田曹、度支、左民六曹，蓋六條也。』如杜佑之言，則六條蓋六曹也。沈約以何充表各錄二條為各錄六條，致有此誤。」㈥麈尾：嚴章福曰：「今所謂麈，即說文之麈，今所謂麋，即說文之麈，稱名互異，相沿已久。」麈蓋麋屬，似鹿而大，相傳其尾能生風辟蠅，以為拂麈，謂之麈尾，晉王公貴人於談論多執之，以玉為柄。《晉書．王衍傳》：「衍既有盛才美貌，明悟若神，常自比子貢，兼聲名藉甚，傾動當世，妙善玄言，唯談老莊為事，每捉玉柄麈尾，與手同色。」趙翼曰：「六朝人清談，必用麈尾，蓋初以談玄用之，相習成俗，遂為名流雅器，雖不談，亦常執之耳！」㈦粒食：謂穀食。五穀不登，故不粒食。㈧楊虎掠漢中吏民以奔成，梁州人張咸等起兵逐楊難敵：楊虎、楊難敵攻漢中事見上卷建興元年。㈨漢嘉：漢嘉縣，前漢為青衣縣，屬蜀郡。《水經注》曰：「縣故青衣羌國也，其王子心慕漢制，上求內附，順帝陽嘉二年，改曰漢嘉。」蜀漢分立漢嘉郡。故治在今四川省雅安縣北。⑩累畺：胡三省曰：「纍，夷人姓也，畺與疆同。」⑪耿耿：不安貌。⑫以張軌為太尉，涼州牧，封西平郡公：《晉書．張軌傳》、《魏書．張實傳》皆曰封西平公，《晉書．愍帝紀》及《十六國春秋》作西平郡公。⑬朝廷以張軌老病，拜其子實為副刺史：胡三省曰：「副刺史，前此未有也。」⑭纂嚴：猶曰戒嚴。⑮三方：謂劉琨、鮮卑及烏桓。⑯了：解決。⑰柏人：

屬趙國，故城在今河北省唐山縣西。⑱逆類：謂劉聰。聰僭逆於平陽，故謂之逆類。⑲逋羯：謂石勒，勒本羯人。逋，亡也，琨以勒背聰亡歸己，故謂之逋羯。⑳〔考異〕三十國春秋先言癸酉，勒取幽州，後言壬午，勒晨至薊。按劉琨表曰：「勒以三月三日徑掩薊城」，然則當言壬申是也。吳士鑑曰：「按癸酉至壬午凡十日，似壬午必非三月三日，愍帝紀亦云癸酉陷幽州，是年正月朔為己巳，則三月三日亦非癸酉，恐傳聞或有失實也。」㉑先驅牛羊數千頭，聲言上禮：言欲以牛羊上浚為贄見之禮。㉒聽事：官府受事察訟之所。胡三省曰：「中庭曰聽事，言受事察訟於是。漢書皆作聽事，六朝以來，乃始加广作廳。」㉓堂皇：胡三省曰：「堂無四壁曰皇。」㉔調：戲弄。㉕浚雖凶麤，猶是晉之藩臣，故憲等從之：裴憲奔幽州見卷八十七懷帝永嘉五年。㉖勒數朱碩、棗嵩等，以納賄亂政，為幽州患：碩、嵩等納賄亂政事見上卷建興元年。㉗責游統以不忠所事：統私以范陽附勒，是不忠於浚也。事見上卷建興元年。㉘漢以勒為大都督，督陝東諸軍事：胡三省曰：「此陝東亦取分陝之義而授之耳！」㉙東北八州，勒滅其七：胡三省曰：「勒入鄴，殺都督東燕王騰；寇信都，殺冀州刺史王斌；襲鄄城，殺兗州刺史袁孚；攻新蔡，殺豫州刺史新蔡王確；襲蒙城，擒青州都督苟晞；克上白，斬青州刺史李惲；攻信都，殺冀州刺史王象；攻定陵，殺兗州刺史田徽；襲幽州，擒王浚。除李惲、田徽，王浚承制所授，是滅其七也。」㉚勒據襄國，與臣隔山：胡三省曰：「山自太行、恆山至於幽、碣，連延不斷，襄國在山東，晉陽在山西。」㉛令支：漢置令支縣，屬遼西，晉省，段氏據之以為國，唐為北平郡盧龍縣地，故城在今河北省遷安縣西。㉜冀陽郡：胡三省曰：「據魏收地形志，冀陽郡當置於漢北平平剛縣界。」《十六國疆域志》曰：「平州冀陽郡，領縣二：平剛、柳城。」漢平剛縣故城在今熱河省平泉縣，《清一統志》，柳城縣即後魏及唐之營州，遼之興中府，即今熱河省朝陽縣。㉝豫州人為成周郡：胡三省曰：「成周，豫州之地，故以為郡名。」其地今闕。㉞營丘郡：胡三省曰：「前漢志遼西臨渝縣有渝水，首受白狼水，南流逕營丘城西，廆所置郡也。」營丘故城在河北省易縣南。《十六國疆域志》曰：「營丘郡領縣二，武寧、武原。」㉟幷州人為唐國郡：胡三省曰：「幷州，古唐國也，廆因以名郡。」其地今闕。㊱厭次：厭次本漢之富平縣，屬平原郡，後漢明帝更名厭次，晉分屬樂陵國為治所，故城在今山東省陽信縣東。魏收曰：「樂陵郡厭次縣有富城，邵續居之。」㊲林鄣：見上卷建興元年註⑱。㊳灄中：《水經注》曰：「溳水過江夏安陸縣而東南流，分為二水，東通灄水，西入於沔。」灄水在今湖北省黃陂縣西南。㊴渭汭：《左傳》曰：「虢公敗戎於渭汭。」杜預曰：「水之隈曲曰汭。」王肅曰：「汭，入也。」《說文》曰：「汭者，水相入也。」按杜說，渭汭，蓋渭水隈曲處；按王說，即渭水入河處。㊵將致死於我：謂晉之君臣，將致死力以拒漢。㊶以司馬模之彊，吾取之如拉朽：染破長安，擒南陽王模見卷八十七懷帝永嘉五年。㊷城西：胡三省曰：「新豐城西也。」㊸忌前害勝：胡三省曰：「忌前，忌人在前；害勝，害勝己者。」㊹將軍其得死於枕席乎：言染必遭橫死，不得善終於枕席間。㊺新鄭：新鄭縣，漢屬河南郡，晉省。初，周宣王封其弟於鄭，是為桓公，蓋京兆之鄭，桓公寄其子武公於虢、鄶之間，平王東遷，武公遂國於此，仍名曰鄭。《左傳》鄭莊公曰：「吾先君新邑於此。」

戰國韓嘗都之。秦置新鄭縣，以別於京兆之鄭，漢因之。故城在今河南省新鄭縣北。㊻染中弩而死：《晉書・劉聰載記》曰：「趙染寇北地，夢魯徽大怒，引弓射之，驚悸而寤，旦，將攻城，中弩而死。」㊼嚴刻愎諫：嚴刻寡恩，剛愎自用而不納諫言。㊽周勰以其父遺言：周紀臨卒，勉其子勰以復仇事，見上卷建興元年。㊾廣德：廣德縣，屬宣城郡。沈約《州郡志》曰：「二漢志並無，疑是吳所立。」宋白曰：「廣德縣，本秦鄣郡地，漢以為故鄣縣。」《元和郡縣志》曰：「廣德，後漢分故鄣置，屬丹陽郡。」《水經注》曰：「浙江又北歷黟山，縣居山之陽，漢成帝鴻嘉二年，以為廣德國，晉太康中，以為廣德縣，分隸宣城郡。」或云漢立，或云宋置，所志互異。故城在今安徽省廣德縣東。

三年（西元三一五年）

㈠春，正月，徐馥殺吳興太守袁琇㈠，有眾數千，欲奉周札為主，札聞之大驚，以告義興太守孔侃。勰知札意不同，不敢發。馥黨懼，攻馥殺之，孫弼亦死。札子續亦聚眾應馥，左丞相睿議發兵討之。王導曰：「今少發兵，則不足以平寇；多發兵，則根本空虛。續族弟黃門侍郎莚㈡，忠果有謀，請獨使莚往，足以誅續。」睿從之。莛晝夜兼行，至郡，將入，遇續於門，謂續曰：「當與君共詣孔府君有所論。」續不肯入，莛牽逼與俱。坐定，莛謂孔侃曰：「府君何以置賊在坐？」續衣中常置刀，即操刀逼莛，莛叱郡傳教㊂吳曾格殺之。莛因欲誅勰，札不聽，委罪於從兄邵而誅之。莛不歸家省母，遂長驅而去，母狼狽追之。

睿以札為吳興太守，莛為太子右衛率，以周氏吳之豪望，故不窮治，撫勰如舊。

㈡詔平東將軍宋哲屯華陰㊃。

㈢成主雄立后任氏。

㈣二月丙子（十二日），以琅邪王睿為丞相，大都督，督中外諸軍事；南陽王保為相國；荀組為太尉，領豫州牧；劉琨為司空，都督幷、冀、幽三州諸軍事，琨辭司空不受。

㈤南陽王模之敗也㊄，都尉陳安往歸世子保於秦州，保命安將千餘人討叛羌，寵待甚厚。保將張春疾之，譖安云有異志，請除之，保不許。春輒伏刺客以刺安，安被創，馳還隴城㊅，遣使詣保貢獻不絕。

㈥詔進拓跋猗盧爵為代王，置官屬，食代、常山二郡㊆。猗盧請并州從事鴈門莫含㊇於劉琨，琨遣之。含不欲行，琨曰：「以并州單弱，吾之不材，而能自存於胡羯之間者，代王之力也。吾傾身竭貲，以長子為質而奉之㊈者，庶幾為朝廷雪大恥也！卿欲為忠臣，奈何惜共事之小誠，而忘徇國之大節乎？往事代王，為之腹心，乃一州之所賴也。」含遂行。猗盧甚重之，常與參大計。猗盧用灋嚴，國人犯灋者，或舉部就誅，老幼相攜而行，人問何之，曰：「往就死。」無一人敢逃匿者。

㈦王敦遣陶侃、甘卓等討杜弢，前後數十戰，弢將士多死，乃請降於丞相睿，睿不許。弢遣南平太守應詹書，自陳昔與詹共討樂鄉，本同休戚，後在湘中，懼死求生，遂相結聚㊉，儻以舊交之情，為明枉直，使得輸誠盟府㊁，厠列義徒，或北清中原，或西取李雄，以贖前愆，雖死之日，猶生之年也。詹為啓呈其書，且言弢益州秀才，素有清望，為鄉人所逼，今悔惡歸善，宜命使撫納，以息江湘之民。睿乃使前南海太守王運受弢降，赦其反逆之罪，以弢為巴東監軍。弢既受命，諸將猶攻之不已，弢不勝憤怒，遂殺運復反，遣其將杜弘、張彥殺臨川內史謝摛(一二)，遂陷豫章。三月，周訪擊彥，斬之，弘奔臨賀(一三)。

(八)漢大赦，改元建元。【考異】十六國春秋建元元年在晉建興二年。同編脩劉恕言：「今晉州臨汾縣嘉泉村有漢太宰劉雄碑云：『嘉平五年，歲在乙亥二月六日立。』」然則改建元在乙亥二月後也。雨血於漢東宮延明殿，太弟乂惡之，以問太傅崔瑋、太保許遐(一四)，瑋遐說乂曰：「主上往日以殿下為太弟者，欲以安眾心耳，其志在晉王(一五)久矣！王公已下，莫不希旨附之。今復以晉王為相國，羽儀威重，踰於東宮，萬機之事，無不由之；諸王皆置營兵以為羽翼(一六)，事勢已去。殿下非徒不得立也，朝夕且有不測之危，不如早為之計！今四衛(一七)精兵，不減五千，相國輕佻，正煩一刺客耳！大將軍(一八)無日不出其營，可襲而取，餘王並幼，固易奪也。苟殿下有意，二萬精兵，指顧可得，鼓行入雲龍門，宿衛之士，孰不倒戈以迎殿下者？大司馬(一九)不慮其為異也！」乂弗從。東宮舍人(二〇)荀裕告瑋、遐勸乂謀反，漢主聰收瑋、遐於詔獄，假以他事殺之，使冠威將軍卜抽將兵監守東宮，禁乂不聽朝會㈢。乂憂懼，不知所為，上表乞為庶人，幷除諸子之封，褒美晉王，請以為嗣。抽抑而弗通。

㈨漢青州刺史曹嶷盡得齊魯間郡縣，自鎮臨菑，有眾十餘萬，臨河置戍。石勒表稱嶷有專據東方之志，請討之。漢主聰恐勒滅嶷，不可復制，弗許。聰納中護軍靳準二女月光、月華，立月光為上皇后，劉貴妃為左皇后，月華為右皇后。左司隸㈢陳元達極諫，以為並立三后，非禮也。聰不悅，以元達為右光祿大夫，外示優崇，實奪其權。於是太尉范隆等皆請以位讓元達，聰乃復以元達為御史大夫，儀同三司。月光有穢行，元達奏之，聰不得已廢之。月光慙恚自殺，聰恨元達。

㈩夏，四月，大赦。

㈠六月，盜發漢霸、杜二陵㈢及薄太后陵㈣。得金帛甚多，詔收其餘以實內府。

㈡辛巳（十九日），大赦。

(十三)漢大司馬曜攻上黨，八月癸亥（初二日），敗劉琨之眾於襄垣㉕。

曜欲進攻陽曲㉖，漢主聰遣使謂之曰：「長安未平，宜以為先。」曜乃還屯蒲坂。

(十四)陶侃與杜弢相攻，弢使王貢出挑戰，侃遙謂之曰：「杜弢為益州小吏，盜用庫錢，父死不犇喪，卿本佳人，何為隨之？天下寧有白頭賊邪㉗？」貢初橫腳馬上，聞侃言，斂容下腳。侃知可動，復遣使諭之，截髮為信，貢遂降於侃㉘。弢眾潰，遁走，道死。【考異】弢傳云：「弢逃遁，不知所在。」晉春秋云：「城潰，弢投水死。」今從帝紀。侃與南平太守應詹進克長沙㉙，湘州悉平。丞相睿承制赦其所部，進王敦鎮東大將軍，加都督江、揚、荊、湘、交、廣六州諸軍事，江州刺史。敦始自選置刺史以下，寖益驕橫。

初，王如之降也㉚，敦從弟稜愛如驍勇，請敦配己麾下。敦曰：「此輩險悍難畜，汝性狷急，不能容養，更成禍端。」稜固請，乃與之。稜置左右，甚加寵遇。如數與敦諸將角射爭鬭，稜杖之，如深以為恥。及敦潛畜異志，稜每諫之，敦怒其異己，密使人激如，令殺稜。如因閑宴，請劍舞為歡，稜許之。如舞劍漸前，稜惡而呵之，如直前殺稜。敦聞之，陽驚，亦捕如誅之。

㈤初，朝廷聞張光死㈢，以侍中第五猗為安南將軍，【考異】周訪傳云：「征南大將軍。」今從杜曾傳。監荊、梁、益、寧四州諸軍事，荊州刺史，自武關出。杜曾迎猗於襄陽，為兄子娶猗女，遂聚兵萬人，與猗分據漢沔。陶侃既破杜弢，乘勝進擊曾㈢，有輕曾之志。司馬魯恬諫曰：「凡戰當先料其將，今使君諸將無及曾者，未易可逼也！」侃不從，進圍曾於石城㈢。曾軍多騎兵，密開門突侃陳，出其後反擊之，侃兵死者數百人。曾將趨順陽，下馬拜侃，告辭而去。時荀崧都督荊州江北諸軍事㈣，屯宛，曾引兵圍之。崧兵少食盡，欲求救於故吏襄城太守石覽。崧小女灌，年十三，帥勇士數十人，踰城突圍夜出，且戰且前，遂達覽所，又為崧書求救於南中郎將周訪，訪遣子撫帥兵三千與覽共救崧，曾乃遁去。曾復致牋於崧，求討丹水㈤賊以自効，崧許之。陶侃遺崧書曰：「杜曾凶狡，所謂鴟梟㈥

食母之物，此人不死，州土未寧，足下當識吾言。」崧以宛中兵少，藉曾為外援，不從。曾復帥流亡二千餘人圍襄陽，數日，不克而還。

(十六)王敦嬖人吳興錢鳳疾陶侃之功，屢毀之。侃將還江陵，欲詣敦自陳，朱伺及安定皇甫方回諫曰：「公入必不出。」侃不從。既至，敦留侃不遣，左轉廣州刺史，以其從弟丞相軍諮祭酒廙為荊州刺史。荊州將吏鄭攀、馬儁等詣敦上書留侃，敦怒，不許。攀等以侃始滅大賊㉗而更被黜，眾情憤惋，又以廙忌戾難事，遂帥其徒三千人屯溳口㉘，西迎杜曾。廙為攀等所襲，犇於江安㉙，杜曾與攀等北迎第五猗以拒廙。廙督諸軍討曾，復為所敗。敦意攀承侃風旨，被甲持矛將殺侃，出而復還者數四。侃正色曰：「使君雄斷，當裁天下，何此不決乎？」因起如廁。諮議參軍梅陶、長史陳頒言於敦曰：「周訪與侃親姻，如左右手㊵，安有斷人左手而右手不應者乎？」敦意解，乃設盛饌以餞之，侃便夜發，敦引其子瞻為參軍。

初，交州刺史顧秘卒，州人以秘子壽領州事，帳下督梁碩起兵，攻壽殺之，碩遂專制交州。王機自以盜據廣州㊶，恐王敦討之，更求交州。會杜弘詣機降㊷，敦欲因機以討碩，乃以降杜弘為機功，轉交州刺史。機至鬱林㊸，碩迎前刺史脩則子湛行州事以拒之。機不得進，乃更與杜弘及廣州將溫邵、交州秀才劉沈謀復還據廣州。陶侃至始興㊹，州人皆言宜觀察形勢，不可輕進，侃不聽，直至廣州㊺，諸郡縣皆已迎機矣。杜弘遣使為降，侃知其謀，進擊弘，破之，遂執劉沈於小桂㊻，遣督護許高討王機，走之。機病死於道，高掘其尸斬之。

諸將皆請乘勝擊溫邵，侃笑曰：「吾威名已著，何事遣兵？但一函紙自定耳！」乃下書諭之，邵懼而走，追獲於始興。杜弘詣王敦降，廣州遂平。

侃在廣州無事，輒朝運百甓㊼於齋外，暮運於齋內。人問其故，答曰：「吾方致力中原，過爾優逸，恐不堪事，故自勞耳！」

王敦以杜弘為將，寵任之。

㈦九月，漢主聰使大鴻臚賜石勒弓矢，策命勒為陝東伯，得專征伐、拜刺史、將軍、守、宰、封列侯，歲盡集上㊽。

㈧漢大司馬曜寇北地，詔以麴允為大都督、驃騎將軍以禦之。冬，十月，以索綝為尚書僕射，都督宮城諸軍事。曜進拔馮翊，太守梁肅奔萬年㊾。曜轉寇上郡，麴允去黃白城，軍於靈武㊿，以兵弱不敢進。

帝屢徵兵於丞相保，保左右皆曰：「蝮蛇螫手，壯士斷腕(五一)。今胡寇方盛，且宜斷隴道，以觀其變。」從事中郎裴詵曰：「今蛇已螫頭(五二)，頭可斷乎？」保乃以鎮軍將軍胡崧行前鋒都督，須諸軍集乃發。

麴允欲奉帝往就保，索綝曰：「保得天子，必逞其私志。」乃止。於是自長安以西，不復貢奉朝廷，百官饑乏，採稆(五三)以自存。

㈨涼州軍士張冰得璽，文曰皇帝行璽(五四)，獻於張寔，僚屬皆賀。寔曰：「是非人臣所得留。」遣使歸於長安。

【今註】㈠袁琇：琇音秀，又音酉。㈡莚：音延。㈢傳教：胡三省曰：「傳教，郡吏也，宣傳教令者也。」㈣華陰：華陰縣，前漢屬京兆尹，後漢、晉屬弘農郡。《元和郡縣志》曰：「華陰本魏之陰晉邑，秦改曰寧晉，漢高八年，更名華陰。」《括地志》曰：「華山在華州華陰縣南八里。」以其在華山之陰，故曰華陰，故城在今陝西省華陰縣東南。㈤南陽王模之敗也：見卷八十七懷帝永嘉五年。㈥隴城：胡三省曰：「隴縣城也。」隴縣，漢屬天水郡，後漢為涼州刺史治，晉省，故城在今甘肅省清水縣北。㈦詔進拓跋猗盧爵為代王，置官屬，食代、常山二郡：胡三省曰：「拓跋氏建國曰代始此。」常山時為石勒所有，猗盧所據，代郡而已。㈧莫含：莫姓，含名。㈨以長子為質而奉之：琨以長子遵質於猗盧。㈩昔與詹共討樂鄉，本同休戚，後在湘中，懼死求生，遂相結聚：弢與詹討蜀賊李驤於樂鄉，其後聚眾擾湘川，事見卷八十七懷帝永嘉五年。⑪盟府：時琅邪王睿為東南方鎮盟主，故曰盟府。⑫臨川內史謝摛：摛音離。吳孫亮太平二年，分豫章東部都尉立臨川郡，治臨汝，故治在今江西省臨川縣西。⑬臨賀：臨賀縣，漢屬蒼梧郡，吳分蒼梧立臨賀郡，治臨賀縣，晉因之，故城在今廣西省賀縣治。⑭以問太傅崔瑋、太保許遐：《晉書・劉聰載記》云：「以訪其太師盧志、太傅崔瑋、太保許遐。」《通鑑》以志德行敦篤，非唆人為亂者，故不取。⑮晉王：謂聰子粲。⑯諸王皆置營兵以為羽翼：聰以諸子為輔漢等號大將軍，各配兵二千，見建興二年。⑰四衞：胡三省曰：「謂東宮左右前後四衞率所統兵也。」⑱大將軍：謂聰子渤海王敷。⑲大司馬：謂中山王曜。⑳東宮舍人：太子舍人之職。乂以太弟居東宮，置舍人如太子之制，故曰東宮舍人。㉑不聽朝會：不聽乂預朝會之事。㉒左司隸：漢、晉但置司隸校尉，聰分置左右司隸。㉓霸、杜二陵：

漢文帝陵曰霸陵，漢宣帝陵曰杜陵。㉔薄太后陵：薄太后葬南陵，在霸陵之南。㉕襄垣：襄垣縣，屬上黨郡，故城在今山西省襄垣縣北。㉖陽曲：陽曲縣，漢屬太原郡，晉屬太原國，劉琨所居。應劭曰：「河千里一曲，當其陽，故曰陽曲也。」陽曲故城在今山西省太原縣西北。㉗天下寧有白頭賊邪：言為賊無有長存不敗者。㉘貢遂降於侃：貢叛侃見上卷建興元年。㉙侃與南平太守應詹進克長沙：《晉書・陶侃傳》云：「進剋長沙，獲其將毛寶、高寶、梁堪而還。」則長沙蓋弢之根本。㉚王如之降也：事見上卷懷帝永嘉六年。㉛初，朝廷聞張光死：光死見上卷建興元年。㉜陶侃既破杜弢，乘勝進擊曾：《水經注》曰：「沔水自荊城東南流，逕當陽縣之章山東，山上有故城，太尉陶侃伐杜曾所築也。」章山一稱內方山，在今湖北省鍾祥縣境。㉝石城：《水經注》曰：「沔水南逕石城西。城因山為固，晉羊祜鎮荊州立。元康九年，分置竟陵郡，治此。」故城即今湖北省鍾祥縣。㉞時荀崧都督荊州江北諸軍事：胡三省曰：「江當作沔。」㉟丹水：丹水縣，漢屬宏農郡，後漢屬南陽郡，晉屬順陽郡。故城在今河南省淅川縣西丹水之陽。㊱鴟梟：鴟、梟俱猛禽，性凶殘，相傳其雛長則食母，故以為惡人之喻。㊲大賊：謂杜弢。㊳涓口：《水經注》曰：「涓水江夏過安陸縣而東南流，分為二水，東通灄水，西入於沔。」涓口，蓋涓水入沔水之口，在今湖北省漢陽縣西北九十里。㊴江安：江安縣，屬南平郡。《水經注》曰：「杜預克定江南，罷華容置之，謂之江安縣。」按沈約《州郡志》，華容縣後復立，則是與江安並置。故城在今湖北省公安縣東北。㊵周訪與侃親姻，如左右手：訪少與侃結友，以女妻侃子瞻，情好甚篤。㊶王機自以盜據廣州：機據廣州見上卷懷帝永嘉六年。㊷會杜弘詣機降：杜弘，杜弢將，為周訪所敗，奔臨賀，弢敗，乃降機。㊸鬱林：鬱林，故秦桂林郡地，屬尉佗，漢武帝平南越，更名鬱林郡，治布山縣，晉因之，故城在今廣西省貴縣東。㊹始興：始興郡，秦屬南海郡地，漢屬桂陽郡，吳孫皓甘露元年，分桂陽南部都尉立始興郡，晉因之。治曲江縣，即今廣東省曲江縣。㊺廣州：州治在今廣東省番禺縣。㊻小桂：胡三省曰：「秦置桂林郡，武帝改曰鬱林郡，治布山，桂林為縣，屬焉！吳孫皓鳳凰三年，分立桂林郡，因謂桂林為小桂。」陶弘景曰：「始興桂陽縣，即是小桂。」晉桂林郡治在今廣西省馬平縣東南，始興桂陽縣即今廣東省連縣。㊼甓：塼。㊽集上：集其所封拜官爵及其人之姓名而上之於聰。㊾萬年：萬年縣，本秦之櫟陽縣，漢高帝七年，分櫟陽城為萬年縣，屬左馮翊，後漢省櫟陽入萬年，晉屬京兆郡，故城在今陝西省臨潼縣東北。㊿靈武：胡三省曰：「漢北地郡之靈武縣也。」靈武，漢置，後漢廢，故城在今寧夏省寧朔縣西北，此蓋沿漢之舊稱。(五一)蝮蛇螫手，壯士斷腕：《漢書》齊王曰：「蝮蠚手，則斬手。」言不如此則毒流全身，必至於死。喻事既不兩全，則當棄小以存大。蠚音ㄏㄜ。(五二)今蛇已螫頭：長安，愍帝所都，猶人身之首。(五三)稆：野禾。音呂。(五四)涼州軍士張永得璽，文曰皇帝行璽：《晉書・張寔傳》云：「蘭池長趙奭上軍士張永得璽，文曰皇帝璽。」《御覽》六八二引《十六國春秋・前涼錄》曰：「蘭池趙嬰上言於青澗水中得一玉璽，鉗鈕光照水外，文曰皇帝璽。」奭、嬰字形略似，未知孰誤。

四年（西元三一六年）

㈠春，正月，司徒梁芬議追尊吳王晏㊀，右僕射索綝等引魏明帝詔㊁，以為不可，乃贈太保，謚曰孝。【考異】本傳：「晏謚敬王。」今從愍帝紀。

㈡漢中常侍王沈、宣懷，中宮僕射郭猗㊂等，皆寵幸用事。漢主聰游宴後宮，或三日不醒，或百日不出，自去冬不視朝，政事一委相國粲，唯殺生除拜，乃使沈等入白之。沈等多不白，而自以其私意決之，故勳舊或不敍，而姦佞小人有數日至二千石者。軍旅歲起，將士無錢帛之賞，而後宮之家賜及僮僕，動至數千萬。沈等車服第舍，踰於諸王，子弟中表㊃為守令者三十餘人，皆貪殘為民害。靳準闔宗諂事之，郭猗與準，皆有怨於太弟乂。猗謂相國粲曰：「殿下，光文帝㊄之世孫，主上之嫡子，四海莫不屬心，奈何欲以天下與太弟乎？且臣聞太弟與大將軍謀，因三月上巳㊅大宴作亂，事成，許以主上為太上皇，大將軍為皇太子，又許衞軍㊆為大單于。三王㊇處不疑之地，並握重兵，以此舉事，無不成者。然二王貪一時之利，不顧父兄，事成之後，主上豈有全理？殿下兄弟固不待言，東宮、相國、單于，當在武陵兄弟㊈，何肯與人也？今禍期甚迫，宜早圖之。臣屢言於主上，主上篤於友愛，以臣刀鋸之餘，終不之信。願殿下勿泄，密表其狀，殿下儻不信臣，可召大將軍從事中郎王皮、衞軍司馬劉惇，假之恩意，許其歸首以問之，必可知也。」粲許之。猗密謂皮、惇曰：「二王逆狀，主上及相國具知之矣，卿同之乎？」二人驚曰：「無之。」猗曰：「茲事已決，吾憐卿親舊幷見族耳！」因歔欷流涕，二人大懼，叩頭求哀。猗曰：「吾為卿計，卿能用之乎？相國問卿，卿但雲有之；若責卿不先啓，卿即云：『臣誠負死罪，然仰惟主上寬仁，殿下敦睦，苟言不見信，則陷於誣譖不測之誅，故不敢言也！』」皮、惇許諾。粲召問之，二人至不同時，而其辭若一，粲以為信然。

靳準復說粲曰：「殿下宜自居東宮，以領相國，使天下早有所繫。今道路之言，皆云大將軍、衞將軍欲奉太弟為變，期以季春。

若使太弟得天下，殿下無容足之地矣！」粲曰：「為之奈何？」準曰：「人告太弟為變，主上必不信。宜緩東宮之禁，使賓客得往來，太弟雅好待士，必不以此為嫌，輕薄小人，不能無迎合太弟之意為之謀者，然後下官為殿下露表其罪，殿下收其賓客與太弟交通者考問之，獄辭既具，則主上無不信之理也！」粲乃令卜抽引兵去東宮㊉。少府陳休、左衞將軍卜崇，為人清直，素惡沈等，雖在公座，未嘗與語，沈等深疾之。侍中卜幹謂休、崇曰：「王沈等勢力足以回天地，卿輩自料親賢孰與竇武、陳蕃㊁？」休、崇曰：「吾輩年踰五十，職位已崇，唯欠一死耳！死於忠義，乃為得所，安能俛首低眉以事閹豎乎？去矣卜公，勿復有言！」

二月，漢主聰出臨上秋閤㊂，命收陳休、卜崇及特進綦毋達、大中大夫公師彧、尚書王琰、田歆、大司農朱諧，並誅之，皆宦官所惡也。卜幹泣諫曰：「陛下方側席求賢，而一旦戮卿大夫七人，皆國之忠良，無乃不可乎？藉使休等有罪，陛下不下之有司，暴明其狀，天下何從知之？詔尚在臣所，未敢宣露㊃，願陛下熟思之。」因叩頭流血。王沈叱幹曰：「卜侍中欲拒詔乎？」聰拂衣而入，免幹為庶人。

太宰河間王易、【考異】晉春秋易作士通，今從載記。大將軍勃海王敷、御史大夫陳元達、金紫光祿大夫西河王延等皆詣闕表諫曰：「王沈等矯弄詔旨，欺誣日月，內諂陛下，外佞相國，威權之重，侔於人主，多樹姦黨，毒流海內，知休等忠臣，為國盡節，恐發其姦狀，故巧為誣陷，陛下不察，遽加極刑，痛徹天地，賢愚傷懼。今遺晉未殄，巴蜀不賓，石勒謀據趙、魏，曹嶷欲王全齊，陛下心腹四支，何處無患？乃復以沈等助亂，誅巫咸，戮扁鵲，臣恐遂成膏肓之疾㈣，後雖救之，不可及已！請免沈等官，付有司治罪。」聰以表示沈等，笑曰：「羣兒為元達所引，遂成癡也。」沈等頓首泣曰：「臣等小人，過蒙陛下識拔，得洒掃閨閤，而王公朝士疾臣等如讎，又深恨陛下，願以臣等膏鼎鑊㈤，則朝廷自然雍穆矣！」聰曰：「此等狂言常然，卿何足恨乎！」聰問沈等於相國粲，粲盛稱沈等忠清，聰悅，封沈等為列侯。太宰易又詣闕上疏極諫，聰大怒，手壞其疏。三月，易忿恚而卒。易素忠直，陳元達倚之為援，得盡諫諍。及卒，元達哭之慟，曰：「人之云亡，邦國殄悴㈥。吾既不復能言，安用默默苟生乎！」歸而自殺。

㈢初，代王猗盧愛其少子比延，欲以為嗣，使長子六脩出居新平城㈦而黜其母，六脩有駿馬日行五百里，猗盧奪之以與比延。六脩來朝，猗盧使拜比延，六脩不從。猗盧乃坐比延於其步輦㈧，使人導從出遊，六脩望見，以為猗盧，伏謁路左，至乃比延，六脩慚怒而去。猗盧召之，不至，大怒，帥眾討之，為六脩所敗。猗盧微服逃民間，有賤婦人識之，遂為六脩所弒。拓跋普根先守外境，聞難來赴，攻六脩，滅之。

普根代立，國中大亂，新舊猜嫌，迭相誅滅。左將軍衞雄、信義將軍箕澹久佐猗盧，為眾所附，謀歸劉琨，乃言於眾曰：「聞舊人忌新人悍戰㈨，欲盡殺之，將奈何？」晉人及烏桓皆驚懼，曰：「死生隨二將軍。」乃與琨質子遵，帥晉人及烏桓三萬家，馬、牛、羊十萬頭歸于琨。琨大喜，親詣平城撫納之，琨兵由是復振。夏，四月，普根卒，其子始生，普根母惟氏[20]立之。

(四)張寔下令所部吏民，有能舉其過者，賞以布、帛、羊、米。賊曹佐[21]高昌[22]隗瑾曰：「今明公為政，事無巨細，皆自決之。或興師發令，府朝[23]不知，萬一違失，謗無所分，羣下畏威受成而已。如此雖賞之千金，終不敢言也。謂宜少損聰明，凡百政事，皆延訪羣下，使各盡所懷，然後采而行之，則嘉言自至，何必賞也！」寔悅從之，增瑾位三等。

寔遣將軍王該帥步騎五千入援長安，且送諸郡貢計[24]。詔拜寔都督陝西諸軍事，以寔弟茂為秦州刺史。

(五)石勒使石虎攻劉演於廩丘，幽州刺史段匹磾使其弟文鴦救之。虎拔廩丘，演犇文鴦軍，虎獲演弟啓以歸。

(六)寧州刺史王遜，嚴猛喜誅殺。五月，平夷太守[25]雷炤、平樂太守[26]董霸帥三千餘家叛降於成。

(七)六月丁巳朔，日有食之。

(八)秋，七月，漢大司馬曜圍北地太守麴昌，大都督麴允將步騎三萬救之。曜遶城縱火，煙起蔽天，使反間紿允曰：「郡城㉗已陷，往無及也。」眾懼而潰。曜追敗允於磻石谷㉘，允犇還靈武，曜遂取北地。

允性仁厚無威斷，喜以爵位悅人。新平太守竺恢、始平太守楊像、扶風太守竺爽、安定太守焦嵩皆領征鎮㉙，杖節，加侍中、常侍，村塢主帥小者，猶假銀青將軍之號㉚，然恩不及下，故諸將驕恣，而士卒離怨。

關中危亂，允告急於焦嵩，嵩素侮允，曰：「須允困，當救之。」

曜進至涇陽，渭北諸城悉潰㉛，曜獲建威將軍魯充、散騎常侍梁緯、少府皇甫陽。曜素聞充賢，募生致之，既見，賜之酒，曰：「吾得子，天下不足定也。」充曰：「身為晉將，國家喪敗，不敢求生。若蒙公恩，速死為幸！」曜曰：「義士也。」賜之劍，令自殺。梁緯妻辛氏美色，曜召見，將妻之，辛氏大哭曰：「妾夫已死，義不獨生。且一婦人而事二夫，明公又安用之？」曜曰：

「貞女也。」亦聽自殺，皆以禮葬之。

㈨漢主聰立故張后侍婢樊氏為上皇后，三后㉒之外，佩皇后璽綬者復有七人。【考異】劉聰載記曰：「四后之外。」按時靳上皇后已死，唯三后耳，云四誤也。嬖寵用事，刑賞紊亂。大將軍敷數涕泣切諫，聰怒曰：「汝欲乃公速死邪？何以朝夕生來哭人？」敷憂憤發病卒。

河東平陽大蝗，民流殍㉓者什五六。石勒遣其將石越帥騎二萬屯并州，招納流民，民歸之者二十萬戶。聰遣使讓勒㉔，勒不受命，潛與曹嶷相結。

㈩八月，漢大司馬曜逼長安。

⑪九月，漢主宴羣臣於光極殿，引見太弟乂。乂容貌憔悴，鬢髮蒼然，涕泣陳謝，聰亦為之慟哭，乃縱酒極歡，待之如初。

⑫焦嵩、竺恢、宋哲皆引兵救長安，散騎常侍華輯，監京兆、馮翊、弘農、上洛四郡兵，屯霸上，皆畏漢兵彊，不敢進。相國保遣胡崧將兵入援，擊漢大司馬曜於靈臺㉕，破之，崧恐國威復振，則麴、索㉖埶盛，乃帥城西諸郡兵，屯渭北不進，遂還槐

里（三七）。

曜攻陷長安外城，麴允、索綝退保小城以自固，內外斷絕，城中饑甚，米斗直金二兩，人相食，死者大半，亡逃不可制，唯涼州義眾（三八）千人，守死不移。太倉有麴數十䴵，麴允屑之為粥以供帝，既而亦盡。冬，十一月，帝泣謂允曰：「今窮厄如此，外無救援，當忍恥出降，以活士民。」因歎曰：「誤我事者，麴、索二公也。」使侍中宗敞送降牋於曜。【考異】帝紀作宋敞，今從晉春秋（三九）。索綝潛留敞，使其子說曜曰：「今城中食猶足支一年，未易克也。若許綝以儀同、萬戶郡公者，請以城降。」曜斬而送之，曰：「帝王之師，以義行也。孤將兵十五年，未嘗以詭計敗人，必窮兵極勢，然後取之。今索綝所言如此，天下之惡一也，輒相為戮之（四〇）。若兵食審未盡者，便可勉強固守；如其糧竭兵微，亦宜早寤天命。」

甲午（初十日），宗敞至曜營，乙未（十一日），帝乘羊車，肉袒御璧，輿櫬出東門降。羣臣號泣，攀車執帝手，帝亦悲不自勝。御史中丞馮翊吉朗歎曰：「吾智不能謀，勇不能死，何忍君臣相隨，北面事賊虜乎？」乃自殺。丁酉（十三日），遷帝及公卿以下於其營。辛丑（十七日），送至平陽。壬寅（十八日），漢主聰臨光極殿，帝稽首於前，麴允伏地慟哭，扶不能起，聰怒，囚之，允自殺。

聰以帝為光祿大夫，封懷安侯。以大司馬曜為假黃鉞，大都督，督陝西諸軍事，太宰，封秦王。

大赦，改元麟嘉。以麴允忠烈，贈車騎將軍，諡節愍侯。以索綝不忠，斬於都市㊷。尚書梁允、侍中梁濬等及諸郡守，皆為曜所殺，華輯犇南山。

干寶論曰：「昔高祖宣皇帝以雄才碩量，應時而起，性深阻有若城府而能寬綽以容納，行數術以御物而知人善采拔㊸，於是百姓與能㊹，大象始構㊺。世宗承基，太祖繼業㊻，咸黜異圖，用融前烈㊼。至於世祖㊽，遂享皇極㊾，仁以厚下，儉以足用，和而不弛，寬而能斷；掩唐虞之舊域，班正朔於八荒㊿，於時有天下無窮人之諺，雖太平未洽，亦足以明民樂其生矣！武皇既崩，山陵未乾，而變難繼起，宗子無維城之助(五〇)，師尹無具瞻之貴(五一)，朝為伊、周，夕成桀、跖(五二)。國政迭移於亂人，禁兵外散於四方。方岳無鈞石之鎮(五三)，關門無結草之固(五四)，戎羯稱制，二帝失尊，何哉？樹立失權，託付非才，四維不張(五五)，而苟且之政多也！夫基廣則難傾，根深則難拔，理節則不亂，膠結則不遷(五六)。昔之有天下者，所以能長久，用此道也。周自后稷愛民，十六王而武始君之(五七)，其積基樹本，如此其固。今晉之興也，其創基立本，固異於先代矣(五八)，加以朝寡純德之人，鄉乏不貳之老(五九)，風俗淫僻，恥尚失所(六〇)。學者以莊老為宗，而黜六經，談者以虛蕩(六一)為辨，而賤名檢(六二)；行身者以放濁為通，而狹節信，進仕者以苟得為貴，而鄙居正；當官者以望空(六三)為高，而笑勤恪；是以劉頌屢言治道，傅咸每糾邪正(六四)，皆謂之俗吏；其倚杖虛曠，依阿無心者(六五)，皆名重海內；若夫文王日昃不暇食，仲山甫夙夜匪懈者，蓋共嗤黜以為灰塵矣(六六)！由是毀譽亂於善惡之實，情慝奔於貨欲之塗。選者為人擇官，官者為身擇利㊅㊆。世族貴戚之子弟，陵邁超越，不拘資次。悠悠風塵，皆奔競之士；列官千百，無讓賢之舉。子真著崇讓而莫之省，子雅制九班而不得用㊅㊇。其婦女不知女工，任情而動，有逆幹舅姑，有殺戮妾媵，父兄弗之罪也，天下莫之非也㊅㊈。禮瀆刑政，於此大壞。國之將亡，本必先顛㊆〇，其此之謂乎！故觀阮籍之行，而覺禮教崩弛之所由㊆㊀；察庾純、賈充之爭，而見師尹之多僻㊆㊁；考平吳之功，而知將帥之不讓；思郭欽之謀，而寤戎狄之有釁㊆㊂；覽傅玄、劉毅之言，而得百官之邪㊆㊃；核傅咸之奏、錢神之論，而覩寵賂之彰㊆㊄。民風國勢，既已如此，雖以中庸之才，守文之主㊆㊅治之，猶懼致亂，況我惠帝以放蕩之德臨之哉！懷帝承亂即位，羈以彊臣；愍帝𦅸播之後，徒守虛名。天下之勢既去，非命世之雄材，不能復取之矣！」

㈢石勒圍樂平太守韓據於坫城㊆㊆，據請救於劉琨，琨新得拓跋猗盧之眾，欲因其銳氣以討勒。箕澹、衞雄諫曰：「此雖晉民，久淪異域，未習明公之恩信，恐其難用。不若且內收鮮卑㊆㊇之餘穀，外抄胡賊㊄之牛羊，閉關守險，務農息兵，待其服化感義，然後用之，則功無不濟矣！」琨不從，悉發其眾，命澹帥步騎二萬為前驅，琨屯廣牧㊅為之聲援。石勒聞澹至，將逆擊之。或曰：「澹士馬精彊，其鋒不可當，不若且引兵避之，深溝高壘以挫其銳，必獲萬全。」勒曰：「澹兵雖眾，遠來疲弊。號令不齊，何精彊之有？今寇敵垂至，何可捨去？大軍一動，豈易中還？若澹乘我之退而逼之，顧逃潰不暇，焉得深溝高壘乎？此自亡之道也！」立斬言者，以孔萇為前鋒都督，令三軍後出者斬。勒據險要，設疑兵於山上，前設二伏，出輕騎與澹戰，陽為不勝而走。澹縱兵追之，入伏中，勒前後夾擊澹軍，大破之，獲鎧馬萬計。澹、雄帥騎千餘犇代郡，韓據棄城走，并土震駭。

㊆十二月乙卯朔，日有食之。【考異】帝紀、天文志皆誤作甲申朔，宋志乙卯朔，與長曆合，今從之。

㊇司空長史李弘以并州降石勒㊈，劉琨進退失據，不知所為，段匹磾遣信邀之。己未（初五日），琨帥眾從飛狐㊉犇薊。匹磾見琨，甚相親重，與之結婚，約為兄弟。勒分徙陽曲、樂平民於襄

國，置守宰而還。

孔萇攻箕澹於代郡㈧㈢，殺之。

萇等攻賊帥馬嚴、馮䐗㈧㈣，久而不克，司、冀、幷、兗流民數萬戶在遼西，迭相招引，民不安業。勒問計於濮陽侯張賓，賓曰：「嚴、䐗本非公之深仇，流民皆有戀本之志，今班師振旅，選良牧、守使招懷之，則幽冀之寇，可不日而清；遼西流民，將相帥而至矣！」勒乃召萇等歸，以武遂㈧㈤令李回為易北㈧㈥督護，兼高陽太守㈧㈦。馬嚴士卒素服回威德，多叛嚴歸之，嚴懼而出走，赴水死，馮䐗帥其眾降。回徙居易京㈧㈧，流民歸之者相繼於道。勒喜，封回為弋陽子；增張賓邑千戶，進位前將軍，賓固辭不受。

㈥丞相睿聞長安不守，出師露次㈧㈨，躬擐甲胄，移檄四方，刻日北征，以漕運稽期，斬督運令史淳于伯㈨㈩，刑者以刀拭柱，血逆流上至柱末二丈餘而下，觀者咸以為冤。丞相司直劉隗上言伯罪不至死，請免從事中郎㈨㈠周莚等官。於是右將軍王導等上疏引咎，請解職。睿曰：「政刑失中，皆吾闇塞所致。」一無所問。隗性剛訐，當時名士多被彈劾，睿率皆容貸，由是眾怨皆歸之。南中郎將王含，敦之兄也，以族彊位顯，驕傲自恣，一請參佐及守、長至二十許人，多非其才，隗劾奏含，文致(九二)甚苦，事雖被寢，而王氏深忌疾之。

㈦丞相睿以邵續為冀州刺史。續女婿廣平劉遐，聚眾河濟之間，睿以遐為平原內史。

㈧托跋普根(九三)之子乂卒，國人立其從父鬱律。

【今註】㊀吳王晏：晏，帝之生父，武帝之子。㊁索綝等引魏明帝詔：魏明帝詔略曰：「禮王后無嗣，擇建支子以繼大宗，則當纂正統而奉公義，不得復顧其私親。」詳見卷七十一魏明帝太和三年。㊂中宮僕射郭猗：《晉書．劉聰載記》作猗，《御覽》八八〇引《十六國春秋》作倚。㊃子弟中表：謂王沈、宣懷、郭猗諸家子弟及與沈等有中表親者。㊄光文帝：漢主淵偽謚光文皇帝。㊅三月上巳：謂三月上旬之巳日，兩漢有修褉之俗。《續漢志》曰：「三月上巳，官民皆絜於東流水上。」絜與褉同。《風俗通》曰：「褉者，潔也。」徐廣曰：「三月上巳，臨水祓除謂之褉。」㊆衞軍：胡三省曰：「聽以子勱為衞大將軍。」㊇三王：當如下文作二王，《晉書．劉聰載記》亦作二王。㊈武陵兄弟：胡三省曰：「武陵兄弟，當是乂之諸子。」㊉粲乃令卜抽引兵去東宮：去年聰令卜抽將兵監守東宮。㊁王沈等勢力足以回天地，卿輩自料親賢孰與竇武、陳蕃：言沈、懷、猗等俱宦者，其勢猶東漢之常侍，以竇武之親，陳蕃之賢，尚不免困於宦官，況休、崇之流乎！㊂上秋閤：胡三省曰：「殿之西閤也。」㊂詔尚在臣所，未敢宣露：卜幹為侍中，詔書經門下，幹因留之而諫。㊃誅巫咸，戮扁鵲，臣恐遂成膏肓之疾：巫咸、扁鵲，俱古良醫。相傳巫咸為帝堯醫，見《緯略》，扁鵲為黃帝時良醫，見《史記》索隱。《左傳》秦醫緩視晉侯曰：「疾不可為也，在肓之上，膏之下，攻之不可，達之不及，藥不至焉，不可為也！」杜預曰：「心下為膏肓，鬲也。」按心下微脂曰膏，鬲上薄膜曰鬲，膏肓，即心鬲之間，故凡沈痾不治者曰膏肓之疾。易等蓋以醫為政之喻，謂良臣如良醫，良臣去則國事不可為矣！㊄膏鼎鑊：胡三省曰：「膏，潤也。」言受煎熬之刑。㊅人之云亡，邦國殄悴：此詩大雅瞻卬之辭。㊆使長子六脩出居新平城：建興元年，猗盧築新平城於灅水之陽，見卷八十八建興元年註㊈㊆。㊇步輦：胡三省曰：「步輦，不駕馬，使人輓之。」㊈聞舊人忌新人悍戰：胡三省曰：「舊人，索頭部人也；新人，晉人及烏桓人也。」⑳普根母惟氏：惟氏，猗㐌之妻。㊁賊曹佐：自漢以來，公府州鎮郡國諸曹有掾、屬、佐、史。賊曹，主盜賊之事。㊂高昌：胡三省曰：「前漢書西域傳車師國有高昌壁。唐書曰：『高昌國，漢車師前王庭也，後破高昌，置西州。』」觀此，則河西張氏固嘗於高昌之地置郡縣，至後魏時始為高昌國也。」高昌故址在今新疆省吐魯番縣東。㊂府朝：謂公府僚佐朝會之所。㊃諸郡貢計：胡三省曰：「貢，土物也；計，計帳也。」諸郡，謂涼州所屬諸郡。㊄平夷太守：《宋書・州郡志》曰：「晉懷帝永嘉五年，寧州刺史王遜分牂牁、朱提、建寧立平夷郡。領平夷、鼈二縣，後避桓溫諱，改曰平蠻。」平夷、鼈，俱漢舊縣，屬牂牁郡，漢平夷故城在今雲南省曲靖縣境，晉之平夷治今雲南省平彝縣。鼈縣故城在今貴州省遵義縣西。《晉書‧地理志》曰：「惠帝永嘉二年，分牂牁立平夷、夜郎二郡。」〈王遜傳〉亦曰：「分牂牁為平夷郡。」則平夷郡所統但牂牁舊地耳！錢大昕曰：「王遜以永嘉二年除寧州刺史，踰年乃至鎮，宋志以為永嘉五年所分，與遜傳相應，晉志作二年，恐是轉寫之誤。案華陽國志曰：『元帝世，王遜分鼈、平夷為平夷郡。』又曰：『平夷郡，晉元帝建武元年置。』又與永嘉五年之說不合。」要之，永嘉二年，王遜尚未至鎮，《晉書‧地理志》作永嘉二年立者誤也。㉖平樂太守：胡三省曰：「平樂郡，證以隋志，蓋置於越巂郡之邛部川，然不知誰所置也。」錢大昕曰：「華陽國志曰：『太安二年，分建為益州、平樂二郡。』又曰：『平樂郡，元帝建武元年刺史王遜割建寧之新定、興遷（晉志無興遷，東晉疆域志據宋志有新興，江左立，亦不云興遷）二縣，新立平樂、三沮三縣，合四縣為一郡。後太守董霸降李雄，遂省。』雖常璩本書一作太安，一作建武，自相牴牾，然晉志亦失載。東晉疆域志以平樂郡屬益州，不屬寧州，似誤。」㉗郡城：晉北地郡，領泥陽、富平二縣，治富平，在今甘肅省靈武縣西南。㉘蟠石谷：胡三省曰：「魏收地形志北地郡銅官縣有石槃山，或即蟠石谷。」後魏銅官縣故城在今陝西省同官縣東北，山在今縣之北。㉙征鎮：謂四征、四鎮諸將軍號。㉚假銀青將軍之號：謂加將軍之號，復假以銀印青綬。㉛曜進至涇陽，渭北諸城悉潰：胡三省曰：「涇陽縣，前漢屬安定郡。班志曰：『开頭山在縣西，禹貢涇水所出，東北至陽陵入渭，過郡三，行千六十里。』此言曜至涇陽，渭北諸城悉潰，則其兵已在池陽、陽陵二縣間，言在涇水陽，非安定之涇陽縣也。」㉜三后：謂左皇后劉氏、右皇后靳氏及上皇后樊氏。㉝流殍：胡三省曰：「餓死於中野者曰殍，散而之他方者曰流。」殍與莩同，俱𠬪之俗字。《孟子・梁惠王》：「塗有餓莩而不知發。」《漢書・食貨志》引孟子作芰。段玉裁曰：「孟子作莩者，芰之字誤，漢志作芰，又𠬪之俗字。」㉞聽遣使讓勒：讓其遣越招誘平陽之民。㉟靈臺：周文王所築。杜預曰：「靈臺在京兆鄠縣，周之故臺也。」按在今陝西省長安縣西，接鄠縣界。《三輔黃圖》曰：「臺在長安西四十里，高二丈，周回百二十步。」㊱麴、索：謂麴允、索綝。㊲槐里：槐里縣，漢屬右扶風，晉屬始平郡，故城在今陝西省興平縣東南。㊳涼州義眾：張軌父子所遣勤王之兵。㊴〔考異〕帝紀作宋敞，今從晉春秋：按《晉書・索綝傳》、〈劉聰載記〉亦俱作宋敞。㊵輒相為戮之：言輒相為帝戮綝所遣之使。㊶都市：平陽之東市。㊷性深阻有若城府而能寬綽以容納，行術數以御物而知人善采拔：胡三省曰：「言胸中有城府者多不能寬容，任數用術者多不能用人，而宣帝能之也。」㊸於是百姓與能：胡三省曰：「謂天下皆推其能，莫與爭也。」㊹大象始構：胡三省曰：「劉良曰：『象，法也。』言晉之興成，大法從此始立也。」㊺世宗承基，太祖繼業：景帝司馬師，廟號世宗，文帝司馬昭，廟號太祖。㊻咸黜異圖，用融前烈：黜異圖，謂內誅李豐、夏侯玄，外平毌丘儉、文欽、諸葛誕等不忠於己者；前烈，謂前代之功烈。㊼世祖：晉武帝廟號世祖。㊽皇極：謂天子之位，語出〈洪範〉。㊾班正朔於八荒：班與頒同。八荒，謂八方極遠之處，蠻夷荒戎之地。賈誼〈過秦論〉曰：

「秦孝公有席卷天下，包舉宇內，囊括四海之意，併吞八荒之心。」劉向《說苑・辨物》云：「八荒之內有四海，四海之內有九州，天子處中州而制八方耳！」(五〇)宗子無維城之助：《詩》曰：「宗子維城。」言宗子為國之藩籬。八王發難，自相殘滅，是自毀其藩籬也，故曰無維城之助。(五一)師尹無具瞻之貴：《詩》曰：「赫赫師尹，民具爾瞻。」此言晉八王之難，權位取之既非其道，而興滅無常，故雖處高位，民但畏其威勢，而不瞻其德。(五二)朝為伊、周，夕成桀、跖：言以成敗論善惡，以勢利定毀譽，得勢時則人尊之為伊、周，失權時則人目之為桀、跖也。(五三)方岳無鈞石之鎮：古以三十斤為鈞，四鈞為石。方岳，謂專制方面之臣；無鈞石之鎮，喻其勢輕兵弱。(五四)關門無結草之固：《左傳》宣十五年：「魏顆敗秦師於輔氏，獲杜回，秦之力人也。初，魏武子有嬖妾，無子。武子疾，命顆曰：『必嫁是。』疾病，則曰：『必以為殉。』及卒，顆嫁之，曰：『疾病則亂，吾從其治也。』及輔氏之役，顆見老人結草以亢杜回，杜回躓而顛，故獲之；夜夢之曰：『余，而所嫁婦人之父也，爾用先人之治命，余是以報。』」此言晉朝內亂，不能鞏固關防，遂致戎狄縱橫，天下雲擾。(五五)四維不張：《漢書》賈誼對策曰：「禮義廉恥，是謂四維，四維不張，國乃滅亡。」(五六)理節則不亂，膠結則不遷：言為政有條理節度則國不亂，如是則民心固結而不離叛。(五七)周自后稷愛民，十六王而武始君之：《史記・周本紀》，后稷三傳至公劉，公劉以後十傳至太王，太王傳子季歷，季歷傳子文王，文王傳子武王，而後滅紂。(五八)今晉之興也，其創基立本，固異於先代矣：言晉之興也驟，則其亡必速，蓋其積基樹業，不若周代之固。(五九)鄉乏不貳之老：周官鄉有鄉老。胡三省曰：「不貳，謂謂不貳過者。」(六〇)恥尚失所：胡三省曰：「言所恥者非所恥，所尚者非所尚也。」(六一)虛蕩：言為虛無放誕之論。(六二)名檢：猶言名節。(六三)望空：呂延濟曰：「望空，謂不識是非，但望空署名而已。」(六四)是以劉頌屢言治道，傅咸每糾邪正：頌、咸並見武紀、惠紀。(六五)其倚仗虛曠，依阿無心者：謂崇尚虛無，阿附隨俗，不以世事為意者，蓋指王衍、山濤之流。(六六)若夫文王日旰不暇食，仲山甫夙夜匪懈者，蓋共嗤黜以為灰塵矣：文王自朝至於日旰，不遑暇食，仲山甫夙夜匪懈以事一人。此言晉俗尚虛誕，若有勤恪務實如文王、仲山甫者，則眾共嗤笑貶黜而賤視之。(六七)選者為人擇官，官者為身擇利：言主選者不復為官擇賢，於是官多奔競之士，為官者但知擇利謀身，不復瘁心國事。(六八)子真著崇讓而莫之省，子雅制九班而不得：劉寔字子真，劉頌字子雅。寔著崇讓論，子雅立九班之制，欲以糾當世之失，而武帝不能用。事並見卷八十二武帝太康十年。(六九)其婦女不知女工，任情而動，有逆于舅姑，有殺戮妾媵，父兄弗之罪也，天下莫之非也：胡三省曰：「二事皆賈后為之倡。」(七〇)國之將亡，本必先顛：《左傳》曰：「國將亡，本必先顛，而後枝葉從之。」(七一)觀阮籍之行，而覺禮教崩弛之所由：事見卷七十八魏元帝景元三年。(七二)察庾純、賈充之爭，而見師尹之多僻：事見卷七十九武帝泰始七年、八年。邪而不正曰僻。(七三)考平吳之功，而知將帥之不讓；思郭欽之謀，而寤戎狄之有釁：平吳爭功及郭欽論戎狄疏並見卷八十一武帝太康元年。(七四)覽傅玄、劉毅之言，而得百官之邪：武帝時，傅玄、劉毅為司隸，糾彈不法，不避權貴，觀其前後所糾之言，則百官之邪可見。(七五)核傅咸之奏、錢神之論，而覩寵賂之彰：傅咸奏疏見卷八十二惠帝元康四年，錢神論見卷八十三元康九年。⑯中庸之才，守文之主：《漢書》賈誼曰：「材能不及中庸。」謂常才也。顏師古曰：「守文，言遵守成法不用武功也。」⑰石勒圍樂平太守韓據於坫城：胡三省曰：「余按武帝泰始中分上黨、太原置樂平郡，治沾縣。沾縣，漢屬上黨郡。魏收地形志樂平縣有沾城，載記誤作坫。」坫縣故城在今山西省昔陽縣西南，縣以沾水得名。據，《晉書》本紀作璩，〈劉琨傳〉、〈石勒載記〉俱作據。⑱鮮卑：胡三省曰：「謂拓跋鮮卑也。」⑲胡賊：謂劉聰、石勒。⑳廣牧：廣牧縣，漢屬朔方郡，在今綏遠省河套內鄂爾多斯右翼後旗故朔方城西。後漢末，省朔方，徙廣牧縣於陘南，魏、晉俱屬新興郡，故城在今山西省壽陽縣北。此蓋指新興郡之廣牧。㉑司空長史李弘以并州降石勒：劉琨為司空，辟弘為長史。并州時治陽曲。㉒飛狐：一作蜚狐，在今河北省淶源縣北，跨蔚縣界，兩崖峭立，一道微通，迤邐蜿蜒百有餘里，形勢至險。《文選・答魏子悌詩》注引〈晉中興書〉曰：「石勒攻樂平，劉琨自代飛狐口奔安次也。」《續漢志》引《地道記》曰：「自上曲陽縣北行四百二十五里，恆多山坂，號飛狐口。」《水經注》曰：「祁夷水又東北得飛狐谷，即廣武君所謂杜飛狐之口也。晉建興中，劉琨自代出飛狐口，奔於安次，即於此道。」㉓孔萇攻箕澹於代郡：胡三省曰：「據載記，萇攻澹於桑乾，則此代郡乃後魏之代郡，非漢晉之代郡也。」按桑乾縣，前漢為代郡治，在今河北省蔚縣東北；後漢徙治高柳，在今山西省陽高縣西北；晉治代縣，在今河北省蔚縣東。按《晉書・石勒載記》，澹敗，奔代郡，孔萇追澹於桑乾，復攻代郡，澹死之。按桑乾、代二縣俱在今河北省蔚縣境，此代郡正指晉代郡治代縣，若後魏之代郡，則郡治在今山西省大同縣東。㉔賊帥馬嚴、馮賭：

《晉書・石勒載記》曰：「時司、冀、幷、兗州流人數萬戶在於遼西，迭相招引，民不安業。」嚴、睹蓋其渠帥，為寇於幽冀之間。(八五)武遂：武遂縣，前漢作武隧縣，屬河閒國，後漢改曰武遂，屬安平國，晉因之，故城在今河北省武強縣東北。(八六)易北：胡三省曰：「易水以北也。」(八七)高陽太守：高陽，前漢縣，屬涿郡，後漢改屬河閒國。應劭曰：「在高河之陽。」晉武帝泰始元年，分置高陽國，治博陸，故城在今河北省蠡縣南。(八八)易京：本漢易縣之地，漢末公孫瓚據幽州，移鎮其地，盛修營壘樓觀，謂之易京，在今河北省雄縣西北。(八九)露次：胡三省曰：「露次者，出宿於野，上無屋宇。」(九〇)督運令史淳于伯：錢大昕曰：「晉書郭璞傳作丞相令史。蓋本丞相府之令史，以督運獲罪也。」(九一)從事中郎：兩漢魏晉諸公府、方鎮、州郡俱置從事中郎，分掌諸曹，佐理府事。(九二)文致：文飾羅織以致人於罪。(九三)托跋普根：托跋即拓跋，托、拓音同，《魏書》本作托跋。

卷九十　晉紀十二

起強圉赤奮若，盡著雍攝提格，凡二年。（丁丑至戊寅，西元三一七年至三一八年）

司馬光編集
林瑞翰　註

中宗元皇帝㊀

建武元年㊁（西元三一七年）

㈠春，正月，漢兵東略弘農，太守宋哲犇江東㊂。

㈡黃門郎史淑、侍御史王沖自長安犇涼州，稱愍帝出降前一日，使淑等齎詔賜張寔，拜寔大都督，涼州牧，侍中，司空，承制行事。且曰：「朕已詔琅邪王時攝大位，君其協贊琅邪，共濟多難。」淑等至姑臧，寔大臨三日㊃，辭官不受。初，寔叔父肅為西海太守㊄，聞長安危逼，請為先鋒入援，寔以其老弗許。及聞長安不守，肅悲憤而卒。

寔遣太府司馬㊅韓璞、撫戎將軍㊆張閬等帥步騎一萬東擊漢，命討虜將軍㊇陳安、安故太守㊈賈騫、隴西太守吳紹各統郡兵為前驅。又遣相國保書曰：「王室有事，不忘投軀。前遣賈騫瞻公舉動，中被符命㈩，敕騫還軍，俄聞寇逼長安，胡崧不進，麴允持金五百請救於崧，遂決遣騫等進軍度嶺㈡，會聞朝廷傾覆，為忠不遂，憤痛之深，死有餘責。今更遣璞等，唯公命是從。」璞等卒不能進而還，至南安㈢，諸羌斷路，相持百餘日，糧竭矢盡，璞殺軍中牛以饗士，泣謂之曰：「汝曹念父母乎？」曰：「念。」「念妻子乎？」曰：「念。」「欲生還乎？」曰：「欲。」「從我令乎？」曰：「諾。」乃鼓譟進戰，會張閬帥金城兵繼至，夾擊，大破之，斬首數千級。

先是長安謠曰：「秦川中，血沒腕，唯有涼州倚柱觀㈢。」及漢兵覆關中，氐、羌掠隴右，雍秦之民死者什八九，獨涼州安全。

㈢二月，漢主聰使從弟暢帥步騎三萬攻滎陽太守李矩，屯韓王故壘㈣，相去七里，遣使招矩。時暢兵猝至，矩未及為備，乃遣使詐降於暢。暢不復設備，大饗，渠帥皆醉。矩欲夜襲之，士卒皆恇懼，矩乃遣將郭誦禱於子產祠㈤，使巫揚言曰：「子產有教，當遣神兵相助。」眾皆踊躍爭進。矩選勇敢千人使誦將之，掩擊暢營，斬首數千首，暢僅以身免。

㈣辛巳（二十八日），宋哲至建康㊀㊅，稱受愍帝詔，令丞相琅邪王睿統攝萬機。三月，琅邪王素服出次㊀㊆，舉哀三日。於是西陽王羕㊀㊇及官屬等共上尊號，王不許，羕等固請不已，王慨然流涕曰：「孤，罪人也，諸賢見逼不已，當歸琅邪耳！」呼私奴㊀㊈命駕將歸國。羕等乃請依魏、晉故事稱晉王，許之。辛卯（初九日），即晉王位，大赦，改元㊁〇。始備百官，立宗廟，建社稷。

有司請立太子，王愛次子宣城公裒，欲立之，謂王導曰：「立子當以德。」導曰：「世子、宣城俱有朗雋之美，而世子年長。」王從之。丙辰（三月癸未朔，丙辰在四月），立世子紹為王太子，封裒為琅邪王，奉恭王後㊁㊀，仍以裒都督青、徐、兗三州諸軍事，鎮廣陵。以西陽王羕為太保，封譙剛王遜之子承為譙王。遜，宣帝之弟子也。又以征南大將軍王敦為大將軍，江州牧，揚州刺史，王導為驃騎將軍，都督中外諸軍事，領中書監，錄尚書事；丞相左長史刁協為尚書左僕射；右長史周顗為吏部尚書，軍諮祭酒；賀循為中書令；右司馬戴淵、王邃為尚書；司直劉隗為御史中丞；行參軍劉超為中書舍人㉒；參軍事孔愉長兼中書郎㉓。自餘參軍悉拜奉車都尉，掾屬拜駙馬都尉，行參軍舍人拜騎都尉㉔。

王敦辭州牧，王導以敦統六州㉕，辭中外都督，賀循以老病辭中書令，王皆許之。以循為太常。

是時承喪亂之後，江東草創㉖，刁協久宦中朝，諳練舊事㉗，賀循為世儒宗，明習禮學，凡有疑議，皆取決焉。

㈤劉琨、段匹磾相與歃血同盟，期以翼戴晉室㉘。辛丑（十九日），琨檄告華夷，遣兼左長史右司馬溫嶠、匹磾遣左長史榮邵奉表及盟文詣建康勸進㉙，嶠，羨之弟子也㉚。嶠之從母㉛為琨妻，琨謂嶠曰：「晉祚雖衰，天命未改，吾當立功河朔，使卿延譽江南，行矣勉之！」

王以鮮卑大都督慕容廆為都督遼左㉜雜夷流民㉝諸軍事，龍驤將軍，大單于，昌黎公，廆不受。征虜將軍魯昌說廆曰：「今兩京覆沒，天子蒙塵㉞，琅邪王承制江東，為四海所係屬，明公雖雄據一方，而諸部猶阻兵未服者，蓋以官非王命故也。謂宜通使琅邪，勸承大統，然後奉詔令以伐有罪，誰敢不從？」處士遼東高詡㉟曰：「霸王之資，非義不濟。今晉室雖微，人心猶附之。宜遣使江東，示有所尊，然後杖大義以征諸部，不患無辭矣！」廆從之，遣長史王濟浮海，詣建康勸進。

㈥漢相國粲使其黨王平謂太弟乂曰：「適奉中詔，云京師將有變，宜衷甲以備非常。」乂信之，命官臣皆衷甲㊱以居，粲馳遣告靳準、王沈，準以白漢主聰，曰：「太弟將為亂，已衷甲矣。」聰大驚曰：「寧有是邪？」王沈等皆曰：「臣等聞之久矣，屢言之而陛下不之信也。」聰使粲以兵圍東宮，粲使準、沈收氐、羌酋長十餘人窮問之㊲，皆懸首高格㊳，燒鐵灼目，酋長自誣與乂謀反。聰謂沈等曰：「吾今而後知卿等之忠也，當念知無不言，勿恨往日言而不用也！」於是誅東宮官屬及乂素所親厚，準、沈等素所憎怨者大臣數十人，阬士卒萬五千餘人㊴。夏，四月，廢乂為北部王㊃，粲尋使準賊殺之。乂形神秀爽，寬仁有器度，故士多附之。聰聞其死，哭之慟，曰：「吾兄弟止餘二人㊄，而不相容，安得使天下知吾心邪！」氏、羌叛者甚眾，以靳準行車騎大將軍，討平之。

㈦五月，壬午（朔），日有食之。【考異】帝紀、天文志皆云五月丙子，日食。按長曆，是月壬午朔，無丙子，今以曆為據。

㈧六月丙寅（十五日），溫嶠等至建康，王導、周顗、庾亮等皆愛嶠才，爭與之交㊅。是時太尉豫州牧荀組、冀州刺史邵續、青州刺史曹嶷、寧州刺史王遜、東夷校尉崔毖等，皆上表勸進，王不許。

㈨初，流民張平、樊雅各聚眾數千人在譙為塢主，王之為丞相也，遣行參軍譙國桓宣往說平、雅，平、雅皆請降。及豫州刺史祖逖出屯蘆洲，遣參軍殷乂詣平、雅。乂意輕平，視其屋，曰：「可作馬廄。」見大鑊㊆，曰：「可鑄鐵器。」平曰：「此乃帝王鑊，天下清平方用之，奈何毀之？」乂曰：「卿未能保其頭，而愛鑊邪？」平大怒，於坐斬乂，勒兵固守。逖攻之，歲餘不下，乃誘其部將謝浮使殺之。逖進據太丘㊹，樊雅猶據譙城㊺，與逖相拒。逖攻之，不克，請兵於南中郎將王含。桓宣時為含參軍，含遣宣將兵五百助逖。逖謂宣曰：「卿信義已著於彼，今復為我說雅。」宣乃單馬從兩人詣雅，曰：「祖豫州方欲平蕩劉、石，倚卿為援，前殷乂輕薄，非豫州意也！」雅即詣逖降。

逖既入譙城，石勒遣石虎圍譙，王含復遣桓宣救之，虎解去，逖表宣為譙國內史。己巳（十八日），晉王傳檄天下，稱石虎敢帥犬羊渡河縱毒，今遣琅邪王裒等九軍銳卒三萬，水陸四道，徑造賊場，受祖逖節度，尋復召裒還建康。

㈩秋，七月，大旱。司、冀、幷、青、雍州大蝗，河、汾溢，漂千餘家㊻。

㈩㈠漢王聰立晉王粲為皇太子，領相國、大單于，總攝朝政如故。大赦。

㈩㈡段匹磾推劉琨為大都督，檄其兄遼西公疾陸眷及叔父涉復辰、弟末柸等會於固安㊼，共討石勒。末柸說疾陸眷、涉復辰曰：「以父兄而從子弟，恥也；且幸而有功，匹磾獨收之，吾屬何有哉？」各引兵還。琨、匹磾不能獨留，亦還薊。

㊃以荀組為司徒。

㊄八月，漢趙固襲衞將軍華薈於臨潁㊽，殺之。

㊅初，趙固與長史周振有隙，振密譖固於漢主聰。李矩之破劉暢也，於帳中得聰詔，令暢既克矩，還過洛陽收固斬之，以振代固。矩送以示固，固斬振父子，帥騎一千來降，矩復令固守洛陽。

㊆鄭攀等相與拒王廙，眾心不壹，散還橫桑口㊾，欲入杜曾，王敦遣武昌太守趙誘、襄陽太守朱軌擊之。攀等懼，請降，杜曾亦請擊第五猗於襄陽以自贖。廙將赴荊州，留長史劉浚鎮揚口壘㊿。竟陵內史朱伺謂廙曰：「曾，猾賊也，外示屈服，欲誘官軍使西，然後兼道襲揚口耳！宜大部分(五一)，未可便西。」廙性矜厲自用，以伺為老怯，遂西行。曾等果還趨揚口，廙乃遣伺歸。裁至壘，即為曾所圍。劉浚自守北門，使伺守南門，馬雋(五二)從曾來攻壘，雋妻

子先在壘中，或欲皮其面(五三)以示之。侗曰：「殺其妻子，未能解圍，但益其怒耳！」乃止。曾攻陷北門，侗被傷，退入船，開船底以出，沈行(五四)五十步，乃得免。

曾遣人說侗曰：「馬雋德卿全其妻子，今盡以卿家內外百口付雋，雋已盡心收視，卿可來也！」侗報曰：「吾年六十餘，不能復與卿作賊。吾死亦當南歸，妻子付汝裁之。」乃就王廙於甑山(五五)，病創而卒。

戊寅（八月庚辰朔，戊寅在九月），趙誘、朱軌及陵江將軍黃峻與曾戰於女觀湖(五六)，誘等皆敗死。曾乘勝徑造沔口，威鎮江沔，王使豫章太守周訪擊之。訪有眾八千，進至沌陽(五七)。曾銳氣甚盛(五八)，訪使將軍李恆督左甄，許朝督右甄，訪自領中軍。曾先攻左右甄(五九)，訪於陣後射雉以安眾心，令其眾曰：「一甄敗，鳴三鼓；兩甄敗，鳴六鼓。」趙誘子胤將父餘兵屬左甄，力戰，敗而復合，馳馬告訪。訪怒，叱令更進。胤號哭還戰，自旦至申，兩甄皆敗。訪選精銳八百人，自行酒飲之，敕不得妄動，聞鼓音乃進。曾兵未至三十步，訪親鳴鼓，將士皆騰躍犇赴，曾遂大潰，殺千餘人。訪夜追之，諸將請待明日，訪曰：「曾驍勇能戰，向者彼勞我逸，故克之，宜及其衰乘之，可滅也！」乃鼓行而進，遂定漢沔。曾走保武當(六〇)，王廙始得至荊州。訪以功遷梁州刺史，屯襄陽(六一)。

(七)冬，十月丁未（二十九日），琅邪王裒薨。

(八)十一月，己酉朔，日有食之。【考異】帝紀、天文志皆云十一月丙子，日食。按長曆，十月、十二月皆己卯朔，是月己酉朔，二十八日丙子，晉書元帝紀十一月有甲子、丁卯，若丙子朔，則甲子、丁卯乃在十月，又劉琨集是年三月癸未朔，八月庚辰朔，皆與長曆合，今以為據。

(九)丁卯（十九日），以劉琨為侍中、太尉。

(廿)征南軍司戴邈上疏，以為：「喪亂以來，庠序墮廢。議者或謂平世尚文，遭亂尚武，此言似之，而實不然。夫儒道深奧，不可倉猝而成，比天下平泰然後脩之，則廢墜已久矣！又貴遊之子，未必有斬將搴(六二)旗之才，從軍征戍之役，不及盛年使之講肄道義(六三)，良可惜也！世道久喪，禮俗日弊，猶火之消膏(六四)，莫之覺也。今王業肇建，萬物權輿(六五)，謂宜篤道崇儒，以勵風化。」王從之，始立太學。

(廿)漢主聰出畋，以愍帝行車騎將軍，戎服執戟前導，見者指之曰：「此故長安天子也。」聚而觀之，故老有泣者。太子粲言於聰曰：「昔周武王豈樂殺紂乎？正恐同惡相求，為患故也！今興兵聚眾者，皆以子業為名，不如早除之。」聰曰：「吾前殺庾瑉輩(六六)，而民心猶如是，吾未忍復殺也，且小觀之。」

十二月，聰饗羣臣於光極殿，使愍帝行酒洗爵(六七)，已而更衣，又使之執蓋，晉臣多涕泣，有失聲者。尚書郎隴西辛賓起抱帝大哭，聰命引出斬之。

趙固與河內太守郭默侵漢河東，至絳(六八)，右司隸部民犇之者三萬餘人，騎兵將軍劉勳追擊之，殺萬餘人，固、默引歸。太子粲帥將軍劉雅生等步騎十萬，屯小平津。固揚言曰：「要當生縛劉粲，以贖天子。」粲表於聰曰：「子業若死，民無所望，則不為李矩、趙固之用，不攻而自滅矣。」戊戌（二十日），愍帝遇害於平陽(六九)，粲遣雅生攻洛陽，固犇陽城山(七〇)。

(廿一)是歲，王命課督農功，二千石長吏以入穀多少為殿最，諸軍各自佃作，即以為稟(七一)。

(廿三)氐王楊茂搜卒，長子難敵立，與少子堅頭分領部曲，難敵號左賢王，屯下辨(七二)；堅頭號右賢王，屯河池(七三)。

(廿四)河南王吐谷渾(七四)卒。吐谷渾者，慕容廆之庶兄也。父涉歸，分戶一千七百以隸之(七五)。及廆嗣位，二部馬鬭，廆遣使讓吐谷渾曰：「先公分建有別，奈何不相遠異(七六)，而令馬有鬭傷？」吐谷渾怒曰：「馬是六畜(七七)，鬭乃其常，何至怒及於人？欲遠別甚易，恐後會為難耳！今當去汝萬里之外。」遂帥其眾西徙(七八)。廆悔之，遣其長史乙那婁馮(七九)追謝之，吐谷渾曰：「先公嘗稱卜筮之言，云吾二子皆當彊盛，祚流後世。我孽子也，理無並大。今因馬而別，殆天意乎(八〇)！」遂不復還，西傅陰山而居(八一)。屬永嘉之亂，因度隴而西，據洮水之西，極于白蘭(八二)，地方數千里。鮮卑謂兄為阿干，廆追思之，為之作阿干之歌(八三)。吐谷渾有子六十人，長子吐延嗣。吐延長大有勇力，羌胡皆畏之。

【今註】㈠中宗元皇帝：帝諱睿，字景文，宣帝曾孫，琅邪武王伷之孫，恭王覲之子。㈡建武元年：是年三月方改元。㊂漢兵東略弘農，太守宗哲奔江東：哲屯華陰，漢兵自長安東略，因棄城奔江東。㊃大臨三日：眾哭曰臨，凡國喪臣下哀臨曰大臨。時愍帝蒙塵，故寔率羣臣大臨三日。㊄西海太守：西海郡，故屬張掖郡，漢獻帝興平二年，武威太守張雅請置西海郡，分張掖之居延一縣以立之，見《晉書・地理志》。又《續漢志》曰：「居延縣，漢屬張掖郡，後漢因之，安帝時改置張掖居延屬國，別領居延一城，獻帝建安末，立為西海郡。」二書不同。洪亮吉曰：「蓋請立於興平中，至建安末始置也。」《水經注》曰：「居延澤在其縣故城東北，尚書所謂流沙者也。」故城在今甘肅省酒泉邊外蒙古額濟額旗。㊅太府司馬：胡三省曰：「時張氏保據河西，有太府司馬，太府、少府主簿等官。蓋以都督府為太府，涼州府為少府也。」㊆撫戎將軍：胡三省曰：「撫戎將軍，蓋張氏創置。」㊇討虜將軍：《宋書・百官志》魏置將軍四十號，討虜第十九。㊈安故太守：胡三省曰：「晉志曰：『張茂分武興、金城、西平、安故四郡為定州。』蓋張氏分金城、西平二郡地置安故郡也。按安故縣，二漢屬隴西郡。《水經注》：『洮水自臨洮縣東流，又屈而北流，逕安故縣故城西，又北逕狄道縣故城西。』狄道時已置武始郡，安故郡蓋即漢之二縣置郡。」按安故縣，晉初省，張氏因漢縣舊址置安故郡，故城在今甘肅省臨洮縣南。㊉符命：謂相國保符下寔者。帥府之命曰符命。㊁遂決遣騫等進軍度嶺：胡三省曰：「自涼州濟河度沃干嶺至狄道。」按沃干嶺亦曰沃干阪，在今甘肅省皐蘭縣西南。三國魏陳泰救王經於狄道，姜維退還，軍自金城南至沃干阪。蓋自涼州濟河，必度此嶺，乃至狄道。㊂南安：南安郡，治獂道縣。獂道縣漢屬天水郡，後漢屬漢陽郡，晉為南安郡治，故城在今甘肅省隴西縣東北渭水北。獂漢志作貆。⑬秦川中，血沒腕，唯有涼州倚柱觀：《御覽》四六五引劉恭叔《異苑》曰：「晉時長安謠曰：『秦川中，血沒踠，唯有涼州倚柱看。』及惠、愍之間，關內殲破，浮血丹漂，張軌擁眾一方，威恩共著。」⑭韓王故壘：胡三省曰：「李矩屯新鄭，則韓王故壘亦在新鄭也。戰國時韓滅鄭，徙都之，故有故壘在焉！」洪亮吉曰：「滎陽郡有韓王故壘。」⑮子產祠：胡三省曰：「子產相鄭，鄭人懷其德，為之立祠。」⑯建康：《宋書・州郡志》曰：「建康本秣陵縣，漢獻帝建安十六年置，孫權改秣陵為建業，晉武帝平吳，還為秣陵，太康三年，分秣陵之水北為建業，愍帝即位，避帝諱改為建康。」《三國志》吳三嗣主傳裴注引晉太康三年地志曰：「吳有太初宮，方三百丈，權所起也；昭明宮，方五百丈，皓所造也。」⑰出次：杜預曰：「出次，避正寢。」⑱西陽王羕：羕，汝南王亮之子。⑲私奴：胡三省曰：「私奴，謂私所畜養而給使令之奴，非以罪沒官者。」⑳改元：改元建武。㉑封裒為琅邪王，奉恭王後：元帝以諸王入繼大統，故以裒奉琅邪國祀。裒音掊。㉒中書舍人：《晉書・職官志》曰：「晉初初置中書舍人、通事各一人，江左合舍人通事謂之通事舍人，掌呈奏案。」㉓參軍事孔愉長兼中書郎：胡三省曰：「長兼蓋始於此。」㉔自餘參軍悉拜奉車都尉，掾屬拜駙馬都尉，行參軍舍人拜騎都尉：《晉書・職官志》曰：「武帝以宗室、外戚為奉車、駙馬、騎三都尉而奉朝請焉！元帝為晉王，以參軍為奉車都尉，掾屬為駙馬都尉，行參軍、舍人為騎都尉，皆奉朝請。後罷奉車、騎二都尉，唯留駙馬都尉奉朝請，諸尚主者劉惔、桓溫皆為之。」《初學記》十引《齊職儀》曰：「杜預尚晉宣帝女高陸公主，拜駙馬都尉：王濟尚晉文帝女常山公主，拜駙馬都尉，後代因以為恆。」按奉車、駙馬、騎三都尉皆漢武帝置，奉東都尉掌御乘輿車，駙馬都尉掌駙馬，騎都尉掌監羽林騎。顏師古曰：「駙，副馬也，非正駕車，皆為副馬。一曰：駙，近也，疾也。」㉕王導以敦統六州：時敦都督江、揚、荊、湘、交、廣六州諸軍事。㉖草創：《廣雅》曰：「草，造也。創，始也。」故凡事之起始謂之草創。㉗刁協久宦中朝，諳練舊事：《御覽》二一一引《晉中興書》曰：「刁協除左僕射，中興草創，制度未立，朝廷之臣，無練習舊儀者，惟協以久在中朝，加性所近，多諳故事，朝廷憲體，出入威儀唱讀，一皆稟於協，當時號為強記。」㉘劉琨、段匹磾相與歃血同盟，期以翼戴晉室：《世說‧言語篇》注引虞預《晉書》曰：「是時三都傾覆，天下大亂。琨聞元皇帝受命中興，忼慨幽朔，志存本朝。」㉙遣兼左長史右司馬溫嶠，匹磾遣左長史榮邵奉表及盟文詣建康勸進：《文選‧勸進表》注引干寶《晉紀》曰：「劉琨作勸進表，無所點竄，封印既畢，對使者流涕而遣之。」胡三省曰：「漢之禪於魏也，文帝三讓，魏朝羣臣累表請順天人之望，此則勸進之造端也；晉受禪，何曾等亦然。是時愍帝蒙塵，四海無君，琨等勸進，為得其正。」㉚嶠，羨之弟子也：溫羨見卷八十六惠帝永興二年。《晉書》，溫嶠字太真，司徒羨弟之子也，父憺，河東太守。嶠性聰敏有識量，博學能屬文，少以孝悌稱於邦族。風儀秀整，美於談論，見者皆愛悅之。《世說‧言語篇》注引虞預《晉書》曰：「嶠少標俊，清徹英穎。」又《任誕篇》注引《晉中興書》曰：「嶠有儁朗之目而不拘細行。」㉛從母：母之姊妹。㉜遼左：遼左即遼東，猶江東之曰江左。㉝流民：胡三省曰：「謂中州之民流移入遼東者。」㉞蒙塵：天子出奔在外，臣下諱言，謂之蒙塵。左傳襄王遭叔帶之亂，出居於鄭，使告難于魯，臧文仲對曰：「天子蒙塵於外，敢不奔問官守。」㉟處士遼東高詡：《御覽》四六二引《燕書》曰：「晉室大亂，高祖方經略江東。高翔說高祖曰：『自王公攸錯，士人失望，襁負歸公者動有萬數。今王氏敗沒而福宿見尾箕，其兆可見也。今晉室雖衰，人心未變，宜遣使江東，示有所尊，然後仗義聲以掃不庭，可以有辭於天下。』高祖深納焉！」所載翔語與通鑑載詡之語同。按《晉書・慕容皝載記》有玄菟太守高詡，疑《通鑑》以詡、翔為一人之誤文，於名取載記，於其語則取《燕書》也。高祖，謂慕容廆；王公，謂王浚；其兆可見，謂慕容氏有興王之兆。尾箕，燕、幽二州之分野，福宿見則必有興王者，而王浚時已敗沒，故高翔謂興王之兆將應於慕容氏。㊱衷甲：杜預曰：「甲在衣中。」言擐甲於內，加衣於外。㊲粲使準、沈收氐、羌酋長十餘人窮問之：胡三省曰：「乂為大單于，氐、羌酋長屬焉！故皆服事東宮。」㊳格：胡三省曰：「格以木為之。周禮：『牛人祭祀共其牛牲之互。』鄭玄曰：『互，若今屠家之懸肉格。』左思吳都賦曰：『峭格周施。』呂向曰：『格，懸網木也。』」按呂氏春秋過理：「糟丘酒池，肉圃為格。」注：「格，以銅為之，布火其下，以人置上，人爛墮火而死。」是為炮格，古之酷刑。㊴阬士卒萬五千餘人：胡三省曰：「所阬者，東宮四衞之兵也。」㊵廢乂為北部王：胡三省曰：「北部即匈奴後部，居新興。」㊶吾兄弟止餘二人：漢主淵諸子，時尚存者惟聰、乂二人。㊷王導、周顗、庾亮等皆愛嶠才，爭與之交：《世說・言語篇》注引《語林》曰：「初，溫公奉使勸進，晉王大集賓客見之。溫公始入，姿形甚陋，合坐盡驚。既坐，陳說九服分崩，皇室弛絕，晉王君臣莫不歔欷；及言天下不可無主，聞者踴躍，植髮穿冠。」㊸鑊：《說文》曰：「鑊，江淮人謂之鍋，浙人謂之鑊。」㊹太丘：太丘縣，後漢屬沛國，晉省，故城在今河南省永城縣西北。㊺譙城：故城在今河南省夏邑縣北。㊻司、冀、幷、青、雍州大蝗，河、汾溢，漂千餘家：《晉書．劉聰載記》曰：「時聰境內大蝗，平陽、冀、雍尤甚，河汾大溢，漂沒千餘家。」《御覽》八八〇引《十六國春秋》曰：「平陽地震，汾水大溢，流漂數百家。」按時司、冀、幷、青、雍諸州俱沒於漢。㊼固安：固安縣，漢屬涿郡，魏、晉改涿郡曰范陽，固安曰故安，此蓋因漢之舊稱。《文選．放歌行》注引王隱《晉書》曰：「段匹磾討石勒，進屯坡安縣，故燕太子丹金臺。」按固安縣，蓋戰國燕之武陽邑，故城在今河北省易縣東南。㊽臨潁：臨潁縣，屬潁川郡，故城在今河南省臨潁縣西北。㊾橫桑口：在今湖北省天門縣東南。《水經注》曰：「沔水東南逕江夏雲杜縣，又東逕左桑，周昭王溺死處也。村老云，百姓佐昭王喪事於此，故曰佐桑，左桑字失體耳。又東謂之橫桑，言得昭王喪處也。」㊿揚口壘：《水經注》曰：「龍陂水逕郢城東北流，謂之揚水，水北逕竟陵縣西，又北注於沔曰揚口。」《東晉疆域志》曰：「竟陵縣有揚口壘。」竟陵故城在今湖北省天門縣西北。(51)宜大部分：胡三省曰：「言當大為部分以備曾掩襲。」(52)馬雋：鄭攀黨，先與鄭攀同拒王廙。(53)皮其面：胡三省曰：「皮面者，剝其面皮。」(54)沈行：潛水底而行曰沈行。(55)甑山：一名小剔山。《寰宇記》曰：「山形如甑，土諺謂之甑山。」山在今湖北漢川縣東南漢江之濱。(56)女觀湖：《東晉疆域志》曰：「江陵縣有女觀湖。」《水經注》曰：「柞溪水出江陵縣北，東注船官湖，湖水又東北入女觀湖，湖水又東入於揚水。」湖蓋在今湖北省江陵縣東北，今湮。(五七)沌陽：《宋書・州郡志》曰：「沌陽縣，江左立，屬江夏郡。」《水經注》曰：「沔水東逕沌陽縣北，處沌水之陽也。」故城在今湖北省漢陽縣西。(五八)曾銳氣甚盛：《晉書・周訪傳》云：「曾勇冠三軍，訪甚惡之。」(五九)左右甄：甄音堅，又音真。胡三省曰：「戰陳有左拒、右拒，拒，方陳也；有左甄、右甄，甄，左右翼也。左右拒見於周鄭繻葛之戰，左右甄之義見於楚穆王孟諸之田。孟諸之田，宋公為右盂，鄭伯為左盂。杜預注曰：『將獵，張兩甄。』蓋晉人以左右翼為左右甄，杜預取當時之言以釋左、右盂也。」吳士鑑曰：「左傳文十年杜注：『將獵，張兩甄，置左右司馬。』兩甄，猶兩翼也。此杜氏以晉制況周制者。世說：『桓元好獵，雙甄所指，不避林壑。』雙甄即兩甄。文選注引孫子曰：『長陣為甄。』楚詞：『鶉鵲兮甄甄。』王叔師注：『甄甄，鳥飛貌。』與杜注兩翼合。是知甄固陣名，取象飛鳥。左甄、右甄，猶今言左翼、右翼也。」(六〇)武當：武當縣，漢屬南陽郡，晉屬順陽郡，以武當山得名。杜佑曰：「郡城延岑所築。」故城在今湖北省均縣北。

(六一)訪以功遷梁州刺史，屯襄陽：胡三省曰：「胡子序之敗，梁州陷沒，故令訪領梁州而屯襄陽。」

(六二)搴：拔取。(六三)講肄道義：肄，習也；道義，謂儒道經義。(六四)猶火之消膏：喻世道體俗，喪弊於無形。按火燃而膏消，其消融至漸，人莫之覺，故以為喻。(六五)權輿：《爾雅・釋詁》曰：「權輿，始也。」郝懿行義疏云：「牟廷相方雅云：『說文之灌輸，釋草作虇蕍，釋詁作權輿，並同聲假借字也。』按大戴禮誥志篇云：『孟春百草權輿』，是草之始萌，通名權輿矣！」由草之始萌引伸為凡始之稱。(六六)吾前殺庾珉輩：聰殺庾珉事見卷八十八建興元年。(六七)斝：飲酒器。(六八)絳：絳縣，春秋晉都。兩漢屬河東郡，後漢曰絳邑縣，晉因之，改屬平陽郡，故城在今山西省曲沃縣西南。(六九)愍帝遇害於平陽：時年十八。(七〇)陽城山：《晉書・地理志》，河南郡陽城縣有陽城山。左傳曰：「四嶽、三塗、陽城、太室，九州之險。」山在今河南省登封縣東北，俗名車嶺。(七一)稟：稟給。(七二)下辨：下辨縣，屬武都郡，故城在今甘肅省成縣西。(七三)河池：河池縣，屬武都郡。《華陽國志》曰：「河池一名仇池。」故城在今甘肅省徽縣西。(七四)吐谷渾：讀音突浴魂。(七五)父涉歸，分戶一千七百以隸之：宋書吐谷渾傳作七百戶，北史同，此據晉書吐谷渾傳。(七六)遠異：胡三省曰：「遠異者，言遠去以相別異。」(七七)六畜：馬、牛、羊、犬、鷄、豕謂之六畜。(七八)遂帥其眾西徙：《御覽》五七〇引《前燕錄》曰：「於是遂西徙八千里。」(七九)乙䣕婁馮：《晉書・吐谷渾傳》作史那樓馮，《宋書・吐谷渾傳》、《御覽》五七〇引《前燕錄》均作乙那樓。胡三省曰：「䣕與那同。乙䣕婁，虜三字姓。」樓、婁音同。(八〇)今因馬而別，殆天意乎：《御覽》五七〇引《前燕錄》曰：「廆遣乙那樓追渾，謝之，乃擁廻渾馬。馬東行數百步，輒悲鳴西奔，衝突山谷，如是者十餘日。」(八一)西傅陰山而居：傅讀曰附。《水經注》引《十三州志》曰：「廣大阪在抱罕西北，罕开在焉。昔慕容吐谷渾自燕歷陰山西馳而創居於此。」(八二)據洮水之西，極於白蘭：胡三省曰：「沙州記曰：『洮水出強臺山東北流，逕吐谷渾中，又東北流入塞。』此洮西塞外，洮水之西也，即沙漒沓中之地。白蘭，山名，羌所居也，至唐時，丁零羌居之，左屬黨項，右與多彌接。」杜佑曰：「白蘭，羌之別種，東北接吐谷渾，西北至叱利模徒，南界郝鄂。風俗物產，與宕昌同。」按洮水一曰巴爾西河，沙州記之彊臺，即禹貢之西傾山，《漢志》作西頃，《北史・吐谷渾傳》作西疆，主峯在今甘肅省臨潭西北，縣亙千餘里，外跨諸羌。白蘭山在今青海西南，羌之所居，因山為名，號白蘭羌。㊂鮮卑謂兄為阿干，廆追思之，為之作阿干之歌：《御覽》五七〇引《前燕錄》曰：「廆以孔懷之思，作吐谷渾阿干歌。及儁、垂僭號，以為輦後大曲。」全祖望曰：「阿步干，鮮卑語也。慕容廆作阿干之歌，蓋胡俗稱其兄曰阿步干，阿干者，阿步干之省也。今蘭州阿干峪、阿干河、阿干城、阿干堡，金人置阿干縣，皆以阿干之歌得名。阿干水至今利民，曰溥惠渠，又有沃干嶺，亦阿干之轉音。」

大興元年㊀（西元三一八年）

㈠春，正月，遼西公疾陸眷卒。其子幼，叔父涉復辰自立。段匹磾自薊往奔喪，段末柸宣言匹磾之來，欲為篡也。匹磾至右北平㊁，涉復辰發兵拒之，末柸乘虛襲涉復辰，殺之，並其子弟黨與，自稱單于，迎擊匹磾，敗之。匹磾走還薊。

㈡三月，癸丑（初七），愍帝凶問至建康，王斬縗居廬㊂。百官請上尊號，王不許。紀瞻曰：「晉氏統絕，於今二年，陛下當承大業；顧望宗室，誰復與讓？若光踐大位，則神民有憑依，苟為逆天時，違人事，大勢一去，不可復還。今兩都燔蕩，宗廟無主，劉聰竊號於西北，而陛下方高讓於東南，此所謂揖讓而救火也！」王猶不許，使殿中將軍㈣韓績徹去御坐。瞻叱績曰：「帝坐上應列星㈤，敢動者斬。」王為之改容。

奉朝請周嵩㈥上疏曰：「古之王者，義全而後取，讓成而後得，是以享世長久，重光萬載也。今梓宮未返，舊京未清，義夫泣血，士女遑遑，宜開延嘉謀，訓卒厲兵，先雪社稷大恥，副四海之心，則神器將安適哉？」由是忤旨，出為新安太守㈦，又坐怨望抵罪。嵩，顗之弟也。

丙辰（初十日），王即皇帝位，百官皆陪列。帝命王導升御床共坐，導固辭曰：「若太陽下同萬物，蒼生何由仰照？」帝乃止。大赦，改元㈧，文武增位二等。

帝欲賜諸吏投刺勸進者加位一等，民投刺㈨者皆除吏，凡二十餘萬人。散騎常侍熊遠曰：「陛下應天繼統，率土歸戴，豈獨近者情重，遠者情輕？不若依漢法徧賜天下爵，於恩為普㊉，且可以息檢覈之煩，塞巧偽之端也。」帝不從。

庚午（二十四日），立王太子紹為皇太子。太子仁孝，喜文辭，善武藝，好賢禮士，容受規諫，與庾亮、溫嶠等為布衣之交。亮風格峻整，善談老莊，帝器重之，聘亮妹為太子妃。帝以賀循行太子太傅，周顗為少傅。庾亮以中書郎侍講東宮，帝好刑名家，以韓非書賜太子，庾亮諫曰：「申、韓刻薄傷化，不足留聖心。」太子納之。

㈢帝復遣使授慕容廆龍驤將軍、大單于、昌黎公，廆辭公爵不受㈡。廆以游邃為龍驤長史，劉翔為主簿，命邃創定府朝儀灋。裴嶷言於廆曰：「晉室衰微，介居江表㈢，威德不能及遠，中原之亂，非明公不能拯也。今諸部雖各擁兵，然皆頑愚相聚，宜以漸並取，以為西討㈢之資。」廆曰：「君言大，非孤所及也。然君中朝名德，不以孤僻陋而教誨之，是天以君賜孤而祐其國也。」乃以嶷為長史，委以軍國之謀，諸部弱小者，稍稍擊取之。

㈣李矩使郭默、郭誦救趙固，屯於洛汭㉔。誦潛遣其將耿稚等，夜濟河襲漢營㉕，漢貝丘王翼光覘知之，以告太子粲，請為之備。粲曰：「彼聞趙固之敗，自保不暇，安敢來此邪？毋為驚動將士。」俄而稚等奄至，十道進攻，粲眾驚潰，死傷太半，粲走保陽鄉㉖。稚等據其營，獲器械軍資，不可勝數。及旦，粲見稚等兵少，更與劉雅生㉗收餘眾攻之，漢主聰使太尉范隆帥騎助之，與稚等相持，苦戰二十餘日，不能下。李矩進兵救之，漢兵臨河拒守，矩兵不得濟。稚等殺其所獲牛馬，焚其軍資，突圍犇虎牢㉘。詔以矩都督河南三郡㉙諸軍事。

㈤漢螽斯則百堂㉚災，燒殺漢主聰之子會稽王康等二十一人。

㈥聰以其子濟南王驥為大將軍，都督中外諸軍事，錄尚書；齊王勱為大司徒。

㈦焦嵩、陳安舉兵逼上邽，相國保遣使告急於張寔，寔遣金城太守竇濤督步騎二萬赴之，軍至新陽㉛，聞愍帝崩，保謀稱尊號。破羌都尉張詵言於寔曰：「南陽王，國之疏屬㉜，忘其大恥㉝，而亟欲自尊，必不能成功；晉王近親㉔，且有名德，當帥天下以奉之。」寔從之，遣牙門蔡忠奉表詣建康。比至，帝已即位，寔不用江東年號，猶稱建興㉕。

㈧夏，四月丁丑朔，日有食之。

㈨加王敦江州牧，王導驃騎大將軍，開府儀同三司。導遣八部從事行揚州郡國㉖，還，同時俱見。諸從事各言二千石官長得失，獨顧和無言。導問之，和曰：「明公作輔，寧使網漏吞舟㉗，何緣採聽風聞，以察察為政邪？」導咨嗟稱善。和，榮之族子也。

㈩成丞相范長生卒，成主雄以長生子侍中賁為丞相。長生博學多藝能，年近百歲，蜀人奉之如神。

㈩㈠漢中常侍王沈養女有美色，漢主聰立以為左皇后。尚書令王鑒、中書監崔懿之、中書令曹恂諫曰：「臣聞王者立后，比德乾坤㉘，生承宗廟，沒配后土，必擇世德名宗，幽閑令淑㉙，乃副四海之望，稱神祇之心。孝成帝以趙飛鷰為后，使繼嗣絕滅，社稷為墟⊜，此前鑑也。自麟嘉⊜以來，中宮之位，不以德舉。借使沈之弟女，刑餘小醜，猶不可以塵汙椒房，況其家婢邪？六宮妃嬪，皆公子公孫，奈何一旦以婢主之？臣恐非國家之福也！」聰大怒，使中常侍宣懷謂太子粲曰：「鑒等小子，狂言侮慢，無復君臣上下之禮，其速考實。」於是收鑒等送市，皆斬之。金紫光祿大夫王延，馳將入諫，門者弗通。鑒等臨刑，王沈以杖叩之曰：「庸奴復能為惡乎？乃公何與汝事？」鑒瞋目叱之曰：「豎子，滅大漢者，正坐汝鼠輩與靳準耳！要當訴汝於先帝，取汝於地下治之。」準謂鑒曰：「吾受詔收君，有何不善？君言漢滅由吾也！」鑒曰：「汝殺皇太弟，使主上獲不友之名。國家畜養汝輩，何得不滅？」懿之謂準曰：「汝心如梟鏡㊂，必為國患。汝既食人，人亦當食汝！」聰又立宣懷養女為中皇后。

㈩司徒荀組在許昌，逼於石勒，帥其屬數百人渡江。詔組與太保西陽王羕並錄尚書事。

㈫段匹磾之犇疾陸眷喪也，劉琨使其世子羣送之。匹磾敗，羣為段末柸所得，末柸厚禮之，許以琨為幽州刺史，欲與之襲匹磾，密遣使齎羣書請琨為內應，為匹磾邏騎所得。時琨別屯征北小城㉝，不知也，來見匹磾。匹磾以羣書示琨曰：「意亦不疑公，是以白公耳！」琨曰：「與公同盟，庶雪國家之恥，若兒書密達，亦終不以一子之故，負公而忘義也。」匹磾雅重琨，初無害琨意，將聽還屯，其弟叔軍謂匹磾曰：「我胡夷耳，所以能服晉人者，畏吾眾也。今我骨肉乖離㉞，是其良圖之日。若有奉琨以起，吾族盡矣！」匹磾遂留琨。琨之庶長子遵懼誅，與琨左長史楊橋等閉門自守，匹磾攻拔之。代郡太守辟閭嵩、後將軍韓據復潛謀襲匹磾，事泄㉟，匹磾執嵩、據及其徒黨，悉誅之。五月癸丑（初八日），匹磾稱詔收琨，縊殺之㊱，並殺其子姪四人㊲。琨從事中郎盧諶，崔悅等帥琨餘眾犇遼西，依段末柸，奉劉羣為主，將佐多犇石勒。悅，林之曾孫也㊳。

朝廷以匹磾尚彊，冀其能平河朔，乃不為琨舉哀。溫嶠表琨盡忠帝室，家破身亡，宜在褒恤；盧諶、崔悅因末柸使者，亦上表為琨訟冤。後數歲，乃贈琨太尉，侍中，諡曰愍。於是夷、晉以琨死，皆不附匹磾。末柸遣其弟攻匹磾，匹磾帥其眾數千將犇邵續，勒將石越邀之於鹽山㊴，大敗之，匹磾復還保薊。末柸自稱幽州刺史。

初，溫嶠為劉琨奉表詣建康，其母崔氏固止之，嶠絕裾而去。既至，屢求返命，朝廷不許。會琨死，除散騎侍郎，嶠聞母亡，阻亂不得犇喪，臨葬，固讓不拜，苦請北歸。詔曰：「凡行禮者，當使理可經㊵通。今桀逆未梟，諸軍奉迎梓宮，猶未得進，嶠以一身，於何濟其私難，而不從王命邪？」嶠不得已受拜。

(十四)初，曹嶷既據青州，乃叛漢來降㊶，又以建康懸遠，勢援不接，復與石勒相結。勒授嶷東州大將軍，青州牧，封琅邪公。

(十五)六月甲申（初九日），以刁協為尚書令，荀崧為左僕射。協性剛悍，與物多忤，與侍中劉隗俱為帝所寵任，欲矯時弊，每崇上抑下，排沮豪彊，故為王氏所疾，諸刻碎之政，皆云隗、協所建。協又使酒放肆，侵毀公卿，見者皆側目憚之。

（十六）戊戌（二十三日），封皇子晞為武陵王。

（十七）劉虎自朔方侵拓跋鬱律西部[42]，秋，七月，鬱律擊虎，大破之。虎走出塞，從弟路孤帥其部落降於鬱律。於是鬱律西取烏孫故地，東兼勿吉以西[43]，士馬精彊，雄於北方。

（十八）漢主聰寢疾，徵大司馬曜為丞相，石勒為大將軍，皆錄尚書事，受遺詔輔政。曜、勒固辭，乃以曜為丞相，領雍州牧，勒為大將軍，領幽、冀二州牧，勒辭不受。以上洛王景為太宰，濟南王驥為大司馬，昌國公顗為太師，朱紀為太傅，呼延晏為太保，並錄尚書事；范隆守尚書令，儀同三司，靳準為大司空，領司隸校尉，皆迭決尚書奏事。癸亥（十九日），聰卒。甲子（二十日），太子粲即位，尊皇后靳氏為皇太后，樊氏號弘道皇后，武氏號弘德皇后，王氏號弘孝皇后。立其妻靳氏為皇后，子元公為太子。大赦，改元漢昌。葬聰於宣光陵，謚曰昭武皇帝，廟號烈宗。靳太后等皆年未盈二十，粲多行無禮，無復哀戚。靳準陰有異志，私謂粲曰：「如聞諸公欲行伊霍之事，先誅太保及臣，以大司馬統萬機，陛下宜早圖之。」粲不從，準懼，復使二靳氏(四四)言之，粲乃從之，收其太宰景、大司馬驥、驥母弟車騎大將軍吳王逞、太師顗、大司徒齊王勱，皆殺之，朱紀、范隆犇長安(四五)。

八月，粲治兵於上林(四六)，謀討石勒。以丞相曜為相國，都督中外諸軍事，仍鎮長安，靳準為大將軍，錄尚書事。粲常遊宴後宮，軍國之事，一決於準。準矯詔以從弟明為車騎將軍，康為衛將軍。

準將作亂，謀於王延，延弗從，馳將告之(四七)，遇靳康，刼延以歸。準遂勒兵升光極殿，使甲士執粲，數而殺之，謚曰隱帝(四八)，劉氏男女無少長皆斬東市，發永光(四九)、宣光二陵。斬聰尸，焚其宗廟。準自號大將軍，漢天王，稱制，置百官。謂安定胡嵩曰：「自古無胡人為天子者，今以傳國璽(五〇)付汝，還如晉家。」嵩不敢受，準怒殺之。遣使告司州刺史李矩曰：「劉淵，屠各小醜，因晉之亂，矯稱天命，使二帝幽沒，輒率眾扶侍梓宮，請以上聞。」矩馳表於帝，帝遣太常韓胤等迎梓宮。

漢尚書北宮純等招集晉人，堡於東宮，靳康攻滅之(五一)。

準欲以王延為左光祿大夫，延罵曰：「屠各逆奴，何不速殺我？以吾左目置西陽門，觀相國之入也；右目置建春門，觀大將軍之入也㊼。」準殺之。

相國曜聞亂，自長安赴之。

石勒帥精銳五萬以討準，據襄陵㊽北原。準數挑戰，勒堅壁以挫之。冬，十月，曜至赤壁㊾，太保呼延晏等自平陽歸之，與太傅朱紀等共上尊號，曜即皇帝位㊿，大赦，惟靳準一門不在赦例，改元光初。以朱紀領司徒，呼延晏領司空，太尉范隆以下，悉復本位。勒以石勒為大司馬，大將軍，加九錫，增封十郡，進爵為趙公。勒進攻準於平陽，巴(五一)及羌、羯降者十餘萬落，勒皆徙之於所部郡縣。漢主曜使征北將軍劉雅、鎮北將軍劉策屯汾陰(五二)，與勒共討準。

(19)十一月，乙卯（十二日），日夜出，高三丈。

(20)詔以王敦為荊州牧，加陶侃都督交州諸軍事，敦固辭州牧，乃聽為刺史。

(21)庚申（十八日），詔羣公、卿士各陳得失。御史中丞熊遠上疏，以為：「胡賊猾夏(五八)，梓宮未返，而不能遣軍進討，一失也。羣官不以讎賊未報為恥，務在調戲(五九)酒食而已，二失也。選官用人，不料實德，惟在白望；不求才幹，惟事請託；當官者以治事為俗吏，奉法為苛刻，盡禮為諂諛，從容為高妙，放蕩為達士，驕蹇為簡雅，三失也。世之所惡者，陸沈泥滓(六〇)；時之所善者，翺翔雲霄。是以萬機未整，風俗偽薄。朝廷羣司以從順為善，相違見貶，安得朝有辨爭之臣，士無祿仕之志乎？古之取士，敷奏以言(六一)，今光祿不試(六二)，甚違古義。又舉賢不出世族，用法不及權貴，是以才不濟務，姦無所懲，若此道不改，求以救亂，難矣！」

先是帝以離亂之際，欲慰悅人心，州郡秀、孝(六三)至者，不試，普皆署吏，尚書陳頵亦上言，宜漸循舊制，試以經策(六四)，帝從之。仍詔不中科者，刺史、太守免官(六五)，於是秀、孝皆不敢行，其有到者，亦皆託疾。比三年，無就試者。帝欲特除孝廉已到者官，尚書郎孔坦奏議，以為：「近郡懼累君父(六六)，皆不敢行，遠郡冀於不試，冒昧來赴。今若偏加除署，是為謹身奉法者失分，僥倖投射(六七)

者得官，頹風傷教，恐從此始。不若一切罷歸，而為之延期，使得就學，則法均而令信矣！」帝從之，聽孝廉申(六八)至七年乃試。坦，愉之從子也。

(廿二)靳準使侍中卜泰送乘輿服御，請和於石勒，勒囚泰送於漢主曜。曜謂泰曰：「先帝末年，實亂大倫(六九)，司空行伊霍之權，使朕及此，其功大矣！若早迎大駕者，當悉以政事相委，況免死乎！卿為朕入城，具宣此意。」泰還平陽，準自以殺曜母兄(七〇)，沈吟(七一)未從。十二月，左右車騎將軍喬泰、王騰、衛將軍靳康等相與殺準，推尚書令靳明為主，遣卜泰奉傳國六璽(七二)降漢。石勒大怒，進軍攻明，明出戰，大敗，乃嬰城固守。

(廿三)丁丑（初五日），封皇子煥為琅邪王。煥，鄭夫人之子，生二年矣，帝愛之，以其疾篤，故王之。己卯(七三)（初七日）薨。帝以成人之禮葬之，備吉凶儀服，營起園陵，功費甚廣。琅邪國右常侍(七四)會稽孫霄上疏諫曰：「古者，凶荒殺禮，況今海內喪亂，憲章舊制，猶宜節省，而禮典所無(七五)，顧崇飾如是乎？竭已罷(七六)之民，營無益之事，殫已困之財，脩無用之費，此臣之所不安也。」帝不從。

(卌四)彭城內史周撫殺沛國內史周默，以其眾降石勒。詔下邳內史劉遐領彭城內史，與徐州刺史蔡豹、泰山太守徐龕共討之。豹，質之玄孫也(七)。

(卌五)石虎帥幽、冀之兵，會石勒攻平陽，靳明屢敗，遣使求救於漢，漢主曜使劉雅、劉策迎之，明帥平陽士女萬五千人犇漢，曜西屯粟邑(八)，收靳氏男女，無少長皆斬之(九)。曜迎其母胡氏之喪於平陽，葬於粟邑，號曰陽陵，諡曰宣明皇太后。石勒焚平陽宮室，使裴憲、石會脩永光，宣光二陵，收漢主粲已下百餘口葬之，置戍而歸。

(卌六)成梁州刺史李鳳數有功，成主雄兄子稚在晉壽(十)，疾之，鳳以巴西叛。雄自至涪，使太傅驤討鳳斬之，以李壽為前將軍，督巴西軍事。

【今註】(一)大興元年：是年三月方改元。王鳴盛曰：「晉書本紀及陶侃、王隱、虞預諸傳作太興，稽古錄同，通鑑九十卷作大興，九十一卷作太興，萬斯同歷代紀元彙考、鍾淵映歷代建元考作大，陳景雲紀元要略、陳宏謀甲子紀元作太，趙駿烈紀元彙考忽作太，忽作大，未詳孰是。」㊁右北平：漢置右北平郡，治平剛縣，即今熱河省平泉縣。晉置北平郡，治徐無縣，故治在今河北省遵化縣西。《寰宇記》曰：「晉改右北平曰北平。」此曰右北平，蓋沿漢之舊稱。㊂斬縗居廬：斬縗，喪服名，凡喪服上曰衰，下曰裳，縗與衰同。斬縗，縗衣旁及下際皆不縫緝，其衣以生麻布為之，五服之最重者。《儀禮》云：「斬衰倚廬。」孟康曰：「倚廬，倚墻至地為之，無楣柱。」《禮記．喪服大記》：「父母之喪，居倚廬，不塗。君為廬，宮之；大夫、士，襢之。既葬，柱楣，塗廬，不於顯者，君、大夫、士皆宮之。」正義曰：「居倚廬者，謂於中門之外，東墻下，倚木為廬；不塗者，但以草夾障，不塗之也；宮之者，謂廬外以帷障之如宮墻；襢之言袒也，其廬袒露不帷障也；既葬柱楣者，既葬情殺，故柱楣稍舉以納日光，又以泥塗，辟風寒；不於顯者，塗廬不塗廬外顯處；君、大夫、士皆宮之者，既葬，故得皆宮之。」情殺，言哀傷之情稍減。㊃殿中將軍：胡三省曰：「殿中將軍，屬二衞。晉初，望會宴饗，則戎服直侍左右，夜開諸城門，則執白虎幡監之。」㊄帝坐上應列星：《晉書．天文志》，帝坐在紫宮中。㊅奉朝請周嵩：嵩字仲智，周浚之子，元帝為相，引為參軍，及為晉王，拜奉朝請。《晉書．職官志》曰：「奉朝請，本不為官，無員。漢東京罷三公、外戚、宗室、諸侯，多奉朝請。奉朝請者，奉朝會請召而已。」《學林》曰：「前漢書東方朔傳曰：『奉朝請之禮，備臣妾之儀。』又吳王濞傳曰：『使人為秋請。』孟康注曰：『律：春曰朝，秋曰請，如古諸侯朝聘也。』如淳曰：『濞不自行，使人代己致請禮。』然則奉朝請，漢律所謂春朝秋請是也。吳王濞傳所謂秋請，乃漢律也。廣韻去聲靚字注曰：『古奉朝請，亦用靚字。』然則晉志謂奉朝會請召者誤矣！蓋朝請者，臣見君者也，曰請召，則是君召臣也。自晉以來，奉朝請之官，受俸祿而不隸事，奉東都尉、駙馬都尉、騎都尉之類是也。」㊆新安太守：吳孫權分丹陽立新都郡，晉武帝太康元年，改名新安郡，治始新縣，故治在今浙江省淳安縣西。㊇改元：改元大興，參見註㊀。㊈刺：名帖。毛晃曰：「書姓名於奏白曰刺。」㊉不若依漢法徧賜天下爵，於恩為普：胡三省曰：「漢自惠帝嗣位，賜民爵一級，有官秩者以歲數為差。其後諸帝初即位，率賜民爵一級。」此言若依漢法賜天下民爵，則恩澤普被，而無偏頗之弊。㊁帝復遣使授慕容廆龍驤將軍、大單于、昌黎公，廆辭公爵不受：胡三省曰：「廆辭公爵不受，外為謙讓，其志不肯鬱鬱於昌黎也。」㊂介居江表：江表謂江左，時東晉立國於江左，於中原言為江表。介，間隔也。《文選・馬融長笛賦》：「間介無蹊。」注云：「言山間隔，無蹊徑也。」言晉僻處江左，為胡羯所隔，威德不能及於中原。㊂西討：胡三省曰：「西討，謂自遼東進兵，西入中州也。」㊃洛汭：汭釋見卷八十九建興二年註㊈。洛汭，洛水曲流入河處，舊在河南省鞏縣東北，今在汜水縣西北。㊄誦潛遣其將耿雅等，夜濟河襲漢營：按《晉書・李矩傳》，時聰太子粲率步騎十萬屯於孟津北岸，雅等蓋自洛口渡黃河以襲漢營。㊅陽鄉：胡三省曰：「陽鄉蓋春秋陽樊之地，在汲郡修武縣界。」陽樊，蓋東周畿內樊邑，在今河南省濟源縣。㊆劉雅生：《晉書・李矩傳》作劉雅生，〈劉聰載記〉作劉雅，屢見，無生字。吳士鑑曰：「生字為衍文。」㈥虎牢：《晉書·地理志》河南郡成皋縣有關，鄭之虎牢也。《括地志》曰：「洛州汜水縣，古東虢國，亦鄭之制邑，漢之成皋，亦周穆王虎牢城。」《穆天子傳》云：「天子射獵於鄭圃，有虎在平葭中，天子將至，七萃之士高奔戎生捕虎而獻之，天子命為之柙，畜之東虞，是為虎牢。」《左傳》曰：「孟獻子請城虎牢以逼鄭，遂城虎牢。」故城在今河南省汜水縣西北。㈨河南三郡：胡三省曰：「三郡，河南、滎陽、弘農也。」⑳螽斯則百堂：胡三省曰：「螽斯則百堂，取螽斯子孫眾多，思齊則百斯男之義。」螽斯，《詩經》篇名。㉑新陽：《晉書·地理志》天水郡有新陽縣，何承天曰：「魏立。」故城在今甘肅省秦安縣東南。㉒南陽王，國之疏屬：南陽王保，宣帝之從曾孫，故曰疏屬。㉓忘其大恥：胡三省曰：「君父皆死於賊手，保之大恥也。」㉔晉王近親：元帝，宣帝之曾孫，較南陽王保為近親。㉕寔不用江東年號，猶稱建興：以元帝非己所勸進，故不用其年號，而視東晉與諸王等。自是河西張氏用建興年號，歷九世四十九年，至孝宗升平五年，張天錫乃奉升平年號。㉖導遣八部從事行揚州郡國：胡三省曰：「揚州時統丹陽、會稽、吳、吳興、宣城、東陽、臨海、新安八郡，故分遣部從事八人。」㉗網漏吞舟：喻法網疏濶。《漢書·刑法志》：「漢興之初，雖有約法三章，網漏吞舟之魚。」顏師古曰：「言疏濶。吞舟，謂大魚也。」㉘王者立后，比德乾坤：胡三省曰：「乾父道也，君比德焉！坤母道也，后比德焉！」㉙幽閑令淑：《詩·關雎》：「窈窕淑女。」毛晃曰：「窈窕，幽閒也。」陳奐曰：「窈言婦德幽靜，窕言婦容閒雅。」王肅曰：「善心為窈，善色為窕。」閑與閒同；淑，善也；令，亦善也。㉚孝成帝以趙飛鷰為后，使繼嗣絕滅，社稷為墟：事見卷三十二漢哀帝建平元年。㉑麟嘉：劉聰年號。晉愍帝建興四年，聰改元麟嘉。㉒汝心如梟鏡：《晉書．劉聰載記》崔懿之曰：「靳準梟聲鏡形，必為國患。」相傳梟為惡鳥，長而食其母；鏡即破鏡，即獍，孟康曰：「破鏡，獸名，食父，如豹而虎眼。」又《述異記》：「獍之為獸，狀如虎豹而小，始生，還食其母。」故以梟鏡為惡人之喻。㉓征北小城：胡三省曰：「征北小城，蓋征北將軍所治。」顧祖禹曰：「征北小城在順天府東。或曰，即後漢末公孫瓚所築，晉置征北將軍，嘗治此，因名。」順天府，今之北平。㉔今我骨肉乖離：謂匹磾與末柸自相攻擊。㉕代郡太守辟閭嵩、後將軍韓據復潛謀襲匹磾，事泄：《晉書．劉琨傳》云：「匹磾所署代郡太守辟閭嵩與琨所署鴈門太守王據、後將軍韓據連謀，密作攻具欲以襲匹磾，而韓據女為匹磾兒妾，聞其謀而告之。」王據，《御覽》三三六引王隱《晉書》作王處。王書曰：「磾兒強取處女為妾，遂以攻具告磾。」琨傳作韓據女，亦異。㉖匹磾稱詔收琨，縊殺之：《晉書．劉琨傳》云：「時年四十八。」吳士鑑《晉書．劉琨傳》斠注曰：「案世說言語篇注引王隱晉書云：『琨年三十五，出為并州刺史。』本傳上文永嘉元年為并州刺史，匹磾縊琨事在元帝大興元年五月。如王書之說，時年應為四十六，非四十八也。」㉗並殺其子姪四人：《晉書．劉琨傳》云：「子姪四人俱被害。」《晉書．劉琨傳》斠注曰：「案下文盧諶、崔悅表云：『禍害父息四人，從兄二息。』敦煌石室本晉紀云：『害琨父息四人，兄息、從兄息二人。』是弟兄子姪被害者六人，此作四人，乃史臣之誤。」㉘悅，林之曾孫也：崔林仕魏，位至司空。㉙鹽山：《隋書．地理志》曰：「鹽山縣有鹽山。」按隋鹽山縣，晉為高城縣，屬渤海郡。顧祖禹曰：「高城故城在鹽山縣南六里，鹽山在鹽山縣東南八十里，地產鹽，因名。」鹽山縣即今河北省鹽山縣治。㊵經：胡三省曰：「經，常也。」㊶初，曹嶷既據青州，乃叛漢來降：謂建武元年六月，嶷遣詣建康奉表勸進。㊷劉虎自朔方侵拓跋鬱律西部：虎徙朔方見卷八十七懷帝永嘉四年。㊸東兼勿吉以西：胡三省曰：「唐書北狄列傳曰：『黑水靺鞨，居肅慎地，亦曰挹婁，元魏謂之勿吉。』通鑑蓋因魏收魏書書之，鬱律所取者，勿吉以西之地，未能兼勿吉也。」㊹二靳氏：謂聰后及粲后。㊺朱紀、范隆犇長安：時劉曜鎮長安。㊻粲治兵於上林：胡三省曰：「蓋起上林苑於平陽。」㊼馳將告之：將以準謀馳告粲。㊽謚曰隱帝：《御覽》一一九引《前趙書》曰：「謚曰靈帝。」此據《晉書．劉聰載記》。㊾永光：淵陵號永光。㊿傳國璽：即晉傳國璽，洛陽之陷，遷於平陽。(五一)漢尚書北宮純等招集晉人，堡於東宮，靳康攻滅之：北宮純降漢見卷八十七懷帝永嘉五年。(五二)以吾左目置西陽門，觀相國之入也；右目置建春門，觀大將軍之入也：西陽門，平陽城之西門，以劉曜將自西進兵；建春門，平陽城之東門，以石勒將自東進兵。蓋亦師伍子胥之語意。(五三)襄陵：襄陵縣，漢屬河東郡，晉屬平陽郡。顏師古曰：「晉襄公之陵，因以名縣。」故城在今山西省襄陵縣東。(五四)赤壁：胡三省曰：「水經注河東皮氏縣西北有赤石川。」《晉書．劉曜載記》云：「靳準之難，曜自長安赴之，至於赤壁，僭即皇帝位。」又〈石勒載記〉：「劉曜自長安屯於蒲坂，曜復僭號。」則赤壁當在蒲坂境。(五五)曜即皇帝位：曜字永明，淵之族子。(五六)巴：胡三省曰：「巴，巴氏也。魏武平漢中，遷巴氏於關中，其後種類滋蔓，河東、平陽皆有之。」(五七)汾陰：

汾陰縣，漢屬河東郡，晉省，此蓋沿漢之舊稱。故城在今山西省滎河縣北。(五八)猾夏：孔安國曰：「猾，亂也；夏，華夏。」(五九)調戲：胡三省曰：「諧謔以相調戲。」(六〇)陸沈泥滓：《莊子・則陽》：「方且與世違，而心不屑與之俱，是陸沈者也。」注云：「人中隱者，譬無水而沈也。」(六一)敷奏以言：〈舜典〉之語。孔安國曰：「敷，陳；奏，進也。各使陳進治體之言。」(六二)光祿不試：胡三省曰：「此即謂秀孝不試而署吏。」(六三)州郡秀、孝：謂州郡所舉秀才及孝廉。(六四)宜漸循舊制，試以經策：胡三省曰：「晉初秀、孝以經策中第者若華譚之類是也。」(六五)仍詔不中科者，刺史、太守免官：欲罪舉主以杜濫舉，蓋亦兩漢舊制。(六六)君父：謂刺史、太守。兩漢以來，刺史、太守皆得自辟屬吏，有君臣之義，故屬稱刺史、太守曰府君，比之君父。(六七)投射：謂投機以射利。(六八)申：謂伸展其期限。申與伸同。(六九)先帝末年，實亂大倫：胡三省曰：「先帝謂粲也，亂倫，謂烝其諸母。」按粲即位僅數日而卒，此末年，當謂其有生臨歿之年，非謂其即位之末年。(七〇)準自以殺曜母兄：胡三省曰：「曜母胡氏，為準所殺，兄則史失其名。」曜母胡氏，見《晉書・劉曜傳》。(七一)沈吟：猶豫不決之意。(七二)六璽：註見卷九漢元年註(六)。(七三)丁丑，封皇子煥為琅邪王。……己卯薨：按《晉書・宣五王傳》曰：「更以皇子煥為琅邪王，其日薨。」元帝紀作丁丑封，己卯薨，與傳異。(七四)琅邪國右常侍：《晉書・職官志》曰：「大國置左右常侍各一人。」《書鈔》七十一引《晉起居注》曰：「武帝咸寧三年，制大國左、右常侍，贊相威儀，獻納臧否。」(七五)禮典所無：胡三省曰：「葬無服之殤以成人之禮，古典所無也。」(七六)罷：讀曰疲。(七七)豹，質之玄孫也：蔡質，漢人，蔡邕之叔父。(七八)粟邑：粟邑縣，漢屬左馮翊，晉屬馮翊郡，故城在今陝西省白水縣西北。㊄收靳氏男女，無少長皆斬之：《晉書・列女傳》云：「靳康女者，不知何許人也，美姿容，有志操。劉曜之誅靳氏，將納靳女為妾。女曰：『陛下既滅其父母兄弟，復何用妾為妾？聞逆人之誅也，尚汚宮伐樹，而況其子女乎？』因號泣請死。曜哀之，免康一子。」〈劉聰載記〉謂聰收靳氏男女，無少長皆殺之，與傳異。㊅晉壽：晉壽縣，屬梓潼郡。《晉書・地理志》曰：「劉備據蜀，分廣漢之葭萌、涪城、梓潼、白水四縣，改葭萌曰漢壽，又立漢德縣以為梓潼郡。泰始三年，改漢壽為晉壽。」則晉壽漢之葭萌也。故城在今四川省昭化縣南。

卷九十一　晉紀十三

起屠維單閼，盡重光大荒落，凡三年。（己卯至辛巳，西元三一九年至三二一年）

司馬光編集
林瑞翰　註

中宗元皇帝中

太興二年（西元三一九年）

㈠春，二月，劉遐、徐龕擊周撫於寒山㈠，破斬之。初，掖㈡人蘇峻，帥鄉里數千家結壘以自保，遠近多附之。曹嶷惡其彊，將攻之，峻率眾浮海來奔。帝以峻為鷹揚將軍㈢，助劉遐討周撫有功，詔以遐為臨淮太守，峻為淮陵內史㈣。

㈡石勒遣左長史王脩獻捷於漢，漢主曜遣兼司徒郭汜㈤，授勒太宰，領大將軍，進爵趙王，加殊禮，出警入蹕，如曹公輔漢故事。拜王脩及其副劉茂皆為將軍，封列侯。脩舍人曹平樂從脩至粟邑，因留仕漢，言於曜曰：「大司馬㈥遣脩等來，外表至誠，內覘大駕彊弱，俟其復命，將襲乘輿。」時漢兵實疲弊，曜信之，乃追汜還，斬脩於市。三月，勒還至襄國。劉茂逃歸，言脩死狀㈦。勒大怒曰：「孤事劉氏，於人臣之職有加矣！彼之基業，皆孤所為，今既得志，還欲相圖，趙王、趙帝，孤自為之，何待於彼邪？」乃誅曹平樂三族。

㈢帝令羣臣議郊祀，尚書令刁協等以為宜須還洛乃脩之。司徒荀組等曰：「漢獻帝都許，即行郊祀㈧，何必洛邑？」帝從之，立郊丘於建康城之巳地。辛卯（三月壬寅朔，辛卯在四月），帝親祀南郊，以未有北郊㈨，幷地祇合祭之。詔琅邪恭王宜稱皇考。賀循曰：「禮：子不敢以己爵加於父㈩。」乃止。

㈣初，蓬陂㈡塢主陳川自稱陳留太守，祖逖之攻樊雅也㈢，川遣其將李頭助之。頭力戰有功，逖厚遇之。頭每嘆曰：「得此人為主，吾死無恨。」川聞而殺之。頭黨馮寵帥其眾降逖，川益怒，大掠豫州諸郡，逖遣兵擊破之。夏，四月，川以浚儀㈢叛降石勒。

㈤周撫之敗走也，徐龕部將于藥追斬之，及朝廷論功，而劉遐先之，龕怒，以泰山叛降石勒，自稱兗州刺史。

㈥漢主曜還都長安㊀㊃，立妃羊氏為皇后，子熙為皇太子。封子襲為長樂王，闡為太原王，沖為淮南王，敞為齊王，高為魯王，徽為楚王，諸宗室皆進封郡王。羊氏，即故惠帝后也㊀㊄。曜嘗問之曰：「吾何如司馬家兒？」羊氏曰：「陛下開基之聖主，彼亡國之暗夫，何可並言，彼貴為帝王，有一婦、一子及身三耳，曾不能庇，妾於爾時實不欲生，意謂世間男子皆然，自奉巾櫛已來，始知天下自有丈夫耳！」曜甚寵之，頗干預國事。

㈦南陽王保自稱晉王，改元建康，置百官。以張寔為征西大將軍，開府儀同三司。陳安㊀㊅自稱秦州刺史，降於漢，又降於成。上邽大饑，士眾困迫，張春㊀㊆奉保之南安祁山㊀㊇，寔遣韓璞帥步騎五千救之，陳安退保緜諸㊀㊈，保歸上邽。未幾，保復為安所逼，寔遣其將宋毅救之，安乃退。

㈧江東大饑，詔百官各上封事，益州刺史應詹上疏㊁㊀曰：「元康以來，賤經尚道，以玄虛宏放為夷達，以儒術清儉為鄙俗。宜崇獎儒官，以新俗化。」

(九)祖逖攻陳川於蓬關，石勒遣石虎將兵五萬救之，戰於浚儀，逖兵敗，退屯梁國(二一)。勒又遣桃豹將兵至蓬關，逖退屯淮南(二二)。虎徙川部眾五千戶於襄國，留豹守川故城(二三)。

(十)石勒遣石虎擊鮮卑日六延於朔方，大破之，斬首二萬級，俘虜三萬餘人。孔萇攻幽州諸郡，悉取之。段匹磾士眾饑散，欲移保上谷(二四)，代王鬱律勒兵將擊之，匹磾棄妻子奔樂陵，依邵續(二五)。

(十一)曹嶷遣使賂石勒，請以河為境，勒許之(二六)。

(十二)梁州刺史周訪擊杜曾，大破之，馬雋等執曾以降(二七)，訪斬之，幷獲荊州刺史第五猗(二八)，送於武昌(二九)。訪以猗本中朝所署，加有時望，白王敦不宜殺，敦不聽而斬之。初，敦患杜曾難制，謂訪曰：「若擒曾，當相論為荊州。」及曾死而敦不用。王廙在荊州，多殺陶侃將佐，以皇甫方回為侃所敬，責其不詣己，收斬之，士民怨怒，上下不安。帝聞之，徵廙為散騎常侍，以周訪代廙為荊州刺史。王敦忌訪威名，意難之。從事中郎郭舒說敦曰：「鄙州(三〇)雖荒弊，乃用武之國，不可以假人，宜自領之，訪為梁州足矣。」敦從之。六月丙子（初七日），詔加訪安南將軍，餘如故。訪大怒，敦手書譬解，并遺玉環玉椀，以申厚意。訪抵之於地曰：「吾豈賈豎，可以寶悅邪？」

訪在襄陽，務農訓兵，陰有圖敦之志，守宰有缺輒補，然後言上，敦患之而不能制。魏該為胡寇所逼，自宜陽率眾南遷新野㉑，助周訪討杜曾有功，拜順陽太守。趙固死，郭誦留屯陽翟㉒，石生屢攻之，不能克。

⑬漢主曜立宗廟、社稷、南北郊於長安。詔曰：「吾之先興於北方，光文立漢宗廟以從民望㉓。今宜改國號，以單于為祖，亟議以聞。」羣臣奏：「光文始封盧奴伯㉔，陛下又王中山，中山，趙分也，請改國號為趙。」從之。以冒頓配天，光文配上帝。

⑭徐龕寇掠濟岱㉕，破東莞㉖。帝問將帥可以討龕者於王導，導以為太子左衞率泰山羊鑒，龕之州里冠族，必能制之。鑒深辭才非將帥，郗鑒亦表鑒非才不可使，導不從。秋，八月，以羊鑒為

征虜將軍，征討都督，督徐州刺史蔡豹、臨淮太守劉遐、鮮卑段文鴦㊲等討之。

(十五)冬，石勒左右長史張敬、張賓、左右司馬張屈六、程遐等勸勒稱尊號，勒不許。十一月，將佐等復請勒稱大將軍，大單于，領冀州牧，趙王。依漢昭烈在蜀，魏武在鄴故事，以河內等二十四郡為趙國㊳，太守皆為內史，準禹貢復冀州之境㊴，以大單于鎮撫百蠻，罷幷、朔、司三州㊵，通置部司以監之，勒許之。戊寅（是月無戊寅），即趙王位，大赦，依春秋時列國稱元年。

初，勒以世亂，律令煩多，命法曹令史貫志㊶采集其要，作辛亥制五千文，施行十餘年，乃用律令，以理曹參軍上黨續咸㊷為律學祭酒㊸。咸用法詳平，國人稱之。以中壘將軍㊹支雄、游擊將軍王陽領門臣祭酒，專主胡人辭訟。重禁胡人不得陵侮衣冠華族㊺，號胡為國人，遣使循行州郡，勸課農桑，朝會始用天子禮樂，衣冠儀物，從容可觀矣。加張賓大執灋，專總朝政。以右虎為單于元輔，都督禁衞諸軍事，尋加驃騎將軍，侍中，開府，賜爵中山公。

自餘羣臣，授位進爵各有差。

張賓任遇優顯，羣臣莫及，而謙虛敬慎，開懷下士，屏絕阿私，以身帥物㊻，入則盡規，出則歸美，勒甚重之。每朝，常為之正容貌，簡辭令，呼曰右侯㊼而不敢名。

(十六)十二月，乙亥（初九日），大赦。

(十七)平州刺史崔毖，自以中州人望鎮遼東㊽，而士民多歸慕容廆，心不平，數遣使招之，皆不至，意廆拘留之，乃陰說高句麗、段氏、宇文氏使共攻之㊾，約滅廆，分其地。毖所親勃海高瞻力諫，毖不從。三國合兵伐廆，諸將請擊之，廆曰：「彼為崔毖所誘，欲邀一切之利，軍勢初合，其鋒甚銳，不可與戰，當固守以挫之。彼烏合㊿而來，既無統壹，莫相歸服，久必攜貳。一則疑吾與毖詐而覆之，二則三國自相猜忌，待其人情離貳，然後擊之，破之必矣！」三國進攻棘城，廆閉門自守，遣使獨以牛酒犒宇文氏。二國疑宇文氏與廆有謀，各引兵歸。宇文大人悉獨官曰：「二國雖歸，吾當獨取之。」宇文氏士卒數十萬，連營四十里，廆使召其子翰於徒河㊾。翰遣使白廆曰：「悉獨官舉國為寇，彼眾我寡，易以計破，難以力勝。今城中之眾，足以禦寇，翰請為奇兵於外，伺其間而擊之，內外俱奮，使彼震駭，不知所備，破之必矣！今并兵為一，彼得專意攻城，無復它虞㊿，非策之得者也，且示眾以怯，恐士氣不戰先沮矣！」廆猶疑之，遼東韓壽言於廆曰：「悉獨官有憑陵之志，將驕卒惰，軍不堅密，若奇兵卒起，掎㊿其無備，必破之策也。」廆乃聽翰留徒河，悉獨官聞之曰：「翰素名驍果，今不入城，或能為患，當先取之，城不足憂。」乃分遣數千騎襲翰，翰知之，詐為段氏使者逆於道曰：「慕容翰久為吾患，聞當擊之，吾已嚴兵相待，宜速進也。」使者既去，翰即出城設伏以待之，宇文氏之騎見使者，大喜馳行，不復設備，進入伏中，翰奮擊，盡獲之。乘勝徑進，遣間使㊿語廆出兵大戰，廆使其子皝與長史裴嶷將精銳為前鋒，自將大兵繼之。悉獨官初不設備，聞廆至，驚，悉眾出戰。前鋒始交，翰將千騎從旁直入其營，縱火焚之，眾皆惶擾，不知所為，遂大敗，悉獨官僅以身免。廆盡俘其眾，獲皇帝玉璽三紐(五五)。崔毖聞之，懼，使其兄子燾詣棘城偽賀，會三國使者亦至請和，曰：「非我本意，崔平州教我耳！」廆以示燾，臨之以兵，燾懼，首服。廆乃遣燾歸謂毖曰：「降者上策，走者下策也。」引兵隨之，毖與數十騎棄家奔高句麗，其眾悉降於廆。廆以其子仁為征虜將軍，鎮遼東，官府市里，案堵如故。高句麗將如奴子據於河城，廆遣將軍張統掩擊，擒之，俘其眾千餘家。以崔燾、高瞻、韓恆、石琮歸於棘城，待以客禮。恆，安平人；琮，鑒之孫也(五六)。

廆以高瞻為將軍，瞻稱疾不就，廆數臨候之，撫其心曰：「君之疾在此，不在它也。今晉室喪亂，孤欲與諸君共清世難，翼戴帝室。君中州望族，宜同斯願，奈何以華、夷之異，介然(五七)疎之哉！夫立功立事，惟問志略何如耳，華、夷何足問乎(五八)！」瞻猶不起，廆頗不平。龍驤主簿宋該(五九)與瞻有隙，勸廆除之，廆不從，瞻以憂卒。

(十八)初，鞠羨既死(六〇)，苟晞復以羨子彭為東萊太守，會曹嶷徇青州㈥，與彭相攻，嶷兵雖彊，郡人皆為彭死戰，嶷不能克。久之，彭歎曰：「今天下大亂，彊者為雄，曹亦鄉里㈦，為天所相，苟可依憑，即為民主，何必與之力爭，使百姓肝腦塗地？吾去此，則禍自息矣！」郡人以為不可，爭獻拒嶷之策，彭一無所用，與鄉里千餘家浮海歸崔毖。北海鄭林客於東萊，彭、嶷之相攻，林情無彼此，嶷賢之，不敢侵掠，彭與之俱去。比至遼東，毖已敗，乃歸慕容廆，廆以彭參龍驤軍事。遺鄭林車牛粟帛，皆不受，躬耕於野。

宋該勸廆獻捷江東，廆使該為表，裴嶷奉之，幷所得三璽詣建康獻之。

高句麗數寇遼東，廆遣慕容翰、慕容仁伐之，高句麗王乙弗利逆來求盟，翰、仁乃還。

㈨是歲，蒲洪降趙，【考異】三十國、晉春秋，洪降劉曜在太興元年。案元年曜未都長安，晉書洪載記無年，但云曜僭號長安，洪歸曜，故置是年。趙主曜以洪為率義侯。

(廿)屠各路松多起兵於新平、扶風，以附晉王保，保使其將楊曼、王連據陳倉，張顗、周庸據陰密，松多據草壁㊂，秦、隴氏、羌多應之，趙主曜遣諸將攻之，不克，曜自將擊之。

【今註】㊀寒山：《魏書．地形志》曰：「彭城郡彭城縣有寒山。」山在今江蘇省銅山縣東南。㊁掖：《晉書．蘇峻傳》云：「長廣掖人。」按《晉書．地理志》，長廣郡有挺縣，無掖縣，掖縣，屬東萊國，蓋戰國齊邑，田單所封，即今山東省掖縣治。㊂鷹揚將軍：《宋書．百官志》曰：「鷹揚將軍，建安中曹公以命曹洪。」㊃淮陵內史：淮陵縣，漢屬臨淮郡，後漢屬下邳國，晉武帝太康元年，復分下邳之淮南為臨淮郡，淮陵縣屬焉。惠帝元康七年，分臨淮置淮陵郡，故城在今安徽省盱眙縣西北。㊄兼司徒郭汜：《御覽》三八二引《十六國春秋》曰：「郭汜字子遊，上郡人也。父士，為縣卒。汜長不滿七尺，醜極，時當樸訥無慧。後為縣卒，感憤遊學，師事安平趙孔曜。曜見而偉之，曰：『此生有公骨，其當貴達。』」㊅大司馬：曜僭立之初，以勒為大司馬，故稱之。㊆劉茂逃歸，言脩死狀：《魏書．石勒傳》云：「勒遣兼左長史王脩、主簿劉茂獻捷於曜。」《通鑑》據《晉書．石勒載記》，但言遣其左長史王脩獻捷於曜，脫劉茂。㊇漢獻帝都許，即行郊祀：胡三省曰：「范書漢獻帝建安元年，郊祀上帝於安邑，是年七月，至洛陽，復郊祀上帝，八月，遷許，無郊祀之事，或別見他書也。晉書禮志載組議云：『獻帝遷許，即便立郊。』蓋郊祀不在遷許之年也。」㊈以未有北郊：胡三省曰：「按成帝咸和八年，始於覆舟山南立北郊。」南郊祀天，北郊祀地。㊉禮，子不敢以己爵加於父：此前漢師丹引禮以為言，事見卷三十三漢哀帝建平元年。循蓋師丹之意。⑪蓬陂：蓬陂即蓬澤，在今河南省開封縣南，參見卷八十七永嘉五年註(59)。⑫祖逖之攻樊雅也：逖攻雅於譙城，見卷九十建武元年。⑬浚儀：浚儀縣，屬陳留國，蓋戰國魏之大梁，故城在河南省開封縣西北。⑭漢主曜還都長安：自粟邑還長安，遂徙都之。⑮羊氏，即故惠帝后也：曜納羊后見卷八十七懷帝永嘉五年。⑯陳安：安本南陽王模都尉，模敗，歸保。⑰張春：春，保將。⑱南安祁山：南安郡有祁山城，諸葛亮出祁山伐魏即此。城在今甘肅省西和縣西北。《水經注》曰：「漢水北連山秀舉，羅峯競峙，是為祁山。山上有城，極為嚴固，昔諸葛亮攻祁山，即斯城也。」⑲緜諸：緜諸道，前漢屬天水郡，後漢、晉省。《水經注》曰：「緜諸水逕緜諸城北，東入於清水，清水又東南注於渭。」陳安所據，即漢之緜諸故城，在今甘肅省天水縣東。⑳益州刺史應詹上疏：按《晉書・應詹傳》：「遷益州刺史，領巴東監軍，俄拜後軍將軍，上疏陳便宜。」詹此疏蓋任後軍將軍時所上。又《御覽》二三八引《晉中興書》曰：「詹太興三年，為後軍將軍。」則此疏當在太興三年後。㉑逖兵敗，退屯梁國：羅振玉〈敦煌石室晉紀跋〉曰：「元帝紀：『五月，平北將軍祖逖及石勒將石季龍戰於浚儀，王師敗績。』逖傳則云：『逖率眾伐川，石季龍領兵五萬救川，逖設奇以擊之，季龍大敗。』紀、傳所述，即是一事，而勝敗相反。考之此卷，記平西將軍伐陳川，聞石虎等濟河將救之，逖入，左伏肅先馳，逖設伏射而殺之，虎乃退，遂掠豫州諸郡，徙川襄國，留桃豹屯於川臺。與祖逖傳正同，知元帝紀言王師敗績者誤也。」吳士鑑曰：「案石勒載記但言石季龍救川，逖退屯梁國，季龍使揚武左伏肅攻之，亦不言逖敗績。」丁國鈞曰：「逖傳是役季龍率眾救川，逖設奇擊之，季龍大敗，與紀所言正相反。案敦煌石室本晉紀與晉書祖逖傳同，惟平北作平西，與逖傳作鎮西者又異，蓋傳譌平為鎮，元紀譌西為北也。」季龍，石虎字，犯唐諱，故以字行。㉒淮南：胡三省曰：「此淮南郡，治壽春。」㉓留豹守川故城：川故城，川故所居城，即敦煌石室本晉紀所謂川臺，陳川所築，一曰陳川城。㉔上谷：《晉書．地理志》曰：「秦置郡在谷之上頭，故因名焉。」郡治沮陽縣，故城在今河北省懷來縣南。㉕匹磾棄妻子奔樂陵，依邵續：樂陵郡，治厭次，故城在今山東省陽信縣東，續保之以奉晉。㉖曹嶷遣使賂石勒，請以河為境，勒許之：胡三省曰：「嶷已緣河置戍矣，今賂勒請以河為境者，懼勒之侵軼也。」㉗馬雋等執曾以降：《晉書．杜曾傳》云：「曾將馬雋、蘇溫等執曾詣訪降。」〈周訪傳〉云：「訪部將蘇溫收曾詣軍。」按曾傳，溫蓋曾將，按訪傳，溫為訪將，二傳互異。㉘幷獲荊州刺史第五猗：猗從杜曾事見卷八十九愍帝建興四年。㉙送於武昌：時王敦鎮武昌。㉚鄀州：郭舒先在荊州，歷事劉弘、王澄，故稱荊州為鄀州。㉛魏該為胡寇所逼，自宜陽率眾南遷新野：該自懷帝末屯宜陽界一泉塢，其後饑弊，該走南陽，該將馬瞻率該部曲降曜，該部曲復殺瞻迎該，該徙望眾於新野。宜陽縣屬弘農郡，蓋戰國時韓邑，故城在今河南省宜陽縣西。新野縣，漢屬南陽郡，晉屬義陽郡，惠帝復分義陽立新野郡。新野故城在今河南省新野縣南。㉜陽翟：陽翟縣，漢屬潁川郡，晉屬河南郡，春秋時鄭之櫟邑，戰國韓嘗都此，即今河南省禹縣。㉝光文立漢宗廟以從民望：見卷八十五惠帝永興元年。㉞光文始封盧奴伯：晉成都王穎承制封劉淵為盧奴伯。

㉟濟岱：濟水、泰山之間。岱，泰山別稱。㊱東莞：東莞縣，漢屬琅邪郡，後漢屬琅邪國，晉屬東莞郡，即今山東省沂水縣。《宋書・州郡志》曰：「晉武帝泰始元年，分琅邪立東莞郡，咸寧三年，復以合琅邪，太康十年，復立。」《晉書・地理志》曰：「東莞郡，太康中置。」錢大昕曰：「按三國志臧霸傳，太祖禽呂布，以尹禮為東莞太守，胡質傳，黃初中，胡質為東莞太守，張既傳，明帝時張既為東莞太守，而晉書司馬晃傳，晃為東莞太守亦在魏代，則漢末至魏已有東莞郡矣！晉武帝即位之初，封叔父伷為東莞王，是晉初本有東莞郡，非太康始置也，但咸寧三年，徙東莞王伷為琅邪王，即以東莞益其國，自是東莞不為郡者九年，至太康四年，伷薨，而後東莞復為郡耳！北海之劇，晉志隸東莞而太康地志屬琅邪者，太康之初，東莞並於琅邪也。案宋志，太康十年復立東莞，尚在四年之後，蓋伷薨後，未遽復東莞耳！水經注：『東莞縣，魏文帝黃初中立為東莞郡。』不知建安中已有之。」莞音官。㊲鮮卑段文鴦：按《晉書・段匹磾傳》，時文鴦從其兄匹磾依邵續於樂陵，樂陵治厭次也。㊳以河內等二十四郡為趙國：胡三省曰：「時以河內、魏、汲、頓丘、平原、清河、鉅鹿、常山、中山、長樂、樂平、趙國、廣平、陽平、章武、勃海、河間、上黨、定襄、范陽、漁陽、武邑、燕國、樂陵二十四郡為趙國。」㊴準禹貢復冀州之境：《晉書・石勒載記》云：「準禹貢、魏武復冀州之境，南至孟津，西達龍門，東至於河，北至於塞垣。」㊵罷幷、朔、司三州：胡三省曰：「晉未嘗置朔州，此罷朔州，未知誰所置也。」㊶貫志：貫姓，志名。㊷續咸：續姓，咸名。㊸律學祭酒：按《晉書・石勒載記》，勒稱趙王，置經學祭酒，以裴憲、傅暢、杜嘏領之；置律學祭酒，

以續咸、庾景為之；置史學祭酒，以任播、崔濬為之；又置門臣祭酒，以支雄、王陽領之，專明胡人辭訟。(四四)中壘將軍：胡三省曰：「中壘將軍，後趙創置。」(四五)華族：胡三省曰：「華族，中華之族也。」(四六)帥物：帥讀曰率，言為萬物表率。(四七)右侯：賓為勒右長史，封濮陽侯。(四八)平州刺史崔毖，自以中州人望鎮遼東：毖，崔琰之曾孫，琰在魏時，為冀州首望，子孫遂為冀州冠族。按時平州與遼東郡同治襄平，故城在今遼寧省遼陽縣北。毖音祕。(四九)乃陰說高句麗、段氏、宇文氏使共攻之：顧祖禹曰：「高句麗時國於樂浪之丸都，今朝鮮王京東北有丸都故城；鮮卑段氏國於遼西令支，與慕容氏接境；鮮卑宇文氏國於遼西紫蒙川，在今柳城西境。」按丸都在今安東省緝安縣境，有魏毌丘儉破高麗勒功碑，臨鴨綠江西岸，與韓國接界。令支在今河北省遷安縣西，柳城，今熱河省朝陽縣。(五〇)烏合：胡三省曰：「飛鳥見食，羣集而聚啄之，人或驚之，則四散飛去，故兵以利合，無所統一者，謂之烏合。」(五一)廆使召其子翰於徒河：廆遣翰伐段疾陸眷，取徒河，因留鎮焉，見卷八十八愍帝建興元年。(五二)虞：防備。(五三)掎：顏師古曰：「掎，偏持其足也。」又曰：「掎，從後引之也。」按即牽制之義。(五四)間使：遣使投間道而行謂之間使。(五五)獲皇帝玉璽三紐：胡三省曰：「皇帝璽即宇文大人普回出獵所得者。」(五六)琮，鑒之孫也：石鑒仕武帝、惠帝，位至太尉。(五七)介然：顏師古曰：「介然，猶耿耿也。」胡三省曰：「介然，堅正不移之貌。」(五八)夫立功立事，惟問志略何如耳，華、夷何足問乎：胡三省曰：「以瞻薄廆起於東夷，不肯委身事之，故有是言。」(五九)龍驤主簿宋該：廆為龍驤將軍，辟該為將軍府主簿。(六〇)初，鞠羨既死：鞠羨死見卷八十六懷帝永嘉元年。(六一)曹嶷徇青州：事見卷八十七永嘉三年。㈥曹亦鄉里：彭與嶷皆齊人。㈦松多據草壁：胡三省曰：「水經注：『隴山西南降隴城北有松多川。』蓋松多據此，因以為地名。草壁在陰密之東。」陰密縣，漢屬安定郡，後漢廢，三國魏復置，故城在今甘肅省靈臺縣西。

三年（西元三二〇年）

㈠春，正月，曜攻陳倉，王連戰死，楊曼犇南氏㈠。曜進拔草壁，路松多犇隴城；又拔陰密，晉王保懼，遷於桑城㈡。曜還長安，以劉雅為大司徒。

張春謀奉晉王保奔涼州，張寔遣其將陰監將兵迎之。聲言翼衞，其實拒之。

㈡段末柸攻段匹磾，破之。匹磾謂邵續曰：「吾本夷狄，以慕義破家，君不忘久要㈢，請相與共擊末柸。」續許之，遂相與追擊末柸，大破之。匹磾與弟文鴦攻薊㈣，後趙王勒㈤知續勢孤，遣中山公虎將兵圍厭次。孔萇攻續別營十一，皆下之。二月，續自出擊虎，虎伏騎斷其後，遂執續使降其城㈥。續呼兄子竺等謂曰：「吾志欲報國，不幸至此，汝等努力奉匹磾為主，勿有貳心。」匹磾自薊還，未至厭次，聞續已沒，眾懼而散，復為虎所遮。文鴦以親兵數百力戰，始得入城，與續子緝、兄子存、竺等嬰城固守。虎送續於襄國，勒以為忠，釋而禮之，以為從事中郎。因下令自今克敵獲士人，毋得擅殺，必生致之。

吏部郎劉胤㈦聞續被攻，言於帝曰：「北方藩鎮盡矣，惟餘邵續而已；如使復為石虎所滅，孤義士之心，阻歸本之路，愚謂宜發兵救之。」帝不能從。聞續已沒，乃下詔以續位任授其子緝。

㈢趙將尹安、宋始、宋恕、趙慎四軍屯洛陽，叛降後趙，後趙將石生引兵赴之，安等復叛降司州刺史李矩，矩使潁川太守郭默將兵入洛，石生虜宋始一軍北渡河，於是河南之民皆相帥歸矩，洛陽遂空。

㈣三月，裴嶷至建康，盛稱慕容廆之威德，賢雋皆為之用，朝廷始重之㈧。帝謂嶷曰：「卿中朝名臣，當留江東，朕別詔龍驤送卿家屬。」嶷曰：「臣少蒙國恩，出入省闥⑨，若得復奉輦轂，臣之至榮。但以舊京淪沒，山陵穿毀，雖名臣宿將，莫能雪恥，獨慕容龍驤竭忠王室，志除凶逆，故使臣萬里歸誠。今臣來而不返，必謂朝廷以其僻陋而棄之，孤其嚮義之心，使懈體⑩於討賊，此臣之所甚惜，是以不敢徇私而忘公也⑪！」帝曰：「卿言是也。」乃遣使隨嶷拜廆安北將軍，平州刺史。

㈤閏月，以周顗為尚書左僕射。

㈥晉王保將張春、楊次與別將楊韜不協，勸保誅之，且請擊陳安，保皆不從。夏，五月，春、次幽保殺之⑫。保體肥大，重八百斤，喜睡，好讀書，而暗弱無斷，故及於難。保無子，張春立宗室子瞻為世子，稱大將軍，保眾散犇涼州者萬餘人。陳安表於趙主曜，請討瞻等。曜以安為大將軍，擊瞻，殺之，張春犇枹罕⑬。安執楊次於保柩前斬之，因以祭保。安以天子禮葬保於上邽，謚曰元王。

㈦羊鑒討徐龕，頓兵下邳不敢前，蔡豹敗龕於檀丘⑭。龕求救於後趙，後趙王勒遣其將王伏都(一五)救之，又使張敬將兵為之後繼。勒多所邀求，而伏都淫暴，龕患之。張敬至東平，龕疑其襲己，乃斬伏都等三百餘人，復來請降。勒大怒，命張敬據險以守之(一六)，帝亦惡龕反覆，不受其降，敕鑒、豹以時進討，鑒猶疑憚不進，尚書令刁協劾奏鑒，免死除名，以蔡豹代領其兵。王導以所舉失人(一七)，乞自貶，帝不許。

(八)六月，後趙孔萇攻段匹磾，恃勝而不設備，段文鴦襲擊，大破之。

(九)京兆人劉弘，客居涼州天梯山(一八)，以妖術惑眾，從受道者千餘人，西平元公張寔(一九)左右皆事之。帳下閻涉、牙門趙卬皆弘鄉人，弘謂之曰：「天與我神璽，應王涼州。」涉、卬信之，密與寔左右十餘人謀殺寔，奉弘為主。寔弟茂知其謀，請誅弘，寔令牙門將史初收之，未至，涉等懷刃而入，殺寔於外寢(二〇)。【考異】晉書作閻沙、趙仰，又云：「實知其謀，收劉弘殺之。」據晉春秋，作閻涉、趙卬，又弘死在寔被殺後，今從之。弘見史初至，謂曰：「使君已死，殺我何為？」初怒，截其舌而囚之，轘於姑臧市(二一)，誅其黨與數百人。左司馬陰元等，以寔子駿尚幼，推張茂為涼州刺史，西平公。赦其境內，以駿為撫軍將軍。

㈩丙辰（二十三日），趙將解虎及長水校尉尹車謀反，與巴酋句徐、庫彭㉒等相結，事覺，虎、車皆伏誅。趙主曜囚徐、彭等五十餘人于阿房㉓，將殺之，光祿大夫游子遠㉔諫曰：「聖王用刑，惟誅元惡而已，不宜多殺。」爭之叩頭流血，曜怒，以為助逆而囚之，盡殺徐、彭等，尸諸市十日，乃投於水。於是巴眾盡反，推巴酋句渠知為主，自稱大秦，改元曰平趙，四山氐、羌、巴、羯應之者三十餘萬，關中大亂，城門晝閉。子遠又從獄中上表諫爭，曜手毀其表，曰：「大荔奴㉕，不憂命在須臾，猶敢如此，嫌死晚邪！」叱左右速殺之。中山王雅、郭汜、朱紀、呼延晏等諫曰：「子遠幽囚，禍在不測，猶不忘諫爭，忠之至也。陛下縱不能用，奈何殺之？若子遠朝誅，臣等亦當夕死，以彰陛下之過。天下將皆捨陛下而去，陛下誰與居乎？」曜意解，乃赦之。

曜敕內外戒嚴，將自討渠知。子遠又諫曰：「陛下誠能用臣策，一月可定，大駕不必親征也。」曜曰：「卿試言之。」子遠曰：「彼非有大志，欲圖非望㉖也；直畏陛下威刑，欲逃死耳！陛下莫若廓然大赦，與之更始，應前日坐虎、車等事，其家老弱沒入奚官㉗者，皆縱遣之，使之自相招引，聽其復業。彼既得生路，何為不降？若其中自知罪重，屯結不散者，願假臣弱兵五千，必為陛下梟㉘之。不然，今反者彌山被谷，雖以天威臨之，恐非歲月可除也！」曜大悅，即日大赦。以子遠為車騎大將軍，開府儀同三司，都督雍、秦征討諸軍事。子遠屯於雍城，降者十餘萬，移軍安定，反者皆降，惟句氏宗黨五千餘家保於陰密，進攻滅之，遂引兵巡隴右。

先是氐、羌十餘萬落，據險不服，其酋虛除權渠自號秦王，子遠進造其壁，權渠出兵拒之，五戰皆敗。權渠欲降，其子伊餘大言於眾曰：「往者劉曜自來，猶無若我何，況此偏師，何謂降也？」帥勁卒五萬晨壓子遠壘門。諸將欲擊之，子遠曰：「伊餘勇悍，當今無敵，所將之兵，復精於我㉙，又其父新敗，怒氣方盛，其鋒不可當也！不如緩之，使氣竭而後擊之。」乃堅壁不戰。伊餘有驕色，子遠伺其無備，夜勒兵蓐食〔二〇〕，旦，值大風塵昏，子遠悉眾出掩之，生擒伊餘，盡俘其眾。權渠大懼，被髮剺面〔二一〕請降。子遠啓〔二二〕曜，以權渠為征西將軍，西戎公，分徙伊餘兄弟及其部落二十餘萬口于長安。曜以子遠為大司徒，錄尚書事。

曜立太學，選民之神志可教者千五百人，擇儒臣以教之。作酆明觀及西宮，起陵霄臺於滈池〔二三〕，又於霸陵西南營壽陵。侍中喬豫、和苞上疏諫，以為：「衞文公承亂亡之後，節用愛民，營建宮室，得其時制，故能興康叔之業，延九百之祚〔二四〕。前奉詔書，營酆明觀，市道細民咸譏其奢，曰：『以一觀之功，足以平涼州矣〔二五〕。』今又欲擬阿房而建西宮，法瓊臺而起陵霄，其為勞費，億萬酆明，若以資軍旅，乃可兼吳蜀而壹齊魏矣〔二六〕！又聞營建壽陵，周圍四里，深三十五丈〔二七〕，以銅為槨，飾以黃金。功費若此，殆非國內所能辦也。秦始皇下錮三泉，土未乾而發毀〔二八〕。自古無不亡之國，不掘之墓，故聖王之儉葬，乃深遠之慮也。陛下奈何於中興〔二九〕之日，而踵亡國之事乎？」曜下詔曰：「二侍中懇懇㊵有古人之風，可謂社稷之臣矣！其悉罷宮室諸役，壽陵制度，一遵霸陵之灋。封豫安昌子，苞平輿子，並領諫議大夫。仍布告天下，使知區區之朝，欲聞其過也。」又省酆水囿㊶以與貧民。

㈩祖逖將韓潛與後趙將桃豹分據陳川故城，豹居西臺，潛居東臺。豹由南門，潛由東門出入，相守四旬。逖以布囊盛土如米狀，使千餘人運上臺，又使數人擔米息於道，豹兵逐之，棄擔而走。豹兵久饑得米，以為逖士眾豐飽，益懼。後趙將劉夜堂以驢千頭運糧饋豹，逖使韓潛及別將馮鐵邀擊於汴水㊷，盡獲之。豹宵遁㊸，屯東燕城，逖使潛進屯封丘㊹以逼之。馮鐵據二臺，逖鎮雍丘㊺，數遣兵邀擊後趙兵，後趙鎮戍歸逖者甚多，境土漸蹙。

先是趙固、上官巳、李矩、郭默互相攻擊，逖馳使和解之，示以禍福，遂皆受逖節度。秋，七月，詔加逖鎮西將軍。逖在軍，與將士同甘苦，約己務施㊻，勸課農桑，撫納新附，雖疏賤者皆結以恩禮，河上諸塢，先有任子在後趙者，皆聽兩屬，時遣游軍偽抄之，明其未附㊼。塢主皆感恩，後趙有異謀，輒密以告，由是多所克獲，自河以南，多叛後趙歸於晉。逖練兵積穀，為取河北之計，後趙王勒患之，乃下幽州為逖脩祖、父墓㊽，置守冢二家，因與逖書，求通使及互市，逖不報書而聽其互市㊾，收利十倍。逖牙門童建殺新蔡內史周密，降於後趙，勒斬之，送首於逖曰：「叛臣逃吏，吾之深仇；將軍之惡，猶吾惡也。」逖深德之。自是後趙人叛歸逖者，逖皆不納，禁諸將不使侵暴後趙之民㊿，邊境之間，稍得休息。

(十一)八月，辛未（八月癸巳朔，辛未在九月），梁州刺史周訪卒。訪善於撫士眾，皆為致死，知王敦有不臣之心，私常切齒(五一)，敦由是終訪之世，未敢為逆。敦遣從事中郎郭舒監襄陽軍，帝以湘州刺史甘卓為梁州刺史，督沔北諸軍事，鎮襄陽。舒既還，帝徵為右丞，敦留不遣。

(十二)後趙王勒遣中山公虎帥步騎四萬擊徐龕，龕送妻子為質乞降，勒許之。蔡豹屯卞城(五二)，石虎將擊之，豹退守下邳，為徐龕所敗。

虎引兵城封丘而旋，徙士族三百家實襄國崇仁里㊾，置公族大夫以領之。

㈹後趙王勒用灋甚嚴，諱胡尤峻㊿。宮殿既成，初有門戶之禁，有醉胡乘馬突入止車門，勒大怒，責宮門小執灋㊿馮翥，翥惶懼忘諱，對曰：「向有醉胡乘馬馳入，甚呵禦之，而不可與語。」勒笑曰：「胡人正自難與言。」恕而不罪。

勒使張賓領選，初定五品，後更定九品。命公卿及州郡、歲舉秀才至孝廉、清、賢良、直言、武勇之士各一人。

㈺西平公張茂立兄子駿為世子。

㈻蔡豹既敗，將詣建康歸罪，北中郎將王舒止之㊿。帝聞豹退，遣使收之。舒夜以兵圍豹，豹以為它寇，帥麾下擊之，聞有詔乃止。舒執豹送建康，冬十月丙辰（二十五日），斬之。

㈼王敦殺武陵內史向碩。

帝之始鎮江東也，敦與從弟導同心翼戴，帝亦推心任之。敦總征討㊿，導專機政㊿，羣從子弟，布列顯要，時人為之語曰：「王與馬，共天下。」後敦自恃有功，且宗族彊盛，稍益驕恣(五九)，帝畏而惡之，乃引劉隗、刁協等以為腹心，稍抑損王氏之權，導亦漸見疏外。中書郎孔愉、陳導忠賢，有佐命之勳，宜加委任，帝出愉為司徒左長史。導能任真推分，澹如也，有識皆稱其善處興廢，而敦益懷不平，遂構嫌隙(六〇)。

初，敦辟吳興沈充為參軍(六一)，充薦同郡錢鳳於敦(六二)，敦以為鎧曹參軍。二人皆巧諂凶狡，知敦有異志，陰贊成之，為之畫策，敦寵信之，勢傾內外。敦上疏為導訟屈，辭語怨望，導封以還敦，敦復遣奏之。左將軍譙王丞(六三)，忠厚有志行，帝親信之，夜召丞以敦疏示之，曰：「王敦以頃年之功，位任足矣，而所求不已，言至於此，將若之何？」丞曰：「陛下不早裁之，以至今日，敦必為患。」劉隗為帝謀，出心腹以鎮方面。會敦表以宣城內史沈充代甘卓為湘州刺史(六四)，帝謂丞曰：「王敦姦逆已著，朕為惠皇，其勢不遠(六五)。湘州據上流之勢，控三州之會(六六)。欲以叔父(六七)居之何如？」丞曰：「臣奉承詔命，惟力是視，何敢有辭？然湘州經蜀寇之餘(六八)，民物凋弊，若得之部，比及三年，乃可即戎(六九)。苟未及此，雖復灰身，亦無益也(七〇)。」十二月，詔曰：「晉室開基，方鎮之任，親賢並用，其以譙王丞為湘州刺史。」長沙鄧騫聞之歎曰：「湘州之禍，其在斯乎！」丞行至武昌，敦與之宴(七一)，謂丞曰：「大王雅素佳士(七二)，恐非將帥才也！」丞曰：「公未見知耳，鉛刀豈無一割之用(七三)？」敦謂錢鳳曰：「彼不知懼而學壯語，足知其不武，無能為也(七四)！」乃聽之鎮。時湘土荒殘，公私困弊，丞躬自儉約，傾心綏撫，甚有能名。

(六)高句麗寇遼東，慕容仁與戰，大破之，自是不敢犯仁境。

【今註】(一)南氏：胡三省曰：「氐種之居陳倉南者，即仇池楊氏也。」(二)晉王保懼，遷於桑城：《晉書．南陽王保傳》云：「保奔桑城，將投於張寔。」保蓋欲取道桑城奔河西。《水經注》曰：「洮水自臨洮縣東北流，過索西城，又北出門峽，又東北逕桑城東，又北逕安故縣。」桑城故址在今甘肅省狄道縣南。(三)久要：孔安國曰：「久要，舊約也。」《晉書．段匹磾傳》作舊要，舊與久同。(四)匹磾與弟文鴦攻薊：匹磾奔邵續，薊為石趙所取。(五)後趙王勒：時漢主曜改國號曰趙，石勒亦稱趙王，其後勒併曜，始得中原，史家因稱石氏之趙為後趙，以別劉曜之趙。(六)執續使降其城：虎執續，欲使續招降厭次城。㈦吏部郎劉胤：胤，邵續所遣，事見卷八十九愍帝建興二年。㈧裴嶷至建康，盛稱慕容廆之威德，賢儁皆為之用，朝廷始重之：胡三省曰：「朝廷始以裔夷待慕容，今以嶷言始重之。」《晉書・裴嶷傳》曰：「嶷將還，帝試留嶷以觀之。」帝蓋欲觀嶷去留之節以量慕容氏所用之臣。㈨臣少蒙國恩，出入省闥：嶷少仕西朝，歷中書侍郎、給事黃門郎諸職，更直禁省。㈩懈體：胡三省曰：「懈體當依載紀作懈怠。」⑪是以不敢徇私而忘公也：胡三省曰：「謂留江東乃是徇一身之私計，歸棘城則可輔廆以討賊，乃天下之公義也。嶷之心蓋以廆可與共功名，鄙晉之君臣晏安江沱，為不足與共事也。」⑫夏，五月，春、次幽保殺之：《晉書・元帝紀》云：「五月，晉王保為其將張春所害。」按保傳：「張春奉保奔桑城，是歲，保病薨。」〈張寔傳〉亦曰：「會保薨，其眾奔散涼州者萬餘人。」俱不言為春所害。⑬枹罕：枹音鈇。枹罕縣，前漢屬金城郡，後漢屬隴西郡，晉廢，張軌控據河西，分屬晉興郡，故城在今甘肅省導河縣。⑭檀丘：胡三省曰：「檀丘在魯國卞縣東南。」卞縣，春秋魯之卞邑，故城在今山東省泗水縣東。⑮王伏都：《晉書・蔡豹傳》作王伏都，〈石勒載記〉作王步都。⑯勒大怒，命張敬據險以守之：命敬據險守龕，欲持久以伺其弊。⑰王導以所舉失人：導力薦鑒討龕，見上年。⑱天梯山：顧祖禹曰：「天梯山在涼州衛南八十里，山路崎嶇，層折而上，因名。」涼州衛，今甘肅省武威縣。⑲西平元公張寔：《晉書・張寔載記》曰：「私謚曰昭公，元帝賜謚曰元。」⑳涉等懷刃而入，殺寔於外寢：《御覽》一二四引《十六國春秋・前涼錄》曰：「時年五十六，葬寧陵。」《晉書・張寔載記》曰：「在位六年。」丁國鈞曰：「元帝紀大興三年六月，盜殺西平公張寔，距永嘉二年張軌卒，凡七年。」㉑轘於姑臧市：轘，車裂之刑。姑臧市，姑臧之東市。時涼州及武威郡皆治姑臧，今甘肅省武威縣。㉒巴酋句徐、庫彭：胡三省曰：「句音勾，庫音舍，皆姓也。」按《晉書·劉曜載記》作徐庫彭。㉓阿房：胡三省曰：「阿房，即秦阿房宮舊基，亦謂之阿城。」㉔光祿大夫游子遠：《御覽》三七九引《十六國春秋·前趙錄》曰：「游子遠，幼姿貌，聰亮好學，年十五，至洛陽，張華見而奇之，曰：『此兒雅潔洪方，精公才也。』」㉕大荔奴：大荔，戎種落之名。《後漢書·西羌傳》：「洛川有大荔之戎。」今陝西省大荔縣，蓋古大荔戎之故地，子遠蓋戎人，故曜以稱之。㉖非望：謂帝王之業。帝王之業，非常人所敢望，故曰非望。㉗奚官：官署名。《晉書·職官志》，奚官令，屬少府。唐有奚官局，屬內侍省，掌守宮人使藥、疾病、罪罰、喪葬等事。㉘梟：胡三省曰：「梟，不孝鳥。說文：『日至捕梟，磔之，以頭掛木上。』故今謂掛首為梟首。」梟首，古之極刑，掛首於木以示眾，亦曰梟示。夏至、冬至，謂之日至，冬至日影長，亦謂之長至，夏至日影短，亦謂之短至。㉙伊餘勇悍，當今無敵，所將之兵，復精於我：《御覽》三三〇引《十六國春秋》曰：「子遠曰：『吾聞伊餘有專諸之勇，慶忌之勇，士馬之強，人百匪敵。』」㉚蓐食：《左傳》文七年：「訓卒利兵，秣馬蓐食，潛師夜起。」杜預曰：「早食於寢蓐也。」王引之《經義述聞》曰：「訓卒利兵秣馬，非寢之時矣！而云早食於寢蓐，義無取也。方言曰：『蓐，厚也。』食之豐厚於常，因謂之蓐食。訓卒利兵秣馬蓐食者，商子兵守篇曰：『壯男之軍，使盛食厲兵，陳而待敵；壯女之軍，使盛食負壘，陳而待令。』

是其類也。兩軍相攻，或竟日未已，故必厚食乃不飢。成十六年傳：『蓐食申禱。』襄二十六年傳：『秣馬蓐食。』並與此同。」㉑剺面：以刀劃面。剺音犂。㉒啓：胡三省曰：「啓，開也。開陳其事以白於上謂之啓。」㉓滈池：孟康曰：「長安西南有鎬池。」鎬與滈同，池在今陝西省長安縣昆明池北。㉔衞文公承亂亡之後，節用愛民，營建宮室，得其時制，故能興康叔之業，延九百之祚：翟人滅衞，齊桓公率諸侯伐翟，為衞築楚邱，立戴公之弟燬為衞君以居之，是為文公。文公衣大布之衣，冠大帛之冠，務材訓農，通商惠工，敬教勸學，授方任能，建城市而營宮室，得其時制，百姓悅樂，國家殷富，遂以復興。衞自康叔始封，至秦二世始滅，延祚九百餘年。㉕以一觀之功，足以平涼州矣：言若移營一觀之功力以為軍資，足以平河西張氏。㉖乃可兼吳蜀而壹齊魏矣：晉據吳，李特據蜀，曹嶷據齊，石勒據魏。言可兼併吳、蜀、齊、魏而統一中國。㉗周圍四里，深三十五丈：《御覽》一一九引《十六國春秋・前趙錄》曰：「周迴四十，下深二十五丈。」《晉書・劉曜載記》云：「周迴四里，下深二十五丈。」㉘秦始皇下錮三泉，土未乾而發毀：詳見卷三十一漢成帝永始元年劉向上封事。㉙中興：國祚中衰而能復興者，謂之中興。曜平靳準之亂而自立，故其臣謂之中興。㉚懇懇：顏師古曰：「懇懇，至誠也。」㉛鄷水囿：鄷水一作灃水，又作豐水，源出今陝西省寧陝縣秦嶺，西北流經長安縣西，復東北流注於渭水。曜蓋立囿於鄷水之濱，故曰鄷水囿。㉜汴水：《水經注》曰：「蒗蕩渠水自中牟東流，至浚儀縣分為二水，南流者曰沙水，東注者曰汴水，汴水東流入梁郡。」汴水一曰汴渠，亦曰汳水，其上流即古之滎瀆。汴河故道有二，一為古汴河故道，由河南之舊鄭州、開封、歸德北境，經江蘇舊徐州，合泗水入淮，即《水經注》之汴水故道，此道元時為黃河所奪，今淤；一為隋以後汴河故道，由古汴河故道至商邱縣南，改東南流歷安徽之宿縣、靈壁、泗縣入淮，唐、宋三朝由汴水以漕東南之粟，即此道，今久湮廢，惟泗縣尚有汴水斷渠。㊸豹宵遁：胡三省曰：「豹兵已有懼心，糧又為逖所獲，故宵遁也。」㊹封丘：封丘縣，漢屬陳留郡，晉屬陳留國，古封父之國，今河南封丘縣即其舊治。㊺雍丘：雍丘縣，漢屬陳留郡，晉屬陳留國，即春秋杞都，即今河南省杞縣治。㊻約己務施：《御覽》二五八引《祖逖別傳》曰：「逖為豫州刺史，克己矜施，不畜資產，喪亂之餘，白骨未收者為之殯葬，其有骨肉恩薄不收斂者，皆加貶責，由是百姓感化，復覩太平。」㊼明其未附：明諸塢之未附晉，以保全諸塢主先有任子之在後趙者。㊽乃下幽州為逖脩祖、父墓：逖，范陽人，其祖、父之墓在焉，范陽屬幽州，勒為脩其祖、父之墓以結之。㊾因與逖書，求通使及互市，逖不報書而聽其互市：按《晉書・石勒載記》：「逖遣參軍王愉使於勒，贈以方物，修結和好，勒遣左常侍董樹報聘，以馬百匹、金五十斤答之。」與〈祖逖傳〉所載逖不報書者異。㊿自是後趙人叛歸逖者，逖皆不納，禁諸將不使侵暴後趙之民：胡三省曰：「逖聽河上諸塢兩屬，此用閒之智也，然石勒為逖脩祖、父墓，斬童建而送其首，亦所以懈逖推鋒越河之心。」(51)切齒：上下齒相磨切，憤怒之狀。(52)卞城：參見註㊃。《晉書・蔡豹傳》曰：「豹進屯卞城，欲以逼龕。」(53)崇仁里：胡三省曰：「崇仁里，勒所命名，以處衣冠之族。」(54)諱胡尤峻：勒本羯人，胡之別種，故以為諱。(55)宮門小執法：胡三省曰：「執法，御史之官也，晉之故臣為勒定官制，取此置宮門執法，即以張賓為大執法，總朝政，故宮門置小執法。」按《類聚》十九、《御覽》三九一引《晉中興書》俱作門吏，不作小執法，此據《晉書・石勒載記》。（五六）蔡豹既敗，將詣建康歸罪，北中郎將王舒止之：《晉書・蔡豹傳》王舒謂豹曰：「胡寇方至，使君且當攝職為百姓障扞，賊退，謝罪不晚也。」（五七）敦總征討：元帝鎮江東，以敦都督江、揚、荊、湘、交、廣六州諸軍事，討華軼、杜弢、王機、杜曾，皆敦之功，江左以安。（五八）導專機政：元帝以導領中書監，錄尚書事。中書監，機要之任，錄尚書事，冢宰之職，是為專機政。（五九）後敦自恃有功，且宗族彊盛，稍益驕恣：《晉書・王敦傳》云：「初，敦務自矯厲，雅尚清談，口不言財色。既素有重名，又立大功於江左，專任閫外，手控強兵，羣從貴顯，威權莫貳，遂欲專制朝廷，有問鼎之心。」（六〇）而敦益懷不平，遂構嫌隙：《晉書・王敦傳》曰：「敦每酒後，輒詠魏武帝樂府歌曰：『老驥伏櫪，志在千里，烈士暮年，壯心不已。』以如意打唾壺為節，壺邊盡缺。」（六一）敦辟吳興沈充為參軍：《晉書・沈充傳》云：「沈充字士居，少好兵書，頗以雄豪聞於鄉里。」（六二）充薦同郡錢鳳於敦：《晉書・沈充傳》云：「鳳字世儀。」《世說・假譎篇》注引《晉陽秋》曰：「鳳姦慝好利，為敦鎧曹參軍。」（六三）譙王丞：胡三省曰：「丞音拯。以此觀之，則前作丞誤也。」按《晉書・劉槐傳》、〈王敦傳〉丞作承，〈譙閔王承傳〉亦作承。（六四）會敦表以宣城內史沈充代甘卓為湘州刺史：《晉書・王敦傳》曰：「及湘州刺史甘卓遷梁州，敦欲以從事中郎陳頒代卓，帝不從，更以譙王承鎮湘州。」《通鑑》從〈譙閔王承傳〉作敦表充為湘州，二傳互異。按敦傳末另載表充為湘州刺史事，二傳所載，當係一事，又《晉書・沈充傳》亦不言其嘗為宣城內史，當從敦傳。（六五）朕為惠皇，其勢不遠：元帝自謂將如惠帝，受制於強臣。（六六）控三州之會：胡三省曰：「三州謂荊、交、廣。」（六七）叔父：《儀禮》曰：「同姓小邦則曰叔父，其異姓小邦則曰叔舅。」蓋古天子對同姓諸侯之稱。至若世通婚姻，若姬之與姜，則稱之曰舅。承，宣帝之從孫，而元帝，宣帝之曾孫，於屬則帝之從叔父。（六八）然湘州經蜀寇之餘：謂杜弢之亂。（六九）乃可即戎：朱熹曰：「即，就也；戎，兵也。」言始可資之以用武，蓋用《論語》冉有對孔子之言。（七〇）雖復灰身，亦無益也：言雖以身殉國，亦無益於國事。（七一）承行至武昌，敦與之宴：王象之曰：「是時王處仲領江州刺史，都督六州，駐武昌，故譙王之鎮而就見之耳！自懷帝永嘉五年至元帝大興三年，凡十年，則刺史自豫章移鎮武昌之年月，雖無所記載，然亦不過在此十年之間，王處仲領刺史之日耳！元和志云：『晉惠帝元康二年，於郡理立江州，晉元帝時，江州自豫章移理武昌郡，自後或理湓城，或理尋陽，或理本州，並在湓城近側。』沈約宋志以為成帝咸康六年，移治武昌，年月小有不同。」湓城，即晉時柴桑之湓口城，隋置潯陽縣於此，尋改曰湓城縣，唐復曰潯陽，即今江西省九江縣。（七二）雅素佳士：胡三省曰：「雅素，猶言平常也。」（七三）鉛刀豈無一割之用：《後漢書．班超傳》超曰：「況臣奉大漢之威而無鉛刀一割之用乎？」承蓋襲其語意。（七四）彼不知懼而學壯語，足知其不武，無能為也：胡三省曰：「承雖忠有餘而才不足，敦窺見而知其無能為。」

四年（西元三二一年）

㈠春，二月，徐龕復請降。

㈡張茂築靈鈞臺，基高九仞㊀，武陵㊁閻曾夜叩府門，呼曰：「武公㊂遣我來，言何故勞民築臺？」有司以為妖，請殺之。茂曰：「吾信勞民，曾稱先君之命以規我，何謂妖乎？」乃為之罷役。

㈢三月癸亥（初四日），日中有黑子㊃。著作佐郎河東郭璞，以帝用刑過差，上疏以為：「陰陽錯繆，皆繁刑所致。赦不欲數，然子產知鑄刑書非政之善，不得不作者，須以救弊故也㊄。今之宜赦，理亦如之。」

㈣後趙中山公虎攻幽州刺史段匹磾於厭次，孔萇攻其統內諸城，悉拔之。段文鴦言於匹磾曰：「我以勇聞，故為民所倚望，今視民被掠而不救，是怯也。民失所望，誰復為我致死？」遂帥壯士數十騎出戰，殺後趙兵甚眾，馬乏伏不能起㊅。虎呼之曰：「兄與我俱夷狄，久欲與兄同為一家，今天不違願，於此得相見，何為復戰？請釋仗。」文鴦罵曰：「汝為寇賊，當死日久，吾兄不用吾策㊆，故令汝得至此。我寧鬭死，不為汝屈。」遂下馬苦戰。槊㊇

折，執刀，戰不已，自辰至申，後趙兵四面解馬羅披㈨自鄗，前執文鴦，文鴦力竭被執，城內奪氣。匹磾欲單騎歸朝，邵續之弟樂安內史洎勒兵不聽，洎復欲執臺使㈩王英送於虎，匹磾正色責之曰：「卿不能遵兄之志，逼吾不得歸朝，亦已甚矣！復欲執天子使者，我雖夷狄，所未聞也。」洎與兄子緝、竺等輿櫬出降。匹磾見虎曰：「我受晉恩，志在滅汝，不幸至此，不能為汝敬也㈡！」後趙王勒及虎素與匹磾結為兄弟，虎即起拜之。勒以匹磾為冠軍，文鴦為左中郎將，散諸流民三萬餘戶，復其本業，置守、宰以撫之。於是幽、冀、并三州，皆入於後趙。匹磾不為勒禮，常著朝服，持晉節，久之，與文鴦、邵續皆為後趙所殺。

㈤五月庚申（初二日），詔免中州良民遭難為揚州諸郡僮客者，以備征役㈢，尚書令刁協之謀也，由是眾益怨之。

㈥終南山崩㈢。

㈦秋，七月，甲戌（十七日），以尚書僕射戴淵為征西將軍，都督司、兗、豫、并、雍、冀六州諸軍事，司州刺史，鎮合肥㈣，丹楊尹劉隗為鎮北將軍，都督青、徐、幽、平四州諸軍事，青州刺史，鎮淮陰㊄，皆假節領兵，名為討胡，實備王敦也。隗雖在外，而朝廷機事，進退士大夫，帝皆與之密謀。敦遺隗書曰：「頃承聖上顧眄足下，今大賊未滅，中原鼎沸，欲與足下及周生㊅之徒，戮力王室，共靜海內。若其泰也，則帝祚於是乎隆；若其否也，則天下永無望矣。」隗答曰：「魚相忘於江湖，人相忘於道術㊆，竭股肱之力，效之以忠貞㊇，吾之志也。」敦得書甚怒。

壬午（二十五日），以驃騎將軍王導為侍中，司空，假節，錄尚書，領中書監。帝以敦故，幷疏忌導。御史中丞周嵩上疏，以為導忠素竭誠，輔成大業，不宜聽孤臣之言，惑疑似之說，放逐舊德，以佞伍賢㊈，虧既往之恩，招將來之患㊉。帝頗感寤，導由是得全。

(八)八月，常山㊁崩。

(九)豫州刺史祖逖，以戴淵吳士㊂，雖有才望，無弘致遠識，且已翦荊棘，收河南地，而淵雍容一旦來統之，意甚怏怏；又聞王敦與劉、刁㊂構隙，將有內難，知大功不遂，感激發病。九月，壬寅（九月丁巳朔，無壬寅），卒於雍丘。豫州士女若喪父母，譙梁間皆為立祠。

王敦久懷異志，聞逖卒，益無所憚㊃。

冬，十月，壬午（十月丙戌朔，無壬午），以逖弟約為平西將軍，豫州刺史，領逖之眾。約無綏御之才，不為士卒所附。

初，范陽李產避亂依逖，見約志趣異常，謂所親曰：「吾以北方鼎沸，故遠來就此，冀全宗族。今觀約所為，有不可測之志。吾託名姻親，當早自為計，無事復陷身於不義也，爾曹不可以目前之利，而忘長久之策。」乃帥子弟十餘人間行歸鄉里。

㈩十一月，皇孫衍生。

㈩一後趙王勒悉召武鄉耆舊詣襄國，與之共坐歡飲。初，勒微時，與李陽鄰居，數爭漚麻池，相毆㊄，陽由是獨不敢來。勒曰：「陽，壯士也。漚麻，布衣之恨。孤方兼容天下，豈讎匹夫乎？」遽召與飲，引陽臂曰：「孤往日厭卿老拳，卿亦飽孤毒手。」因拜參軍都尉，以武鄉比豐沛，復之三世。勒以民始復業，資儲未豐，於是重制禁釀，郊祀宗廟，皆用醴酒〔二六〕，行之數年，無復釀者。

(十一)十二月，以慕容廆為都督幽、平二州東夷諸軍事，車騎將軍，平州牧，【考異】燕書云：「車騎大將軍，平州刺史。」按晉書載記，先拜平州刺史，尋加車騎、州牧，今從之。封遼東公，單于如故，遣謁者即授印綬，聽承制置官司守宰。廆於是備置僚屬，以裴嶷、游邃為長史，裴開為司馬，韓壽為別駕，陽耽為軍諮祭酒，崔燾為主簿，黃泓、鄭林參軍事〔二七〕。廆立子皝為世子，作東橫〔二八〕，以平原劉讚為祭酒，使皝與諸生同受業〔二九〕，廆得暇亦親臨聽之〔三〇〕。皝雄毅多權略，喜經術，國人稱之。廆徙慕容翰鎮遼東，慕容仁鎮平郭〔三一〕。翰撫安民夷，甚有威惠，仁亦次之。

(十二)拓跋猗㐌妻惟氏，忌代王鬱律之彊，恐不利於其子，乃殺鬱律而立其子賀傉〔三二〕，大人死者數十人。鬱律之子什翼犍，幼在襁褓，其母王氏匿於袴中，祝之曰：「天苟存汝，則勿啼。」久之不啼，乃得免。惟氏專制國政，遣使聘後趙，後趙人謂之女國使㊂。

【今註】㊀張茂築靈鈞臺，基高九仞：《晉書・張茂傳》云：「靈鈞臺周輪八十餘堵，基高九仞。」堵，垣也，五版為堵。顧祖禹曰：「靈鈞臺在涼州衞北，遺址尚存。」涼州衞，今甘肅省武威縣。㊁武陵：胡三省曰：「武陵疑當作武威。」㊂武公：張軌諡武公。㊃日中有黑子：古人以日中有黑子，為陰侵陽，臣下驕悖之象。㊄子產知鑄刑書非政之善，不得不作者，須以救弊故也：《左傳》鄭鑄刑書，叔向詒子產書曰：「國將亡，必多制。」子產復書曰：「吾以救世也。」㊅遂帥壯士數十騎出戰，殺後趙兵甚眾，馬乏伏不能起：《御覽》四三五引王隱《晉書》曰：「鴦單將壯士數十騎出擊胡，所殺甚多，胡騎退，鴦追躡，磾率步繼鴦。虎伏騎起，磾、鴦力戰，殺胡數千。鴦還赴磾，磾已散還，鴦所乘馬乏頓。」㊆吾兄不用吾策：石勒質段末柸，遣使求和於段疾陸眷，疾陸眷許之，文鴦諫，不聽，事見卷八十八永嘉六年。㊇槊：《正字通》云：「矛長丈八謂之槊。」㊈馬羅披：胡三省曰：「馬羅披，意即障泥也。」㊉臺使：晉朝所遣使者。⑪我受晉恩，志在滅汝，不幸至此，不能為汝敬也：《晉書・段匹磾傳》云：「匹磾著朝服，持節，賓從，出見季龍，曰：『我受國恩，志在滅汝，不幸吾國自亂，以至於此，既不能死，又不能為汝敬也。』」又〈石勒載記〉云：「匹磾勢窮，乃率其臣下輿櫬出降，季龍送之襄國。」不同如此。⑫詔免中州良民遭難為揚州諸郡僮客者，以備征役：中州，謂中原州郡，凡其民流落揚州諸郡為豪強略為僕婢者，皆復為良，以充征役。⑬終南山崩：終南山，秦嶺之主峯，在今陝西省長安縣南。胡三省曰：「時劉曜據關中，亡國之徵。」⑭合肥：合肥縣，漢屬九江郡，晉屬淮南郡。應劭曰：「夏水出城父，東南此至與肥合，故曰合肥。」吳士鑑曰：「蓋夏水暴長，施合於肥，故曰合肥也，應說非也。」肥謂肥水。合肥故城在今安徽省合肥縣北。⑮淮陰：淮陰縣，前漢屬臨淮郡，後漢屬下邳國，晉屬廣陵郡，故城在今江蘇省淮陰縣東南。⑯周生：謂周顗。《晉書．周顗傳》：「敦素憚顗，每見顗，輒面熱，雖復冬月，扇面手不得休。」故以為言。⑰魚相忘於江湖，人相忘於道術：引《莊子．大宗師》之言。上為譬語，下謂遵道而行，則忘其私誼。⑱竭股肱之力，效之以忠貞：引晉大夫荀息之語。⑲以佞伍賢：胡三省曰：「用兵列陳，五人為伍。伍，同列也。以佞伍賢，言賢佞同列也。」⑳虧既往之恩，招將來之患：胡三省曰：「向者親倚導而今疎忌之，是虧既往之恩也；導或自疑，外而與敦同，是招將來之患也。」㉑常山：即恆山，五嶽之北嶽，在常山郡上曲陽縣西北，漢置恆山郡，郡以山名，後避文帝諱改曰常山。㉒以戴淵吳士：淵，廣陵人，廣陵，吳之舊疆。㉓劉、刁：劉槐、刁協。㉔王敦久懷異志，聞逖卒，益無所憚：《晉書．祖逖傳》云：「王敦久懷逆亂，畏逖不敢發，至是始得肆意焉！」胡三省曰：「王敦之所忌，周訪、祖逖，訪卒而逖繼之，宜其益無所憚也。然溫嶠、郗鑒諸人已在晉朝，卒藉之以清大憝。以此知上天生材以應世，世變無窮，而人才亦與之無窮，固非姦雄所能逆睹也。」㉕初，勒微時，與李陽鄰居，數爭漚麻池，相毆：《御覽》三九一引《晉中興書》曰：「石勒與李陽相近，陽性剛愎，每歲與爭漚麻池，共相打撲，互有勝負。」《魏書．地形志》曰：

「鄉縣三臺嶺上有李陽村，又有麻池，即石勒與李陽爭漚麻處。」鄉縣，即晉志之武鄉縣，屬上黨郡，今山西省武鄉縣即其故治。《元和郡縣志》曰：「榆社縣，本漢涅氏縣地，晉於今縣西北置武鄉縣，屬上黨郡，石趙時改屬武鄉郡。石勒漚麻池在榆社縣北三十里，即勒微時與李陽所爭處，今枯涸，纔有處所。」《詩・東門之池》云：「可以漚麻。」毛晃曰：「漚，柔也。」蓋漸漬之使柔韌也。㉖醴酒：酒一宿而熟曰醴。㉗鄭林參軍事：胡三省曰：「鄭林不受廆車牛粟帛而躬耕於野，廆蓋以是取之。」㉘東横：《晉書・慕容廆載記》作東庠。胡三省曰：「横與黌同，學舍也。」㉙以平原劉讚為祭酒，使皝與諸生同受業：《御覽》四〇四引《十六國春秋・前燕錄》曰：「劉瓚字彥真，平原人也，經學博通，為世純儒，真清非禮不動，慕容廆重其德學，使太子晃師事之。」晃當作皝。瓚，《晉書・慕容廆載記》作讚，未知孰誤。㉚廆得暇亦親臨聽之：胡三省曰：「得暇者，言廆惟於國事無暇，才得一息之暇，亦親臨東横聽其講說。」㉛平郭：平郭縣，漢屬遼東郡，晉省，此沿漢之舊稱，舊縣省而城猶存也。故城在今遼寧省蓋平縣南。㉜乃殺鬱律而立其子賀傉：鬱律立見卷八十九愍帝建興四年。㉝惟氏專制國政，遣使聘後趙，後趙人謂之女國使：胡三省曰：「以惟氏專政，故謂之女國使。」按女國使，謂女國之使。女主專國，故謂之女國。

卷九十二　晉紀十四

司馬光編集
林瑞翰註

起玄黓敦牂，盡昭陽協洽，凡二年。（壬午至癸未，西元三二二年至三二三年）

中宗元皇帝下

永昌元年（西元三二二年）

㈠春，正月，郭璞復上疏，請因皇孫生下赦令㊀，帝從之。乙卯（朔），大赦，改元㊁。王敦以璞為記室參軍㊂，璞善卜筮，知敦必為亂，已預其禍，甚憂之。大將軍掾潁川陳述卒，璞哭之極哀，曰：「嗣祖㊃焉知非福也！」

敦既與朝廷乖離，乃羈錄朝士有時望者，置己幕府。以羊曼及陳國謝鯤為長史。曼，祜之兄孫也。曼、鯤終日酣醉，故敦不委以事㊄。敦將作亂，謂鯤曰：「劉隗姦邪，將危社稷，吾欲除君側之惡，何如？」鯤曰：「隗誠始禍，然城狐社鼠㊅。」敦怒曰：

「君庸才，豈達大體？」出為豫章太守，又留不遣。

戊辰（十四日），敦舉兵於武昌，上疏罪狀劉隗稱：「隗佞邪讒賊，威福自由，妄興事役，勞擾士民，賦役煩重，怨聲盈路。臣備位宰輔，不可坐視成敗，輒進軍致討，隗首朝懸，諸軍夕退。昔太甲顛覆厥度，幸納伊尹之忠，殷道復昌㊆。願陛下深垂三思，則四海又安，社稷永固矣！」沈充亦起兵於吳興以應敦，敦以充為大都督，督護東吳諸軍事。敦至蕪湖，又上表罪狀刁協，帝大怒。乙亥（二十一日），詔曰：「王敦憑恃寵靈，敢肆狂逆，方朕太甲，欲見幽囚，是可忍也？孰不可忍？今親帥六軍以誅大逆，有殺敦者，封五千戶侯。」敦兄光祿勳含乘輕舟逃歸於敦。

太子中庶子溫嶠謂僕射周顗曰：「大將軍此舉，似有所在㊇，當無濫邪？」顗曰：「不然。人主自非堯舜，何能無失？人臣安可舉兵以脅之？舉動如此，豈得云非亂乎？處仲狼抗無上㊈，其意寧有限邪？」

敦初起兵，遣使告梁州刺史甘卓，約與之俱下，卓許之。及敦升舟而卓不赴，使參軍孫雙詣武昌諫止敦。敦驚曰：「甘侯前與吾語云何？而更有異，正當慮吾危朝廷耳！吾今但除姦凶，若事濟，當以甘侯作公〔一〇〕。」雙還報，卓意狐疑〔一一〕。或說卓且偽許敦，待敦至都而討之。卓曰：「昔陳敏之亂，吾先從而後圖之〔一二〕，論者謂吾懼逼而思變，心常愧之。今若復爾，何以自明？」卓使人以敦旨告順陽太守魏該，該曰：「我所以舉兵拒胡賊者，正欲忠於王室耳！今王公舉兵向天子，非吾所宜與也。」遂絕之。

敦遣參軍桓熊說譙王丞，請丞為軍司。丞歎曰：「吾其死矣！地荒民寡，勢孤援絕，將何以濟？然得死忠義，夫復何求！」丞檄長沙虞悝為長史，會悝遭母喪，丞往弔之，曰：「吾欲討王敦，而兵少糧乏，且新到，恩信未洽。卿兄弟，湘中之豪俊，王室方危，金革之事，古人所不辭〔一三〕，將何以教之？」悝曰：「大王不以悝兄弟猥劣，親屈臨之，敢不致死？然鄙州荒弊，難以進討，宜且收眾固守，傳檄四方，敦勢必分，分而圖之，庶幾可捷也！」丞乃囚桓熊，以悝為長史，以其弟望為司馬，督護諸軍，與零陵太守尹奉、建昌太守〔一四〕長沙王循、衡陽太守〔一五〕淮陵〔一六〕劉翼、舂陵〔一七〕令長沙易雄，同舉兵討敦。雄移檄遠近，列敦罪惡，於是一州之內皆應丞，惟湘東太守〔一八〕鄭澹不從，丞使虞望討斬之，以徇四境。澹，敦姐夫也。

丞遣主簿鄧騫至襄陽〔一九〕，說甘卓曰：「劉大連〔二〇〕雖驕蹇失眾心，非有害於天下。大將軍以其私憾，稱兵向闕，此忠臣義士竭節之時也。公受任方伯〔二一〕，奉辭伐罪，乃桓、文之功也。」卓曰：「桓、文則非吾所能，然志在徇國，當共詳思之。」參軍李梁說卓曰：「昔隗囂跋扈，竇融保河西以奉光武，卒受其福〔二二〕。今將軍有重望於天下，但當案兵，坐以待之。使大將軍事捷，當委將軍以方面；不捷，朝廷必以將軍代之，何憂不富貴？而釋此廟勝〔二三〕，決存亡於一戰邪？」騫謂梁曰：「光武當創業之初，故隗、竇可以文服〔二四〕，從容顧望，今將軍之於本朝，非竇融之比也；襄陽之於大府〔二五〕，非河西之固也。使大將軍克劉隗，還武昌，增石城〔二六〕之戍，絕荊湘之粟，將軍將安歸乎？勢在人手，而曰我處廟勝，未之聞也！且為人臣，國家有難，坐視不救，於義安乎？」卓尚疑之。騫曰：「今既不為義舉，又不承大將軍檄，此必至之禍，愚智所見也！且議者之所難，以彼彊而我弱也。今大將軍兵不過萬餘，其留者不能五千，而將軍見眾既倍之矣，以將軍之威名，帥此府之精銳，杖節鳴鼓，以順討逆，豈王含所能禦哉？遡流之眾，勢不自救㉗，將軍之舉武昌，若摧枯拉朽，尚何顧慮邪？武昌既定，據其軍實，鎮撫二州㉘，以恩意招懷士卒，使還者如歸，此呂蒙所以克關羽也㉙！今釋必勝之策，安坐以待危亡，不可以言智矣！」敦恐卓於後為變，又遣參軍丹陽樂道融往邀之，必欲與之俱東。道融雖事敦，而忿其悖逆，乃說卓曰：「主上親臨萬機，自用譙王為湘州，非專任劉隗也。而王氏擅權日久，卒見分政㉚，便謂失職，背恩肆逆，舉兵向闕。國家遇君至厚，今與之同㉛，豈不違負大義？生為逆臣，死為愚鬼，永為宗黨之恥，不亦惜乎！為君之計，莫若偽許應命，而馳襲武昌，大將軍士眾聞之，必不戰自潰，大勳可就矣！」卓雅不欲從敦，聞道融之言，遂決曰：「吾本意也。」乃與巴東督軍柳純、南平太守夏侯承、宜都太守譚該等，露檄數敦逆狀，帥所統致討，遣參軍司馬讚、孫雙奉表詣臺，羅英至廣州約陶侃同進。

戴淵在江西㊂，先得卓書表上之，臺內皆稱萬歲。陶侃得卓信，即遣參軍高寶帥兵北下。武昌城中傳卓軍至，人皆奔散。敦遣從母弟南蠻校尉魏乂、將軍李恆㊃帥甲卒二萬攻長沙，長沙城池不完，資儲又闕，人情震恐。或說譙王承南投陶侃，或退據零桂，承曰：「吾之起兵，志欲死於忠義，豈可貪生苟免，為奔敗之將乎？事之不濟，令百姓知吾心耳！」乃嬰城固守。未幾，虞望戰死，甘卓欲留鄧騫為參軍，騫不可，乃遣參軍虞沖與騫偕至長沙，遺譙王承書，勸之固守，當以兵出沔口，斷敦歸路，則湘圍自解。承復書，稱：「江左中興，草創始爾，豈圖惡逆萌自寵臣？吾以宗室受任，志在隕命，而至止尚淺㊄，凡百茫然。足下能卷甲電赴，猶有所及；若其狐疑，則求我於枯魚之肆㊅矣！」卓不能從。

㈡二月甲午（初十日），封皇子昱為琅邪王。

㈢後趙王勒立子弘為世子。遣中山公虎將精卒四萬擊徐龕，龕堅守不戰，虎築長圍守之。

㈣趙主曜自將擊楊難敵，難敵逆戰，不勝，退保仇池。仇池諸氐、羌及故晉王保將楊韜、隴西太守梁勛，皆降於曜。曜遷隴西萬餘戶於長安，進攻仇池。會軍中大疫，曜亦得疾，將引兵還，恐難敵躡其後，乃遣光國中郎將㊱王獷說難敵，諭以禍福。難敵遣使稱藩，曜以難敵為假黃鉞，都督益、寧、南秦、涼、梁、巴六州、隴上、西域諸軍事㊲，上大將軍㊳，益、寧、南秦三州牧，武都王。

秦州刺史陳安求朝於曜，曜辭以疾。安怒，以為曜已卒，大掠而歸。曜疾甚，乘馬輿而還，使其將呼延寔監輜重於後，安邀擊，獲之，謂寔曰：「劉曜已死，子尚誰佐？吾當與子共定大業。」寔叱之曰：「汝受人寵祿而叛之，自視智能，何如主上？吾見汝不日梟首於上邽市，何謂大業？宜速殺我。」安怒，殺之，以寔長史魯憑為參軍。安遣其弟集帥騎三萬追曜，衛將軍呼延瑜逆擊，斬之，安乃還上邽，遣將襲汧城㊴，拔之。隴上氐、羌皆附於安，有眾十餘萬，自稱大都督，假黃鉞，大將軍，雍、涼、秦、梁四州牧，涼王，以趙募為相國。魯憑對安大哭曰：「吾不忍見陳安之死也。」安怒，命斬之。憑曰：「死自吾分，懸吾頭於上邽市，觀趙之斬陳安也。」遂殺之。曜聞之慟哭曰：「賢人，民之望也，陳安於求賢之秋，而多殺賢者，吾知其無所為也！」

休屠王石武㊵以桑城降趙，趙以武為秦州刺史，封酒泉王。

㈤帝徵戴淵、劉隗入衞建康。隗至，百官迎於道，隗岸幘㊶大言，意氣自若。及入見，與刁協勸帝盡誅王氏，帝不許，隗始有懼色。

司空導帥其從弟中領軍邃、左衞將軍廙、侍中侃、彬及諸宗族二十餘人，每旦詣臺待罪。周顗將入，導呼之曰：「伯仁，以百口累卿㊷。」顗直入不顧。既見帝，言導忠誠，申救甚至㊸。帝納其言，顗喜飲酒，至醉而出。導猶在門，又呼之，顗不與言，顧左右曰：「今年殺諸賊奴，取金印如斗大繫肘後。」既出，又上表明導無罪，言甚切至。導不之知，甚恨之。

帝命還導朝服，召見之。導稽首曰：「逆臣賊子，何代無之？不意今者近出臣族。」帝跣而執其手曰：「茂弘㊹，方寄卿以百里之命㊺，是何言邪？」三月，以導為前鋒大都督，加戴淵驃騎將軍。詔曰：「導以大義滅親㊻，可以吾為安東時節假之㊼。」以周顗為尚書左僕射，王邃為右僕射。

帝遣王廙往諭止敦，敦不從而留之，廙更為敦用。

征虜將軍周札，素矜險好利，帝以為右將軍，都督石頭諸軍事。敦將至，帝使劉隗軍金城㊽，札守石頭，帝親被甲徇師於郊外。以甘卓為鎮南大將軍、侍中、都督荊、梁二州諸軍事，陶侃領江南刺史，使各帥所統以躡敦後。

敦至石頭，欲攻劉隗，杜弘言於敦曰：「劉隗死士眾多，未易可克，不如攻石頭。周札少恩，兵不為用，攻之必敗，札敗，則隗自走矣！」敦從之。以弘為前鋒，攻石頭，札果開門納弘。

敦據石頭，歎曰：「吾不復得為盛德事矣！」謝鯤曰：「何為其然也？但使自今以往，日忘日去㊽耳！」

帝命刁協、劉隗、戴淵帥眾攻石頭，王導、周顗、郭逸、虞潭等三道出戰，協等兵皆大敗。太子紹聞之，欲自帥將士決戰，升車將出，中庶子溫嶠執鞚㊿諫曰：「殿下國之儲副，奈何以身輕天下？」抽劍斬鞅㊿，乃止。

敦擁兵不朝，放士卒劫掠，宮省奔散，惟安東將軍劉超案兵直衞，及侍中二人侍帝側。帝脫戎衣，著朝服，顧而言曰：「欲得我處，當早言，何至害民如此？」又遣使謂敦曰：「公若不忘本朝，於此休兵，則天下尚可共安。如其不然，朕當歸琅邪以避賢路。」刁協、劉隗既敗，俱入宮見帝於太極東除㊿，帝執協、隗手，流涕嗚咽，勸令避禍。協曰：「臣當死守，不敢有貳。」帝曰：「今事逼矣，安可不行？」乃令給協、隗人馬，使自為計。協老不堪騎乘，素無恩紀，募從者皆委之。行至江乘，為人所殺，送首於敦。隗奔後趙，官至太子太傅而卒。

帝令公卿百官詣石頭見敦，敦謂戴淵曰：「前日之戰，有餘力乎？」淵曰：「豈敢有餘？但力不足耳！」敦曰：「吾今此舉，天下以為何如？」淵曰：「見形者謂之逆，體誠者謂之忠。」敦笑曰：「卿可謂能言。」又謂周顗曰：「伯仁卿負我㊂。」顗曰：「公戎車犯順，下官親帥六軍，不能其事，使王旅奔敗，以此負公。」

辛未（十八日），大赦。以敦為丞相、都督中外諸軍、錄尚書事、江州牧、封武昌郡公，並讓不受。

初，西都覆沒，四方皆勸進於帝㊃，敦欲專國政，忌帝年長難制，欲更議所立，王導不從。及敦克建康，謂導曰：「不用吾言，幾至覆族。」

敦以太子有勇略，為朝野所嚮，欲誣以不孝而廢之，大會百官，問溫嶠曰：「皇太子以何德稱？」聲色俱厲。嶠曰：「鉤深致遠，蓋非淺局所量，以禮觀之，可謂孝矣㊄！」眾皆以為信然，敦謀遂沮。

帝召周顗於廣室㊅，謂之曰：「近日大事，二宮無恙，諸人平安，大將軍固副所望邪？」顗曰：「二宮自如明詔，臣等尚未可知。」護軍長史郝嘏(五七)等勸顗避敦，顗曰：「吾備位大臣，朝廷喪敗，寧可復草間求活，外投胡越邪？」敦參軍呂猗嘗為臺郞，性姦諂，戴淵為尚書，惡之(五八)。猗說敦曰：「周顗、戴淵，皆有高名，足以惑眾。近者之言(五九)，曾無怍色，公不除之，恐必有再舉之憂。」敦素忌二人之才，心頗然之，從容問王導曰：「周、戴南北之望(六〇)，當登三司無疑也！」導不答。又曰：「若不三司(六一)，止應令僕(六二)邪？」又不答。敦曰：「若不爾，正當誅爾！」又不答。丙子（二十二日），敦遣部將陳郡鄧岳收顗及淵。先是敦謂謝鯤曰：「吾當以周伯仁為尚書令，戴若思(六三)為僕射。」是日，又問鯤：「近來人情何如？」鯤曰：「明公之舉，雖欲大存社稷，然悠悠之言，實未達高義(六四)。若果能舉用周、戴，則羣情帖然(六五)矣！」敦怒曰：「君麤疏邪？二子不相當，吾已收之矣？」鯤愕然自失。

參軍王嶠曰：「濟濟多士，文王以寧(六六)。奈何戮諸名士？」敦大怒，欲斬嶠，眾莫敢言。鯤曰：「明公舉大事，不戮一人。嶠以獻替(六七)忤旨，便以釁鼓(六八)，不亦過乎？」敦乃釋之，黜為領軍長史(六九)。

嶠，渾之族孫也。

顗被收，路經太廟，大言曰：「賊臣王敦，傾覆社稷，枉殺忠臣，神祇有靈，當速殺之。」收人以戟傷其口，血流至踵，容止自若，觀者皆為流涕，並戴淵殺之於石頭南門之外㊆。

帝使侍中王彬勞敦，彬素與顗善，先往哭顗，然後見敦。敦怪其容慘，問之，彬曰：「向哭伯仁，情不能已。」敦怒曰：「伯仁自致刑戮，且凡人遇汝㊆一，汝何哀而哭之？」彬曰：「伯仁長者，兄之親友，在朝雖無謇愕㊆二，亦非阿黨，而赦後加之極刑㊆三，所以傷惋也。」因勃然數敦曰：「兄抗旌犯順，殺戮忠良，圖為不軌，禍及門戶矣！」辭氣慷慨，聲淚俱下。敦大怒，厲聲曰：「爾狂悖乃至此，以吾為不能殺汝邪？」時王導在坐，為之懼，勸彬起謝。彬曰：「腳痛不能拜，且此復何謝？」敦曰：「腳痛孰若頸痛？」彬殊無懼容，竟不肯拜。王導後料檢中書故事，乃見顗救己之表，執之流涕，曰：「吾雖不殺伯仁，伯仁由我而死，幽冥之中，負此良友㊆四。」

沈充拔吳國，殺內史張茂。

初，王敦聞甘卓起兵，大懼。卓兄子卬為敦參軍，敦使卬歸說卓曰：「君此自是臣節，不相責也！吾家計急，不得不爾！想便旋軍襄陽，當便結好。」卓雖慕忠義，性多疑少決，軍於豬口㊄，欲待諸方㊅同出軍，稽留累旬不前。敦既得建康，乃遣臺使以騶虞幡駐卓軍。卓聞周顗、戴淵死，流涕謂卬曰：「吾之所憂，正為今日。且使聖上元吉，太子無恙，吾臨敦上流，亦未敢遽危社稷。適吾徑據武昌，敦勢逼，必劫天子以絕四海之望。不如還襄陽，更思後圖。」即命旋軍。都尉秦康與樂道融說卓曰：「今分兵斷彭澤，使敦上下不得相赴㊆，其眾自然離散，可一戰擒也！將軍起義兵而中止，竊為將軍不取。且將軍之下，士卒各求其利，欲求西還，亦恐不可得也！」卓不從。道融晝夜泣諫，卓不聽，道融憂憤而卒。卓性本寬和，忽更彊塞㊇，徑還襄陽，意氣騷擾，舉動失常，識者知其將死矣！

王敦以西陽王羕為太宰，加王導尚書令，王廙為荊州刺史，改易百官及諸軍鎮轉徙黜免者以百數，或朝行暮改，惟意所欲。敦將還武昌，謝鯤言於敦曰：「公至都以來，稱疾不朝，是以雖建勳，而人心實有未達；今若朝天子，使君臣釋然，則物情皆悅服矣！」敦曰：「君能保無變乎？」對曰：「鯤近日入覲，主上側席㈦㈨遲㈧〇得見公，宮省穆然㈧㈠，必無虞也。公若入朝，鯤請侍從。」敦勃然曰：「正復殺君等數百人，亦復何損於時？」竟不朝而去。

夏，四月，敦還武昌。

初，宜都內史天門㈧㈡周級聞譙王承起兵，使其兄子該潛詣長沙，申款於承㈧㈢，魏乂等攻湘州急，承遣該及從事邵陵㈧㈣周崎間出求救，皆為邏者所得。乂使崎語城中，稱大將軍已克建康，甘卓還襄陽，外援理絕㈧㈤。崎偽許之，既至城下，大呼曰：「援兵尋至，努力堅守。」乂殺之。乂考該至死，竟不言其故，周級由是獲免。乂等攻戰日逼，敦又送所得臺中人書疏，令乂射以示承。城中知朝廷不守，莫不悵惋。相持且百日，劉翼戰死，士卒死傷相枕。

癸巳（初十日），乂拔長沙，承等皆被執。乂將殺虞悝，子弟對之號泣，悝曰：「人生會當有死，今闔門為忠義之鬼，亦復何恨？」乂以檻車載承及易雄送武昌，佐吏皆犇散，惟主簿桓雄、西曹書佐㊅韓階、從事武延毀服為僮㊆從承，不離左右。乂見桓雄姿貌舉止非凡人，憚而殺之，韓階、武延執志愈固。荊州刺史王廙承敦旨殺承於道中，階、延送承喪至都，葬之而去。易雄至武昌，意氣忼慨，曾無懼容。敦遣人以檄示雄而數之，雄曰：「此實有之，惜雄位微力弱，不能救國難耳！今日之死，固所願也。」敦憚其辭正，釋之，遣就舍。眾人皆賀之，雄笑曰：「吾安得生？」既而敦遣人潛殺之。

魏乂求鄧騫甚急，鄉人皆為之懼。騫笑曰：「此欲用我耳！彼新得州，多殺忠良，故求我以厭人望也。」乃往詣乂。乂喜曰：「君，古之解揚㊇也。」以為別駕。

詔以陶侃領湘州刺史。王敦上侃復還廣州，加散騎常侍。

㈥甲午（十一日），前趙羊后卒，謚曰獻文。

㈦甘卓家人皆勸卓備王敦，卓不從，悉散兵佃作，聞諫輒怒。襄陽太守周慮，密承敦意，詐言湖中多魚，勸卓遣左右悉出捕魚。五月乙亥（二十三日），慮引兵襲卓於寢室，殺之，傳首於敦，並殺其諸子。敦以從事中郎周撫督沔北諸軍事，代卓鎮沔中㊇。撫，訪之子也。敦既得志，暴慢滋甚。四方貢獻，多入其府，將相岳牧㊈，皆出其門。以沈充、錢鳳為謀主，唯二人之言是從，所譖無不死者。以諸葛瑤、鄧岳、周撫、李恆、謝雍為爪牙。充等並凶險驕恣，大起營府，侵入田宅，剽掠市道，識者咸知其將敗焉。

㈧秋，七月，後趙中山公虎拔泰山，執徐龕送襄國。後趙王勒，盛之以囊，於百尺樓上撲殺之，命王伏都等妻子刳而食之㊉，阬其降卒三千人。

㈨兗州刺史郗鑒在鄒山三年，有眾數萬㊀。戰爭不息，百姓饑饉，掘野鼠蟄鷰㊁而食之。為後趙所逼，退屯合肥。尚書右僕射紀瞻以鑒雅望清德，宜從容臺閣，上疏請徵之，乃徵拜尚書㊂。徐兗間諸塢多降於後趙，後趙置守宰以撫之。

㈩王敦自領寧、益二州都督。冬，十月，己丑（初九日），荊州刺史武陵康侯王廙卒。王敦以下邳內史王邃都督青、徐、幽、平四州諸軍事，鎮淮陽；衛將軍王含都督沔南諸軍事，領荊州刺史；武昌太守丹陽王諒為交州刺史，【考異】諒傳：「永興三年，敦以諒為交州。」按永興三年，即惠帝光熙元年也，諒傳誤。使諒收交州刺史脩湛、新昌太守㊈梁碩殺之。諒誘湛斬之，碩舉兵圍諒於龍編㊉。

⑾祖逖既卒，後趙屢寇河南㊈，拔襄城、城父㊈，圍譙。豫州刺史祖約不能禦，退屯壽春。後趙遂取陳留，梁、鄭之間，復騷然矣！

⑿十一月，以臨潁元公荀組為太尉，辛酉（十二日），薨。罷司徒並丞相府，王敦以司徒官屬為留府㊈。

⒀帝憂憤成疾，閏月己丑（十一日），崩㊀。司空王導受詔輔政。帝恭儉有餘，而明斷不足，故大業未復，而禍亂內興。庚寅（十二日），太子即皇帝位。大赦，尊所生母荀氏為建安君。

⒁十二月，趙主曜葬其父母於粟邑㊀，大赦。陵下周二里，上高百尺，計用六萬夫作之，百日乃成。役者夜作，繼以脂燭，民甚

苦之。游子遠諫，不聽。

(十五)後趙濮陽景侯張賓卒，後趙王勒哭之慟，曰：「天不欲成吾事邪？何奪吾右侯之早也！」程遐代為右長史，遐，世子弘之舅也。勒每與遐議，有所不合，輒歎曰：「右侯捨我去，乃令我與此輩共事，豈非酷乎㉒？」因流涕彌日。

(十六)張茂使將軍韓璞帥眾取隴西南安之地㉓，置秦州。

(十七)慕容廆遣其世子皝襲段末柸，入令支㉔，掠其居民千餘家而還。

【今註】㈠郭璞復上疏，請因皇孫生下赦令：去年三月，璞因日中有黑子疏請肆赦，去年十一月皇孫衍生，至是復疏請下赦令。㈡改元：改元永昌。㈢王敦以璞為記室參軍：《御覽》二四九引《晉中興書》曰：「大將軍王敦以璞有術，取為參軍，璞不敢辭。」有術，謂其善卜筮。㈣嗣祖：陳述字。㈤曼、鯤終日酣醉，故敦不委以事：《晉書．謝鯤傳》云：「鯤不徇功名，無砥礪行，居身於可否之間，雖自處若穢而動不累高。敦有不臣之迹，顯於朝野，鯤知不可以道匡弼，乃優遊寄遇，不屑政事，從容諷議，卒歲而已。」又〈羊曼傳〉云：「曼任達穨縱，好飲酒，與溫嶠、庾亮、阮放、桓彝同志友善，並為中興名士。時州里稱阮放為宏伯，郗鑒為方伯，胡毋輔之為達伯，卞壺為裁伯，蔡謨為朗伯，阮孚為誕伯，劉綏為委伯，而曼為黯伯，凡八人，號兗州八伯，蓋擬古之八雋也。」

㊅隗誠始禍，然城狐社鼠：《後漢書・虞延傳》，延曰：「城狐社鼠，不畏薰燒。謂有所憑託也。」又〈中山王勝傳〉，勝曰：「社鼷不灌，屋鼠不薰，所託者然也。」《爾雅翼》曰：「管仲稱社束木而塗之，鼠因往託焉！燻之則恐燒其木，灌之則恐敗其塗，此鼠之所以不可得而殺者，以社故也。」喻隗城邪惡，然在君側，除之則恐及君，亦投鼠忌器之義。㊆昔太甲顛覆厥度，幸納伊尹之忠，殷道復昌：太甲，商湯之孫。湯崩，太甲立，顛覆湯之刑典，恣縱無度，伊尹幽之於桐宮，居三年而太甲悔過反善，伊尹以冕服迎太甲復歸於亳，授之以政，殷道以昌，號稱太宗。㊇似有所在：言敦志在清君側。㊈處仲狼抗無上：處仲，王敦字。《世說・汰侈篇》曰：「石崇每要客燕集，常令美人行酒。王丞相與大將軍嘗共詣崇，丞相素不能飲，輒自勉強，至於沈醉，每至大將軍，固不飲以觀其變，已斬三人，顏色如故。」王丞相謂導，大將軍謂敦。《晉書・王敦傳》曰：「王愷、石崇以豪侈相尚，愷嘗置酒，敦與導俱在坐，有女伎吹笛，小失聲韵，愷便毆殺之，一坐改容，敦神色自若。他日，又造愷，愷使美人行酒，以客飲不盡，輒殺之。酒至敦、導所，敦故不肯持，美人悲懼失色而敦傲然不視，導素不能飲，恐行酒者得罪，遂勉強盡觴。導還，歎曰：『處仲若當世，心懷剛忍，非令終也。』」按世說謂石崇燕客，敦傳云是王愷，然所述事實相類，皆云敦殘忍乖戾，此所謂狼抗。胡三省曰：「狼貪而敢抗人，故以為喻。」㊉若事濟，當以甘侯作公：卓封于湖侯，放敦以甘侯呼之。胡三省曰：「許卓作公，啗之以利，欲使同逆。」⑪卓意狐疑：卓志雅不欲從敦，又懼敦強盛，故狐疑不決。⑫昔陳敏之亂，吾先從而後圖之：事見卷八十六惠帝永興二年、懷帝永嘉元年。⑬王室

方危，金革之事，古人所不辭：《禮記》子夏問曰：「三年之喪卒哭，金革之事無避也者，禮歟？初有司歟？」孔子曰：「吾聞諸老聃，昔者魯公伯禽有為為之也。今以三年之喪從其利者，吾弗知也。」《春秋公羊傳》曰：「古者臣有大喪，則君三年不呼其門，已練，可以弁冕服金革之事。君使之，非也；臣行之，禮也；閔子要經而服事，孔子蓋善之也。」喪朞而小祥，服練冠，故小祥之祭亦曰練。《釋名・釋喪制》：「期而小祥，亦祭名也。孝子除首服，服練冠也。祥，善也，加小善之飾也。」⑭建昌太守：《宋書・州郡志》曰：「晉惠帝元康九年，分長沙東北下雋諸縣立建昌郡，成帝咸康元年省。」其地今闕，按下雋故城在今湖南省沅陵縣東北。⑮衡陽太守：衡陽，漢屬長沙國，吳孫亮太平二年分長沙西部都尉立衡陽郡，故治在今湖南湘潭縣西。⑯淮陵：淮陵鎮，漢屬臨淮郡，後漢章帝以臨淮合於下邳，屬下邳國，晉太康元年，復置臨淮郡，復以淮陵屬臨淮，惠帝永寧元年，以淮陵郡為淮陵國。淮陵故城在今安徽省盱眙縣西北。⑰春陵：春陵，本前漢之春陵侯國，屬零陵郡，後徙國南陽，省，吳復立春陵縣，仍屬零陵郡，故城在今湖北省寧遠縣西北。⑱湘東太守：湘東，漢長沙國地，吳孫亮太平二年，分長沙東部立湘東郡，《水經注》曰：「郡舊治在湘水東，故以名郡。」湘東郡，吳治酃縣，在今湖南省衡陽縣東，晉移治臨烝，今衡陽縣治。⑲承遣主簿鄧騫至襄陽：時卓以梁州刺史鎮襄陽。胡三省曰：「晉梁州刺史鎮襄陽自周訪始。」襄陽縣，漢屬南郡，晉屬襄陽郡，即今湖北省襄陽縣，城當漢水之曲，與樊城隔漢相望。⑳劉大連：劉隗字大連。㉑公受任方伯：卓時為安南將軍，梁州刺史，假節督沔北諸軍，受方面之寄，其職蓋古之方伯。㉒昔隗囂跋扈，竇融保河西以奉光武，卒受其福：事見卷四十一漢光武建武五年至卷四十三建武十二年。㉓廟勝：孫子曰：「夫未戰而廟算勝者，得算多也；未戰而廟算不勝者，得算少也。」張預曰：「古者興師命將，必致齋於廟，授以成算，然後遣之。」《淮南子．兵略》云：「運籌於廟堂之上，決勝於千里之外。」㉔文服：胡三省曰：「文服，謂非心服，特以虛文相臣服而已。」㉕襄陽之於大府：襄陽，梁州刺史府、安南將軍府在焉，時王敦以大將軍都督六州諸軍，襄陽在其督內，故謂敦府為大府。㉖石城：李賢曰：「石城故城在復州沔陽縣東南。」又《水經注》曰：「沔水南逕石城西，城因山為固，晉太傅羊祜鎮荊江立，元康九年，分置竟陵郡，治此。」按酈說，則石城蓋今湖北省鍾祥縣，地據漢水中游，北控襄樊，南通武昌，西魏於此置郢州，北周改曰石城郡。㉗遡流之眾，勢不自救：胡三省曰：「謂敦兵以東下，若欲逆流西上以自救，勢不相及也。」㉘二州：胡三省曰：「二州，謂荊、江也。」㉙此呂蒙所以克關羽也：其事見卷六十八漢獻帝建安二十四年。㉚卒見分政：卒讀曰猝，猝然之義。分政，謂分任劉隗、刁協、譙王承等，不專任王氏也。㉛今與之同：言與王敦同逆。㉜戴淵在江西：時元帝以淵為征西將軍，都督兗、豫、幽、冀、雍、幷六州諸軍事，鎮合肥，合肥於建康為江西。㉝將軍李恆：《晉書．譙閔王承傳》云：「敦遣南蠻校尉魏乂、將軍李恆、田嵩等甲卒二萬以攻承。」《魏書．司馬叡傳》作江夏太守李恆，與《晉書》敦傳異。㉞至止尚淺：言涖任之日尚淺。承自建康至湘，止於任所，故曰至止。㉟求我於枯魚之肆：言救之須急，遲則無及。《莊子．外物篇》莊子見車轍鮒，鮒曰：「豈無斗升之水以活我乎？」莊子曰：「待我決西江之水而迎汝。」鮒曰：「如君言，不若早索我於枯魚之肆。」㊱光國中郎將：胡三省曰：「光國中郎將，趙所置也。」㊲都督益、寧、南秦、涼、梁、巴六州、隴上、西域諸軍事：胡三省曰：「南秦州及巴州，曜創其名。其後北國率授楊氏南秦州刺史，據有陰平、武都二郡之地。」㊳上大將軍：上大將軍三國吳所創置晉以授陸遜。㊴汧城：汧縣，漢屬右扶風，晉屬扶風郡，永嘉後廢，故曰汧城。《元和郡縣志》曰：「汧源縣，本漢汧縣，汧山在縣西六十里，北與隴山接，禹貢導汧及岐是也。」《括地志》曰：「汧山在隴州汧源縣六十里，其山東鄰岐岫，西接隴岡，汧水出焉！」故城在今陝西省隴縣南。㊵休屠王石武：休屠，匈奴屬王之號，則武亦胡人。㊶岸幘：水厓而高者曰岸，引申為顯露之義。幘本覆額，今微脫露額，謂之岸幘。㊷伯仁，以百口累卿：周顗字伯仁。百口，導舉其族人數約言之。累卿者，欲使顗護全其宗族。㊸既見帝，言導忠誠，申救甚至：《世說・尤悔篇》曰：「丞相兄弟詣闕謝，周侯深憂諸王，始入，甚有憂色。丞相呼周侯曰：『百口委卿。』周直過不應。既入，苦相存救。」丞相謂王導，周侯謂顗，顗襲父爵武城侯。㊹茂弘：王導字。㊺方寄卿以百里之命：孔氏曰：「寄百里之命，謂攝君之政令。」㊻大義滅親：春秋衞石碏之子原與公子州吁弒桓公，又與州吁奔陳，碏使告於陳而殺之。君子曰：「石碏，純臣也，惡州吁而厚與焉！大義滅親，其是之謂乎！」事見《左傳》隱四年。杜預曰：「子從弒君之賊，國之大逆，不可不除，故曰大義滅親。」㊼可以吾為安東時節假之：帝初鎮揚州，領安東將軍，詔以帝為安東時所持節假導。㊽金城：《括地志》曰：「金城在江乘蒲州上，相傳孫吳所築。」顧祖禹曰：「金城在上元縣北三十五里。」上元縣今併入江寧縣。㊾但使自今以往，日忘日去：胡三省曰：「言日後一日，浸忘前事，則君臣猜嫌之迹，亦日去耳！」㊿鞚：馬韁。(51)鞅：馬頸革，控御之具。《釋名》曰：「鞅，嬰也，喉下稱嬰，言纓絡之也。」(52)除：殿階。(53)伯仁卿負我：敦以顗將兵拒己，故曰負我。胡三省曰：「愍帝建興元年，顗為杜弢所困，投敦於豫章，故敦以為德。」(54)西都覆沒，四方皆勸進於帝：見卷九十建武元年。(55)鉤深致遠，蓋非淺局所量，以禮觀之，可謂孝矣：胡三省曰：「言太子既有鉤深致遠之才，而又盡事親之禮，所以解敦不孝之誣也。」《世說・方正篇》曰：「王敦既下，住船石頭，欲有廢明帝意，賓客盈坐。敦知帝聰明，欲以不孝廢之，每言帝不孝之狀，而皆云溫太真所說，溫嘗為東宮率，後為吾司馬，甚悉之。須臾，溫來，敦便奪其威容，問溫曰：『皇太子作人何似？』溫曰：『小人無以測君子。』敦聲色並厲，欲以威力使從己，乃重問溫：『太子何以稱佳？』溫曰：『鉤深致遠，蓋非淺識所測，然以禮待親，可稱為孝。』」又注引劉謙之《晉紀》曰：「欲廢明帝，言於眾曰：『太子子道有虧，溫司馬昔在東宮，悉其事。』嶠既正言，敦忿而愧焉！」太真，溫嶠字。(56)廣室：胡三省曰：「廣室，殿名。」(57)護軍長史郝嘏：顗代戴淵為護軍將軍，以嘏為長史。(58)敦參軍呂猗嘗為臺郎，性姦諂，戴淵為尚書，惡之：《世說・尤悔篇》注引虞預《晉書》曰：「淵既上官，素有高氣，以猗小器待之。」猗《晉書・戴若思傳》作猗。臺郎，即尚書郎。(59)近者之言：謂近日顗、淵答敦之語。(60)周、戴南北之望：周顗汝南人，戴淵廣陵人，晉室南渡，二人名冠當時，故敦謂為南北之望。《世說・言語篇》注引《晉陽秋》曰：「顗有風流才氣，少知名，正體嶷嶷，儕輩不敢媟也。」又引鄧粲《晉紀》曰：「伯仁儀容弘偉，善於俛仰應答，精神足以蔭映數人，深自持，能致人而未嘗往焉！」（六一）三司：謂太尉、司徒、司空。（六二）令僕：謂尚書令及左右僕射。（六三）戴若思：戴淵字若思。（六四）然悠悠之言，實未達高義：悠悠，眾多貌。言眾人議敦舉兵向闕，實非義舉。（六五）羣情怗然：桂馥曰：「北魏高湛墓志：『全怗民境。』怗字不瞭。案廣韻：『怗，安也。』晉書・謝鯤傳：『羣情怗然。』北史・柳崇傳：『境內怗然。』崔亮傳：『百姓怗然。』袁翻傳：『求皆允怗。』南齊書・陸厥傳：『岨峿妥怗之談。』其字並從立心。」則是桂氏所見本帖作怗，汲古本《晉書》作帖，當為後人所改，《通鑑》作帖，則溫公所見《晉書》已有誤帖為怗者矣！（六六）濟濟多士，文王以寧：《詩・大雅・文王》之詩。言文王賴多士以寧邦國。（六七）獻替：《左傳》晏子對齊侯曰：「君所謂可而有否焉，臣獻其否以成其可；君所謂否而有可焉，臣獻其可以去其否。」後取其語意約言之曰獻可替否，或曰獻替，言獻善於君而止君之不善也。（六八）釁鼓：釁，血祭也。殺牲或人，以血塗鼓，因以祭之，謂之釁鼓。古之征戰，擂鼓而進，故出師之前必釁鼓。（六九）黜為領軍長史：胡三省曰：「大將軍府黜為領軍長史，足知敦府重於諸府矣！」領軍長史，謂領軍將軍府長史。（七〇）並戴淵殺之於石頭南門之外：《寰宇記》曰：「石頭城東有大石，俗呼為塘岡，即王敦害周伯仁、戴若思處，百姓冤之，乃記其石焉！」（七一）且凡人遇汝：敦言顗以常人遇彬而不以彬為賢。（七二）謇愕：直言貌。《後漢書・陳蕃傳》：「謇愕之操，華首彌固。」愕與諤同。（七三）赦後加之極刑：按《晉書・元帝紀》，四月，敦入石頭，辛未，大赦，丙子，敦殺戴若思、周顗等，丙子在辛未後五日。

㉔吾雖不殺伯仁，伯仁由我而死，幽冥之中，負此良友：敦三問顗於導而導不答，敦故殺顗，導以此自愧。王楙曰：「周顗之死，蓋自召禍。夫救人而不使人知，顗蓋示以公道，志非不佳，然密為申救，不示私恩足矣，何至告之而不應，出入殿門，有揚揚自得之色，且至有殺賊奴之罵，外貌外言，尚且如此，則其在內可知，不惟不能救己，反以陷己必矣！安得無此疑？當此之際，雖使善人長者，亦所不能堪！導豈陷賢者？當處仲三問而三不答，可見導中心有不能堪者。顗死而後方知向者訑訑見拒之際，乃拳拳申救之時，已無及矣！人誰而知之？以是知人不可自處於曖昧之地，而況立朝於危難之際，尤為難事，稍有閒隙，性命不可保，其可明開禍隙以示人哉？宜顗之不得其死也！將以避恩，反以召禍，哀哉！」㉕豬口：《水經》曰：「沔水又東南過江夏雲杜縣東，夏水從西來注之。」酈注曰：「即堵口也。」全祖望曰：「堵口當作豬口，晉書甘卓傳作豬口，若作堵口，則是堵水之口，非矣！」雲杜故城在今湖北省沔陽縣西北。夏水，今曰長夏河。《漢書・地理志》云：「華容夏水，首出江，尾入沔。」豬口即夏水入腊處，今長夏河首不出江，尾不入腊，與古道異矣！《晉書・譙閔王譙承傳》作腊口，腊與豬同。㉖諸方：謂諸將專方面之任者。㉗今分兵斷彭澤，使敦上下不得相赴：彭澤縣屬豫章郡，故城在今江西省湖口縣東三十里，控扼鄱陽湖水入江之口。此言若分兵斷彭澤湖口，則敦順江東下之師，與上游武昌之眾分而為二，其勢不得相赴援。㉘彊塞：胡三省曰：「此彊謂彊暴也；塞謂窒塞而不疏通。」㉙側席：李賢曰：「側席，謂不正坐，所以待賢良也。」㉚遲：李賢曰：「遲猶希望也。」何若瑤曰：「遲者待也。」㉛穆然：和睦貌。㉜天門：天門郡，漢為武

陵郡地，吳孫休永安六年，分武陵立天門郡。《水經注》曰：「武陵郡有嵩梁山，高峯孤聳，素壁千尋，吳永安六年，其山洞開朗如門，孫休以為嘉祥，分武陵置天門。」嵩梁，古曰松梁。《吳錄》曰：「松梁山，山石開處容數十丈，其高以弩射之不及。」晉治澧陽縣，即今湖南省石門縣。(八三)申款於丞：申，明也；款，誠也。明其向丞之誠。(八四)邵陵：邵陵郡，漢為零陵郡地，吳孫皓寶鼎元年分零陵北部都尉立昭陵郡，晉諱昭，改曰邵陵，置邵陵縣，即今湖南省寶慶縣。(八五)外援理絕：胡三省曰：「言以事理觀之，外援已絕也。」(八六)西曹書佐：府諸曹各有書佐。(八七)毀服為僮：毀其常服，易為僮僕之裝。(八八)解揚：古之義士。《左傳》：「楚子圍宋，晉使解揚如宋，使無降楚，鄭人囚而獻諸楚。楚子賂之，使反其言，不許，三而許之。登諸樓車，使呼宋人而告之，遂致其君命。楚子將殺之，使與之言曰：『爾既許不穀而反之，何故？速即爾刑。』對曰：『受命而出，有死無貳，又可賂乎？臣之許君，以成命也；死而成命，臣之祿也。』楚子舍之以歸。」(八九)沔中：胡三省曰：「自南鄭至襄陽，沔水所由也，故謂之沔中。」(九〇)岳牧：謂諸方鎮。《尚書．周官》曰：「唐虞稽古，建官惟百，內有百揆四岳，外有州牧侯伯。」故後代出鎮封疆，居方面之寄者，皆謂之岳牧。(九一)命王伏都等妻子刳而食之：龕殺王伏都見上卷太興三年。(九二)兗州刺史郗鑒在鄒山三年，有眾數萬：元帝初鎮江左，以鑒為兗州刺史，鎮鄒山，見卷八十八愍帝建興元年。自鑒鎮鄒山至是已九年矣！此曰在鄒山三年有眾數萬者，史家追述之語，言鑒既鎮鄒山之後三年，民歸之者有數萬也。(九三)蟄蘄：胡三省曰：「燕經秋而蟄。」(九四)乃徵拜尚書：《晉書．郗鑒傳》云：「永昌初，徵拜領軍將軍，既至，轉尚書，以疾不拜。」(九五)新昌太守：《元和郡縣志》曰：「吳歸命侯建衡三年，分交阯立新昌郡。」杜佑《通典》曰：「吳分置新興郡，晉武帝改為新昌。」《御覽》引《方輿志》與杜說同。郡在今安南境。(九六)龍編：龍編縣，屬交阯郡，交州治、交阯郡治俱設於此，故址在今安南河內省。《水經注》曰：「漢建安二十三年立州之始，蛟龍蟠編於南北二津，故改龍淵，以龍編為名也。」(九七)後趙屢寇河南：胡三省曰：「此河南槩指黃河之南，非專指河南郡也。」(九八)城父：城父縣，漢屬沛郡，後漢屬汝南郡，魏晉屬譙國，蓋春秋陳之夷邑，故城在今安徽省亳縣東南。(九九)王敦以司徒官屬為留府：敦還師駐武昌，遙制朝政，故置大將軍留府於建康。(一〇〇)帝憂憤成疾，閏月己丑，崩：《晉書・元帝紀》云：「時年四十七。」(一〇一)趙主曜葬其父母於粟邑：《晉書・劉曜載記》云：「曜將葬其父及妻，親如粟邑。」《魏書・劉聰傳》亦曰：「營其父及妻二塚。」妻指羊后。(一〇二)右侯捨我去，乃令我與此輩共事，豈非酷乎：胡三省曰：「酷，慘也，虐也；言天奪張賓之年，何其虐我之慘也。」(一〇三)張茂使將軍韓璞帥眾取隴西南安之地：胡三省曰：「南陽王保既死，陳安不能有，茂遂取之。」(一〇四)令支：令支，春秋時山戎屬國。《國語・齊語》：「遂北伐山戎，剸令支。」漢置令支縣，屬遼西郡，晉省，陷於鮮卑，故城在今河北省遷安縣西。

肅宗明皇帝(一)上

大寧元年（西元三二三年）

㈠春，正月，成李驤、任回寇臺登㈡，將軍司馬玖戰死，越巂太守李釗㈢、漢嘉太守㈣王載皆以郡降于成。

㈡二月庚戌（初二日），葬元帝于建平陵㈤。

㈢三月戊寅朔，改元。

㈣饒安、東光、安陵㈥三縣災，燒七千餘家，死者萬五千人。

㈤後趙寇彭城、下邳，徐州刺史卞敦與征北將軍王邃退保盱眙。敦，壼之從父兄也。

㈥王敦謀篡位，諷朝廷徵己，帝手詔徵之。夏，四月，加敦黃鉞，班劍㈦，奏事不名，入朝不趨，劍履上殿。敦移鎮姑孰㈧，屯于湖㈨。【考異】晉春秋及後魏書僭晉傳云：「屯蕪湖。」晉書明帝紀云：「下屯于湖。」今從之。以司空導為司徒，敦自領揚州牧。敦欲為逆，王彬諫之甚苦，敦變色，目左右將收之。彬正色曰：「君昔歲殺兄，今又殺弟邪㈩？」敦乃止，以彬為豫章太守。

㈦後趙王勒遣使結好於慕容廆，廆執送建康。

㈧成李驤等進攻寧州，刺史褒中壯公王遜使將軍姚嶽等拒之，戰於螗蜋㈡，成兵大敗。嶽追至瀘水，成兵爭濟，溺死者千餘人，嶽以道遠，不敢濟而還。遜以嶽不窮追，大怒，鞭之，怒甚，冠裂而卒。遜在州十四年㈢，威行殊俗，州人立其子堅行州府㈢事，詔除堅寧州刺史。

㈨廣州刺史陶侃遣兵救交州，未至，梁碩拔龍編，奪刺史王諒節，諒不與，碩斷其右臂。諒曰：「死且不避，斷臂何為？」踰旬而卒。

㈩六月壬子（初六日），立妃庾氏為皇后，以后兄中領軍亮為中書監。

㈪梁碩據交州，凶暴失眾心，陶侃遣參軍高寶攻碩，斬之，詔以侃領交州刺史，進號征南大將軍，開府儀同三司。未幾，吏部郎阮放求為交州刺史，許之。放行至寧浦㈣，遇高寶，為寶設饌，伏兵殺之。寶兵擊放，放走得免，至州少時病卒。【考異】放傳云：「成帝幼沖，庾氏執政，放求為交州。」下乃云：「逢高寶平梁碩還。」非成帝時也，放傳誤。放，咸之族子也㈤。

㈫陳安圍趙征西將軍劉貢於安，休屠王石武自桑城引兵趣上邽以救之，與貢合擊安，大破之。安收餘騎八千，走保隴城。秋，七月，趙主曜自將圍隴城(一六)，別遣兵圍上邽。安頻出戰，輒敗。右軍將軍劉幹攻平襄(一七)，克之，隴上諸縣悉降。安留其將楊伯支、姜沖兒守隴城，自帥精騎突圍，出奔陝中(一八)。曜遣將軍平先等追之，安左揮七尺大刀，右揮丈八蛇矛，近則刀矛俱發，輒殪五六人，遠則左右馳射而走。先亦勇捷如飛，與安搏戰，三交(一九)，遂奪其蛇矛。會日暮雨甚，安棄馬與左右匿於山中，趙兵索之，不知所在。明日，安遣其將石容覘趙兵，趙輔威將軍呼延青人(二〇)獲之，拷問(二一)安所在，容卒不肯言，青人殺之。雨霽，青人尋其迹，獲安於澗曲，斬之。安善撫將士，與同甘苦，及死，隴上人思之，為作壯士之歌(二二)。楊伯支斬姜沖兒以隴城降，別將宋亭斬趙募以上邽降。曜徙秦州大姓楊、姜諸族二千餘戶於長安，氐、羌皆送任請降。以赤亭羌酋姚弋仲為平西將軍，封平襄公。

(二三)帝畏王敦之逼，欲以郗鑒為外援，拜鑒兗州刺史，都督揚州江西諸軍事，鎮合肥。王敦忌之，表鑒為尚書令。八月，詔徵鑒還，道經姑孰，敦與之論西朝㉓人士，曰：「樂彥輔㉔短才耳，考其實，豈勝滿武秋㉕邪？」鑒曰：「彥輔道韻平淡，愍懷之廢，柔而能正；武秋，失節之士，安得擬之㉖？」敦曰：「當是時，危機交急。」鑒曰：「丈夫當死生以之。」敦惡其言，不復相見，久留不遣。敦黨皆勸敦殺之，敦不從㉗。鑒還臺，遂與帝謀討敦。

（十四）後趙中山公虎帥步騎四萬擊安東將軍曹嶷，青州郡縣多降之，遂圍廣固㉘。嶷出降，送襄國殺之，阬其眾三萬。虎欲盡殺嶷眾，青州刺史劉徵曰：「今留徵，使牧民也，無民焉牧？徵將歸耳！」虎乃留男女七百口配徵，使鎮廣固。

（十五）趙主曜自隴上西擊涼州，遣其將劉咸攻韓璞於冀城，呼延晏攻寧羌護軍陰鑒於桑壁㉙，曜自將戎卒二十八萬軍於河上，列營百餘里，金鼓之聲動地，河水為沸。張茂臨河諸戍，皆望風奔潰。曜揚聲欲百道俱濟，直抵姑臧，涼州大震。參軍馬岌勸茂親出拒戰，長史氾禕怒，請斬之。岌曰：「氾公糟粕書生㉚，刺舉㉛小才，不思家國大計。明公父子欲為朝廷誅劉曜有年矣，今曜自至，遠近之情，共觀明公此舉。當立信勇之驗，以副秦隴之望，力雖不敵，勢不可以不出。」茂曰：「善。」乃出屯石頭㉒。茂謂參軍陳珍曰：「劉曜舉三秦之眾，乘勝席卷而來㉓，將若之何？」珍曰：「曜兵雖多，精卒至少，大抵皆氐、羌烏合之眾，恩信未洽；且有山東之虞㉔，安能捨其腹心之疾，曠日持久，與我爭河西之地邪？若二旬不退，珍請得弊卒數千，為明公擒之！」茂喜，使珍將兵救韓璞。

趙諸將爭欲濟河，趙主曜曰：「吾軍勢雖盛，然畏威而來者，三分有二㉕，中軍疲困，其實難用。今但案甲勿動，以吾威聲震之，若出中旬，張茂之表不至者，吾為負卿矣！」茂尋遣使稱藩，獻馬牛羊珍寶，不可勝紀。曜拜茂侍中、都督涼南北秦、梁、益、巴、漢、隴右、西域、雜夷、匈奴諸軍事，太師，涼州牧，封涼王，加九錫。

㈥楊難敵聞陳安死，大懼，與弟堅頭南奔漢中，趙鎮西將軍劉厚追擊之，大獲而還。趙主曜以大鴻臚田崧為鎮南大將軍，益州刺史，鎮仇池。

難敵送任請降於成，成安北將軍李稚受難敵賂，不送難敵於成都。趙兵退，即遣歸武都。難敵遂據險不服，稚自悔失計，亟請㊁討之。雄遣稚兄侍中中軍領軍琀與稚出白水，征東將軍李壽及琀弟玝出陰平，以擊難敵，羣臣諫不聽。難敵遣兵拒之，壽、玝不得而進，而琀、稚長驅至下辨，難敵遣兵斷其歸路，四面攻之，琀、稚深入無繼，皆為難敵所殺，死者數千人。琀，蕩之長子，有才望，雄欲以為嗣，聞其死，不食者數日。

㈦初，趙主曜長子儉，次子胤。胤年十歲，長七尺五寸，漢主聰奇之，謂曜曰：「此兒神氣，非義真㊂之比也，當以為嗣。」曜曰：「藩國之嗣，能守祭祀足矣，不敢亂長幼之序。」聰曰：「卿之勳德，當世受專征之任㊃，非它臣之比也！吾當更以一國封義真。」乃封儉為臨海王，立胤為世子。既長，多力善射，驍捷如風。靳準之亂㊄，沒於黑匿郁鞠部㊅。陳安既敗，胤自言於郁鞠，郁鞠大驚，禮而歸之。曜悲喜，謂羣臣曰：「義光㊆雖已為太子，然沖幼儒謹，恐不堪今之多難。義孫㊷，故世子也，材器過人，且涉歷艱難，吾欲灋周文王、漢光武㊸，以固社稷而安義光，何如？」太傅呼延晏等皆曰：「陛下為國家無窮之計，豈惟臣等賴之，實宗廟四海之慶。」左光祿大夫卜泰、太子太保韓廣進曰：「陛下以廢立為是，不應更問羣臣；若以為疑，固樂聞異同之言。臣竊以為廢太子非也，昔文王定嗣於未立之前，則可也；光武以母失恩而廢其子，豈足為聖朝之灋？曏以東海㊹為嗣，未必不如明帝也。胤文武才略，誠高絕於世，然太子孝友仁慈，亦足為承平賢主。況東宮者，民臣所繫，豈可輕動？陛下誠欲如是，臣等有死而已，不敢奉詔！」曜默然。胤進曰：「父之於子，當愛之如一。今黜熙而立臣，臣何敢自安？陛下苟以臣為頗堪驅策，豈不能輔熙以承聖業乎？必若以臣代熙，臣請効死於此，不敢聞命。」因歔欷流涕。曜亦以熙羊后所生，不忍廢也，乃追謚前妃卜氏為元悼皇后。泰，即胤之舅也，曜嘉其公忠，以為上光祿大夫，儀同三司，領太子太傅。封胤為永安王，拜侍中，衞大將軍，都督二宮㊺禁衛諸軍事，開府儀同三司，錄尚書事。命熙於胤盡家人之禮㊻。

(十八)張茂大城姑臧，脩靈鈞臺㊼。別駕吳詔諫曰：「明公所以修城築臺者，蓋懲既往之患耳㊽！愚以為苟恩未洽於人心，雖處層臺，亦無所益，適足以疑羣下忠信之志，失士民繫託之望，示怯弱之形，啓鄰敵之謀，將何以佐天子霸諸侯乎？願亟罷茲役，以息勞費。」茂曰：「亡兄一旦失身於物㊾，豈無忠臣義士欲盡節者哉？顧禍生不意，雖有智勇，無所施耳！王公設險，勇夫重閉㊿，古之道也。今國家未靖，不可以太平之理，責人於屯邅(五一)之世也。」卒為之。

(十九)王敦從子允之方總角(五二)，敦愛其聰警，常以自隨。敦常夜飲，允之辭醉先臥，敦與錢鳳謀為逆，允之悉聞其言，即於臥處大吐，衣面並汙。鳳出，敦果照視，見允之臥於吐中，不復疑之。會其父舒拜廷尉，允之求歸省父，悉以敦、鳳之謀白舒。舒與王導俱啓帝，陰為之備。敦欲彊其宗族，陵弱帝室，冬，十一月，徙王含為征東將軍，都督揚州江西諸軍事；王舒為荊州刺史，監荊州沔南諸軍事；王彬為江州刺史。

（廿）後趙王勒以參軍樊坦為章武內史㊼，勒見其衣冠弊壞，問之，坦率然對曰：「頃為羯賊所掠，資財蕩盡。」勒笑曰：「羯賊乃爾無道邪？今當相償。」坦大懼，叩頭泣謝。勒賜車馬衣服裝錢三百萬而遣之。

（廿一）是歲，滅巂斯㊾叟攻成將任回，成主雄遣征南將軍費黑討之。

（廿二）會稽內史周札，一門五侯㊿。宗族彊盛，吳士莫與為比，王敦忌之。敦有疾，錢鳳勸敦早除周氏，敦然之。周嵩以兄顗之死[56]，心常憤憤。敦無子，養王含子應為嗣，嵩嘗於眾中言應不宜統兵，敦惡之。嵩與札兄子莚皆為敦從事中郎，會道士李脫以妖術惑眾，士民頗信事之[57]。

【今註】㊀肅宗明皇帝：帝諱紹，字道畿，元帝長子。㊁臺登：臺登縣，屬越巂郡，故城在今四川省冕寧縣東。㊂越巂太守李釗：《華陽國志》作西夷校尉李釗，此從《晉書．李雄載記》。㊃漢嘉太守：漢嘉縣，本漢青衣縣地，屬蜀郡，後漢順帝陽嘉二年，改曰漢嘉，蜀漢分置漢嘉郡。㊄建平陵:《元和郡縣志》曰:「晉元帝睿建平陵在上元縣北六里雞籠山。」按雞籠山在今安徽省和縣西北三十五里。㈥饒安、東光、安陵:三縣皆屬勃海郡。饒安縣,漢為千童縣,屬勃海郡,應劭曰:「靈帝改曰饒安。」《續漢志》無,疑脫,故治在今河北省鹽山縣南。東光,漢舊縣,故城在今河北省東光縣東。安陵縣,晉志作東安陵,後魏去東字,曰安陵縣,本漢信都國蓚縣地,晉分立為縣以屬勃海郡,故城在今河北省吳橋縣西北。㈦班劍:《晉書・職官志》曰:「諸公及開府位從公者給武賁二十人,持班劍。」《文選・王儉褚淵碑文》註劉良曰:「班劍,謂執劍而從行者也。」呂向曰:「班,列也,言使勇士行列持劍以為儀仗也。」李周翰曰:「班劍,木劍無刃,假作劍形,畫之以文,故曰班劍。」㈧姑孰:晉姑孰城,即今安徽省當塗縣,晉於此置戍,為濱江重鎮,其南有姑孰溪,一名姑溪,上承丹楊湖,西注于大江。《元和郡縣志》曰:「姑孰水在縣南二里,姑孰城因此名。」陸游曰:「姑孰城在當塗縣北,今州城正據姑孰溪,溪東南數峯如黛,蓋青山也。自姑孰溪行夾中三十里至大信口,出口泝江過大小褐山磯,又過蟂磯、蕪湖,即于湖,並大江,有王敦城,氣象宏敞。」㈨于湖:于湖縣,晉武帝太康二年分丹楊縣立,屬丹陽郡,故城在今安徽省當塗縣南。㈩君昔歲殺兄,今又殺弟邪:《晉書・王彬傳》曰:「先是彬從兄豫章太守稜為敦所害,敦以彬親,故容忍之。」胡三省曰:「晉書王彬傳以為彬從兄稜為敦所害,故云然。余據殺稜者王如,雖出於敦之意,猶假手於如也,且稜於敦為從弟,此言殺兄,蓋以敦殺王澄也。」敦殺澄事見卷八十八懷帝永嘉六年。㈠成李驤等進攻寧州,刺史褒中壯公王遜使將軍姚嶽等拒之,戰於螗蜋:《晉書・王遜傳》云:「遜使將軍姚嶽、爨琛距之，戰於堂狼。」〈李雄載記〉云：「遜使其將姚嶽悉眾距戰。」《華陽國志》亦作姚嶽，與遜傳異，未知孰誤。螗蜋，《華陽國志》作堂螂，《水經注》作堂琅，蓋皆堂狼之異文。堂狼縣，漢屬犍為郡，後漢省，蜀漢復置，屬朱提郡，晉因之，故址在今雲南省會澤境。㊂遜在州十四年：懷帝永嘉四年，遜至寧州，至是凡十四年而卒。㊂州府：州謂寧州，府謂南夷校尉府。㊃寧浦：《晉書・地理志》曰：「寧浦郡，吳置。」《廣州記》曰：「漢獻帝建安二十三年，吳分鬱林郡立寧浦郡。」《吳錄》曰：「孫休永安三年，分合浦立合浦北部都尉。」《晉太康地志》曰：「武帝太康七年，改合浦屬國都尉立寧浦郡。」沈約《宋志》採《晉太康地志》之說，《元和郡縣志》亦云晉於合浦北部置寧浦郡，蓋吳孫休時於合浦立北部都尉，晉太康中始改為郡，《晉志》、《廣州記》所載誤也。郡治寧浦縣，本名昌平，晉武帝太康元年更名，故治在今廣西省橫縣西南。㊄放，咸之族子也：咸尚虛無，性曠達，與山濤、阮籍等為竹林之遊，有名於魏晉之間。㊅趙主曜自將圍隴城：《御覽》二九九引蕭芳等《三十國春秋》曰：「陳安奔隴城，前趙將劉賁馳將追之，石虎止賁曰：『窮寇歸兵，不可追也。我士卒連勝，皆已怠矣！以驕急之卒，當致死之眾，恐無萬全之利。』賁曰：『不然。彼銳氣盡矣，眾心乖沮，人懷苟免，莫有鬭志。我卒乘猛氣甚盛，皆一當十，豈其衰沮之餘所能抗也？』賁躬先士卒，戰輒敗之，遂圍安於隴城。」按石虎即休屠王石武，唐人避諱，改虎為武；劉賁即《晉書・劉曜載記》之劉貢，蓋所載實為一事，賁與貢以形似致譌。㊆平襄：平襄縣，漢屬天水郡，後漢屬漢陽郡，晉屬略陽郡，故襄戎之邑。故城在今甘肅省通渭縣西南。㊇陝中：胡三省曰：「陝中在隴城南。陝與陜同。」㉙三交：三合戰。㉚呼延青人：《晉書・劉曜載記》作呼延清。㉛拷問：掠擊而責問之。㉜隴上人思之，為作壯士之歌：〈劉曜載記〉錄其歌曰：「隴上壯士有陳安，軀榦雖小腹中寬，愛養將士同心肝，⿰馬聶驄文馬鐵瑕鞍，七尺大刀奮如湍，丈八蛇矛左右盤，十盪十決無當前，戰始三交失蛇矛，棄我⿰馬聶驄竄巖幽，為我外援而懸頭，西流之水東流河，一去不還奈子何！」《御覽》三五四引《靈鬼志》曰：「有給使陳安者，常乘一赤馬，俊快非常，雙手持二刀，皆長七尺，馳馬運刀，所向披靡。」㉝西朝：東晉人士謂洛都時代為西朝。㉞樂彥輔：樂廣字彥輔。㉟滿武秋：滿奮字武秋。㊱彥輔，道韻平淡，愍懷之廢，柔而能正；武秋，失節之士，安得擬之：事見卷八十三惠帝永康元年。胡三省曰：「滿奮既收東宮官屬之辭太子者，趙王倫之篡，奮又奉璽綬，故謂之失節。」㊲敦黨皆勸敦殺之，敦不從：《晉書・郗鑒傳》云：「敦謂錢鳳曰：『郗道徽儒雅之士，名位既重，何得害之？』乃放還臺。」郗鑒字道徽。㊳廣固：《御覽》一六〇引《齊記》曰：「晉永嘉五年，東萊牟平曹嶷為刺史，所築城有大澗甚廣，因之為廣，謂之廣固，城側有五龍口。」《元和郡縣志》曰：「廣固城側有五龍口，險阻難攻，兵力疲弊。河間人玄文說裕曰：『昔趙攻曹嶷，望風者以為澠水帶城，非可攻拔，若塞五龍口，當必陷。石季龍從之，嶷請降。後五日，大雨震雷，其口復開。』」裕謂劉裕，元和志所載蓋晉隆安中劉裕克南燕慕容德之役，其後裕克廣固，惡其險阻，毀其城隍而改築東陽城。《水經注》曰：「廣固城在漢齊郡廣縣西北四里，四周絕澗，阻水深隍，曹嶷所築也。」廣縣故城在今山東省益都縣西南，嶷築廣固城而廣縣廢。廣固遺址在今益都縣西北堯山之陽。㉙桑壁：胡三省曰：「桑壁當在南安界。」㉚糟粕書生：糟粕，酒滓。喻讀書不化，而不能得其精義。《莊子・天道》曰：「桓公讀書於堂上，輪扁斲輪於堂下，問桓公曰：『敢問公所讀者何言也？』公曰：『聖人之書也。』曰：『聖人在乎？』曰：『已死矣！』曰：『然則君之所讀者，古人之糟粕已夫！古之人與其不可傳者死矣！』」《淮南子・道應》曰：「是直聖人之糟粕耳！」注云：「糟，酒滓也；粕，已漉之精也。」㉛刺舉：胡三省曰：「刺者，以直傷人；舉者，招人之過。」㉜石頭：胡三省曰：「石頭在姑臧城東。」姑臧，今甘肅省武威縣。㉝乘勝席卷而來：言曜新破陳安，乘勝而來，所至輒下，其勢如捲席。㉞且有山東之虞：謂曜方與石勒相圖而虞山東之變。㉟吾軍勢雖盛，然畏威而來者，三分有二：曜言軍雖眾，然泰半畏威而聚，非真能同心協力者。㊱亟請：數以為請。㊲義真：劉儉字。㊳當世受專征之任：《晉書・劉曜載記》曰：「當世祚太師，受專征之任，五侯九伯，得專征之。」㊴靳準之亂：事見卷九十大興元年。㊵黑匿郁鞠部：《晉書・劉曜載記》云：「胤既沒於黑匿郁鞠部，至是自言，郁鞠大驚，資給衣馬，遣子送之，曜嘉其忠款，封為左賢王。」則郁鞠蓋亦匈奴別種。㊶義光：曜太子劉熙字。㊷義孫：劉胤字。㊸吾欲灋周文王、漢光武：周文王捨伯邑考而立武王，漢光武捨長子彊而立明帝，曜欲取以為法，廢太子熙而立胤。㊹東海：漢光武封其長子彊為東海王。㊺二宮：胡三省曰：「謂曜宮及熙宮也。」㊻命熙於胤盡家人之禮：曜命熙無以君臣之禮待胤，而以兄弟之禮待胤。㊼脩靈鈞臺：元帝太興四年，茂築靈鈞臺，以閻曾諫而止，至是復修之。㊽明公所以修城築臺者，蓋懲既往之患耳：胡三省曰：「謂徵劉曜來攻也。」㊿亡兄一旦失身於物：謂張寔為其下所殺。事見上卷太興三年。㊿王公設險，勇夫重閉：《易》曰：「王公設險以守其國。」《左傳》曰：「勇夫重閉，而況國乎？」謂須防患於未然。㊿屯邅：屯謂屯難，邅謂邅迴。屯難者，謂時運艱難；邅迴，不進貌。㊿總角：毛萇曰：「總角，聚兩髦也。」孩兒之飾。㊿章武內史：《晉書・地理志》曰：「章武國，泰始元年置。」錢大昕曰：「按序稱魏武置十二郡，章武其一也。杜恕坐事徙章武郡在魏嘉平元年，是章武郡不始於晉矣！」章武縣，漢屬勃海郡，故城在今河北省滄縣東北。晉為國，治東平舒，今河北省大城縣。㊿斯：胡三省曰：「前漢西南夷傳云：『自巂以東北，君長以十數，徙、筰都最大。』師古曰：『徙及筰都，二國也。巂音髓，徙音斯。』此斯即漢之斯種。」㊿會稽內史周札，一門五侯：札封東遷縣侯，兄靖子懋封清流亭侯，懋弟贊封武康縣侯，贊弟縉封都鄉侯，兄玘子勰嗣父爵烏程縣公，凡五侯。㊿周嵩以兄顗之死：顗死見元帝永昌元年。㊿會道士李脫以妖術惑眾，士民頗信事之：《晉書・周札傳》云：「道士李脫以妖術惑眾，自言八百歲，故號李八百，自中州至建鄴，以鬼道療病，又署人官位，時人多信事之。」《御覽》六七〇引《集仙錄》曰：「李脫居蜀金堂山龍橋峯下修道，蜀人歷代見之，約其來往八百餘年，因號曰李八百。三於此山學道，故世號此山為三學山，亦號為栖賢山。」

卷九十三　晉紀十五

司馬光編集
林瑞翰註

起閼逢涒灘，盡強圉大淵獻，凡四年。（甲申至丁亥，西元三二四年至三二七年）

肅宗明皇帝下

太寧二年（西元三二四年）

㈠春，正月，王敦誣周嵩、周莚與李脫謀為不軌，收嵩、莚於軍中殺之，遣參軍賀鸞就沈充於吳，盡殺周札諸兄子，進兵襲會稽，札拒戰而死㊀。

㈡後趙將兵都尉石瞻寇下邳、彭城，取東莞㊁、東海，劉遐退保泗口㊂。司州刺史石生擊趙河南太守尹平於新安㊃，斬之，掠五千餘戶而歸，自是二趙構隙，日相攻掠，河東、弘農之間，民不聊生矣㊄。石生寇許、潁㊅，俘獲萬計。攻郭誦於陽翟，誦與戰，大破之，生退守康城㊆。後趙汲郡內史石聰聞生敗，馳救之，進攻司州刺史李矩、潁川太守郭默，皆破之。

㈢成主雄后任氏無子，有妾子十餘人，雄立其兄蕩之子班為太子，使任后母之。羣臣請立諸子，雄曰：「吾兄，先帝之嫡統，有奇材大功，事垂克而早世㈧，朕常悼之。且班仁孝好學，必能負荷先烈。」太傅驤、司徒王達諫曰：「先王立嗣必子者，所以明定分而防篡奪也。宋宣公、吳餘祭，足以觀矣㈨！」雄不聽。驤退而流涕曰：「亂自此始矣。」班為人謙恭下士，動遵禮灋，雄每有大議，輒令豫之。

㈣夏，五月甲申（十四日），張茂疾病，執世子駿手泣曰：「吾家世以孝友忠順著稱，今雖天下大亂，汝奉承之，不可失也。」且下令曰：「吾官非王命，苟以集事，豈敢榮之。死之日，當以白恰入棺，勿以朝服斂。」是日薨㈩。愍帝使者史淑在姑臧㈡，左長史氾禕、右長史馬謨等使淑拜駿大將軍，涼州牧，西平公。赦其境內。前趙主曜遣使贈茂太宰，謚曰成烈王。拜駿上大將軍，涼州牧，涼王。

㈤王敦疾甚，矯詔拜王應為武衞將軍以自副，以王含為驃騎大將軍，開府儀同三司。錢鳳謂敦曰：「脫有不諱，便當以後事付應邪？」敦曰：「非常之事，非常人所能為㈢。且應年少，豈堪大事？我死之後，莫若釋兵散眾，歸身朝廷，保全門戶，上計也；退還武昌，牧兵自守，貢獻不廢，中計也；及吾尚存，悉眾而下，萬一僥倖，下計也。」鳳謂其黨曰：「公之下計，乃上策也！」遂與沈充定謀，俟敦死即作亂，又以宿衛尚多，奏令三番休二。

初，帝親任中書令溫嶠，敦惡之，請嶠為左司馬。嶠乃繆為勤敬，綜其府事，時進密謀，以附其欲，深結錢鳳，為之聲譽。每曰：「錢世儀㈢精神滿腹。」嶠素有藻鑑㈣之名，鳳甚悅，深與嶠結好。會丹楊尹㈤缺，嶠言於敦曰：「京尹，咽喉之地，公宜自選其才，恐朝廷用人或不盡理。」敦然之，問嶠誰可者？嶠曰：「愚謂無如錢鳳。」鳳亦推嶠，嶠偽辭之㈥，敦不聽。六月，表嶠為丹楊尹，且使覘伺朝廷。嶠恐既去而錢鳳於後間止之，因敦餞別，嶠起行酒至鳳，鳳未及飲，嶠偽醉，以手版擊鳳，幘墜㈦，作色曰：「錢鳳何人，溫太真行酒而敢不飲？」敦以為醉，兩釋之。

嶠臨去與敦別，涕泗橫流，出閤復入者再三。行後，鳳謂敦曰：「嶠於朝廷甚密，而與庾亮深交，未可信也！」敦曰：「太真昨醉，小加聲色，何得便爾相讒？」嶠至建康，盡以敦逆謀告帝，請先為之備，又與庾亮共畫討敦之謀。敦聞之，大怒，曰：「吾乃為小物所欺！」與司徒導書曰：「太真別來幾日，作如此事，當募人生致之，自拔其舌。」

帝將討敦，以問光祿勳應詹，詹勸成之，帝意遂決。丁卯（二十七日），加司徒導大都督，領揚州刺史，以溫嶠都督東安北部諸軍事㈧，與右將軍卞敦守石頭，【考異】敦傳云：「王敦表為征虜將軍，都督石頭軍事，明帝討敦，以為鎮南將軍，假節。」今從明帝紀。應詹為護軍將軍，都督前鋒及朱雀橋南諸軍事，郗鑒行衛將軍，都督從駕諸軍事，庾亮領左衛將軍，以吏部尚書卞壼行中軍將軍。郗鑒以為軍號無益事實，固辭不受，請召臨淮太守蘇峻、兗州刺史劉遐同討敦，詔徵峻、遐及徐州刺史王邃、豫州刺史祖約、廣陵太守陶瞻等入衛京師。帝屯於中堂㈨。

司徒導聞敦疾篤，帥子弟為敦發哀。眾以為敦信死，咸有奮志㉚。於是尚書騰詔下敦府，列敦罪惡曰：「敦輒立兄息以自承代㉛，未有宰相繼體，而不由王命者也。頑凶相獎，無所顧忌，志騁凶醜，以窺神器。天不長姦，敦以隕斃，鳳承凶宄，彌復煽逆。今遣司徒導等虎旅三萬，十道並進；平西將軍邃等精銳三萬，水陸齊勢；朕親統諸軍，討鳳之罪。有能殺鳳送首，拜五千戶侯。【考異】晉春秋此詔在王導為敦發喪前，故云有能斬送敦首封萬戶侯，賞布萬匹。按此詔云敦以隕斃，是稱敦已死也，不應復購敦首。今從敦傳。諸文武為敦所授用者，一無所問，無或猜疑，以取誅滅。敦之將士從敦彌年，違離家室，朕甚愍之。其單丁㉜在軍，皆遣歸家，終身不調㉝；其餘皆與假三年，休訖還臺，當與宿衛同例三番㉞。」

敦見詔甚怒，而病轉篤，不能自將，將舉兵伐京師，使記室郭璞筮之。璞曰：「無成。」敦素疑璞助溫嶠、庾亮，及聞卦凶，乃問璞曰：「卿更筮吾壽幾何？」璞曰：「思向卦，明公起事，必禍不久；若住武昌，壽不可測。」敦大怒曰：「卿壽幾何？」曰：「命盡今日日中。」敦乃收璞斬之。

敦使錢鳳及冠軍將軍鄧岳、前將軍周撫等帥眾向京師。王含謂敦曰：「此乃家事，吾當自行。」於是以含為元帥。鳳等問曰：「事克之日，天子云何？」敦曰：「尚未南郊，何得稱天子？便盡卿兵勢，保護東海王及裴妃(二五)而已。」乃上疏以誅姦臣溫嶠等為名。秋，七月，壬申朔（按七月辛未朔），王含等水陸五萬奄至江寧南岸(二六)，【考異】敦傳及晉春秋皆云三萬，今從明帝紀。人情恟懼。溫嶠移屯水北，燒朱雀桁以挫其鋒，含等不得渡。帝欲親將兵擊之，聞橋已絕，大怒。嶠曰：「今宿衛寡弱，徵兵未至，若賊豕突，危及社稷，宗廟且恐不保，何愛一橋乎？」

司徒導遺含書曰：「近承(二七)大將軍困篤，或云已有不諱。尋知錢鳳大嚴，欲肆姦逆。謂兄當抑制不逞(二八)，還藩武昌，今乃與犬羊俱下，兄之此舉，謂可得如大將軍昔年之事乎(二九)？昔者佞臣(三〇)亂朝(三一)，人懷不寧，如導之徒，心思外濟(三二)，今則不然。大將軍來屯于湖，漸失人心，君子危怖，百姓勞弊。臨終之日，委重安期(三三)，安期斷乳幾日，又於時望，便可襲宰相之迹邪？自開闢以來，頗有宰相以孺子為之者乎？諸有耳者皆知將為禪代，非人臣之事也(三四)！先帝中興，遺愛在民，聖主聰明，德洽朝野，兄乃欲妄萌逆節，凡在人臣，誰不憤歎？導門小大受國厚恩，今日之事，明目張膽為六軍之首，寧為忠臣而死，不為無賴而生矣！」含不答。或以為王含、錢鳳眾力百倍，苑城㉟小而不固，宜及軍勢未成，大駕自出拒戰。郗鑒曰：「羣逆縱逸，勢不可當，可以謀屈，難以力競。且含等號令不一，抄盜相尋，吏民懲往年暴掠，皆人自為守，乘逆順之勢，何憂不克？且賊無經略遠圖，惟恃豕突㊱一戰，曠日持久，必啓義士之心，令智力得展。今以此弱力，敵彼彊寇，決勝負於一朝，定成敗於呼吸，萬一蹉跌，雖有申胥㊲之徒，義存投袂㊳，何補於既往哉？」帝乃止。

帝帥諸軍出屯南皇堂，癸酉（初三日）夜，募壯士遣將軍段秀㊴、中軍司馬曹渾等帥甲卒千人渡水㊵，掩其未備。平旦，戰於越城㊶，大破之，斬其前鋒將何康。秀，匹磾之弟也。

敦聞含敗，大怒曰：「我兄老婢耳，門戶衰，世事去矣！」顧謂參軍呂寶曰：「我當力行。」因作勢而起，困乏㊷復臥，乃謂其舅少府羊鑒及王應曰：「我死，應便即位，先立朝廷百官，然後營葬事。」敦尋卒。應秘不發喪，裹尸以席，蠟塗其外，埋於廳事中，與諸葛瑤等日夜縱酒淫樂。

帝使吳興沈楨說沈充，許以為司空。充曰：「三司具瞻之重，豈吾所任？幣厚言甘，古人所畏也㊸。且丈夫共事，終始當同，豈可中道改易，人誰容我乎？」遂舉兵趣建康。宗正卿㊹虞潭以疾歸會稽，聞之，起兵餘姚㊺以討充，帝以潭領會稽內史。前安東將軍劉超、宣城內史鍾雅，皆起兵以討充，義興㊻人周蹇，殺王敦所署太守劉芳，平西將軍祖約，逐敦所署淮南太守任台㊼。沈充帥眾萬餘人，與王含軍合。司馬顧颺說充曰：「今舉大事，而天子已扼其咽喉，鋒摧氣沮，相持日久，必致禍敗。今若決破柵塘，因湖水以灌京邑㊽，乘水勢縱舟師以攻之，此上策也；藉初至之銳，并東西軍㊾之力，十道俱進，眾寡過倍㊿，理必摧陷，中策也；轉禍為福，召錢鳳計事，因斬之以降，下策也。」充皆不能用，颺逃歸於吳。

丁亥（十七日），劉遐、蘇峻等帥精卒萬人至，帝夜見，勞之，賜將士各有差。沈充、錢鳳欲因北軍初到疲困，擊之。乙未（二十五日）夜，充、鳳從竹格渚㊿渡淮，護軍將軍應詹、建威將軍趙胤等拒戰，不利。充、鳳至宣陽門㊾，拔柵將戰，劉遐、蘇峻自南塘㊽橫擊，大破之，水死者三千人。遐又破沈充於青溪㊼，尋陽太守㊻周光聞敦舉兵，帥千餘人來赴，既至，求見敦，王應辭以疾。光退曰：「今我遠來而不得見，公其死乎！」遽見其兄撫曰：「王公已死，兄何為與錢鳳作賊？」眾皆愕然。丙申（二十六日），王含等燒營夜遁。丁酉（二十七日），帝還宮，大赦，惟敦黨不原。命庾亮督蘇峻等追沈充於吳興，溫嶠督劉遐等追王含、錢鳳於江寧，分命諸將追其黨與。劉遐軍人頗縱虜掠，嶠責之曰：「天道助順，故王含勦絕，豈可因亂為亂也！」遐惶恐拜謝。

王含欲犇荊州㊺，王應曰：「不如江州㊹。」含曰：「大將軍平素與江州云何？而欲歸之？」應曰：「此乃所以宜歸也。江州當人彊盛時能立同異，此非常人所及，今覩困厄，必有愍惻之心；

荊州守文，豈能意外行事邪（五八）？」含不從，遂奔荊州。王舒遣軍迎之，沈含父子於江。王彬聞應當來，密具舟以待之，不至，深以為恨。

錢鳳走至闔廬洲，周光斬之（五九），詣闕自贖。【考異】晉春秋云：「戴淵弟良斬鳳。」今從敦傳。沈充走失道，誤入故將吳儒家，儒誘充內重壁（六〇）中，因笑謂充曰：「三千戶侯矣（六一）！」充曰：「爾以義存我，我家必厚報汝，若以利殺我，我死，汝族滅矣（六二）！」儒遂殺之，傳首建康，敦黨悉平。充子勁當坐誅，鄉人錢舉匿之得免，其後勁竟滅吳氏。

有司發王敦瘞，出尸，焚其衣冠，跽而斬之，與沈充首同懸於南桁（六三）。郗鑒言於帝曰：「前朝誅楊駿等，皆先極官刑，後聽私殯。臣以為王誅加於上，私義行於下，宜聽敦家收葬，於義為弘。」帝許之。

司徒導等皆以討敦功受拜賞。周撫與鄧岳俱亡，周光欲資給其兄而取岳，撫怒曰：「我與伯山（六四）同亡，何不先斬我？」會岳至，撫出門遙謂之曰：「何不速去？今骨肉尚欲相危，況他人乎？」

岳迴舟而走，與撫共入西陽蠻中。明年，詔原敦黨，撫、岳出首，得免死禁錮。

故吳內史張茂妻陸氏，傾家產，帥茂部曲為先登，以討沈充，報其夫仇㊅㊄。充敗，陸氏詣闕上書，為茂謝不克之責㊅㊅，詔贈茂太僕。

有司奏王彬等敦之親族，皆當除名。詔曰：「司徒導以大義滅親，猶將百世宥之，況彬等皆公之近親乎？」悉無所問。

有詔王敦綱紀除名，參佐禁錮㊅㊆。溫嶠上疏曰：「王敦剛愎不仁，忍行殺戮，朝廷所不能制，骨肉所不能諫。處其朝㊅㊇者，恆懼危亡，故人士結舌，道路以目㊅㊈，誠賢人君子道窮數盡，遵養時晦㊆⓪之辰也。原其私心，豈遑晏處㊆㊀？如陸玩、劉胤、郭璞之徒，常與臣言，備知之矣！必其贊導凶悖，自當正以典刑，如其枉陷姦黨，謂宜施之寬貸㊆㊁。臣以玩等之誠，聞於聖聽，當受同賊之責；苟默而不言，實負其心，惟陛下仁聖裁之！」郗鑒以為：「先王立君臣之教，貴於伏節死義。王敦佐吏雖多逼迫，然進不能止其逆謀，退不能脫身遠遁，準之前訓，宜加義責(七三)。」帝卒從嶠議。

㈥冬，十月，以司徒導為太保，領司徒，加殊禮(七四)，西陽王羕領太尉，應詹為江州刺史，劉遐為徐州刺史，代王邃鎮淮陰，蘇峻為歷陽內史。加庾亮護軍將軍，溫嶠前將軍。導固辭不受。應詹至江州，吏民未安，詹撫而懷之，莫不悅服。

㈦十二月，涼州將辛晏據枹罕(七五)不服，張駿將討之。從事劉慶諫曰：「霸王之師，必須天時人事相得，然後乃起。辛晏凶狂安忍，其亡可必(七六)，奈何以饑年大舉，盛寒攻城乎？」駿乃止。

駿遣參軍王騭聘於趙，趙主曜謂之曰：「貴州款誠和好，卿能保之乎？」騭曰：「不能。」侍中徐邈曰：「君來結好，而云不能保，何也？」騭曰：「齊桓貫澤之盟，憂心兢兢，諸侯不召自至；葵丘之會，振而矜之，叛者九國(七七)。趙國之化，常如今日可也；若政教陵遲，尚未能察邇者之變，況鄙州乎？」曜曰：「此涼州之君子也，擇使可謂得人矣！」厚禮而遣之。

㈧是歲，代王賀傉始親國政(七八)，以諸部多未服，乃築城於東木根山(七九)，徙居之。

【今註】㈠札拒戰而死：《吳志・周魴傳》注引虞預《晉書》曰：「札凶淫放恣，為百姓所苦。」又《晉書・周札傳》云：「札性貪財好色，惟以業產為務，兵至之日，庫中有精杖，外白以配兵，札猶惜不與，以弊者給之，其鄙吝如此，故士卒莫為之用。」㈡東莞：東莞，漢為縣，屬琅邪郡，後漢屬琅邪國，晉為東莞郡，詳見卷九十一元帝太興二年註㊱。㈢泗口：《水經注》曰：「泗水自淮陽城東流，逕角城北而東南流，注於淮，謂之泗口。」杜佑曰：「泗口在今臨淮郡宿遷縣界。」宿遷故治在今江蘇省宿遷縣南。㈣新安：新安縣，漢屬弘農郡，晉屬河南郡，縣東有函谷故關。故城在今河南省澠池縣東，項羽坑秦卒於新安城南，即此。㈤河東、弘農之間，民不聊生矣：胡三省曰：「河東、弘農，二趙之界上也。」㈥許、潁：胡三省曰：「許昌、潁川，同是一郡地。」許昌縣，屬潁川郡。潁川漢治陽翟，故韓都，即今河南省禹縣，晉移治許昌，在今河南省許昌縣東北。㈦康城：《魏書・地形志》曰：「陽翟縣有康城。」㈧吾兄，先帝之嫡統，有奇材大功，事垂克而早世：蕩死見卷八十五惠帝太安二年。㈨宋宣公、吳餘祭，足以觀矣：《春秋公羊傳》曰：「宋宣公謂繆公曰：『以吾愛與夷則不若愛汝，以為社稷宗廟主則與夷不若汝，盍終為君矣。』宣公死，繆公立。繆公逐其二子莊公馮與左師勃，曰：『爾為吾子，生毋相見，死毋相哭。』與夷復曰：『先君之所為不與臣國，而納國乎君者，以君可以為社稷宗廟主也。今君逐君之二子，而將致國乎與夷，此非先君之意也；且使子而可逐，則先君其逐臣矣！』繆公曰：『先君之不爾逐可知矣！吾立乎此，攝也。』終致國乎與夷，莊公馮殺與夷。故君子大居正，宋之禍，宣公為之也。」繆，《春秋》及《左氏傳》俱作穆，與夷立，是為殤公。《公羊傳》又曰：「吳子謁、餘祭、夷昧與季子同母，季子弱而才，兄弟皆愛之，欲同立之以為君。謁曰：『今若是迮而與季子國，季子猶不受也，請無與子而與弟，弟兄迭為君，而致國乎季子。』皆曰：『諾。』故諸為君者皆輕死為勇，飲食必祝曰：『天苟有吳國，尚速有悔於予身。』故謁死，餘祭立，餘祭死，夷昧立，夷昧死，則國宜之季子，季子使而亡焉！僚者，長庶也，即之，季子使而反，至而君之爾！闔閭曰：『先君之所以不與子國而與弟者，凡為季子故也。將從先君之命歟，則國宜之季子；如不從先君之命歟，則我宜立者也，僚焉得為君乎？』於是使專諸刺僚而致國乎季子。季子不受，曰：『爾殺吾君，吾受爾國，是我與爾為篡也；爾殺吾兄，吾又殺爾，是父子兄弟相殺，終身無已也。』去之延陵，終身不入吳國。」僚，夷昧子；闔閭，謁子。

⑩五月甲申，張茂疾病……是日薨：錢大昕曰：「按晉書本紀失書茂之卒，通鑑太寧二年五月甲申，茂薨，蓋據十六國春秋之文，當得其實。案魏書惠帝四年弘茂死，即太寧二年也。」按《晉書・張茂傳》：「太寧三年卒，年四十八，在位五年。」按茂以太興三年立，在位五年，則卒時當在太寧二年，則三蓋二之譌。㈡愍帝使者史淑在姑臧：胡三省曰：「長安覆沒，淑無所歸，故留姑臧。」㈢非常之事，非常人所能為：《史記・司馬相如傳》相如曰：「蓋世必有非常之人，然後有非常之事；有非常之事，然後有非常之功。非常者，固常之所異也，故曰，非常之原，黎民懼焉！」㈢錢世儀：

錢鳳字世儀。㊃藻鑑：品藻人物，鑑別賢否，謂之藻鑑。胡三省曰：「藻鑑，謂善於人倫藻鑑也。人有美質而加之褒飾，謂之黼黻，如衣裳之加藻大黼黻也；鑑所以別妍醜。故明於知人而能褒獎後進者有藻鑑之名。」㊄丹楊尹：《晉書·地理志》曰：「有丹楊山，多赤柳，故以名郡。」《漢志》作丹陽。漢丹陽郡，治宛陵，即今安徽省宣城縣，三國吳移郡治於建業，故城在今江蘇省江寧縣東南五里，晉因之。元帝都建康，改丹楊太守為丹楊尹。㊅鳳亦推嶠，嶠偽辭之：此據《晉書·溫嶠傳》之文。《御覽》四九四引《晉中興書》曰：「嶠曰：『愚謂錢鳳可用，然裁之在公。』敦思惟良久，曰：『無復勝君。』嶠即苦辭，敦不從。」未言鳳推嶠。按嶠臨行，猶恐鳳於後為之間止，明鳳實未嘗推嶠也，當以《晉中興書》為是。㊆嶠起行酒至鳳，鳳未及飲，嶠偽醉，以手版擊鳳，幘墜：《初學記》二十六引《晉紀》曰：「王敦以嶠為丹陽尹，矯內欲離敦而外飾讓，錢鳳覺之，未言。嶠知將間己，因敦公坐，強鳳酒，不肯飲，嶠以手版擊鳳。」㊇以溫嶠都督東安北部諸軍事：胡三省曰：「以下文應詹都督橋南諸軍觀之，則東安北部謂秦淮水北諸軍也。」㊈帝屯於中堂：胡三省曰：「按蕭子顯齊書高帝紀，桂陽王休範之反，諸貴會議，帝曰：『中堂舊是置兵地，領軍宜屯宣陽門為諸軍節度。』則中堂當在宣陽門外。」㊉眾以為敦信死，咸有奮志：《晉書·王敦傳》云：「帝謀欲討敦，知其為物情所畏服，乃偽言敦死。」㊀敦輒立兄息以自承代：謂敦未經王命，輒立兄含子應為嗣以自副。㊁單丁：謂家但有男丁一人，無有兄弟者。㊂不調：不復徵發。㊃三番：以軍分為三番，值一休二，周而復始。㊄東海王及裴妃：元帝以第三子沖奉東海王越後。裴妃，越妃也。㊅江寧：晉武帝太康元年，分秣陵立臨江縣，二年，更名江寧，故城在今江蘇省江寧縣西南。南岸，謂秦淮河南岸。㉗承：胡三省曰：「參問起居，謂之參承；詗候安否，謂之詗承。」㉘當抑制不逞：胡三省曰：「言當抑制鳳等，使不得逞其凶逆。」㉙兄之此舉，謂可得如大將軍昔年之事乎：導謂含此舉，欲求如元帝永昌元年敦攻克石頭城，不可復得。㉚佞臣：謂刁協、劉隗。㉛亂朝：紊亂朝政。㉜心思外濟：言心思投外以自濟救。㉝安期：王應字。㉞諸有耳者皆知將為禪代，非人臣之事也：言敦此舉，深駭眾聽，賢愚皆知其將為篡弒之事。㉟苑城：胡三省曰：「苑城蓋孫氏都秣陵所築，晉置建康於秣陵水北，南渡建都，依苑城以為守。」顧祖禹曰：「臺城在今上元縣治東北五里，本吳後苑城也。」是苑城即臺城。上元縣，今江蘇省江寧縣。㊱豕突：謂馳騁飄忽，如野豕之奔突。㊲申胥：即申包胥，楚大夫。《左傳》曰：「吳入郢，楚昭王奔隨，申包胥如秦乞師，立依於庭牆而哭，日夜不絕聲，勺飲不入口者七日，秦師乃出。」㊳投袂：振袂為奮發之狀。《左傳》曰：「楚子使申舟聘於齊，曰：『無假道於宋。』及宋，宋人止之。華元曰：『過我而不假道，鄙我也。鄙我，亡也；殺其使者，必伐我，伐我，亦亡也；亡一也。』乃殺之。楚子聞之，投袂而起。秋，九月，楚子圍宋。」㊴段秀：《晉書．明帝紀》作段秀，《魏書．司馬叡傳》秀作禿。禿、秀形似而譌。㊵渡水：渡秦淮水。㊶越城：晉軍渡秦淮水擊含，戰於越城，則越城蓋在秦淮之南。《寰宇記》引《曹氏記》曰：「越城，句踐平吳後所築，故名。」㊷困乏：胡三省曰：「氣不能充體為困，力不能舉身為乏。」㊸幣厚言甘，古人所畏也：《左傳》晉却芮曰：「幣厚而言甘，誘我也。」㊹宗正卿：《晉書・職官志》曰：「宗正，位為列卿。」胡三省曰：「按漢晉以來，宗正列於九卿，然未以卿字繫官，梁置十一寺，始繫卿字。此卿字衍。」《晉書・明帝紀》作宗正虞潭，虞潭傳宗正下有卿字。㊺餘姚：餘姚縣，屬會稽郡，即今浙江省餘姚縣。㊻義興：《晉書・地理志》曰：「晉惠帝永興元年，割吳興之陽羨，並長城縣之北鄉置義鄉、國山、臨津，並陽羨四縣，又分丹楊之永世置平陵及永世，凡六縣，立義興郡。」㊼平西將軍祖約，逐敦所署淮南太守任台：時約鎮壽春，與淮南太守同治所，故得逐之。㊽今若決破柵塘，因湖水以灌京邑：胡三省曰：「湖水即玄武湖水也，在建康城北。」顧祖禹曰：「柵塘在秦淮水上。」㊾東西軍：東軍謂沈充軍，西軍謂王含、錢鳳等軍。㊿眾寡過倍：謂並沈充、王含、錢鳳等軍，其眾倍於晉軍。(51)竹格渚：顧祖禹曰：「竹格渚航在朱雀航南。」(52)宣陽門：宣陽門，本洛陽南西頭第二門。胡三省曰：「晉都建康，外城環之以籬，諸軍皆用洛城門名，宣陽門，在城南面。」(53)南塘：胡三省曰：「晉都建康，自江口沿淮築堤。南塘，秦淮之南塘岸也。」(54)青溪：在今江蘇省江寧縣東北，即吳時所鑿之東渠，以洩玄武湖水，晉曰青溪。《寰宇記》曰：「溪洩玄武湖水，南入秦淮。溪上有柵，東晉蘇峻攻青溪，因風縱火卞壼戰死於此。」今溪水多堙，溪與秦淮合處有清溪閘口故迹存焉！(55)尋陽太守：尋陽，漢為縣，屬廬江郡，三國吳屬蘄春郡，晉武帝太康元年，省蘄春郡，以尋陽屬武昌，二年，復移屬廬江，故城在今湖北省黃梅縣北。惠帝永興元年，分廬江之尋陽、武昌之柴桑二縣置尋陽郡，治柴桑。柴桑故城在今江西省九江縣西南。閻若璩曰：「漢尋陽縣在大江北，今黃州府蘄州東潯水城是。東晉成帝移於江南，今九江府德化縣西十五里是。」杜佑曰：「溫嶠所移也。」《御覽》一七〇引《地道記》曰：「尋陽南通五嶺，北導長江，遠行岷漢，亦一都會。」蓋徙治江南之尋陽。〔五六〕王含欲奔荊州，荊州謂王舒，時舒為荊州刺史。〔五七〕江州：謂王彬，時為江州刺史。〔五八〕江州當人彊盛時能立同異，此非常人所及，今覩困厄，必有愍惻之心；荊州守文，豈能意外行事邪：能立同異，謂哭周顗，數敦罪及諫敦為逆等不為苟同之事，具見上卷。觀下文舒沈含父子於江而彬密具舟楫以待應，則應之見地，實非常人之所能及，梅磵謂此敦所以以應為後歟！〔五九〕錢鳳走至闔廬洲，周光斬之：按《魏書・司馬叡傳》周光作周撫，光為撫弟，見《晉書》本傳。《晉書・賀循傳》循曰：「江中劇地，惟有闔廬一處，地勢險奧，亡逃所聚。」則闔廬洲蓋在江中。洲，水中小渚。〔六〇〕重壁：複壁中空，亦曰重壁。〔六一〕三千戶侯矣：《晉書・王敦傳》，明帝以五千戶侯購錢鳳首，覩儒此語，則又以三千戶侯購沈充首。〔六二〕爾以義存我，我家必厚報汝，若以利殺我，我死，汝族滅矣：《晉書・周札傳》錢鳳謂王敦曰：「今江東之豪，莫彊周、沈。」周謂周札，札一門五侯，並居列位；沈謂沈充。充本江東彊族，故為此語。〔六三〕南桁：朱雀桁在臺城之南，故亦曰南桁。〔六四〕伯山：鄧岳字。〔六五〕故吳內史張茂妻陸氏，傾家產，帥茂部曲為先登，以討沈充，報其夫仇：沈充殺茂見上卷元帝永昌元年。〔六六〕為茂謝不克之責：胡三省曰：「克，能也。謝茂守郡不能式遏寇虐，為充所殺也。」〔六七〕有詔王敦綱紀除名，參佐禁錮：綱紀，謂敦任以綜理府事者如長史之屬；參佐，諸僚屬之統稱。〔六八〕朝：大將軍府朝。〔六九〕人士結舌，道路以目：言但以目相視，不敢出言。〔七〇〕遵養時晦：《周頌・酌》之詩云：「遵養時晦。」朱傳云：「謂退自循省，與時皆晦也。」(七一)晏處：猶曰安處，晏與安同。《漢書・諸侯王表》：「海內晏如。」顏師古曰：「晏如，安然也。」(七二)必其贊導凶悖，自當正以典刑，如其枉陷姦黨，謂宜施之寬貸：謂敦之僚佐，果有贊導敦以為凶悖之事，自當正以典刑；如其非出本心，由敦脅迫而致枉入姦黨者，則宜寬貸其罪。(七三)宜加義責：胡三省曰：「謂以大義責之。」愚按此直云宜責以不義之罪耳！(七四)加殊禮：《晉書・王導傳》云：「劍履上殿，入朝不趨，讚拜不名。」(七五)枹罕：枹音浮。枹罕縣，漢屬金城郡，後漢屬隴西郡，晉廢。張軌鎮河西，表分西平界置晉興郡，復立枹罕縣屬焉！故城即今甘肅省導河縣。(七六)辛晏凶狂安忍，其亡可必：胡三省曰：「殺人而心不矜恤，顏不顰蹙者為忍，忍而安之，則其亡必矣！」(七七)齊桓貫澤之盟，憂心兢兢，諸侯不召自至；葵丘之會，振而矜之，叛者九國：《春秋公羊傳》僖五年：「秋九月，齊侯、宋公、江人、黃人盟於貫澤。」九年：「九月戊辰，諸侯盟於葵丘。」公羊氏曰：「江人、黃人者何？遠國之辭也。遠國至矣，則中國曷為獨言齊、宋至爾？大國言齊、宋，遠國言江、黃，則以其餘為莫敢不至也。桓之盟不日，葵丘之盟何以日？危之也。何危爾？貫澤之會，桓公有憂中國之心，不召而至者，江人、黃人也。葵丘之會，桓公震而矜之，叛者九國。震之者何？猶曰振振然；矜之者何？猶曰莫若我也。」(七八)是歲，代王賀傉始親國政：代王賀傉立於元帝太興四年，至是始親國政。(七九)東木根山：胡三省曰：「河西有木根山，在五原郡東北，此木根山在河東，故曰東木根山。」

三年（西元三二五年）

㈠春，二月，張駿承元帝凶問，大臨三日。會黃龍見嘉泉㊀，氾禕等請改年以章休祥，駿不許。辛晏以枹罕降駿，復收河南之地㊁。

㈡贈故譙王丞、甘卓、戴淵、周顗、虞望、郭璞、王澄等官㊂。周箚故吏為札訟冤，尚書卞壼議，以為：「札守石頭，開門延寇㊃，不當贈諡。」司徒導以為：「往年之事，敦姦逆未彰，自臣等有識以上，皆所未悟，與札無異；既悟其姦，札便以身許國，尋取梟夷㊄，臣謂宜與周、戴同例。」郗鑒以為：「周、戴死節，周札延寇，事異賞均，何以勸沮㊅？如司徒議，謂往年有識以上，皆與札無異，則譙王、周、戴皆應受責，何贈諡之有？今三臣既褒，則札宜受貶明矣！」導曰：「札與譙王、周、戴雖所見有異同，皆人臣之節也。」鑒曰：「敦之逆謀，履霜㊆日久，緣札開門，令王師不振；若敦前者之舉，義同桓、文，則先帝可為幽、厲邪？」然卒用導議，贈札衞尉。

㈢後趙王勒加宇文乞得歸官爵，使之擊慕容廆㈧，廆遣世子皝、索頭㈨段國共擊之，以遼東相裴嶷為右翼，慕容仁為左翼。乞得歸據澆水㈩以拒皝，遣兄子悉拔雄拒仁。【考異】燕書征虜仁傳作悉拔堆，後魏書宇文莫槐傳作乞得龜，悉拔堆載記亦作龜，燕書武宣紀作乞得歸、悉拔雄，今從之。仁擊悉拔雄，斬之，乘勝與皝攻乞得歸，大破之，乞得歸棄軍走。皝、仁進入其國城，使輕兵追乞得歸，過其國三百餘里而還，盡獲其國重器、畜產以百萬計，民之降附者數萬。

㈣三月，段末柸卒，弟牙立。

㈤戊辰，立皇子衍為太子，大赦。

㈥趙主曜立皇后劉氏。

㈦北羌王盆句除附於趙，後趙將石佗自鴈門出上郡襲之，俘三千餘落，獲牛馬羊百餘萬而歸。趙主曜遣中山王岳追之，曜屯於富平㈡，為岳聲援，岳與石佗戰於河濱㈢，斬之。後趙兵死者六千餘人，岳悉收所虜而歸。

㈧楊難敵襲仇池，克之，執田崧立之於前㈢。左右令崧拜，崧瞋目叱之曰：「氐狗，安有天子牧伯而向賊拜乎？」難敵字謂之曰：「子岱(一四)，吾當與子共定大業。子忠於劉氏，豈不能忠於我乎？」崧厲色大言曰：「賊氐，汝本奴才，何謂大業？我寧為趙鬼，不為汝臣。」顧排一人奪其劍，前刺難敵不中，難敵殺之。

(九)都尉魯潛以許昌叛降於後趙。

(十)夏，四月，後趙將石瞻攻兗州刺史檀斌於鄒山(一五)，【考異】曰帝紀作石良，今從石勒載記。殺之。

(十一)後趙西夷中郎將王騰襲殺并州刺史崔琨、上黨內史王眘(一六)，據并州降趙。

(十二)五月，以陶侃為征西大將軍，都督荊、湘、雍、梁四州諸軍事(一七)，荊州刺史，荊州士女相慶。侃性聰敏恭勤，終日斂膝危坐，軍府眾事，檢攝(一八)無遺，未嘗少閑。常語人曰：「大禹聖人，乃惜寸陰(一九)，至於眾人，當惜分陰，豈可但逸遊荒醉？生無益於時，死無聞於後，是自棄也！」諸參佐或以談戲廢事者，命取其酒器、蒱博之具，悉投之於江，將吏則加鞭扑，曰：「樗蒱者，牧豬奴戲耳⑳！老、莊浮華，非先王之灋言，不益實用。君子當正其威儀，何有蓬頭足，自謂宏達邪？」有奉饋者，必問其所由，若力作所致，雖微必喜，慰賜參倍；若非理得之，則切厲訶辱㉑，還其所饋。嘗出遊，見人持一把未熟稻，侃問用此何為？人云：「行道所見，聊取之耳。」侃大怒，曰：「汝既不佃㉒，而戲賊人稻。」執而鞭之。是以百姓勤於農作，家給人足㉓。嘗造船，其木屑竹頭，侃皆令籍而掌之㉔，人咸不解所以。後正會㉕，積雪始晴，聽事前餘雪猶濕，乃以木屑布地；及桓溫伐蜀，又以侃所貯竹頭作丁㉖裝船。其綜理微密，皆此類也。

（十三）後趙將石生屯洛陽，寇掠河南，司州刺史李矩、潁川太守郭默軍數敗，又乏食，乃遣使附於趙。趙主曜使中山王岳將兵萬五千人趣孟津，鎮東將軍呼延謨帥荊、司之眾㉗自崤澠而東，欲會矩、默共攻石生。岳克孟津、石梁二戍㉘，斬獲五千餘級，進圍石生於金墉。後趙中山公虎帥步騎四萬入自成皋關，與岳戰於洛西，岳兵敗，中流矢，退保石梁。虎作塹柵環之，遏絕內外。岳眾飢甚，殺馬食之。虎又擊呼延謨，斬之。曜自將兵救岳，虎帥騎三萬逆戰，趙前軍將軍劉黑擊虎將石聰於八特阪㉙，大破之。曜屯於金谷㉚，夜軍中無故大驚，士卒奔潰，乃退屯澠池；夜又驚潰，遂歸長安。六月，虎拔石梁，禽岳及其將佐八十餘人、氐羌三千餘人，皆送襄國，阬其士卒九千人，遂攻王騰於并州，執騰殺之，阬其士卒七千餘人。曜還長安，素服郊次哭七日，乃入城，因憤恚成疾。

郭默復為石聰所敗，棄妻子南奔建康㉛。

李矩將士陰謀叛降後趙，矩不能討，亦帥眾南歸㉜，眾皆道亡，惟郭誦等百餘人隨之，卒於魯陽㉝。矩長史崔宣帥其餘眾二千，降於後趙。於是司、豫、徐、兗之地，率皆入於後趙，以淮為境矣。

㈣趙主曜以永安王胤為大司馬，大單于，徙封南陽王，置單于臺於渭城。其左右賢王以下，皆以胡、羯、鮮卑、氐、羌豪桀為之。

㈤秋，七月，辛未（初七日），以尚書令郗鑒為車騎將軍，都督徐、兗、青三州諸軍事㉞，兗州刺史，鎮廣陵。

㈥閏月，以尚書左僕射荀崧㉟為光祿大夫，錄尚書事，尚書鄧攸為左僕射。

㈦右衛將軍虞胤，元敬皇后之弟也㊱，與左衛將軍南頓王宗㊲，俱為帝所親任，典禁兵，直殿內，多聚勇士以為羽翼。王導、庾亮皆忌之，頗以為言，帝待之愈厚，宮門管鑰㊳，皆以委之。帝寢疾，亮夜有所表，從宗求鑰，宗不與，叱亮使曰：「此汝家門戶邪？」亮益忿之。及帝疾篤，不欲見人，羣臣無得進者。亮疑宗、胤及宗兄西陽王羕有異謀，排闥入，升御床見帝，流涕言羕與宗等謀廢大臣，自求輔政，請黜之，帝不納。壬午（十八日），帝引太宰羕、司徒導、尚書令卞壼、車騎將軍郗鑒、護軍將軍庾亮、領軍將軍陸曄㊴、丹楊尹溫嶠並受遺詔輔太子，更入殿將兵直宿。復拜壼右將軍，亮中書令，曄錄尚書事。丁亥（二十三日），降遺詔，戊子（二十四日），帝崩㊵。帝明敏有機斷，故能以弱制彊，誅翦逆臣，克復大業㊶。

己丑（二十五日），太子即皇帝位，生五年矣。羣臣進璽㊷，司徒導以疾不至。卞壼正色於朝曰：「王公豈社稷之臣邪？大行在殯，嗣皇未立，寧是人臣辭疾之時也？」導聞之，輿疾而至。

大赦，增文武位二等，尊庾后為皇太后。羣臣以帝幼沖，奏請太后依漢和熹皇后故事㊸。太后辭讓數四，乃從之。秋，九月癸卯（十一日），太后臨朝稱制，以司徒導錄尚書事，與中書令庾亮、尚書令卞壼參輔朝政，然事之大要，皆決於亮。加郗鑒車騎大將軍，陸曄左光祿大夫，皆開府儀同三司。以南頓王宗為驃騎將軍，虞胤為大宗正。

尚書召樂廣之子謨為郡中正㊹，庾珉族人怡為廷尉評㊺，謨、怡各稱父命不就。卞壼奏曰：「人非無父而生，職非無事而立。有父必有命，居職必有悔㊻，有家各私其子，則為王者無民，君臣之道廢矣！樂廣、庾珉受寵聖世，身非已有，況及後嗣而可專哉？所居之職，若順夫羣心，則戰戍者之父母，皆當命子以不處也㊼。」謨、怡不得已各就職。

㈧辛丑（初九日，當在癸卯前），葬明帝於武平陵㊽。

(十九)冬，十一月，癸巳朔，日有食之。

(廿)慕容廆與段氏方睦，為段牙謀，使之徙都。牙從之，即去令支，國人不樂。段疾陸眷之孫遼，欲奪其位，以徙都為牙罪，十二月，帥國人攻牙殺之，自立。段氏自務勿塵以來，日益彊盛，其地西接漁陽，東界遼水，所統胡、晉三萬餘戶，控弦四五萬騎。

(廿一)荊州刺史陶侃以寧州刺史王堅不能禦寇，是歲，表零陵太守南陽尹奉為寧州刺史以代之(四九)。先是王遜在寧州，蠻酋梁水太守爨量(五〇)、益州太守李遏(五一)皆叛附於成，遜討之，不能克。奉至州，重募徼外夷刺爨量，殺之，諭降李遏，州境遂安。

(廿二)代王賀傉卒，弟紇那立。

【今註】㊀嘉泉：《晉書．張駿傳》云：「會有黃龍見於揟次之嘉泉。」則嘉泉當在揟次縣。揟次縣，屬武威郡，故城在今甘肅省古浪縣北。㊁辛晏以枹罕降駿，復收河南之地：枹罕，漢屬金城郡地，在大河之南。㊂贈故譙王承、甘卓、戴淵、周顗、虞望、郭璞、王澄等官：以上諸人皆死於王敦之難，故贈之以官。㊃札守石頭，開門延寇：事見上卷元帝永昌元年。㊄既悟其姦，札便以身許國，尋取梟夷：敦殺札見本卷太寧二年。㊅勸沮：勸忠臣，沮姦黨。㊆履霜：《易．坤》曰：「履霜堅氷至。」謂履霜則知堅氷之將至。此喻敦積謀已久，人皆知將成日後之篡逆。㈧後趙王勒加宇文乞得歸官爵，使之擊慕容廆：太寧元年，勒遣使與廆通和，廆執其使送於建業，故擊之。㈨索頭：胡三省曰：「索頭即拓跋氏。」《南齊書・魏虜傳》曰：「鮮卑披髮左衽，故呼為索頭。」㈩澆水：胡三省曰：「澆水即澆洛水也。」⑪富平：富平縣，漢置，屬北地郡，故城在今甘肅省靈武縣南。後漢為北地郡治，徙置今甘肅省慶陽縣西南，永和六年，徙北地郡治於馮翊，其縣遂廢。三國魏復置，故城在今陝西省富平縣東北，晉移治於漢懷德故城，在今陝西省富平縣西南。⑫河濱：胡三省曰：「河濱，大河之濱也。」顧祖禹曰：「河濱戍在故勝州東南，古榆林縣地，或曰：古河濱戍也。」按唐於此置河濱縣，屬勝州，故城在今綏遠省鄂爾多斯左翼前旗界，東臨大河。⑬揚難敵襲仇池，克之，執田崧立之於前：趙使崧鎮仇池，見上卷太寧元年。⑭子岱：田崧字。⑮後趙將石瞻攻兗州刺史檀斌於鄒山：《晉書・明帝紀》作石良，〈石勒載記〉作石瞻，紀作檀贇，載記作檀斌。吳士鑑曰：「案石良或是石瞻部將，斌為贇之脫文。」⑯王昚：昚，古慎字。⑰都督荊、湘、雍、梁四州諸軍事：《晉書・陶侃傳》云：「都督荊、雍、益、梁州諸軍事。」〈明帝紀〉作荊、湘、雍、梁，與侃傳異，當從侃傳。詳見卷九十四成帝咸和四年註⑱。⑱攝：胡三省曰：「攝，錄也；整也。」⑲大禹聖人，乃惜寸陰：《淮南子》曰：「禹不貴尺璧而重寸陰。」⑳樗蒱者，牧豬奴戲耳：《世說・政事篇》注引《晉中興書》曰：「侃嘗檢校佐吏，若得樗蒱博弈之具，投之，曰：『樗蒱，老子入胡所作，外國戲耳！圍棊，堯舜以教愚子；博弈，紂所造。諸君國器，何以為此？若王事之暇患邑邑者，文士何不讀書？武士何不射弓？』談者無以易也。」邑與悒同。《御覽》七二六引張華《博物志》曰：「老子入西戎，造樗蒱。」李肇《唐國史補》云：「樗蒱法三分其子三百六十，限以二關，人執六馬，其骰五枚，分上黑下白。黑者刻二為犢，白者刻二為雉。擲之全黑者為盧，其采十六；二雉三黑為雉，其采十四；二犢三白為犢，其采十；全白為白，其采八。四者，貴采也；六者雜采也。」彭大翼《山堂肆考》云：「古博戲以五木為子，有梟、盧、雉、犢、塞，為勝負之采。博頭有刻梟形者為最勝，盧次之，犢又次之，塞最下。」㉑切厲訶辱：切峻嚴厲訶責而辱之。㉒佃：田作。㉓是以百姓勤於農作，家給人足：《世說．政事篇》注引《晉陽秋》曰：「侃練核庶事，勤務稼穡，雖戎陳武事，皆勸厲之。是以軍民勤於農稼，家給人足。」又《類聚》五十引王隱《晉書》曰：「是時荊州大饑，百姓多餓死。侃至，秋熟輒糴，至饑復價糶之，士庶歡悅，咸蒙濟賴。」㉔皆令籍而掌之：皆令錄於簿籍而典掌之。㉕正會：正旦朝會。㉖丁：同釘。㉗鎮東將軍呼延謨帥荊、司之眾：胡三省曰：「時荊州仍屬晉，司州之地，多入後趙，劉曜得其民處之關中者使謨帥而東耳！或曰：劉聰以洛陽為荊州，此所謂荊、司，皆晉司州之眾也。」㉘孟津、石梁二戍：胡三省曰：「孟津戍蓋在河陰。」河陰，即漢之平陰縣，故城在今河南省孟津縣東。孟津在今河南省孟縣南，晉置戍於此。石梁戍即石梁塢，在今河南省洛陽縣故洛城東洛水北。㉙八特阪：《水經注》曰：「澗水經新安縣東南，東北流經函谷東，謂之八特阪。」顧祖禹曰：「八特阪在新安縣東。」新安故城在今河南省澠池縣東。㉚金谷：《水經注》曰：「金谷水出太白原，東南流歷金谷，又東南流逕晉石崇故居。」石崇〈金谷詩〉序曰：「余有別廬，在河南界金穀谷澗中，清泉、茂樹、眾果、竹、柏、藥物備具，又有水碓、魚池。」《明統志》曰：「園有清涼臺，即崇妾綠珠墜樓處。」河南即今之洛陽，谷在今河南省洛陽縣東北。㉑郭默復為石聰所敗，棄妻子南奔建康：《晉書・郭默傳》云：「默與石聰戰敗，矩轉蹙弱。默深憂懼，解印授其參軍殷嶠，謂之曰：『李使君遇我甚厚，今遂棄之，無顏謝之，三日可白吾去也。』乃奔陽翟。矩聞之，大怒，遣其將郭誦追默，至襄城，及之。默棄家人，單馬馳去。」㉒李矩將士陰謀叛降後趙，矩不能討，亦帥眾南歸：《御覽》三五九引蕭方等《三十國春秋》曰：「石勒遣石虎率精騎五千掩李矩營，生執矩外甥郭誦之弟元，教元作書與誦說云：『去年東平曹嶷，西賓猗盧，矩如牛角，何不歸命？』矩將士並欲歸勒，矩知眾之去己，乃率眾來歸。」㉓卒於魯陽：《晉書・李矩傳》云：「至魯陽縣，矩墜馬卒。葬襄陽之硯山。」魯陽縣，古之魯縣，春秋時為楚邑，漢置魯陽縣，屬南陽郡，晉屬南陽國，即今河南省魯山縣。《水經注》曰：「魯陽縣，即劉累之故邑也。有魯山，縣居其陽，故因以名焉！」㉔都督徐、兗、青三州諸軍事：《晉書・郗鑒傳》作都督徐、兗、青三州，〈明帝紀〉但作青、兗二州，無徐州。㉕荀松：松當作崧。㉖右衛將軍虞胤，元敬皇后之弟也：元帝為琅邪王時，納虞妃，永嘉六年薨。太興三年，元帝追謚妃曰敬皇后，祔於太廟。元帝崩，從元帝謚曰元敬皇后。㉗左衛將軍南頓王宗：宗，汝南王亮之子。㉘管鑰：今謂之鎖匙，形似樂器之管籥，故名。鑰原作籥，《禮・月令》：「孟冬之月，修鍵閉，慎管籥。」注：「管籥，搏鍵器也。」㉙護軍將軍庾亮、領軍將軍陸曄：胡三省曰：「按晉制，領軍將軍在護軍將軍之上，今先書庾亮而後陸曄，亮以外戚受遺專權故也。」㊵帝崩：《晉書・明帝紀》云：「帝崩於東堂，年二十七。」張敦頤《六朝事迹編類》引《晉書・明帝紀》作年三十七。《世說・假譎篇》曰：「王大將軍既為逆，頓軍姑孰，晉明帝乃著戎服，騎巴賨馬，陰察軍形勢，行敦營匝而出。敦臥，心動，曰：『此必黃鬚鮮卑奴來。』命騎追之。」注引《異苑》曰：「帝躬往姑孰，敦時晝寢，卓然驚悟曰：『營中有黃頭鮮卑奴來，何不縛取？』帝所生母荀氏，燕國人，故貌類焉！」㊶誅翦逆臣，克復大業：逆臣謂王敦。帝在位，逢敦之亂，晉祚幾覆，帝終能定之，使晉之基業，危而復安。㊷進璽：進傳國璽於嗣君。㊸依漢和熹皇后故事：謂臨朝稱制。和熹皇后即和帝熹皇帝鄧氏。㊹尚書召樂廣之子為郡中正：胡三省曰：「樂廣南陽人，蓋召謨為本郡中正。」㊺廷尉評：漢置廷尉平，晉曰廷尉評。廷尉評，廷尉屬官。㊻居職必有悔：《易・繫辭》曰：「悔吝者，憂虞之象也。」謂居其職者必憂其事。㊼若順夫羣心，則戰戍者之父母，皆當命子以不處也：胡三省曰：「言人莫不惡死，若各順其心，則有戰戍之事，為父母者皆不欲使其子就死地也。」㊽武平陵：《元和郡縣志》曰：「明帝紹武平陵在上元縣北六里雞籠山。」雞籠山在今安徽省和縣西北三十五里。㊾是歲，表零陵太守南陽尹奉為寧州刺史以代之：《晉書・王遜傳》云：「太寧末，侃表以零陵太守尹奉為寧州。」又《華陽國志》曰：「永昌元年，晉朝更用零陵太守尹奉為寧州刺史、南夷校尉，加安西將軍。」一作太寧末，一作永昌元年，未知孰是。《通鑑》據《晉書・王遜傳》繫於太寧三年。㊿蠻酋梁水太守爨量：《宋書・州郡志》曰：「梁水太守，晉成帝分興古郡立。」胡三省曰：「蓋先以授蠻酋，殺爨量之後，始用王官也。」㈤益州太守李逷：益州郡，漢置，蜀漢後主建興三年，更名建寧郡，晉惠帝太安二年，分建寧以西七縣別立益州郡，懷帝永嘉五年，更名晉寧郡，則江左不得復有益州太守。胡三省曰：「此復有益州太守，蓋亦以為位號授爨酋也。」逷音惕。

顯宗成皇帝㈠上之上

咸和元年（西元三二六年）

㈠春，二月，大赦，改元。

㈡趙以汝南王咸為太尉，錄尚書事；光祿大夫劉綏為大司徒，卜泰為大司空。

劉后疾病，趙主曜問所欲言。劉氏泣曰：「妾幼鞠於叔父昶，願陛下貴之。叔父皚之女芳有德色㈡，願以備後宮。」言終而卒。曜以昶為侍中、大司徒、錄尚書事，立芳為皇后，尋又以昶為太保。

㈢三月，後趙主勒夜微行檢察諸營衛，齎金帛以賂門者求出，永昌門候王假欲收捕之，從者至，乃止。旦，召假以為振忠都尉㈢，爵關內侯。勒召記室參軍徐光，光醉不至，黜為牙門。光侍直有慍色，勒怒，並其妻子囚之㊃。

㈣夏，四月，後趙將石生寇汝南，執內史祖濟。

㈤六月，癸亥（初五日），泉陵㊄公劉遐卒。癸酉（十五日），以車騎大將軍郗鑒領徐州刺史；征虜將軍郭默為北中郎將，監淮北諸軍事，領遐部曲。遐子肇尚幼，遐妹夫田防及故將史迭等不樂他屬，共以肇襲遐故位而叛。臨淮太守劉矯掩襲遐營㊅，斬防等。遐妻，邵續女也，驍果有父風。遐嘗為後趙所圍，妻單將數騎，拔遐出於萬眾之中。及田防等欲作亂，遐妻止之，不從，乃密起火燒甲仗都盡，故防等卒敗。詔以肇襲遐爵㊆。

司徒導稱疾不朝，而私送郗鑒，卞壼奏導虧濃從私，無大臣之節，請免官。雖事寢不行，舉朝憚之。

壼儉素廉絜，裁斷切直，當官幹實，性不弘裕，不肯苟同時好，故為諸名士所少㊇。阮孚謂之曰：「卿常無閑泰，如含瓦石，不亦勞乎？」壼曰：「諸君子以道德恢弘，風流相尚，執鄙吝者，青非而誰？」時貴游子弟慕王澄、謝鯤為放達，壼厲色於朝曰：「悖禮傷教，罪莫大焉！中朝㊈傾覆，實由於此。」欲奏推㊉之，王導、庾亮不聽，乃止。

㈥成人討越巂斯叟，破之㊁。

㈦秋，七月，癸丑（二十五日），觀陽㊂烈侯應詹卒。

㈧初，王導輔政，以寬和得眾，及庾亮用事，任濹裁物，頗失人心。豫州刺史祖約，自以名輩不後郗、卞㊂，而不豫顧命，又望開府復不得㊃，及諸表請多不見許，遂懷怨望。及遺詔褒進大臣，又不及約與陶侃，二人皆疑庾亮刪之。歷陽內史蘇峻，有功於國㊄，威望漸著，有銳卒萬人，器械甚精。朝廷以江外寄之，而峻頗懷驕溢，有輕朝廷之志，招納亡命，眾力日多，皆仰食縣官，運漕相屬，稍不如意，輒肆忿言。亮既疑峻、約，又畏侃之得眾，八月，以丹楊尹溫嶠為都督江州諸軍事，江州刺史，鎮武昌，尚書僕射王舒為會稽內史，以廣聲援；又修石頭以備之。丹楊尹阮孚，以太后臨朝，政出舅族，謂所親曰：「今江東創業尚淺，主幼時艱，庾亮年少，德信未孚，以吾觀之，亂將作矣！」遂求出為廣州刺史。孚，咸之子也。

(九)冬，十月，立帝母弟岳為吳王。

(十)南頓王宗，自以失職(一六)，怨望，又素與蘇峻善，庾亮欲誅之，宗亦欲廢執政，御史中丞鍾雅劾宗謀反，亮使右衛將軍趙胤收之，宗以兵拒戰，為胤所殺，貶其族為馬氏，三子綽、超、演皆廢為庶人。免太宰西陽王羕，降封弋陽縣王。大宗正虞胤，左遷桂陽太守。宗，宗室近屬；羕，先帝保傅(一七)，亮一旦翦黜，由是愈失遠近之心。宗黨卞闡亡奔蘇峻，亮符峻送闡，峻保匿不與。宗之死也，帝不之知，久之，帝問亮曰：「常日白頭公何在？」亮對以謀反伏誅，帝泣曰：「舅言人作賊，便殺之，人言舅作賊，當如何？」亮懼變色。

(十一)趙將黃秀等寇酇，順陽太守魏該帥眾奔襄陽。

(十二)後趙王勒用程遐之謀，營鄴宮，使世子弘鎮鄴，配禁兵萬人，車騎所統五十四營悉配之，以驍騎將軍領門臣祭酒王陽專統六夷以輔之。中山公虎，自以功多，無去鄴之意。及修三臺，遷其家室，虎由是怨程遐。

㈢十一月，後趙石聰攻壽春，祖約屢表請救，朝廷不為出兵。聰遂寇逡遒㈧、阜陵㈨，殺掠五千餘人，建康大震。詔加司徒導大司馬，假黃鉞，都督中外諸軍事以禦之，軍於江寧。蘇峻遣其將韓晃擊石聰，走之，導解大司馬。

朝議又欲作涂塘㈩以遏胡寇，祖約曰：「是棄我也。」益懷憤恚。

㈣十二月，濟岷太守㈠劉闓等殺下邳內史夏侯嘉，以下邳叛降於後趙。

石瞻攻河南太守王瞻於邾㈡，拔之，彭城內史劉續復據蘭陵石城㈢，石瞻攻拔之。

㈤後趙王勒以牙門將王波為記室參軍，典定九流，始立秀、孝試經之制㈣。

㈥張駿畏趙人之逼，是歲，徙隴西、南安民二千餘家於姑臧，又遣使脩好於成，以書勸成王雄去尊號，稱藩於晉。雄復書曰：「吾過為士大夫所推，然本無心於帝王，思為晉室元功之臣，掃除氛埃㉕，而晉室陵遲，德聲不振。引領東望，有年月矣！會獲來貺，情在闇至㉖，有何已已。」自是聘使相繼。

【今註】㊀顯宗成皇帝：帝諡成，廟號顯宗，諱衍，字世根，明帝長子，母庾氏，即明穆皇后。㊁叔父愷之女芳有德色：《御覽》一四二引《十六國春秋・前趙錄》曰：「劉皇后，侍中愷女，年十三，長七尺八寸，手垂過膝，髮與身齊，姿德才色，邁於別后。」愷，《晉書・劉曜載記》作皚，未知孰是。㊂振忠都尉：胡三省曰：「振忠都尉，後趙所置也。」㊃光侍直有慍色，勒怒，並其妻子囚之：《晉書・石勒載記》曰：「光為物情所湊。勒自苑鄉如鄴，光侍直，慍然，攘袂振紛，仰視不顧，勒因惡之，讓光曰：『何負卿而敢怏怏邪？』於是幽光並其妻子於獄。」《御覽》六四三引〈後趙錄〉曰：「石季龍幽中書令徐光於襄國詔獄。光在獄中，注解經史十餘萬言。」石季龍蓋石勒之訛。㊄泉陵：泉陵縣，屬零陵郡，故城在今湖南省零陵縣北。㊅臨淮太守劉矯掩襲遐營：胡三省曰：「劉遐屯泗口，在臨淮、下邳之間，故矯得以掩襲其營。」㊆詔以肇襲遐爵：襲泉陵公爵。㊇故為諸名士所少：重之曰多，輕之曰少。時流俗以寬雅養望為高，嚴切幹實為下，故壼為諸名士所少。㊈中朝：謂西晉，以其都於中原；又曰西朝，以其在江左之西。㊉奏推：奏之於上而推按其罪。⑪成人討越巂斯叟，破之：成討斯叟事始於上卷明帝太寧元年。⑫觀陽：觀陽縣，屬零陵郡。《水經注》曰：「湘水與觀水合，西北逕觀陽縣西，縣蓋即水為名也。」故城在今廣西省灌陽縣西。⑬自以名輩不後郗、卞：名謂時人之所稱譽，輩謂年齡之長幼；郗、卞謂郗鑒、卞壼。⑭又望開府復不得：晉制四征、四鎮諸大將軍乃得開府，約時為鎮西將軍，故不得開府，約蓋望進位為大將軍耳！⑮歷陽內史蘇峻，有功於國：謂破沈充、錢鳳之軍。⑯南頓王宗，自以失職：宗自左衛將軍遷為驃騎將軍，名位雖崇於前而實奪其兵權，故自以為失職。⑰宗，宗室近屬；羕，先帝保傅：胡三省曰：「羕、宗，兄弟也；宗言近屬，羕言保傅，宗敍族，羕敍官也。」按羕、宗，俱汝南王亮之子。⑱逡遒：逡遒縣，漢屬九江郡，晉屬淮南郡，故城在今安徽省合肥縣東。⑲阜陵：阜陵縣，漢屬九江郡，晉屬淮南郡，故城在今安徽省全椒縣東。⑳涂塘：在今安徽省和縣及江蘇省六合縣之間，吳赤烏中，斷涂水作塘以掩北道，即此。涂水即滁河，源出安徽省合肥縣北黃泥段，東流經全椒縣及含山縣、和縣間，又經滁縣、來安縣東南境，至江蘇六合縣入江。作涂塘則壽春在滁塘之外，故祖約曰：「是棄我也。」㉑濟岷太守：《晉書・地理志》曰：「或云魏平蜀，徙其豪將家於濟河北，故改濟南郡為濟岷郡，而太康地理志無此郡名，未之詳。」顧祖禹曰：「濟㟭城在宿遷縣北。」㟭與岷同。㉒邾：邾，蓋春秋時邾國之地，後改曰鄒，滅於楚，故城在今山東省鄒縣東南。杜預曰：「邾，今魯國鄒縣也，其北有繹山。」《清一統志》曰：「按六書考故，邾、鄒同聲之轉。春秋時邾莒用彝，故邾謂之邾婁。婁有二音，合閭音為邾，合樓音為鄒。此本邾國耳，後為楚宣王所滅。又古邾城在鄒縣南，邾文公遷於繹，繹本鄒山，故亦稱鄒城。」繹山即嶧山，亦曰鄒山。㉓蘭陵石城：《魏書・地形志》曰：「蘭陵縣有石城山。」蘭陵廢城在今山東省嶧縣東五十里。㉔始立秀、孝試經之制：秀謂秀才，孝謂孝廉，秀、孝試經，蓋晉之舊制，勒至是倣而行之。㊂氛埃：惡戾污濁之氣，以喻戰亂。㊄引領東望，有年月矣！會獲來貺，情在闇至：言引領望晉，思欲為晉臣者已非一日，會獲駿所賜書，彼此之情，契然闇合。

二年（西元三二七年）

㈠春，正月，朱提太守楊術與成將羅恆戰於臺登，兵敗，術死。

㈡夏，五月，甲申朔，日有食之。

㈢趙武衛將軍劉朗，帥騎三萬襲楊難敵於仇池，弗克，掠三千餘戶而歸。

㈣張駿聞趙兵為後趙所敗，乃去趙官爵，復稱晉大將軍，涼州牧。遣武威太守竇濤、金城太守張閬、武興太守㈠辛巖、揚烈將軍宋輯等帥眾數萬，會韓璞攻掠趙秦州諸郡㈡，趙南陽王胤將兵擊之，屯狄道。枹罕護軍辛晏告急，秋，駿使韓璞、辛巖救之。璞進度沃干嶺㈢，巖欲速戰，璞曰：「夏末以來，日星數有變，不可輕動。且曜與石勒相攻，胤必不能久與我相守也。」與胤夾洮相持㈣七十餘日，冬，十月，璞遣辛巖督運於金城。胤聞之，曰：「韓璞之眾，十倍於吾，吾糧不多，難以持久。今虜分兵運糧，天授我也。若敗辛巖，璞等自潰。」乃帥騎三千襲巖於沃干嶺，敗之，遂前逼璞營，璞眾大潰。胤乘勝追奔濟河，攻拔令居㈤，斬首二萬級㈥，進據振武㈦，河西大駭。張閬、辛晏帥其眾數萬降趙，駿遂失河南之地。

㈤庾亮以蘇峻在歷陽，終為禍亂，欲下詔徵之，訪於司徒導。導曰：「峻猜險，必不奉詔，不若且苞容之。」亮言於朝曰：「峻狼子野心㈧，終必為亂。今日徵之，縱不順命，為禍猶淺；若復經年，不可復制，猶七國之於漢也㈨。」朝臣無敢難者，獨光祿大夫卞壺爭之曰：「峻擁彊兵，逼近京邑，路不終朝㈩，一旦有變，易為蹉跌，且深思之。」亮不從。壺知必敗，與溫嶠書曰：「元規⑾召峻意定，此國之大事。峻已出狂意而召之，是更速其禍也，必縱毒蠚以向朝廷。朝廷威力雖盛，不知果可擒不？王公⑿亦同此情，吾與之爭甚懇切，不能如之何。本出足下以為外援⒀，而今更恨足下在外，不得相與共諫止之，或當相從耳！」嶠亦累書止亮，舉朝以為不可，亮皆不聽。峻聞之，遣司馬何仍詣亮曰：「討賊外任，遠近惟命，至於內輔，實非所堪㈣。」亮不許。召北中郎將郭默為後將軍㈤，領屯騎校尉，司徒右長史庾冰為吳國內史，皆將兵以備峻。冰，亮之弟也。

於是下優詔徵峻為大司農，加散騎常侍，位特進，以弟逸代領部曲。峻上表曰：「昔明皇帝親執臣手，使臣北討胡寇。今中原未靖，臣何敢即安？乞補青州界一荒郡，以展鷹犬之用。」復不許。峻嚴裝將赴召，猶豫未決，參軍任讓謂峻曰：「將軍求處荒郡而不見許，事勢如此，恐無生路，不如勒兵自守。」阜陵令匡術亦勸峻反，峻遂不應命。溫嶠聞之，即欲帥眾下衞建康，三吳亦欲起義兵，亮並不聽，而報嶠書曰：「吾憂西陲㈥，過於歷陽，足下無過雷池㈦一步也。」朝廷遣使諭峻，峻曰：「臺下云我欲反，豈得活邪？我寧山頭望廷尉，不能廷尉望山頭。往者國家危如累卵，非我不濟㈧。狡兔既死，獵犬宜烹㈨，但當死報造謀者耳㈩！」

峻知祖約怨朝廷，乃遣參軍徐會推崇約，請共討庾亮。約大喜，其從子智、衍並勸成之。譙國內史桓宣謂智曰：「本以彊胡未滅，將勠力討之。使君若欲為雄霸，何不助國討峻，則威名自舉，今乃與峻俱反，此安得久乎？」智不從。宣詣約請見，約知其欲諫，拒而不內㉑。宣遂絕約，不與之同㉒。

十一月，約遣兄子沛內史渙、女壻淮南太守許柳以兵會峻。逖妻，柳之姊也，固諫不從。

詔復以卞壼為尚書令，領右衛將軍，以會稽內史王舒㉓行揚州刺史事，吳興太守虞潭督三吳等諸郡軍事。

㈥尚書左丞孔坦、司徒司馬丹楊陶回言於王導，請及峻未至，急斷阜陵，守江西當利諸口㉔，彼少我眾，一戰決矣！若峻未來，可往逼其城。今不先往，峻必先至，峻至，則人心危駭，難與戰矣，此時不可失也！導然之，庾亮不從㉕。

十二月，辛亥（朔），蘇峻使其將韓晃、張健等襲陷姑孰，取鹽米㉖，亮方悔之。壬子（初二日），彭城王雄、章武王休㉗叛奔峻。雄，釋之子也㉘。

庚申（初十日），京師戒嚴。假庾亮節，都督征討諸軍事。以左衛將軍趙胤為歷陽太守，使左將軍司馬流將兵據慈湖㉙以拒峻，以前射聲校尉劉超為左衛將軍，侍中褚翜典征討軍事。亮使弟翼以白衣領數百人備石頭。

㈦丙寅（十六日），徙琅邪王昱為會稽王，吳王岳為琅邪王。

㈧宣城內史桓彝欲起兵以赴朝廷，其長史裨惠，以郡兵寡弱，山民易擾㉚，謂宜且案甲以待之。彝厲色曰：「見無禮於其君者，若鷹鸇之逐鳥雀㉛。今社稷危逼，義無晏安。」辛未（二十一日），彝進屯蕪湖。韓晃擊破之，因進攻宣城㉜，彝退保廣德㉝，晃大掠諸縣而還。

徐州刺史郗鑒，欲帥所領赴難，詔以北寇，不許㉞。

㈨是歲，後趙中山公虎擊代王紇那，戰於句注陘㉟北，紇那兵敗，徙都大寧㊱以避之。

㈩代王鬱律之子翳槐居於其舅賀蘭部，紇那遣使求之，賀蘭大人蕩頭擁護不遣，紇那與宇文部共擊蕩頭，不克。

【今註】㊀武興太守：《晉書・地理志》曰：「永寧中，張軌為涼州刺史，鎮武威，上表請合秦、雍流移人於姑臧西北置武興郡。」按今甘肅省武威縣西北有武興故城，蓋其舊治。㊁會韓璞攻掠趙秦州諸郡：胡三省曰：「韓璞時在冀。」按璞於張茂時帥眾取隴西南安之地，置秦州，遂屯冀城，見卷九十二明帝太寧元年。周濟曰：「胡氏云璞在冀城，非也。若璞在冀城，胤安得至狄道？且璞又何用進度沃干嶺乎？璞當在金城。」按周氏說，璞蓋自冀城移屯金城，史脫略未載。㊂沃干嶺：在今甘肅皋蘭縣西南，洮水西北，亦曰沃干阪。三國魏時陳泰救王經於狄道，姜維退還涼州，軍從金城南至沃干阪。蓋自涼州濟河，必度此嶺，乃至狄道。㊃與胤夾洮相持：時劉胤屯狄道，在洮水之東，璞屯沃干嶺，在洮水之西。㊄令居：令居縣，漢屬金城郡，為護羌校尉治所，晉廢，張實據河西，置廣武郡，復立令居縣屬之，故城在今甘肅省平番縣西北。㊅斬首二萬級：《晉書・張駿傳》云：「死者二萬餘人。」《御覽》三三二引《十六國春秋》曰：「死者三萬餘人。」㊆振武：振武故城在今甘肅省平番城西北。㊇狼子野心：《左傳》楚令尹子文曰：「諺曰，狼子野心，是乃狼也，其可畜乎？」故相沿凡人之秉性凶暴，恣縱難制者，則以狼子野心喻之。㊈今日徵之，縱不順命，為禍猶淺；若復經年，不可復制：猶七國之於漢也：《漢書・鼂錯傳》錯議削吳、楚曰：「今削之亦反，不削亦反。削之反疾，禍小；不削反遲，禍大。」亮蓋引此以為比。㊉路不終朝：毛萇曰：「自且及食時為終朝。」路不終朝，言其迫近。歷陽與建康但一江之隔，故云。⑪元規：庾亮字。⑫王公：謂王導。⑬本出足下以為外援：謂以溫嶠出鎮武昌，本欲以為朝廷之外援。⑭實非所堪：言實非己力所勝任。⑮召北中郎將郭默為後將軍：時默以北中郎將監淮北諸軍事。⑯西陲：謂陶侃。時侃鎮荊州，於江左為西陲。⑰雷池：《水經注》曰：「青林湖水西流，謂之青林水，又西南歷尋陽，分為二水，一水東流通大雷，一水西南流注于江。」《寰宇記》曰：「大雷水至望江縣，積而為池，謂之雷池，又東入江，謂之大雷口。」顧祖禹曰：「雷池在望江縣東三十里。」望江縣今屬安徽省。⑱往者國家危如累卵，非我不濟：峻自謂昔者晉室遭王敦之亂，賴己之力，危而復安。⑲狡兔既死，獵犬宜烹：《史記》越范蠡遺大夫種書曰：「狡兔死，走狗烹。」⑳但當死報造謀者耳：造謀者謂庾亮，亮造謀欲除峻，峻自謂誓死必報其仇。㉑內：讀曰納，接見之意。㉒宣遂絕約，不與之同：《晉書・桓宣傳》云：「約還歷陽，宣將數千家欲南投尋陽，營於馬頭山。」又〈祖約傳〉云：「約之諸將復陰結於勒，請為內應，勒遣石聰攻約，約眾潰，奔歷陽。」蓋約為石勒所敗，奔歷陽投峻，宣絕之，自別一軍欲投溫嶠。㉓鄮稽內史王舒：《晉書・王舒傳》云：「時將徵蘇峻，司徒王導欲出舒為外援，乃授撫軍將軍，會稽內史，舒上疏辭以父名。朝議以字同音異，於禮無嫌，舒復陳音雖異而字同，求換他郡，於是改會字為鄮。」按〈江統傳〉統上疏云：「故事父祖與官職同名皆得改選。」故舒有是請。㉔請及峻未至，急斷阜陵，守江西當利諸口：胡三省曰：「阜陵有麻湖之阻，守當利諸口，峻兵不得渡江。」王象之曰：「麻湖即歷湖，歷字與麻字相類，後人訛耳！」按歷湖在今安徽省和縣西，與含山縣接界。當利口亦曰當利浦，為大江要津，在今安徽省和縣東南。㉕庾亮不從：亮以為如坦、回之議，則兵力外調，若峻逕來，是襲朝廷之虛也，故不從。㉖襲陷姑孰，取鹽米：姑孰臨江，舟楫所湊，晉置戍於此，並積鹽米，為江左重鎮。㉗章武王休：休，義陽王望之孫。㉘雄，釋之子也：彭城王釋，宣帝弟穆王權之子。㉙慈湖：慈湖在今安徽省當塗縣北四十里。《當塗縣志》云：「縣北有慈湖，後湮，其餘水流入大江。」其後陶侃與蘇峻戰於慈湖，即此。㉚其長史裨惠，以郡兵寡弱，山民易擾：裨姓，惠名。胡三省曰：「宣城之西南，山越居之，自吳以來，屢為寇亂。」㉛見無禮於其君者，若鷹鸇之逐鳥雀：此左傳魯大夫臧文仲之言。㉜宣城：宣城郡時治宛陵，宣城別為縣，漢屬丹陽郡，晉屬宣城郡，故城在今安徽省南陵縣東。㉝廣德：廣德縣，屬宣城郡。何承天《漢志》曰：「廣德，漢舊縣。」《元和郡縣志》曰：「廣德，後漢分故鄣縣置，屬丹陽郡。」沈約《州郡志》曰：「二漢志並無，疑是吳所立。」《水經注》曰：「浙江又北歷黟山，縣居山之陽。漢成帝鴻嘉二年，以為廣德國，晉太康中，以為廣德縣，分隸宣城郡。」故治在今安徽省廣德縣東。㉞詔以北寇，不許：詔以鑒軍留禦北寇，故不許所請。㉟句注陘：《呂氏春秋》曰：「天下九陘，句注其一。」《元和郡縣志》曰：「句注山，一名西陘山。晉咸寧元年句注碑曰：『蓋北方之險，有盧龍、飛狐、句注謂之首。』」《河東記》曰：「句注以山形句轉，水勢注流而名，亦曰陘嶺。」張守節曰：「句注山在代州雁門縣西北三十里。」唐代州雁門縣即今山西省代縣，句注山即雁門山，山上有關，唐時所建，即雁門關，一曰西陘關。《代州志》曰：「關舊在雁門山上，東西山巖峭拔，中路盤旋崎嶇。唐於絕頂置關，兩山夾峙，形勢雄勝，即句注故道，自古為戍守重地，與寧武、偏頭為山西三關，所謂外三關也。」㊂大甯：胡三省曰：「據水經注，大甯即廣甯也。廣甯前漢曰廣寧，屬上谷郡，後漢曰廣甯，晉武帝分置廣甯郡。」按漢廣寧故城在今河北省宣化縣西北。按水經曰太寧，不曰大寧。北周置大寧縣，蓋漢北屈縣地，故址在今山西省隰縣廢仵城西，或即指此。

卷九十四 晉紀十六

起著雍困敦，盡重光單閼，凡四年。（戊子至辛卯，西元三二八年至西元三三一年）

司馬光編集
林瑞翰註

顯宗成皇帝上之下

咸和三年（西元三二八年）

㈠春，正月，溫嶠入救建康，軍於尋陽㊀。

韓晃襲司馬流於慈湖，流素懦怯，將戰，食炙㊁不知口處，兵敗而死。丁未（二十八日），蘇峻帥祖渙、許柳等眾二萬人，濟自橫江㊂，登牛渚㊃，軍於陵口㊄。臺兵禦之，屢敗。

二月庚戌（朔），峻至蔣陵覆舟山㊅。陶回謂庾亮曰：「峻知石頭有重戍，不敢直下，必向小丹楊南道步來㊆，宜伏兵邀之，可一戰擒也。」亮不從。峻果自小丹楊來，迷失道，夜行無復部分。亮聞，乃悔之。

朝士以京邑危逼，多遣家人入東㊇避難，左衛將軍劉超獨遷妻孥入居宮內。

詔以卞壼都督大桁東諸軍事，與侍中鍾雅帥郭默、趙胤等軍及峻戰於西陵(九)，壼等大敗，死傷以千數。丙辰（初七日），峻攻青溪柵，卞壼率諸軍拒擊，不能禁。峻因風縱火，燒臺省(一〇)及諸營寺署，一時蕩盡。壼背癰新愈，創猶未合，力疾帥左右苦戰而死。二子眕、盱隨父後，亦赴敵而死(一一)。其母撫尸哭曰：「父為忠臣，子為孝子，夫何恨乎？」

丹楊尹羊曼勒兵守雲龍門，與黃門侍郎周導、廬江太守陶瞻皆戰死。庾亮帥眾將陳於宣陽門內，未及成列，士眾皆棄甲走(一二)。亮與弟懌、條、翼及郭默、趙胤俱奔尋陽(一三)，將行，顧謂鍾雅曰：「後事深以相委。」雅曰：「棟折榱崩(一四)，誰之咎也？」亮曰：「今日之事，不容復言。」亮乘小船，亂兵相剝掠。亮左右射賊，誤中柂工(一五)，應弦而倒，船上咸失色欲散，亮不動，徐曰：「此手何可使著賊(一六)！」眾乃安。

峻兵入臺城，司徒導謂侍中褚翜曰：「至尊當御正殿，君可啓令速出。」翜即入上閤，躬自抱帝登太極前殿，導及光祿大夫陸曄、荀崧、尚書張闓共登御床擁衛帝，以劉超為右衛將軍，使與鍾雅、褚翜侍立左右，太常孔愉朝服守宗廟。時百官奔散，殿省蕭然，峻兵既入，叱褚翜令下，翜正立不動，呵之曰：「蘇冠軍㈦來覲至尊，軍人豈得侵逼？」由是峻兵不敢上殿，突入後宮，宮人及太后左右侍人，皆見掠奪。峻兵驅役百官，光祿勳王彬等皆被捶撻，令負擔登蔣山，裸剝士女，皆以壞席苫草自鄣，無草者坐地，以土自覆，哀號之聲，震動內外。

初，姑孰既陷，尚書左丞孔坦謂人曰：「觀峻之勢，必破臺城，自非戰士，不須戎服。」及臺城陷，戎服者多死，白衣者無他。

時官有布二十萬匹，金銀五千斤，錢億萬，絹數萬匹，佗物稱是㈧。峻盡費之，太官惟有燒餘米數石，以供御膳。

或謂鍾雅曰：「君性亮直，必不容於寇讎，盍早為之計？」雅曰：「國亂不能匡，君危不能濟，各遁逃以求免，何以為臣？」

丁巳（初八日），峻稱詔大赦，惟庾亮兄弟不在原例〔一九〕。以王導有德望，猶使以本官居己之右，祖約為侍中、太尉、尚書令，峻自為驃騎將軍，錄尚書事，許柳為丹楊尹，馬雄為左衞將軍，祖渙為驍騎將軍。弋陽王羕詣峻稱述峻功，峻復以羕為西陽王、太宰、錄尚書事〔二〇〕。

峻遣兵攻吳國內史庾冰〔二一〕，冰不能禦，棄郡犇會稽〔二二〕。至浙江，峻購之甚急，吳鈴下卒引冰入船〔二三〕，以蘧篨〔二四〕覆之，吟嘯鼓枻〔二五〕泝流而去，每逢邏所〔二六〕，輒以杖叩船曰：「何處覓庾冰？庾冰正在此。」人以為醉，不疑之，冰僅免。峻以侍中蔡謨為吳國內史。

溫嶠聞建康不守，號慟，人有候之者，悲哭相對。庾亮至尋陽，宣太后詔，以嶠為驃騎將軍，開府儀同三司；又加徐州刺史郗鑒司空。嶠曰：「今日當以滅賊為急，未有功而先拜官，將何以示天下？」遂不受。嶠素重亮，亮雖犇敗，嶠愈推奉之，分兵給亮。

(二)後趙大赦，改元太和。【考異】晉春秋云：「勒即帝位，改元太和。」按勒建平元年始即帝位，今從勒載記。

(三)三月丙子（三月己卯朔，無丙子），庾太后以憂崩。

(四)蘇峻南屯于湖。

(五)夏，四月，後趙將石堪攻宛，南陽太守王國降之(二七)，遂進攻祖約軍於淮上，約將陳光起兵攻約，約左右閻禿貌類約，光謂為約而擒之，約踰垣獲免，光奔後趙。

(六)壬申（二十四日），葬明穆皇后於武平陵。

(七)庚亮、溫嶠將起兵討蘇峻，而道路斷絕，不知建康聲聞，會南陽范汪至尋陽，言峻政令不壹，貪暴縱橫，滅亡已兆，雖彊易弱，朝廷有倒懸之急，宜時進討。嶠深納之。亮辟汪參護軍事。亮、嶠互相推為盟主，嶠從弟充曰：【考異】晉春秋作從兄，今從晉書嶠傳。「陶征西位重兵彊(二八)，宜共推之。」嶠乃遣督護王愆期詣荊州邀陶侃，與之同赴國難。侃猶以不豫顧命為恨(二九)，答曰：「吾疆埸外將，不敢越局(三〇)。」嶠屢說不能回，乃順侃意，遣使謂之曰：「仁公(三一)且守，僕當先下。」使者去已二日，平南參軍滎陽毛寶(三二)別使還，聞之，說嶠曰：「凡舉大事，當與天下決之。師克在和(三三)，不宜異同。假令可疑，猶當外示不覺，況自為攜貳邪？宜急追信(三四)改書，言必應俱進。若不及前信，當便遣使。」嶠意悟，即追使者改書，侃果許之，遣督護龔登帥兵詣嶠(三五)。嶠有眾七千，於是列上尚書(三六)，陳祖約、蘇峻罪狀，移告征、鎮，灑泣登舟。陶侃復追龔登還，嶠遺侃書曰：「夫軍有進而無退，可增而不可減。近已移檄遠近，言於盟府(三七)，刻後月半大舉，諸郡軍並在路次，惟須仁公軍至，便齊進耳！仁公今召軍還，疑惑遠近，成敗之由，將在於此。僕才輕任重，實憑仁公篤愛，遠稟成規；至於首啓戎行(三八)，不敢有辭。僕與仁公如首尾相衛，脣齒相依也。恐或者不達高旨，將謂仁公緩於討賊，此聲難追。僕與仁公並受方嶽之任，安危休戚，理既同之。且自頃之顧，綢繆(三九)往來，情深義重，一旦有急，亦望仁公悉眾見救，況社稷之難乎？今日之憂，豈惟僕？一州文武，莫不翹企(四〇)！假令此州不守，約、峻樹置官長於此。荊楚西逼彊胡，東接逆賊，因之以饑饉，將來之危，乃當甚於此州之今日也！仁公進當為大晉之忠臣，參桓、文(四一)之功；退當以慈父之情，雪愛子之痛(四二)。今約、峻凶逆無道，痛感天地，人心齊壹，咸皆切齒，今之進討，若以石投卵耳！苟復召兵還，是為敗於幾成也！願深察所陳。」王愆期謂侃曰：「蘇峻豺狼也，如得遂志，四海雖廣，公寧有容足之地乎？」侃深感悟，即戎服登舟。瞻喪至，不臨，晝夜兼道而進。

郗鑒在廣陵，城孤糧少，逼近胡寇，人無固志。得詔書，即流涕誓眾，入赴國難，將士爭奮。遣將軍夏侯長等間行，謂溫嶠曰：「或聞賊欲挾天子東入會稽，當先立營壘，屯據要害，既防其越逸，又斷賊糧運，然後清野堅壁以待賊。賊攻城不拔，野無所掠，東道既斷，糧運自絕，必自潰矣(四三)！」嶠深以為然。

五月，陶侃率眾至尋陽，議者咸謂侃欲誅庾亮以謝天下，亮甚懼，用溫嶠計，詣侃拜謝。侃驚止之，曰：「庾元規乃拜陶士行邪(四四)？」亮引咎自責，風止可觀，侃不覺釋然(四五)，曰：「君侯脩石頭以擬老子(四六)，今日反見求邪？」即與之談宴終日，遂與亮、嶠同趣建康，戎卒四萬(四七)，旌旗七百餘里，鉦鼓之聲，震於遠近。

蘇峻聞西方兵起，用參軍賈寧計，自姑孰還據石頭，分兵以拒侃等。乙未（十八日），峻逼遷帝於石頭，司徒導固爭不從。帝哀泣升車，宮中慟哭。時天大雨，道路泥濘，劉超、鍾雅步侍左右，峻給馬，不肯乘，而悲哀慷慨，峻聞而惡之，然未敢殺也，以其親信許方等補司馬督、殿中監，外託宿衛，內實防禦超等。峻以倉屋為帝宮，日來帝前肆醜言，劉超、鍾雅與右光祿大夫荀崧、金紫光祿大夫華恆[48]、尚書荀邃、侍中丁潭，侍從不離帝側。時饑饉，米貴，峻問遺，超一無所受，繾綣朝夕[49]，臣節愈恭，雖居幽厄之中，超猶啓帝授孝經論語。

峻使左光祿大夫陸曄守留臺，逼近居民，盡聚之後苑；使匡術[50]守苑城。

尚書左丞孔坦奔陶侃，侃以為長史。

初，蘇峻遣尚書張闓權督東軍，司徒導密令以太后詔諭三吳[51]吏士，使起義兵救天子。會稽內史王舒，以庾冰行奮武將軍，使將兵一萬西渡浙江，於是吳興太守虞潭、吳國內史蔡謨、前義興太守顧眾等，皆舉兵應之。潭母孫氏謂潭曰：「汝當捨生取義，勿以吾老為累。」盡遣其家僮從軍，鬻其環珮以為軍資。誤以庾冰當還舊任，即去郡以讓冰。蘇峻聞東方兵起，遣其將管商、張健(五二)、弘徽等拒之，虞潭等與戰，互有勝負，未能得前。陶侃、溫嶠軍於茄子浦(五三)。嶠以南兵(五四)習水，蘇峻兵便步(五五)，令將士有上岸者死。會峻送米萬斛饋祖約，約遣司馬桓撫等迎之。毛寶帥千人為嶠前鋒，告其眾曰：「兵灋、軍令有所不從，豈可視賊可擊，不上岸擊之邪？」乃擅往襲撫，悉獲其米，斬獲萬計，約由是饑乏。嶠表寶為廬江太守。

陶侃表王舒監浙東軍事，虞潭監浙西軍事，郗鑒都督揚州八郡諸軍事，令舒、潭皆受鑒節度。鑒帥眾渡江，與侃等會於茄子浦，雍州刺史魏該，亦以兵會之。丙辰（五月戊寅朔，是月無丙辰），侃等舟師直指石頭，至於蔡洲(五六)，侃屯查浦(五七)，嶠屯沙門浦。峻登烽火樓，望見士眾之盛，有懼色，謂左右曰：「吾本知溫嶠能得眾也。」

庾亮遣督護王彰擊峻黨張曜，反為所敗，亮送節傳以謝侃。侃答曰：「古人三敗(五八)，君侯始二。當今事急，不宜數爾(五九)！」亮司馬陳郡殷融詣侃謝曰：「將軍為此，非融等所裁(六〇)。」王彰至，曰：「彰自為之，將軍不知也！」侃曰：「昔殷融為君子，王彰為小人，今王彰為君子，殷融為小人。」

宣城內史桓彝聞京城不守，慷慨流涕，進屯涇縣(六一)。時州郡多遣使降蘇峻，裨惠(六二)復勸彝宜且與通使，以紓交至之禍(六三)。彝曰：「吾受國厚恩，義在致死，焉能忍恥與逆臣通問？如其不濟，此則命也！」彝遣將軍俞縱守蘭石(六四)，峻遣其將韓晃攻之。縱將敗，左右勸縱退軍，縱曰：「吾受桓侯厚恩，當以死報，吾之不可負桓侯，猶桓侯之不負國也。」遂力戰而死。晃進軍攻彝，六月，城陷，執彝殺之。

諸軍初至石頭，即欲決戰，陶侃曰：「賊眾方盛，難與爭鋒，當以歲月智計破之。」既而屢戰無功，監軍部將李根請築白石壘(六五)，侃從之。夜築壘，至曉而成。聞峻軍嚴聲(六六)，諸將咸懼其來攻，孔坦曰：「不然，若峻攻壘，必須東北風急，令我水軍不得往救。今天清靜，賊必不來，所以嚴者，必遣軍出江乘，掠京口以東矣。」已而果然。侃使庾亮以二千人守白石，峻帥步騎萬餘四面攻之，不克。王舒、虞潭等數與峻兵戰，不利。孔坦曰：「本不須召郗公，遂使東門無限。今宜遣還，雖晚，猶勝不也（六七）。」侃乃令鑒與後將軍郭默還據京口，立大業（六八）、曲阿（六九）、庱亭（七〇）三壘，以分峻之兵勢，使郭默守大業。

壬辰（八月戊申朔，無壬辰）魏該卒，祖約遣祖渙、桓撫襲湓口（七一），陶侃聞之，將自擊之。毛寶曰：「義軍恃公，公不可動，寶請討之。」侃從之。渙、撫過皖，因攻譙國內史桓宣（七二），寶往救之，為渙、撫所敗，箭貫寶髀徹鞍，寶使人蹋鞍拔箭，血流滿鞾，還擊渙、撫，破走之，宣乃得出，歸於溫嶠。寶進攻祖約，軍於東關（七三），拔合肥戍。會嶠召之，復歸石頭。

祖約諸將陰與後趙通謀，許為內應。後趙將石聰、石堪引兵濟淮，攻壽春。秋，七月，約眾潰，奔歷陽，聰等虜壽春二萬餘戶而歸。

㈧後趙中山公虎帥眾四萬，自軹關(七四)西入擊趙河東，應之者五十餘縣，遂進攻蒲坂。趙主曜遣河間王述發氐、羌之眾屯秦州，以備張駿、楊難敵，自將中外精銳水陸諸軍以救蒲坂，自衛關(七五)北濟，虎懼引退。曜追之，八月，及於高候(七六)，與虎戰，大破之，斬石瞻，枕尸二百餘里，收其資仗億計，虎犇朝歌(七七)。曜濟自大陽(七八)，攻石生於金墉(七九)，決千金堨以灌之，分遣諸將攻汲郡、河內，後趙滎陽太守尹矩、野王太守(八〇)張進等皆降之，襄國大震。

㈨張駿治兵欲乘虛襲長安，理曹郎中(八一)索詢諫曰：「劉曜雖東征，其子胤守長安，未易輕也。借使小有所獲，彼若釋東方之圖，還與我校，禍難之期，未可量也。」駿乃止。

㈩蘇駿腹心路永、匡術、賈寧，聞祖約敗，恐事不濟，勸峻誅司徒導等諸大臣，更樹腹心。峻雅敬導，不許。永等更貳(八二)於峻，導使參軍袁耽潛誘永使歸順，九月，戊申（初三日），導攜二子與永皆奔白石。耽，渙之曾孫也(八三)。

陶侃、溫嶠等與蘇峻久相持不決，峻分遣諸將東西攻掠，所嚮多捷，人情恟懼，朝士之奔西軍者，皆曰：「峻狡黠有膽決，其徒驍勇，所向無敵，若天討有罪，則峻終滅亡；止以人事言之，未易除也。」溫嶠怒曰：「諸君怯懦，乃更譽賊㈧㈣！」及累戰不勝，嶠亦憚之。嶠軍食盡，貸於陶侃，侃怒曰：「使君前云，不憂無良將及兵食，惟欲得老僕為主耳！今數戰皆北，良將安在？荊州接胡、蜀二虜，當備不虞。若復無食，僕便欲西歸，更思良筭，徐來殄賊，不為晚也！」嶠曰：「凡師克在和，古之善教也。光武之濟昆陽㈧㈤，曹公之拔官渡㈧㈥，以寡敵眾，杖義故也。峻、約小豎，凶逆滔天，何憂不滅？峻驟勝而驕，自謂無前，今挑之戰，可一鼓而擒也，奈何捨垂立之功，設進退之計乎？且天子幽逼，社稷危殆，乃四海臣子肝腦塗地之日，嶠等與公並受國恩，事若克濟，則臣主同祚；如其不捷，當灰身以謝先帝耳！今之事埶，義無旋踵，譬如騎虎，安可中下哉？公若違眾獨返，人心必沮，沮眾敗事，義旗將廻指於公矣！」毛寶言於嶠曰：「下官能留陶公。」乃往說侃曰：「公本應鎮蕪湖，為南北勢援，前既已下，勢不可還。且軍政有進無退，非直整齊三軍，示眾必死而已；亦謂退無所據，終至滅亡。往者杜弢非不彊盛，公竟滅之(八七)，何至於峻獨不可破邪？賊亦畏死，非皆勇健，公可試與寶兵，使上岸斷賊資糧(八八)，若寶不立効，然後公去，人心不恨矣！」侃然之，加寶督護而遣之。竟陵太守(八九)李陽說侃曰：「今大事若不濟，公雖有粟，安得而食諸？」侃乃分米五萬石以餉嶠軍。毛寶燒峻句容(九〇)、湖孰(九一)積聚，峻軍乏食，侃遂留不去。

張健、韓晃等急攻大業，壘中乏水，人飲糞汁。郭默懼，潛突圍出外，留兵守之。郗鑒在京口，軍士聞之，皆失色。參軍曹納曰：「大業，京口之扞蔽也，一旦不守，則賊兵徑至，不可當也。請還廣陵，以俟後舉。」鑒大會僚佐，責納曰：「吾受先帝顧託之重，正復捐軀九泉，不足報塞。今彊寇在近，眾心危逼，君腹心之佐，而生長異端，當何以帥先義眾，鎮壹三軍邪？」將斬之，久乃得釋。

陶侃將救大業，長史殷羨曰：「吾兵不習步戰，救大業而不捷，則大事去矣！不如急攻石頭，則大業自解(九二)。」侃從之。羨，融之兄也。

庚午（二十五日），侃督水軍向石頭，庾亮、溫嶠、趙胤帥步兵萬人，從白石南上，欲挑戰，峻將八千人逆戰，遣其子碩及其將匡孝分兵先薄(九三)趙胤軍，敗之。峻方勞其將士，乘醉望見胤走，曰：「孝能破賊，我更不如邪？」因舍其眾，與數騎北下突陳，不得入，將回趨白木陂(九四)，馬躓，侃部將彭世、李千等投之以矛，峻墜馬，斬首臠割之(九五)，焚其骨，三軍皆稱萬歲，餘眾大潰。峻司馬任讓等共立峻弟逸為主，閉城自守。溫嶠乃立行臺，布告遠近，凡故吏二千石以下，皆令赴臺，於是至者雲集。韓晃聞峻死，引兵趣石頭。管商、弘徽攻庱亭壘，督護李閎(九六)。輕車長史滕含(九七)擊破之。含，脩之孫也。商走詣庾亮降，餘眾皆歸張健。

(十一)冬，十一月，後趙王勒欲自將救洛陽，僚佐程遐等固諫曰：「劉曜懸軍(九八)千里，勢不支久。大王不宜親動，動無萬全。」勒大怒，按劍叱遐等出，乃赦徐光(九九)，召而謂之曰：「劉曜乘一戰之勝，圍守洛陽，庸人之情，皆謂其鋒不可當。曜帶甲十萬，攻一城而百日不克，師老卒怠，以我初銳擊之，可一戰而擒也！若洛陽不守，曜必送死冀州⑳，自河已北，席卷而來，吾事去矣！程遐等不欲吾行，卿以為何如？」對曰：「劉曜乘高候之勢，不能進臨襄國，更守金墉，此其無能為可知也㉑，以大王威略臨之，彼必望旗奔敗，平定天下，在今一舉，不可失也！」勒笑曰：「光言是也。」乃使內外戒嚴，有諫者斬。命石堪、石聰及豫州刺史桃豹等各統見眾會滎陽，中山公虎進據石門㉒，勒自統步騎四萬趣金墉，濟自大堨㉓。勒謂徐光曰：「曜盛兵成皋關，上策也；阻洛水，其次也；坐守洛陽，此成擒耳！」

十二月乙亥（朔），後趙諸軍集於成皋，步卒六萬，騎二萬七千。勒見趙無守兵，大喜，舉手指天復加額曰：「天也！」卷甲銜枚，詭道㉔兼行，出於鞏、訾之間㉕。趙主曜專與嬖臣飲博，不撫士卒，左右或諫，曜怒，以為妖言，斬之。聞勒已濟河，始議增滎陽戍，杜黃馬關㉖。俄而洛水候者與後趙前鋒交戰，擒羯送之。曜問：「大胡自來邪？其眾幾何？」羯曰：「王自來，軍勢甚盛。」曜色變，使攝金墉之圍，陳於洛西，眾十餘萬，南北十餘里。勒望見，益喜，謂左右曰：「可以賀我矣！」

勒帥步騎四萬入洛陽城，己卯（初五日），中山公虎引步卒三萬自城北而西，攻趙中軍，石堪、石聰等各以精騎八千，自城西而北，擊趙前鋒，大戰於西陽門㉗。勒躬貫甲冑，出自閶闔門夾攻之㉘。曜少而嗜酒，末年尤甚。將戰，飲酒數斗。常乘赤馬，無故踠頓㉙，乃乘小馬。比出，復飲酒斗餘。至西陽門，揮陳就平，石堪因而乘之，趙兵大潰。曜昏醉退走，馬陷石渠，墜於冰上，被瘡十餘，通中者三，為堪所執㉚。勒遂大破趙兵，斬首五萬餘級，下令曰：「所欲擒者一人耳，今已獲之，其敕將士抑鋒止銳，縱其歸命之路。」曜見勒曰：「石王頗憶重門之盟否㉛？」勒使徐光謂之曰：「今日之事，天使其然，復云何邪？」乙酉（十一日），勒班師，使征東將軍石邃將兵衛送曜。邃，虎之子也。

曜瘡甚，載以馬輿，使醫李永與同載。己亥（二十五日），至襄國，舍曜於永豐小城，給其妓妾，嚴兵圍守，遣劉岳、劉震等從男女盛服以見之㉓，曜曰：「吾謂卿等久為灰土，石王仁厚，乃全宥至今邪？我殺石佗，愧之多矣㉓！今日之禍，自其分耳！」留宴終日而去。

勒使曜與其太子熙書㉔，諭令速降。曜但敕熙與諸大臣匡維社稷，勿以吾易意也。勒見而惡之，久之，乃殺曜。

(十二)是歲，成漢獻王驤㉕卒，其子征東將軍壽以喪還成都。成主雄以李玝為征北將軍、梁州刺史，代壽屯晉壽。

【今註】㊀溫嶠入救建康，軍於尋陽：嶠自武昌東下，軍於尋陽。㊁炙：燔肉。㊂濟自橫江：《御覽》七六八引《晉中興書》曰：「蘇峻與祖渙、許柳等將萬餘人出橫江，連船東渡，時遇西風，既濟，半江中忽更東風，吹船還西岸。峻憙曰：『是天助我固將志也。』」橫江一曰橫江浦，在今安徽省和縣東南，與江南之采石隔江相對，為江渡要津。㊃牛渚：牛渚，山名，一曰采石，與橫江浦隔江相對，在今安徽省當塗縣西北二十里。後漢獻帝興平二年，孫策嘗攻劉繇於此，盡獲其邸閣糧穀戰具，三國吳孫權使周瑜自溧陽移屯於此，自是以後，常為江左重鎮。《寰宇記》曰：「牛渚山突出江中，謂之牛渚圻，由北謂之采石，對采石渡口，商旅於此取石，至都輸造石渚，故名。」㊄陵口：

胡三省曰：「陵口當在牛渚山東北，即東陵口也。」一曰陵口戍，亦江濱戍守處。㈥蔣陵覆舟山：胡三省曰：「陵，阜也；蔣陵，蔣山之阜也。覆舟山，形如覆舟，故名。」按蔣山即鍾山，在今江蘇省江寧縣東北，吳孫權改曰蔣山，其後權薨，建陵於蔣山之南麓，謂之蔣陵。覆舟山，蓋鍾山之支脈。《元和郡縣志》曰：「覆舟山，鍾山西足也，形如覆舟，故名。」一曰龍舟山，又名玄武山。㈦必向小丹楊南道步來：胡三省曰：「此路即今太平州取建康之路也。漢丹陽郡，治宛陵縣，武帝太康二年，分丹陽置宣城郡，治宛陵，而丹陽移治建業。建業本漢之秣陵也，吳改曰建業，晉復曰秣陵，至太康三年，分秣陵之水北為建業，後避愍帝諱，改曰建康。元帝南渡建康，置丹陽尹治於臺城西，而丹陽太守舊治秣陵縣，俗謂之小丹陽。」按小丹楊即《晉書・地理志》丹楊郡之丹楊縣，丹陽即《漢志》之丹陽，蓋漢置丹陽郡，治宛陵縣，而丹陽縣遂有小丹楊之稱，以別於宛陵之丹陽郡治也。後漢獻帝建安初，呂範從孫策渡江，下小丹楊，見三國志呂範傳，是漢時已有小丹楊之稱，非始於東晉。太平州，即今安徽省當塗縣。㈧入東：胡三省曰：「建康以吳會稽為東。」㈨及峻戰於西陵：胡三省曰：「據壼傳，峻至東陵口，與戰於陵西，成帝紀作西陵。」今本《晉書・卞壼傳》亦作西陵則已誤傳，按胡氏所見本當作陵西，陵西，謂陵口之西。㈩臺省：杜佑曰：「宋、齊有三臺、五省之號。三臺蓋兩漢舊名，五省謂尚書、中書、門下、秘書、集書省也。」漢以尚書為中臺，御史為憲臺，謁者為外臺，謂之三臺。㈡二子眕、盱隨父後，亦赴敵而死：《寰宇記》曰：「江寧縣忠孝亭，晉卞壼父子死難處，即葬於此。」㈢庾亮帥眾將陳於宣陽門內，未及成列，士眾皆棄甲走：

《御覽》一九五引《丹陽記》曰：「七戰巷者，庾亮與蘇峻戰宣陽門外，峻初小退，尋復來攻，交戰者七，亮乃南奔，故名。」《晉書・成帝紀》作亮敗於宣陽門內，與《丹陽記》異，〈庾亮傳〉作戰於建陽門外，建蓋宣之譌。⑬亮與弟懌、條、翼及郭默、趙胤俱奔尋陽：奔尋陽以依溫嶠。⑭棟折榱崩：《左傳》曰：「棟折榱崩，僑將壓焉！」屋之中梁曰棟，屋椽曰榱，以喻國家傾覆。⑮柂工：柂與舵同。舵者，正船之木，設於船尾，司舵等謂之柂工。⑯此手何可使著賊：胡三省曰：「言射不能殺賊，而反射殺柂工，自恨之辭也。」按亮此語，蓋故示從容，以安眾心。⑰蘇冠軍：峻初以討沈充功，進位冠軍將軍，故以稱之。⑱佗物稱是：言佗物之值，略與上舉布、金、銀、錢、絹諸物相等。⑲不在原例：胡三省曰：「不在見赦之例。」⑳峻復以羕為西陽王、太宰，錄尚書事：羕降爵弋陽縣王見上卷咸和元年，至是復之。㉑吳國內史庾冰：《晉書・成帝紀》作吳郡太守庾冰，《世說・任誕篇》亦曰：「庾冰時為吳郡。」《文館詞林》四五七〈孫綽撰庾冰碑銘〉亦作吳郡。《晉書・王舒傳》作吳國內史，〈庾冰傳〉作吳興內史。按吳國、吳郡異稱而實同，惟冰傳作吳興者誤。㉒冰不能禦，棄郡奔會稽：《魏書・司馬叡傳》云：「吳國內史庾冰率三吳之眾驟戰不勝。瑾、商等破庾冰前軍於無錫，焚掠肆意。」瑾謂張瑾，商謂管商，俱峻部將。㉓吳鈴下卒引冰入船：《世說・任誕篇》曰：「庾冰單身奔亡，民吏皆去，惟郡卒獨以小船載冰，出錢塘口，籧篨覆之。」㉔籧篨：按《通鑑》此文蓋采自《世說・任誕篇》，《世說》從竹作籧篨。《說文》曰：「籧篨，竹席也。」胡三省曰：「從艸者，今蘆蓆也。」㉕枻：舟楫。㉖邏所：津要置邏卒之所。㉗後趙將石堪攻宛，南陽太守王國降之：《晉書・石勒載記》作晉龍驤將軍王國以南郡叛降於堪，〈成帝紀〉作南陽太守王國。錢大昕曰：「南郡疑是南陽之譌。」㉘陶征西位重兵彊：侃時為征西大將軍，都督荊、雍、益、梁四州諸軍事，擁重兵，專制上流。參見上卷明帝太寧三年註⑰。㉙侃猶以不豫顧命為恨：《世說・容止篇》注引徐廣《晉紀》曰：「肅祖遺詔庾亮、王導輔幼主而進大臣官，陶侃、祖約不在其例，侃、約疑亮寢遺詔也。」肅祖，明帝廟號。㉚吾疆埸外將，不敢越局：胡三省曰：「謂內輔外禦，各有局分，不敢踰越也。」《魏書・司馬叡傳》陶侃曰：「吾疆埸將，本非顧命大臣，今日之事，所不敢當。」㉛仁公：胡三省曰：「漢、魏以來，率呼宰輔岳牧為明公。今嶠呼侃為仁公，蓋取天下歸仁之義，言晉之征、鎮，皆歸重於侃也。」㉜平南參軍滎陽毛寶：嶠為平南將軍，以寶為參軍。寶滎陽武人。㉝師克在和：《左傳》楚鬬廉之言曰：「師克在和，不在眾也。」㉞信：胡三省曰：「信即使也。」㉟嶠意悟，即追使者改書，侃果許之，遣督護龔登帥兵詣嶠：丁國鈞《晉書校文》曰：「成帝紀咸和三年侃遣登受嶠節度在正月，其時京師尚未陷也。今侃傳次此事於京都不守下，日月倒置，蓋欲甚侃坐視國難之罪耳！終當以紀為實錄。」按《晉書・陶侃傳》云：「暨蘇峻作逆，京都不守，侃子瞻為賊所害，平南將軍溫嶠要侃同赴朝廷，因推為盟主，侃乃遣督護龔登率眾赴嶠而又追迴。」〈溫嶠傳〉亦曰：「時陶侃雖許自下而未發，復追其督護龔登。」《通鑑》於此處敍事皆據侃、嶠等傳。㊱列上尚書：胡三省曰：「以侃為盟主，與亮、嶠列名上之尚書也。」㊲盟府：謂侃府，侃為盟主，故稱盟府。㊳首啓戎行：《小雅・六月》之詩曰：「元戎十乘，以先啓行。」戎行，兵戎之列，言將為侃之先導。㊴綢繆：纏綿固結之意，以喻情誼膠固。㊵翹企：言翹首企足以望侃軍之來。高舉曰翹，舉踵而望曰企。㊶桓、文：齊桓、晉文。㊷當以慈父之情，雪愛子之痛：《魏書・司馬叡傳》溫嶠遺陶侃書云：「賢子越騎酷沒，天下為公痛心，況慈父之情哉！」侃子瞻為峻所殺，峻特以激怒之。按《晉書・陶侃傳》，瞻字道真，歷廣陵相、廬江、建昌二郡太守，遷散騎常侍。魏書作越騎，蓋散騎之譌。㊸賊攻城不拔，野無所掠，東道既斷，糧運自絕，必自潰矣：按鑒此語，則東晉都建康，糧運皆仰給於東吳，故欲先斷東道，以絕其糧道。㊹庾元規乃拜陶士行邪：庾亮字元規，陶侃字士行。亮少負重名，且出身后族，而侃家世寒微，權位雖高而不為士大夫所重，猝見亮之拜己，故驚而作此語。《御覽》五四二引《郭子》曰：「陶公自上流來赴蘇峻之難，含怒於庾公，庾公謂必戮己，進退無計，溫公乃勸詣陶公，曰：『卿但經拜，必無他，我為卿保之。』庾殊未了，而不得不往，乃從溫言詣陶，至便拜。庾風姿雅潤，陶見拜，不覺自起止之，曰：『庾元規何緣拜陶士衡？』」按《世說》注引《陶氏敍》，《御覽》、《類聚》引王隱《晉書》亦作陶侃字士衡，《晉書・陶侃傳》作字士行。㊺亮引咎自責，風止可觀，侃不覺釋然：《世說・容止篇》曰：「溫忠武與庾文康投陶公求救，陶公曰：『肅祖顧命不見及，且蘇峻作亂，釁由諸庾，誅其兄弟，不足以謝天下。』於時庾在溫船後，聞之，憂怖無計。別日，溫勸庾見陶，庾猶豫未能往。溫曰：『溪狗我所悉，卿但見之，必無憂也。』庾亮風姿神貌，陶一見便改觀，談宴竟日，愛重頓至。」㊻君侯脩石頭以擬老子：謂亮昔修石頭之戍以備己也。事見上卷咸和元年。老子，侃自謂，倨傲之辭。㊼戎卒四萬：《晉書・成帝紀》作舟師四萬，〈溫嶠傳〉作戎卒六萬，《魏書・司馬叡傳》作舟軍二萬，《三十國春秋》亦作四萬。㊽右光祿大夫荀崧、金紫光祿大夫華恆：《晉書・職官志》，左、右光祿大夫，金章紫綬，品秩第二；光祿大夫，銀章青綬，品秩第三，其加金章紫綬者曰金紫光祿大夫，秩與左、右光祿大夫同。㊾繾綣朝夕：言朝夕不相離。《左傳》曰：「繾綣從父母，通內外。」孔穎達曰：「繾綣，牢固相著之意。」㊿匡術：《世說・方正篇》注引《晉陽秋》曰：「匡術為阜陵令，逃亡無行，庾亮徵蘇峻，術勸峻誅亮，遂與峻同反。」(五一)三吳：《水經注》曰：「吳興、吳郡、會稽，世號三吳。」《元和郡縣志》曰：「江南道浙西觀察使所管蘇州吳郡，周為吳國，秦置會稽郡於吳，項羽初起，殺太守殷通，即此。後漢順帝永建四年，分浙江以東為會稽，西為吳郡，孫氏創業，亦肇跡於此，歷晉至陳不改，與吳興、丹陽，號為三吳。」杜佑曰：「蘇州吳郡理吳、長洲二縣，春秋吳國都也，秦置會稽郡，漢順帝分置吳郡，晉、宋亦為吳郡，與吳興、丹陽為三吳。」錢大昕曰：「世以吳郡、吳興、會稽為三吳，其說信而有徵，而不能堅持其說者，泥於三吳必三郡耳！請以一言解之曰：三秦之名始於雍、塞、翟三國，後之言三秦者，不止三郡也；三齊之名始於齊、濟北、膠東三國，後之言三齊者，亦不止三郡也。三吳之稱，晉以後始有之，其實即西漢會稽一郡之地，漢人多稱『吳、會』者，其時未有吳興也。孫吳始立吳興郡，而吳遂分為三。厥後會稽又分臨海、永嘉、東陽等郡，吳郡又分晉陵、義興諸郡，要皆以三吳賅之。通鑑：晉安帝即位以來，內外乖異，石頭以南，皆為荊江所據，以西皆為豫州所專，京口及江北皆劉牢之及廣陵相高雅之所制，朝政所行，惟三吳而已；及孫恩作亂，八郡皆為恩有。八郡者，吳郡、吳興、義興、會稽、臨海、永嘉、東陽、新安也。然則三吳可以賅八郡矣！」(五二)張健：《晉書・王舒傳》、〈蘇峻傳〉作健，〈成帝紀〉、《魏書・司馬叡傳》俱作瑾。(五三)茄子浦：胡三省曰：「茄，菜名，子可食，茄葉似高蔘葉而青，子熟於夏秋之間，大如秤錘，有紫色者，有白色者，及其熟也，色正黃。蓋其地宜茄子，人多於此樹藝，因以名浦。」《御覽》六十九引《丹陽記》曰：「加子洲在縣西南。」又引《三十國春秋》曰：「溫嶠與陶侃起義兵伐蘇峻，帥師四萬直指石頭，侃泊加子洲，即此處也。夏月堪泊舡，冬月淺涸。自永昌之初，其洲忽一朝崩陷數里，隨其形曲折，凡作九灣，行者所依，東西浩然矣！」《寰宇記》曰：「加子洲在江寧縣西南十三里。」加子洲即茄子浦。(五四)南兵：謂侃、嶠之兵。(五五)便步：便於步戰。(五六)蔡洲：《元和郡縣志》曰：「蔡洲在上元縣西十二里江中。」《寰宇記》曰：「蔡洲周廻五十里。」胡三省曰：「蔡洲在石頭西岸。」(五七)查浦：胡三省曰：「查浦在大江南岸，直秦淮口。」左思〈吳都賦〉曰：「橫塘查下，邑屋隆夸。」注云：「查下，查浦，在橫塘西，隔內江，自山頭南上，十里至查浦。」橫塘在今江蘇省江寧縣西南，吳時自江口緣淮築堤，謂之橫塘，在今秦淮徑口，查浦蓋在其西。(五八)古人三敗：曹沬不恥三敗之辱，卒劫齊桓反魯侵地，見《史記・刺客列傳》。侃蓋以此勉亮。(五九)不宜數爾：胡三省曰：「言不宜數數如此。」(六〇)將軍為此，非融等所裁：言王彰之敗，咎出於亮，非融之所籌劃。(六一)進屯涇縣：彝蓋自廣德進屯涇縣。彝退保廣德見上卷咸和元年。涇縣，漢屬丹陽郡，晉屬宣城郡。《元和郡縣志》曰：「因涇水以為名。」故城在今安徽省涇縣西。（六二）稗惠：桓彝長史。（六三）以紓交至之禍。紓，紓緩。言州郡多降峻，彝若不降，則峻兵將四合而交攻，其禍立至。（六四）彝遣將軍俞縱守蘭石：顧祖禹曰：「俞將軍走馬城在涇縣南四十里，晉桓彝將俞縱嘗屯戍於此。蘭石鎮在涇縣東南七十里。」（六五）監軍部將李根請築白石壘：《晉書・陶侃傳》李根曰：「查浦地下，又在水南，唯白石峻極險固，可容數千人，賊來攻不便，滅賊之術也。」蓋築壘於白石。白石，陂名，在今江蘇省江寧縣西北，宋為白下城，唐武德時移金陵於此。胡三省曰：「是時同盟諸將無監軍事者，竊意李根蓋郗鑒軍部將也，前史既逸郗字，後人遂改鑒為監。」《晉書・陶侃傳》作監軍部將李根，〈溫嶠傳〉作將軍李根。〈郗鑒傳〉云：「鑒築白石壘而據之。」胡氏據〈郗鑒傳〉以根為鑒部將。（六六）聞峻軍嚴聲：胡三省曰：「聞峻軍擊鼓嚴隊之聲。」（六七）今宜遣還，雖晚，猶勝不也：言今宜遣鑒軍還以固東防，雖為時已晚，猶勝於不遣。（六八）大業：胡三省曰：「大業，里名，在曲阿北。」顧祖禹曰：「大業壘在句容縣北。」（六九）曲阿：曲阿縣，本秦雲陽縣地。秦始皇以其地有天子氣，鑿北岡以敗其勢，截直道使阿曲，改名曰曲陽。漢屬會稽郡，後漢屬吳郡，吳嘉禾三年，復曰雲陽，晉武帝太康二年，復曰曲阿，即今江蘇省丹陽縣。（七〇）庱亭：《吳志・孫權傳》曰：「權將如吳，親乘馬射虎於庱亭。」《元和郡縣志》曰：「庱亭壘在丹陽縣東四十七里，本蘇峻將管商攻略晉陵，郗道微以此地東據要路，北當武進，故遣督護李閎築此拒之。」道微，郗鑒字。元和志之丹陽縣，即漢、晉之曲阿。顧祖禹曰：「庱亭在常府西五十里。」常州，今江蘇省武進縣。武進之西，即丹陽之東。（七一）湓口：《晉書・地理志》柴桑有湓口關。《元和郡縣志》曰：「江州理城，古之湓口城也，漢灌嬰所築。」按湓口蓋湓水入江之口，在今江西省九江縣西，一名湓浦，晉置戍於此，為江左重地。(七二)渙、撫過皖，因攻譙國內史桓宣：宣時屯於馬頭山，山在今安徽省宿松縣東南八十里，峯岫迴曲，如馬掉首，故名。(七三)東關：顧祖禹曰：「東關在廬州府無為州巢縣東南四十里，東北距和州含山縣七十里，其地有濡須水，水口即東關也。」按即在今安徽省巢縣東南，濡須水所經，即三國吳之濡須塢，亦曰東興隄。《吳志・諸葛恪傳》云：「黃龍二年，築東興隄，遏湖水。」湖水即巢湖之水，《魏書・任城王澄傳》云：「梁頻斷東關，欲令巢湖泛溢。」遏湖水令泛溢以阻敵也。胡三省曰：「東關，即濡須口，亦謂之柵江口，在兩山間。濡須口為東關，七寶山為西關，兩關相對，中為石梁，鑿石通水，三國吳築堤在東關南岸，魏置柵在西關北岸。」蓋自吳以來，世為江左重鎮。(七四)軹關：河內郡軹縣有軹關。徐松曰：「太行山八陘，第一曰軹關陘，蓋以縣命名。」關在今河南省濟源縣西北十五里，當軹道之險，因曰軹關。(七五)衞關：胡三省曰：「晉書地理志汲郡汲縣有衞關。」按今本《晉書・地理志》作銅關，與胡氏所見本《晉志》異。〈劉曜載記〉曰：「自衞關北濟。」《御覽》一一九引《十六國春秋・前趙錄》曰：「自潼關北濟。」亦異。顧祖禹曰：「衡關，史誤作衞關。」未知孰是。(七六)高候：顧祖禹曰：「高候原在安邑縣東十七里。」(七七)朝歌：朝歌縣，漢屬河內郡，晉屬汲郡，殷紂所都，故城在今河南省淇縣東北。(七八)大陽：大陽縣，屬河東郡。應劭曰：「在大河之陽，故曰大陽。」其臨河處曰大陽渡，為大河要津，即春秋之茅津，其上有茅城，亦曰茅亭。大陽故城在今山西省平陸縣東北十五里，大陽渡在平陸縣南二里。(七九)攻石生於金墉：《書鈔》一一三引《晉中興書》曰：「劉曜圍石生於金墉，城守百餘日。」《御覽》三二六引《二石偽事》曰：「劉曜躬領將士三十七萬眾大舉征勒，勒養子生為衞將軍，領三千人鎮洛陽金墉城，曜攻生城，不能下，不覺勒軍卒至。」（八〇）野王太守：胡三省曰：「野王縣自漢以來屬河內郡，後趙始置郡也。」按野王縣，即今河南省沁陽縣。（八一）理曹郎中：胡三省曰：「理曹郎中，張氏所置，以掌刑獄。」（八二）貳：其心兩屬而不專忠。（八三）耽，渙之曾孫也：袁渙漢末服事曹操。（八四）譬賊：謂稱揚峻軍之聲譽而長其氣勢。（八五）光武之濟昆陽：事見卷三十九漢淮陽王更始元年。（八六）曹公之拔官渡：事見卷六十三漢獻帝建安五年。（八七）往者杜弢非不彊盛，公竟滅之：事見卷八十九愍帝建興三年。（八八）斷賊資糧：切斷峻軍資糧之供應。（八九）竟陵太守：《水經注》曰：「晉惠帝元康九年，分江夏西部置竟陵郡，治石城。」故治即今湖北省鍾祥縣。（九〇）句容：句容縣，屬丹楊郡，李賢曰：「縣近句曲山，山有所容，故名句容。」即今江蘇省句容縣。（九一）湖孰：《漢志》作胡孰，《續漢志》作湖熟，《晉志》作湖熟。湖熟縣，漢屬丹楊郡，吳省為典農都尉，晉武帝太康元年復立。故城在今江蘇省江寧縣東南。（九二）不如急攻石頭，則大業自解：時蘇峻鎮石頭，謂不如急攻之，則健、晃之兵必還救石頭，如是大業之圍自解。（九三）薄：迫近而擊之。（九四）白木陂：胡三省曰：「白木陂在東陵東。」按《六朝事迹》引《南徐州記》曰：「迎擔湖西北有蘇峻湖，本名白石陂。」又《建康實錄》曰：「陶侃督護李陽臨陣斬峻於白石陂，至今呼此陂為蘇峻湖，在城北十五里。」《晉書・蘇峻傳》作白木陂，未知孰是。（九五）侃部將彭世、李千等投之以矛，峻墜馬，斬首臠割之：按《晉書・成帝紀》，斬峻者竟陵太守李陽，〈陶侃傳〉作李陽部將彭世，〈蘇峻傳〉作牙門彭世、李千等。吳士鑑曰：「疑峻傳誤以李陽為李千，而又以彭世誤列其上也。」(九六)督護李閎：按《晉書・郗鑒傳》，閎時為鑒之參軍，〈顧眾傳〉作蘭陵太守李閎，《通鑑》據蘇峻傳作督護李閎。(九七)輕車長史滕含：《晉書・成帝紀》作建威長史滕含，〈溫嶠傳〉作奮威長史，〈庾冰傳〉及《魏書・司馬叡傳》俱云為冰司馬，冰時行奮武將軍，則含蓋為奮武司馬，又《晉書・滕脩傳》及〈蘇峻傳〉俱作輕車長史，諸史所載官稱互異，未知孰是，《通鑑》於此據滕脩、〈蘇峻傳〉，於下年擊蘇逸之役據〈成帝紀〉。(九八)懸軍：孤軍深入，後援不繼，謂之懸軍，譬猶物之懸空而無所憑恃。(九九)乃赦徐光：勒因光見上卷咸和元年。(一〇〇)若洛陽不守，曜必送死冀州：言曜若克洛陽，勢將進攻勒於襄國。襄國，冀州之地，後趙所都。(一〇一)劉曜乘高候之勢，不能進臨襄國，更守金墉，此其無能為可知也：言曜高候原之捷，本可乘勢進攻襄國，今曜不攻襄國而反圍守金墉者，必其心中懼怯，是以知其無能為也。(一〇二)石門：《水經注》曰：「滎瀆受河水，有石門，謂之滎口，石門地形殊卑，蓋故滎波所道，自此始也。又漢靈帝於敖城西北壘石為門，以遏後儀渠口，謂之石門，故世亦謂之石門水，門廣十餘丈，西去河三里，水北有石門亭。」按此二石門俱在今河南省滎澤縣西北，其一即石虎所進據。(一〇三)大堨：《晉書・石勒載記》云：「勒濟自大堨，先是流澌風猛，軍至，冰泮清和，濟畢，流澌大至，勒以為神靈之助，命曰靈昌津。」《水經注》曰：「河水自武德縣東至酸棗縣西，濮水東出焉，河水又東北，通謂之延津，石勒之襲劉曜，途出於此，以河冰泮，為神靈之助，號是處為靈昌津。」則大堨蓋延津之別名，在今河南省延津縣北，今堙。㉔詭道：詭，違也，不從正道，取僻徑而行，謂之詭道。㉕鞏、訾之間：鞏縣，屬河南郡，即今河南省鞏縣。《左傳》：「單子取訾。」杜預曰：「鞏縣西南訾城是也。」《續漢志》注引《地道記》曰：「訾在鞏縣之東。」《水經注》曰：「洛水又北逕偃師城東，東北歷鄩中，逕訾城西，而鄩水注之，司馬彪所謂訾聚也。」京相璠曰：「今鞏洛渡北有鄩谷水，東入洛。」顧祖禹曰：「訾城在鞏縣西南四十里。」㉖黃馬關：《水經注》曰：「河水自洛口又東，左逕平皐縣南，又東逕懷縣南，濟水故道之所入，與成皋分河，河水右逕黃馬坂北，謂之黃馬縣。」顧祖禹曰：「黃馬關在汜水縣西十五里。」㉗西陽門：《洛陽伽藍記》曰：「洛陽城西面第二門曰西陽門。」注云：「魏晉曰西明門，高祖改為西陽門。」㉘勒躬貫甲冑，出自閶闔門夾擊之：《書鈔》一三六引王隱《晉書》曰：「石勒擊劉曜，曜使人守城門，勒往向城門，使人著鐵屐施釘登城。」閶闔門，洛陽城西面第三門。㉙跼頓：足蜷曲不能伸曰跼，首低垂不舉曰頓。㉚曜昏醉退走，馬陷石渠，墜於冰上，被瘡十餘，通中者三，為堪所執：《御覽》六十八引田融《趙書》曰：「劉曜攻石勒，將戰，曜飲醉，乘大赤馬無故躑躅不可近，於是退赤馬，及合陣，敗走。曜體素壯，馬小不勝，陷冰，為石堪所執也。」㉛石王頗憶重門之盟否：胡三省曰：「據水經注，重門城在河內共縣故城西北二十里。此盟當在懷帝永嘉四年同圍河內之時。」按《三國魏志・齊王芳紀》：「營齊王宮於河內重門。」即此。故城在今河南省輝縣西北。㉜遣劉岳、劉震等從男女盛服以見之：岳等被擒見上卷明帝太寧三年。㉝我殺石佗，愧之多矣：曜殺石佗見上卷明帝太寧三年。《晉書・劉曜載記》作「我殺石生，負盟之甚」，王鳴盛《十七史商榷》曰：「石生當作石佗，上文言石勒將石佗自雁門出上郡，襲安國將軍北羌王，俘三千餘落而歸。曜怒，遣劉岳追之，及石佗戰於河濱，敗之，斬佗。若石生則鎮關中，為石季龍所攻，其部下殺之於雞頭山，事見後載記五石宏傳中，其時去劉曜為石勒所殺已甚久。」周家祿《晉書校勘記》曰：「石生為石瞻之誤。」㈣勒使曜與其太子熙書：《十六國春秋・前趙錄》、《晉書・帝紀》俱云曜太子毗，《魏書》亦作毗，《晉書・劉曜載記》作熙，下同。㈤漢獻王驤：成封驤為漢王，謚曰獻。

四年（西元三二九年）

㈠春，正月，光陸大夫陸曄及弟尚書左僕射玩說匡術以苑城附於西軍，百官皆赴之，推曄督宮城軍事，陶侃命毛寶守南城，鄧岳守西城㈠。右衛將軍劉超、侍中鍾雅與建康令管旆等，謀奉帝出赴西軍，事泄，蘇逸使其將平原任讓將兵入宮收超、雅㈡。帝抱持悲泣曰：「還我侍中、右衛。」讓奪而殺之。

初，讓少無行，太常華恆為本州大中正㈢，黜其品，及讓為蘇峻將，乘勢多所誅殺，見恆，輒恭敬不敢縱暴。及鍾、劉之死，蘇逸欲並殺恆，讓盡心救衞，恆乃得免。

㈡冠軍將軍趙胤遣部將甘苗擊祖約於歷陽，戊辰（二十五日），約夜帥左右數百人犇後趙，其將牽騰率眾出降。

㈢蘇逸、蘇碩、韓晃並力攻臺城，焚太極東堂及祕閣。毛寶登城，射殺數十人。晃謂寶曰：「君名勇果，何不出鬬？」寶曰：「君名健將，何不入鬬？」晃笑而退。

㈣趙太子熙聞趙主曜被擒，大懼，與南陽王胤謀西保秦州。尚書胡勳曰：「今雖喪君，境土尚完，將士不叛，且當並力拒之，力不能拒，走未晚也。」胤怒，以為沮眾，斬之，遂帥百官奔上邽，諸征鎮亦皆棄所守從之，關中大亂。將軍蔣英、辛恕擁眾數十萬據長安，遣使降於後趙，後趙遣石生帥洛陽之眾赴之。

㈤二月，丙戌（十三日），諸軍攻石頭，建威長史滕含㊃擊蘇逸，大破之。蘇碩帥驍勇數百，渡淮㊄而戰，溫嶠擊斬之。韓晃等懼，以其眾就張健於曲阿，門隘不得出，更相蹈藉，死者萬數，西軍獲蘇逸斬之㊆。滕含部將曹據抱帝奔溫嶠船㊅。羣臣見帝，頓首號泣請罪。殺西陽王羕，並其二子播、充、孫崧及彭城王雄〔八〕。陶侃與任讓有舊，為請其死。帝曰：「是殺吾侍中、右衞者，不可赦也！」乃殺之。

司徒導入石頭，令取故節〔九〕，陶侃笑曰：「蘇武節似不如是〔一〇〕。」導有慙色〔一一〕。

丁亥（十四日），大赦。

張健疑弘徽等貳於己，皆殺之，帥舟師自延陵將入吳興〔一二〕。乙未（二十二日），揚烈將軍王允之與戰，大破之，獲男女萬餘口。健復與韓晃馬雄等西趨故鄣〔一三〕，郗鑒遣參軍李閎追之，及於平陵山〔一四〕，皆斬之。

是時宮闕灰燼，以建平園為宮。溫嶠欲遷都豫章，三吳之豪請都會稽，二論紛紜未決。司徒導曰：「孫仲謀、劉玄德俱言建康王者之宅〔一五〕，古之帝王，不必以豐儉移都，苟務本節用，何憂彫弊？若農事不修，則樂土為墟矣！且北寇游魂，伺我之隙，一旦示弱，竄於蠻越，求之望實，懼非良計〔一六〕。今特宜鎮之以靜，羣情自安。」由是不復徙都。以褚翜為丹楊尹，時兵火之後，民物彫殘，翜收集散亡，京邑遂安。

㈥壬寅（二十九日），以湘州幷荊州㊀㊆。

㈦三月壬子（初十日），論平蘇峻功，以陶侃為侍中、太尉，封長沙郡公，加都督交、廣、寧州諸軍事㊀㊇；郗鑒為侍中、司空，南昌縣公；溫嶠為驃騎將軍、開府儀同三司，加散騎常侍，始安郡公；陸曄進爵江陵公，自餘賜爵侯、伯、子、男者甚眾，卞壺及二子眕、盱，桓彝、劉超、鍾雅、羊曼、陶瞻皆加贈謚。路永、匡術、賈寧皆蘇峻之黨也，峻未敗，永等去峻歸朝廷，王導欲賞以官爵，溫嶠曰：「永等皆峻之腹心，首為亂階，罪莫大焉！晚雖改悟，未足以贖前罪，得全首領，為幸多矣，豈可復褒寵之哉！」導乃止㊀㊈。

陶侃以江陵偏遠，移鎮巴陵㊁㊀。

朝議欲留溫嶠輔政，嶠以王導先帝所任，固辭還藩，又以京邑荒殘，資用不給，乃留資蓄，具器用，而後旋於武昌。

帝之出石頭也，庾亮見帝，稽顙哽咽，詔亮與大臣俱升御座。明日，亮復泥首㉑謝罪，乞骸骨，欲闔門投竄山海。帝遣尚書、侍中手詔慰喻曰：「此社稷之難，非舅之責也。」亮上疏自陳：「祖約、蘇峻，縱肆凶逆，罪由臣發㉒，寸斬屠戮，不足以謝七廟㉓之靈，塞四海之責，朝廷復何理齒臣於人次？臣亦何顏自次於人理？願陛下雖垂寬宥，全其首領，猶宜棄之，任其自存自沒，則天下粗知勸戒之綱矣！」優詔不許。亮又欲遁逃山海，自暨陽㉔東出，詔有司錄奪舟船。亮乃求外鎮自効，出為都督豫州揚州之江西、宣城諸軍事㉕，豫州刺史，領宣城內史，鎮蕪湖。

陶侃、溫嶠之討蘇峻也，移檄征、鎮，使各引兵入援，湘州刺史益陽侯卞敦，擁兵不赴，又不給軍糧，遣督護將數百人隨大軍而已，朝野莫不怪歎㉖。及峻平，陶侃奏敦沮軍顧望，不赴國難，請檻車收付廷尉㉗，王導以喪亂之後，宜加寬宥，轉敦安南將軍，廣州刺史，病不赴；徵為光祿大夫，領少府。敦憂愧而卒，追贈本官，加散騎常侍，謚曰敬。

臣光曰：「庾亮以外戚輔政，首發禍機，國破君危，竄身苟免；卞敦位列方鎮，兵糧俱足，朝廷顛覆，坐觀勝負，人臣之罪，孰大於此？既不能明正典刑，又以寵祿報之，晉室無政，亦可知矣！任是責者，豈非王導乎？」

(八)徙高密王紘為彭城王。紘，雄之弟也。

(九)夏，四月，乙未（二十三日），始安忠武公溫嶠卒，葬於豫章㊁。朝廷欲為之造大墓於元、明二帝陵之北，太尉侃上表曰：「嶠忠誠著於聖世，勳義感於人神，使亡而有知，豈樂今日勞費之事？願陛下慈恩，停其移葬。」詔從之。以平南軍司劉胤㊂為江州刺史，陶侃、郗鑒皆言胤非方伯才，司徒導不從。或謂導子悅曰：「今大難之後，紀綱弛頓，自江陵至於建康，三千餘里，流民萬計，布在江州。江州，國之南藩，要害之地，而胤以汰侈之性，臥而對之，不有外變，必有內患矣！」悅曰：「此溫平南之意也。」

(十)秋，八月，趙南陽王胤帥眾數萬自上邽趣長安，隴東㊃、武都、安定、新平、北地、扶風、始平諸郡戎夏皆起兵應之，胤軍於仲橋(三一)。石生嬰城自守，後趙中山公虎帥騎二萬救之。九月，虎大破趙兵於義渠(三二)，胤犇還上邽。虎乘勝追擊，枕尸千里，上邽潰。虎執趙太子熙、南陽王胤及其將王公卿校以下三千餘人，皆殺之(三三)。徙其臺省文武、關東流民、秦雍大族九千餘人於襄國。又阬五郡屠各(三四)五千餘人於洛陽，進攻集木且羌(三五)於河西，克之，俘獲數萬，秦隴悉平，氐王蒲洪、羌酋姚弋仲，俱降於虎。虎表洪監六夷軍事，弋仲為六夷左都督，徙氐羌十五萬落於司、冀州。

(十一)初，隴西鮮卑乞伏述延(三六)居於苑川(三七)，侵並鄰部，士馬彊盛。及趙亡，述延懼，遷於麥田(三八)。述延卒，子傉大寒立。傉大寒卒，子司繁立。

(十二)江州刺史劉胤，矜豪日甚，專務商販，殖財百萬，縱酒耽樂，不恤政事。冬，十二月，詔徵後將軍郭默為右軍將軍(三九)。默樂為邊將，不願宿衛(四〇)，以情愬於胤。胤曰：「此非小人(四一)之所及也。」默將赴召，求資於胤，胤不與，默由是怨胤。胤長史張蒲等素輕默，或倮露見之，默常切齒。臘日，胤餉默豚、酒，默對信投之水中㊷。會有司奏，今朝廷空竭，百官無祿，惟資江州運漕，而胤商旅繼路，以私廢公，請免胤官。書下，胤不即歸罪，方自申理。僑人㊸蓋肫掠人女為妻，張蒲使還其家，肫不從，而謂郭默曰：「劉江州不受免㊹，密有異圖，與張蒲等日夜計議，惟忌郭侯一人，欲先除之。」默以為然，帥其徒候旦門開襲胤，胤吏欲拒默，默呵之曰：「我被詔有所討，動者誅三族。」遂入至內寢，牽胤下，斬之㊺。出取胤僚佐張蒲等，誣以大逆，悉斬之，傳胤首於京師。詐作詔書，宣示內外。掠胤女及諸妾，並金寶還船，初云下都，既而停胤故府，招引譙國內史桓宣，宣固守不從㊻。

(十三)是歲，賀蘭部及諸大人共立拓拔翳槐為代王㊼，代王紇那奔宇文部㊽，翳槐遣其弟什翼犍質於趙以請和。

(十四)河南王吐延，雄勇多猜忌，羌酋姜聰刺之，吐延不抽劍，召其將紇扢埿㊾，使輔其子葉延，保於白蘭㊿，抽劍而死。葉延孝而好學(五一)，以為禮公孫之子，得以王父字為氏(五二)，乃自號其國曰吐谷渾。

【今註】㈠陶侃命毛寶守南城，鄧岳守西城：守苑城之南城及西城。㈡蘇逸使其將平原任讓將兵入宮收超、雅：丁國鈞《晉書校文》曰：「以劉超傳考之，超等謀洩，峻使任讓收超及雅害之。是超等遇禍時，峻尚未死也。今紀於上年九月言峻墜馬被斬，是年正月始言雅等遇害，敍事未免先後倒置。惟鍾雅傳言峻遷帝石頭，雅、超步從，明年，並為賊害。攷之紀，峻遷帝在三年五月，則雅傳所云明年正與紀言四年正月被害合。參校紀、傳，必有一誤。」按《通鑑》於峻被殺及雅、超遇禍年月從帝紀，時峻已歿，故改峻為逸，以殺雅、超歸為蘇逸時事。㈢太常華恆為本州大中正：恆平原高唐人，平原屬冀州，恆蓋嘗為冀州大中正。㈣建威長史滕含：胡三省曰：「滕含自輕車長史進建威將軍長史。」按含官爵，《晉書》紀、傳及《魏書》所載互異，胡氏之說恐非，詳見上年註(九七)。㈤渡淮：胡三省曰：「淮，秦淮也。」㈥滕含部將曹據抱帝奔溫嶠船：《晉書・成帝紀》云：「含奉帝御於溫嶠船。」又〈溫嶠傳〉云：「奮威長史滕含抱天子奔于嶠船。」《魏書・司馬叡傳》亦曰：「庾冰司馬滕含入抱衍，始得出奔溫嶠之船。」衍，成帝諱，然則抱帝入溫嶠船者含也。㈦西軍獲蘇逸斬之：《晉書・成帝紀》云：「蘇逸以萬餘人自延陵湖將入吳興，將軍王允之及逸戰於溧陽，獲之。」〈陶侃傳〉曰：「侃與諸軍斬逸於石頭。」紀、傳互異，《通鑑》據侃傳，不取本紀。丁國鈞《晉書校文》曰：「自延陵將入吳興者，為韓晃、張健等，王允之及諸軍擊破之，事見允之及蘇峻傳，逸則為義師斬於石頭，見陶侃傳，非獲於溧陽也，紀所書皆非實錄。竊謂逸據守石頭，並未親出侵軼。案蘇峻傳，逸為李湯所執，斬於車騎府，李湯為李陽之譌，是逸並非斬於溧陽也。」㈧殺西陽王羕，並其二子播、充、孫崧及彭城王雄：羕附峻見咸和三年，雄奔峻見上卷咸和二年。㈨司徒導入石頭，令取故節：導蓋自石頭出奔白石時，棄其所持節，至是令取之。⑩蘇武節似不如是：侃蓋以蘇武為譬以譏導。⑪導有慚色：自慚失節而為侃所譏。⑫帥舟師自延陵將入吳興：《晉書・成帝紀》云：「自延陵湖將入吳興。」則延陵蓋湖名。顧祖禹曰：「延陵湖，或曰即洮湖，洮湖一名長蕩湖，在江寧府溧陽縣北二十里。」洮湖一曰長塘湖，上承金壇之水，注於太湖。又〈蘇峻傳〉云：「更以舟師自延陵向長塘。」則延陵蓋指延陵縣，晉武帝太康二年立，屬毗陵郡，即今江蘇省丹陽縣南之延陵鎮，濱臨簡瀆河，南通金壇縣，入於洮湖。健等蓋自延陵縣泛水入洮湖，復經洮湖入吳興也。⑬故鄣：故鄣縣，漢屬丹陽郡，三國吳分吳郡、丹楊郡置吳興郡，故鄣屬焉，本秦鄣郡治，故曰故鄣，故城在今浙江省安吉縣西北。⑭平陵山：《元和郡縣志》曰：「平陵山在溧陽縣南十八里，晉成帝時，李完圍韓晃於此山，斬之。」李完當為李閎之誤。按《晉書・蘇峻傳》作巖山。顧祖禹曰：「溧陽縣西六里曰芝山，又西四里曰巖山。」吳士鑑曰：「巖山蓋即平陵山也。」⑮孫仲謀、劉玄德俱言建康王者之宅：事見卷六十六漢獻帝建安十七年。⑯求之望實，懼非良計：言一旦遷都，於望則示弱於敵寇，於實則自棄王宅之險，恐皆非計之所得。⑰以湘州幷荊州：晉分荊州為湘州，見卷八十六懷帝永嘉元年。⑱加都督交、廣、寧州諸軍事：按《晉書・陶侃傳》：「加都督交、廣、寧七州軍事。」按侃傳，王敦平，都督荊、雍、益、梁四州，至是加都督交、廣、寧三州，凡七州。〈明帝紀〉荊、雍、益、梁作荊、湘、雍、梁，若湘州則已幷荊州，不足七州之數矣！其後復兼督江州，為八州都督。又侃傳，侃薨，成帝詔云：「故使持節，侍中，太尉，都督荊、江、雍、梁、交、廣、益、寧八州諸軍事，荊、江二州刺史，長沙郡公。」則先前所督四州當從侃傳作荊、雍、益、梁為是。⑲路永、匡術、賈寧皆蘇峻之黨也，峻未敗，永等去峻歸朝廷，王導欲賞以官爵，……導乃止：《曉讀書齋雜錄》曰：「考劉超傳，超與懷德令匡術密謀奉帝而去，未及期，事泄云云；庾亮傳，亮征郭默，率將軍路永、匡術等，又云，時王導輔政，委任趙允、賈寧諸將，並不奉法云云。則術等仍蒙顯授，至委以腹心，不以嶠言而止也。周札開門，既蒙寵贈，術、允降賊，又使牧民將兵，前人以導為敦黨，豈盡有激之言哉！」⑳陶侃以江陵偏遠，移鎮巴陵：江陵偏在上流，又遠建康，故自偏遠。巴陵縣，晉武帝太康元年立，屬長沙郡。《水經注》曰：「湘水北至巴丘山，入于江，右岸有巴陵故城，本吳之巴丘邸閣也。」按巴陵縣即今湖南省岳陽縣。㉑泥首：謂頓首至地。㉒祖約、蘇峻，縱肆凶逆，罪由臣發：事見上卷咸和元年。㉓七廟：《禮・王制》：「天子七廟：三昭三穆，與大祖之廟而七。」鄭注以為此蓋周制，王肅則以為凡天子皆七廟，不必獨謂周制。㉔暨陽：《宋書・州郡志》作暨陽，《晉書・地理志》作既陽。晉武帝太康二年，分毗陵郡之無錫、毗陵二縣立既陽縣，屬毗陵郡，故城在今江蘇省江陰縣東。㉕都督豫州揚州之江西、宣城諸軍事：胡三省曰「豫州、揚州之江西，淮南、廬江、弋陽、安豐、歷陽等郡也。」宣城郡，屬揚州。㉖朝野莫不怪歎：胡三省曰：「不料其如此而乃如此，故怪之；又念其平昔為何如人而今乃為此，故歎之。」㉗陶侃奏敦沮軍顧望，不赴國難，請檻車收付廷尉：胡三省曰：「勤王之師，侃為盟主，湘州又侃所督也，故侃奏收敦。」㉘始安忠武公溫嶠卒，葬於豫章：嶠封始安郡公，謚忠武，死年四十二。《寰宇記》曰：「平南將軍溫嶠墓在南昌城南。」《晉書・溫嶠傳》云：「初葬於豫章，其後嶠後妻何氏卒，子放之便載喪還都，詔葬建平陵北。」蓋先葬豫章，後移葬建平陵之北也。㉙平南軍司劉胤：溫嶠為平南將軍，以胤為軍司。㉚隴東：《魏書・地形志》有隴東郡，領涇陽、祖厲、撫夷三縣。胡三省曰：「蓋後趙分安定置也。」㉛仲橋：胡三省曰：「鄭國渠逕仲山，渠上有橋，謂之仲橋，在九嵕山之東。」顧祖禹曰：「仲橋城在醴泉縣東三十里。」㉜義渠：春秋時義渠之國，秦滅之，置義渠縣，漢仍之，後漢、晉省，此蓋因漢舊名，故城在今甘肅省寧縣西北。㉝虎執趙太子熙、南陽王胤及其將王公卿校以下三千餘人，皆殺之：《晉書・劉曜載記》曰：「始元海以懷帝永嘉四年僭位，至曜三世，凡二十有七載，以成帝咸和四年滅。」按〈元海載記〉，淵於永興元年僭漢王位，永嘉二年，僭皇帝位。自永興元年至咸和四年，實二十六年，若始於淵僭皇帝位則為二十二年，曜載記所載淵僭位年次及前趙所歷年數俱誤。《御覽》一一九引《十六國春秋・前趙錄》正作二十有六載。㉞五郡屠各：胡三省曰：「五郡屠各，即匈奴五部之眾。」屠各，匈奴種名，淵、曜俱屠各部人。㉟木且羌：胡三省曰：「木且羌，種落之名。」㊱乞伏述延：乞伏，鮮卑部落之名，後以為姓。㊲苑川：《水經注》曰：「苑出水出勇士縣之子城南山，東北流，歷此成川，世謂之子城川。又北逕牧師苑，故漢牧師苑之地也。有東西二苑，城相去七十里，西城即乞佛所都也。」乞佛蓋乞伏之異譯。顧祖禹曰：「苑川縣在今靖虜衛西南。」靖虜衛，今甘肅省靖遠縣。㊳麥田：《水經》曰：「河水東北過天水勇士縣北，又東北過安定北界麥田山。」酈注曰：「河水東北流，逕安定祖厲縣故城西北，又東北逕麥田城西，又北與麥田泉水合，又東北逕麥田山西谷。山在安定西北六百四十里。」祖厲故城在今甘肅省靖遠縣西南，麥田城蓋在靖遠縣東北，又東北則為麥田城。㊴詔徵後將軍郭默為右軍將軍：《晉書・成帝紀》作右將軍，此從〈郭默傳〉。胡三省曰：「默蓋自平蘇峻還，至尋陽而被徵也。」㊵默樂為邊將，不願宿衛：《晉書・職官志》曰：「魏明帝時有左軍，則左軍魏官也，至晉不改，武初又置前軍、右軍，泰始八年，又置後軍，是為四軍。」皆宿衛兵。默不願宿衛，故不欲就徵。㊶小人：謙稱之辭。胡三省曰：「晉以後文武之士率稱小人。」㊷臘日，胤餉默豚、酒，默對信投之水中：信，使也，默當胤所遣使投胤所遺豚及酒於江中。《晉書・郭默傳》云：「胤臘日餉默酒一器，肫一頭，默對信投之水中，忿憤益甚。」《御覽》三十三引《三十國春秋》曰：「臘日，胤遺默酒五升，肫一頭，默大怒，投之於江。」默以胤所遺少，意其輕己，故大怒而投所遺物於江中。㊸僑人：他州人之寄寓江州者。㊹劉江州不受免：謂胤不受朝廷免官之命。㊺遂入至內寢，牽胤下，斬之：《御覽》三十三引《三十國春秋》曰：「默遂與故將張丑、宋侯、孟純等矯詔入城門，莫有禦者。允獨與其妾寢，默至，斬於牀下。」宋避太祖諱改胤為允。㊻招引譙國內史桓宣，宣固守不從：宣自去年投溫嶠，蘇峻平，居於武昌。㊼賀蘭部及諸大人共立拓拔翳槐為代王：賀蘭部擁護翳槐見上卷咸和二年。

㊽宇文部：宇文部，鮮卑部落名，後遂以宇文為姓氏。李延壽曰：「宇文部出遼東塞外，其先南單于之遠屬也，世為東部大人。」按宇文氏實鮮卑之種，此言南單于之遠屬，事亦無攷。㊾紇扢埿：扢音息。按《晉書・吐谷渾傳》作紇拔泥，《宋書》作絕拔握，《北史》作絕拔埿。埿與泥同。㊿白蘭：山名，在今青海省青海西南，為羌所居，因山為名，號曰白蘭羌。(51)葉延孝而好學：《晉書・吐谷渾傳》曰：「葉延年十歲，其父為羌酋姜聰所害。每旦，縛草為姜聰之象，哭而射之，中之則號泣，不中則瞋目大呼。性至孝，母病，五日不食，葉延亦不食。」(52)以為禮公孫之子，得以王父字為氏：《左傳》魯眾仲曰：「天子建德，因生以賜姓，胙之土而命之氏，諸侯以字。」杜預曰：「諸侯之子稱公子，公子之子稱公孫，公孫之子，以王父字為氏。」王父即祖父，見《爾雅・釋親》。

五年（西元三三〇年）

㈠春，正月，劉胤首至建康，司徒導以郭默驍勇難制，己亥（朔），大赦，梟胤首於大航㊀，以默為江州刺史。太尉侃聞之，投袂起曰：「此必詐也。」即將兵討之。默遣使送妓妾及絹，並寫中詔呈侃，參佐多諫曰：「默不被詔，豈敢為此？若欲進軍，宜待詔報。」侃厲色曰：「國家年幼，詔令不出胷懷。劉胤為朝廷所禮，雖方任非才，何緣猥加極刑？郭默恃勇，所在貪暴，以大難新除㊁，禁網寬簡，欲因際會，騁其從橫耳！」發使上表言狀㊂，且與導書曰：「郭默殺方州，即用為方州，害宰相，便為宰相乎？」導乃收胤首，答侃書曰：「默據上流之勢，加有船艦成資，故苞含隱忍，使有其地，朝廷得以潛嚴㊃，俟足下軍到，風發㊄相赴，豈非遵養時晦以定大事者邪？」侃笑曰：「是乃遵養時賊也。」豫州刺史庾亮亦請討默，詔加亮征討都督，帥步騎二萬往與侃會。西陽太守鄧岳、武昌太守劉詡皆疑桓宣與默同㊅，豫州西曹王隨曰：「宣尚不附祖約㊆，豈肯同郭默邪？」岳、詡遣隨詣宣觀之，隨說宣曰：「明府心雖不爾㊇，無以自明，惟有以賢子付隨耳！」宣乃遣其子戎與隨俱迎陶侃，侃辟戎為掾。上宣為武昌太守㊈。

㈡二月，後趙羣臣請後趙王勒即皇帝位，勒乃稱大趙天王，行皇帝事。立妃劉氏為王后，世子弘為太子。以其子宏為驃騎大將軍，都督中外諸軍事，大單于，封秦王，斌為左衞將軍，封太原王；恢為輔國將軍，封南陽王。以中山公虎為太尉，尚書令。進爵為王；虎子邃為冀州刺史，封齊王；宣為左將軍；挺為侍中，封梁王。又封石生為河東王，石堪為彭城王。以左長史郭敖為尚書左僕射，右長史程遐為右僕射，領吏部尚書，左司馬夔安、右司馬郭殷、從事中郎李鳳、前郎中令裴憲皆為尚書參軍事，徐光為中書令，領秘書監，自餘文武封拜各有差。中山王虎怒，私謂齊王邃曰：「主上自都襄國以來㈩，端拱仰成，以吾身當矢石二十餘年，南擒劉岳㈡，北走索頭㈢，東平齊、魯㈢，西定秦、雍㈣，克十有三州，成大趙之業者我也。大單于當以授我，今乃以與黃吻婢兒㈤，念之令人氣塞，不能寢食。待主上晏駕之後，不足復留種也！」

程遐言於勒曰：「天下粗定，當顯明逆順，故漢高祖赦季布，斬丁公㈥。大王自起兵以來，見忠於其君者輒褒之，背叛不臣者輒誅之，此天下所以歸盛德也。今祖約猶存，臣竊惑之。」安西將軍姚弋仲亦以為言，勒乃收約，幷其親屬中外百餘人，悉誅之㈦，妻妾兒女，分賜諸胡。

初，祖逖有胡奴曰王安，逖甚愛之。在雍丘，謂安曰：「石勒是汝種類，吾亦無在爾一人。」厚資送而遣之。安以勇幹仕趙為左衛將軍，及約之誅，安歎曰：「豈可使祖士稚⑱無後乎！」乃往就市觀刑，逖庶子道重始十歲，安竊取以歸，匿之，變服為沙門。及石氏亡，道重復歸江南。

㈢郭默欲南據豫章⑲，會太尉侃兵至，默出戰不利，入城固守，聚米為壘，以示有餘。侃築土山臨之⑳。三月，庾亮兵至湓口，諸軍大集。夏，五月，乙卯（十九日），默將宋侯㉑縛默父子出降。侃斬默於軍門，傳首建康，同黨死者四十人。詔以侃都督江州，領刺史㉒，以鄧岳督交、廣諸軍事，領廣州刺史。侃還巴陵，因移鎮武昌。庾亮還蕪湖，辭爵賞不受。

㈣趙將劉徵帥眾數千，浮海抄東南諸縣，殺南沙都尉㉓許儒。

㈤張駿因前趙之亡，復收河南地㉔，至於狄道，置五屯護軍，與趙分境㉕。六月，趙遣鴻臚孟毅拜駿征西大將軍，涼州牧，加九錫。駿恥為之臣，不受，留毅不遣。

(六)初，丁零翟斌世居康居，後徙中國，至是入朝於趙，趙以斌為句町王。【考異】晉書、春秋作翟真，按秦亡後，慕容垂誅翟斌，斌兄子真北走，故知此乃斌也。

(七)趙羣臣固請正尊號，秋，九月，趙王勒即皇帝位(二六)。【考異】記載云：「自襄國都臨漳，即鄴也。」按建平二年四月，勒如鄴，議營新宮，三年，勒如鄴，臨石虎第，勒疾，虎詐召石宏還襄國。至虎建武元年九月，始遷鄴，是勒未嘗都鄴也。改元建平，文武封進各有差。立其妻劉氏為皇后，太子弘為皇太子。弘好屬文，親敬儒素。勒謂徐光曰：「大雅愔愔(二七)，殊不似將家子。」光曰：「漢祖以馬上取天下，孝文以玄默守之。聖人之後，必有勝殘去殺(二八)者，天之道也。」勒甚悅。光因說曰：「皇太子仁孝溫恭，中山王雄暴多詐。陛下一旦不諱，臣恐社稷非太子所有也。宜漸奪中山王權，使太子早參朝政。」勒心然之而未能從。

(八)趙荊州監軍郭敬寇襄陽，南中郎將周撫監沔北軍事，屯襄陽。趙王勒以驛書敕敬退屯樊城，使之偃藏旗幟，寂若無人，曰：「彼若使人觀察，則告之曰：『汝宜自愛堅守，後七八日大騎將至，相策(二九)，不復得走矣。』」敬使人浴馬於津，周而復始，晝夜不絕，偵者還以告周撫，撫以為趙兵大至，懼奔武昌。敬入襄陽，中州流民悉降於趙。魏該弟遐帥其部眾自石城降敬，敬毀襄陽城，遷其民於沔北，城樊城以戍之。趙以敬為荊州刺史，周撫坐免官。

㈨休屠王羌叛趙⑳，趙河東王生擊破之，羌犇涼州。西平公駿懼，遣孟毅還，使其長史馬詵稱臣入貢於趙。

㈩更造新宮㉑。

㈪甲辰（初十日），徙樂成王欽為河間王㉒，封彭城王紘子浚為高密王㉓。【考異】宗室傳作俊，今從帝紀。

㈫冬，十月，成大將軍壽㉔督征南將軍費黑等攻巴東、建平，拔之，巴東太守楊謙㉕、監軍毌胙奧退保宜都。【考異】帝紀作陽謙，今從李雄載記。

【今註】㈠大航：即朱雀桁。㈡以大難新除：謂新平蘇峻之難㈢言狀：言出兵討默之狀。㈣潛嚴：謂密敕諸軍嚴裝待發。㈤風發：喻發軍之迅速。㈥西陽太守鄧岳、武昌太守劉詡皆疑桓宣與默同：《晉書・桓宣傳》云：「郭默害胤，復以戎為參軍，陶侃討默，默遣戎求救於宣，宣偽許之。」故岳等疑宣黨同於默。戎，宣子。㈦宣尚不附祖約：事見上卷咸和二年。㈧不爾：猶曰不如此。㈨上宣為武昌太守：上言於朝廷，以宣為武昌太守。㈩主上自都襄國以來：懷帝永嘉六年，勒據襄國。⑪南擒劉岳：見上卷明帝太寧三年。⑫北走索頭：見上卷咸和二年。⑬東平齊、魯：徐龕據齊，虎執之送於襄國，見卷九十二元帝永昌元年，虎復進圍廣固，執殺曹嶷，見同卷明帝太寧元年。⑭西定秦雍：謂滅劉趙，降蒲洪、姚弋仲。⑮黃吻婢兒：謂勒世子弘。胡三省曰：「口邊曰吻。鳥雛始出巢者，口黃未褪。目之曰黃吻，言少艾也。」弘母程夫人，程遐之妹。虎鄙之，故呼曰婢兒。⑯故漢高祖赦季布，斬丁公：事見卷十一漢高帝五年。⑰勒乃收約，幷其親屬中外百餘人，悉誅之：《晉書・祖約傳》云：「約大引賓客，又占奪鄉里先人田地，地主多怨，於是勒乃詐約。」又《世說・雅量篇》注引《祖約別傳》曰：「約本幽州冠族，賓客填門。勒登高，望見車騎，大驚。」是約之死，亦以宗族彊盛，為勒所忌耳！⑱祖士稚：祖逖字士稚。⑲郭默欲南據豫章：時默已次尋陽，蓋欲自尋陽南據豫章。⑳侃築土山臨之：顧祖禹曰：「郭默城在九江府東北，亦謂之陶公壘，陶侃討默，築壘攻之，因名。」㉑宋侯：《晉書・陶侃傳》作宗侯，〈郭默傳〉及《御覽》引《三十國春秋》俱作宋侯。㉒詔以侃都督江州，領刺史：至是侃都督八州。㉓南沙都尉：《宋書・州郡志》曰：「南沙令，本吳縣司鹽都尉署，吳時名沙中。吳平復，立暨陽縣，割屬之。晉成帝咸康七年，罷鹽署，立以為南沙縣。」今江蘇省常熟縣西北五十里有南沙鄉，蓋南沙縣故地。㉔張駿因前趙之亡，復收河南地：駿失河南地見上卷咸和二年。㉕置五屯護軍，與趙分境：《晉書・張駿傳》云：「復收河南地，至於狄道。置武衛、衞門、侯和、臨川、甘松五屯護軍，與勒分境。」按武衞為武術之譌。武術在狄道之東，狄道故城蓋在今甘肅省臨洮縣西南。顧祖禹曰：「侯和、臨川、甘松俱在洮州衞境。」洮州衞，即今甘肅省臨潭縣地。按今臨潭縣南十里有山西石門，以兩山相對。㉖九月，趙王勒即皇帝位：《晉書・成帝紀》，勒即帝位在八月，《御覽》一二〇引《十六國春秋・前趙錄》在九月。㉗大雅愔愔：石弘字大雅。愔愔，安和貌。㉘勝殘去殺：《論語》孔子曰：「善人為邦百年，亦可以勝殘去殺矣。」朱子曰：「勝殘，化殘暴之人使不為惡也；去殺，謂民化於善可以不用刑殺也。」㉙相策：胡三省曰：「相策，謂相策應也。一曰，相策屬下句，策，計也，猶言汝計不復得而走也。」㉚休屠王羌叛趙：胡三省曰：「休屠王羌，石武之部落也。」石武先以桑城降劉曜，曜以武為秦州刺史，見卷九十二元帝永昌元年，至是羌以秦州叛。㉛更造新宮：胡三省曰：「蘇峻之亂，宮闕焚毀，故更造之。」《寰宇記》曰：「古建康縣初置在宣陽門內，咸和三年，蘇峻作亂，燒盡，遂移入苑城。咸和六年，以苑城為宮，乃徙出宣陽門外御街西，今建初寺門路東。是時有七尉部：江尉在三生渚，西尉在延興寺後巷，東尉在吳大帝陵口，今蔣山西門，南尉在草寺北湖宮寺前，北尉在朝溝邨，左尉在青溪孤首橋，右尉在沙寺。」《輿地紀勝》曰：「臺城一曰苑城，即古建康宮城，本吳後苑城，晉咸和五年，作新宮於此，其城唐末尚存。」按《晉書・成帝紀》在咸和五年，樂氏云在六年，與紀異，王說則與紀合。㉜徙樂成王欽為河閒王：欽，彭城康王釋之子。先是河閒王顒死，無嗣，詔以彭城元王植子融為顒嗣，改封樂成縣王，融薨，無子，元帝復以欽為融嗣，今復其河閒舊封。㉝封彭城王紘子浚為高密王：先是元帝以紘繼高密王據後，其後彭城王雄以附蘇峻誅，詔以紘還奉彭城王之祀而以浚奉高密王後。㉞成大將軍壽：《華陽國志》曰：「咸和三年，驤死，追贈相國，諡曰漢獻王，壽以喪還。五年，拜壽都督中外諸軍、大將軍、中護軍、西夷校尉、錄尚書事，總統如驤。」㊁巴東太守楊謙：《華陽國志》曰：「楊謙字令志，成都人也。」

六年（西元三三一年）

㈠春，正月，趙劉徵復寇婁縣㈠，掠武進㈡，郗鑒擊却之。

㈡三月壬戌朔，日有食之。

㈢夏，趙王勒如鄴，將營新宮，廷尉上黨續咸苦諫，勒怒，欲斬之，中書令徐光曰：「咸言不可用，亦當容之，奈何一旦以直言斬列卿乎？」勒嘆曰：「為人君不得自專如是乎？匹夫家貲滿百匹，猶欲市宅，況富有四海乎？此宮終當營之，且勅停作，以成吾直臣之氣。」因賜咸絹百匹，稱百斛。又詔公卿以下歲舉賢良方正，仍令舉人得更相薦引，以廣求賢之路。起明堂、辟雍、靈臺於襄國城西。

㈣秋，七月，成大將軍壽攻陰平、武都，楊難敵降之。

㈤九月，趙主勒復營鄴宮㈢。以洛陽為南都，置行臺。

㈥冬，蒸祭㊃太廟。詔歸胙於司徒導，且命無下拜㊄，導辭疾不敢當。初，帝即位沖幼，每見導，必拜，與導手詔，則云惶恐言㊅，中書作詔，則曰敬問。有司議元會日㊆帝應敬導不？博士郭熙、杜援議，以為禮無拜臣之文，謂宜除敬；侍中馮懷議，以為天子臨辟雍，拜三老，況先帝師傅？謂宜盡敬；侍中荀奕議，以為三朝之首㊇，宜明君臣之體，則不應敬，若他日小會，自可盡禮㊈。詔從之。奕，組之子也。

㈦慕容廆遣使與太尉陶侃牋，勸以興兵北伐，共清中原。僚屬宋該等共議，以廆立功一隅，位卑任重，等差無別，不足以鎮華、夷，宜表請進廆官爵。參軍韓恆駁曰：「夫立功者患信義不著，不患名位不高。桓文有匡復之功，不先求禮命以令諸侯。宜繕甲兵，除羣凶，功成之後，九錫自至，比於邀君以求寵，不亦榮乎？」廆不悅，出恆為新昌⑩令。於是東夷校尉封抽等疏上侃府，請封廆為燕王，行大將軍事。侃復書曰：「夫功成進爵，古之成制也。車騎雖未能為官摧勒㊁，然忠義竭誠。今騰牋上聽，可不遲速，當在天臺也⑫。」

【今註】㊀婁縣：前漢屬會稽郡，後漢、晉屬吳郡，今江蘇省崑山縣東北三里有婁縣村，蓋其舊治。㊁武進：武進故為丹徒縣地，吳孫權嘉禾三年，改丹徒曰武進，晉武帝太康三年，復曰丹徒，別分丹徒、曲阿二邑地立武進縣，屬毗陵郡，故城在今江蘇省武進縣西北。㊂趙主勒復營鄴宮：《魏書・石勒傳》云：「雖都襄國，又營鄴宮，作者數十萬人，兼以晝夜。」㊃蒸祭：蒸與烝同，冬祭曰蒸。㊄詔歸胙於司徒導，且命無下拜：胙，祭後餘肉。晉蓋以《周禮》齊桓之禮禮王導。㊅與導手詔，則云惶恐言：《御覽》五九三引《晉中興書》作與導手詔，則曰敬白。㊆元會日：元旦朝會之日。㊇三朝之首：謂元旦。《漢書・孔光傳》：「歲之朝曰三朝。」顏師古曰：「歲之朝，月之朝，日之朝，故曰三朝。」㊈盡禮：盡敬導之禮。㊉新昌：新昌縣，漢屬遼東郡，晉屬遼東國，故城在今遼寧省海城縣東。⑪車騎雖未能為官摧勒：元帝加廆車騎將軍，故侃以車騎稱之。官謂晉天子，魏晉六朝，率稱天子曰官，見稱謂錄。勒謂石勒。⑫可不遲速，當在天臺也：侃尊晉室，故謂朝廷曰天臺，不讀曰否。言所請進爵之事，或可或否，或遲或速，其柄操於朝廷，已不得專之也。

卷九十五　晉紀十七

起玄黓執徐，盡彊圉作噩，凡六年。（壬辰至丁酉，西元三三二年至三三七年）

司馬光 編集
林瑞翰 註

顯宗成皇帝中之上

咸和七年（西元三三二年）

㈠春，正月，辛未（十五日），大赦。

㈡趙主勒大饗羣臣，【考異】晉春秋云：「陶侃遣使聘後趙，趙王勒饗之。」按，侃與勒必無通使之理，今不取。載記云：「勒因饗高句麗宇文屋孤使，今但云饗羣臣。謂徐光曰：「朕可方自古何等主？」對曰：「陛下神武謀略，過於漢高，後世無可比者。」勒笑曰：「人豈不自知？卿言太過。朕若遇漢高祖，當北面事之，與韓彭比肩；若遇光武，當並驅中原，未知鹿死誰手。大丈夫行事，宜礌礌落落，如日月皎然，終不効曹孟德、司馬仲達欺人孤兒寡婦，狐媚㈠以取天下也。」羣臣皆頓首稱萬歲。勒雖不學，好使諸生讀書而聽之。時以其意論古今得失，聞者莫不悅服。嘗使人讀漢書，聞酈食其勸立六國後㈡，驚曰：「此灋當失，何以遂得天下？」及聞留侯諫，乃曰：「賴有此耳！」

㈢郭敬之退戍樊城也㈢，晉人復取襄陽，夏，四月，敬復攻拔之，留戍而歸。

㈣趙右僕射程遐言於趙主勒曰：「中山王勇悍權略，羣臣莫及。觀其志，自陛下之外，視之蔑如㈣，加以殘賊安忍㈤，久為將帥，威振內外，其諸子年長，皆典兵權㈥，陛下在，自當無它，恐非少主之臣也，宜早除之，以便大計。」勒曰：「今天下未安，大雅沖幼，宜得彊輔。中山王骨肉至親，有佐命之功，方當委以伊霍之任㈦，何至如卿所言？卿正恐不得擅帝舅之權耳！吾亦當參卿顧命，勿過憂也。」遐泣曰：「臣所慮者公家，陛下乃以私計拒之，忠言何自而入乎？中山王雖為皇太后所養，非陛下天屬㈧，雖有微功，陛下酬其父子恩榮亦足矣，而其志願無極㈨，豈將來有益者乎？若不除之，臣見宗廟不血食矣！」勒不聽。遐退告徐光，光曰：「中山王常切齒於吾二人，恐非但危國，亦將為家禍也。」

它日，光承閒言於勒曰：「今國家無事，而陛下神色若有不怡，何也？」勒曰：「吳、蜀未平，吾恐後世不以吾為受命之王也。」光曰：「魏承漢運，劉備雖興於蜀，漢豈得為不亡乎⑩？孫權在吳，猶今之李氏也。陛下苞括二都⑪，平蕩八州⑫，帝王之統，不在陛下，當復在誰？且陛下不憂腹心之疾，而更憂四支乎？中山王藉陛下威略，所向輒克，而天下皆言其英武亞於陛下，且其資性不仁，見利忘義，父子並據權位，勢傾王室，而耿耿常有不滿之心，近於東宮侍宴，有輕皇太子之色，臣恐陛下萬年之後，不可復制也！」勒默然，始命太子省可尚書奏事，且以中常侍嚴震參綜可否，惟征伐斷斬大事乃呈之。於是嚴震之權過於主相；中山王虎之門可設雀羅矣⑬，虎愈怏怏不悅。

(五)秋，趙郭敬南掠江西⑭，太尉侃遣其子平西參軍斌及南中郎將桓宣乘虛攻樊城，悉俘其眾。敬旋救樊，宣與戰於涅水⑮，破之，皆得其所掠。侃兄子臻及竟陵太守李陽攻新野，拔之，敬懼遁去，宣遂拔襄陽。侃使宣鎮襄陽，宣招懷初附，簡刑罰，略威儀，勸課農桑，或載鉏耒於軺軒㈥，親帥民芸穫㈦。在襄陽十餘年，趙人再攻之，宣以寡弱拒守，趙人不能勝，時人以為亞於祖逖、周訪。

㈥成大將軍壽寇寧州，以其征東將軍費黑為前鋒，出廣漢，鎮南將軍任回出越嶲，以分寧州之兵。

㈦冬，十月，壽、黑至朱提，朱提太守董炳城守，寧州刺史尹奉遣建寧太守霍彪引兵助之。壽欲逆拒彪，黑曰：「城中食少，宜縱彪入城，共消其穀，何為拒之？」壽從之。城久不下，壽欲攻之，黑曰：「南中險阻難服，當以日月制之，待其智勇俱困，然後取之。溷牢之物，何足汲汲也㈧？」壽不從，攻果不利，乃悉以軍事任黑。

㈧十一月，壬子，朔，進太尉侃為大將軍，劍履上殿，入朝不趨，贊拜不名。侃固辭不受。

㈨十二月，庚戌（二十九日），帝遷於新宮㈨。

㈩是歲，涼州僚屬勸張駿稱涼王，領秦、涼二州牧，置公卿百官，如魏武、晉文故事㈩。駿曰：「此非人臣所宜言也，敢言者罪不赦。」然境內皆稱之為王㊁。駿立次子重華為世子。

【今註】㊀狐媚：俗謂狐善為魅以媚人，故以為諂媚惑人之喻。㊁聞酈食其勸立六國後：事見卷十漢高帝三年。㊂郭敬之退戍樊城也：事見上卷咸和五年。㊃視之蔑如：蔑，無也。言視之如無物。㊄殘賊安忍：殘賊謂凶惡好殺，安忍謂安於為殘忍之事。《左傳》眾仲曰：「安忍無親。」杜預曰：「安忍則刑過，刑過則親離。」㊅其諸子年長，皆典兵權：虎子邃、宣，勒皆使之典兵。㊆方當委以伊霍之任：言方當委以輔佐少主之任。商任伊尹以輔太甲，漢任霍光以輔昭、宣，勒蓋以虎為比。㊇中山王雖為皇太后所養，非陛下天屬：言虎非勒所出。《晉書・石季龍載記》云：「季龍，勒之從子也，祖曰訇邪，父曰寇覓。勒父朱幼而子季龍，故或稱勒弟也。」故云為皇太后所養。㊈而其志願無極：謂虎有奪嫡之志。㊉魏承漢運，劉備雖興於蜀，漢豈得為不亡乎：蓋以蜀漢喻東晉，謂東晉之於趙，猶蜀漢之於魏，皆不得以偏安為正統。㊀二都：謂長安、洛陽。㊁平蕩八州：時勒據有冀、幽、幷、青、兗、豫、司、雍八州之地。㊂中山王虎之門可設雀羅矣：可設雀羅者，喻其門庭冷落。《史記・汲鄭列傳》贊曰：「始，翟公為廷尉，賓客闐門，及廢，門外可設雀羅。」其語本此。㊃江西：胡三省曰：「江西，謂邾城以東至歷陽也。」邾城，即漢之邾縣，晉廢而城猶存，在今湖北省黃岡縣西北，與武昌隔江相對。自邾至於歷陽，俱在大江北岸，長江自洞庭歷武昌、鄱陽東北流，注於東海，故自洞庭而東，大江南岸亦稱江東，北岸亦曰江西。㊄涅水：今名趙河，又曰照河，源出河南省鎮平縣北岐棘山，南流會洪河、嚴陵河，注於湍河。今鎮平縣南有涅陽故城，城在涅水之陽，故名。㈥載鉏耒於軺軒：軺，駕馬小車；軒，車前曲輈，凡小車居中一木曲而上者謂之輈。鉏、耒俱農器，鉏今通作鋤；耒，手耕曲柄，下以耜為臿，用以起土。載鉏耒於軺軒，示民以務農之意。㈦芸穫：芸，除草；穫，刈穀。㈧溷牢之物，何足汲汲也：溷與圂同，豕之所居；牢，閑也，凡牛馬所居，外築為閑，以防逃逸。顏師古曰：「汲汲，欲速之義，如井汲之為也。」此言城中之人，如處圂牢之中，終當成擒，不必汲汲以求一時之功。㈨帝遷於新宮：新宮始作於咸和五年，至是宮成而遷居之。㈩置公卿百官，如魏武、晉文故事：魏武事見卷六十七漢獻帝建安二十一年，晉文事見卷七十九魏元帝咸熙元年。㈢然境內皆稱之為王：《魏書・張寔傳》曰：「駿假涼王，督攝三州，始置諸祭酒、郎中、大夫、舍人、謁者之官。」按魏書，則駿蓋嘗假涼王之號，假者，示非真除，但假其位號以鎮攝其民耳；三州當從《晉書》本傳作二州。

八年（西元三三三年）

㈠春，正月，成大將軍李壽拔朱提，董炳、霍彪皆降，壽威震南中。

㈡丙子（二十六日），趙主勒遣使來修好，詔焚其幣㈠。

㈢三月，寧州刺史尹奉降於成，成盡有南中之地。大赦，以大將軍壽領寧州。

㈣夏，五月，甲寅（初六日），遼東武宣公慕容廆卒。六月，世子皝㊁以平北將軍行平州刺史，督攝部內。赦繫囚，以長史裴開為軍諮祭酒，郎中令高詡為玄菟太守。皝以帶方太守王誕為左長史，誕以遼東太守陽鶩為才而讓之，皝從之，以誕為右長史。

㈤趙主勒寢疾，中山王虎入侍禁中，矯詔羣臣親戚皆不得入，疾之增損，外無知者；又矯詔召秦王宏、彭城王堪還襄國㊂。勒疾小瘳，見宏，驚曰：「吾使王處藩鎮，正備今日。有召王者邪？將自來邪？有召者，當按誅之。」虎懼曰：「秦王思慕暫還耳，今遣之。」仍留不遣。數日，復問之，虎曰：「受詔即遣，今已半道矣。」廣阿有蝗㊃，虎密使其子冀州刺史邃帥騎三千，遊於蝗所㊄。

秋，七月，勒疾篤，遺命曰：「大雅兄弟，宜善相保，司馬氏汝曹之前車也㊅。中山王宜深思周、霍㊆，勿為將來口實。」戊辰

（二十一日），勒卒㈧。中山王虎劫太子弘使臨軒，收右光祿大夫程遐、中書令徐光下廷尉，召邃使將兵入宿衛，文武皆奔散。弘大懼，自陳劣弱，讓位於虎。虎曰：「君終，太子立，禮之常也。」弘涕泣固讓，虎怒曰：「若不堪重任，天下自有大義，何足豫論？」弘乃即位㈨。大赦。殺程遐、徐光。夜以勒喪潛瘞山谷，莫知其處。己卯（七月戊申朔，己卯在八月），備儀衛虛葬於高平陵㈩，謚曰明帝，廟號高祖。

趙將石聰及譙郡太守彭彪各遣使來降⑪。聰本晉人，冒姓石氏。朝廷遣督護喬球將兵救之，未至，聰等為虎所誅。

㈥慕容皝遣長史勃海王濟等來告喪。

㈦八月，趙主弘以中山王虎為丞相、魏王、大單于，加九錫，以魏郡等十三郡為國，總攝百揆。虎赦其境內，立妻鄭氏為魏王后；子邃為魏太子，加使持節、侍中、都督中外諸軍事、大將軍、錄尚書事；次子宣為使持節、車騎大將軍、冀州刺史，封河閒王；韜為前鋒將軍、司隸校尉，封樂安王；遵封齊王，鑒封代王，苞封樂平王，徙平原王，斌為章武王；勒文武舊臣，皆補散任，虎之府寮親屬，悉署臺省要職；以鎮軍將軍夔安領左僕射，尚書郭殷為右僕射。更命太子宮曰崇訓宮，太后劉氏以下皆徙居之。選勒宮人及車馬服玩之美者，皆入丞相府。

(八)宇文乞得歸為其東部大人逸豆歸所逐，走死於外，慕容皝引兵討之，軍於廣安㈡。逸豆歸懼而請和，遂築榆陰、安晉二城㈢而還。

(九)成建寧、牂柯二郡來降，李壽復擊取之。

(十)趙劉太后謂彭城王堪曰：「先帝甫晏駕，丞相遽相陵藉㈣如此，帝祚之亡，殆不復久，王將若之何？」堪曰：「先帝舊臣，皆被疏斥，軍旅不復由人㈤，宮省之內，無可為者㈥，臣請奔兗州，挾南陽王恢㈦為盟主，據廩丘，宣太后詔於牧、守、征、鎮，使各舉兵以誅暴逆，庶幾猶有濟也。」劉氏曰：「事急矣，當速為之。」九月，堪微服輕騎襲兗州，不克，南奔譙城。丞相虎遣其將郭太追之，獲堪于城父，送襄國炙而殺之，徵南陽王恢還襄國。劉氏謀泄，虎廢而殺之，尊弘母程氏為皇太后。堪本田氏子，數有功，趙主勒養以為子，劉氏有膽略，勒每與之參決軍事，佐勒建功業，有呂后之風，而不妬忌，更過(一八)之。

趙河東王生鎮關中，石朗鎮洛陽(一九)。冬，十月，生、朗皆舉兵以討丞相虎。生自稱秦州刺史，遣使來降。氐帥蒲洪自稱雍州刺史，西附張駿(二〇)。虎留太子邃守襄國，將步騎七萬攻朗於金墉，金墉潰，獲朗，刖而斬之，進向長安。以梁王挺(二一)為前鋒大都督。生遣將軍郭權帥鮮卑涉璝眾二萬為前鋒以拒之，生將大軍繼發，軍於蒲坂。權與挺戰於潼關，大破之，挺及丞相左長史劉隗(二二)皆死，虎還奔澠池，枕尸三百餘里。鮮卑潛與虎通謀，反擊生，生不知挺已死，懼，單騎奔長安。權收餘眾退屯渭汭(二三)，生遂棄長安，匿於雞頭山(二四)。將軍蔣英據長安拒守，虎進兵擊英，斬之。生麾下斬生以降(二五)，權奔隴右。虎分命諸將屯汧、隴，遣將軍麻秋(二六)討蒲洪，洪帥戶二萬降於虎，虎迎拜洪光烈將軍(二七)、護氐校尉(二八)。

洪至長安，說虎徙關中豪桀及氐、羌以實東方，曰：「諸氐皆洪家部曲，洪帥以從，誰敢違者？」虎從之，徙秦、雍民及氐、羌十餘萬戶於關東，以洪為龍驤將軍、流民都督，使居枋頭；以羌帥姚弋仲為奮武將軍、西羌大都督，使帥其眾數萬徙居清河之灄頭㉙。虎還襄國，大赦。趙王弘命虎建魏臺，一如魏武王輔漢故事。

㈩慕容皝初嗣位，用灋嚴峻，國人多不自安，主簿皇甫真切諫，不聽。皝庶兄建威將軍翰、母弟征虜將軍仁有勇略，屢立戰功，得士心，季弟昭有才藝，皆有寵於廆，皝忌之。翰歎曰：「吾受事於先公，不敢不盡力，幸賴先公之靈，所向有功，此乃天贊吾國，非人力也；而人謂吾之所辦，以為雄才難制，吾豈可坐而待禍邪？」乃與其子出奔段氏。段遼素聞其才，冀收其用，甚愛重之。仁自平郭㉚來奔喪，謂昭曰：「吾等素驕，多無禮於嗣君，嗣君剛嚴，無罪猶可畏，況有罪乎？」昭曰：「吾輩皆體正嫡，於國有分㉛。兄素得士心，我在內未為所疑，伺其閒隙，除之不難。兄趣舉兵以來，我為內應，事成之日，與我遼東。男子舉事不克則死，不能効建威偷生異域也。」仁曰：「善。」遂還平郭。

閏月，仁舉兵而西。或以仁、昭之謀告皝，皝未之信，遣使按驗。仁兵已至黃水㉒，知事露，殺使者，還據平郭。皝賜昭死，遣軍祭酒封弈慰撫遼東，以高詡為廣武將軍，將兵五千，與庶弟建武將軍幼、稚、廣威將軍軍、寧遠將軍汗、司馬遼東佟壽共討仁。與仁戰於汶城㉓北，皝兵大敗，幼、稚、軍皆為仁所獲。壽嘗為仁司馬，遂降於仁。前大農孫機等舉遼東城以應仁㉔，封弈不得入，與汗俱還。東夷校尉封抽、護軍平原乙逸㉕、遼東相太原韓矯皆棄城走，於是仁盡有遼東之地，段遼及鮮卑諸部皆與仁遙相應援。皝追思皇甫真之言，以真為平州別駕㉖。

（十一）十二月，郭權據上邽，遣使來降，京兆、新平、扶風、馮翊、北地皆應之。

（十二）初，張駿欲假道於成，以通表建康，成主雄不許，駿乃遣治中從事張淳稱藩於成以假道，雄偽許之，將使盜覆諸東峽㉗，蜀人橋贊密以告淳。淳謂雄曰：「寡君使小臣行無迹之地㉘，萬里通誠於建康者，以陛下嘉尚忠義，能成人之美故也。若欲殺臣者，當斬之都市，宣示眾目，曰：『涼州不忘舊德，通使琅邪[39]，主聖臣明，發覺殺之。』如此則義聲遠播，天下畏威。今使盜殺之江中，威刑不顯，何足以示天下乎？」雄大驚曰：「安有此邪？」司隸校尉[40]景騫言於雄曰：「張淳壯士，請留之。」雄曰：「壯士安肯留？且試以卿意觀之！」騫謂淳曰：「卿體豐大，天熱，可且遣下吏，小住須涼[41]。」淳曰：「寡君以皇輿播滅，梓宮[42]未返，生民塗炭，莫之振救，故遣淳通誠上都[43]，所論事重，非下吏所能傳，使下吏可了，則淳亦不來矣，雖火山湯海，猶將赴之，豈寒暑之足憚哉？」雄謂淳曰：「貴主英名蓋世，土險兵彊，何不亦稱帝，自娛一方？」淳曰：「寡君祖考以來，世篤忠貞，以讎恥未雪，枕戈待旦，何自娛之有？」雄甚慙，曰：「我之祖考本亦晉臣，遭天下大亂，與六郡之民避難此州[44]，為眾所推，遂有今日。琅邪若能中興大晉於中國者，亦當帥眾輔之。」厚為淳禮而遣之，淳卒致命[45]於建康。

長安之失守也㊻，敦煌計吏耿訪自漢中入江東㊼，屢上書請遣大使慰撫涼州。朝廷以訪守侍書御史，拜張駿鎮西大將軍，選隴西賈陵等十二人配之㊽。訪至梁州，道不通，以詔書付賈陵，詐為賈客以達之。是歲，陵始至涼州，駿遣部曲督王豐等報謝。

【今註】㊀幣：贄見之禮。㊁世子皝：《晉書・慕容皝載記》皝字元真，廆第三子，《御覽》一二一引《十六國春秋・前燕錄》作皝第二子，未知孰是。又《魏書・慕容廆傳》云：「元真小字萬年，名犯恭宗廟諱。」按後魏恭宗諱晃，按《魏書》則皝或原作晃，避諱作皝。㊂又矯詔召秦王宏、彭城王堪還襄國：胡三省曰：「勒以宏都督中外諸軍事，蓋使之鎮鄴，堪蓋在河南。」㊃廣阿有蝗：《類聚》一〇〇引《趙書》曰：「石勒十四年五月，飛蝗穿地而生，二十日化如蠶，七八日作蟲，四日則飛，周徧河朔，百草無遺，唯不食三豆及麻。」廣阿縣，漢屬鉅鹿郡，後漢省，晉末置，後魏復立以屬南趙郡，今河北省隆平縣蓋其舊墟。按此，則後趙有廣阿縣，未悉置於何時，抑或襲漢之舊稱也。㊄虎密使其子冀州刺史邃帥騎三千，遊於蝗所：胡三省曰：「虎恐勒死有變，使邃遊於蝗所，若捕蝗者，以為外應。」㊅大雅兄弟，宜善相保，司馬氏汝曹之前車也：《韓詩外傳》曰：「前車覆，後車戒。」勒戒弘兄弟勿效司馬氏兄弟自相殘殺，終致傾覆。㊆中山王宜深思周、霍：胡三省曰：「謂當如周公、霍光之輔幼孤也。」㊇勒卒：《晉書》載記曰：「死年六十，在位十五年。」

按勒以元帝太興二年僭即王位，至咸和八年卒，在位凡十五年。⑨弘乃即位：弘字大雅。《晉書・石弘載記》，弘，勒之第二子，《御覽》一二〇引《十六國春秋・後趙錄》作勒第三子。⑩己卯，備儀衞虛葬於高平陵：勒卒於戊辰，葬於己卯，凡卒十四日而葬。《御覽》五五六引《鄴中記》曰：「石勒陵在襄國城西南三十里，名高陵，不築牆，不種樹，立堂皇五間，安欑圖勒大臣像，又於堂皇東立重樓。虎陵在鄴西北角，既葬，鄴中便亂其封域。凡此二陵，皆偽葬，石勒、虎自別於深山。」《元和郡縣志》曰：「石勒墓在龍岡縣南十五里，勒尸別在渠山。葬之夜，為十餘棺，分道出埋，以惑百姓。」⑪趙將石聰及譙郡太守彭彪各遣使來降：聰時屯於譙城。⑫廣安：胡三省曰：「廣安在棘城之北。」按廣安，縣名，後魏始置，此蓋因魏謇之稱。故城在今陝西省延長縣南。⑬榆陰、安晉二城：胡三省曰：「榆陰城蓋在大榆河之陰，安晉城在威德城東南。」⑭陵藉：謂侵陵而蹈藉之，喻欺壓之甚。⑮軍旅不復由人：謂先帝舊臣昔之握有兵權者，皆為石虎所奪，不復能調遣軍旅。⑯宮省之內，無可為者：謂宮中宿衞及臺省要職，皆虎之府寮親屬，無復可與共謀匡正者。⑰南陽王恢：恢，勒之少子，時鎮廩丘。⑱有呂后之風，而不妬忌，更過：呂后雖有雄略而性妬忌，是其所短，劉氏有呂后之長而無其短，此呂后之所不能及。⑲趙河東王生鎮關中，石朗鎮洛陽：咸和四年，前趙南陽王戰敗奔上邽，石生自洛陽徙鎮長安，而以朗代生鎮洛陽。⑳氐帥蒲洪自稱雍州刺史，西附張駿：洪以咸和四年降石虎，今以趙亂而叛。㉑梁王挺：挺，石虎之子。㉒丞相左長史劉隗：胡三省曰：「此劉隗意即自晉奔趙者。」按《晉書・石勒載記》，隗降勒，勒拜隗鎮南將軍，封列侯；

〈劉隗傳〉，勒拜隗從事中郎，太子太傅，與載記異，此言丞相左長史，其官稱又異。㉓渭汭：涇水入渭處，或曰渭水入河處。㉔雞頭山：張守節曰：「括地志云，雞頭山在成州上祿縣東北二十里。」上祿縣在今甘肅省成縣西南。㉕生麾下斬生以降：《御覽》四十四引《十六國春秋》曰：「石生不能守長安，欲西上隴，士卒散盡，遂入雞頭山，為追兵所害。」《晉書・石弘載記》曰：「生部下斬生於雞頭山。」與《十六國春秋》異。㉖厤秋：厤姓，秋名。㉗光烈將軍：胡三省曰：「前此未有光烈將軍號，石虎創置也。」㉘護氐校尉：漢晉有護羌校尉，石虎襲其意置護氐校尉授蒲洪使監護羣氐。㉙清河之灄頭：《水經注》曰：「清河過廣川縣東，水側有羌壘，姚氏之故居也。」《元和郡縣志》曰：「棗強縣，本漢舊縣，屬清河郡，縣外城即姚弋仲之故壘也。」其壘亦稱灄頭戍，在今河北省棗強縣東北。㉚平郭：平郭縣，漢屬遼東郡，晉省。崔毖之敗，慕容廆以仁鎮遼東，治平郭故城，在今遼寧省蓋平縣南。㉛吾輩皆體正嫡，於國有分：昭自謂與仁俱廆之嫡子，於分可以得國。㉜仁兵已至黃水：胡三省曰：「黃水即潢水，在棘城東北，距唐營州四百里。據載記，黃水當在漢遼東郡險瀆縣。」按《晉書・慕容皝載記》：「皝使遇仁於險瀆。」險瀆縣，漢屬遼東郡，後漢省，晉末復置，此當襲漢之舊稱。應劭曰：「朝鮮王滿都也，依水險，故曰險瀆。」臣瓚曰：「王險城在樂浪郡浿水之東，此自是險瀆也。」按此其地當在今遼寧省盤山縣境濱海之地。㉝汶城：汶縣，屬遼東國，兩漢屬遼東郡，《漢志》作文，《續漢志》作汶，其地今闕，當在遼寧省境。㉞前大農孫機等舉遼東城以應仁：胡三省曰：「孫機蓋王官之避地遼東者。遼東城，即襄平城。」襄平縣，遼東治所，東夷校尉所居，故城在今遼寧省遼陽縣北。㉟乙逸：乙姓，逸名。㊱以真為平州別駕：跳以平北將軍行平州刺史，以真為別駕。㊲東峽：胡三省曰：「三峽在成都之東，故云東峽。」㊳行無迹之地：胡三省曰：「蜀不許涼人假道，則蜀地前此無涼人之迹。」㊴琅邪：東晉以琅邪中興，故以稱之。㊵司隸校尉：成僭帝號，置司隸校尉於成都。㊶須涼：須，待也，謂待天稍涼而後發。㊷梓宮：謂懷、愍二帝之喪。㊸上都：謂晉都建康，尊稱之辭。㊹我之祖考本亦晉臣，遭天下大亂，與六郡之民避難此州：事見卷八十二惠帝元康八年。㊺致命：致其君命。㊻長安之失守也：事見卷八十九愍帝建興四年。㊼敦煌計吏耿訪自漢中入江東：《晉書・張駿傳》云：「初，建興中，敦煌計吏耿訪到長安，既而遇賊，不得反，奔漢中，因東渡江，以太興二年至京都。」訪蓋敦煌所遣上計吏，京都謂建康。㊽選隴西賈陵等十二人配之：以陵等十二人配訪為副使。隴西，陵之郡望。

九年（西元三三四年）

㈠春，正月，趙改元延熙。

㈡詔以郭權為鎮西將軍、雍州刺史。

㈢仇池王楊難敵卒，子毅立，自稱龍驤將軍、左賢王、下辨公。以叔父堅頭之子盤為冠軍將軍、右賢王、河池公。遣使來稱藩。

㈣二月，丁卯（二十三日），詔遣耿訪、王豐齎印綬授張駿大將車，都督陝西、雍、秦、涼州諸軍事，自是每歲使者不絕㊀。

㈤慕容仁以司馬翟楷領東夷校尉，前平州別駕龐鑒領遼東相。

㈥段遼遣兵襲徒河，不克，復遣其弟蘭與慕容翰共攻柳城㊁，柳城都尉石琮、城大㊂慕輿埿幷力拒守，蘭等不克而退。遼怒切責蘭等，必令拔之。休息二旬，復益兵來攻，士皆重袍蒙楯，作飛梯㊃，四面俱進，晝夜不息。琮、埿拒守彌固，殺傷千餘人，卒不能拔。慕容皝遣慕容汗及司馬封奕等共救之，皝戒汗曰：「賊氣銳，勿與爭鋒。」汗性驍果，以千餘騎為前鋒，直進，封奕止之，汗不從，與蘭遇於牛尾谷㊄，汗兵大敗，死者太半。奕整陳力戰，故得不沒。

蘭欲乘勝窮追，慕容翰恐遂滅其國，止之曰：「夫為將當務慎重，審己量敵，非萬全不可動。今雖挫其偏師，未能屈其大勢。皝多權詐，好為潛伏，若悉國中之眾，自將以拒我，我縣軍深入，眾寡不敵，此危道也！且受命之日，正求此捷，若違命貪進，萬一取敗，功名俱喪，何以返面？」蘭曰：「此已成擒，無有餘理⑥，卿正慮遂滅卿國耳！今千年在東，若進而得志，吾將迎之以為國嗣，終不負卿使宗廟不祀也！」千年者，慕容仁小字也。翰曰：「吾投身相依，無復還理，國之存亡，於我何有？但欲為大國之計，且相為惜功名耳！」乃命所部欲獨還，蘭不得已而從之。

㈦三月，成主雄分寧州置交州⑦，以霍彪為寧州刺史，爨深為交州刺史。

㈧趙丞相虎遣其將郭敖及章武王斌帥步騎四萬，西擊郭權，軍於華陰。夏，四月，上邽豪族殺權以降⑧，虎徙秦州三萬餘戶於青、并二州。長安人陳良夫奔黑羌⑨，與北羌王薄句大等侵擾北地、馮翊，章武王斌、樂安王韜合擊破之，句大奔馬蘭山⑩。郭敖乘勝逐北，為羌所敗，死者什七八，斌等收軍還三城⑪，虎遣使誅郭敖。

秦王宏有怨言⑫，虎幽之。

㈨慕容仁自稱平州刺史，遼東公。

㈩長沙恆公陶侃晚年深以滿盈自懼，不預朝權，屢欲告老歸國㉓，佐吏等苦留之。六月，侃疾篤，上表遜位，遣左長史殷羨奉送所假節、麾㉔、幢㉕、曲蓋㉖、侍中貂蟬、太尉章、荊、江、雍、梁、交、廣、益、寧八州刺史印傳棨戟㉗，軍資器仗牛馬舟船，皆有定簿，封印倉庫，侃自加管鑰，以後事付右司馬王愆期，加督護統領文武。甲寅（十二日），輿車出臨津就船，將歸長沙，顧謂愆期曰：「老子婆娑，正坐諸君㉘。」乙卯（十三日），薨於樊谿㉙。侃在軍四十一年㉚，明毅善斷，識察纖密，人不能欺。自南陵迄於白帝㉛，數千里中，路不拾遺。及薨，尚書梅陶與親人㉜曹識書曰：「陶公機神明鑒似魏武，忠順勤勞似孔明，陸抗諸人不能及也。」謝安每言：「陶公雖用灋，而恆得灋外意。」安，鯤之從子也㉝。

（十一）成主雄生瘍㉞於頭，身素多金創㉟。及病，舊痕皆膿潰，諸子皆惡而遠之。獨太子班晝夜侍側，不脫衣冠，親為吮膿。雄召大將軍建寧王壽受遺詔輔政。丁卯（二十五日），雄卒㊱。太子班即位㉗，以建寧王壽錄尚書事，政事皆委於壽及司徒何點、尚書王瓌，班居中行喪禮，一無所預。

(十二)辛未（二十九日），加平西將軍庾亮征西將軍，假節，都督江、荊、豫、益、梁、雍六州諸軍事，領江、豫、荊三州刺史，鎮武昌。亮辟殷浩為記室參軍，浩，羨之子也，與豫章太守褚裒、丹楊丞杜乂皆以識度清遠，善談老易，擅名江東，而浩尤為風流所宗㉘。裒，䂮之孫㉙，乂，錫之子也㉚。桓彝嘗謂裒曰：「季野㉛有皮裏春秋。」言其外無臧否，而內有褒貶也。謝安曰：「裒雖不言，而四時之氣亦備矣！」

(十三)秋，八月，王濟還遼東。詔遣侍御史王齊祭遼東公廆，又遣謁者徐孟策拜慕容皝鎮軍大將軍、平州刺史、大單于、遼東公，持節，承制封拜，一如廆故事。船下馬石津㉜，皆為慕容仁所留。

(十四)九月，戊寅（初八日），衞將軍江陵穆公陸曄卒。

(十五)成主雄之子車騎將軍越，屯江陽，奔喪至成都，以太子班非雄所生，意不服，與其弟安東將軍期謀作亂。班弟玝勸班遣越還江陽，以期為梁州刺史，鎮葭萌，班以未葬，不忍遣，推心待之，無所疑閒，遣玝出屯於涪。冬，十月，癸亥朔，越因班夜哭，弒之於殯宮㉝，幷殺班兄領軍將軍都，矯太后任氏令，罪狀班而廢之。初，期母冉氏賤，任氏母養之。期多才藝，有令名。及班死，眾欲立越，越奉期而立之。甲子（二十四日），期即皇帝位㉞，諡班曰戾太子。以越為相國，封建寧王，加大將軍壽大都督，徙封漢王，皆錄尚書事；以兄霸為中領軍、鎮南大將軍，弟保為鎮西大將軍、汶山太守，從兄始㉟為征東大將軍，代越鎮江陽。丙寅（二十六日），葬雄於安都陵，諡曰武皇帝，廟號太宗。

始欲與壽共攻期，壽不敢發，始怒，反譖壽於期，請殺之，期欲藉壽以討李玝，故不許，遣壽將兵向涪。壽先遣使告玝以去就利害，開其去路，玝遂來奔，詔以玝為巴郡太守。期以壽為梁州刺史，屯涪。

⒃趙主弘自齎璽綬詣魏宮㊱，請禪位於丞相虎。虎曰：「帝王大業，天下自當有議，何為自論此邪？」弘流涕還宮，謂太后程氏

曰：「先帝種真無復遺矣！」於是尚書奏魏臺請依唐虞禪讓故事。虎曰：「弘愚暗，居喪無禮，便當廢之，何禪讓也！」十一月，虎遣郭殷入宮，廢弘為海陽王(三七)。弘安步就車，容色自若，謂羣臣曰：「庸昧不堪纂承大統，夫復何言！」羣臣莫不流涕，宮人慟哭。羣臣詣魏臺勸進，虎曰：「皇帝者，盛德之號，非所敢當，且可稱居攝趙天王(三八)。」【考異】三十國、晉春秋，虎即位，改元永熙。陳鴻大統曆云，石虎即位，改建平五年為延興，明年改建武。按三十國、晉春秋不記弘改元延熙，虎之立實延熙元年也，故誤云永熙。弘既號延熙，虎安肯稱永熙，陳鴻云虎改建平五年為延興，即是弘踰年不改元也，恐鴻說誤。幽弘及太后程氏秦王宏、南陽王恢於崇訓宮(三九)，尋皆殺之。

西羌大都督姚弋仲稱疾不賀，虎累召之，乃至，正色謂虎曰：「弋仲常謂大王命世英雄，奈何把臂受託而返奪之邪？」虎曰：「吾豈樂此哉？顧海陽年少，恐不能了家事，故代之耳！」心雖不平，然察其誠實，亦不之罪。

虎以夔安為侍中、太尉，守尚書令，郭殷為司空，韓晞為尚書左僕射，魏郡申鍾為侍中，郎闓為光祿大夫，王波為中書令，文武封拜各有差。

虎行如信都，復還襄國㊃。

㈦慕容皝討遼東，甲申（十五日），至襄平，遼東人王岌密信請降，師進入城，翟楷、龐鑒單騎走，居就㊂新昌㊃等縣皆降。皝欲悉阬遼東民，高詡諫曰：「遼東之叛，實非本圖，直畏仁凶威，不得不從。今元惡㊃猶存，始克此城，遽加夷滅，則未下之城，無歸善之路矣。」皝乃止。分徙遼東大姓於棘城，以杜羣為遼東相，定輯遺民。

㈧十二月，趙徐州從事蘭陵朱縱斬刺史郭祥，以彭城來降。趙將王朗攻之，縱奔淮南。

㈨慕容仁遣兵襲新昌，督護新興王寓擊走之，遂徙新昌入襄平㊃。

【今註】㊀自是每歲使者不絕：胡三省曰：「仇池稱藩，梁、涼之路通也。」㊁柳城：柳城縣，漢屬遼西郡，晉省而城猶存，故城在今遼寧省興城縣西南，或曰在今熱河省朝陽縣之南。㊂城大：胡三省曰：「城大，猶城主也，一城之長，故曰城大。」㊃飛梯：即雲梯，古用以攻城之具。㊄牛尾谷：胡三省曰：「牛尾谷在柳城北。」㊅此已成擒，無有餘理：胡三省曰：「謂以事理策之，皝必成禽，無復餘遺也。」㊆成主雄分寧州置交州：胡三省曰：「成分寧州之興古、永昌、牂柯、越巂、夜郎等郡為交州。」㈧上邽豪族殺權以降：《御覽》二七五引《二石偽事》曰：「郭權降石虎，虎問權曰：『卿若得吾者，當殺不？』權曰：『若登時得至尊，必殺不疑也。』虎曰：『卿健將也。』因與共言事。」《晉書・石弘載記》云上邽豪族害權以降虎，所載互異。㈨黑羌：胡三省曰：「羌之別種，有青羌、黑羌。」㈩馬蘭山：馬蘭山在今陝西省白水縣西北六十里，西晉時有羌族聚居其間，號馬蘭羌。⑪三城：《魏書・地形志》偏城郡廣武縣有三城。顧祖禹曰：「三城在延安府東南。」延安府，今陝西省膚施縣。⑫秦王宏有怨言：宏本鎮鄴，石勒之疾，虎矯詔召之，而奪其兵權，故有怨言。⑬屢欲告老歸國：欲歸長沙國。⑭麾：大將旌旗，臨陣之際，三軍視其指撝以為進退。⑮幢：《方言》曰：「幢，翳也。楚曰翁，關東西皆曰幢。」《釋名》曰：「幢，童也，施之車蓋，童童然以隱蔽形容也。」《文選》註：「幢，以羽葆為之。」⑯曲蓋：蓋而曲柄，古用以為儀仗，崔豹曰：「曲蓋，太公所作也。武王伐紂，大風折蓋，太公因折蓋之形而制曲蓋焉！」⑰棨戟：《說文》曰：「棨，傳信也。」棨形如戟，謂之棨戟，見《集韻》，古時官吏出則用以為前驅。崔豹曰：「棨戟，殳之遺像前驅之器，以木為之。後世滋偽，無復典刑，以赤油韜之，亦謂之油戟，王公以下通用之以前驅。」《漢書・輿服志》曰：「公以下至二千石騎吏四人，千石以下至三百石縣長二人，皆帶劍持棨戟為前列。」⑱老子婆娑，正坐諸君：胡三省曰：「婆娑，肢體緩縱不收之貌。侃言不得早退，至於困乏如此，正坐參佐苦留之也。」⑲樊谿：《御覽》六十七引《武昌記》曰：「樊山東有小谿，夏時凜凜，恆有寒氣，故謂之寒谿。」樊山在今湖北省鄂城縣西五里，一曰樊岡，又曰袁山。樊谿一名樊港，又名袁溪，源出今湖北省咸寧縣東，北流入鄂城縣界，匯為梁子湖，又北則稱樊谿，經樊山下北注大江。〔二〇〕侃在軍四十一年：惠帝太安二年，侃始從劉弘擊張昌，至是凡在軍旅四十一年。〔二一〕自南陵迄於白帝：宋白曰：「南陵，本漢春穀縣地，後併於湖縣，尋又屬繁昌，梁武帝始置南陵縣，屬南陵郡，臨江有城基見存，去今縣一百三十里。」胡三省曰：「南陵在宣城郡界，梁置南陵郡，陳置北江州於其地，蓋臨江渚，江州東界盡於南陵，今宣州南陵縣，非古之南陵戍也。自南陵迄於白帝，總言侃所統大界。」晉於梁南陵縣地置戍，曰南陵戍，故城在今安徽省繁昌縣西北，今安徽省南陵縣蓋唐時所移置，非晉之南陵戍。〔二二〕親人：謂所親信者。〔二三〕安，鯤之從子也：謝鯤見卷九十二元帝永昌元年。〔二四〕瘍：癰疽之總稱。〔二五〕金創：為矢刃所傷曰金創。〔二六〕雄卒：《晉書．李雄載記》云：「時年六十一。」按載記，雄卒在去年，〈成帝紀〉及《華陽國志》俱作咸和九年六月卒，《通鑑》從之，按《魏書》，烈帝六年雄卒，即咸和九年也，《御覽》八七七引《十六國春秋》謂雄卒於咸康六年八月，亦誤。雄以惠帝永興元年僭成都王位，二年僭帝位，自永興元年至咸和九年，在位凡三十一年，若以僭帝位為始，則僭立凡三十年。〔二七〕太子班即位：班字世文，雄兄蕩之子，少養於雄。〔二八〕皆以識度清遠，善談老易，擅名江東，而浩尤為風流所宗：《世說．賞譽篇》下注引徐廣《晉紀》曰：「浩清言妙辯玄致，當時名流，皆為其美譽。」又引《晉中興書》曰：「浩能言理，談論精微，長於老易，故風流者皆宗歸之。」老易，謂老子及易。〔二九〕裒，䂮之孫：褚䂮見卷七十七魏元帝景元元年。〔三〇〕乂，錫之子也：杜錫見卷八十三惠帝元康九年。〔三一〕季野：褚裒字。

㉜馬石津：胡三省曰：「自建康出大江至於海，轉料角，至登州大洋，東北行過大謝島、龜歆島、淤島、烏湖海，至馬石山東之都里鎮，馬石津即此地也。」㉝殯宮：停喪之宮。㉞期即皇帝位：期字世運，雄第四子。㉟從兄始：按《晉書・李特載記》，始蓋特之長子，於期為伯父，此作從兄誤。

㊱魏宮：石虎為魏王，其宮稱魏宮。㊲廢弘為海陽王：《晉書・成帝紀》，咸和九年十一月，石季龍弒石弘，自立為天王。石弘、〈石季龍載記〉，虎廢弘，尋弒之自立，俱在咸康元年，弘在位二年，時年二十二。《通鑑》從帝紀在咸和九年。趙明誠《金石錄》曰：「趙橫山李君神道碑題建武六年，歲在庚子，三月己亥，二十三日癸丑。按晉書成帝紀，石虎以咸和九年自立為趙天王，而載記云咸康元年僭稱居攝趙天王。據帝紀則建武六年歲在己亥，據載記則歲在庚子，宋莒公紀年通譜獨以本紀為據，今此碑及西門豹祠殿基記並六年建，皆云歲在庚子，以此知帝紀之失，非二碑則晉紀與載記得失不復可考矣！」按此，虎廢弘自立當從載記在咸康元年。㊳稱居攝趙天王：按上註，虎稱居攝趙天王在咸康元年，改元建武。㊴崇訓宮：虎更太子宮曰崇訓宮。㊵虎行如信都，復還襄國：《晉書・石季龍載記》曰：「季龍以讖文天子當從東北來，於是備法駕行自信都而還以應之。」㊶居就：居就縣，漢屬遼東郡，晉屬遼東國，故城在今遼寧省遼陽縣西南。㊷新昌：新昌縣，漢屬遼東郡，晉屬遼東國，故城在今遼寧省海城縣東。㊸元惡：謂慕容仁。㊹遂徙新昌入襄平：謂徙新昌之吏民入襄平。襄平，遼東治。

咸康元年（西元三三五年）

㈠春，正月，庚午朔。帝加元服㊀。大赦，改元。

㈡成、趙皆大赦。成改元玉恆，趙改元建武。

㈢成主期立皇后閻氏，以衞將軍尹奉為右丞相、驃騎將軍、尚書令，王瓌為司徒。

㈣趙王虎命太子邃省可尚書奏事，惟祀郊廟、選牧守、征伐、刑殺乃親之。虎好治宮室，鸛雀臺㊁崩，殺典匠少府㊂任汪，復使脩之，倍於其舊。邃保母劉芝，封宜城君，關預朝權，受納賂賄，求仕進者，多出其門。

㈤慕容皝置左右司馬，以司馬韓矯、軍祭酒封奕為之。

㈥司徒導以羸疾不堪朝會，三月乙酉（十七日），帝幸其府，與羣臣宴於內室，拜導，幷拜其妻曹氏。侍中孔坦密表切諫，以為帝初加元服，動宜顧禮，帝從之。坦又以帝委政於導，從容言曰：「陛下春秋已長，聖敬日躋㊂，且博納朝臣，諮諏善道。」導聞而惡之，出坦為廷尉㊃。坦不得意，以疾去職。

丹楊尹桓景，為人諂巧，導親愛之。會熒惑守南斗㊄經旬，導謂領軍將軍陶回曰：「斗，揚州之分㊅，吾當遜位以厭天譴。」回曰：「公以明德作輔，而與桓景造膝㊆，使熒惑何以退舍？」導深愧之。

導辟太原王濛為掾，王述為中兵屬㊇。述，昶之曾孫也㊈。濛不脩小廉，而以清約見稱，與沛國劉惔齊名友善。惔常稱濛性至通，而自然有節。濛曰：「劉君知我，勝我自知。」當時稱風流者，以惔、濛為首。

述性沈靜，每坐客辯論蠭起，而述處之恬如也㊉。年三十，尚未知名，人謂之癡。導以門地辟之㊀，既見，唯問在東米價㊁，述張目不答。導曰：「王掾不癡，人何言癡也㊂？」嘗見導每發言，一坐莫不贊美，述正色曰：「人非堯舜，何得每事盡善？」導收容謝之。

(七)趙王虎南遊，臨江而還。有遊騎十餘至歷陽，歷陽太守袁耽表上之，不言騎多少，朝廷震懼，司徒導請出討之。夏，四月，加導大司馬，假黃鉞，都督征討諸軍事。癸丑（十六日），帝觀兵廣莫門(一四)，分命諸將救歷陽，及戍慈湖、牛渚、蕪湖，司空郗鑒使廣陵相陳光將兵入衛京師，俄聞趙騎至少，又已去，戊午（二十一日），解嚴，王導解大司馬，袁耽坐輕妄免官。

(八)趙征虜將軍石遇攻桓宣於襄陽，不克。

(九)大旱。會稽餘姚米斗五百。

(十)秋，七月，慕容皝立子儁為世子。

(十一)九月，趙王虎遷都於鄴(一五)。大赦。

(十二)初，趙主勒以天竺僧佛圖澄(一六)豫言成敗數有驗，敬事之。及虎即位，奉之尤謹，衣以綾錦，乘以彫輦(一七)，朝會之日，太子、諸公(一八)扶翼上殿，主者(一九)唱大和尚，眾坐皆起。使司空李農旦夕問起居，太子、諸公五日一朝，國人化之，率多事佛。澄之所在，無敢向其方面涕唾者，爭造寺廟，削髮出家。虎以其真偽雜糅，或避賦役為姦宄，乃下詔問中書曰：「佛，國家所奉，里閭小人無爵秩者，應事佛不？」著作郎王度⑳等，議曰：「王者祭祀典禮具存，佛，外國之神，非天子諸華所應祠奉。漢氏初傳其道㉑，唯聽西域人立寺都邑以奉之㉒，漢人皆不得出家，魏世亦然。今宜禁公卿以下，毋得詣寺燒香禮拜，其趙人為沙門者，皆返初服㉓，虎詔曰：「朕生自邊鄙，忝君諸夏，至於饗祀，應從本俗。其夷、趙百姓樂事佛者，特聽之。」

(十三)趙章武王斌帥精騎二萬并秦、雍二州兵以討薄句大，平之㉔。

(十四)成太子班之舅羅演與漢王相㉕天水上官澹謀殺成主期，立班子，事覺，期殺演、澹及班母羅氏。期自以得志，輕諸舊臣，信任尚書令景騫、尚書姚華、田褒、中常侍許涪等，刑賞大政，皆決於數人，希復關公卿。褒無他才，嘗勸成主雄立期為太子，故有寵。由是紀綱隳紊，雄業始衰。

(十五)冬，十月乙未朔，日有食之。

(十六)慕容仁遣王齊等南還㉖，齊等自海道趣棘城，齊遇風不至。

十二月，徐孟等至棘城，慕容皝始受朝命。段氏、宇文氏各遣使詣慕容仁，館於平郭城外，皝帳下督張英將百餘騎閒道潛行掩擊之，斬宇文氏使十餘人，生擒段氏使以歸。

㈦是歲，明帝母建安君荀氏卒。荀氏在禁中，尊重同於太后㉗，詔贈豫章郡君。

㈧代王翳槐以賀蘭藹頭不恭㉘，將召而戮之，諸部皆叛。代王紇那自宇文部入，諸部復奉之㉙。翳槐奔鄴，趙人厚遇之。

㈨初，張軌及二子寔、茂，雖保據河右，而軍旅之事，無歲無之。及張駿嗣位，境內漸平。駿勤脩庶政，總御文武，咸得其用，民富兵彊，遠近稱之，以為賢君。駿遣將楊宣伐龜茲、鄯善，於是西域諸國焉耆、于寘之屬，皆詣姑臧朝貢。駿於姑臧南作五殿㉚，官屬皆稱臣。駿有兼秦、雍之志，遣參軍麴護上疏，以為：「勒、雄既死，虎、期繼逆，兆庶離主，漸冉㉛經世，先老消落，後生不識，慕戀之心，日遠日忘。乞敕司空鑒、征西亮等汎舟江沔，首尾齊舉㉜。」

【今註】㊀元服：顏師古曰：「元，首也；冠者首之所著，故曰元服。」㊁鸖雀臺：胡三省曰：「鸖雀臺在鄴，即魏武所起銅雀臺。」洪亮吉曰：「襄國有觀雀臺，一作鸖。石虎此時尚未都鄴，胡三省以為臺在鄴，非也。」㊂日躋：胡三省曰：「日躋，猶日進也。」㊃出坦為廷尉：《御覽》二三一引《會稽後賢記》曰：「孔坦遷廷尉卿，獄多囚繫。坦到官，躬執辭狀，口辨曲直，大小以情，不加楚撻。每臺司錄獄，無所顧問，皆面決當時之事。」漢晉以來，侍中、常侍為中朝官，三公、九卿為外朝官，自中朝遷外朝，故謂之出。㊄熒惑守南斗：《晉書・天文志》曰：「南斗六星，天廟也，丞相、太宰之位。」古人以為國有賊亂則熒惑見，熒惑守南斗，宰相信用小人之象，故陶回以為導昵桓之驗。㊅斗，揚州之分：《晉書・天文志》曰：「自南斗十二度至須女七度為星紀，吳越之分野，屬揚州。」㊆造膝：猶曰促膝，親昵之狀。㊇中兵屬：晉公府有中兵曹，曹有掾有屬。㊈述，昶之曾孫也：昶仕魏，位至司空，都督荊豫二州，以功名顯於當世。㊉述性沈靜，每坐客辯論蠭起，而述處之恬如也：《世說・賞譽篇》下注引《晉陽秋》曰：「述體道清粹，簡貴靜心，怡然自足，不交非類，雖羣英紛紛，俊乂交馳，述獨蔑然，曾不慕羨，由是名譽久蘊。」㊁導以門地辟之：《書鈔》六十八引《語林》云：「丞相以記室辟之。」門地猶曰門望。述曾祖昶，祖湛，父承，世有高名，故導以其門地辟之。㊂既見，唯問在東米價：胡三省曰：「述蓋自東吳至建康。」㊂王掾不癡，人何言癡也：《世說・品藻篇》曰：「王丞相辟王藍田為掾，庾公問丞相藍田何似？王曰：『真獨簡貴，不減父祖，然曠澹處故，當不如耳！』」㊃廣莫門：顧祖禹曰：「建康外城北面之東曰廣莫門。」㉕趙王虎遷都於鄴：勒定都襄國，至是虎遷都鄴。㉖天竺僧佛圖澄：《世說．言語篇》注引〈澄別傳〉曰：「道人佛圖澄，不知何許人，出於敦煌。」〈高僧傳〉曰：「竺佛圖澄者，西域人也，本姓帛氏。澄或言佛圖磴，或言佛圖橙，或言佛圖蹬，皆取梵音之不同耳！少出家，清真務學，誦經數百萬言，善解文義，雖未讀此土儒史，而與諸學士論辯疑滯，皆闇若符契，無能屈者。」㉗彫輦：輦以彫鏤為飾，謂之彫輦。㉘諸公：胡三省曰：「諸公，虎諸子也。虎稱天王，降諸子封王者爵為公。」㉙主者：謂掌朝儀者。㉚著作郎王度：《晉書．職官志》曰：「著作郎，周左史之任也。漢東京圖籍在東觀，故使名儒著作東觀，有其名，尚未有官。魏明帝太和中，詔置著作郎於此，始有其官，隸中書省。及晉受命，武帝以繆徵為中書著作郎。元康二年詔曰：『著作舊屬中書，而秘書既典文籍，今改中書著作為秘書著作。』於是改隸秘書省。後雖自置省而猶隸秘書。」又曰：「著作郎一人，謂之大著作郎，專掌史任。」按〈高僧傳〉作中書著作郎王度，是趙猶仍晉初舊制，以著作郎隸中書省。㉛漢氏初傳其道：事見卷四十五漢明帝永平八年。㉜唯聽西域人立寺都邑以奉之：胡三省曰：「漢人初謂官府為寺，後漢自西域白馬馱經來，初止於鴻臚寺，遂取寺名，創置白馬寺。」㉝初服：未出家以前之服飾。㉞趙章武王斌帥精騎二萬幷秦、雍二州兵以討薄句大，平之：去年斌等為薄句大所敗，至是討平之。㉟漢王相：成封壽為漢王，置國相。㊱慕容仁遣王齊等南還：去年晉遣齊等使慕容皝，為仁所留，至是遣之。㊲荀氏在禁中，尊重同於太后：《晉書．荀豫章君傳》曰：「荀氏，元帝宮人也。初有寵，生明帝及琅邪王裒，由是為虞后所忌。自以位卑，每懷怨望，為帝所譴，漸見疎薄。及明帝即位，封建安君，別立第宅。太寧元年，帝迎還臺內，供奉隆厚。及成帝立，尊重同於太后。」丁國鈞《晉書校文》曰：「御覽二〇二引晉中興書言荀氏初以微賤入宮，生肅祖而出嫁為馬氏妻，太寧元年，馬氏卒，肅祖迎母還宮，稱建安君。然則荀氏曾為中宗所遣嫁，傳曰別立第，曰迎還宮，隱約其辭，蓋有所諱也。」㉘代王翳槐以賀蘭藹頭不恭：賀蘭，部落名，藹頭，翳槐之舅，逐紇那，立翳槐，事見卷九十三咸和二年至卷九十四咸和四年。挾親而恃功，故驕而不恭。㉙代王紇那自宇文部入，諸部復奉之：紇那出奔宇文部見卷九十四咸和四年。㉚駿於姑臧南作五殿：《晉書・張駿傳》云：「駿起謙光殿，畫以五色，飾以金玉，窮盡珍巧。殿之四面，各起一殿，東曰宜陽青殿，以春三月居之，南曰朱陽赤殿，夏三月居之，西曰政刑白殿，秋三月居之，北曰玄武黑殿，冬三月居之。其傍皆有直省，內官寺署，章服器物，皆依方色。」㉛漸冉：冉猶漸也。㉜乞敕司空鑒、征西亮等汎舟江、沔，首尾齊舉：郗鑒時鎮京口，庾亮時鎮武昌，一控上游，一控下游。

二年（西元三三六年）

㈠春，正月，辛巳（十八日），彗星見於奎、婁㈠。

㈡慕容皝將討慕容仁，司馬高詡曰㈡：「仁叛棄君親，民神共怒。前此海未嘗凍，自仁反以來，連年凍者三矣！且仁專備陸道，天其或者欲使君乘海氷以襲之也！」皝從之。羣僚皆言涉氷危事，不若從陸道。皝曰：「吾計已決，敢沮者斬！」壬午（十九日），皝帥其弟軍師將軍評等，自昌黎東踐氷而進，凡三百餘里，至歷林口㊂，捨輜重，輕兵趣平郭。去城七里，候騎以告仁，仁狼狽出戰。張英之俘二使也㊃，仁恨不窮追，及皝至，仁以為皝復遣偏師輕出寇抄，不知皝自來，謂左右曰：「今茲當不使其匹馬得返矣！」乙未（正月甲子朔，乙未二月初三日），仁悉眾陳於城之西北，慕容軍帥所部降於皝㊄。仁眾沮動，皝從而縱擊，大破之。仁走，其帳下皆叛，遂擒之。皝先為斬其帳下之叛者，然後賜仁死。丁衡、游毅、孫機等，皆仁所信也，皝執而斬之。王氷自殺，慕容幼、慕容稚、佟壽、郭充、翟楷、龐鑒皆東走，幼中道而還。皝兵追及楷、鑒，斬之，壽、充奔高麗。自餘吏民為仁所詿誤者，皝皆赦之，封高詡為汝陽侯。

㊂二月，尚書僕射王彬卒。

㈣辛亥（十九日），帝臨軒，遣使備六禮㈥，逆故當陽侯杜乂女陵陽為皇后。大赦，羣臣畢賀。

㈤夏，六月，段遼遣中軍將軍李詠襲慕容皝。詠趣武興㈦，都尉張萌擊擒之。遼別遣段蘭，將步騎數萬屯柳城西回水㈧，宇文逸豆歸攻安晉㈨以為蘭聲援。皝帥步騎五萬向柳城，蘭不戰而遁。皝引兵北趣安晉，逸豆歸棄輜重走。皝遣司馬封奕帥輕騎追擊，大破之。皝謂諸將曰：「二虜恥無功，必將復至，宜於柳城左右設伏以待之。」乃遣封奕帥騎數千伏於馬兜山㈩。七月，段遼果將數千騎來寇抄，奕縱擊，大破之，斬其將榮伯保。

㈥前廷尉孔坦㈡卒。坦疾篤，庾冰省之流涕。坦慨然曰：「大丈夫將終，不問以濟國安民之術，乃為兒女子相泣邪？」冰深謝之。

㈦九月，慕容皝遣長史劉斌、兼郎中令㈢遼東陽景送徐孟等還建康。

㈧冬，十月，廣州刺史鄧岳遣督護王隨等擊夜郎㈢、興古㈣，皆克之，加岳督寧州。

(九)成主期以從子尚書僕射武陵公載有雋才，忌之，誣以謀反，殺之。

(十)十一月，詔建威將軍司馬勳將兵安集漢中，成漢王壽擊敗之。壽遂置漢中守宰，戍南鄭而還。

(十一)索頭郁鞠(一五)帥眾三萬降於趙，趙拜郁鞠等十三人為親趙王，散其部眾於冀、青等六州。

(十二)趙王虎作太武殿於襄國，作東西宮於鄴(一六)，十二月，皆成。太武殿基高二丈八尺，縱六十五步，廣七十五步，甃(一七)以文石；下穿伏室(一八)，置衞士五百人；以漆灌瓦，金璫銀楹(一九)，珠簾玉壁，窮極工巧。殿上施白玉牀，流蘇帳，為金蓮華以冠帳頂。又作九殿於顯陽殿後，選士民之女以實之，服珠玉被綺縠者萬餘人。教宮人占星氣，馬、步射，置女太史，雜伎工巧，皆與外同(二〇)。以女騎千人為鹵簿(二一)，皆著紫綸巾(二二)，熟錦袴，金銀鏤帶，五文織成韡(二三)，執羽儀(二四)，鳴鼓吹(二五)，遊宴以自隨。於是趙大旱，金一斤直粟二斗，百姓嗷然(二六)，而虎用兵不息，百役並興，使牙門張彌徙洛陽鍾虞、九龍、翁仲、銅駞、飛廉於鄴㉗，載以四輪纏輞㉘車，轍㉙廣四尺，深二尺，一鍾沒於河㉚，募浮沒㉛三百人入河，繫以竹絙㉜，用牛百頭，鹿櫨㉝引之，乃出，造萬斛之舟㉞以濟之。既至鄴，虎大悅，為之赦二歲刑，賚百官穀帛，賜民爵一級。又用尚方令解飛㉟之言，於鄴南投石於河，以作飛橋，功費數千萬億，橋竟不成，役夫饑甚，乃止。使令長帥民入山澤，采橡及魚以佐食，復為權豪所奪，民無所得。

(十三)初，日南夷帥范稚有奴曰范文，常隨商賈往來中國，後至林邑㊱，教林邑王范逸作城郭、宮室、器械，逸愛信之，使為將。文遂譖逸諸子，或徙或逃。是歲，逸卒，文詐迎逸子於它國，置毒於椰酒㊲而殺之。文自立為王，於是出兵攻大岐界、小岐界、式僕、徐狼、屈都、乾魯、扶單等國，皆滅之，有眾四五萬，遣使奉表入貢。

(十四)趙左校令成公段㊳作庭燎㊴於杠末㊵，高十餘丈，上盤置燎，下盤置人，趙王虎試而悅之。

【今註】㈠奎、婁：星座名，古天文學以屬魯、徐州之分。又《晉書・天文志》：「西方奎十六星，天之武庫也，主以兵禁暴，又主溝瀆，婁三星為天獄，主苑牧犧牲，供給郊祀。」㈡司馬高詡曰：此下自仁叛棄君親至天其或者欲使吾乘海氷以襲之也諸語，按《御覽》六〇引《十六國春秋・前燕錄》及《晉書・慕容皝載記》皆慕容皝之言，下接吾計已決。與此異。㈢歷林口：胡三省曰：「歷林口，海浦之口。」㈣張英之俘二使也：事見上年。二使，謂段氏及宇文氏遣詣慕容仁之使。㈤慕容軍率所部降於皝：軍為仁所執，見咸和八年。㈥六禮：婚禮有六：一曰納采，使人納其采擇之禮；二曰問名，問女之姓氏，以歸卜其吉凶；三曰納吉，問名之後，歸卜於廟，得吉兆，復使往告女家以定婚姻之事；四曰納徵，徵成也，使使者納幣以成婚禮；五曰請期，納徵之後，由夫家卜得吉日，使人往女家告之，期本夫家所定，以執謙，故遣使請於女家，謂之請期；六曰親迎，成婚之日，由壻率儀從、婦輿等至女家親導婦歸。㈦武興：胡三省曰：「武興城在令支東。」顧祖禹曰：「武興城在營州南，其西與令支城相近。」則武興當在今河北省遷安縣境。㈧將步騎數萬屯柳城西回水：《晉書・慕容皝載記》曰：「擁眾數萬屯於曲水亭。」胡三省曰：「回水，載記作曲水。水經注，陽樂水出上谷且居縣，東北流逕女祁縣，世謂之橫水，又謂之陽曲水，又濡河從塞外來，西北逕禦夷鎮城，又東北逕孤山南，又東南，水流回曲，謂之曲河鎮。又據載記，曲水當在好城西北。」趙一清曰：「胡氏所引，乃兩曲水，一為陽樂河，今宣化府龍門縣之龍門也；一為濡水，今灤河。兩地懸殊，非可混而為一。彼曲水文云：『濡水又東南，水流回曲，謂之曲河，鎮東北三百里。』所云鎮，即禦夷鎮也，此水在禦夷鎮之東北三百里，今胡氏乃誤為曲河鎮耳！且此曲水，史云柳城西則當在灤州東北界，去上各絕遠，引陽樂水之陽曲河當之，尤謬。」按趙說，載記所云曲水，即《水經注》之濡河，在柳城之西，禦夷鎮之西北，水流回曲之處。柳城故城在今遼寧省興城縣西南，禦夷鎮在今察哈爾省獨石、多倫二縣地。㊈安晉：安晉城，咸和八年皝所築。見咸和八年註㊂。㊉馬兜山：洪亮吉曰：「龍城縣有馬兜山。」龍城縣即今熱河省朝陽縣，其地在古柳城之北，龍山之南，慕容皝築城於此，徙柳城居之，更名曰龍城。⑪前廷尉孔坦：坦先以疾解廷尉職，故曰前。⑫郎中令：胡三省曰：「晉制王國乃有郎中令，皝未為王而僭置是官。」⑬夜郎：夜郎郡，惠帝永嘉五年，寧州刺史王遜分建寧郡立。故治在今雲南省石阡縣西南。⑭興古：興古郡，蜀漢後主建興三年分建寧、牂柯立，故治在今貴州省普安縣西。⑮索頭郁鞠：胡三省曰：「索頭，鮮卑種，言索頭，以別於黑匿郁鞠，以其辮髮，故謂之索頭。」⑯趙王虎作太武殿於襄國，作東西宮於鄴：胡三省曰：「東宮以居太子邃，西宮虎自居之。」《御覽》一七三引《鄴中記》曰：「自襄國至鄴二百里，中四十里輒立一宮，宮有一夫人，侍婢數十，黃門宿衞。石虎下輦，即止。凡虎所起內外大小殿、臺、觀、行宮四十四所。」又七〇〇引《拾遺記》曰：「石虎於太武殿前起樓，高十丈，結珠為簾，垂五色玉珮，風至鏗鏘和鳴。」《水經注》曰：「石氏於文昌故殿處造東西太武二殿於濟北穀城之山，採文石為基，一基下五百武直宿衞，屈柱趺瓦，悉鑄銅為之，金漆圖飾焉！城之西北有三臺，皆因城為之基，巍然崇舉，其高若山，建安十五年，魏武所起。中曰銅雀臺，高十丈，有屋百一間，石虎更增二丈，立一屋，連棟接榱，彌覆其上，盤廻隔之，名曰命子窟。又於屋上起五層樓，高十五丈，去地二十七丈。又作銅雀於樓巔，舒翼若飛。」按酈道元此注，石虎太武殿蓋造於鄴西，《晉書・石季龍載記》云虎起太武殿於襄國，恐誤。⑰甃：以磚壘築為井壁曰甃，引申為建築之義。⑱伏室：即地窖。⑲金璫銀楹：璫，椽頭之飾，班固〈西都賦〉：「裁金璧以飾璫。」金璫，以金為椽頭之飾。楹，柱也，銀楹，以銀為楹飾。⑳皆與外同：言後庭女官制度，悉與外朝同。㉑鹵簿：車駕法從次第謂之鹵簿。㉒紫綸巾：綸巾，冠名，蓋合絲為綸，染紫以織之。㉓五文織成鞾：織成，絲織品名，《廣雅》曰：「天竺國出細織成。」《魏略》曰：「大秦國用野繭絲作織成。」此言織絲為織成，使成五彩文以為鞾。㉔羽儀：胡三省曰：「羽儀，氅旄之屬。」蓋鹵簿旌旄之飾。㉕鼓吹：鳴鼓鉦以和簫笳之曲，享宴、出巡或軍行時皆用之。㉖嗷然：哀愁貌。㉗使牙門張彌徙洛陽鍾虡、九龍、翁仲、銅駝、飛廉於鄴：胡三省曰：「鍾虡、九龍、翁仲、銅駝、飛廉：皆魏明帝所鑄。」酈道元曰：「按秦始皇二十六年，長狄十二，見於臨洮，長五丈餘，以為善祥，鑄金人十二以象之，各重二十四萬斤，坐之宮門之前，謂之金狄。漢自阿房徙之未央宮前，俗謂之翁仲矣！」《史記》索隱引謝承《後漢書》曰：「銅人翁仲，翁仲其名也。」三輔舊事：『銅人十二，各重二十四萬斤。』漢代在長樂宮門前，董卓壞其十為錢，餘二猶在，石季龍徙之鄴，苻堅又徙之長安而銷之也。」則翁仲蓋秦皇所鑄金人，非魏明帝所鑄。㉘輞：胡三省曰：「考之字書無輞字，當作輞，音罔，車罔也。」按《說文》：「輮，車罔也。」段玉裁曰：「車罔者，輪邊圍繞如罔然。」㉙轍：車輪所輾之軌迹。㉚一鍾沒於河：《御覽》五七五引《趙書》曰：「將軍張珍領郡縣民丁萬人徙洛陽六鍾、鍾虡、九龍、翁仲、銅駝、飛廉，鍾一沒盟津中。」張珍，《御覽》七六九、《晉書・石季龍載記》並作張彌。㊁浮沒：能浮游水面，又能潛沒水中者。㊂竹絙：以竹篾編為大索。㊂鹿櫨：即今所謂滑輪，助力之器械。㊃萬斛之舟：舟大能容載萬斛之重者。㊄解飛：解姓，飛名。㊅林邑：《晉書・南蠻林邑國傳》云：「林邑國，本漢時象林縣，則馬援鑄柱之處也。後漢末，縣功曹姓區，有子曰連，殺令自立為王，子孫相承，其後王無嗣，外孫范熊代立，熊死，子逸立。」《水經注》引《林邑記》曰：「建武十九年，馬援樹兩銅柱於象林南界，與西屠國分漢之南疆也。」丁謙曰：「林邑記：『馬援樹銅柱二於西屠國界上。』西屠北距林邑二百餘里，在今南圻平定省境，知所樹銅柱在廣義省南界。」㊆椰酒：以椰釀酒。椰樹盛產於今中南半島，樹似檳榔，葉如鳳尾，實大如瓜，外有椶裹之，內有瓤，厚約半寸，其白如雪，味美，又內有汁升餘，清甜如密，瓤可食，汁可飲，其瓠可為飲器。㊇成公段：成公複姓，段名。㊈庭燎：胡三省曰：「古之人君，昧旦視朝，故設庭燎。」《小雅・庭燎》之詩曰：「庭燎之光。」傳曰：「庭燎，大燭。」疏云：「樹之於庭，燎之為明，是燭之大者。」㊉杠末：杠，旌旗之竿也。杠末，旌竿之巔。

三年（西元三三七年）

㈠春，正月，庚辰（正月戊子朔，無庚辰），趙太保夔安等文武五百餘人入上尊號，庭燎油灌下盤，死者二十餘人，【考異】載記云七人，今從三十國春秋。趙王虎惡之，腰斬成公段。辛巳（辛巳在二月），虎依殷周之制，稱大趙天王，即位於南郊。大赦。立其后鄭氏為天王皇后，太子邃為天王皇太子，諸子為王者，皆降為郡公。宗室為王者，降為縣侯，百官封署各有差。

㈡國子祭酒袁瓌、太常馮懷以江左寖安，請興學校，帝從之。辛卯（初四日），立太學，徵集生徒，而士大夫習尚老、莊，儒術終不振。瓌，渙之曾孫也㊀。

㈢三月，慕容皝於乙連城東築好城，以逼乙連㊁，留折衝將軍蘭勃守之。夏，四月，段遼以車數千兩，輸乙連粟，蘭勃擊而取之。六月，遼又遣其從弟揚威將軍屈雲將精騎夜襲皝子遵於興國城㊂，遵擊破之。

初，北平陽裕事段疾陸眷及遼五世㊃，皆見尊禮。遼數與皝相攻，裕諫曰：「親仁善鄰，國之寶也㊄。況慕容氏與我世婚，迭為甥舅㈥。虢有才德，而我與之搆怨，戰無虛月，百姓彫弊，利不補害，臣恐社稷之憂，將由此始。願兩追前失，通好如初，以安國息民。」遼不從，出裕為北平相。

㈣趙太子邃素驍勇，趙王虎愛之，常謂羣臣曰：「司馬氏父子兄弟自相殘滅，故使朕得至此。如朕有殺阿鐵㈦理否？」既而邃驕淫殘忍，好粧飾美姬，斬其首，洗血置盤上，與賓客傳觀之，又烹其肉共食之。河間公宣、樂安公韜皆有寵於虎，邃疾之如讎。虎荒耽酒色，喜怒無常，使邃省可尚書事，每有所關白，虎恚曰：「此小事，何足白也？」時或不聞，又恚曰：「何以不白？」誚責笞棰，月至再三㈧。邃私謂中庶子李顏等曰：「官家難稱㈨，吾欲行冒頓之事㈩，卿從我乎？」顏等伏不敢對。秋，七月，邃稱疾不視事，潛帥宮臣文武五百餘騎，飲於李顏別舍，因謂顏等曰：「我欲至冀州㈡，殺河間公，有不從者斬。」行數里，騎皆逃散。顏叩頭固諫，邃亦昏醉而歸。其母鄭氏聞之，私遣中人誚讓邃，邃怒殺之。佛圖澄謂虎曰：「陛下不宜數往東宮。」虎將視邃疾，思澄言而還，既而瞋目大言曰：「我為天下主，父子不相信乎？」乃命所親信女尚書㊁往察之。邃呼前與語，因抽劍擊之。虎怒，收李顏等詰問，顏具言其狀，殺顏等三十餘人，幽邃於東宮，既而赦之，引見太武東堂㊂，邃朝而不謝，俄頃即出。虎使謂之曰：「太子應朝中宮，豈可遽去？」邃徑出不顧。虎大怒，廢邃為庶人，其夜殺邃【考異】燕書文明紀云：「咸康四年四月，石虎至燕城下，會鄴使至，太子邃在後恣酒，入宮殺害石主大恐，狼狽引還。」又云：「初，帳下吳冑使鄴還，說四月浴佛日，行像詣宮，石太子邃騎出迎像，往來馳騁，無有儲君體。王曰：『古者觀威儀以定禍福，此子虎之副貳而輕佻無禮，將不得其死然。』及石主東歸，留邃監國，荒敗內亂，以致誅戮。」按十六國、晉春秋，殺邃皆在咸康三年，燕書恐誤，今從十六國、晉春秋。及其妃張氏，幷男女二十六人，同埋於一棺。誅其宮臣支黨二百餘人，廢鄭后為東海太妃，立其子宣為天王皇太子，宣母杜昭儀為天王皇后。

(五)安定侯子光㊃自稱佛太子，云從大秦國來，當王小秦國，聚眾數千人於杜南山㊄，自稱大黃帝，改元龍興，石廣討斬之。

(六)九月，鎮軍左長史封奕㊅等勸慕容皝稱燕王，皝從之。於是備置羣司，以封奕為國相，韓壽為司馬，裴開為奉常，陽騖為司隸，王寓為太僕，李洪為大理，杜羣為納言令㊆，宋該、劉睦、石琮為常伯(十八)，皇甫真、陽協為冗騎常侍(十九)，宋晃、平熙、張泓為將軍，封裕為記室監。洪，臻之孫(二十)；晃，奭之子也(二十一)。

冬，十月，丁卯(十四日)，皝即燕王位。大赦。十一月，甲寅(十一月癸未朔，無甲寅)，追尊武宣公(二十二)為武宣王，夫人段氏曰武宣后。立夫人段氏為王后，世子儁為王太子，如魏武、晉文輔政故事。

㈦段遼數侵趙邊，燕王皝遣揚烈將軍宋回稱藩於趙，乞師以討遼，自請盡帥國中之眾以會之，并以其弟寧遠將軍(二十三)汗為質。趙王虎大悅，厚加慰荅，辭其質遣還，密期以明年。

㈧是歲，趙將李穆納拓跋翳槐於大寧(二十四)，其故部落多歸之。代王紇那奔燕，國人復奉翳槐，城盛樂而居之。

㈨仇池氏王楊毅族兄初襲殺毅，并有其眾，自立為仇池公，稱臣於趙。

【今註】(一)瓌，渙之曾孫也：漢末，劉備舉袁渙茂才，後仕魏，行御史大夫事。(二)乙連：胡三省曰：「乙連城，段國之東境也，在曲水之西。」(三)興國城：胡三省曰：「興國城，蓋慕容氏所築。」

㊃事段疾陸眷及遼五世：自疾陸眷，歷涉復辰、末柸、牙、至遼凡五世。㊄親仁善鄰，國之寶也：左傳陳五父之言。㊅慕容氏與我世婚，迭為甥舅：胡三省曰：「廆、皝皆娶於段氏，蓋前此慕容氏亦女於段也。」㊆阿鐵：邃小字。㊇月至再三：言邃受虎誚責笞棰，每月或至二次，或三次。㊈官家難稱：官家謂虎，兩晉南北朝，臣下率稱天子曰官家。難稱，謂難副其意。㊉吾欲行冒頓之事：冒頓弒其父頭曼單于自立，事見卷十一漢書高帝六年。邃蓋欲弒其父虎。⑪冀州：冀州治信都，石宣鎮此。⑫女尚書：《御覽》一四五引陸翽《鄴中記》曰：「石虎征討所得美女萬餘，以為宮人，簡其有才藝者為女尚書。」⑬太武東堂：太武有東西二殿，參見咸康二年註⑯。太武東堂，蓋即太武東殿。⑭侯子光：《晉書・石季龍載記》作侯子光，《御覽》三七九引《十六國春秋・後趙錄》作劉光，未知孰誤。⑮杜南山：《御覽》三七九引《十六國春秋・前趙錄》作南山。胡三省曰：「杜南山，京兆杜陵縣之南山也。」按即今之終南山。⑯鎮軍左長史封奕：晉以皝為鎮軍大將軍，皝以奕為左長史。⑰納言令：胡三省曰：「納言令，晉之尚書令。」⑱常伯：胡三省曰：「常伯，晉之侍中。」⑲冗騎常侍：胡三省曰：「冗騎常侍，晉之散騎常侍。」⑳洪，臻之孫：李臻見卷八十七懷帝永嘉三年。㉑晃，奭之子也：宋奭見卷八十八愍帝建興元年。㉒武宣公：慕容廆謚武宣公。㉓寧遠將軍：《宋書・百官志》曰：「寧遠將軍，晉江左置。」按寧遠之號，始見於此。㉔趙將李穆納拓跋翳槐於大寧：翳槐奔鄴見咸康元年。大寧故城在今熱河省平泉縣東北。

卷九十六　晉紀十八

起著雍閹茂，盡重光赤奮若，凡四年。（戊戌至辛丑，西元三三八年至三四一年）

司馬光編集
林瑞翰註

顯宗成皇帝中之下

咸康四年（西元三三八年）

㈠春，正月，燕王皝遣都尉趙槃如趙聽師期。趙王虎將擊段遼，募驍勇者三萬人，悉拜龍騰中郎㊀，會遼遣段屈雲襲趙幽州，幽州刺史李孟退保易京㊁，虎乃以桃豹為橫海將軍㊂，王華為渡遼將軍，帥舟師十萬出漂渝津㊃，支雄為龍驤大將軍，姚弋仲為冠軍將軍，帥步騎七萬為前鋒以伐遼。

㈡三月，趙槃還至棘城。燕王皝引兵攻掠令支以北諸城，段遼將追之，慕容翰曰：「今趙兵在南，當并力禦之，而更與燕鬬，燕王自將而來，其士卒精銳，若萬一失利，將何以禦南敵乎？」段蘭怒曰：「吾前為卿所誤㊄，以成今日之患，吾不復墮卿計中矣！」乃悉將見眾追之。虬設伏以待之，大破蘭兵，斬首數千級，掠五千戶及畜產萬計以歸。

趙王虎進屯金臺㈥，支雄長驅入薊，段遼所署漁陽、上谷、代郡守、相皆降，取四十餘城。北平相陽裕，帥其民數千家登燕山㈦以自固，諸將恐其為後患，欲攻之。虎曰：「裕，儒生，矜惜名節，恥於迎降耳，無能為也！」遂過之，至徐無㈧。

段遼以其弟蘭既敗，不敢復戰，帥妻子宗族豪大㈨千餘家，棄令支，奔密雲山㈩。將行，執慕容翰手泣曰：「不用卿言，自取敗亡，我固甘心，令卿失所，深以為愧！」翰北奔宇文氏。

遼左右長史劉羣、盧諶、崔悅等封府庫請降⑪。虎遣將軍郭太、麻秋帥輕騎二萬追遼，至密雲山，獲其母妻，斬首三千級。遼單騎走險⑫，遣其子乞特真奉表及獻名馬於趙，虎受之。虎入令支宮⑬，論功封賞各有差，徙段國民二萬餘戶於司、雍、兗、豫四州，士大夫之有才行，皆擢敍之。

陽裕詣軍門降，虎讓之曰：「卿昔為奴虜走，今為士人來，豈識知天命？將逃匿無地邪？」對曰：「臣昔事王公⑭，不能匡濟，逃於段氏⑮，復不能全。今陛下天網高張，籠絡四海，幽、冀豪傑，莫不風從。如臣比肩，無所獨愧。生死之命，惟陛下制之。」虎悅，即拜北平太守。

㈢夏，四月，癸丑（初三日），以慕容皝為征北大將軍、幽州牧，領平州刺史。

㈣成主期驕虐日甚，多所誅殺，而籍沒其資財婦女，由是大臣多不自安。漢王壽素貴重，有威名，期及建寧王越等皆忌之。壽懼不免，每當入朝，常詐為邊書，辭以警急⑯。初，巴西處士龔壯父、叔皆為李特所殺，壯欲報仇，積年不除喪。壽數以禮辟之，壯不應而往見壽，壽密問壯以自安之策。壯曰：「巴蜀之民，本皆晉臣，節下⑰若能發兵西取成都，稱藩於晉，誰不爭為節下奮臂前驅者？如此，則福流子孫，名垂不朽，豈徒脫今日之禍而已！」壽然之。陰與長史略陽羅恆、巴西解思明謀攻成都。期頗聞之，數遣許涪⑱至壽所，伺其動靜；又鴆殺壽養弟安北將軍攸。壽乃詐為妹夫任調書，云期當取壽㊈，其眾信之，遂帥步騎萬餘人自涪襲成都，許賞以城中財物，以其將李奔為前鋒。期不意其至，初不設備。壽世子勢為翊軍校尉，開門納之，遂克成都，屯兵宮門。期遣侍中勞壽，壽奏建寧王越、景騫、田褒、姚華、許涪及征西將軍李遐、將軍李西等，懷姦亂政，皆收殺之，縱兵大掠，數日乃定。壽矯以太后任氏令，廢期為邛都縣⑳公，幽之別宮，追諡戾太子曰哀皇帝㉑，羅恆、解思明、李奔等勸壽稱鎮西將軍、益州牧、成都王，稱藩於晉，送邛都公於建康；任調及司馬蔡興、侍中李豔等，勸壽自稱帝。壽命筮㉒之，占者曰：「可數年天子。」調喜曰：「一日尚足，況數年乎？」思明曰：「數年天子，孰與百世諸侯？」壽曰：「朝聞道，夕死可矣㉓！」遂即皇帝位㉔，改國號曰漢。大赦，改元漢興。以安車束帛徵龔壯為太師，壯誓不仕，壽所贈遺，一無所受。壽改立宗廟，追尊父驤曰獻皇帝，母昝氏曰皇太后，立妃閻氏為皇后，世子勢為皇太子，更以舊廟為大成廟㉕，凡諸制度，多所更易。以董皎為相國，羅恆為尚書令，解思明為廣漢太守，任調為鎮北將軍、梁州刺史，李弈為西夷校尉，從子權為寧州刺史。公、卿、州、郡，悉用其僚佐代之，成氏舊臣、近親及六郡士人㉖，皆見疏斥。邛都公期歎曰：「天下主乃為小縣公，不如死。」五月，縊而卒㉗。壽謚曰幽公，葬以王禮。

㈤趙王虎以燕王皝不會趙兵攻段遼，而自專其利㉘，欲伐之。太史令趙攬諫曰：「歲星守燕分，師必無功㉙。」虎怒，鞭之。皝聞之，嚴兵設備，罷六卿、納言、常伯、冗騎常侍官㉚。趙戎卒數十萬，燕人震恐。皝謂內史高詡㉛曰：「將若之何？」對曰：「趙兵雖彊，然不足憂，但堅守以拒之，無能為也。」虎遣使四出招誘民夷，燕成周內史㉜崔燾、居就㉝令游泓、武原㉞令常霸、東夷校尉封抽、護軍宋晃等皆應之，凡得三十六城。泓，邃之兄子也㉟。冀陽㊱流寓之士，共殺太守宋燭以降於趙。燭，晃之從兄也。營丘內史㊲鮮于屈亦遣使降趙，武寧㊳令廣平孫興曉諭吏民共收屈，數其罪而殺之，閉城拒守。朝鮮㊴令昌黎孫泳，帥眾拒趙，大姓王清等密謀應趙，泳收斬之，同謀數百人，惶怖請罪，泳皆釋之，與同拒守。樂浪太守鞠彭㊵，以境內皆叛，選鄉里壯士二百餘人共還棘城。

戊子（初九日），趙兵進逼棘城，燕王皝欲出亡。帳下將慕輿根諫曰：「趙彊我弱，大王一舉足，則趙之氣勢遂成。使趙人收略國民㊶，兵彊穀足，不可復敵。竊意趙人正欲大王如此耳！奈何入其計中乎？今固守堅城，其勢百倍，縱其急攻，猶足枝持。觀形察變，間出求利㊷，如事之不濟，不失於走，奈何望風委去，為必亡之理乎？」皝乃止，然猶懼形於色。玄菟太守河間劉佩曰：「今彊寇在外，眾心恟懼，事之安危，繫於一人。大王此際無所推委㊸，當自彊以厲將士，不宜示弱。事急矣，臣請出擊之，縱無大捷，足以安眾。」乃將敢死數百騎出衝趙兵，所向披靡，斬獲而還。於是士氣自倍。

皝問計於封奕，對曰：「石虎凶虐已甚，民神共疾，禍敗之至，其何日之有？今空國遠來，攻守勢異，戎馬雖彊，無能為患；頓兵積日，釁隙自生。但堅守以俟之耳！」皝意乃安。或說皝降，皝曰：「孤方取天下，何謂降也？」

趙兵四面蟻附緣城(四四)，慕輿根等晝夜力戰，凡十餘日，趙兵不能克。壬辰（十三日），引退。皝遣其子恪帥二千騎追擊之，趙兵大敗，斬獲三萬餘級，趙諸軍皆棄甲逃潰，惟游擊將軍石閔一軍獨全。閔父瞻，內黃(四五)人，本姓冉，趙主勒破陳午獲之，命虎養以為子。閔驍勇善戰，多策略，虎愛之，比於諸孫。

虎還鄴，以劉羣為中書令，盧諶為中書侍郎。蒲洪以功拜使持節都督六夷諸軍事、冠軍大將軍，封西平郡公。

石閔言於虎曰：「蒲洪雄雋，得將士死力，諸子皆有非常之才，且握彊兵五萬，屯據近畿(四六)，宜密除之，以安社稷。」虎曰：「吾方倚其父子以取吳、蜀，奈何殺之？」待之愈厚。

燕王皝分兵討諸叛城，皆下之，拓境至凡城(四七)。崔燾、常霸奔鄴，封抽、宋晃、游泓奔高句麗。皝賞鞠彭、慕輿根等，而治諸叛者，誅滅甚眾。功曹劉翔為之申理，多所全活。

趙之攻棘城也，燕右司馬李洪之弟普，以為棘城必敗，勸洪出避禍。洪曰：「天道幽遠，人事難知。且當委任㊽，勿輕動取悔。」普固請不已，洪曰：「卿意見明審者，當自行之。吾受慕容氏大恩，義無去就，當効死於此耳！」與普流涕而訣。普遂降趙，從趙軍南歸，死於喪亂，洪由是以忠篤著名。

趙王虎遣渡遼將軍曹伏將青州之眾戍海島㊾，運穀三百萬斛以給之。又以船三百艘運穀三十萬斛詣高句麗，使典農中郎將王典帥眾萬餘屯田海濱；又令青州造船千艘，以謀擊燕。

㈥趙太子宣帥步騎二萬擊朔方鮮卑斛摩頭，破之，斬首四萬餘級。

㈦冀州八郡大蝗，趙司隸㊿請坐守、宰，趙王虎曰：「此朕失政所致，而欲委咎守、宰，豈罪己之意邪？司隸不進讜言；佐朕不逮，而欲妄陷無辜，可白衣領職㊀。」虎使襄城公涉歸、上庸公日歸㊁帥眾戍長安，二歸告鎮西將軍石廣私樹恩澤，潛謀不軌，虎追廣至鄴，殺之。

㈧乙未（十六日），以司徒導為太傅；都督中外諸軍事，郗鑒為太尉，庾亮為司空。六月，以導為丞相，罷司徒官，以并丞相府[53]。

導性寬厚，委任諸將趙胤、賈寧等，多不奉灋，大臣患之。庾亮與郗鑒牋曰：「主上自八九歲以及成人，入則在宮人之手，出則唯武官、小人。讀書無從受音句，顧問未嘗遇君子。秦政欲愚其黔首[54]，天下猶知不可，況欲愚其主哉？人主春秋既盛，宜復子明辟，不稽首歸政，甫居師傅之尊，多養無賴之士。公與下官並荷託付之重[55]，大姦不掃，何以見先帝於地下乎？」欲共起兵廢導，鑒不聽。南蠻校尉陶稱，侃之子也，以亮謀語導。或勸導密為之備，導曰：「吾與元規休戚是同，悠悠之談，宜絕智者之口[56]。則如君言，元規若來，吾便角巾還第，復何懼哉？」又與稱書，以為庾公，帝之元舅，宜善事之。征西參軍孫盛密諫亮曰：「王公常有世外之懷[57]，豈肯為凡人事[58]邪？此必佞邪之徒，欲間內外耳！」亮乃止。盛，楚之孫也[59]。

是時亮雖居外鎮，而遙執朝廷之權，既據上流，擁彊兵，趣勢者多歸之。導內不能平，常遇西風塵起，舉扇自蔽，徐曰：「元規塵汙人(六〇)。」

導以江夏李充為丞相掾，充以時俗崇尚浮虛，乃著學箴，以為：老子云「絕仁棄義，民復孝慈」。豈仁義之道絕，然後孝慈乃生哉？蓋患乎情仁義者寡，而利仁義者眾，將寄責於聖人，而遺累乎陳迹也！凡人見形者眾，及道者鮮，逐迹逾篤，離本逾遠，故作學箴以祛(六一)其蔽，曰：「名之攸彰，道之攸廢，乃損所隆，乃崇所替(六二)。非仁無以長物，非義無以齊恥，仁義固不可遠，去其害仁義者而已(六三)。」

(九)漢李奕從兄廣漢太守乾告大臣謀廢立，秋，七月，漢主壽使其子廣與大臣盟於前殿，徙乾為漢嘉太守，以李閎為荊州刺史，鎮巴郡。閎，恭之子也(六四)。

八月，蜀中久雨，百姓饑疫，壽命羣臣極言得失。龔壯上封事，稱：「陛下起兵之初，上指星辰，昭告天地，歃血盟眾，舉國稱藩(六五)，天應人悅，大功克集。而論者未諭(六六)，權宜稱制(六七)。今淫雨百日，饑疫並臻，天其或者將以監示陛下故也。愚謂宜遵前盟，推奉建康，彼必不愛高爵重位，以報大功。雖降階一等(六八)，而子孫無窮，永保福祚，不亦休哉！論者或言二州(六九)附晉則榮，六郡人(七〇)事之不便。昔公孫述在蜀，羈客用事(七一)；劉備在蜀，楚士多貴(七二)。及吳、鄧(七三)西伐，舉國屠滅，寧分客土？論者不達安固之基，苟惜名位，以為劉氏守、令，方仕州郡(七四)，曾不知彼乃國亡主易，豈同今日義舉，主榮臣顯哉(七五)？論者又謂臣當為濮正(七六)，臣蒙陛下大恩，恣臣所安；至於榮祿，無問漢、晉，臣皆不處(七七)，復何為效濮正乎？」壽省書內慙，祕而不宣。

(十)九月，漢僕射任顏謀反誅。顏，任太后之弟也，漢主壽因盡誅成主雄諸子(七八)。

(十一)冬，十月，光祿勳顏含以老遜位。論者以王導帝之師傅，名位隆重，百僚宜為降禮(七九)，太常馮懷以問含。含曰：「王公雖貴重，理無偏敬(八〇)，降禮之言，或是諸君事宜，鄙人老矣，不識時務。」既而告人曰：「吾聞伐國不問仁人(八一)，向馮祖思問佞於我(八二)，我豈有邪德乎？」郭璞嘗遇含，欲為之筮(八三)，含曰：「年在天，位在人。脩己而天不與者，命也；守道而人不知者，性也。自有性命，無勞蓍龜。」致仕二十餘年，年九十三而卒。

㈦代王翳槐之弟什翼犍質於趙㈧，翳槐疾病，命諸大人立之。翳槐卒，諸大人梁蓋等以新有大故㈤，什翼犍在遠，來未可必，比其至，恐有變亂，謀更立君。而翳槐次弟屈，剛猛多詐，不如屈弟孤仁厚，乃相與殺屈立孤。孤不可，自詣鄴迎什翼犍，請身留為質，趙王虎義而俱遣之。十一月，什翼犍即代王位於繁畤㈥北，改元曰建國，分國之半以與孤。

初，代王猗盧既卒，國多內難，部落離散㈦，拓跋氏寖衰。及什翼犍立，雄勇有智略，能脩祖業，國人附之。始置百官，分掌眾務。以代人燕鳳為長史，許謙為郎中令。始制反逆、殺人、姦盜之灋，號令明白，政事清簡，無繫訊連逮之煩，百姓安之。於是東自濊貊㈧，西及破落那㈨，南距陰山，北盡沙漠，率皆歸服，有眾數十萬人。

㈦十二月，段遼自密雲山遣使求迎於趙，既而中悔，復遣使求迎於燕。趙王虎遣征東將軍麻秋帥眾三萬迎之，敕秋曰：「受降如受敵，不可輕也。」以尚書左丞陽裕，遼之故臣，使為秋司馬。燕王皝自帥諸軍迎遼，遼密與燕謀覆趙軍。皝遣慕容恪伏精騎七千於密雲山，大敗麻秋於三藏口（九〇），死者什六七，秋步走得免，陽裕為燕所執。趙將軍范陽鮮于亮失馬，步緣山不能進，因止端坐。燕兵環之，叱令起。亮曰：「身是貴人，義不為小人所屈，汝曹能殺亟殺，不能則去。」亮儀觀豐偉，聲氣雄厲，燕兵憚之，不敢殺，以白皝。皝以馬迎之，與語，大悅，用為左常侍（九一）。以崔毖之女妻之。皝盡得段遼之眾，待遼以上賓之禮，以陽裕為郎中令。趙王虎聞麻秋敗，怒，削其官爵。

【今註】㊀龍騰中郎：《晉書・石季龍載記》云：「咸康二年，季龍改直盪為龍騰，冠以絳幘。」㊁易京：李賢曰：「前漢易縣，屬涿郡，公孫瓚失利，築京自固，號曰易京。其城三重，周圍六里。」易縣，後漢屬河間郡，晉改曰易城縣，屬河間國，易京蓋在其西，在今河北省雄縣西北。㊂橫海將軍：胡三省曰：「橫海將軍，蓋石氏創置。」㊃漂渝津：《水經》曰：「清河又東北過漂榆邑，入於海。」注曰：「清河又東逕漂榆邑故城南，俗謂之角飛城。趙記云：『石勒使王述煮鹽於角飛。』」

即城異名也。魏土地記曰：『渤海郡高城縣東北百里，北盡漂榆，東臨巨海。民咸煮海水，藉鹽為業。』即此城也。」則漂渝當從《水經》作漂榆，《晉書・石季龍載記》作漂諭，〈慕容德載記〉又誤作摽榆。顧祖禹曰：「漂榆津在鹽山縣東北百里。」鹽山縣，今屬河北省。㊄吾前為卿所誤：牛尾谷之捷，段蘭欲乘勝滅䲢，為翰所阻，故云。事見上卷咸和八年。㊅金臺：《水經注》曰：「濡水又分為二瀆，一水逕故安城西側，城南注易水；其一水東去，注金臺陂。陂東西六七里，南北五里，陂北十餘步有金臺，臺上東西八十許步，南北如減，北有小金臺，臺北有蘭馬臺，並悉高數丈，杜礎尚存。訪諸耆舊，咸言昭王禮賓，廣延方士，燕昭創之於前，子丹踵之於後。故雖牆敗館，尚傳鐫刻之名，雖無經記可憑，察望古蹟，似符宿傳矣！」則金臺當在涿郡故安縣境，故安，即戰國燕之武陽邑，金臺故址蓋在今河北省易縣東南。㊆燕山：燕山在今河北省薊縣東南，自西山一帶迤邐而東，高巍陡絕不可攀，延袤數百里，直抵海岸。蘇軾詩云：「燕山如長蛇，千里限夷漢。」㊇徐無：徐無縣，漢屬右北平，晉屬北平郡，今河北省玉田縣東有徐無故城，即古徐無縣地。㊈豪大：胡三省曰：「豪大，猶言豪帥也。是時東北夷率謂主帥為大，部帥曰部大，城主曰城大是也。」㊉密雲山：顧祖禹曰：「密雲山在密雲縣南十五里，一名橫山。」密雲縣，今屬河北省。㊁遼左右長史劉羣、盧諶、崔悅等封府庫請降：羣、諶、悅等奔令支見卷九十元帝大興元年。㊂走險：赴險而遁。㊂今支宮：段氏都令支，以其所居為宮。㊃王公：謂王浚。㊄逃於段氏：裕奔段氏見卷八十九愍帝建興二年。㊅壽懼不免，每當入朝，常詐為邊書，辭以警急：壽時鎮涪，涪於成為邊鎮。㊆節下：

胡三省曰：「魏晉以來，持節、假節出當方面者，人皆稱之為節下。」⑱許涪：涪時為期中常侍。⑲壽乃詐為妹夫任調書，云期當取壽：詐言期欲取壽，蓋欲以激怒其眾。⑳邛都縣：屬越巂郡，故城在今四川省西昌縣東南。㉑追謚戾太子曰哀皇帝：期弒其主班，謚曰戾太子，見上卷咸和九年。㉒筮：以蓍草占卦曰筮。㉓朝聞道，夕死可矣：引《論語》孔子之言。㉔遂即皇帝位：壽字武考，驤之子也。㉕更以舊廟為大成廟：舊廟，成主祀李特、李雄之廟。雄建國號曰成，壽更國號曰漢，改立宗廟，故以特、雄廟曰大成廟。㉖六郡人士：謂與李特兄弟同入蜀者。㉗五月，縊而卒：《晉書・李期載記》曰：「咸康三年，自縊而死，時年二十五，在位二年。」按〈成帝紀〉，期以咸和九年十月立，咸康四年四月卒，《華陽國志》在五月，則在位凡五年，與載記異。常璩親見此事，則《華陽志》所述必無誤。又《華陽志》言期被殺，〈成帝紀〉亦云壽弒期，載記云自縊而死，亦非實錄。又《華陽志》云期死年二十四，亦與載記異。㉘趙王虎以燕王皝不會趙兵攻段遼，而自專其利：謂皝自將兵攻遼，不待趙師至而擅掠段氏民戶、畜產以歸。㉙歲星守燕分，師必無功：《晉書・天文志》曰：「歲星曰東方春木，其所居久，其國有德厚，五穀豐昌，不可伐。」故攬謂趙伐燕必無功。㉚罷六卿、納言、常伯、冗騎常侍官：燕於去年設六卿、常伯諸官，至是俱罷之。㉛內史高詡：內史，燕國內史。皝為燕王，以詡為內史。㉜成周內史：慕容廆設成周郡以處豫州流人，見卷八十八愍帝建興元年。皝既稱燕王，故其封內諸郡長官皆稱內史。㉝居就：居就縣，漢屬遼東郡，晉屬遼東國，故城在今遼寧省遼陽縣西南。㉞武原：胡三省曰：「武原，蓋慕容氏所置縣也。」其地今闕。

㉟泓，邃之兄子也：游邃見卷八十八愍帝建興元年。㊱冀陽：冀陽郡，亦慕容廆所置，以處冀州流人，見卷八十九愍帝建興二年。㊲營丘內史：營丘郡，亦慕容廆所置，以處青州流人，見卷八十九愍帝建興二年。㊳武寧：胡三省曰：「武寧縣，慕容氏所置。」其地今闕。㊴朝鮮：《晉書・地理志》樂浪郡有朝鮮縣，兩漢舊縣，按即今朝鮮之平壤。胡三省以為此朝鮮蓋慕容氏所置，非古朝鮮城，見下注。㊵樂浪太守鞠彭：胡三省曰：「樂浪，非漢古郡地也，慕容廆所置。以五代志考之，浪樂郡、朝鮮、武寧等縣當盡在隋遼西郡柳城縣界。」隋柳城縣，蓋唐營州，即今熱河省朝陽縣。廆置樂浪郡見卷八十八愍帝建興元年。彭，羨之子，仕晉為東萊太守，與鄉里千餘家浮海歸慕容廆，見卷九十一元帝太興二年。㊶收略國民：收略燕國之民。㊷閒出求利：謂伺閒出擊，以求勝敵。㊸大王此際無所推委：謂皝於此危急之時，不宜推卸職責以委於人。㊹蟻附緣城：謂冒矢石附城而上，若羣蟻然。㊺內黃：內黃縣，屬魏郡，蓋戰國魏之黃邑，黃池在其西。《水經注》引《地理風俗記》曰：「陳留有外黃，故加內曰內黃。」故城在今河南省內黃縣西北。㊻屯據近畿：胡三省曰：「近畿，謂洪屯枋頭，距鄴為近。」㊼凡城：凡城縣，漢置，屬右北平，晉廢，故城當在今熱河省平泉縣境。按《水經注》，凡城在平剛故城西南可百八十里。平剛，漢縣，屬右北平，故城在今平泉縣境。㊽當委任：言為皝所委付而身當其任。㊾趙王虎遣渡遼將軍曹伏將青州之眾戍海島：按《晉書・石季龍載記》，虎本遣伏渡海戍蹋頓城，無水而還，因戍於海島。㊿趙司隸：胡三省曰：「趙都鄴，以冀州為司部。」（五一）白衣領職：白衣，民庶之服。言黜其品秩同於民庶，而仍領司隸之職。（五二）襄城

公涉歸、上庸公日歸：胡三省曰：「二歸亦石氏之族。」(53)以導為丞相，罷司徒官，以幷丞相府：後漢及魏晉以太尉、司徒、司空為三公，司徒即西漢丞相之職，然丞相位冠百僚，品秩獨尊，而司徒則位在太尉下。今以導為丞相，蓋當時殊禮，導薨，復罷丞相為司徒。(54)秦政欲愚其黔首：秦始皇名政，命民曰黔首，焚詩書以愚之。(55)公與下官並荷託付之重：言鑒與己並受遺詔於先帝，付以幼孤而託之。(56)悠悠之談，宜絕智者之口：胡三省曰：「言智者之口，不宜亦傳道悠悠之談。」悠悠猶悠謬，悠悠之談，意即謠傳無據之談。(57)王公常有世外之懷：言導心常欲謝事，優游於人世之外。(58)凡人事：估權釣譽，皆凡人之事。(59)盛，楚之孫也：孫楚，晉初名士，仕至馮翊太守。(60)常遇西風塵起，舉扇自蔽，徐曰，元規塵汙人：胡三省曰：「常當作嘗。」劉孝標曰：「王公雅量通濟，庾亮之在武昌，傳其應下，公以識度裁之，囂言自息，豈或回貳有塵扇之事乎！」(61)祛：除也。(62)名之攸彰，道之攸廢，乃損所隆，乃崇所替：攸，憂恤也。言名憂其彰，道憂其廢，所宜隆者道，今乃損之，所宜替者名而乃崇之。(63)非仁無以長物，非義無以齊恥，仁義固不可遠，去其害仁義者而已：言仁非無以長物，義非無以齊恥，但宜去有害於仁義者耳，人固不可以遠仁義。(64)閎，恭之子也：李恭，攀之弟，見卷八十四惠帝永寧元年。(65)舉國稱藩：舉全漢之地以稱藩於晉。(66)論者未諭：論事者未能曉諭壽意。(67)稱制：謂壽即皇帝位。(68)雖降階一等：言若稱藩於晉，必得王封，王於皇帝但去一階。(69)二州：謂梁、益二州之民。(70)六郡人：隨李特兄弟入蜀而羈旅在蜀者。(71)昔公孫述在蜀，羈客用事：胡三省曰：「荊邯、王元、田戎、延岑，皆羈客也。」(72)劉備在蜀，楚士多貴：胡三省曰：「龐統、黃忠、董和、劉巴、馬良兄弟、呂艾、廖立、李嚴、楊儀、魏延、蔣琬、費禕、董允等，皆楚士也。」⑬吳、鄧：吳漢、鄧艾。⑭以為劉氏守、令，方仕州郡：言昔仕蜀漢為守、令者，及蜀之亡，但仕晉為州郡之僚佐。⑮豈同今日義舉，主榮臣顯哉：今若舉國奉晉，是為義舉，如是晉必加寵秩，則主榮而臣顯。⑯論者又謂臣當為灋正：胡三省曰：「法正啓劉備以取成都，壯亦教壽取李期，故論者以比之。」⑰無問漢、晉，臣皆不處：壯自謂無心於榮祿，既不仕漢，亦不仕晉。⑱顏，任太后之弟也，漢主壽因盡誅成主雄諸子：胡三省曰：「任后，雄之正室也。壽以任顧之反，必以立諸甥為主，故盡誅雄諸子以絕人望。」⑲降禮：胡三省曰：「降禮，謂拜之。」按以拜禮見導，是自降一等，故曰降禮。⑳偏敬：胡三省曰：「臣子惟拜君父，施之於導，則為偏敬。」㉑吾聞伐國不問仁人，董仲舒曰：「昔者魯君問柳下惠：『吾欲伐齊，何如？』柳下惠曰：『不可。』歸而有憂色，曰：『吾聞伐國不問仁人，此言何為至於我哉！』」含蓋以此自比，自謂已無邪德，馮懷不宜以拜導之事問之。㉒向馮祖思問佞於我：向者，昔時；祖思，馮懷字。懷問含以拜導之事，故含斥之為佞。㉓郭璞嘗遇含，欲為之筮：璞時已歿，此蓋因含請老而追述其事以見其識守。㉔代王翳槐之弟什翼犍質於趙：其事見卷九十四咸和四年。㉕大故：謂大喪。《孟子．滕文公》曰：「今也不幸，至於大故。」大故，謂滕定公之薨。㉖繁畤：繁畤縣，漢屬鴈門郡，漢末匈奴侵寇，舊縣荒廢，晉復立，仍屬鴈門郡，故城在今山西省渾源縣西。㉗初，代王猗盧既卒，國多內難，部落離散：事見卷八十九愍帝建興四年。㉘濊貊：種族名，古北貉之一部，兩漢時稱為東夷，在樂浪之東，辰韓之北，高句麗、沃沮之南，東至於海，即今遼寧省鳳城縣東及朝鮮江源道一帶之地。㈧破落那：《新唐書・西域傳》曰：「寧遠者，本拔汗那，或曰潑汗，元魏時謂之破落那。去長安八千里，居西鞬城，在真珠河之北。」㈨三藏口：趙一清曰：「三藏口，蓋三藏水所會之口也，在今古北口塞外。」顧祖禹曰：「密雲縣東北武列水，亦曰三藏川。」按今之熱河，即古武列水，其水有三源，東源曰東藏水，中源曰中藏水，西源曰西藏水，合流後始稱武列水，故武列水有三藏川之稱。熱河流經今熱河省承德縣，有溫泉注之，其水溫熱，故亦稱熱河，南流注於灤河。㈩左常侍：《晉書・職官志》，諸王國大國置左右常侍各一人。杜佑曰：「大國置左右常侍各二人，次國各一人。」與志異。

五年（西元三三九年）

㈠春，正月，辛丑（二十五日），大赦。

㈡三月，乙丑（三月丙子朔，無乙丑），廣州刺史鄧岳將兵擊漢寧州，漢建寧太守孟彥執其刺史霍彪以降㈠。

㈢征西將軍庾亮，欲開復中原，表桓宣為都督沔北前鋒諸軍事、司州刺史，鎮襄陽；又表其弟臨川太守懌為監梁、雍二州諸軍事、梁州刺史，鎮魏興㈡；西陽太守翼為南蠻校尉，領南郡太守，鎮江陵；皆假節。又請解豫州以授征虜將軍毛寶，詔以寶監揚州之江西諸軍事、豫州刺史，與西陽太守樊峻帥精兵萬人戍邾城㈢；以建威將軍陶稱為南中郎將，江夏相，入沔中。稱將二百人下見亮㈣，亮素惡稱輕狡，數稱前後罪惡，收而斬之㈤。後以魏興險遠，命庾懌徙屯半洲㈥，更以武昌太守陳囂為梁州刺史，趣漢中；遣參軍李松攻漢巴郡、江陽。夏，四月，執漢荊州刺史李閎㈦、巴郡太守黃植，送建康。漢王壽以李奕為鎮東將軍，代閎守巴郡。庾亮上疏，言蜀甚弱而胡尚彊，欲帥大眾十萬，移鎮石城，遣諸軍羅布江、沔，為伐趙之規。帝下其議，丞相導請許之，太尉鑒議，以為資用未備，不可大舉，太常蔡謨議，以為：「時有否泰，道有屈伸，苟不計彊弱而輕動，則亡不終日，何功之有？為今之計，莫若養威以俟時，時之可否，繫胡之彊弱，胡之彊弱，繫石虎之能否。自石勒舉事，虎常為爪牙，百戰百勝，遂定中原，所據之地，同於魏世。勒死之後，虎挾嗣君誅將相㈧，內難既平，翦削外寇，一舉而拔金墉，再戰而禽石生，誅石聰如拾遺，取郭權如振槁⑨，四境之內，不失尺土。以是觀之，虎為能乎，將不能也？論者以胡前攻襄陽不能拔⑩，謂之無能為。夫百戰百勝之彊，而以不拔一城為劣，譬如射者百發百中而一失，可以謂之拙乎？且石遇，偏師也；桓平北⑪，邊將也；所爭者疆埸之士⑫，利則進，否則退，非所急也。今征西⑬以重鎮名賢，自將大軍，欲席卷河南，虎必自帥一國之眾，來決勝負，豈得以襄陽為比哉？今征西欲與之戰，何如石生？若欲城守，何如金墉？欲阻沔水，何如大江？欲拒石虎，何如蘇峻？凡此數者，宜詳校之。石生猛將，關中精兵，征西之戰，殆不能勝也；又當是時洛陽、關中皆舉兵擊虎，今此三鎮，反為其用⑭，方之於前，倍半之勢也。石生不能敵其半，而征西欲當其倍，愚所疑也！蘇峻之彊，不及石虎，沔水之險，不及大江，大江不能禦蘇峻，而欲以沔水禦石虎，又所疑也！昔祖士稚⑮在譙，佃於城北界，胡來攻，豫置軍屯以禦其外，穀將熟，胡果至，丁夫戰於外，老弱穫於內，多持炬火，急則燒穀而走。如此數年，竟不得其利。當是時，胡唯據河北，方之於今，四分之一耳㊅！士稚不能捍其一，而征西欲以禦其四，又所疑也！然此但論征西既至之後㊆耳，尚未論道路之盧也。自沔以西，水急岸高，魚貫泝流，首尾百里㊇，若胡無宋襄之義㊈，及我未陣而擊之，將若之何？今王士與胡，水陸異勢，便習不同㊉。胡若送死，則敵之有餘；若棄江遠進，以我所短，擊彼所長，懼非廟勝之筭！」朝議多與謨同，乃詔亮不聽移鎮。

㈣燕前軍師慕容評、廣威將軍㊁慕容軍、折衝將軍慕輿根、蕩寇將軍慕輿泥，襲趙遼西，俘獲千餘家而去。趙鎮遠將軍㊂石成、積弩將軍呼延晃、建威將軍張支等追之，評等與戰，斬晃、支首。

㈤段遼謀反於燕，燕人殺遼及其黨與數十人，送遼首於趙。

㈥五月，代王什翼犍會諸大人於參合陂㊃，議都灅源川。其母王氏曰：「吾自先世以來，以遷徙為業㊄，今國家多難，若城郭而居，一旦寇來，無所避之。」乃止。代人謂它國之民來附者，皆為烏桓，什翼犍分之為二部，各置大人以監之，弟孤監其北，子寔君監其南。什翼犍求昏於燕，燕王皝以其妹妻之。

㈦秋，七月，趙王虎以太子宣為大單于，建天子旌旗。

㈧庚申（十八日），始興文獻公王導薨。喪葬之禮，視漢博陸侯及安平獻王故事㉕，參用天子之禮㉖。

導簡素寡欲，善因事就功，雖無日用之益，而歲計有餘㉗。輔相三世㉘，倉無儲穀，衣不重帛。

初，導與庾亮共薦丹楊尹何充於帝，請以為己副，且曰：「臣死之日，願引充內侍，則社稷無虞矣。」由是加吏部尚書。及導薨，徵庾亮為丞相、揚州刺史，錄尚書事，亮固辭。辛酉（十九日），以充為護軍將軍，亮弟會稽內史冰為中書監、揚州刺史，參錄尚書事。冰既當重任，經綸時務，不捨晝夜，賓禮朝賢，升擢後進，由是朝野翕然稱之，以為賢相。

初，王導輔政，每從寬恕，冰頗任威刑。丹楊尹殷融諫之，冰曰：「前相之賢，猶不堪其弘㉙，況如吾者哉？」范汪謂冰曰：「頃天文錯度㉚，足下宜盡消禦之道。」冰曰：「玄象豈吾所測？

正當勤盡人事耳！」又隱㉛實戶口，料出無名㉜萬餘人，以充軍實。氷好為糾察，近於繁細，後益矯違㉝，復存寬縱，疏密自由㉞，律令無用矣。

㈨八月，壬午（初十日），復改丞相為司徒㉟。

㈩南昌文成公郗鑒疾篤，以府事付長史劉遐，上疏乞骸骨㊱，且曰：「臣所統錯雜，率多北人，或逼遷徙㊲，或是新附。百姓懷土，皆有歸本之心。臣宣國恩，示以好惡，處與田宅，漸得少安，聞臣疾篤，眾情駭動。若當北渡，必啓寇心㊳。太常臣謨，平簡貞正，素望所歸，謂可以為都督、徐州刺史。」詔以蔡謨為太尉軍司，加侍中。辛酉（八月癸酉朔，無辛酉），鑒薨，即以謨為征北將軍，都督徐、兗、青三州諸軍事、徐州刺史，假節。

時左衛將軍陳光請伐趙，詔遣光攻壽陽㊴。謨上疏曰：「壽陽城小而固，自壽陽至琅邪，城壁相望㊵，一城見攻，眾城必救。又王師在路五十餘日，前驅未至，聲息久聞，賊之郵驛，一日千里，河北之騎，足以來赴。夫以白起、韓信、項籍之勇，猶發梁，焚舟，背水而陣㊶。今欲停船水渚，引兵造城，前對堅敵，顧臨歸路，此兵瀍之所誡。若進攻未拔，胡騎卒至，懼桓子不知所為，而舟中之指可掬也㊷。今光所將，皆殿中精兵，宜令所向有征無戰，而頓之堅城之下，以國之爪士㊸，擊寇之下邑，得之則利薄而不足損敵，失之則害重而足以益寇，懼非策之長者也！」乃止。

(十一)初，陶侃在武昌，議者以江北有邾城，宜分兵戍之，侃每不答，而言者不已。侃乃渡水獵，引將佐語之曰：「我所以設險而禦寇者，正以長江耳！邾城隔在江北，內無所倚，外接羣夷㊹，夷中利深，晉人貪利，夷不堪命，必引虜入寇，此乃致禍之由，非以禦寇也。且吳時戍此城用三萬兵㊺，今縱有兵守，亦無益於江南；若羯虜有可乘之會，此又非所資也。」及庾亮鎮武昌，卒使毛寶、樊峻戍邾城。趙王虎惡之，以夔安為大都督，帥石鑒、石閔、李農、張貉㊻、李菟㊼等五將軍，兵五萬人，寇荊、揚北鄙，二萬騎攻邾城。毛寶求救於庾亮，亮以城固，不時遣兵㊽。九月，石閔敗晉兵於沔陰㊾，殺將軍蔡懷。夔安、李農陷沔南㊿，朱保敗晉兵於白石(五一)，殺鄭豹等五將軍(五二)。張貉陷邾城，死者六千人(五三)。毛寶、樊峻突圍出走，赴江溺死。夔安進據胡亭(五四)，寇江夏，義陽將軍黃沖、義陽太守鄭進皆降於趙。安進圍石城(五五)，竟陵太守李陽拒戰，破之，斬首五千餘級，安乃退，遂掠漢東，擁七千餘戶，遷於幽、冀。是時，庾亮猶上疏欲遷鎮石城，聞邾城陷，乃止。上表陳謝，自貶三等，行安西將軍(五六)，有詔復位。以輔國將軍庾懌為豫州刺史，監宣城、廬江、歷陽、安豐四郡諸軍事，假節，鎮蕪湖。

(十二)趙王虎患貴戚豪恣，乃擢殿中御史李巨為御史中丞，特加親任，中外肅然。虎曰：「朕聞良臣如猛虎，高步曠野，而豺狼避路，信哉！」虎以撫軍將軍李農為使持節，監遼西、北平諸軍事，征東將軍，營州(五七)牧，鎮令支。農帥眾三萬，與征北大將軍張舉攻燕凡城，燕王皝以榼盧城(五八)大悅綰為禦難將軍，授兵一千使守凡城。及趙兵至，將吏皆恐，欲棄城走。綰曰：「受命禦寇，死生以之，且憑城堅守，一可敵百，敢有妄言惑眾者斬！」眾然後定。

絹身先士卒，親冒矢石，舉等攻之，經旬不能克，乃退。虎以遼西迫近燕境，數遭攻襲，乃悉徙其民於冀州之南。

(53)漢王壽疾病，羅恆、解思明復議奉晉，壽不從。李演復上書言之，壽怒，殺演。壽常慕漢武、魏明之為人，恥聞父兄時事，上書者不得言先世政教，自以為勝之也。舍人杜襲作詩十篇，託言應璩以諷諫(59)，壽報曰：「省詩知意。若今人所作，乃賢哲之話言(60)，若古人所作，則死鬼之常辭耳。」

(54)燕王皝自以稱王未受晉命，冬，遣長史劉翔、參軍鞠運來獻捷(61)論功，且言權假(62)之意，并請刻期大舉，共平中原。皝擊高句麗兵及新城(63)，高句麗王釗乞盟，乃還。又使其子恪、霸擊宇文別部，霸年十三，勇冠三軍。

(55)張駿立辟雍、明堂以行禮。十一月，以世子重華行涼州事。

(56)十二月，丁丑（初七日），趙太保桃豹卒。

(57)丙戌（十六日），以驃騎將軍琅邪王岳為侍中、司徒。

(58)漢李弈寇巴東，守將勞楊敗死。

【今註】㊀三月乙丑，廣州刺史鄧岳將兵擊漢寧州，漢建寧太守孟彥執其刺史霍彪以降：《晉書・成帝紀》其事在五年三月，《華陽國志》在是年夏，未知孰誤。咸和八年，成取寧州，至是晉復之，成以霍彪刺寧州，見上卷咸和九年。㊁表桓宣為都督沔北前鋒諸軍事、司州刺史，鎮襄陽；又表其弟臨川太守懌為監梁、雍二州諸軍事、梁州刺史，鎮魏興：胡三省曰：「自李矩以司州刺史退屯，卒於魯陽，司州已寄治荊州界，今始以司州治襄陽；用訪領梁州，治襄陽，今司州既治襄陽，故梁州治魏興。」㊂詔以寶監揚州之江西諸軍事，豫州刺史，與西陽太守樊峻帥精兵萬人戍邾城：《水經注》曰：「江水又東逕邾縣故城南，楚宣王滅邾，徙居於此，故曰邾也。晉咸和中，庾翼為西陽太守，分江夏立。四年，豫州刺史毛寶、西太守樊俊共鎮之，為石虎將張格度所陷，自爾丘墟焉！」則此邾城蓋在江北，即漢江夏郡邾縣故城，在今湖北省黃岡縣西，臨江與武昌相對。西陽，漢為縣，屬江夏郡，魏分屬弋陽郡，晉惠帝分弋陽為西陽國，東晉廢國為郡，故治在今湖北省黃岡縣東。《宋書・州郡志》，晉咸康四年，寶為南豫州刺史，治邾城，《水經注》作四年，蓋脫咸康二字，又《水經注》西陽太守樊俊，《晉書・庾亮傳》作樊峻，俊與峻未知孰誤。㊃稱將二百人下見亮：時亮鎮武昌，在沔中下游，稱蓋自沔中下武昌以見亮。㊄亮素惡稱輕狡，數稱前後罪惡，收而斬之：胡三省曰：「亮素怨陶侃，而稱又間亮於王導，蓋以私忿殺之。」㊅半洲：顧祖禹曰：「半洲城在九江府西九十里，晉所築。」九江府，今江西省九江縣。㊆夏，四月，執漢荊州刺史李閎：松執閎，《晉書・成帝紀》在四月，《華陽志》在二月。胡三省曰：「漢置荊州於巴郡。」㊇虎挾嗣君誅將相：謂虎挾弘殺石堪、程遐、徐光等。⑨一舉而拔金墉，再戰而禽石生，誅石聰如拾遺，取郭權如振槁：咸和八年，虎殺石聰，又拔金墉，進擒石生，九年，復取郭權，其事並見上卷。⑩胡前攻襄陽不能拔：謂虎將石遇攻桓宣於襄陽，宣禦却之，見上卷咸康元年。⑪桓平北：桓宣為平北將軍。⑫所爭者疆埸之士：胡三省曰：「士讀曰事。」⑬征西：謂庾亮，亮為征西將軍。⑭今此三鎮，反為其用：胡三省曰：「洛陽、關中而曰三鎮，併郭權據上邽為三也。」⑮祖士稚：祖逖字士稚。⑯當是時，胡唯據河北，方之於今，四分之一耳：胡三省曰：「言祖逖與石勒對境時，勒僅有河北之地，比之今來石虎據有之地，止四分之一也。」⑰既至之後：胡三省曰：「謂既至中原之後也。」⑱自沔以西，水急岸高，魚貫泝流，首尾百里：言沔水上流，兩岸陡絕，水狹而急，舟不得並列而進，魚貫溯流，則首尾不能相應。⑲宋襄之義：《春秋公羊傳》：「宋公與楚人期戰於泓之陽，楚人濟泓而來，有司復曰：『請迨其未畢濟而擊之。』宋公曰：『不可。吾聞之也，君子不厄人，吾雖喪國之餘，寡人不忍行也。』既濟，未畢陳，有司復曰：『請迨其未畢陳而擊之。』宋公曰：『不可。吾聞之也，君子不鼓不成列。』已陳，然後宋公鼓之。宋師大敗。」宋公，謂宋襄公，有司謂宋司馬子魚。宋為商後，故自謂喪國之餘。⑳水陸異勢，便習不同：南多川澤，便於用舟，北多平原，習於乘馬。㉑廣威將軍：宋書百官志曰：「廣威將軍，魏置。」㉒鎮遠將軍：胡三省曰：「鎮遠將軍，蓋石氏所置。」㉓參合陂：胡三省曰：「參合縣，前漢屬代郡，後漢、晉省。東魏天平二年，置梁城郡，參合縣屬焉！水經注，參合陘在縣西北，北俗謂之倉鶴陘。」張相文以為參合陘即今山西省右玉縣北之殺虎口，以其地望既相近，而其音亦同，見《塞北紀行》。張氏復以為參合陘與參合陂並非一地，參合陘在右玉縣之北，而參合陂則在今山西省大同縣之東。其《塞北紀行》云：「晉太元初慕容寶伐魏，魏追擊之參合陂。是時燕、魏夾河為陣，其地點當在今薩拉齊境內。十月辛未，燕燒船夜遁。十一月己卯，暴風冰合，魏引兵濟河。乙酉暮，至參合陂。輕騎追擊，晝夜兼行，凡六日。計其程途，固當越過殺虎口而及於大同城之東。」又丁謙云：「豐鎮縣北境曰奇爾泊者，與參合陂地相符。據晉書燕載記及十六國春秋，慕容寶伐魏，軍還，營於參合陂東蟠羊山南水上，為魏人所襲，全軍覆沒。蒙古語稱蟠羊曰伊瑪，圖者有也，今伊瑪圖山正在奇爾泊北，是參合陂即奇爾泊無異。」按丁說，則參合陂當在今察哈爾省豐鎮縣北境，與胡、張二說異。㉔以遷徙為業：謂其部落世代逐水草以為行國，水草盡則遷徙他處無常居。㉕喪葬之禮，視漢博陸侯及安平獻王故事：漢博陸侯霍光葬禮見卷二十五漢宣帝地節二年，晉安平獻王孚葬禮見卷七十九武帝泰始八年。《元和郡縣志》曰：「王導墓在上元縣西北十四里幕府山西。」㉖參用天子之禮：《晉書‧王導傳》云：「及葬，給九游轀輬車，黃屋左纛，前後羽葆、鼓吹，武賁班劍百人。中興名臣，莫與為比。」㉗雖無日用之益，而歲計有餘：《莊子》曰：「日計之不足，歲計之有餘。」向秀曰：「日計之不足，無旦夕小利也；歲計之有餘，順時而大穰也。」㉘三世：謂元帝、明帝、成帝。㉙前相之賢，猶不堪其弘：言以王導之賢，猶以為政過於弘而不勝其任。㉚天文錯度：胡三省曰：「七曜失行為錯度。」七曜，日月及五星；失行，運行失序。㉛隱：胡三省曰：「隱，度也。」㉜無名：其名不見於戶籍者。㉝後益矯違：

胡三省曰：「謂矯前之繁細而流於寬縱，愈違於正道也。」㉞疏密自由：言氷之為政，或寬疏，或嚴密，純以己意出之。㉟復改丞相為司徒：去年罷司徒官以並丞相府，至是導薨，故復其舊。㊱南昌文成公郗鑒疾篤，以府事付長史劉遐，上疏乞骸骨：《御覽》二〇七引《晉中興書》曰：「郗鑒為太尉，雖在公位，而沖心愈約，勞謙日仄，玩誦墳索。自少及長，身無擇行，家本書生，後因喪亂，解巾從戎，非其本願，常懷慨然。咸康五年秋，寢疾，上疏遜位，優詔不許。」按廣平劉遐前卒於咸和元年，此蓋另一劉遐，鑒引以為公府長史。府事，太尉府及都督府事。墳索，典籍之統稱，墳，取義於三墳；索，求索其隱藏也。㊲臣所統錯雜，率多北人，或逼遷徙：北人，謂中原之人，其或戀土不肯南渡，則以兵威逼遷之。㊳若當北渡，必啓寇心：胡三省曰：「蓋時議欲徙京口之鎮渡江而北，故鑒云然。」按此當指庾亮欲移鎮石城之議，詳註（五五）。㊴壽陽：壽陽即壽春，晉避簡文鄭太后諱改曰壽陽。祖約刺豫州，鎮此。自約為石聰所敗，壽陽遂入於趙。㊵自壽陽至琅邪，城壁相望：胡三省曰：「此琅邪謂古琅邪郡。趙既取譙郡、彭城、下邳，又得壽春，故自壽春至琅邪，城壁相望。若南琅邪則在江乘之蒲州上，渡江而西，歷歷陽、合肥至壽春，皆晉境，趙未能置城壁也。」㊶夫以白起、韓信、項籍之勇，猶發梁，焚舟，背水而陣：《戰國策》白起曰：「楚王恃其國大，城池不修，又無守備，故起得以引兵深入，多倍城邑，發梁焚舟以專民。當是之時，秦中士卒以軍中為家，將為父母，不約而親，不謀而信，一心同功，死不旋踵；楚人自戰其地，各有散心，莫有鬬志，是以能有功也。」過其城邑而不攻，務為深入，謂之倍城邑，倍與背同；發梁焚舟，示無反顧。韓信背泜水為陣而破陳餘，見卷九漢高帝三年。項羽救鉅鹿，既渡河，即破釜沈舟，見卷八秦二世三年。㊷懼桓子不知所為，而舟中之指可掬也：《左傳》，楚伐鄭，晉中行桓子帥師救鄭，及楚子戰於邲，楚人車馳卒奔，乘晉師，桓子不知所為，鼓於軍中曰：「先濟者有賞。」中軍、下軍爭舟，舟中之指可掬也。㊸爪士：爪牙之士。《小雅・祈父》之詩：「祈父予王之爪牙。」箋云：「爪牙之士，當為王閑守之衞。」㊹外接羣夷：胡三省曰：「接西陽諸蠻也。」㊺吳時戍此城用三萬兵：邾城隔在江北，無所倚援，非重兵不足以自保。吳都武昌，以邾為外障，放戍重兵於此。㊻張貉：《晉書・成帝紀》作張貉，〈毛寶傳〉作張貉度，〈石季龍載記〉作張賀度，《水經注》作張格度，實皆一人之異名。㊼李菟：《晉書・成帝紀》虎所遣諸將有李農無李菟，〈毛寶傳〉有李菟無李農，《通鑑》並取之。丁國鈞《晉書校文》曰：「帝紀作李農，寶傳作菟疑譌，李農屢見季龍載記也。」㊽不時遣兵：不及時遣兵以援之。㊾沔陰：胡三省曰：「水南為陰，即沔南也。」㊿夔安、李農陷沔南：胡三省曰：「晉人蓋置戍於沔南以備津要。」顧祖禹曰：「沔陰戍在隨州西南百里，晉置戍於此。胡氏曰：『沔陰在沔水之南。』或曰：『非也，在沔水東耳！』」按文義，上云石閔敗晉兵於沔陰，蓋泛指沔水南岸，此曰陷沔南，則顧氏所謂之沔陰戍也，置戍於沔南，故曰沔陰戍。隨州，今湖北省隨縣。(51)朱保敗晉兵於白石：按《晉書・石季龍載記》，保，石宣將。白石山在今安徽省含山縣西南，山西有水，曰白石山水。(52)殺鄭豹等五將軍：謂鄭豹、談玄、郝莊、隨相、蔡熊等。(53)死者六千人：《晉書・毛寶傳》云：「赴江死者六千人。」〈石季龍載記〉作死者萬餘人。(54)胡亭：胡三省曰：「即續漢志汝南汝陰縣西北之胡城，春秋胡子之國也。」古胡城，即南朝梁胡城縣，故治在今安徽省阜陽縣西北。顧祖禹曰：「胡亭在德安府西北。」德安府，今湖北省安陸縣，與胡說異。(七五)石城：《晉書·庾亮傳》云：「臣宜移鎮襄陽之石城，並遣諸軍羅布江、沔。」然則此石城蓋指晉羊祜所築之石城戍，沔水逕其西，城因山以為固，北控襄陽，南通武昌，為江沔重鎮，即今湖北省鍾祥縣。(七六)自貶三等，行安西將軍：胡三省曰：「晉方鎮帶將軍有征、鎮、安、平。亮本征西將軍，乞自貶三等，行安西將軍。」(七七)營州：後趙所置，統有遼西、北平二郡。(七八)榿盧城：胡三省曰：「水經注曰：『渝水南流東屈，與一水會，世名之曰榿倫水。』」胡氏蓋以盧、倫音近，榿盧城必以榿倫水為名，則當在榿倫水側。酈道元以為榿倫水即《漢書·地理志》之侯水，自渝水之北南入渝，侯、榿音似，蓋戎方之變名。按侯、渝二水俱堙，當在今遼寧、河北二省之交，臨榆附近。(七九)託言應璩以諷諫：應璩，魏人，有文名，故託為其詩以諷諫壽。(八〇)話言：話，善言也。話言即善言。(八一)獻捷：燕數勝趙，故來獻捷。(八二)權假：謂權宜自稱燕王。未受晉命，故曰假。(八三)新城：胡三省曰：「新城，高句麗之西鄙，西南傍山，東北接南蘇木底等城。」故址當在今安東省新賓縣北。

六年（西元三四〇年）

(一)春，正月，庚子朔，都亭文康侯庾亮薨。以護軍將軍錄尚書㊀何充為中書令，庚戌（十一日），以南郡太守庾翼為都督江、荊、司、雍、梁、益六州諸軍事、安西將軍、荊州刺史，假節，代亮鎮武昌㊁。時人疑翼年少，不能繼其兄，翼悉心為治，戎政嚴明，數年之間，公私充實，人皆稱其才。

㈡辛亥（十二日），以左光祿大夫陸玩為侍中、司空。

㈢宇文逸豆歸忌慕容翰才名，翰乃陽狂酣飲，或臥自便利㊂，或被髮歌呼，拜跪乞食，宇文舉國賤之，不復省錄㊃，以故得行來自遂㊄，山川形便，皆默記之。燕王皝以翰初非叛亂，以猜嫌出奔㊅，雖在它國，常潛為燕計㊆，乃遣商人王車通市於宇文部以窺翰。翰見車，無言，撫膺頷之而已。皝曰：「翰欲來也。」復使車迎之。翰彎弓三石餘，矢尤長大，皝為之造可手㊇弓矢，使車埋於道旁而密告之。二月，翰竊逸豆歸名馬，攜其二子，過取弓矢逃歸。逸豆歸使驍騎百餘追之，翰曰：「吾久客思歸，既得上馬，無復還理。吾曏日陽愚以誑汝，吾之故藝猶在，無為相逼，自取死也！」追騎輕之，直突而前。翰曰：「吾居汝國久，悢悢㊈不欲殺汝。汝去我百步立汝刀，吾射之，一發中者，汝可還；不中者，可來前。」追騎解刀立之，一發正中其環⑩，追騎散走。皝聞翰至，大喜，恩遇甚厚。

㈣庚辰（十一日），有星孛於太微。

㈤三月，丁卯（二十九日），大赦。

㈥漢人攻拔丹川，守將孟彥、劉齊、李秋皆死㈡。

㈦代王什翼犍始都雲中之盛樂宮㈢。

㈧趙王虎遺漢王壽書，欲與之連兵入寇，約中分江南。壽大喜，遣散騎常侍王嘏、中常侍王廣使於趙，龔壯諫，不聽。壽大脩舟艦，繕兵聚糧。秋，九月，以尚書令馬當為六軍都督，徵集士卒七萬餘人為舟師，大閱於成都，鼓譟盈江㈢。壽登城觀之，有吞噬江南之志。解思明諫曰：「我國小兵弱，吳會險遠，圖之未易。」壽乃命羣臣大議利害。龔壯曰：「陛下與胡通，孰若與晉通？胡，豺狼也；既滅晉，不得不北面事之，若與之爭天下，則彊弱不敵，危亡之勢也。虞虢之事，已然之戒㈣，願陛下熟慮之。」羣臣皆以壯言為然，壽乃止，士卒咸稱萬歲。龔壯以為人之行莫大於忠孝，既報父叔之仇㉕，又欲使壽事晉，壽不從，乃詐稱耳聾，手不制物㉖，辭歸以文籍自娛，終身不復至成都。

㈨趙尚書令夔安卒。

㈩趙王虎命司、冀、青、徐、幽、幷、雍七州之民，五丁取三，四丁取二，合鄴城舊兵滿五十萬，具船萬艘，自河通海，運穀千一百萬斛於樂安城㉗，徙遼西、北平、漁陽萬餘戶於兗、豫、雍、洛四州㉘之地，自幽州以東至白狼㉙，大興屯田，悉括取民馬，有敢私匿者斬，凡得四萬餘匹，大閱於宛陽㉚，欲以擊燕。燕王皝謂諸將曰：「石虎自以樂安城防守重複，薊城南北，必不設備。今若詭路出其不意，可盡破也。」冬，十月，皝帥諸軍入自蠮螉塞㉛，襲趙戍將當道者，皆禽之，直抵薊城。趙幽州刺史石光，擁兵數萬，閉城不敢出。燕兵進破武遂津㉜，入高陽，所至焚燒積聚，略三萬餘家而去。【考異】燕書云：「略燕、范陽二郡男女數千口而還。」今從後趙、燕載記。石光坐懦弱，徵還。

(十)趙王虎以秦公韜為太尉，與太子宣迭日省可尚書奏事，專決賞刑，不復啓白。司徒申鍾諫曰：「賞刑者，人君之大柄，不可以假人，所以防微杜漸，消逆亂於未然也。太子職在視膳，不當豫政。庶人邃以豫政致敗㉓，覆車未遠也。且二政分權，鮮不階禍㉔，愛之不以道，適所以害之也。」虎不聽。中謁者令申扁，以慧悟辯給，有寵於虎，宣亦昵之，使典機密。虎既不省事而宣、韜皆好酣飲畋獵，由是除拜生殺，皆決於扁，自九卿已下，率皆望塵而拜。太子詹事孫珍病目，求方於侍中崔約，約戲之曰：「溺中則愈㉕。」珍曰：「目何可溺？」約曰：「卿目晼晼㉖正耐溺中。」珍恨之以白宣。宣於兄弟中最胡狀目深，聞之，怒，誅約父子。於是公卿以下，畏珍側目。

燕公斌督邊州，亦好畋獵，常懸管而入㉗，征北將軍張賀度每裁諫之，斌怒，辱賀度。虎聞之，使主書禮儀㉘持節監之。斌殺儀，又欲殺賀度，賀度嚴衛馳白之。虎遣尚書張離帥騎追斌，鞭之三百，免官歸第，誅其親信十餘人。

(卄七)張駿遣別駕馬詵入貢於趙，表辭蹇傲，虎怒，欲斬詵，侍中石璞諫曰：「今國家所當先除者，遺晉也，河西僻陋，不足為意。今斬馬詵，必征張駿，則兵力分而為二，建康復延數年之命矣。」乃止。璞，苞之曾孫也(二九)。

(卄八)初，漢將李閎為晉所獲(三〇)，逃奔於趙，漢主壽致書於趙王虎以請之，署曰：「趙王石君。」虎不悅，付外議之。中書監王波曰：「今李閎以死自誓曰：『苟得歸骨於蜀，當糾帥宗族，混同王化。』若其信也，則不煩一旅，坐定梁益，若有前却(三一)，不過失一亡命之人，於趙何損？李壽既僭大號，今以制詔與之，彼必酬返(三二)，不若復為書與之。』會挹婁國獻楛矢、石砮於趙(三三)，波因請以遺漢，曰：「使其知我能服遠方也。」虎從之，遣李閎歸，厚為之禮。閎至成都，壽下詔曰：「羯使來庭，貢其楛矢。」虎聞之，怒，黜王波，以白衣領職。

【今註】(一)錄尚書：胡三省曰：「錄尚書即錄尚書事。」(二)以南郡太守庾翼為都督江、荊、司、雍、梁、益六州諸軍事、安西將軍、荊州刺史，假節，代亮鎮武昌：按亮都督江、荊、豫、益、梁、雍六州，翼代亮，有司州，無豫州。丁國鈞《晉書校文》曰：「據翼碑，亮殂，授使持節，都督江、荊、益三州諸軍事、安西將軍、荊州刺史，尋加江、荊、益、梁、雍、司六州都督；後轉持節，都督荊、梁、雍三州諸軍事，刺史如故；尋加都督荊、梁、雍、司、冀七州軍事，征西將軍，南蠻校尉，刺史如故。載翼歷官甚詳。傳僅及督六州一事，脫略殊甚。」㈢便利：大小便。㈣不復省錄：不復監視、記錄其行動。㈤行來自遂：行來猶言往來，謂往來行動，俱得自遂其意。㈥燕王皝以翰初非叛亂，以猜嫌出奔：事見上卷咸和八年。㈦雖在它國，常潛為燕計：翰雖處異國，而心常繫故國安危，如牛尾谷之戰，段遼欲乘勝滅燕，翰潛沮之。㈧可手：胡三省曰：「可手，便手也。言惟翰手可用耳！」㈨悢悢：李陵與蘇武詩曰：「徘徊蹊路側，悢悢不能辭。」呂向注：「悢悢，相戀之情。」⑩環：刀鐶，環與鐶同，形圓中孔可繫者曰環，古者兵刃類多著鐶於其上。⑪漢人攻拔丹川，守將孟彥、劉齊、李秋皆死：胡三省曰：「五年，孟彥以建寧降，丹川當在建寧界。」⑫盛樂宮：漢於定襄郡置成樂縣，為定襄郡治，後漢移郡治於善無，以成樂縣屬雲中郡，漢末廢，至是代王什翼犍築宮於此而都之，號盛樂宮。《水經注》曰：「白渠水出雲中塞外，西北逕成樂固。魏土地記曰：『雲中縣東八十里有成樂城。』」古雲中城即今綏遠省托克托縣之地，古成樂城蓋在其東，當今綏遠省和林格爾縣之地。⑬徵集士卒七萬餘人為舟師，大閱於成都，鼓譟盈江：胡三省曰：「秦時蜀守李冰穿二江成都中，皆可行舟。」⑭虞虢之勢，已然之戒：左傳晉獻公假道於虞以伐虢，既滅虢，遂滅虞。此言若趙滅晉，繼必滅蜀。⑮既報父叔之仇：謂假手於壽以誅滅李特之子孫。⑯手不制物：人患風濕則手舉動遲緩不能制物。⑰樂安城：顧祖禹曰：「樂安城在永平府東南，石趙築城置鎮於此。」永平府，今河北省盧龍縣。⑱兗、豫、雍、洛四州：胡三省曰：「石虎置司州於鄴，以晉之司州為洛州。」⑲白狼：白狼縣，漢屬北平郡，晉省其縣而城存，稱白狼城，以白狼水而得名，故城在今熱河省淩源縣南。⑳宛陽：《水經注》曰：「漳水又東逕三戶峽，為三戶津，在鄴西四十里，又東北逕西門豹祠前，又北逕趙閱馬臺西，基高五丈，列觀其上，石虎每講武其下，升觀以望之。」即古宛陽觀，虎蓋大閱於此，臺基在今河南省臨漳縣西。㉑眺帥諸軍入自蠮螉塞：胡三省曰：「自龍城取西道入蠮螉塞。塞當在龍城西。」顧祖禹曰：「蠮螉或曰即居庸音轉。」居庸關在今河北省昌平縣西北，北距延慶縣五十里，關門南北相距四十里，兩山夾峙，巨澗中流，懸崖峭壁，號稱絕險。㉒武遂津：武遂縣，前漢屬河間國，後漢、晉屬安平國，又屬武邑郡，故城在今河北省武強縣東北。《水經注》曰：「易水東南流過武遂縣南，新城縣北，俗謂是水為武遂津。」㉓庶人邃以豫政致敗：事見上卷咸康三年。虎廢邃為庶人。㉔二政分權，鮮不階禍：《左傳》辛伯諗、周桓公曰：「並后匹嫡，兩政耦國，亂之本也。」言政權不一，為禍之源。㉕溺中則愈：戲言溺於目中則目疾癒。㉖睕睕：目深貌。㉗懸管而入：管者，城門管鑰。欲便於出，故懸管以入城。㉘主書禮儀：主書，官名；禮姓，儀名。杜佑通典晉中書有主書之吏。胡三省曰：「自東漢以來，尚書諸曹各有主書，蓋吏職也。至齊、梁之間，其權任甚重。」㉙璞，苞之曾孫也：石苞事晉文帝、武帝，為晉佐命功臣。㉚初，漢將李閎為晉所獲：事見上年。㉛前却：胡三省曰：「一前一却，猶今人言心懷進退也。」㈢彼必酬返：言壽亦將制詔與趙。㈢會挹婁國獻楛矢、石砮於趙：《晉書・東夷傳》曰：「肅慎氏一名挹婁，在不咸山北，東濱大海，西接寇漫汗國，北極弱水，其土界廣袤數千里。有石砮、皮骨之甲，檀弓三尺五寸，楛矢長尺有咫。其國東北有山，出石，其利入鐵。」《史記・夏本紀》正義引《括地志》曰：「其民多勇力善射，弓長四尺，力如弩，矢用楛，長一尺八寸，青石為鏃，所謂石砮也。」

七年（西元三四一年）

㈠春，正月，燕王皝使唐國內史㈠陽裕等築城於柳城之北，龍山之西，立宗廟宮闕，命曰龍城㈡。

㈡二月，甲子朔，日有食之。

㈢劉翔至建康，帝引見，問慕容鎮軍平安。對曰：「臣受遣之日，朝服拜章㈢。」翔為燕王皝求大將軍燕王章璽，朝議以為故事大將軍不處邊，自漢魏以來，不封異姓為王，所求不可許。翔曰：「自劉、石構亂，長江以北，翦為戎藪㈣。未聞中華公卿之胄，有一人能攘臂揮戈，摧破凶逆者也。獨慕容鎮軍父子竭力，心存本朝，以寡擊眾，屢殄彊敵，使石虎畏懼，悉徙邊陲之民，散居三魏㊄，蹙國千里，以薊城為北境。功烈如此，而惜海北之地，不以為封邑，何哉？昔漢高祖不愛王爵於韓、彭，故能成其帝業；項羽刓印不忍授，卒用危亡㊅。吾之至心，非苟欲尊其所事，竊惜聖朝疎忠義之國，使四海無所勸慕耳！」尚書諸葛恢，翔之姊夫也，獨主異議，以為夷狄相攻，中國之利，惟器與名，不可輕許。乃謂翔曰：「借使慕容鎮軍能除石虎，乃是復得一石虎也，朝廷何賴焉？」翔曰：「嫠婦猶知恤宗周之隕㊆，今晉室阽危，君位侔元凱，曾無憂國之心邪？嚮使靡鬲之功不立，則少康何以祀夏㊇？桓文之戰不捷，則周人皆為左衽矣㊈！慕容鎮軍枕戈待旦，志殄兇逆，而君更唱邪惑之言，忌閒忠臣，四海所以未壹，良由君輩耳！」翔留建康歲餘，眾議終不決。翔乃說中常侍彧弘㊉曰：「石虎苞八州之地，帶甲百萬，志吞江漢，自索頭、宇文暨諸小國，無不臣服，惟慕容鎮軍翼戴天子，精貫白日，而更不獲殊禮之命，竊恐天下移心解體，無復南向者矣！公孫淵無尺寸之益於吳，吳主封為燕王，加以九錫㈡。今慕容鎮軍屢摧賊鋒，威震秦、隴，虎比遣重使，甘言厚幣，欲授以曜威大將軍，遼西王㈢，慕容鎮軍惡其非正，却而不受。今朝廷乃矜惜虛名，沮抑忠順，豈社稷之長計乎？後雖悔之，恐無及已。」弘為之入言於帝，帝意亦欲許之，會皝上表，稱庾氏兄弟擅權召亂㈢，宜加斥退，以安社稷。又與庾冰書，責其當國秉權，不能為國雪恥，冰甚懼，以其絕遠，非所能制，乃與何充奏從其請。

乙卯（二月甲子朔，無乙卯），以慕容皝為使持節大將軍、都督河北諸軍事、幽州牧、大單于，燕王。備物典策㈣，皆從殊禮。又以其世子儁為假節、安北將軍、東夷校尉、左賢王。賜軍資器械，以千萬計。又封諸功臣百餘人，以劉翔為代郡太守，封臨泉鄉侯，加員外散騎常侍㈤，翔固辭不受。翔疾江南士大夫以驕奢酣縱相尚，嘗因朝貴宴集，謂何充等曰：「四海板蕩㈥，奄踰三紀㈦，宗社為墟，黎民塗炭，斯乃廟堂焦慮之時，忠臣畢命之秋也，而諸君宴安江沱㈧，肆情縱欲，以奢靡為榮，以傲誕㈨為賢，謇諤之言不聞，征伐之功不立，將何以尊主濟民乎？」充等甚慙。詔遣兼大鴻臚郭悕，持節詣棘城，冊命燕王，與翔等偕北。公卿餞於江上，翔謂諸公曰：「昔少康資一旅以滅有窮㉚，句踐憑會稽以報彊吳㉛，蔓草猶宜早除㉜，況寇讎乎？今石虎、李壽志相吞噬，王師縱未能澄清北方，且當從事巴蜀。一旦石虎先人舉事，併壽而有之，據形便之地，以臨東南，雖有智者，不能善其後矣！」中護軍謝廣曰：「是吾心也。」

㈣三月，戊戌（初五日），皇后杜氏崩。夏，四月，丁卯（初四日），葬恭皇后㉝於興平陵。

㈤詔實王公以下至庶人，皆正土斷白籍㉞。

㈥秋，七月，郭悕、劉翔等至燕。燕王皝以翔為東夷護軍，領大將軍長史，以唐國內史陽裕為左司馬，典書令㉟李洪為右司馬，中尉鄭林為軍諮祭酒。

㈦八月，辛酉（朔），東海哀王沖薨㊱。

㈧九月，代王什翼犍築盛樂城於故城南八里。

(九)代王妃慕容氏卒。

(十)冬，十月，匈奴劉虎寇代西部，代王什翼犍遣軍逆擊，大破之。虎卒，子務柏立，遣使求和於代，什翼犍以女妻之。務柏又朝貢於趙，趙以務柏為平北將軍、左賢王。

(十一)趙橫海將軍王華帥舟師自海道襲燕安平，破之[二七]。

(十二)燕王皝以慕容恪為渡遼將軍，鎮平郭。自慕容翰、慕容仁之後，諸將無能繼者，及恪至平郭，撫舊懷新，屢破高句麗兵，高句麗畏之，不敢入境。

(十三)十二月，興平康伯陸玩薨。

(十四)漢主壽以其太子勢領大將軍，錄尚書事。初，成主雄以儉約寬惠，得蜀人心，及李閎、王嘏還自鄴[二八]，盛稱鄴中繁庶，宮殿壯麗，且言趙王虎以刑殺御下，故能控制境內，壽慕之，徙旁郡民三丁以上者，以實成都，大脩宮室，治器玩，人有小過，輒殺以立威，左僕射蔡興、右僕射李嶷皆坐直諫死，民疲於賦役，吁嗟滿道，思亂者眾矣！

【今註】㈠唐國內史：慕容廆置唐國郡以處幷州流人，見卷八十九愍帝建興元年。㈡築城於柳城之北，龍山之西，立宗廟宮闕，命曰龍城：《水經注》曰：「燕慕容皝以柳城之北，龍山之南，福地也，使陽裕築龍城，改柳城為龍城縣。」即今熱河省朝陽縣。㈢朝服拜章：胡三省言：「言朝服南向，拜發章表於庭。」㈣翦為戎藪：杜預曰：「翦，盡也。」《說文》曰：「藪，大澤也。」言盡淪為戎人所居。㈤悉徙邊陲之民，散居三魏：言徙遼西之民於魏地。胡三省曰：「魏郡、陽平、廣平為三魏。」㈥昔漢高祖不愛王爵於韓，彭，故能成其帝業；項羽刓印不忍授，卒用危亡：事見漢高帝紀。㈦嫠婦猶知恤宗周之隕：《左傳》鄭子大叔謂范獻子曰：「嫠不恤其緯，而憂宗周之隕。詩曰：『缾之罄矣，惟罍之恥。』王室之不寧，晉之恥也。」嫠，寡婦，織者常苦緯少，今嫠婦不憂緯而憂國，恐國亂之禍及已也。㈧嚮使靡鬲之功不立，則少康何以祀夏：《左傳》：「夏之方衰，后羿因夏民以代夏政，其臣寒浞殺羿而滅夏后相，后緡逃歸有仍，生少康焉。靡奔有鬲，自有鬲收眾以滅浞而立少康，祀夏配天，不失舊物。」㈨桓文之戰不捷，則周人皆為左衽矣：齊桓北伐山戎，南伐楚國，晉文敗楚於城濮，皆率諸侯以尊周室。管仲相齊桓，首創霸業，孔子曰：「微管仲，吾其被髮左衽矣。」被髮左衽，俱戎人之服。⑩彧弘：胡三省曰：「彧通作郁。郁，姓也。」⑪公孫淵無尺寸之益於吳，吳主封為燕王，加以九錫：事見卷七十二魏明帝青龍元年。⑫虎比遣重使，甘言厚幣，欲授以曜威大將軍，遼西王：胡三省曰：「劉翔詭為是言耳！然當時將軍必有曜威之號。」⑬會皝上表，稱庾氏兄弟擅權召亂：皝以庾亮召致蘇峻、祖約之亂，復據上流，握重兵制朝政，亮死，弟翼、氷分制內外之權。㊃備物典策：顏師古曰：「既有備物，而加之策書也。」胡三省曰：「典者，典法也；策者，策書也。」備物，泛謂王者之儀仗，如車輅、旂章、弓矢、斧鉞等皆屬之。㊄員外散騎常侍：《晉書・職官志》曰：「員外散騎常侍，魏末置。」㊅板蕩：板、蕩，《詩・大雅》篇名，刺周厲王之作，後世沿用為亂世之喻。胡三省曰：「板板，反也，言厲王為政，反先王與天之道，天下之民盡病也；蕩蕩，法度廢壞之貌，言天下蕩蕩，無綱紀文章也。」㊆奄踰三紀：言自劉淵肇亂，奄忽之間，已逾三紀。十二年為一紀，淵肇亂於惠帝永興元年，至是逾三十六年。㊇江沱：沱，水沛盛貌。㊈傲誕：不遵禮教，以放誕傲物。㊉昔少康資一旅以滅有窮：《左傳》：「少康邑於綸，有田一成，有眾一旅，能布其德而兆其謀，以收夏眾，遂滅有窮。」杜預曰：「五百人為旅。」㊁句踐憑會稽以報彊吳：句踐為夫差所敗，棲於會稽，臥薪嘗膽，生聚教訓，卒滅吳國。㊂蔓草猶宜早除：《左傳》鄭祭仲諫莊公曰：「蔓草猶不可除，況君之寵弟乎！」㊂恭皇后：杜后崩，謚曰成恭皇后。㊃皆正土斷白籍：斷北人之僑寓江左者皆為土著，而繫之以白籍。白籍者，戶口版籍也。胡三省曰：「江左之制，諸土著實戶用黃籍，僑戶土斷白籍。琅邪南度，凡中土故家以至士庶自北來者，至此時各因其所居舊土僑置郡縣名，並置守令以統治人，故曰正土斷。不以黃籍籍之而以白籍，謂以白紙為籍，以別於江左舊來土著者也。」㊄典書令：《晉書・職官志》，王國置典書、典祠、典衛、學官令各一人。《書鈔》七十一引《晉起居注》曰：「晉武帝置典書令，掌國教令也。」㊅東海哀王沖薨：晉以沖為東海王越後，事見卷八十七懷帝永嘉五年。㊆趙橫海將軍王華帥舟師自海道襲燕安平，破之：胡三省曰：「此遼東郡之西安平也。四年，華以青州之眾戍海島，故得襲破之。」何焯曰：「涿郡有安平，故遼東加西，菑川加東。」今遼寧省遼陽縣東六十里有安平屯，相傳即其故址。㊅及李閎、王嘏還自鄴：王嘏去年使趙，並以請閎，趙主虎遣閎與嘏俱歸。

卷九十七　晉紀十九

起玄黓攝提格，盡彊圉協洽，凡六年。（壬寅至丁未，西元三四二年至三四七年）

司馬光編集
桑秀雲　註

顯宗成皇帝下

咸康八年（西元三四二年）

㈠春，正月己未朔，日有食之。

㈡乙丑（七日），大赦。

㈢豫州刺史庾懌，以酒餉㊀江州刺史王允之。允之覺其毒，飲犬，犬斃，密奏之。帝曰：「大舅已亂天下㊁，小舅復欲爾邪！」二月，懌飲鴆而卒。

㈣三月，初以武悼后配食武帝廟。

㈤庾翼在武昌，數有妖怪，欲移鎮樂鄉㊂。征虜長史王述與庾冰牋曰：「樂鄉去武昌千有餘里，數萬之眾，一旦移徙，興立城壁，公私勞擾。又江州當泝流數千里供給軍府，力役增倍。且武昌實江東鎮戍之中，非但扞禦上流而已，緩急赴告，駿㊃奔不難。若移樂鄉，遠在西陲，一朝江渚有虞，不相接救。方嶽重將，固當居要害之地，為內外形勢，使闚闟之心，不知所向。昔秦忌亡胡之讖，卒為劉項之資㊄；周惡檿弧之謠，而成褒姒之亂㊅。是以達人君子，直道而行，禳㊆避之道，皆所不取，正當擇人事之勝理，思社稷之長計耳。」朝議亦以為然，翼乃止。

㈥夏，五月乙卯（應為四月二十九日），帝不豫。六月庚寅（五日），疾篤。或詐為尚書符，敕宮門無得內宰相，眾皆失色。庾冰曰：「此必詐也。」推問果然。帝二子丕奔，皆在襁褓，庾冰自以兄弟秉權日久，恐易世之後，親屬愈疎，為他人所間。每說帝以國有彊敵，宜立長君，請以母弟琅邪王岳為嗣，帝許之。中書令何充曰：「父子相傳，先王舊典，易之者鮮不致亂，故武王不授聖弟，非不愛也。今琅邪踐阼，將如孺子何？」冰不聽，下詔以岳為嗣，並以奔繼琅邪哀王。壬辰（七日），冰，充，及武陵王晞，會稽王昱，尚書令諸葛恢，並受顧命。癸巳（八日），帝崩。帝幼沖嗣位，不親庶政，及長，頗有勤儉之德。
㈦甲午（九日），琅邪王即皇帝位，大赦。
㈧己亥（十四日），封成帝子丕為琅邪王，弈為東海王。
㈨康帝亮陰不言，委政於庾冰、何充。秋，七月丙辰（一日），葬成帝於興平陵。帝徒行送喪，至閶闔門，乃升素輿。至陵所，既葬，帝臨軒㈧，庾冰、何充侍坐。帝曰：「朕嗣鴻業，二君之力也。」充曰：「陛下龍飛，臣冰之力也；若如臣議，不覩升平之世。」帝有慙色。己未（四月），以充為驃騎將軍，都督徐州、揚州之晉陵諸軍事㈨，領徐州刺史，鎮京口，避諸庾也。
㈩冬，十月，燕王皝遷都龍城⑩，赦其境內。建威將軍翰言於皝曰：「宇文彊盛日久，屢為國患，今逸（逸）豆歸篡竊得國⑪，羣情不附，加之性識庸闇，將帥非才，國無防禦，軍無部伍。臣久在其國，悉其地形，雖遠附彊羯，聲勢不接，無益救援，今若擊之，百舉百克。然高句麗去國密邇，常有闚闞之志。彼知宇文既亡，禍將及己，必乘虛深入，掩吾不備。若少留兵則不足以守，多留兵則不足以行，此心腹之患也，宜先除之。觀其勢力，一舉可克，宇文自守之虜，必不能遠來爭利。既取高句麗，還取宇文，如返手耳！二國既平，利盡東海，國富兵彊，無返顧之憂，然後中原可圖也。」皝曰善。將擊高句麗。高句麗有二道；其北道平闊，南道險狹，眾欲從北道，翰曰：「虜以常情料之，必謂大軍從北道，當重北而輕南，王宜帥銳兵從南道擊之，出其不意，凡都不足取也。別遣偏師從北道，縱有蹉跌，其腹心已潰，四支無能為也。」皝從之。十一月，皝自將勁兵四萬出南道，以慕容翰、慕容霸為前鋒；別遣長史王寓等將兵萬五千出北道，以伐高句麗。高句麗王釗，果遣弟武帥精兵五萬拒北道，自帥羸兵以備南道。慕容翰等先至，與釗合戰，皝以大眾繼之，左常侍鮮于亮曰：「臣以俘虜，蒙王國士之恩，不可以不報，今日臣死日也。」獨與數騎先犯高句麗陳，所嚮摧陷，高句麗陳動，大眾因而乘之。高句麗兵大敗，左長史韓壽，斬高句麗將阿佛和度加，諸軍乘勝追之。遂入丸都，釗單騎走，輕車將軍慕輿遲，追獲其母周氏及妻而還。會王寓等戰於北道皆敗沒，由是皝不復窮追。遣使招釗，釗不出，皝將還，韓壽曰：「高句麗之地，不可戍守，今其主亡民散，潛（濳）伏山谷，六軍既去，必復鳩聚，收其餘燼，猶足為患，請載其父尸，囚其生母而歸，俟其束身自歸，然後返之，撫以恩信，策之上也。」皝從之，發釗父乙弗利墓，載其尸，收其府庫累世之寶，虜男女五萬餘口，燒其宮室，毀丸都城而還。

(十一)十二月壬子（廿九日），立妃褚氏為皇后，徵豫章太守褚裒為侍中尚書。裒自以后父，不願居中任事，苦求外出，乃除建威將軍、江州刺史、鎮半州。

(十二)趙王虎作臺觀四十餘所於鄴㊂，又營長安洛陽二宮，作者四十餘萬人。又欲自鄴起閣道至襄國，敕河南四州，治南伐之備；并、朔、秦、雍，嚴西討之資；青、冀、幽州，為東征之計，皆三五發卒㊂。諸州軍造甲者五十餘萬人，船（舩）夫十七萬人。為水所沒虎狼所食者，三分居一。加之公侯牧宰，競營私利，百姓失業愁困。貝丘人李弘，因眾心之怨，自言姓名應讖，連接黨與，署置百寮。事發誅之，連坐者數千家。虎畋獵無度，晨出夜歸，又多微行，躬察作役。侍中京兆韋謏諫曰：「陛下忽天下之重，輕行斤斧之間，猝有狂夫之變，雖有智勇，將安所施。又興役無時，廢民耘穫，吁嗟盈路，殆非仁聖之所忍為也。」虎賜謏穀帛，而興繕滋繁，游察自若。

秦公韜有寵於虎，太子宣惡之。右僕射張離領五兵尚書㈣，欲求媚於宣，說之曰：「今諸侯吏兵過限，宜漸裁省，以壯本根。」宣使離為奏，秦、燕、義陽、樂平四公聽置吏一百九十七人，帳下兵二百人。自是以下，三分置一，餘兵五萬，悉配東宮，於是諸公咸怨，嫌釁益深矣！

青州上言：濟南平陵㈤城北石虎，一夕移於城東南，有狼狐千餘迹隨之，迹皆成蹊。虎喜曰：「石虎者朕也，自西北徙而東南者，天意欲使朕平蕩江南也。其敕諸州兵明年悉集，朕當親董㈥六師，以奉天命。」羣臣皆賀，上皇德頌者一百七人。制征士五人出車一乘，牛二頭，米十五斛，絹十匹。調⑰不辨者斬，民至鬻子以供軍須；猶不能給，自經於道樹者相望。

【今註】㊀餉：遺也。㊁大舅已亂天下：大舅指庾亮也。時亮雖居外鎮，而遙執朝廷之權；既據上流，擁強兵，趨勢者多歸之。㊂欒鄉：在湖北松滋縣東。㊃駿：速也。㊄秦忌亡胡之讖，卒為劉項之資：燕人盧生……因奏《錄圖書》曰：「亡秦者胡也。」始皇乃使將軍蒙恬發兵三十萬人，北擊胡。二世元年，發閭左適戍漁陽九百人，屯大澤鄉。陳勝吳廣皆次當行。會天大雨，道不通，度已失期，法皆斬。陳勝吳廣乃謀……陳勝自立為將軍，吳廣為都尉。當此時，諸郡縣苦秦吏者皆刑其長吏，殺之以應陳涉。㊅周惡檿弧之謠，而成褒姒之亂：《國語．鄭語》：「宣王之時，有童謠曰：『檿弧箕服，實亡周國。』於是宣王聞之，有夫婦鬻是器者，王使執而戮之。府之小妾生女而非王子也，懼而棄之……。為弧服者方戮在路，夫婦哀其夜號也，而取之以逸逃於褒。褒人褒姁有獄而以為入於王。王遂置之而嬖是女也，使至於為后而生伯服。」是女即褒姒，欲廢太子宜臼而立伯服，引起申侯西戎之亂。㊆禳：除殃也。㊇臨軒：天子不御正座召見大臣，謂之臨軒。㊈都督徐州、揚州之晉陵諸軍事：胡三省曰：「晉永嘉大亂，徐州淮北居民相率過淮，亦有過江居晉陵郡界者。咸和四年，司徒郗鑒又徙流民之在淮南者於晉陵諸縣，其徙過江南及留在江北者，並立僑郡以司牧之。徐州實郡在江北者，實有廣陵堂邑鍾離三郡；而揚州之境，以晉陵郡屬徐州。所謂都督徐州揚州之晉陵諸軍者此也。」⑽龍城：又曰和龍，今熱河朝陽縣治。⑾逸豆歸簒竊得國：事見卷九十五咸和八年。⑿鄴：故城在今河南臨漳縣西四十里。⒀三五發卒：家有三丁以二丁為卒，有五丁者以三丁為卒。⒁五兵尚書：《晉書．職官志》：「及渡江，有吏部、祠部、五兵、左民、度支、五尚書。」〈沈約志〉：「五兵尚書領中兵、外兵、騎兵、別兵、都兵，故謂之五兵。」⒂平陵：故城在今山東歷城縣東。⒃董：督也。⒄調：應輸之布帛等物。

康皇帝

建元元年（西元三四三年）

㈠春，二月，高句麗王釗，遣其弟稱臣入朝於燕，貢珍異以千數，燕王皝乃還其父尸，猶留其母為質。

㈡宇文逸豆歸，遣其相莫淺渾將兵擊燕。諸將爭欲擊之，燕王皝不許。莫淺渾以為皝畏之，酣飲縱獵，不復設備。皝使慕容翰出擊之，莫淺渾大敗，僅以身免，盡俘其眾。

㈢庾翼為人忼慨，喜功名，不尚浮華。琅邪內史桓溫，彝之子也，尚南康公主，豪爽有風槩⑴，翼與之友善，相期以寧濟海內。

翼嘗薦溫於成帝曰：「桓溫有英雄之才，願陛下勿以常人遇之，常壻畜之，宜委以方邵㈡之任，必有弘濟艱難之勳。」時，杜乂殷浩並才名冠世，翼獨弗之重也，曰：「此輩宜束之高閣，俟天下太平，然後徐議其任耳。」浩累辭徵辟，屏居墓所，幾將十年，時人擬之管葛㈢。江夏相謝尚、長山令王濛，常伺其出處，以卜江左興亡。嘗相與省之，知浩有確然之志。既返，相謂曰：「深源不起，當如蒼生何？」尚，鯤之子也。翼請浩為司馬，詔附侍中安西軍司，浩不應。翼遺浩書曰：「王夷甫立名非真，雖云談道，實長華競，明德君子遇會處際，寧可然乎？」浩猶不起。殷羨為長沙相，在郡貪殘。庾冰與翼書屬之，翼報曰：「殷君驕豪，亦似由有佳兒，弟故小令物情容之。大較江東之政，以嫗熙㈣（煦）豪彊，常為民蠹，時有行濩，輒施之寒劣。如往年偷石頭倉米一百萬斛，皆是豪將輩，而直殺倉督監以塞責。山遐為餘姚長，為官出豪彊所藏二千戶，而眾共驅之，令遐不得安席。雖皆前宰之惽謬，江東事去，實（寔）此之由。兄弟不幸，橫陷此中，自不能拔足於風塵之外，當共明目而治之。荊州所統二十餘郡，唯長沙最惡，惡而不黜，與殺督監者復何異邪！」遐，簡之子也。翼以滅胡取蜀為己任，遣使東約燕王皝，西約張駿，刻期大舉，朝議多以為難，唯庾冰意與之同，而桓溫、譙王無忌皆贊成之。無忌，承之子也。秋七月，趙汝南太守戴開，帥數千人詣翼降。丁巳（八日），下詔議經略中原，翼欲悉所部之眾北伐，表桓宣為都督司雍梁三州，荊州之四郡諸軍事，梁州刺史。前趣丹水㈤，桓溫為前鋒小督，假節帥眾入臨淮㈥，並發所統六州㈦奴，及車牛驢馬，百姓嗟怨。

㈣代王什翼犍復求婚於燕，燕王皝使納馬千匹為禮，什翼犍不與，又倨慢無子壻禮。八月，皝遣世子儁帥前軍師評等擊代㈧。什翼犍帥眾避去，燕人無所見而還。

㈤漢主壽卒，諡曰昭文，廟號中宗。太子勢即位，大赦。

㈥趙太子宣，擊鮮卑斛穀提，大破之，斬首三萬級。宇文逸豆歸，執段遼弟蘭，送於趙，並獻駿馬萬匹。趙王虎命蘭帥所從鮮卑五千人屯令支㊈。

㈦庾翼欲移鎮襄陽㊉，恐朝廷不許，乃奏云移鎮安陸㊀。帝及朝士皆遣使譬止翼，翼遂違詔北行，至夏口，復上表請鎮襄陽。翼時有眾四萬。詔加翼都督鎮討諸軍事。

㈧先是車騎將軍揚州刺史庾冰，屢求出外。辛巳（二日），以冰都督荊、江、寧、益、梁、交、廣七州，豫州之四郡諸軍事，領江州刺史，假節鎮武昌，以為翼繼援。徵徐州刺史何充為都督揚、豫、徐州之琅邪㊂諸軍事。領揚州刺史，錄尚書事，輔政。以琅邪內史桓溫為都督青、徐、兗三州諸軍事。徐州刺史徵江州刺史褚裒為衞將軍，領中書令。

㈨冬，十一月己巳（廿二日），大赦。

【今註】㊀槼：度量也，猶言言行有分寸。㊁方卲：方叔、卲虎也。周宣王時，荊蠻背叛，王命方叔平定之。卲虎輔助周宣王，平定淮夷。後人以方卲譬中興之臣。㊂管葛：管仲與諸葛亮。㊃嫗煦：鄭玄曰：「體曰嫗，氣曰煦。」㊄丹水：故城在今河南淅川縣西，丹水之陽。㊅假節率眾入臨淮：考異：「帝紀遛入臨淮，下云庚翼為征討大都督，遷鎮襄陽。按翼傳：翼先表移鎮安陵，至夏口上表云：九月十九日發武昌，二十四日達夏口，始請徙鎮襄陽。始詔加都督征討諸軍事，故知不在此月。」臨淮故治在今安徽盱眙縣西北八十里。㊆六州：胡三省曰：「六州，江、荊、司、雍、梁、益也。」㊇皝遣世子儁帥前軍師評等擊代：考異：「後魏序紀：八月慕容元真遣使請薦女，無用兵事，今從燕書。」㊈令支：故城在今河北遷安縣西。㊉襄陽：今湖北襄陽市。㊀㊀安陸：故城在今湖北安陸縣北。㊀㊁徐州之琅邪：永嘉之亂，元帝渡江，僑置琅邪郡於江乘縣，謂徐州之琅邪。

二年（西元三四四年）

㈠春，正月。趙王虎享羣臣於太武殿，有白鴈百餘集馬道之南，虎命射之，皆不獲。時，諸州兵集者百餘萬。太史令趙攬密言於虎曰：「白鴈集庭，宮室將空之象，不宜南行。」虎信之，乃臨宣武觀，大閱而罷。

㈡漢王勢改元太和，尊母閻氏為皇太后，立妻李氏為皇后。

㈢燕王皝，與左司馬高詡謀伐宇文逸豆歸。詡曰：「宇文彊盛，今不取，必為國患，伐之必克，然不利於將。」出而告人曰：「吾往必不返，然忠臣不避也。」於是皝自將伐逸豆歸。以慕容翰為前鋒將軍，劉佩副之。分命慕容軍，慕容恪，慕容霸，及拆衝將軍慕輿根，將兵三道並進。高詡將伐，不見其妻，使人語以家事而行。逸豆歸遣南羅㈠大涉夜干㈡，將精兵逆戰。皝遣人馳謂慕容翰曰：「逸豆歸掃㈢其國內精兵，以屬涉夜干。涉夜干素有勇名，一國所賴也。今我克之，其國不攻自潰矣。且吾孰知涉夜干之為人，雖有虛名，實易與耳。不宜避之，以挫吾兵氣。」遂進戰，翰自出衝陳，涉夜干出應之，慕容霸從傍邀擊，遂斬涉夜干。宇文士卒見涉夜干死，不戰而潰，燕軍乘勝逐之，遂克其都城㈣。逸豆歸走死漠北。宇文氏由是散亡。皝悉收其畜產資貨，徙其部眾五千餘落於昌黎，闢地千餘里。更命涉夜干所居城曰威德城。使弟彪戍之，而還。高詡，劉佩，皆中流矢卒。詡善天文。皝嘗謂曰：「卿有佳書而不見與，何以為忠盡。」詡曰：「臣聞人君執要，人臣執職，執要者逸，執職者勞。是以后稷播種，堯不預焉。占候天文，晨夜甚苦，非至尊之所宜親，殿下將焉（安）用之。」皝默然。初，逸豆歸事趙甚謹，貢獻屬㊄路，及燕人伐逸豆歸，趙王虎使右將軍白勝，幷州刺使王霸，自甘松㊅出救之。比至，宇文氏已亡，因攻威德城，不克而還。慕容彪追擊破之。慕容翰之與宇文氏戰也，為流矢所中，臥病，積時不出，後漸差㊆。於其家試騁馬，或告翰稱病，而私習騎乘，疑欲為變。燕王皝雖藉翰勇略，然中心終忌之，乃賜翰死。翰曰：「吾負罪出奔㊇，既而復還㊈，今日死已晚矣。然羯賊跨據中原，吾不自量，欲為國家蕩壹區夏。此志不遂，沒㊉有遺恨，命矣夫。」飲藥而卒㊁。

㈣代王什翼犍，遣其大人長孫秩迎婦於燕。

㈤夏，四月，涼州將張瓘，敗趙將王擢於三交城㊂。

㈥初，趙領軍王朗言於趙王虎曰：「盛冬雪寒，而皇太子使人伐宮材，引於漳水，役者數萬，吁嗟滿道，陛下宜因出遊罷之。」虎從之。太子宣怒。會熒惑守房㊂，宣使太史令趙攬言於虎曰：「房為天王，今熒惑守之，其殃不細，宜以貴臣王姓者當之。」虎曰：「誰可者？」攬曰：「無貴於王領軍。」虎意惜朗，使攬更言其次。攬無以對。因曰：「其次唯中書監王波耳！」虎乃下詔追罪波前議楛矢事〔一四〕，腰斬之，及其四子。投尸漳水，既而愍其無罪，追贈司空，封其孫為侯。

(七)趙平北將軍尹農攻燕凡城，不克而還。

(八)漢太史令韓皓上言，熒惑守心，乃宗廟不修之譴。漢主勢命羣臣議之。相國董皎，侍中王嘏，以為景武創業，獻文承基，至親不遠，無宜疏絕，乃更命祀成始祖〔一五〕，太宗〔一六〕，皆謂之漢。

(九)征西將軍庾翼，使梁州刺史桓宣，擊趙將李羆於丹水，為羆所敗。翼貶宣為建威將軍。宣慙憤成疾。秋八月庚辰（七日）卒。翼以長子方之為義城〔一七〕太守，代領宣眾。又以司馬應誕為襄陽太守。參軍司馬勳為梁州刺史，戍西城〔一八〕。

(十)中書令褚裒固辭樞要，閏月丁巳（十四日），以裒為左將軍，都督兗州，徐州之琅邪諸軍事，兗州刺史，鎮金城〔一九〕。

(十一)帝疾篤，庾冰庾翼欲立會稽王昱為嗣。中書監何充建議立皇子聃（耼），帝從之。九月丙申（廿四日），立聃（耼）為皇太子。戊戌（廿六日），帝崩於式乾殿。己亥（廿七日），何充以遺旨奉太子即位，大赦。由是冰、翼深恨充。尊皇后褚氏為皇太后。時，穆帝方二歲，太后臨朝稱制。何充加中書監，錄尚書事。充自陳既錄尚書，不宜復監中書，許之，復加侍中。充以左將軍褚裒，太后之父，宜綜朝政，上疏薦裒參錄尚書，乃以裒為侍中，衛將軍，錄尚書事，持節督刺史如故。裒以近戚，懼獲譏嫌，上疏固請居藩，改授都督徐兗青三州揚州之二郡諸軍事，衛將軍，徐兗二州刺史，鎮京口。尚書奏裒見太后；在公庭，則如臣禮；私覿⑳，則嚴父。從之。

(十二)冬，十月乙丑（廿三日），葬康帝於崇平陵。

(十三)江州刺史庾冰有疾，太后徵冰輔政，冰辭。十一月庚辰（九日）卒。庾翼以家國情事，留子方之為建武將軍，戍襄陽。方之年少，以參軍毛穆之為建武司馬以輔之。穆之，寶之子也。翼還鎮夏口。詔翼復督江州，又領豫州刺史，翼辭豫州，復欲移鎮樂鄉，詔不許。翼仍繕修軍器，大佃㉑積穀，以圖後舉。

(十四)趙王虎作河橋於靈昌津㉒，采石為中濟，石下輒隨流，用功五百餘萬，而橋不成，虎怒，斬匠而罷。

【今註】①南羅：城名，慕容氏改為威德城。②大涉夜干：考異曰：「慕容皝載記作涉弈干，今從燕書。」③掃：盡舉之也。④都城：宇文國都遼西紫蒙川。⑤屬：連也，續也。⑥甘松：故治在今青海東南境。⑦差：病癒也。⑧負罪出奔：事見卷九十五成帝咸和八年。⑨既而復還：事見卷九十六咸康六年。⑩沒：死也。⑪飲藥而卒：考異曰：「三十國春秋云：永和二年九月殺翰。燕書翰傳：翰嘗臨陳，為流矢所中，病臥，歲時不出入，後漸差，試馬。按自討宇文後，翰未嘗預攻戰。自建元二年正月至永和二年九月已踰年矣！《三十國春秋》恐誤，今從載記翰傳。」⑫三交城：在陝西寶雞縣西。⑬熒惑守房：胡三省曰：「天文志：房四星為明堂，天子布政之宮也，亦四輔也。下第一星上將也，次次將也，次次相也，上星上相也。熒惑守房心，王者惡之，熒惑天子理也。故曰：『雖有明天子，必謹視熒惑所在。』」⑭議楛矢事：事見卷九十六成帝咸康六年。⑮始祖：李特。⑯太宗：李雄。⑰義城：胡三省曰：「沈約曰：『義成郡晉孝武立，治襄陽。』五代志曰：『襄陽郡，穀城縣舊曰義城，置義城郡。』又按晉書桓宣傳：『陶侃使宣鎮襄陽，以其淮南部曲立義成郡。』則此郡立於咸和中明矣。城當作成。」故城今湖北光化縣西北。⑱西城：故城今陝西安康縣西北。⑲金城：在江蘇句容縣北。⑳覿：見也。㉑佃：治田。㉒靈昌津：又名延津，在河南延津縣北，今堙。

孝宗穆皇帝上之上

永和元年（西元三四五年）

㈠春，正月，甲戌（一日）朔。皇太后設白沙帷於太極殿，抱帝臨軒。

㈡趙義陽公鑒鎮關中，役煩賦重，文武有長髮者，輒拔為冠纓，餘以給宮人。長史取髮白（曰）趙王虎，虎徵鑒還鄴，以樂平公苞代鎮長安，發雍、洛、秦、幷州十六萬人，治長安未央宮。虎好獵，晚歲體重不能跨馬，乃造獵車千乘。刻期校獵，自靈昌津南至滎陽㈠，東極陽都㈡為獵場。使御史監察，其中禽獸有犯者，罪至大辟。民有美女佳牛馬，御史求之不得，皆誣以犯獸論。死者百餘人。發諸州二十六萬人，修洛陽宮，發百姓牛二萬頭，配朔州牧官，增置女官二十四等，東宮十二等，公侯七十餘國，皆九等，大發民女三萬餘人，料㈢為三等以配之。太子諸公私令采發者，又將萬人。郡縣務求美色，多強奪人妻，殺其夫，及夫自殺者，三千餘人。至鄴，虎臨軒簡第，以使者為能，封侯者十二人，荊楚楊徐之民，流叛略盡。守令坐不能綏懷，下獄誅者五十餘人。金紫光祿大夫㈣逯明，因待切諫，虎大怒，使龍騰㈤拉殺之。

㈢燕王皝以牛假貧民，使佃苑中，稅其什之八。自有牛者，稅其七。記室參軍封裕上書諫，以為：「古者什一而稅，天下之中正也。降及魏晉，仁政衰薄，假官田官牛者，不過稅其什六，自有牛者中分之，猶不取其七八也。自永嘉以來，海內蕩析，武宣王綏之以德，華夷之民，萬里輻湊襁負而歸之者㈥，若赤子之歸父母，是以戶口十倍於舊，無田者什有三四。及殿下繼統，南摧彊趙㈦，東兼高句麗㈧，北取宇文㈨，拓地三千里，增民十萬戶，是宜悉罷苑囿以賦新民。無牛者官賜之牛，不當更收重稅也。且以殿下之民，用殿下之牛，牛非陛（殿）下之有，將何在哉？如此則戎旗南指之日，民誰不簞食壺漿以迎王師，石虎誰與處㈩矣。川瀆溝渠有廢塞者，皆應通利。旱則灌溉，潦則疏泄，一夫不耕，或受之飢，況游食數萬，何以得家給人足乎？今官司猥多，虛費廩祿，苟才不周用，皆宜澄汰，工商末利，宜立常員，學生三年無成，徒塞英雋之路，皆當歸之於農。殿下聖德寬明，博察芻蕘㊁，參軍王憲，大夫劉明，並以言事忤旨，主者㊂處以大辟，殿下誰恕其死，猶免官禁錮，夫求諫諍而罪直言，是猶適越而北行，必不獲其所志矣。右長史宋該等，阿媚苟容，輕劾諫士，已無骨鯁，嫉人有之，掩蔽耳目，不忠之甚者也。」皝乃下令稱：「覽封記室之諫，孤實懼焉。國以民為本，民以穀為命，可悉罷苑囿以給民之無田者。實貧者，官與之牛，力有餘願得官牛者，並依魏晉舊灋㊂，溝瀆各（果）有益者，令以時修治。今戎事方興，勳伐既多，官未可減，俟中原平壹，徐更議之，工商學生皆當裁擇，夫人臣關㊃言於人主至難也。雖有狂妄，當擇其善者而從之。王憲，劉明雖罪應廢黜，亦由孤之無大量也，可悉復本官，仍居諫司。封生蹇蹇㊄，深得王臣之體，其賜錢五萬，宣示內外。有欲陳孤過者，不拘賤貴，勿有所諱。」皝雅好文學，常親臨庠序，講授考校，學徒至千餘人，頗有妄濫者，故封裕及之。

㈣詔徵衛將軍褚裒，欲以為揚州刺史錄尚書事。吏部尚書劉遐，長史王胡之，說裒曰：「會稽王令德雅望，國之周公也，足下宜以大政授之。」裒乃固辭歸藩。

壬戌（一月無壬戌日），以會稽王昱為撫軍大將軍，錄尚書六條事㈥。昱清虛寡欲，尤善玄言，常以劉惔，王濛及潁川韓伯為談客。又辟郗超為撫軍掾，謝萬為從事中郎。超，鑒之孫也。少卓犖不羈。父愔，簡默沖退，而嗇於財，積錢至數千萬。嘗開庫任超所取，超散施親故，一日都盡。萬，安之弟也。清曠秀邁，亦有時名。

㈤燕有黑龍白龍，見於龍山，交首遊戲解角而去，燕王皝親祀以太牢，赦其境內，命所居新宮曰和龍。

㈥都亭肅侯庾翼，疽發於背，表子爰之行輔國將軍，荊州刺史，委以後任。司馬義陽朱燾為南蠻校尉。以千人守巴陵㈦。秋，七月庚午（一日），卒。翼部將于瓚等作亂，殺冠軍將軍曹據，朱燾與安西長史江虨、建武司馬毛穆之。將軍袁真等共誅之。虨、統之子也。

㈦八月，豫州刺史路永叛奔趙，趙王虎使永屯壽春(一八)。

㈧庾翼既卒，朝議皆以諸庾世在西藩，人情所安，宜依翼所請，以庾爰之代其任。何充曰：「荊楚，國之西門，戶口百萬，北帶彊胡，西鄰勁蜀，地勢險阻，周旋萬里。得人，則中原可定。失人，則社稷可憂，陸抗所謂存則吳存，亡則吳亡(一九)者也。豈可以白面少年當之哉？桓溫英略過人，有文武器幹，西夏之任，無出溫者。」議者又曰：「庾爰之肯避溫乎，如令阻兵，恥懼(二〇)不淺。」充曰：「溫足以制之，諸君勿憂。」丹楊尹劉惔每奇溫才，然知其有不臣之志，謂會稽王昱曰，溫不可使居形勝之地，其位號常宜抑之。勸昱自鎮上流，以己為軍司，昱不聽，又請自行，亦不聽。庚辰（十三日），以徐州刺史桓溫為安西將軍，持節都督荊、司、雍、益、梁、寧六州諸軍事，領護南蠻校尉，荊州刺史。爰之果不敢爭。又以劉惔監沔中諸軍事，領義成太守，代庾方之。

徙方之，爰之於豫章。

桓溫嘗乘雪欲獵，先過劉惔，惔見其裝束甚嚴，謂之曰：「老賊欲持此何為？」溫笑曰：「我不為此，卿安得坐談乎。」

㈨漢主勢之弟，大將軍廣以勢無子，求為太弟，勢不許。馬當，解思明諫曰，陛下兄弟不多，若復有所廢將益孤危，固請許之。勢疑其與廣有謀，收當、思明斬之。夷其三族。遣太保李奕襲廣於涪城，貶廣為臨邛侯，廣自殺。思明被收，歎曰：「國之不亡，以我數人在也。今其殆矣」，言笑自若而死。思明有智略，敢諫諍。馬當素得人心，及其死，士民無不哀之。

㈩冬，十月。燕王皝使慕容恪攻高句麗，拔南蘇㈡，置戍而還。

㈠十二月，張駿伐焉耆，降之。是歲，駿分武威等十一郡為涼州㈢。以世子重華為刺史。分興晉等八郡為河州㈢，以寧戎校尉張瓘為刺史。分燉煌等三郡及西域都護等三營為沙州㈣，以西胡校尉楊宣為刺史。駿自稱大都督，大將軍，假涼王。督攝三州，始置祭酒，郎中，大夫，舍人，謁者等官。官號皆倣天朝，而微變其名，車服旌旗，擬於王者。

（十二）趙王虎以冠軍將軍姚弋仲為持節十郡六夷大都督，冠軍大將軍。弋仲清儉鯁直，不治威儀，言無畏避。虎甚重之。朝之大議，每與參決，公卿皆憚而下之。武城㉕左尉，虎寵姬之弟也。嘗入弋仲營，侵擾其部眾。弋仲執而數之曰，爾為禁尉，迫脅小民；我為大臣，目所親見，不可縱也。命左右斬之。尉叩頭流血，左右固諫乃止。

（十三）燕王皝以為古者諸侯即位，各稱元年，於是始不用晉年號，自稱十二年。

（十四）趙王虎使征東將軍鄧恆，將兵數萬屯樂安㉖，治攻具，為取燕之計。燕王皝以慕容霸為平狄將軍㉗，戍徒河，恆畏之不敢犯。

【今註】㈠滎陽：故城在今河南滎澤縣西南十七里。㈡陽都：故城在今山東沂水縣南。㈢料：理也。料為三等即分為三等之意。㈣金紫光祿大夫：光祿大夫加金章紫綬者。㈤龍驤：虎募驍勇拜為龍驤中郎。㈥華夷之民，萬里輻湊襁負而歸之者：事見卷八十八愍帝建興元年。㈦南摧彊趙：事見卷九十六成帝咸康四年。㈧東兼高句麗：事見卷九十六成帝咸康八年。㈨北取宇文：事見卷九十七康帝建元二年。⑩處：安也，定也。⑪芻蕘：採薪者。⑫主者：謂主王憲劉明之獄者。⑬魏晉舊灋：假官田官牛者，稅其什六。⑭闢：白也。⑮蹇蹇：盡忠於君之貌。⑯錄尚書六條事：胡三省曰：「劉聰以其子粲為丞相，領大將軍錄尚書事；劉延年錄尚書六條事。錄六條事在錄尚書事之下，是必魏晉之間先布是官，聰承而置之也。」⑰巴陵：今湖南岳陽縣治。⑱壽春：今安徽壽縣治。⑲陸抗所謂存則吳存，亡則吳亡：陸抗垂沒之疏，見卷八十武帝泰始十年。⑳恥懼：胡三省曰：「言不能制爰之，將為國恥。又有可懼者，蓋以王敦蘇峻待爰之也。」㉑南蘇：在高麗境。㉒武威等十一郡為涼州：駿分武威、武興、西平、張掖、酒泉、建康、西郡、湟河、晉興、須武、安合合十一郡為涼州。㉓興晉等八郡為河州：駿分興晉、金城、武始、南安、永晉、大夏、武成、漢中等八郡為河州。㉔敦煌等三郡及西域都護三營為沙州：晉志惟載敦煌晉昌二郡，西域都護張茂以校尉、玉門、大護軍三郡三營為沙州，而一郡不見於史，蓋缺久也。㉕武城：故城在今山東武城縣西。㉖樂安：故城在河北樂亭縣東北。㉗平狄將軍：漢光武始以龐萌為平狄將軍。

二年（西元三四六年）

㈠春，正月丙寅（一日），大赦。

㈡己卯（十四日），都鄉文穆公（侯）何充卒。充有器局㊀，臨朝正色，以社稷為己任，所選用皆以功効，不私親舊。

㈢初，夫餘居於鹿山，為百濟所侵，部落衰散，西徙近燕而不設備。燕王皝遣世子儁，帥慕容軍、慕容恪、慕輿根三將，軍萬七千騎，襲夫餘。儁居中指授，軍事皆以任恪。遂拔夫餘，虜其王玄及部落五萬餘口而還。皝以玄為鎮軍將軍，妻以女。

㈣二月癸丑（十九日），以左光祿大夫蔡謨領司徒，與會稽王昱同輔政。

㈤褚裒薦前光祿大夫顧和，前司徒左長史殷浩。三月丙子（十二日），以和為尚書令，浩為建武將軍、揚州刺史。和有母喪，固辭不起，謂所親曰：「古人有釋衰經從王事者，以其才足幹時故也。如和者，正足以虧孝道傷風俗耳。」識者美之。浩亦固辭，會稽王昱與浩書曰：「屬當厄運，危弊理極。足下沈識淹長，足以經濟㈡。若復深存挹退，苟遂本懷，吾恐天下之事於此去矣！足下去就，即時之廢興，則家國不異㈢，足下宜深思之。」浩乃就職。

㈥夏，四月己酉（十六）朔，日有食之。

㈦五月丙戌（二十三日），西平忠成公張駿薨，官屬上世子重華為使持節大都督，太尉，護羌校尉，涼州牧，西平公，假涼王，赦其境內。尊嫡母嚴氏為大王太后，母馬氏為王太后。

㈧趙中黃門嚴生惡尚書朱軌，會久雨，生譖軌不脩道路，又謗訕朝政，趙王虎囚之。蒲洪諫曰：「陛下既有襄國鄴宮，又修長安洛陽宮殿，將以何用？作獵車千乘，環數千里，以養禽獸；奪人妻女十餘萬口，以實後宮。聖帝明王之所為，固若是乎？今又以道路不修，欲殺尚書。陛下德政不修，天降淫雨，七旬乃霽；霽方二日，雖有鬼兵百萬，亦未能去道路之塗潦，而況人乎？政刑如此，其如四海何？其如後代何？願止作徒，罷苑囿，出宮女，赦朱軌，以副眾望。」虎雖不悅，亦不之罪，為之罷長安洛陽作役，而竟誅朱軌。又立私論朝政之灋，聽吏告其君，奴告其主。公卿以下，朝覲以目相顧，不敢復相過從談話。

㈨趙將軍王擢擊張重華，襲武街㊃，執護軍曹權、胡宣，徙七千餘戶於雍州。涼州刺史麻秋，將軍孫伏都攻金城。太守張沖請降，涼州震恐（動）。重華悉發境內兵，使征南將軍裴恆將之，以禦趙恆，壁於廣武㊄。久而不戰，涼州司馬張耽言於重華曰：「國之存亡在兵，兵之勝敗在將。今議者舉將，多推宿舊。夫韓信之舉，非舊德也。蓋明主之舉，舉無常人，才之所堪，則授以大事。今彊寇在境，諸將不進，人情危懼。主簿謝艾，兼資文武，可用以禦趙。重華召艾問以方略，艾願請兵七千人，必破趙以報。重華拜艾中堅將軍，給步騎五千，使擊秋。艾引兵出振武，夜有二梟鳴於牙中，艾曰：「六博㊅得梟者勝㊆，今梟鳴牙中，克敵之兆也。」進與趙戰，大破之，斬首五千級。重華封艾為福祿㊇伯。

麻秋之克金城也，縣令敦煌車濟不降，伏劍而死。秋又攻大夏，護軍梁式執太守宋晏，以城應秋。秋遣晏以書誘致宛戍都尉敦煌宋矩，矩曰：「為人臣功既不成，唯有死節耳！」先殺妻子，而後自刎。秋曰：「皆義士也。」收而葬之。

㈩冬，漢太保李奕自晉壽舉兵反，蜀人多從之，眾至數萬。漢主勢登城拒戰，奕單騎突門，門者射而殺之，其眾皆潰。勢大赦境內，改元嘉寧。

勢驕淫不恤國事，多居禁中，罕接公卿，疎忌舊臣，信任左右，讒諂並進，刑罰苛濫，由是中外離心。蜀土先無獠㈨，至是始從山出，自巴西至犍為⑩梓潼⑪，布滿山谷，十餘萬落，不可禁制，大為民患。加以饑饉，四境之內，遂至蕭條。

⑾安西將軍桓溫將伐漢，將佐皆以為不可。江夏相袁喬勸之曰：「夫經略大事，固非常情所及，智者了⑫於胸中，不必待眾言皆合也。今為天下之患者，胡蜀二寇而已。蜀雖險固，比胡為弱，將欲除之，宜先其易者。李勢無道，臣民不附，且恃其險遠，不修戰備，宜以精卒萬人輕賫疾趨，比其覺之，我已出其險要，可一戰擒也。蜀地富饒，戶口繁庶，諸葛武侯用之抗衡中夏。若得而有之，國家之大利也。論者恐大軍既西，胡必闚覦，此似是而非，胡聞我萬里遠征，以為內有重備，必不敢動。縱有侵軼⑬，緣江諸軍足以拒守，必無憂也。」溫從之。喬，瓌之子也。十一月辛未（十一日），溫帥益州刺史周撫，南郡太守譙王無忌，伐漢。拜

表即行，委安西長史范汪以留事，加撫都督梁州之四郡諸軍事，使袁喬帥二千人為前鋒。朝廷以蜀道險遠，溫眾少而深入，皆以為憂，惟劉惔以為必克，或問其故？惔曰：「以博知之，溫，善博者也，不必得則不為，但恐克蜀之後，溫終專制朝廷耳！」

【今註】㈠器局：才能度量也。㈡經濟：經世濟民。㈢家國不異：家國一理。國興則家興，國廢則家廢。㈣武街：即漢下辨縣。在今甘肅成縣西。㈤廣武：故城在今山西代縣西。㈥六博：古戲術名，亦作六簙。《楚辭．招魂》：「有六簙些」，洪興祖補注引《博經》：「博法：二人相對坐向局，局分為十二道，兩頭當中名為水，用棊十二枝，六白六黑；又用魚二枚，置於水中，其擲采以瓊為之，二人互擲采行棊，棊行到處即豎之，名為曉棊，即入水含魚，亦名牽魚。每牽一魚獲二籌，翻一魚獲三籌。」㈦得梟者勝：樗蒲采名。么為梟，六為盧。《潛確類書》：「博局戲以五木為子，有梟盧雉犢，為勝負之采。」㈧福祿：即今甘肅酒泉縣治。㈨獠：西南夷之一種。《魏書》：「……種類甚多，散居山谷，略無氏族之別，又無名字。」㈩犍為：郡名，治棘道，在今四川宜賓縣西南。⑪梓潼：郡名，治梓潼。即今四川梓潼縣治。⑫了：決也。⑬侵軼：侵，進也；軼，突也。

三年（西元三四七年）

㈠春，二月，桓溫軍至青衣㊀。漢主勢大發兵，遣叔父右衞將軍福，從兄鎮南將軍權，前將軍昝堅等將之，自山陽趣合水㊁。諸將欲設伏於江南，以待晉兵，昝堅不從，引兵自江北鴛鴦碕渡向犍為。三月，溫至彭模㊂，議者欲分為兩軍，異道俱進，以分漢兵之勢。袁喬曰：「今懸軍深入萬里之外，勝則大功可立，不勝則噍類㊃無遺，當合勢齊力，以取一戰之捷。若分兩軍，則衆心不一，萬一偏敗㊄，大事去矣！不如全軍而進，棄去釜甑，齎三日糧，以示無還心，勝可必也。」溫從之。留參軍孫盛、周楚將羸兵守輜重，溫自將步卒直指成都。楚，撫之子也。李福進攻彭模，孫盛等奮擊走之，溫進遇李權，三戰三捷，漢兵散走歸成都。鎮軍（東）將軍李位都迎詣溫降。昝堅至犍為，乃知與溫異道，還自沙頭津㊅濟。比至，溫已軍於成都之十里陌，堅衆自潰，勢悉衆出戰於成都之笮橋。溫前鋒不利，參軍龔護戰死，矢及溫馬首，衆懼欲退，而鼓吏誤鳴進鼓，袁喬拔劍督士卒力戰，遂大破之。溫乘勝長驅至成都，縱火燒其城門，漢人惶懼，無復鬬志。勢夜開東門走至葭萌㈦，使散騎常侍王幼送降文於溫，自稱略陽㈧李勢，叩頭死罪，尋輿櫬面縛詣軍門，溫解縛焚櫬，送勢及宗室十餘人於建康，引漢司空譙獻之等，以為參佐。舉賢旌善，蜀人悅之。

㈡日南太守夏侯覽，貪縱侵刻胡商，又科調舡（船）材，云欲有所討，由是諸國恚憤。林邑王文攻陷日南，將士死者五六千，殺覽以尸祭天，檄交州刺史朱蕃請以郡北橫山㈨為界。文既去，蕃使督護劉雄戍日南。

㈢漢故尚書僕射王誓，鎮東將軍鄧定，平南將軍王潤，將軍隗文等，皆舉兵反，眾各萬餘。桓溫自擊定，使袁喬擊文，皆破之。溫命益州刺史周撫鎮彭模（摸）。斬王誓王潤。溫留成都三十日，振旅⑩還江陵。李勢至建康，封歸義侯。夏四月丁巳（二十九日），鄧定隗文等入據成都。征虜將軍楊謙棄涪城㈡，退保德陽㈢。趙涼州刺史麻秋攻枹罕，晉昌太守郎坦，以城大難守，欲棄外城。武成太守張悛曰：「棄外城，則動眾心，大事去矣！」寧戎校尉張璩，從悛言固守大城。秋帥眾八萬，圍塹數重，雲梯地突，百道皆進，城中禦之，秋眾死傷數萬。趙王虎復遣其將劉渾等，帥步騎二萬會之。郎坦恨言不用，教軍士李嘉潛引趙兵千餘人登城。璩督諸將力戰，殺二百餘人，趙兵乃退。璩燒其攻具，秋退保大夏⑬。虎以中書監石寧為征西將軍，帥幷司州兵二萬餘人，為秋等後繼。張重華將宋秦等，帥戶二萬降於趙。重華以謝艾為使持節軍師將軍，帥步騎三萬進軍臨河。艾乘軺車⑭，戴白帢⑮，鳴鼓而行。秋望見怒曰：「艾年少書生，冠服如此，輕我也。」命黑矟龍驤三千人馳擊之，艾左右大擾，或勸艾宜乘馬，艾不從，下車踞胡床⑯，指麾處分。趙人以為有伏兵，懼不敢進。別將張瑁，自間道引兵截趙軍後，趙軍退，艾乘勢進擊，大破之。斬其將杜勳、汲魚，獲首虜萬三千級。秋單馬奔大夏。五月，秋與石寧復帥眾十二萬進屯河南，劉寧、王擢略地晉興、廣武、武街，至於曲柳。張重華使將軍牛旋拒（禦）之，退守枹罕。姑臧大震，重華欲親出拒之，謝艾固諫。別駕從事索遐曰：「君者一國之鎮，不可輕動。」乃以艾為持使節都督征討諸軍事，行衞將軍；遐為軍正將軍，帥步騎二萬拒之。別將楊康敗劉寧於沙阜，寧退屯金城。

㈣六月辛酉（五日），大赦。

㈤秋，七月，林邑復陷日南，殺督護劉雄。

㈥隗文鄧定等立故國師范長生之子賁為帝而奉之，以妖異惑眾，蜀人多歸之。

㈦趙王虎復遣征西將軍孫伏都，將軍劉渾，帥步騎二萬，會麻秋軍長驅濟河，擊張重華，遂城長最⑰。謝艾建牙誓眾，有風吹旌旗東南指，索遐曰：「風為號令⑱，今旌旗指敵，天所贊也。艾軍於神鳥⑲，王擢與艾前鋒戰，敗走還河南。八月戊午（三日），艾進擊秋，大破之，秋遁歸金城。虎聞之歎曰：「吾以偏師定九州，今以九州之力困於枹罕。彼有人焉，未可圖也。」艾還討叛虜斯骨真等萬餘落，皆破平之。

㈧趙王虎據十州⑳之地，聚斂金帛，及外國所獻珍異，府庫財物不可勝計。猶自以為不足，悉發前代陵墓，取其金寶。沙門吳進言於虎曰：「胡運將衰，晉當復興，宜苦役晉人以厭其氣。」虎使尚書張羣，發近郡男女十六萬人，車十萬乘運土築華林苑，及長牆於鄴北，廣袤數十里。申鍾、石璞、趙攬等，上疏陳天文錯亂，百姓彫弊。虎大怒曰：「使苑牆朝成，吾夕沒，無恨矣。」促張羣使然燭夜作，暴風大雨，死者數萬人。郡國前後送蒼麟十六，白鹿七，虎命司虞張曷柱調之，以駕芝蓋，大朝會列於殿庭。九月，命太子宣出祈福於山川，因行遊獵。宣乘大輅㈢，羽葆華蓋，建天子旌旗，十有六軍，戎卒十八萬，出自金明門。虎從其後宮升陵霄觀望之，笑曰：「我家父子如此（是），自非天崩地陷，當復何愁？但抱子弄孫，日為樂耳！」宣所舍，輒列人為長圍，四面各百里，驅禽獸至，暮皆集其所，使文武（皆）跪立重行圍守，炬火如晝，命勁騎百餘馳射其中。宣與姬妾乘輦臨觀，獸盡而止。或獸有迸逸，當圍守者，有爵則奪馬，步驅一日；無爵則鞭之一百。士卒饑凍死者，萬有餘人，所過三州十五郡，資儲皆無孑遺。虎復命秦公韜繼出，自幷州至於秦雍，亦如之。宣怒其與己鈞敵，愈嫉之。宦者趙生得幸於宣，無寵於韜，微勸宣除之。於是始有殺韜之謀矣！

㈨趙麻秋又襲張重華將張瑁，敗之，斬首三千餘級。枹罕護軍李逵，帥眾七千降於趙。自河以南，氐羌皆附於趙。

㈩冬，十月乙丑（十一日），遣侍御史俞歸至涼州，授張重華侍中，大都督，督隴右關中諸軍事，大將軍，涼州刺史，西平公。歸至姑臧，重華欲稱涼王，未肯受詔，使所親沈猛私謂歸曰：「主公弈世㊁為晉忠臣，今曾不如鮮卑何也？朝廷封慕容皝為燕王，而主公纔為大將（軍），何以褒勸忠賢乎？明臺宜移㊂河右，共勸州主為涼王。人臣出使，苟利社稷，專之可也。」歸曰：「吾子㊃失言。昔三代之王也，爵之貴者莫若上公，及周之衰，吳楚始僭號稱王，而諸侯亦不之非，蓋以蠻夷畜之也。借使齊魯稱王，諸侯豈不四面攻之乎！漢高祖封韓彭為王，尋皆誅滅，蓋權時之宜，非厚之也。聖上以貴公忠賢，故爵以上公，任以方伯，寵榮極矣！豈鮮卑夷狄所可比哉！且吾聞之，功有大小，賞有重輕，今貴公始繼世而為王，若帥河右之眾，東平胡羯，脩復陵廟，迎天子返洛陽，將何以加之乎？」重華乃止。

(十一)武都氐王楊初，遣使來稱藩。詔以初為使持節征南將軍，雍州刺史，仇池㉕公。

(十二)十二月，振威護軍蕭敬文，殺征虜將軍楊謙，攻涪城陷之。自稱益州牧，遂取巴西，通於漢中。

【今註】㊀青衣：故城在今四川雅安縣北。㊁自山陽趣合水：胡三省：「山陽之地，蓋在岷江之北，峨眉山之陽。水經注：江水東南過犍為武陽縣，青衣水、沫水從西南來，合注之，所謂合水當是此地。」㊂彭模：在四川彭山縣東十里。㊃噍類：生民也。㊄偏敗：兩路出兵，一路敗謂之偏敗。㊅沙頭津：在四川彭山縣北二十里。㊆葭萌：故城在今四川昭化縣東南五十里。㊇略陽：故城在今甘肅秦安縣東北九十里。㊈橫山：胡三省：「今邕州南界有橫山，其山橫截江河。我朝置橫山寨及買馬場。」在廣西邕寧縣東八十里。㊉振旅：整軍也。⑪涪城：故治在今四川三台縣西北六十里。⑫德陽：故城在今四川梓潼縣北。⑬大夏：故城在今甘肅臨夏縣東南。⑭軺車：《史記》索隱：「案為輕車，一馬車也。」⑮帢：音恰，帽也。⑯胡床：坐具，即交椅，又名交牀，校椅。《演繁露》：「今之交牀，本自虜來。始名胡床……隋高祖意在忌胡，器物涉胡言者，咸令改之，乃改交牀。」後之逍遙座，太師椅皆由交椅而來。⑰長最：考異曰：「晉春秋作上最，今從重華傳。」長最，在甘肅平番縣南。(一八)風為號令：胡三省曰：「風雲氣侯雜占曰：風不旁教，旌旗翬翬，隨風而揚舉，或向敵終日，軍行有功，勝侯也。」(一九)神鳥：今甘肅武威縣治。(二〇)十州：虎所據之十州為幽、幷、冀、司、豫、兗、青、徐、雍、秦十州。(二一)大輅：大車也，天子乘用。(二二)弈世：累世也。(二三)移：移文也。(二四)吾子：子為古代男子之美稱。胡三省：「言吾子，相親之辭。」(二五)仇池：故城在今陝西略陽縣西北。

卷九十八　晉紀二十

起著雍涒灘，盡上章淹茂，凡三年。（戊申至庚戌，西元三四八年至三五〇年）

司馬光編集
桑秀雲註

孝宗穆皇帝上之下

永和四年（西元三四八年）

㈠夏，四月。林邑寇九真，殺士民什八九。

㈡趙秦公韜，有寵於趙王虎，欲立之，以太子宣長，猶豫未決，宣嘗忤旨，虎怒曰：「悔不立韜也。」韜由是益驕，造堂於太尉府，號曰宣光殿，梁長九丈。宣見之（而）大怒㊀，斬匠截梁而去。韜怒，增之至十丈，宣聞之，謂所幸楊柸，牟成，趙生，曰：「凶豎傲愎敢爾，汝能殺之，吾入西宮㊁，當盡以韜之國邑分封汝等。韜死，主上必臨喪，吾因行大事㊂，蔑不濟矣。」柸等許諾。秋八月，韜夜與僚屬宴於東明觀，因宿於佛精舍㊃。宣使楊柸等緣獮猴梯㊄而入，殺韜，置其刀箭而去。旦日，宣奏之，虎哀驚氣絕，久之方蘇。將出臨其喪，司空李農諫曰：「害秦公者未知何人，賊在京師，鑾輿不宜輕出。」虎乃止。嚴兵發哀於太武殿。收大將宣往臨韜喪，不哭，直言呵呵，使舉衾觀尸，大笑而去。收大將軍記室參軍鄭靖、尹武等，將委之以罪。虎疑宣殺韜，欲召之，恐其不入，乃詐言其母杜后哀過危惙㊅，宣不謂見疑，入朝中宮，因留之。建興㊆人史科知其謀，告之。虎使收楊柸，牟成，皆亡去，獲趙生，詰之具服。虎悲怒彌甚，囚宣於席庫㊇，以鐵環穿其頷而鏁之，取殺韜刀箭舐其血，哀號震動宮殿。佛圖澄曰：「宣，韜皆陛下之子，今為韜殺宣，是重禍也。陛下若加慈恕，福祚猶長，若必誅之，宣當為彗星下掃（埽）鄴宮。」虎不從，積柴於鄴北，樹標其上，標末置鹿盧㊈，穿之以繩，倚梯柴積，送宣其下，使韜所幸宦者郝稚，劉霸，拔其髮，抽其舌，牽之登梯，郝稚以繩貫其頷，鹿盧絞上，劉霸斷其手足，斫眼潰腸如韜之傷。四面縱火，煙炎際天。虎從昭儀已下數千人，登中臺㊉以觀之，火滅取灰，分置諸門交道㊀中。殺其妻子九人，宣少（小）子纔數歲，虎素愛之，抱之而泣，欲赦之，其大臣不聽，就抱中取而殺之。兒挽虎衣大叫，至於絕帶，虎因此發病。又廢其后杜氏為庶人，誅其四率㊂以下三百人，宦者五十人，皆車裂節解，棄之漳水，洿其東宮，以養豬牛，東宮衞士十餘萬人，皆謫戍涼州㊂。先是散騎常侍趙攬言於虎曰：「宮中將有變，宜備之。」及宣殺韜，虎疑其知而不告，亦誅之。

㈢朝廷論平蜀之功，欲以豫章郡封桓溫，尚書左丞荀蕤曰：「溫若復平河洛，將何以賞之。」乃加溫征西大將軍，開府儀同三司，封臨賀郡公，加譙王無忌前將軍，袁喬龍驤將軍，封湘西伯。蕤，崧之子也。

溫既滅蜀，威名大振，朝廷憚之，會稽王昱，以揚州刺史殷浩有盛名，朝野推服，乃引為心膂，與參綜朝權，欲以抗溫，由是與溫寖（浸）相疑貳。浩以征北長史荀羨，前江州刺史王羲之，夙有令名，擢羨為吳國內史。羲之為護軍將軍，以為羽翼。羨，蕤之弟，羲之，導之從子也。羲之以為內外協和，然後國家可安，勸浩及羨不宜與溫構隙，浩不從。

㈣燕王皝有疾，召世子儁屬之曰：「今中原未平，方資賢傑以經世務，恪智勇兼濟，才堪任重，汝其委之，以成吾志。」又曰：「陽士秋士行高潔，忠幹貞固，可託大事，汝善待之。」九月丙申（十七日），薨。

㈤趙王虎議立太子，太尉張舉曰：「燕公斌有武略，彭城公遵有文德，惟陛下所擇。」虎曰：「卿言正起吾意。」戎昭將軍⑭張豺曰：「燕公母賤，又嘗有過⑮，彭城公母前以太子事廢⑯，今立之，臣恐不能無微恨，陛下宜審思之。」初，虎之拔上邽⑰也，張豺獲前趙主曜幼女安定公主，有殊色，納於虎，虎嬖之，生齊公世，豺以虎老病，欲立世為嗣，冀劉氏為太后，已得輔政。乃說虎曰：「陛下再立太子，其母皆出於倡賤，故禍亂相尋，今宜擇母貴子孝者立之。」虎曰：「卿勿言，吾知太子處矣。」虎再與羣臣議於東堂。虎曰：「吾欲以純灰三斛，自滌其腸，何為專生惡子，年踰二十，輒欲殺父，今世方十歲，比其二十，吾已老矣。」乃與張舉、李農定議，令公卿上書請立世為太子。大司農曹莫不肯署名，虎使張豺問其故？莫頓首曰：「天下重器，不宜立少。故不敢署。」虎曰：「莫，忠臣也。然未達朕意，張舉、李農知朕意矣。可令諭之。」遂立世為太子，以劉昭儀為后。

㈥冬，十一月甲辰（一日），葬燕文明王㊇，世子儁即位。赦境內，遣使詣建康告喪。以弟交為左賢王，左長史陽鶩為郎中令。

㈦十二月，以左光祿大夫，領司徒，錄尚書事蔡謨為侍中，司徒。謨上疏固讓，謂所親曰：「我若為司徒，將為後代所哂，義不敢拜也。」

【今註】㊀宣見之大怒：因宣光殿犯其名也。㊁西宮：胡三省：「虎居西宮。」入西宮猶言登大位。㊂大事：《左傳》潘崇謂楚商臣曰：「能行大事乎！」杜預注曰：「大事謂弒君。」㊃佛精舍：佛舍也。㊄獮猴梯：胡三省：「梯小而長，人如獮猴攀登而上，故曰獮猴梯。」㊅惙：疲也。

㊆建興：胡三省：「魏土地記曰：建興郡治陽阿縣。陽阿縣，漢屬上黨郡。魏收志曰：慕容永分上黨置建興郡。則其地非石趙所置建興郡也。水經注曰：田融言趙立建興郡於廣宗城內，斯其是矣。」廣宗，今河北威縣東二十里。㊇席庫：胡注：藏席之所。㊈鹿盧：井上汲水之具。將汲具從井底吊

上。亦作轒轤，榶櫨。㈩中臺：鋼爵臺。㈡交道：午道。鄭玄：「一縱一横為午，謂交道也。」㈢四率：東宮官名，有左右前後四率。㈢涼州：趙未得涼州，置涼州於金城。金城，今甘肅。㈣戎昭將軍：晉書載記：虎置左右戎昭曜武將軍，位在左右衛上。㈤燕公母賤，又嘗有過：謂欲殺張賀度，事見卷九十六成帝咸康六年。㈥彭城公母前以太子事廢：彭城公遵與邃同母鄭氏，廢見卷九十五咸康三年。㈦虎之拔上邽：見卷九十四成帝咸和四年。㈧燕文明王：燕王皝謚曰文明。

五年（西元三四九年）

㈠春，正月辛未（一日）朔，大赦。

㈡趙王虎即皇帝位，大赦，改元太寧，諸子皆進爵為王。故東宮高力㈠等萬餘人，謫戍涼州，行達雍城㈡，既不在赦例，又敕雍州刺史張茂送之，茂皆奪其馬，使步推鹿車，致糧戍所。高力督定陽㈢梁犢，因眾心之怨，謀作亂東歸，眾聞之，皆踊抃㈣大呼。犢乃自稱晉征東大將軍，帥眾攻拔下辨㈤。安西將軍劉寧，自安定㈥擊之，為犢所敗。高力皆多力善射，一當十餘人，雖無兵甲，掠民斧施一丈柯㈦，攻戰若神，所向崩潰，戍卒皆隨之，攻陷郡縣，殺長吏二千石，長驅而東，比至長安，眾已十萬，樂平㈧王苞盡銳拒之，一戰而敗，犢遂東出潼關，進趣洛陽，趙主虎以李農為大都督，行大將軍事，統（統）衞軍將軍張賀度等，步騎十萬討之，戰於新安㈨，農等大敗，戰於洛陽，又敗。退壁成皐㈩，犢遂東掠滎陽㈡、陳留諸郡。虎大懼，以燕王斌為大都督，督中外諸軍事，統冠軍大將軍姚弋仲，車騎將軍蒲洪等討之。弋仲將其眾八千餘人至鄴，求見虎，虎病未之見，引入領軍省，賜以己所御食，弋仲怒不食。曰：「主上召我來擊賊，當面見授方略，我豈為食來邪？且主上不見我，我何以知其存亡邪。」虎力疾見之，弋仲讓虎曰：「兒死愁邪？何為而病，兒幼時不擇善人教之，使至於為逆，既為逆而誅之，又何愁焉？且汝久病，所立兒幼，汝若不愈，天下必亂，當先憂此，勿憂賊也。犢等窮困思歸，相聚為盜，所過殘暴，何所能至，老羌㈢為汝一舉了之。」弋仲性狷直，人無貴賤，皆汝㈢之，虎亦不之責。於坐授使持節侍中征西大將軍，賜以鎧馬。弋仲曰：「汝看老羌堪破賊否？」乃被鎧跨馬於庭中，因策馬南馳，不辭而出，遂與斌等擊犢於滎陽，大破之，斬犢首而還，討其餘黨，盡滅之。虎命弋仲劍履上殿，入朝不趨，進封西平郡公，蒲洪為侍中車騎大將軍，開府儀同三司，都督雍秦州諸軍事，雍州刺史，進封洛陽郡公。

㈢始平㈣人馬勗（為勗），聚兵自稱將軍，趙樂平王苞討滅之，誅三千餘家。

㈣夏，四月，益州刺史周撫，龍驤將軍朱燾擊范賁㈤，斬之，益州平。

㈤詔遣謁者陳沈如燕，拜慕容儁為使持節侍中大都督，督河北諸軍事，幽平二州牧㈥，大將軍，大單于，燕王。

㈥桓溫遣督護滕畯，帥交廣之兵，擊林邑王文於盧容㈦，為文所敗，退屯九真。

㈦乙卯（九日），趙王虎病甚重，以彭城王遵為大將軍，鎮關右，燕王斌為丞相，錄尚書事，張豺（豺）為鎮衞大將軍，領軍將軍，吏部尚書，並受遺詔輔政。劉后惡斌輔政，恐不利於太子，與張犲（豺）謀去之。斌時在襄國，遣使詐謂斌曰：「主上疾已漸愈，王須獵者，可少（小）停也。」斌素好獵嗜酒，遂留獵且縱酒，劉氏與犲（豺）因矯詔，稱斌無忠孝之心，免官歸第，使犲（豺）弟雄，帥龍騰五百人守之。

乙丑（十九日），遵自幽州至鄴，敕朝堂受拜，配禁兵三萬遣之，遵涕泣而去。是日，虎疾小瘳，問遵至未？左右對曰：「去已久矣。」虎曰：「恨不見之。」虎臨西閤，龍騰中郎二百餘人列拜於前。虎問何求，皆曰：「聖體不安，宜令燕王入宿衛典兵馬。」或言乞以為皇太子，虎曰：「燕王不在內邪？」召以來，左右言王酒病不能入，虎曰：「促持輦迎之，當付璽綬。」亦竟無行者，尋惛眩而入。張犲（豺）使張雄矯詔殺斌。戊辰（廿二日），劉氏復矯詔，以犲（豺）為太保，都督中外諸軍，錄尚書事，如霍光故事。侍中徐統（統）嘆曰：「亂將作矣，吾無為預之。」仰藥而死。己巳（廿三日），虎卒，太子世即位，尊劉氏為皇太后。劉氏臨朝稱制，以張犲（豺）為丞相，犲（豺）辭不受，請以彭城王遵，義陽王鑒為左右丞相，以慰其心，劉氏從之。豺與太尉張舉謀誅司空李農，舉素與農善，密告之，農奔廣宗(一八)，帥乞活(一九)數萬家保上白。劉氏使張舉統宿衛諸軍圍之，犲（豺）以張離為鎮軍大將軍，監中外諸軍事，以為己副。

彭城王遵至河內聞喪。姚弋仲、蒲洪、劉寧及征虜將軍石閔，武衛將軍王鸞等討梁犢還，遇遵於李城(二〇)，共說遵曰：「殿下長且賢，先帝亦有意以殿下為嗣，正以末年惛惑，為張豺所誤，今女主臨朝，姦臣用事，上白相持未下，京師宿衛空虛，殿下若聲張豺之罪，鼓行而討之，其誰不開門倒戈而迎殿下者！」遵從之。五月，遵自李城舉兵還趣鄴，洛州刺史劉國，帥洛陽之眾往會之，檄至鄴，張豺大懼，馳召上白之軍。丙戌（十一日），遵軍於蕩陰(二一)，戎卒九萬，石閔為前鋒，豺將出拒之，耆舊羯士皆曰：「彭城王來奔喪，吾當出迎之，不能為張豺守城也。」踰城而出，豺斬之不能止，張離亦帥龍騰二千斬關迎遵。劉氏懼，召張豺入，對之悲哭曰：「先帝梓宮未殯，而禍難至此。今嗣子沖幼，託之將軍，將軍將若之何？欲加遵重位，能弭之乎？」豺惶怖不知所出，但云唯唯。乃下詔以遵為丞相，領大司馬大都督，督中外諸軍，錄尚書事，加黃鉞[22]九錫[23]。己丑（十四日），遵至安陽亭[24]，張豺懼而出迎，遵命執之。庚寅（十五日），遵擐甲[25]曜兵入自鳳陽門，升太武前殿，擗踊[26]盡哀，退如東閣，斬張豺於平樂[27]市，夷其三族。假劉氏令曰，嗣子幼沖，先帝私恩所授，皇業至重，非所克堪，其以遵嗣位，於是遵即位，大赦。罷上白之圍。辛卯（十六日），封世為譙王，廢劉氏為太妃[28]，尋皆殺之。李農來歸罪，使復其位。尊母鄭氏為皇太后，立妃張氏為皇后，故燕王斌子衍為皇太子，以義陽王鑒為侍中太傅，沛王沖為太保，樂平公苞為大司馬，汝陰王琨為大將軍，武興公閔為都督中外諸軍事，輔國大將軍。甲午（二十日），鄴中暴風拔樹，震電（雷）雨雹，大如盂升，太武暉華殿災，及諸門觀閣，蕩然無餘，乘輿服御，燒者太半，金石皆盡，火月餘乃滅。時，沛王沖鎮薊，聞遵殺世自立，謂其僚佐曰：「世受先帝之命，遵輒廢而殺之，罪莫大焉。

其敕內外戒嚴，孤將親討之。」於是留寧北將軍沐堅戍幽州，帥眾五萬，自薊南下，傳檄燕趙，所在雲集。比至常山，眾千（十）餘萬。軍於苑鄉㊇，遇遵赦書。沖曰：「皆吾弟也，死者不可復追，何為復相殘乎？吾將歸矣。」其將陳暹曰：「彭城篡弒自尊，為罪大矣，王雖北旆，臣將南轅，俟平京師，擒彭城，然後迎大駕。」沖乃復進。遵馳遣王擢以書喻沖，沖弗聽。遵使武興公閔，及李農等帥精卒十萬討之，戰於平棘㊉，沖兵大敗，獲沖於元氏㊀，賜死，阬其士卒三萬餘人。武興公閔言於遵曰：「蒲洪，人傑也；今以洪鎮關中，臣恐秦雍之地，非復國家之有。此雖先帝臨終之命，然陛下踐祚，自宜改圖。」遵從之，罷洪都督，餘如前制，洪怒歸枋頭㊁，遣使來降。

燕平狄將軍慕容霸，上書於燕王儁曰，石虎窮凶極暴，天之所棄，餘燼僅存，自相魚肉，今中國倒懸，企望仁恤，若大軍一振，勢必投戈。北平太守孫興，亦表言石氏大亂，宜以時進取中原。儁以新遭大喪弗許。霸馳詣龍城，言於儁曰：「難得而易失者，時也；萬一石氏衰而復興，或有英雄據其成資，豈惟失此大利，亦恐更為後患。」雋曰：「鄴中雖亂，鄧恒據安樂㉝，兵彊糧足，今若伐趙，東道不可由也。當由盧龍，盧龍山徑險狹，虜乘高斷要，首尾為患，將若之何？」霸曰：「恆雖欲為石氏拒守，其將士顧家，人懷歸志，若大軍臨之，自然瓦解，臣請為殿下前驅，東出徒河（何），潛趣令支，出其不意，彼聞之，勢必震駭，上不過閉門自守，下不免棄城逃潰，何暇御我哉？然則殿下可以安步而前，無復留難矣。」雋猶豫未決，以問五材將軍封奕，對曰：「用兵之遺，敵彊則用智，敵弱則用勢，是故以大吞小，猶狼之食豚也。以治易亂，猶日之消雪也。大王自上世以來，積德累仁，兵彊士練。石虎極其殘暴，死未瞑目，子孫爭國，上下乖亂，中國之民墜於塗炭，延頸企踵，以待振拔，大王若揚兵南邁，先取薊城，次指鄴都，宣燿威德，懷撫遺民，彼孰不扶老提幼，以迎大王，凶黨將望旗冰碎，安能為害乎。」從事中郎黃泓曰：「今太白經天㉞，歲集畢北，天下易主，陰國受命㉟，此必然之驗也，宜速出師，以承天意。」折衝將軍慕輿根曰：「中國之民，困於石氏之亂，咸思易主，以救湯火之急，此千載一時，不可失也。自武宣王㊱以來，招賢養民，務農訓兵，正俟今日，今時至不取，更復顧慮，宣天意未欲使海內平定邪，將大王不欲取天下也。」儁笑而從之。以慕容恪為輔國將軍，慕容評為輔弼將軍，左長史陽騖為輔義將軍，謂之三輔。慕容霸為前鋒都督、建鋒將軍，選精兵二十餘萬，講武戒嚴，為進取之計㊲。

㈧六月，葬趙王虎於顯原陵，謚曰武帝，廟號太祖。

㈨桓溫聞趙亂，出屯安陸㊳，遣諸將經營北方。趙揚州刺史王浹，舉壽春㊴降。西中郎將陳逵，進據壽春。征北大將軍褚裒上表請伐趙。即日戒嚴，直指泗口㊵。朝議以裒事任貴重，不宜深入，宜先遣偏師，裒奏言前已遣督護王頤之等，徑造彭城，後遣督護麋嶷進據下邳，今宜速發以成聲勢。秋七月，加裒征討大都督，督徐、兗、青、揚、豫五州諸軍事。裒帥眾三萬徑赴彭城，北方士民降附者，日以千計，朝野皆以為中原指期可復。光祿大夫蔡謨獨謂所親曰：「胡滅誠為大慶，然恐更貽朝廷之憂。」其人曰：「何謂也？」謨曰：「夫能順天乘時，濟羣生於艱難者，非上聖與英雄不能為也，自餘則莫若度德量力。觀今日之事，殆非時賢所及，必將經營分表，疲民以逞，既而才（材）略疏短，不能副心，財殫力竭，智勇俱困，安得不憂及朝廷乎？」

魯郡民五百餘家，相與起兵附晉，求援於褚裒，裒遣部將王龕，李邁將銳卒三千迎之。趙南討大都督李農，帥騎二萬，與龕等戰於代陂，龕等大敗，皆沒於趙。八月，裒退屯廣陵，陳逵聞之，焚壽春積聚，毀城遁還，裒上疏乞自貶，詔不許，命裒還鎮京口㊃，解征討都督。時，河北大亂，遺民二十餘萬口，渡河欲來歸附，會裒已還，威勢不接，皆不能自拔，死亡略盡㊃。

(十)趙樂平王苞謀帥關右之眾攻鄴，左長史石光，司馬曹曙等固諫，苞怒殺光等百餘人。苞性貪而無謀，雍州豪傑知其無成，並遺使告晉，梁州刺史司馬勳帥眾赴之。

(十一)楊初襲趙西城，破之。

(十二)九月，涼州官屬共上張重華為丞相，涼王，雍秦涼三州牧。重華屢以錢帛賜左右寵臣，又喜博弈，頗廢政事。徵事索振諫曰：「先王夙夜勤儉，以實府庫，正以讎恥未雪，志平海內故也，殿下嗣位之初，彊寇侵逼，賴重餌之，故得戰士死力，僅保社稷。今蓄積已虛，而寇讎尚在，豈可輕有耗散，以與無功之人乎。昔漢光武躬親萬機，章奏詣闕，報不終日，故能隆（隆）中興之業，今章奏停滯，動經時㊸月，下情不得上通，沈冤困於囹圄，殆非明主之事也。」重華謝之。

(十三)司馬勳出駱谷，破趙長城戍㊹，壁於懸鉤，去長安二百里，使治中劉煥攻長安，斬京兆太守劉秀離，又拔賀城，三輔豪傑多殺守令以應勳，凡三十餘壁，眾五萬人，趙樂平王苞，乃輟攻鄴之謀，使其將麻秋，姚國等將兵拒勳，趙主遵遣車騎將軍王朗，帥精騎二萬，以討勳為名，因刼苞送鄴。勳兵少，畏朗不敢進。冬十月，釋懸鉤，拔宛城，殺趙南陽太守袁景，復還梁州。

(十四)初，趙主遵之發李城也，謂武興公閔曰：「努力，事成以爾為太子。」既而立太子衍，閔恃功欲專朝政，遵不聽。閔素驍勇，屢立戰功，夷夏宿將皆憚之。既為都督，總（摠）內外兵權，乃撫循殿中將士，皆奏為殿中員外將軍，爵關外侯㊺，遵弗之疑，而更題名善惡以挫抑之，眾咸怨怒，中書令孟準，左衛將軍王鸞，勸遵稍奪閔兵權，閔益恨望。準等咸勸誅之。十一月，遵召義陽王鑒，樂平王苞，汝陰王琨，淮南王昭等，入議於鄭太后前，曰：「閔不臣之迹漸著，今欲誅之如何？」鑒等皆曰：「宜然。」鄭氏曰：「李城還兵，無棘奴㊻，豈有今日。小驕縱之，何可遽殺。」鑒出，遣宦者楊環馳以告閔，閔遂劫李農，及右衛將軍王基，密謀廢遵。使將軍蘇彥，周成帥甲士三千人，執遵於南臺㊼。遵方與婦人彈碁㊽。問成曰：「反者誰也。」成曰：「義陽王鑒當立。」遵曰：「我尚如是，鑒能幾時？」遂殺之於琨華殿，並殺鄭太后、張后、太子衍、孟準、王鸞、及上光祿㊾張斐。鑒即位，大赦。以武興公閔為大將軍，封武德王。司空李農為大司馬，並錄尚書事。郎闓為司空。秦州刺史劉羣為尚書左僕射。侍中盧諶為中書監。

秦雍流民相帥西歸，路由枋頭，共推蒲洪為主，眾至十餘萬，洪子健在鄴，斬關出奔枋頭，鑒懼洪之逼，欲以計遣之，乃以洪為都督關中諸軍事，征西大將軍，雍州牧，領秦州刺史。洪會官屬議應受與不，主簿程朴，請且與趙連和，如列國分境而治。洪怒曰：「吾不堪為天子邪？而之列國乎。」引朴斬之。

㈤都鄉元穆侯褚裒，還至京口，聞哭聲甚多，以問左右。對曰：「皆代陂死者之家也。」裒慙憤發疾。十二月己酉（七日）卒。以吳國內史荀羨為使持節，監徐兗二州揚州之晉陵諸軍事，徐州刺史。時年二十八，中興方伯，未有如羨之少者。

㈥趙主鑒使樂平王苞，中書令李松，殿中將軍張才，夜攻石閔、李農於琨華殿，不克，禁中擾亂，鑒懼，偽若不知者，夜斬松、才於西中華門，幷殺苞。新興王祗，虎之子也，時鎮襄國，與姚弋仲、蒲洪等連兵，移檄中外，欲共誅閔、農。閔、農以汝陰王琨為大都督，與張舉，及侍中呼延盛，帥步騎七萬，分討祗等。中領將軍石成，侍中石啓，前河東太守石暉誅閔、農，閔、農皆殺之。龍驤將軍孫伏都，劉銖等帥羯士三千伏於胡天(五〇)，亦欲誅閔、農。鑒在中臺，伏都帥三十餘人，將升臺挾鑒以攻之，鑒見伏都毀閣道，臨問其故。伏都曰：「李農等反，已在東掖門，臣欲帥衛士討之，謹先啓知。」鑒曰：「卿是功臣，好為官陳力。朕從臺上觀卿，勿慮無報也。」於是伏都，銖帥眾攻閔、農。不克，屯於鳳陽門。閔、農帥眾數千，毀金明門而入，鑒懼閔之殺己，馳召閔、農，開門內之，謂曰：「孫伏都反，卿宜速討之。」閔、農攻斬伏都等。自鳳陽至琨華，橫尸相枕，流血成渠。宣令內外六夷敢稱兵仗者斬，胡人或斬關或踰城而出者，不可勝數。閔使尚書王簡，少府王鬱帥眾數千，守鑒於御龍觀，懸食以給之。下令城中曰：「近日孫劉構逆，支黨伏誅，良善一無預也。今日已後，與官同心者留，不同者各任所之。」敕城門不復相禁。於是趙人百里內悉入城，胡羯去者填門，閔知胡之不為己用，班令內外趙人斬一胡首送鳳陽門者，文官進位三等，武官悉拜牙門(五一)，一日之中，斬首數萬，閔親帥趙人以誅胡羯，無貴賤男女少長，皆斬之。死者二十餘萬，尸諸城外，悉為野犬豺狼所食，其屯戍四方者，閔皆以書命趙人為將帥者誅之，或高鼻多須，濫死者半。

㈦燕王儁遣使至涼州，約張重華共擊趙。

㈧高句麗王釗送前東夷護軍宋晃於燕㉔，燕王儁赦之，更名曰活，拜為中尉。

【今註】㈠高力：胡三省：「石宣簡多力之士以衞東宮，號曰高力，置督將以領之。」㈡雍城：扶風雍城縣，故城在今陝西鳳翔縣南。㈢定陽：故城在今陝西宜川縣西北。㈣踊抃：踊，跳也；抃，拊手也。㈤下辨：故城甘肅成縣西。㈥安定：故城今甘肅涇川縣北五里。㈦柯：斧柄。㈧樂平：故城在今山東堂邑縣東南四十里。㈨新安：故城在今河南澠池縣東。㈩成皋：今河南汜水縣西北有成皋故城。⑪滎陽：故城今河南滎澤縣西南十七里。⑫老羌：姚弋仲為羌人，故自稱老羌。⑬汝：爾，如此。⑭始平：故城在今陝西咸陽縣北十五里。⑮擊范賁：範賁亂見卷九十七永和三年。⑯幽平二州牧：考異曰：「儁載記云：幽冀幷平四州牧。今從帝紀。」⑰盧容：在今越南境內。⑱廣宗：故城今河北威縣東二十里。⑲乞活：胡三省：「乞活，李惲、田徽之餘眾也。自永嘉以來，屯聚於上白。」⑳李城：《續漢志》河內平睪縣有李城，故城在今河南溫縣東二十里。㉑蕩陰：故城在今河南湯陰縣西南。㉒黃鉞：金斧。㉓九錫：古天子賜有大功者衣物等凡九事。《禮緯・含文嘉》：

「禮有九錫：一曰車馬；二曰衣服；三曰樂則；四曰朱戶；五曰納陛；六曰虎賁；七曰弓矢；八曰鐵鉞；九曰秬鬯。皆所以勸善扶不能。」㉔安陽亭：胡三省：「此蓋安陽縣都亭也。」㉕擐甲：《左傳》成公二年：「擐甲執兵，固即死也。」㉖擗踊：謂椎胸頓足。㉗平樂：故城今山東單縣東四十里。㉘廢劉氏為太妃：考異曰：「晉春秋及十六國春秋鈔皆云廢太后為昭儀，今從載記。」㉙苑鄉：故城在河北任縣東北十八里。㉚平棘：故城在今河北趙縣南。㉛元氏：故城在今河北元氏縣西北。㉜洪怒歸枋頭：蒲洪屯枋頭事見卷九十五成帝咸和八年。枋頭在河南濬縣西南八十里。㉝安樂：安樂當作樂安。故城在今山東博興縣北。㉞太白經天：《漢書・藝文志》：「太白經天，天下革民更王。」孟康注曰：「謂出東入西，出西入東也。太白、陰星，出東當伏東，出西當伏西。過午為經天。」晉灼曰：「日，陽也。日出則星亡，晝見午上為經天。」㉟歲集畢北，天下易主，陰國受命：胡三省：「歲星所在，國不可伐，可以伐人。昴畢間為天街，其陰陰國。歲集畢北，明陰國當受命而王。」㊱武宣王：慕容廆。㊲雋……選精兵二十餘萬，講武戒嚴，為進取之計：考異曰：「燕景昭紀：集兵在四月，時石虎方死，諸子未爭。十六國春秋在五月，故從之。而燕書載封弈慕輿根言，俱指冉閔。按是時閔未篡趙，蓋撰史者附會耳，故削去。」㊳安陸：故城在今湖北安陸縣北。㊴壽春：今安徽壽縣。㊵泗口：今江蘇銅山縣境。㊶京口：今江蘇省鎮江縣治。㊷遺民二十餘萬……死亡略盡：考異曰：「裒傳云為慕容雋及苻健所掠，死亡咸盡。按是時慕容雋卒已踰年矣！永和六年慕容雋始率眾南征。石鑒即位後，蒲洪始有眾十萬。永和六年，洪死，健始嗣位，皆與裒不相接，今不取。」㊸時：三月為一時。㊹趙長城戍：胡三省：「長城戍即魏司馬望、鄧艾據之，以拒姜維之地。」㊺關外侯：漢獻帝建安二十年魏武王置，所謂名號侯也。胡三省按：「秦漢列侯則有國邑關內侯，無國邑列位於朝，無官位者居京師，故謂之關內侯。列侯就國者多出關外。後曹操置關外侯於關內侯之下，非秦漢列爵意也。」㊻棘奴：冉閔小字棘奴。㊼南臺：《水經注》：銅雀臺之南則金雀臺。㊽彈碁：古博戲。《藝經》曰：「彈碁兩人對局，白黑碁各六枚，先列碁相當，更先彈也。其局以石為之。」今已失傳。㊾上光祿：晉載記：石虎置上中光祿大夫，位在左右光祿大夫上。㊿胡天：胡三省曰：「胡天蓋石氏禁中署舍之名。」㊀牙門：古行軍有牙旗，置營則立旗以為軍門，謂之牙門。㊁高句麗王釗送……宋晃於燕：晃奔高麗見卷九十六成帝咸康四年。

六年（西元三五〇年）

㈠春，正月。趙大將軍閔，欲滅去石氏之迹，託以讖文有繼趙李，更國號曰衛㈠，易姓李氏，大赦，改元青龍。太宰趙庶，太尉張舉，中軍將軍張春，光祿大夫石岳，撫軍㈡石寧，武衛將軍張季，及公侯卿校龍騰等萬餘人，出奔襄國，汝陰王琨奔冀州，撫軍將軍張沈據滏口㈢，張賀度據石瀆㈣，建義將軍段勤據黎陽㈤，寧南將軍楊羣據桑壁，劉國據陽城㈥，段龕據陳留㈦，姚弋仲據灄頭㈧，蒲洪據枋頭，眾各數萬，皆不附於閔。勤，末柸之子；龕，蘭之子也。王朗麻秋自長安赴洛陽，秋承閔書，誅朗部胡千餘人，朗奔襄國，秋帥眾歸鄴。蒲洪使其子龍驤將軍雄迎擊，獲之，以為軍師將軍。汝陰王琨及張舉，王朗帥眾七萬伐鄴，大將軍閔帥騎千餘，與戰於城北，閔操兩刃矛馳騎擊之，所向摧陷，斬首三千級，琨等大敗而去。閔與李農帥騎三萬討張賀度於石瀆。閏月㈨。衛主鑒密遣宦者齎書召張沈等，使乘虛襲鄴，宦者以告閔、農。閔、農馳還，廢鑒殺之。幷殺趙主虎二（三）十八孫，盡滅石氏。姚弋仲子曜武將軍益，武衛將軍若帥禁兵數千斬關奔灄頭。弋仲帥眾討閔，軍於混橋。

司徒申鍾等上尊號於閔，閔以讓李農，農固辭。閔曰：「吾屬故晉人也，今晉室猶存，請與諸君分割州郡，各稱牧守公侯，奉表迎晉天子還都洛陽如何？」尚書胡睦進曰：「陛下聖德應天，宜登大位。晉氏衰微，遠竄江表，豈能總（摠）馭英雄，混壹四海乎？」閔曰：「胡尚書之言，可謂識機知命矣！」乃即皇帝位，大赦，改元永興，國號大魏。

㈡朝廷聞中原大亂，復謀進取，己丑（十七日），以揚州刺史殷浩為中軍將軍，假節都督揚、豫、徐、兗、青五州諸軍事。以蒲洪為氐王，使持節征北大將軍，都督河北諸軍事，冀州刺史，廣川郡公。蒲健為假節右將軍，監河北征討前鋒諸軍事，襄國公。姚弋仲，蒲洪各有據關右之志，弋仲遣其子襄帥眾五萬擊洪，洪迎擊破之，斬獲三萬餘級。洪自稱大都督，大將軍，大單于，三秦王，改姓苻氏。以南安雷弱兒為輔國將軍。安定梁楞為前將軍，領左長史。馮翊魚遵為右將軍，領右長史，京兆段陵為左將軍，領左司馬，王墮為右將軍，領右司馬。天水趙俱，隴西牛夷，北地辛牢皆為從事中郎。互⑩酋毛貴為單于輔相。

㈢二月，燕王儁使慕容霸將兵二萬，自東道出徒河，慕輿于自西道出蠮螉塞，儁自中道出盧龍塞，以伐趙。以慕容恪，鮮于亮為前驅，命慕輿泥槎㈡山通道，留世子曄守龍城，以內史劉斌為大司農，與典書令皇甫真留統（統）後事。霸軍至三陘㈢，趙征東將軍鄧恆，惶怖焚倉庫，棄安樂遁去，與幽州刺史王午共保薊。徙河南部都尉孫泳，急入安樂，撲滅餘火，籍㈢其穀帛，霸收安樂北平兵糧，與雋會臨渠㈣。

三月，燕兵至無終，王午留其將王佗，以數千人守薊，與鄧恆走保魯口㈤。乙巳（五日），雋拔薊，執王佗斬之，雋欲悉阬其士卒千餘人。慕容霸諫曰：「趙為暴虐，王興師伐之，將以拯民於塗炭，而撫有中州也。今始得薊而阬其士卒，恐不可以為王師之先聲也。」乃釋之。雋入都於薊，中州士女降者相繼。燕兵至范陽，范陽太守李產，欲為石氏拒燕，眾莫為用，乃帥八城㈥令長出降。雋復以產為太守，產子績為幽州別駕，棄其家從王午在魯口，鄧恆謂午曰：「績鄉里㈦在北，父已降燕，今雖在此，恐終難相保，徒為人累，不如去之。」午曰：「此何言也，夫以當今喪亂，而績乃能立義捐家，情節之重，雖古烈士無以過。乃欲以猜嫌害之，燕趙之士聞之，謂我直相聚為賊，了無意識，眾情一散，不可復集，此為坐自屠潰也。」恆乃止。午猶慮諸將不與己同心，或致非意。乃遣績歸，績始辭午往見燕王雋，雋讓之曰：「卿不識天命，棄父邀名，今日乃始來邪。」對曰：「臣眷戀舊主，志存微節，官身所在，何事非君。殿下方以義取天下，臣未謂得見之晚也。」雋悅，善待之。雋以弟宜為代都城郎㈧。孫泳為廣寧太守，悉置幽州郡縣守宰。甲子（二十四日），雋使中部俟釐（釐）慕輿句督薊中留事，自將擊鄧恆於魯口，軍至清梁，恆將鹿勃早將數千人夜襲燕營。半已得入，先犯前鋒都督慕容霸，突入幕下，霸起奮擊，手殺十餘人，早不能進，由是燕軍得嚴㈨，雋謂慕輿根曰：「賊鋒甚銳，宜且避之。」根正色曰：「我眾彼寡，力不相敵，故乘夜來戰，冀萬一獲利。今求賊得賊，正當擊之，復何所疑？王但安臥，臣等自為王破之。」雋不能自安，內史李洪從雋出營外屯高冢上，根帥左右精勇數百人，從中牙直前擊早，李洪徐整騎隊還助之，早乃退走，眾軍追擊四十餘里，早僅以身免，所從士卒，死亡略盡，雋引兵還薊。

㈣魏主閔復姓冉氏，尊母王氏為皇太后，立妻董氏為皇后，子智為皇太子，徜（胤）明裕皆為王。以李農為太宰，領太尉，錄尚書事，封齊王，其子皆封縣公。遣使者持節赦諸軍屯，皆不從。

麻秋說符洪曰：「冉閔，石祗方相持，中原之亂未可平也，不如先取關中，基業已固，然後東爭天下，誰敢（能）敵之。」洪深然之。既而秋因宴鴆洪，欲并其眾，以子健收秋斬之。洪謂健曰：「吾所以未入關者，以為中州可定，今不幸為豎子所困，中州非汝兄弟所能辦。我死，汝急入關。」言終而卒，健代統（統）其眾，乃去大都督，大將軍，三秦王之號。稱晉官爵，遣其叔父安來告喪，且請朝命。

趙新興王祗即皇帝位於襄國㈢，改元永寧，以汝陰王琨為相國，六夷據州郡擁兵者皆應之，祗以姚弋仲為右丞相，親趙王，待以殊禮。弋仲子襄，雄勇多才略，士民多愛之，請弋仲以為嗣，弋仲以襄非長子不許，請者日以千數，弋仲乃使之將兵，祗以襄為驃騎將軍，豫州刺史，新昌公。又以符健為都督河南諸軍事，鎮南大將軍，開府儀同三司，兗州牧，略陽郡公。

㈤夏四月，趙主祗遣汝陰王琨，將兵十萬伐魏。

㈥魏主閔殺李農及其三子，幷尚書令王謨，侍中王衍，中常侍嚴震，趙昇。閔遣使臨江告晉曰：「逆胡亂中原，今已誅之，能共討者，可遣軍來也。」朝廷不應。

㈦五月，廬江太守袁真攻魏合肥，克之，虜其居民而還。

㈧六月，趙汝陰王琨進據邯鄲，鎮南將軍劉國自繁陽㉑會之，魏衞將軍王泰擊琨，大破之，死者萬餘人，劉國還繁陽。

㈨初，段蘭卒於令支㉒，殺龕代領其眾，因石氏之亂，擁部落南徙。秋七月，龕引兵東據廣固㉓，自稱齊王。

㈩八月，代郡人趙榼帥三百餘家叛燕，歸趙幷州刺史張平。燕王雋徙廣寧㉔、上谷二郡民於徐無㉕，代郡民於凡城㉖。

㈩㈠王朗之去長安也，朗司馬京兆杜洪據長安，自稱晉征北將軍，雍州刺史，以馮翊張琚為司馬，關西夷夏皆應之。符健欲取之，恐洪知之，乃受趙官爵，以趙俱為河內太守，戍溫㉗。牛夷為安

（綏）集將軍，戍懷㉘。治宮室於枋頭，課民種麥，示無西意，有知而不種者，健殺之以徇。既而自稱晉征西大將軍，都督關中諸軍事，雍州刺史，以武威賈玄碩為左長史，洛陽梁安為右長史，段純為左司馬，辛牢為右司馬，京兆王魚，安定程肱，胡文等為軍諮祭酒，悉眾而西，以魚遵為前鋒，行至盟津，為浮梁以濟，遣弟輔國將軍雄帥眾五千自潼關入，兄子揚武將軍菁帥眾七千自軹關入，臨別，執菁手曰：「若事不捷，汝死河北，我死河南，不復相見。」既濟焚橋，自帥大眾隨雄而進。杜洪聞之，與健書侮嫚之，以張琚弟先為征虜將軍，帥眾萬三千逆戰於潼關之北。先兵大敗，走還長安。洪悉召關中之眾以拒健，洪弟郁勸洪迎健，洪不從，郁帥所部降於健，健遣符雄徇渭北，氐酋毛受屯高陵㉙，徐磋屯好畤㉚，羌酋白犢屯黃白㉛，眾各數萬，皆斬洪使，遣子降於健。符菁，魚遵所過城邑，無不降附。洪懼，固守長安。

㈦張賀度，段勤，劉國，靳豚會於昌城㉜，將攻鄴，魏主閔自將擊之，戰於蒼亭㉝，賀度等大敗，死者二萬八千人，追斬靳（勤）

豚於陰安㉔，盡俘其眾而歸。閔戎卒三十餘萬，旌旗鉦鼓，綿亘百餘里，雖石氏之盛，無以過也，故晉散騎常侍隴西辛謐有高名，歷劉石之世，徵辟皆不就，閔備禮徵為太常，謐遺閔書，以為物極則反，致至則危，君王功已成矣，宜因茲大捷，歸身晉朝，必有由夷㉕之廉，享松喬㉖之壽矣，因不食而卒。

㈢九月，燕王儁南徇冀州，取章武河閒。初勃海賈堅，少尚氣節，仕趙為殿中督。趙亡，堅棄魏主閔還鄉里，擁部曲數千家，燕慕容評徇勃海，遣使招之，堅終不降，評與戰擒之，儁以評為章武太守，儁與慕容恪皆愛賈堅之材。堅時年六十餘，恪聞其善射，置牛百步上以試之，堅曰：「少之時能令不中，今老矣，往往中之。」乃射再發，一矢拂脊，一矢磨腹，皆附膚落毛，上下如一，觀者咸服其妙，儁以堅為樂陵太守，治高城㉗。

㈣符菁與張先戰於渭北，擒之，三輔郡縣堡壁皆降。冬十月，符健長驅至長安，杜洪、張琚奔司竹㉘。

㈤燕王儁還薊，留諸將守之，儁還龍城，謁陵廟。

(十六)十一月，魏主閔帥步騎十萬攻襄國，署其子太原王胤（胤）為大單于，驃騎大將軍，以降胡一千配之為麾下。光祿大夫韋謏諫曰：「胡羯皆我之仇敵，今來歸附，苟存性命耳！萬一為變，悔之何及？請誅屏降胡，去單于之號，以防微杜漸。」閔方欲撫納羣胡，大怒，誅謏及其子伯陽。

(十七)甲午（廿七日），苻健入長安，以民心思晉，乃遣參軍杜山伯詣建康獻捷，并修好於桓溫，於是秦雍夷夏皆附之，趙涼州刺史石寧，獨據上邽不下。十二月，苻雄擊斬之。

(十八)蔡謨除司徒，三年不就職，詔書屢下，太后遣使諭意，謨終不受，於是帝臨軒遣侍中紀據，黃門郎丁纂徵謨。謨陳疾篤，使主簿謝攸陳讓，自旦至申，使者十餘返而謨不至。時，帝方八歲，甚倦，問左右曰：「所召人何以至今不來，臨軒何時當竟？」太后以君臣俱疲，乃詔必不來者宜罷朝，中軍將軍殷浩，奏免吏部尚書江虨官。會稽王昱令曹曰：「蔡公傲違上命，無人臣之禮，若人主卑屈於上，大義不行於下，亦不知復所以為政矣，公卿乃奏謨悖慢傲上，罪同不臣，請送廷尉以正刑書。謨懼，帥子弟詣闕稽桑，自到廷尉待罪，殷浩欲加謨大辟㊴，會徐州刺史荀羨入朝，浩以問羨，羨曰：「蔡公今日事危，明日必有桓文之舉。」浩乃止，下詔免謨為庶人。

【今註】㊀衛：冉閔篡後趙，國號魏。作「衛」誤。㊁撫軍：撫軍將軍。㊂滏口：滏水之口，在河南武安縣南三十里。㊃石瀆：魏收地形志鄴縣有石竇堰。鄴縣故城在今河南臨漳縣西四十里。㊄黎陽：故城在今河南濬縣東北。㊅陽城：故城在河南登封縣東南三十五里。㊆陳留：今河南開封縣治。㊇灄頭：在河北棗強縣東北。㊈閏月：考異曰：「帝紀後云：閏月，三十國晉春秋皆云閏正月。按長曆閏二月，帝紀閏月有丁丑、己丑。按是歲正月癸酉朔，若閏正月即無丁丑、己丑。今以長曆為據。」㊉互即氐字。⑪槎：斫木曰槎。⑫三陘：魏收《魏書・地形志》：海陽縣有橫山，蓋即三陘之地。⑬籍：籍錄而取之。⑭臨渠：亦名臨泃。故城在今河北三河縣東南。⑮魯口：在今河北饒陽縣南。⑯八城：《晉書・地理志》：八城為涿、良鄉、方城、長鄉、遒、故安、范陽、容城。⑰續鄉里：李績范陽人。⑱城郎：胡三省：「城郎城大皆鮮卑所置，付以城郭之任，郎主也。」⑲嚴：整也。⑳趙新興王祗即皇帝位於襄國：考異曰：「晉帝紀祗即位在閏月，三十國晉春秋皆在三月。按十六國春秋祗稱帝，拜姚弋仲苻健官而不言苻洪，洪三月死，故疑祗以三月即位。」㉑繁

㈥十一月，魏主閔帥步騎十萬攻襄國，署其子太原王徇（胤）為大單于，驃騎大將軍，以降胡一千配之為麾下。光祿大夫韋謏諫曰：「胡羯皆我之仇敵，今來歸附，苟存性命耳！萬一為變，悔之何及？請誅屏降胡，去單于之號，以防微杜漸。」閔方欲撫納羣胡，大怒，誅謏及其子伯陽。

㈦甲午（廿七日），符健入長安，以民心思晉，乃遣參軍杜山伯詣建康獻捷，幷修好於桓溫，於是秦雍夷夏皆附之，趙涼州刺史石寧，獨據上邽不下。十二月，符雄擊斬之。

㈧蔡謨除司徒，三年不就職，詔書屢下，太后遣使諭意，謨終不受，於是帝臨軒遣侍中紀據，黃門郎丁纂徵謨。謨陳疾篤，使主簿謝攸陳讓，自旦至申，使者十餘返而謨不至。時，帝方八歲，甚倦，問左右曰：「所召人何以至今不來，臨軒何時當竟？」太后以君臣俱疲，乃詔必不來者宜罷朝，中軍將軍殷浩，奏免吏部尚書江虨官。會稽王昱令曹曰：「蔡公傲違上命，無人臣之禮，若人主卑屈於上，大義不行於下，亦不知復所以為政矣，公卿乃奏謨悖慢傲上，罪同不臣，請送廷尉以正刑書。謨懼，帥子弟詣闕稽桑，自到廷尉待罪，殷浩欲加謨大辟㊴，會徐州刺史荀羨入朝，浩以問羨，羨曰：「蔡公今日事危，明日必有桓文之舉。」浩乃止，下詔免謨為庶人。

【今註】㊀衞：冉閔篡後趙，國號魏。作「衛」誤。㊁撫軍：撫軍將軍。㊂滏口：滏水之口，在河南武安縣南三十里。㊃石瀆：魏收地形志鄴縣有石竇堰。鄴縣故城在今河南臨漳縣西四十里。㊄黎陽：故城在今河南濬縣東北。㊅陽城：故城在河南登封縣東南三十五里。㊆陳留：今河南開封縣治。㊇灄頭：在河北棗強縣東北。㊈閏月：考異曰：「帝紀後云：閏月，三十國晉春秋皆云閏正月。按長曆閏二月，帝紀閏月有丁丑、己丑。按是歲正月癸酉朔，若閏正月即無丁丑、己丑。今以長曆為據。」⑩互即氐字。⑪槎：斫木曰槎。⑫三陘：魏收《魏書・地形志》：海陽縣有橫山，蓋即三陘之地。⑬籍：籍錄而取之。⑭臨渠：亦名臨泃。故城在今河北三河縣東南。⑮魯口：在今河北饒陽縣南。⑯八城：《晉書・地理志》：八城為涿、良鄉、方城、長鄉、遒、故安、范陽、容城。⑰續鄉里：李續范陽人。⑱城郎：胡三省：「城郎城大皆鮮卑所置，付以城郭之任，郎主也。」⑲嚴：整也。⑳趙新興王祇即皇帝位於襄國：考異曰：「晉帝紀祇即位在閏月，三十國晉春秋皆在三月。按十六國春秋祇稱帝，拜姚弋仲苻健官而不言苻洪，洪三月死，故疑祇以三月即位。」㉑繁

㈤十一月，魏主閔帥步騎十萬攻襄國，署其子太原王徇（胤）為大單于，驃騎大將軍，以降胡一千配之為麾下。光祿大夫韋謏諫曰：「胡羯皆我之仇敵，今來歸附，苟存性命耳！萬一為變，悔之何及？請誅屏降胡，去單于之號，以防微杜漸。」閔方欲撫納羣胡，大怒，誅謏及其子伯陽。

㈦甲午（廿七日），苻健入長安，以民心思晉，乃遣參軍杜山伯詣建康獻捷，并修好於桓溫，於是秦雍夷夏皆附之，趙涼州刺史石寧，獨據上邽不下。十二月，苻雄擊斬之。

㈧蔡謨除司徒，三年不就職，詔書屢下，太后遣使諭意，謨終不受，於是帝臨軒遣侍中紀據，黃門郎丁纂徵謨。謨陳疾篤，使主簿謝攸陳讓，自旦至申，使者十餘返而謨不至。時，帝方八歲，甚倦，問左右曰：「所召人何以至今不來，臨軒何時當竟？」太后以君臣俱疲，乃詔必不來者宜罷朝，中軍將軍殷浩，奏免吏部尚書江彪官。會稽王昱令曹曰：「蔡公傲違上命，無人臣之禮，若人主卑屈於上，大義不行於下，亦不知復所以為政矣，公卿乃奏謨悖慢傲上，罪同不臣，請送廷尉以正刑書。謨懼，帥子弟詣闕稽桑，自到廷尉待罪，殷浩欲加謨大辟㉙，會徐州刺史荀羨入朝，浩以問羨，羨曰：「蔡公今日事危，明日必有桓文之舉。」浩乃止，下詔免謨為庶人。

【今註】㊀衞：冉閔篡後趙，國號魏。作「衛」誤。㊁撫軍：撫軍將軍。㊂滏口：滏水之口，在河南武安縣南三十里。㊃石瀆：魏收地形志鄴縣有石竇堰。鄴縣故城在今河南臨漳縣西四十里。㊄黎陽：故城在今河南濬縣東北。㊅陽城：故城在河南登封縣東南三十五里。㊆陳留：今河南開封縣治。㊇灄頭：在河北棗強縣東北。㊈閏月：考異曰：「帝紀後云：閏月，三十國晉春秋皆云閏正月。按長曆閏二月，帝紀閏月有丁丑、己丑。按是歲正月癸酉朔，若閏正月即無丁丑、己丑。今以長曆為據。」㊉互即氐字。⑪槎：斫木曰槎。⑫三陘：魏收《魏書・地形志》：海陽縣有橫山，蓋即三陘之地。⑬籍：籍錄而取之。⑭臨渠：亦名臨洵。故城在今河北三河縣東南。⑮魯口：在今河北饒陽縣南。⑯八城：《晉書・地理志》：八城為涿、良鄉、方城、長鄉、遒、故安、范陽、容城。⑰績鄉里：李績范陽人。⑱城郎：胡三省：「城郎城大皆鮮卑所置，付以城郭之任，郎主也。」⑲嚴：整也。⑳趙新興王祗即皇帝位於襄國：考異曰：「晉帝紀祗即位在閏月，三十國晉春秋皆在三月。按十六國春秋祗稱帝，拜姚弋仲苻健官而不言苻洪，洪三月死，故疑祗以三月即位。」㉑繫

資治通鑑今註十五冊出版進度表

冊　次	紀　年	出版時間
1	周紀　秦紀　漢紀	100 年 11 月
2	漢紀	100 年 11 月
3	漢紀	101 年 1 月
4	漢紀　魏紀	101 年 2 月
5	晉紀	101 年 3 月
6	晉紀	101 年 4 月
7	宋紀　齊紀	101 年 4 月
8	齊紀　梁紀	101 年 5 月
9	梁紀　陳紀	101 年 5 月
10	隋紀　唐紀	101 年 6 月
11	唐紀	101 年 7 月
12	唐紀	101 年 8 月
13	唐紀	101 年 9 月
14	後梁紀　後唐紀	101 年 10 月
15	後唐紀　後晉紀 後漢紀　後周紀	101 年 10 月

陽：故城在今河南內黃縣東北。㉒段蘭卒於令支：段蘭屯令支事見卷九十七康帝建元元年。令支故城在今河北遷安縣西。㉓廣固：胡三省：「龕自陳留而東據廣固。」陳留今河南開封。㉔廣寧：郡名，故治在今河北涿鹿縣西。㉕徐無：故城在今河北遵化縣西。㉖凡城：故城在熱河平泉縣境內。㉗溫：故城在今河南溫縣西南。㉘懷：故城在今河南武陟縣西南。㉙高陵：在河南臨漳縣西。㉚好時：故城在陝西乾縣東十里。㉛黃白：故城在陝西三原縣東北十里。㉜昌城：故城在今河北灤縣西南。㉝蒼亭：蒼亭故城在河上西南。河上故治在今山東觀縣東北。㉞陰安：故城在今河北清豐縣北二十里。㉟由夷：許由伯夷。㊱松喬：赤松子、王子喬。㊲高城：故城在今河北鹽山縣東南。㊳司竹：陝西盩厔縣有司竹園。㊴大辟：古五刑之一，死刑也。

資治通鑑今註　第五冊
晉　紀

主編◆國立編譯館中華叢書編審委員會
校註者◆李宗侗　夏德儀等
發行人◆施嘉明
總編輯◆方鵬程
執行編輯◆葉幗英　徐平　王窈姿
校對◆鄭秋燕　林郁潔
美術設計◆吳郁婷

出版發行：臺灣商務印書館股份有限公司
臺北市重慶南路一段三十七號
電話：（02）2371-3712
讀者服務專線：0800056196
郵撥：0000165-1
網路書店：www.cptw.com.tw
E-mail：ecptw@cptw.com.tw

局版北市業字第 993 號
初版一刷：1975 年 12 月
二版一刷：2012 年 3 月
定價：新台幣 1200 元

ISBN 978-957-05-2688-2（精裝）

資治通鑑今註．第五冊．晉紀／李宗侗，夏德儀等註譯；國立編譯館中華叢書編審委員會主編．--二版．-- 臺北市：臺灣商務，2012．03
面；　公分．

ISBN 978-957-05-2688-2(精裝)

1．資治通鑑　2.注釋

610.23　　101001108